2024 | 직무적성검사 | **최신판**

| 고시넷 |
대기업

20대기업
인적성검사 [온·오프라인]
통합 기본서

gosinet
(주)고시넷

정오표 확인 방법

고시넷은 오류 없는 책을 만들기 위해 최선을 다합니다. 그러나 편집 과정에서 미처 잡지 못한 실수가 뒤늦게 나오는 경우가 있습니다. 고시넷은 이런 잘못을 바로잡기 위해 정오표를 실시간으로 제공합니다. 감사하는 마음으로 끝까지 책임을 다하겠습니다.

고시넷 홈페이지 접속 > 고시넷 출판-커뮤니티 > 정오표

www.gosinet.co.kr

모바일폰에서 QR코드로 실시간 정오표를 확인할 수 있습니다.

학습 질의 안내

학습과 교재선택 관련 문의를 받습니다. 적절한 교재선택에 관한 조언이나 고시넷 교재 학습 중 의문 사항은 아래 주소로 메일을 주시면 성실히 답변드리겠습니다.

이메일주소 **qna@gosinet.co.kr**

contents 차례

1

주요 20대기업 알아보기

삼성, SK, 현대자동차 등 주요 20대기업의 시험 출제영역과 합격전략, 시험 구성, 최신 빈출 키워드를 한눈에 볼 수 있도록 구성하였습니다.

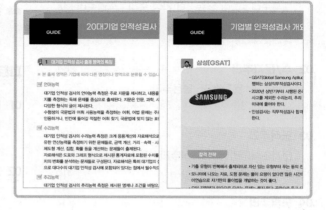

2

영역별 유형분석 및 대표예제

20대기업의 대표 출제영역인 언어능력, 수리능력, 추리능력, 공간지각능력, 사무지각능력의 출제 유형을 분석하고 그에 맞는 대표예제를 실어 자주 나오는 문제를 유형별로 학습할 수 있도록 구성하였습니다.

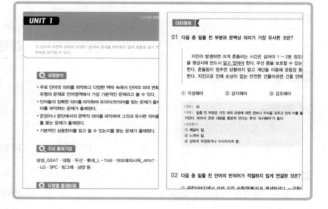

3

실전문제연습·출제예상문제

유형별로 실전문제를 싣고, 영역별로 출제예상 문제를 실어 반복학습이 가능하도록 구성하였습니다.

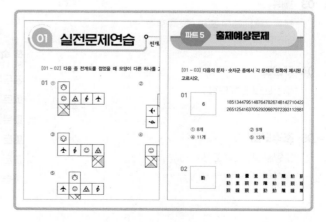

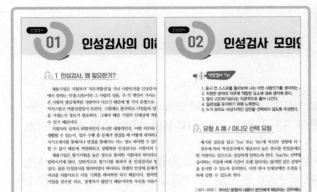

4 인성검사

20대기업 직무적성검사와 함께 실시되는 인성 검사의 주요 유형을 소개하고 각 유형별 연습을 통해 다양한 유형의 인성검사에 대비할 수 있도록 구성하였습니다.

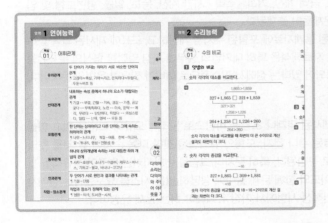

5 핸드북

영역별 필수학습사항을 한 권으로 정리한 핸드 북으로 이론과 개념을 빠르게 학습할 수 있도록 하였습니다.

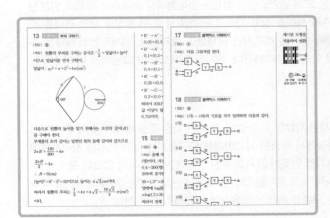

6 상세한 해설과 오답풀이가 수록된 정답과 해설

각 유형별 실전문제연습과 출제예상문제의 정 답과 해설을 오답풀이와 함께 수록하여 문제풀 이 과정에서의 학습의 효과가 극대화될 수 있도 록 구성하였습니다.

20대기업 인적성검사 개요

🖐 1 대기업 인적성 검사 출제 영역의 특징

※ 본 출제 영역은 기업에 따라 다른 명칭이나 영역으로 분류될 수 있습니다.

📝 언어능력

대기업 인적성 검사의 언어능력 측정은 주로 지문을 제시하고, 내용을 이해하고 올바르게 추론할 수 있는지를 측정하는 독해 문제를 중심으로 출제된다. 지문은 인문, 과학, 사회 등을 소재로 수필, 신문 기사 등 다양한 형식의 글이 제시된다.

수험생의 국문법과 어휘 사용능력을 측정하는 어휘, 어법 문제는 주로 한글 맞춤법 규정의 내용을 직접 인용하거나, 빈칸에 들어갈 적절한 어휘 찾기, 국문법에 맞지 않는 표현을 고르는 등의 문제가 출제된다.

📝 수리능력

대기업 인적성 검사의 수리능력 측정은 크게 응용계산와 자료해석으로 양분된다. 응용계산은 수험생이 보유한 연산능력을 측정하기 위한 문제들로, 금액 계산, 거리 · 속력 · 시간 계산, 농도, 일률, 평면도형 및 입체도형 계산, 집합, 확률 등을 계산하는 문제들이 출제된다.

자료해석은 도표와 그래프 형식으로 제시된 통계자료에 포함된 수치를 계산하고, 도표에 제시된 과목별 수치의 변화를 분석하는 문제들로 구성된다. 자료해석은 특히 대기업의 실무에 가장 밀접한 형식의 문제유형으로 대다수의 대기업 인적성 검사에 포함되어 있다는 점에서 필수적으로 대비가 필요한 유형의 문제이다.

📝 추리능력

대기업 인적성 검사의 추리능력 측정은 제시된 명제나 조건을 바탕으로 논리적 오류와 모순을 찾고 이를 통해 사실관계를 추리하는 언어추리, 나열된 수나 문자, 도형의 규칙성을 찾아 다음 순서에 올 것을 추리 해내는 수/문자추리, 도식추리, 도형추리로 구성된다. 특히 문자나 그림을 변화시키는 명령어의 규칙을 찾고 이를 적용하는 유형의 문제는 높은 난이도와 함께 문제 풀이에 상당히 많은 시간을 요구한다는 점에서 시험시간이 극히 제한되어 있는 대기업 인적성 시험에서 가장 유의해야 하는 문제 유형이다.

📝 공간지각능력

대기업 인적성 검사의 공간지각능력 측정은 크게 평면도형과 입체도형의 형태를 추측하는 문제로 양분된다. 평면도형의 형태를 추측하는 문제는 주로 종이를 접고 자르고 구멍을 뚫은 뒤 펼쳤을 때의 형태를 추측하거나, 평면도형을 자르거나 붙였을 때의 형태를 추측하는 문제들이 출제된다. 입체도형의 형태를 추측하는 문제는 전개도를 통해 입체도형의 모습을 추측하거나, 제시된 입체도형의 그림에서 나타나지 않은 부분을 추측하는 문제들이 출제된다.

📝 사무지각능력

대기업 인적성 검사의 사무지각능력은 제시된 자료를 보고 같은 것 혹은 다른 것을 빠르게 찾아내는 '눈으로 푸는 문제'로 이해된다. 문제를 푸는 과정에서 특별한 사고이해를 요구하지는 않고 제시된 시각자료에 대한 순간집중력을 측정하는 문제들로, 대기업 인적성 검사의 주된 유형에는 해당하지 않으나 포스코, 효성 등 일부 기업에서 출제된다. 사무지각능력 유형 문제를 대비할 때에는 문제가 주는 시각적 충격에 익숙 해지고, 시각적 요소를 관찰하고 비교하는 요령을 빠르게 적용하여 해결해 나가야 한다.

상식

대기업 인적성 검사에서 출시되는 상식 과목은 경제, 경영, 기술 등의 다양한 영역의 최신 시사상식에 대한 이해를 측정한다. 필기시험에 상식 과목이 포함되어 있는 일부 대기업 입사 준비를 위해서는 뉴스, SNS 등 다양한 매체를 통해 최신 이슈에 지속적으로 관심을 가질 필요가 있다.

2 대기업 온라인 인적성 검사 정리

개요

2020년부터 삼성, SK, 롯데 등을 중심으로 대기업 인적성 검사를 온라인으로 시행하는 기업이 점차 확대되면서, 현재 우리나라의 주요 대기업의 대다수가 주요 자회사의 인적성 검사를 온라인으로 시행하고 있다.

출제 유형의 변화

온라인 인적성 시험을 도입하면서 일부 대기업은 인적성 검사 과목 자체에 변화를 주었다. SK(SKCT)의 경우 기존의 적성검사에 2-Back, 3-Back, 4-Back 유형의 게임을 2023년 상반기까지 인적성 검사에 추가하였으며, 롯데(L-Tab)는 문제 출제 방식을 가상의 업무 프로그램에서 전송된 이메일과 쪽지에 답장을 보내는 형식으로 구성하여 기존 필기시험 형식의 인적성 검사에서는 확인할 수 없는 '컴퓨터를 활용하는 실무능력'을 측정하고 있다.

기존의 문제 형식을 유지하면서 온라인으로 인적성 검사를 시행하는 대기업의 경우에도 풀이환경의 변화에 따라 문제유형의 변화가 일어나기도 하였다. 특히 언어능력의 경우 모니터 하나의 화면에 지문 내용이 들어갈 수 있게 지문의 길이가 짧아지고, 대신 보다 세부적으로 지문 내용을 이해할 것을 요구하게 되었다.

수험 시 유의사항

온라인 인적성 검사는 별도로 지정된 고사장에 입실하지 않고 수험생 본인의 PC 사용 환경에서 응시하도록 하고 있으며, 이를 위해 온라인 인적성 시험에는 시험일로부터 약 1주 전부터 수험생의 PC에 응시 프로그램을 설치하고 실행을 테스트하는 일정이 포함된다. 일부 PC 사용 환경에서 응시 프로그램의 호환성 문제로 프로그램이 정상적으로 작동하지 않는 경우가 있으므로 프로그램 작동 여부 등을 반드시 확인하는 것이 좋다. 또한 온라인 시험의 부정행위를 방지하기 위해 시험 전 웹캠과 스마트폰을 통해 응시자 본인과 응시할 곳의 책상, 좌석 주변을 촬영할 것을 요구하므로 시험 전 웹캠과 스마트폰을 준비해야 한다.

고사장에 입실하여 지필로 문제를 푸는 수험환경과 달리 온라인 인적성 검사는 PC 모니터를 보고 키보드와 마우스를 이용하여 문제를 풀어야 하며, 일부 기업에서는 부정행위 방지를 위해 수기 메모를 금지하기도 한다. 대신 응시 프로그램에 계산기와 메모장이 내장되어 있어 수험생이 이를 활용하여 문제를 풀 수 있도록 하고 있다.

이러한 점에서 온라인 인적성 검사는 응시환경은 물론, 문제를 푸는 데 사용하는 도구까지 다르므로, 수기로 문제를 푸는 풀이 방법이 아닌, 컴퓨터 메모장과 계산기로 문제를 푸는 방법을 숙지할 필요가 있다. 특히 도형의 형태를 추측해서 문제를 푸는 공간지각능력 영역에서는 직접 그림을 그려서 문제를 푸는 방식에 상당한 제약을 받으므로 특히 주의해야 한다.

삼성[GSAT]

- GSAT(Global Samsung Aptitude Test)는 삼성그룹 채용 시 시행하는 삼성직무적성검사이다.
- 2020년 상반기부터 시행된 온라인 시험은 언어논리와 시각적 사고를 제외한 수리논리, 추리 2개 영역으로 총 50문항, 60분 이내에 풀어야 한다.
- 인성검사는 직무적성검사 합격자에 한하여 면접 당일에 시행한다.

합격 전략

- 기출 유형이 반복해서 출제되므로 자신 있는 유형부터 푸는 등의 전략을 세워 학습하는 것이 좋다.
- 모니터에 나오는 자료, 도형 문제는 풀이 요령이 없다면 많은 시간이 소요되므로 반복적인 문제 풀이연습으로 자기만의 풀이법을 개발하는 것이 좋다.
- 오답 감점제가 있으므로 모르는 문제는 찍지 말고 공란으로 두고 다음 문제를 푸는 것이 좋다.

구성 및 유형

구성	영역	문항 수	시간	출제유형
직무적성검사	수리논리	20문항	30분	응용수리, 자료해석
	추리	30문항	30분	명제, 조건추리, 도형추리, 어휘추리, 논리추론

※ 2023년 기준

현대자동차[HMAT]

- 공개 채용을 폐지하고 수시 채용으로 전환하여 인성검사만을 시행한다.
- 인성검사는 HMAT, 각 문제마다 1~5점 점수를 매기고 세트 마다 제한된 시간이 있어 빠르게 답변해야 한다.

구성 및 유형

구성	영역	문항 수	시간	출제유형
인성검사	1세트	450문항	80분	척도 표시형
	2세트			
	3세트			

※ 2023년 일부 계열사 기준

※ 2021 HMAT
- 자택에서 온라인 시험으로 응시
- 인성 검사 위주의 시험으로 MBTI 테스트와 가까운 수준의 문제로 구성

SK[SKCT]

- SK종합역량적성검사 SKCT(SK Competency Test)는 인지역량 검사[적성검사]와 심층역량검사(인성검사)로 구성된 시험이다.
- 2023년 하반기부터 전 계열사의 출제 영역 및 경향, 시험방식(온라인)이 통일되었다.
- 인지역량(적성검사)은 5개 영역, 100문항, 75분 동안 진행된다.
- 실행역량으로 1세트씩 순서대로 푸는 'N-Back' 게임은 2023년 상반기까지 실시되었다.
- 심층역량검사는 출제 문항 수 및 시험 시간이 구분되어 있어 주어진 시간 내에 풀어야 한다.

합격 전략

- 2023년 하반기부터 필기시험 영역[언어이해, 자료해석, 창의수리, 언어추리, 수열추리], 문항 수(100문항), 시험시간(75분)이 변경되었다.
  ※ 각 영역별 제한된 시험 시간 : 20문항씩 15분
- 출제 유형은 내용 일치 · 불일치, 주제 찾기, 자료 이해와 분석, 응용수리, 명제, 추론, 수열 등 전형적인 기업 필기시험과 비슷하게 출제되었다.
- 검사 시간에는 계산기, 메모장, 그림판 사용이 가능하므로 평소 수험 공부를 할 때 컴퓨터를 활용하는 연습을 해 둔다.
  ※ 온라인 시험 중 이전 문항 이동 불가, 뒤로 가기 및 이전 답안 수정 불가능

구성 및 유형

구성	영역	문항 수	시간	출제유형
인지역량	언어이해	20문항	15분	독해
	자료해석	20문항	15분	자료이해, 자료분석
	창의수리	20문항	15분	응용수리
	언어추리	20문항	15분	명제, 추론
	수열추리	20문항	15분	수열
심층역량	PART 1	240문항	45분	척도 표시
	PART 2	150문항	25분	양극 선택

※ 2023년 하반기 기준, 일부 계열사 구성이 상이할 수 있다.

LG[LG way fit test]

- LG 임직원의 사고 및 행동 방식의 기본 틀인 LG Way에 적합한 인재를 선별하고자 하는 LG만의 평가 방식이다.
- 2022년 하반기부터 직무적성검사는 온라인 방식으로 실시되면서 적성검사는 4개 영역으로 총 60문항, 40분간 진행된다.
- 인성검사는 점수척도형, 가깝다·멀다 선택형이며 직무적성검사 당일 시행한다.

합격 전략

- 적성검사가 온라인 방식으로 진행되면서 지문의 길이가 짧아지거나 수열, 명제, 한눈에 파악할 수 있는 자료 등 난도가 낮아졌지만 주어진 시간 내에 빠르고 정확하게 문제를 푸는 연습을 한다.
- 검사 시간에는 자필 메모를 할 수 없고 프로그램 내에 있는 메모장, 계산기만 사용 가능하므로 미리 컴퓨터를 활용하는 연습을 한다.

구성 및 유형

구성	영역	문항 수	시간	출제유형
적성검사	언어이해	15문항	10분	독해, 추론
	언어추리	15문항	10분	명제, 삼단논법, 진위
	자료해석	15문항	10분	자료이해, 자료분석
	창의수리	15문항	10분	수열추리, 응용계산
인성검사		183문항	20분	척도표시, 양극선택

※ 2023년 기준

기업별 인적성검사 개요

 ## 롯데[L-TAB]

- 2021년 상반기 채용시험부터 실제 업무 상황처럼 구현된 L-TAB용 평가 프로그램을 이용한 실무 시뮬레이션 방식으로 진행하는 온라인 검사이다.
- 적성검사는 3개 영역으로 60문항, 120분간 진행되고 직무별 유형 구분은 없다.
- 인성검사는 직무적성검사 당일 시행한다.

합격 전략

- 실제 업무 상황처럼 구현된 Outlook 메일함/자료실 환경에서 이메일 및 메신저 등으로 전달된 다수의 과제 수행을 해결하는 시뮬레이션 방식이므로 관련 자료가 제시되는 문제 유형을 학습해 두는 것이 좋다.
- 언어적 사고는 보고서를 바탕으로 사업 계획서를 작성하거나 수리적 사고는 수치 계산, 경우의 수, 확률 계산이나 자료를 보고 계산하는 문제가 출제되므로 각 유형별로 자료 해석 중심으로 문제 푸는 연습을 해 둔다.

구성 및 유형

구성	영역	문항 수	시간	출제유형
적성검사	언어적 사고	60문항	120분	• 이메일 회신 : 기사, 보고서, 자료해석 문제＋이메일 답변 • 메신저 : 경우의 수, 확률, 응용계산, 언어 추리 등 짧은 문제＋메신저 답변 • 캘린더 : 이메일로 전송된 회의실 예약, 일정을 등록
	수리적 사고			
	문제해결			
인성검사		300여 문항	60분	척도 표시

※ 2023년 기준

CJ[CJAT + CAT]

- CJ 종합적성검사는 직무수행능력검사 CAT와 인성검사 CJAT로 구성된다.
- CAT는 4개 영역으로 총 80문항, 100분 이내에 풀면 된다.
  ※ 계열사별 시험 진행시기, 방식이 상이함.
- 2023년 하반기부터 회사 문화나 직무 적합도를 평가하는 인성검사와 계열사별 특징적인 시험을 추가하여 시행하는 계열사도 있다.

합격 전략

- 온라인 시험이 시행되면서 언어, 수리, 추리, 자료해석 등 새로운 유형이 출제되었으므로 다양한 기출문제 유형을 학습하고 미리 눈으로 문제를 푸는 연습을 한다.
- 2020년부터 계열사별로 도입된 CJ 신유형 시험에서 해당 계열사와 관련된 서술형 문제가 출제 되므로 지원하는 계열사의 특성을 미리 학습한다.
- 각 영역 시간 전 예제문제 풀이시간에 집중하여 유형을 파악할 수 있도록 한다.

구성 및 유형

구성	영역	문항 수	시간	출제유형
적성검사	언어이해	20문항	15분	내용 이해(일치/불일치), 빈칸 채우기
	언어추리	20문항	15분	명제, 추론, 비판적 사고
	자료해석	20문항	20분	표, 그래프 해석
	창의수리	20문항	15분	응용수리
인성검사	PART 1	275문항	45분	진위(예/아니오)형
	PART 2	90문항	15분	척도형

※ 2023년 일부 계열사 기준

📝 CJ 신유형 테스트

테스트 제도	평가 방법	계열사
직무수행 능력평가	2~6주 동안 지원한 직무와 유관한 부서에서 과제, 업무 수행을 하는 풀타임 인턴십 채용 과정	CJ E&M, CJ오쇼핑, CJ올리브영, CJ제일제당, CJ프레시웨이, CJ대한통운
직무 FIT TEST	계열사별 직무와의 적합도 판단	CJ E&M, CJ오쇼핑, CJ올리브영, CJ올리브네트웍스
CIT TEST	콘텐츠 트렌드에 대한 관심도, 지원한 직무에 대한 이해도	CJ E&M
CJWT TEST	작문 또는 논술 시험	CJ E&M, 신입 PD 직군에 해당

※ 2020년부터 계열사별로 도입된 제도

포스코[PAT]

POSCO

- 직무적성검사는 4개 영역으로 총 60문항이 출제되며 60분 이내에 풀어야 한다.
- 2022년도 하반기부터 직무적성검사는 상황판단, 공간지각, 사무지각 영역이 제외 되었고 추리영역이 추가되어 온라인 시험으로 시행된다.

합격 전략

- 언어이해는 주제 찾기, 문단 배열하기, 내용 추론하기 유형은 온라인 화면으로 스크롤을 이용하여 문제를 풀어야 하므로 사전에 눈으로 문제를 푸는 연습을 한다.
- 자료해석, 문제해결, 추리의 경우 대부분 온라인 시험 전환 이전에도 출제되었던 유형이므로 메모장, 암산을 이용하여 제한된 시간에 문제를 푸는 방법을 미리 연습을 한다.

구성 및 유형

구성	영역	문항 수	시간	출제유형
직무적성검사	언어이해	15문항	60분	주제, 맥락이해, 언어추리, 문서작성, 언어구상 등
	자료해석	15문항		기초연산, 도표/수리자료 이해 및 분석, 수리적 자료 작성 등
	문제해결	15문항		대안탐색 및 선택 의사결정, 자원관리 등
	추리	15문항		유추/추론능력, 수열추리 등
인성검사		450문항	50분	예/아니오 형식

※ 2023년 하반기 기준

KT[KTCT]

- 지원자의 인성과 적성이 KT그룹의 조직과 인재상에 부합하는지 종합적으로 평가하는 검사이다.
- 직무적성검사는 4개 영역으로 75문항을 90분 이내에 풀어야 한다.
- 인성검사는 직무적성검사 당일 시행한다.
- 2022년부터 채용 전형에 온라인 인적성 검사가 시행되었다.

합격 전략

- 난도는 낮은 편이지만 문항 수에 비해 풀이시간이 짧으므로 문제 푸는 시간을 줄이는 연습이 필요하다.
- 도형 영역은 규칙을 이용한 도형 추리, 도형 회전 등 다양한 문제가 출제되므로 여러 유형의 문제를 푸는 연습을 한다.
- 온라인 인적성 검사를 진행 시 별도의 필기구는 사용할 수 없으므로 제공되는 계산기, 메모장, 드로잉 툴을 이용하여 문제를 푸는 연습을 미리 한다.

구성 및 유형

구성	영역	문항 수	시간	출제유형
종합인적성검사	언어영역	20문항	20분	독해(순서배열, 주제), 보고서 작성
	추리영역	20문항	25분	언어추리, 수열, 논리게임
	수리영역	20문항	25분	응용수리, 자료해석
	도형영역	15문항	20분	도형 추리(규칙), 도형 회전
인성검사	PART 1 PART 2	약 450문항	60분	척도 표시형, 양극 선택형

※ 2023년 기준

이랜드[ESAT]

- 직무적성검사는 3개 영역으로 70문항을 60분 이내에 풀어야 한다.
- 기초인재검사는 이랜드의 인재상에 부합하는지, 사회와 관련된 생각을 묻거나 자신의 성향을 검사한다.
- 상황판단검사는 회사에서 일어날 수 있는 상황을 어떻게 행동할 것인지를 묻는 검사이다.

합격 전략

- 언어비평검사는 명제, 논리 추론, 진위를 묻는 언어추리 유형, 접속사 넣기, 내용일치, 주제를 찾는 장문 독해 유형으로 출제되었고, 수리비평은 자료 기반으로 수치를 계산하는 유형이 출제되므로 짧은 시험 시간에 답을 도출해 내는 연습을 한다.
- 인성검사는 여러 방식으로 진행되므로 솔직하고 일관성 있게 답변하고 미리 기업의 인재상, 경영이념을 숙지하는 것이 좋다.

구성 및 유형

구성	영역		문항 수	시간	출제유형
기초인재검사	정보, A, B, C 유형		100문항	40분	• 기업 정보, 진위(예/아니오)형 • 척도형
적성검사	언어비평	언어추리	20문항	60분	명제, 논리 추론, 진위
		장문독해	25문항		주제 찾기, 문단 배열, 빈칸 채우기, 내용 일치/불일치
	수리비평	자료해석	25문항		표, 그래프 등 자료해석
상황판단검사			32문항	45분	직무상황 파악
인재유형검사			462문항	60분	인성검사 유형

※ 2023년 기준

GS

- GGS건설 직무적성검사는 상경계(언어, 수리, 연역적사고)와 이공계(공간추론, 기계이해, 연역적사고)로 실시된다.
- GS칼텍스 직무적성검사는 언어추리, 수리추론, 한국사 3개 영역으로 85문항이 출제되며 50분 이내에 풀어야 한다.
  ※ 계열사별 시험 진행시기, 방식이 상이함.
- 인성검사는 직무수행능력검사와 함께 시행된다.

합격 전략

- 계열사 별로 시험 진행 방식, 출제 영역이 다르므로 응시하는 회사의 시험 구성과 출제유형을 확인하고 준비한다.
- 적성검사가 온라인 방식으로 진행되면서 난도가 낮아졌지만 각 파트별 문항 수에 비해 시험 시간이 매우 짧으므로 최대한 빠른 속도로 문제를 눈으로 푸는 연습을 한다.

구성 및 유형

구성			영역	문항 수	시간	출제유형
GS건설	상경계	적성검사	언어	40문항	20분	독해 : 지문당 2~4문제/답변 '참, 거짓, 알 수 없음' 중 선택
			수리	30문항	20분	자료해석
			연역적사고	30문항	20분	규칙 찾기
		인성검사		450문항	50분	
	이공계	적성검사	공간추론	36문항	15분	도형 찾기(블록, 평면도, 측면도)
			기계이해	44문항	16분	물리
			연역적사고	30문항	20분	규칙 찾기
		인성검사		104문항		양극 선택형
GS칼텍스		적성검사	언어추리	45문항	15분	독해 : 지문당 2~4문제/답변 '참, 거짓, 알 수 없음' 중 선택
			수리추론	30문항	25분	자료해석
			한국사	10문항	10분	역사상식
		인성검사		약 104문항	30~40분	

※ 2023년 기준

두산[DCAT]

- DCAT(Doosan Comprehensive Aptitude Test)는 지원자가 성공적인 업무수행을 위한 역량과 기초직무능력을 갖추었는지 평가하는 두산 종합검사이다.
- 입사지원서 제출 시 온라인으로 응시하는 DBS(Doosan Biodata Survey)(약 170문항, 60분)를 통과한 응시자에 한해서 인적성 검사가 진행된다.
- 온라인 시험으로 진행되며 인문계/이공계 공통 영역 5개 영역으로 총 75문항, 65분으로 진행된다.
- 인성검사는 5점 척도형, 멀다 · 가깝다 선택형으로 구성된다.

합격 전략

- 온라인 시험으로 치르는 다른 기업의 적성검사와 비교하였을 때 두산 적성검사는 주어진 시간에 비해 문항 수가 많으므로 빠르게 푸는 방식을 연습한다.
  ※ 프로그램 내에 메모장, 계산기 사용 가능
- 수리자료 분석의 경우 응용수리, 행렬, 자료해석 등 문제는 1분 이내로 풀어야 제한 시간에 모두 답을 도출해 낼 수 있으므로 시간 배분을 고려하여 연습 한다.
- 공간추리, 도형추리도 규칙을 찾는 방법을 미리 숙지해 두면 짧은 시간에 문제를 모두 풀 수 있다.

구성 및 유형

구성	영역	문항 수	시간	출제유형
적성검사	언어논리	20문항	20분	명제, 추론, 주제 찾기
	언어표현	15문항	10분	빈칸에 맞는 어휘 · 표현 채우기, 맞춤법
	수리자료 분석	20문항	20분	자료해석, 응용수리(방정식), 행렬, 알고리즘
	공간추리	10문항	7분 30초	주사위, 전개도
	도형추리	10문항	7분 30초	도형 규칙 찾기
인성검사		272문항	55분	척도 표시형

※ 2023년 기준

LS

- 필기시험 명칭은 LSAT(LS Aptitude Test)이다.
- 적성검사는 언어이해, 자료해석, 집중력, 수리 4개 영역 80문항이 출제되며 60분 이내에 풀어야 한다.
- 인성검사[450문항/50분]는 적성검사와 함께 당일 시행된다.

합격 전략

- 어려운 전공능력을 묻기보다는 기본적인 언어, 수리, 추리를 요하는 문제들로 구성되어 있으므로 이를 중점으로 학습한다.
- 추리능력의 경우 NCS 유형의 문제도 학습해 보는 것이 좋다.
- 시간 분배가 중요한 시험이므로 신속 · 정확하게 푸는 것도 중요하지만 과감하게 넘기는 연습도 필요하다.
- 각 계열사별로 전형 절차 및 출제 영역이 다르므로 자신이 어떤 시험에 응시하는지를 확인하고 시험에 대비할 수 있도록 한다.

구성 및 유형

구성	영역	문항 수	시간	출제유형
적성검사	언어이해	20문항	60분	독해
	자료해석	20문항		자료이해, 자료계산, 자료변환
	집중력	20문항		문자비교
	추리	20문항		언어추리, 수추리
인성검사		450문항	50분	

※ 2023년 기준

S-OIL

- 직무적성검사는 3개 영역으로 50문항을 60분 이내에 풀어야 한다.
- 생산직과 그 외 직군의 인적성검사가 다르므로 자신이 어떤 시험에 응시하는지를 확인하고 출제 영역에 대비할 수 있도록 한다.

합격 전략

- 온라인 시험으로 치르면서 영역, 문항 수가 줄었지만 언어 영역에서 긴 지문의 문제를 풀 때 빠르게 답을 찾는 연습이 필요하다.
- 수리력은 수학의 기본원리를 바탕으로 문제에 접근하는 능력을 측정하는 문제가 출제되므로 기본적인 공식은 미리 파악해 둔다.
- 도형추리의 경우 1문제 당 1분 이내에 풀어야 하므로 규칙, 패턴 문제를 꾸준히 연습한다.
- 오답 감점제가 있으므로 모르는 문제는 찍지 말고 넘어가는 것이 좋다.

구성 및 유형

구성	영역	문항 수	시간	출제유형
적성검사	언어력	15문항	20분	주제 찾기, 문단 배열, 독해(일치, 불일치)
	수리력	20문항	25분	응용수리, 자료해석
	추리력	15문항	15분	도형(규칙, 패턴)
인성검사		약 421문항	60분	• 파트 1(척도형) • 파트 2(1질문 1대답)

※ 2023년 기준

효성

HYOSUNG

- 적성검사는 8개 영역을 분리해서 연속으로 실시하고 총 151문항을 약 65분 이내에 풀어야 하고, 오프라인으로 진행된다.
  ※ 해당 영역을 풀지 않으면 부정행위로 간주한다.
- 인성검사는 적성검사 실시 전 정해진 기간 내에 온라인으로 진행되며, 약 350문항을 40분~50분 이내에 풀어야 한다.

합격 전략

- 오답 감점제가 있으므로 모르는 문제는 찍지 말고 공란으로 두는 것이 좋다.
- 많은 문제 수에 비해 제한 시간이 짧으므로 깊게 생각하기 보다는 감각적으로 바로 답에 체크하여 정답률을 높이는 것에 집중한다.
- 창의력은 주관식으로 답이 정해져 있는 것이 아니기 때문에 여러 관점에서 독창적인 시각으로 대응하는 것이 중요하다.

구성 및 유형

구성	영역	문항 수	시간	출제유형
적성검사	지각정확력	30문항	6분	비교(그림, 문자)
	언어유추력	20문항	5분	어휘(유의어, 동의어, 반의어, 다의어, 사자성어)
	언어추리력	20문항	5분	명제, 참/거짓
	공간지각력	20문항	8분	전개도, 도형의 일치, 불일치 등
	판단력	20문항	12분	• 독해(주제파악, 문단 배열) • 자료해석
	응용계산력	20문항	10분	응용수리(방정식 등)
	수추리력	20문항	10분	수열
	창의력	1문항	6분	서술형(제시된 문장을 바탕으로 서술)
인성검사		약 350문항	40분	진위형

※ 2023년 기준

삼양

•samyang••

- 삼양 직무적성검사는 지원자가 성공적인 업무수행을 위한 역량과 기초직무 능력을 갖추었는지 평가하는 검사이다.
- 온라인 시험으로 진행되면서 인문계/이공계 공통 영역 2개, 직무별 1개 영역으로 문항 수, 시험시간은 상이하다.
- 온라인 시험 준비물 : 빈 용지, 필기구, 계산기(수리비평 능력검사 시에만 활용)

합격 전략

- 지원 직무에 따라 출제 영역이 다르므로 응시할 시험 영역에 맞춰 학습한다.
- 온라인 시험으로 치르는 다른 기업의 적성검사와 달리 삼양 적성검사는 주어진 시간에 비해 문항 수가 많으므로 빠르게 푸는 방식을 연습 한다.
- 연역적 판단의 경우 도형추리, 알고리즘 해석은 1분 이내로 풀어야 제한 시간에 모두 답을 도출해낼 수 있으므로 시간 배분을 고려하여 연습 한다.
- 공간추리, 도형추리도 규칙을 찾는 방법을 미리 숙지해 두면 짧은 시간에 문제를 모두 풀 수 있다.

구성 및 유형

구성		영역	문항 수	시간	출제유형
적성검사	공통	언어비평	40문항	20분	• 비문학, 독해(추론) • 선지 형식(사실, 거짓, 알 수 없음)
		수리비평	30문항	25분	자료해석(은행금리)
	이공계	연역적 판단	30문항	20분	도형추리, 알고리즘 해석
	인문, 상경	도식 추론	40문항	30분	도식추리(규칙에 따라 도형 순서 도출)
인성검사			104문항		척도 표시형

※ 인성검사는 별도의 제한시간 없이 적성검사 종료 후 남은 시간 동안 실시
※ 2023년 기준

샘표

- 샘표 인적성 검사는 총 3개 영역으로 구성되며 총 60문항을 90분 이내에 풀어야 한다.
  ※ 영역별 제한시간이 종료되면 다음 영역으로 넘어간다.
- 인성검사도 직무적성검사와 함께 실시되며 85세트, 50분이 주어진다.

합격 전략

- 모든 문항에는 오답 감점제가 있으므로 모르는 문제는 찍지 말고 넘어가는 것이 좋다.
- 수정테이프를 반드시 챙겨야 하며, 컴퓨터용 사인펜 이외의 필기구의 사용은 불가하다.
- 각 분야별로 인성이나 적성에서 중요시하는 과목이 모두 다르다.

구성 및 유형

구성	영역	문항 수	시간	출제유형
적성검사	언어	20문항	30분	독해(추론)
	수리	20문항	30분	응용수리, 자료해석
	도형추리	25문항	30분	규칙에 따라 도형 고르기
인성검사		85세트	50분	척도 표시형

대우건설

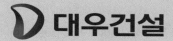

- 대우건설 직무적성검사는 지원자가 성공적인 업무수행을 위한 역량과 기초직무 능력을 갖추었는지 평가하는 검사이다.
- 적성검사는 7개 영역을 100분 이내에 풀어야 한다.
- 바이오데이터는 개인 성향을 묻는 문항으로 인성검사와 다르다.

합격 전략

- 수치자료판단은 난도가 높으므로 수학의 기본원리와 공식을 숙지하고 응용력 중점으로 학습한다.
- 시간 분배가 중요한 시험이므로 신속·정확하게 푸는 것도 중요하지만 과감하게 넘기는 연습도 필요하다.
- 시험 영역이 순차적으로 진행되므로 영역 마다 주어진 시간을 충분히 이용한다.

구성 및 유형

구성	영역	문항 수	시간	출제유형
인성검사		약 340문항	60분	척도표시형, 양극선택형
직무능력 검사	바이오데이터 A, B, C	120문항	100분	개인 성향 관련 문항
	언어자료판단 D	20문항		문서자료 이해 및 비판적 사고, 추리 등
	수치자료판단 E	20문항		수치자료 정리 및 추리
	상황판단 F	25문항		일상생활 장면에서 실체적 문제해결
	Construction	15문항		현업의 문서자료, 공간 구조 등의 이해 및 해석

SPC

SPC

• 계열사 별로 서류 전형 후 온라인 인성검사 또는 AI 역량검사(온라인)를 진행한다.

AI 역량검사

검사 순서[약 60분]

Warm-up ── ■ 준비 및 답변시간 확인

기본 질문 준비 ─┬ 1분 자기소개 : 준비시간 30초, 답변시간 90초
　　　　　　　　├ 성격의 장단점 : 준비시간 30초, 답변시간 60초
　　　　　　　　└ 직무지원동기 : 준비시간 30초, 답변시간 60초

성향 파악 ─┬ ■ 약 160문항
　　　　　　　└ ■ 성격과 관련된 질문에 '매우 그렇다 – 그렇다 – 보통 – 그렇지 않다 – 매우 그렇지 않다' 답변

상황대처 ─┬ ■ 준비시간 30초, 답변시간 60초, 두 개 질문에 답변
　　　　　　　│ [질문 1] 너한테는 숨기고 싶은 과거를 친구가 자꾸 꺼내며 다른 친구들에게 웃음거리로 사용한다. 너는 그 친구에게 뭐라 하겠는가?
　　　　　　　└ [질문 2] 온라인 거래로 핸드폰을 판매한지 2주 만에 구매자가 액정이 깨진상태로 받았다며 환불을 요구한다. 뭐라고 답변하겠는가?

전략 게임 ── 10가지 유형 게임 진행

심층 대화 ─┬ ■ 2개의 메인 질문, 각 메인질문 당 추가질문 2개씩 진행
　　　　　　　├ [메인질문] 5초 안에 Yes or No
　　　　　　　├ [추가질문 1] 30초 준비 60초 답변
　　　　　　　└ [추가질문 2] 30초 준비 60초 답변

고시넷 20대기업 온·오프라인 인적성검사 통합기본서

영역별 기출 키워드

▶ 언어 : 글의 주제, 접속어, 글의 순서, 내용 일치
▶ 수리 : 방정식, 경우의 수, 자료의 수치 분석
▶ 추리 : 규칙 찾기, 삼단논법, 진위추론, 문자 및 도형 변환
▶ 공간지각 : 펀칭, 블록 쌓기, 투상도, 전개도
▶ 사무지각 : 자료 비교, 일치하는 기호나 문자 찾기

권두부록 대표기출유형

대표기출유형

▪유형1 지문을 읽고 글의 주제를 찾는 유형 ▪유형2 지문을 읽고 중심 내용을 찾는 유형 ▪유형3 비문학 지문을 정확하게 이해하는 유형 ▪유형4 제시된 지문의 빈칸에 알맞은 것을 고르는 유형 ▪유형5 주어진 문장, 문단을 글의 논리적인 흐름에 맞게 배열하는 유형 ▪유형6 지문을 바탕으로 추론하는 유형 ▪유형7 지문을 읽고 내용의 일치 여부를 판단하는 유형 ▪유형8 제시된 사례에 맞는 사자성어를 찾는 유형 ▪유형9 방정식, 확률, 통계와 관련된 기초연산 유형 ▪유형10 단일형으로 제시된 자료나 그래프의 해석 유형 ▪유형11 두 개 이상 제시된 자료나 그래프의 해석 유형 ▪유형12 통계자료를 그래프로 변환하는 유형 ▪유형13 주어진 문자, 숫자들의 일정한 규칙을 파악하는 유형 ▪유형14 주어진 조건을 통해 결론을 추론하는 유형 ▪유형15 주어진 정보들을 연결, 결합, 제거 등 방식으로 결론을 도출해 내는 유형 ▪유형16 일정한 규칙에 따라 변환하는 문자, 모양, 색을 추리하는 유형 ▪유형17 조건을 고려하여 결과를 찾는 유형 ▪유형18 제시된 도형에서 규칙을 찾아 문제에 적용하여 푸는 유형 ▪유형19 제시된 도형을 다양한 방향으로 회전시켰을 때 모양을 유추, 비교하는 유형 ▪유형20 접은 종이를 펀칭, 자른 후 펼쳤을 때의 나올 수 있는 모양을 고르는 유형 ▪유형21 블록을 결합, 분리, 회전했을 때의 모양을 유추하는 유형 ▪유형22 전개도의 입체도형, 비교, 응용 등 세부적으로 묻는 유형 ▪유형23 좌우 숫자 배열을 비교하여 서로 같거나 다른 부분을 찾는 유형 ▪유형24 의미 없이 나열된 여러 기호에서 제시된 기호가 몇 개인지 묻는 유형 ▪유형25 제시된 자료에서 특정 어휘를 찾거나 두 개의 자료를 비교하여 서로 다른 부분을 찾는 유형

지문을 읽고 글의 주제를 찾는 유형

01 다음 중 글의 주제로 적절한 것은?

A 마을의 연못에는 수많은 물고기들이 살고 있었다. 그러던 어느 날 A 마을에 큰 화재가 발생했고 연못의 물고기들에게도 그 소식이 전해졌다. 이 소식을 듣고 한 물고기가 옆 마을인 B 마을의 연못으로 대피해야 한다고 주장했으나, 대부분의 물고기들은 물속에 사는 우리와 마을 화재는 아무 상관없는 일이라며 그 물고기의 주장을 무시했다. 그러나 B 마을의 연못으로 피신한 소수의 물고기만 살아남고 A 마을의 연못에 남아있던 물고기들은 죽음을 면치 못하였다. A 마을 사람들이 연못의 물을 모두 퍼다 불을 끄는 데 사용하여 연못이 완전히 말라버렸기 때문이다.

마을에 화재가 발생했다는 상황은 물고기들에게 의미 있는 정보라고 볼 수 있다. 하지만 이 정보를 들은 대부분의 물고기들은 이를 단편적으로 수용하기만 하고 그에 대해 어떠한 판단이나 예측을 하지는 못했다. 지식은 알게 된 정보를 바탕으로 종합적 사고를 하여 주체적으로 가공하고 판단한 결과이다. 마을에 불이 났다는 정보를 접하고 불을 끄기 위해 사람들이 연못의 물을 끌어다 쓰게 될 것이라고 판단한 물고기는 지식을 가지고 있었던 것이라 할 수 있다.

① 정보와 지식의 중요성   ② 정보와 지식의 위험성

③ 정보와 지식의 객관성   ④ 정보와 지식의 차이성

지문을 읽고 중심 내용을 찾는 유형

권두부록

파트 1
언어능력

파트 2
수리능력

파트 3
추리능력

파트 4
공간지각능력

파트 5
사무지각능력

파트 6
인성검사

02 다음 글의 중심 내용으로 옳은 것은?

> 컴퓨터는 그것이 처리할 수 있는 정보의 양과 속도 면에서는 인간의 능력을 훨씬 뛰어넘는다. 그러나 컴퓨터의 기능이 복잡하기는 하더라도 궁극은 공식에 따라 진행되는 수리적, 논리적인 여러 조작의 집적으로 이루어지는 지능이다.
>
> 공식에 따르지 않는 지적, 정신적 기능이 컴퓨터에는 있을 수 없다. 심리학에서는 컴퓨터처럼 공식에 따르는 정신 기능을 수렴적 사고라 하고 이에 비해 인간이 이루어 내는 종합적 사고를 발산적 사고라 한다. 발산적 사고는 과학, 문학, 예술, 철학 등에서도 아주 중요한 지적 기능이다. 이러한 지능은 컴퓨터에는 없다. 컴퓨터가 아무리 발달한다 해도 컴퓨터가 '죄와 벌'과 같은 문학 작품을 써낼 수는 없다. 지나치게 컴퓨터에 의존하거나 중독되는 일은 이런 발산적 사고의 퇴화를 가져올 수 있다.

① 컴퓨터의 위해
② 컴퓨터의 속성
③ 컴퓨터의 능력
④ 컴퓨터와 인간의 사고

03 제시된 글에 대한 반응으로 적절하지 않은 것은?

한양도성은 조선왕조 도읍지인 한양의 경계를 표시하면서 그 권위를 드러내고 외부의 침입으로부터 수도를 방어하기 위해 축조된 성이다. 한양도성은 태조 5년(1396)에 북악산, 낙산, 남산, 인왕산 능선을 따라 축조했고 평균 높이는 약 5 ~ 8m, 전체 길이는 약 18.6km에 이른다. 그리고 이 도성은 전 세계에 현존하는 도성 중 가장 오랜 기간인 514년(1396 ~ 1910) 동안 도성으로서 그 기능을 수행하였다.

한양도성에는 4대문과 4소문이 있는데 4대문은 흥인지문, 돈의문, 숭례문, 숙정문이며 4소문은 혜화문, 소의문, 광희문, 창의문이다. 또한 도성 밖으로 물길을 잇기 위해 흥인지문 주변에 오간수문과 이간수문을 두었는데 현재 돈의문과 소의문은 멸실된 상태이다.

이러한 한양도성은 고구려부터 사용된 산성과 평지성을 함께 쌓는 축성 체계와 기법을 계승하고 발전시킨 성으로 처음 축조된 뒤에도 여러 차례 보수하고 개축되었다. 이러한 개보수의 역사를 성벽을 통해 고스란히 느낄 수 있다.

태조(1396) 때는 1월과 8월, 두 차례의 공사를 통해 축성을 마무리하였는데 산지는 석성으로, 평지는 토성으로 쌓고 성돌은 자연에서 구할 수 있는 돌을 거칠게 다듬어 사용하였다. 그러다 세종(1422) 때 다시 재정비에 들어갔다. 이때는 성돌을 옥수수알 모양으로 다듬어 평지의 토성을 석성으로 고쳐 쌓았다. 숙종(1704) 때는 무너진 구간을 여러 차례에 걸쳐 다시 쌓는 과정을 거쳤는데, 성돌 크기를 가로 · 세로 40 ~ 45cm 내외의 방형으로 규격화하여 개축하였고 이전보다 더 견고한 성벽을 쌓을 수 있었다. 순조(1800) 때는 가로 · 세로 60cm 가량의 정방형 돌을 정교하게 다듬어 성을 보수하였다.

수백 년간 우리와 함께한 한양도성은 자연과 하나가 된 특별한 인공 구조물이다. 자연 원래의 모습을 손상시키지 않고 능선과 지형을 따라가며 성을 쌓았다. 이와 같이 자연을 존중하는 건축 방식은 옛날부터 이어져 온 우리 민족의 전통이다. 이렇게 쌓은 성은 세월이 흐르면서 자연의 일부로 자리 잡게 되었으며 문화와 예술의 대상이 되었다.

① 수빈 : 조선왕조 때는 도성이 도읍의 경계가 되었구나.
② 현지 : 성벽을 보면 시간의 흐름에 따른 도성 축조 기술을 알 수 있어.
③ 도영 : 오랫동안 도성의 기능을 수행하였기 때문에 문화적 가치가 높다고 할 수 있어.
④ 민아 : 한양을 둘러싸고 있는 4개의 산 능선을 따라 한양도성이 지어졌구나.

제시된 지문의 빈칸에 알맞은 것을 고르는 유형

권두부록

파트 1
언어능력

파트 2
수리능력

파트 3
추리능력

파트 4
공간지각능력

파트 5
사무지각능력

파트 6
인성검사

04 다음 글의 ⓐ ~ ⓓ에 들어갈 접속어가 바르게 연결된 것은?

> 소크라테스가 한 젊은이에게 이렇게 질문했다. "이미 알고 있는 것에 대해 질문할 필요는 없다.   ⓐ   전혀 알지 못하는 것에 대해서는 질문을 하는 것조차 불가능하다.   ⓑ   진리를 알지 못하는 우리는 어떻게 해서 진리에 대해 질문할 수 있는 것일까?" 소크라테스는 우리의 영혼이 천상의 이데아계에서 진리를 배웠지만 지상에서 삶을 얻으면서 진리를 망각하게 되었으며,   ⓒ   진리를 어렴풋이나마 기억하고 있기 때문에 그것에 대해 물음을 던지는 것이 가능하다고 대답했다. 천상에 이데아계가 존재하지 않음을 알고 있는 우리 현대인에게 소크라테스의 설명은 농담에 지나지 않는다.   ⓓ   이런 패러독스(paradox)에 대해 우리는 어떻게 대답해야 하는 것일까.
>
> 여기서 처음의 소크라테스의 질문으로 돌아가 보자. 패러독스에 대해 하이데거는, 진리를 알지 못하는 우리는 불안과 죽음의 자각을 통해서 진리에 대해 질문을 던지는 것이 가능하다고 답하였다.

① ⓐ-그래서

② ⓑ-그리고

③ ⓒ-그러므로

④ ⓓ-그렇다면

05 다음 (가) ~ (라)를 글의 흐름에 맞게 순서대로 배열한 것은?

> (가) 이러한 대량 공급은 사람의 일자리를 빼앗았다. 당시 사람들에게 기계의 등장은 생존권 박탈의 위협으로 다가왔다.
>
> (나) 그러나 대량 공급으로 인한 불균형 속에서도 사람들은 곧 안정을 되찾아 갔다. 사람들은 기계가 할 수 없는 부가가치가 있는 영역으로 접근하여 오로지 사람만이 할 수 있는 일을 찾아냈다.
>
> (다) 지금은 또 상황이 달라졌다. 기술의 발전으로 결국 기계는 제품영역을 넘어서 서비스 영역까지 침범하고 있다. 가성비와 품질에서 경쟁력을 갖춘 플랫폼이나 소프트웨어들이 등장하고 있다. 심지어 세무사, 공인중개사, 법무사, 변호사 등 전문가의 업무에서 또한 사람보다 나은 서비스를 저렴한 가격에 제공하고 있다.
>
> (라) 영국에서 일어난 산업혁명은 인간들의 생활의 모든 것을 바꾸었다. 산업혁명 이후 일반적으로 사람의 손에서 만들어진 것들이 동력으로 만들어져 일정한 품질을 유지하면서도 사람의 손으로 불가능했던 양의 물건들이 사회에 쏟아져 나왔다.

① (다) - (가) - (나) - (라) 　　② (다) - (나) - (라) - (가)
③ (라) - (가) - (나) - (다) 　　④ (라) - (나) - (가) - (다)

06 다음 (가) ~ (라)를 논지 전개 순서에 따라 바르게 나열한 것은?

> (가) 사실 과거에는 교육이 우리나라의 가장 큰 장점이었다. 모두가 동의하듯이 우리가 빠른 시일 안에 개발도상국에서 산업화와 민주화를 이루어 선진국의 문턱에 들어선 것은 교육의 힘이었다. 미국 컬럼비아대학의 유명 경제학자 제프리 삭스는 2015년 세계교육포럼에 참석해 "한국의 경제발전은 전례가 없는 성과이고, 교육이야말로 경제 발전의 연료 역할을 했다는 데 의심의 여지가 없다."라고 말했다. 버락 오바마 전 미국 대통령은 재임 시절 "한국에서는 교사가 국가 건설자(Nation Builder)라고 불린다."고까지 말한 바 있다. 그러나 이제는 우리나라 교육에 대해서 대부분의 사람들이 불평하고 있다. 학생들은 "공부가 재미없고 지겹다."면서 "열심히 공부해도 취업에 도움이 안 된다."고 불만이고, 기업인들은 "대학을 나와도 쓸 만한 인재가 없다."고 아우성이다. 학부모들은 사교육비가 너무 비싸서 감당할 수 없다고 비명을 지르고, 대학들은 재정난으로 경영이 불가능하다고 토로한다.

권두부록

파트 1
언어능력

파트 2
수리능력

파트 3
추리능력

파트 4
공간지각능력

파트 5
사무지각능력

파트 6
인성검사

(나) 이러한 우리나라 교육의 문제는 단편적인 처방 몇 가지로 해결될 일이 아니라는 데에 심각성이 있다. 교육의 틀을 근본적으로 바꾸는 사회적 대전환이 필요하다. 마침 시대의 변화도 이러한 대전환을 요구하고 있다. 영국 옥스퍼드대학 연구팀에 의하면 인공지능 (AI)으로 대표되는 제4차 산업혁명이 본격화되면 전문직을 포함해서 현재 있는 직업의 47%가 사라질 것이라고 한다. 또한 세계경제포럼(WEF)의 예측에 의하면, 지금 초등학교 에 입학하는 학생들의 65%는 현재 존재하지도 않는 직업을 가지고 일할 것이라고 한다. 학생들이 졸업 후 어떠한 일을 할지도 모르는데, 학교에서 무엇을 가르칠지는 어떻게 결 정하나.

(다) 물론 이 같은 대대적인 교육개혁에는 상당한 저항이 예상된다. 교육에는 학부모 및 교사, 사교육 종사자 등 관련자가 매우 많으며, 이들은 서로 다른 이해관계를 가지고 있기 때문 이다. 게다가 이념적인 대립도 만만치 않다. 과거 국정교과서 문제라든지 교육과정 개편 등 교육 현안이 있을 때마나 얼마나 시끄러웠는지를 생각해보면, 사회적인 합의를 끌어 내기가 쉽지 않음을 짐작할 수 있다. 그러나 그렇다고 미리 포기할 수는 없다. 그러기에 는 우리의 학생들이 너무 불쌍하다. 곧 쓸모없어질 지식을 달달 외우느라 인생의 좋은 시절을 허송하고, 살인적인 경쟁에 짓눌려 초중고 학생 4명 중 1명이 자해나 극단적 선 택까지 생각해보는 것이 현실이기 때문이다. 우리 미래 세대의 행복과 나라의 발전을 위 해 담대한 교육개혁의 큰 그림을 그리고 사회적 대타협을 시도하는 것이 필요한 시점이 다. 물론 대타협에 이르기까지 많은 시간이 걸릴 수도 있다. 그러나 늦었다고 생각할 때 가 가장 빠르다고 하지 않는가.

(라) 단순히 불평으로 끝나는 것이 아니라, 이제는 교육이 국가 주요 문제의 원인이 되는 지경 에 이르렀다. 예를 들어 인구보건복지협회가 실시한 조사에 의하면 청년세대가 출산을 원치 않는 가장 큰 이유는 양육비, 교육비 등 경제적 부담이었다. 즉 막대한 사교육비가 출산율 저하의 큰 원인인 것이다. 또한 총인구가 감소하는 것뿐만 아니라 인구의 수도권 집중현상이 큰 문제인데, 이것도 지역별로 교육기회가 고르지 못한 것이 큰 원인이다. 게다가 우리나라의 청소년 자살률은 경제협력개발기구(OECD) 국가 중 최악으로서 OECD 평균의 두 배가 넘는다. 학생들이 지나친 경쟁으로 내몰려 과도한 학업 스트레스 를 견디지 못하는 것이다. 이처럼 과거 우리나라를 일으켜 세웠던 교육이 이제는 오히려 문제를 일으키는 원인으로 전락했다.

① (가)-(나)-(다)-(라) ② (가)-(나)-(라)-(다)

③ (가)-(라)-(나)-(다) ④ (가)-(라)-(다)-(나)

지문을 바탕으로 추론하는 유형

[07 ~ 09] 다음 글을 읽고 이어지는 질문에 답하시오.

개개인의 인간은 자신들의 이해관계뿐만 아니라 다른 사람들의 이해관계도 고려하며, 때에 따라서는 의사결정을 내리기 전에 다른 사람들의 이익을 우선하고 존중하기도 한다는 점에서 도덕적이다. 개인은 본성상 자신들과 비슷한 사람들에 대한 공감과 이해심을 갖고 있다. 이러한 동류의식을 느끼는 범위는 사회적으로 교육에 의해 얼마든지 확장할 수 있다. 특히 인간은 이성적인 능력을 통해 정의감을 키워갈 수 있는데 이 정의감은 교육적 훈련에 의해 연마되어 자신의 이해관계가 얽혀 있는 사회적 상황을 공정하고 객관적인 기준으로 바라볼 수 있을 정도로 이기주의적인 요소들을 정화시킨다.

그러나 이 모든 성과들은 개인들에 비해 집단 차원에서는 훨씬 획득되기가 어렵다. 모든 인간 집단을 개인과 비교해보면 집단이 개인에 비해 충동을 억제할 수 있는 이성과 자기 극복 능력, 그리고 타인의 욕구를 수용하는 능력이 훨씬 결여되어 있다. 게다가 집단을 구성하는 개인들마저 개인적 관계에서보다 집단 간 관계에서 훨씬 강도가 높은 이기주의가 나타난다.

이처럼 집단의 도덕성이 개인의 도덕성에 비해 열등한 데에는, 본질적으로는 자연적 충동*에 버금갈 만한 합리적인 이유로 사회적 세력을 형성하기가 힘들기 때문이다. 또한 개인들의 이기적 충동이 개별적으로 나타날 때보다는 사회라는 별도의 속성으로서 하나의 공통된 충동으로 결합되어 나타날 때 더욱 생생하게, 그리고 더욱 누적되어 집단 이기주의로 표출되기 때문이다.

* 애덤 스미스가 제시한 인간의 두 가지 자연적 충동으로 하나는 모든 인간이 지금보다 더 잘 살고 싶어한다는 것이고 다른 하나는 인간은 자신이 가진 것을 다른 사람의 것과 교환하고 거래하고자 한다는 것이다.

권두부록

파트 1
언어능력

파트 2
수리능력

파트 3
추리능력

파트 4
공간지각능력

파트 5
사무지각능력

파트 6
인성검사

07 제시된 글을 바탕으로 할 때, 다음 문장의 진위여부로 적절한 것은?

> 개인과 집단의 도덕적 입장은 서로 배타적이다.

① 참　　　　　　　　② 거짓　　　　　　　　③ 알 수 없음.

08 제시된 글을 바탕으로 할 때, 다음 문장의 진위여부로 적절한 것은?

> 개인의 이기심은 교육적 훈련을 통해 완화될 수 있다.

① 참　　　　　　　　② 거짓　　　　　　　　③ 알 수 없음.

09 제시된 글을 바탕으로 할 때, 다음 문장의 진위여부로 적절한 것은?

> 인간의 합리성을 고양함으로써 집단적 이기심을 견제할 수 있다.

① 참　　　　　　　　② 거짓　　　　　　　　③ 알 수 없음.

지문을 읽고 내용의 일치 여부를 판단하는 유형

10 다음 중 글의 내용과 일치하는 것은?

우리나라에서 바람에 관련된 최초의 기록은 삼국시대로 거슬러 올라간다. 고구려 모본왕(慕本王) 2년 3월(서기 49년 음력 3월)에 폭풍으로 인해 나무가 뽑혔다는 기록이 전해온다. 당시 바람의 세기를 현재의 기준으로 짐작해보면 평균 풍속 30m/s 이상인 중형급 태풍으로 예상해 볼 수 있다.

이러한 태양으로부터 오는 열에너지는 지구의 날씨를 변화시키는 주된 원인으로 작용한다. 지구는 구체의 형태이기 때문에 저위도 지역과 고위도 지역 간에는 열에너지 불균형이 발생한다. 적도 부근은 태양의 고도각이 높아 많은 열에너지를 축적하게 되어 바다에서 대류구름들이 만들어진다. 때때로 이러한 대류구름들이 모여 거대한 저기압 시스템으로 발달하게 되는데, 이를 태풍이라고 부른다. 태풍은 바다로부터 수증기를 공급받아 바람의 강도를 유지하면서 고위도로 이동하게 된다. 이와 같은 과정을 통해 태풍은 지구 남북 간의 에너지 불균형을 해소한다.

태풍은 열대저기압의 한 종류이다. 세계기상기구(WMO)에서는 열대저기압 중에서 중심 부근의 최대풍속이 33m/s 이상인 것을 태풍(TY), 25 ∼ 32m/s인 것을 강한 열대폭풍(STS), 17 ∼ 24m/s인 것을 열대폭풍(TS), 그리고 17m/s 미만인 것을 열대저압부(TD)로 구분한다. 반면, 우리나라와 일본에서는 최대풍속이 17m/s 이상인 열대저기압 모두를 태풍이라고 부른다. 그러나 태풍은 전향력 효과가 미미한 남북위 5° 이내에서는 거의 발생하지 않는다. 그리고 일반적으로 우리나라에 영향을 미치는 태풍은 7 ∼ 10월 사이에 발생한다.

한편 태풍은 지역에 따라 각기 다른 이름으로 불리는데, 북서태평양에서는 태풍(Typhoon), 북중미에서는 허리케인(Hurricane), 인도양과 남반구에서는 사이클론(Cyclone)이라고 부른다.

① 고구려 모본왕 이전에 우리나라에 태풍이 발생한 적이 없다.

② 우리나라에서 태풍이 발생할 확률이 적도 지방에서 태풍이 발생할 확률보다 높다.

③ 중심 부근의 평균풍속이 24m/s인 경우 세계기상기구에서는 이를 강한 열대폭풍으로 분류한다.

④ 전 세계적으로 태풍을 칭하는 용어는 동일하다.

대표기출유형 08

제시된 사례에 맞는 사자성어를 찾는 유형

권두부록

파트 1
언어능력

파트 2
수리능력

파트 3
추리능력

파트 4
공간지각능력

파트 5
사무지각능력

파트 6
인성검사

11 다음 (가), (나)의 내용에 공통적으로 부합하는 사자성어로 옳은 것은?

> (가) 코로나19 팬데믹을 거치면서 전 세계에서 여성 창업이 급증하고 있다. 미국 시사잡지 뉴스위크는 팬데믹 기간에 여성, 특히 소수 인종의 여성 창업이 크게 증가했다고 보도했다. 팬데믹 기간에 여성 창업이 급증한 이유 중 하나는 당시에 여성의 해고 비율이 남성에 비해 높았기 때문이라고 뉴스위크가 지적했다. 해고당한 여성들이 경력 관리와 수입원 확보를 목적으로 창업에 적극 뛰어들었다고 이 매체가 전했다.
>
> (나) 유럽연합(EU)이 2030년까지의 재생에너지 목표를 초과 달성할 것이라는 전망이 나왔다. 영국의 글로벌 에너지 싱크탱크 '엠버'는 "러시아의 우크라이나 침공으로 촉발된 에너지 위기에 대한 유럽연합의 대응은 에너지 녹색 전환을 가속화했다."라고 밝혔다. 러시아의 유럽에 대한 가스공급 축소, 국제 천연가스 가격 폭등 등 러시아-우크라이나 전쟁발 에너지 위기 상황이 오히려 유럽연합에서 재생에너지 확대 가속화의 계기로 작용했다는 것이다.

① 과유불급(過猶不及)   ② 건곤일척(乾坤一擲)

③ 전화위복(轉禍爲福)   ④ 절치부심(切齒腐心)

방정식, 확률, 통계와 관련된 기초연산 유형

12 A4용지를 계속해서 반으로 접어 나가면서 생기는 사각형의 크기를 차례대로 A5, A6, A7, A8, A9, …라고 했을 때, A4용지와 A8용지의 닮음비를 가장 간단한 자연수의 비로 나타낸 것은?

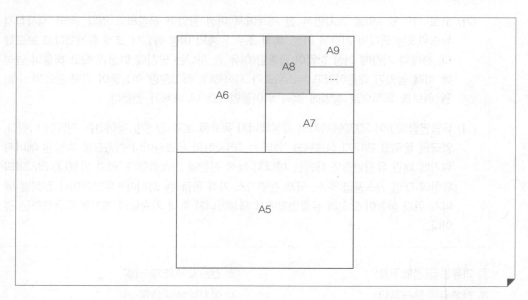

① 32 : 1
② 16 : 1
③ 8 : 1
④ 4 : 1

권두부록

파트 1
언어능력

파트 2
수리능력

파트 3
추리능력

파트 4
공간지각능력

파트 5
사무지각능력

파트 6
인성검사

13 5개의 변량 5, x, y, 10, 4의 평균이 6이고 분산이 4.4일 때 xy의 값을 구하면?

① 12 　　　　　　　　　　② 30

③ 40 　　　　　　　　　　④ 42

14 다음 중 (가)에서 (나)를 거쳐 (다)까지 이동하는 최단거리의 경우의 수로 옳은 것은?

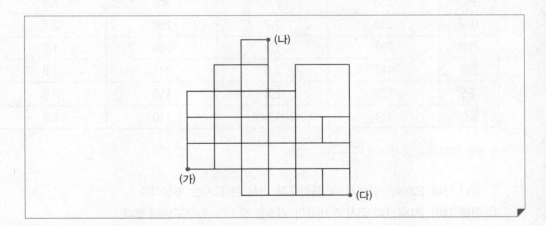

① 68가지 　　　　② 960가지 　　　　③ 980가지

④ 1,008가지 　　　⑤ 1,029가지

단일형으로 제시된 자료나 그래프의 해석 유형

15 다음 20X3 ~ 20X4년 대도시의 인구와 1,000명당 의사 수 관련 자료에 대한 설명으로 옳은 것은?

〈20X3 ~ 20X4년 대도시 인구수 및 인구 1,000명당 의사 수〉

구분	20X3년		20X4년	
	인구수(만 명)	인구 1,000명당 의사 수(명)	인구수(만 명)	인구 1,000명당 의사 수(명)
서울	1,002	3.3	1,000	3.4
부산	353	2.5	352	2.6
대구	250	2.7	250	2.7
인천	284	1.8	288	1.7
광주	147	2.8	147	2.8
대전	152	2.8	150	2.8
울산	114	1.9	110	1.8

※ 인구 1,000명당 의사 수 = $\dfrac{\text{의사 수}}{\text{총인구}} \times 1,000$

① 전년 대비 20X4년의 의사 수 증가율이 가장 큰 도시는 부산이다.
② 전년 대비 20X4년의 의사의 비율이 감소한 도시는 인구도 감소했다.
③ 전년 대비 20X4년의 인구가 증가한 도시는 의사의 비율도 증가했다.
④ 20X4년 인구 1,000명당 의사 수가 가장 적은 도시는 의사의 수가 가장 적다.

16 다음은 202X년 주요 국가별 특허 관련 자료이다. 이에 대한 설명으로 옳은 것은?

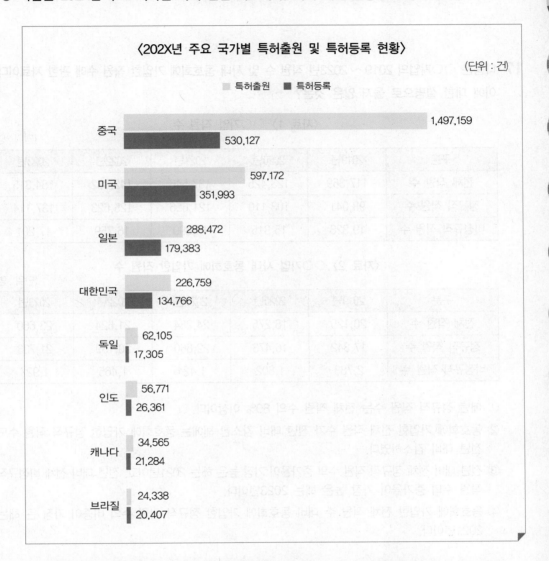

<202X년 주요 국가별 특허출원 및 특허등록 현황>

(단위 : 건)

■ 특허출원 ■ 특허등록

중국 : 1,497,159 / 530,127
미국 : 597,172 / 351,993
일본 : 288,472 / 179,383
대한민국 : 226,759 / 134,766
독일 : 62,105 / 17,305
인도 : 56,771 / 26,361
캐나다 : 34,565 / 21,284
브라질 : 24,338 / 20,407

① 중국을 제외한 국가들의 특허출원 수를 모두 합해도 중국의 특허출원 수에 미치지 못한다.

② 미국은 특허출원과 특허등록 건수 모두 일본의 2배 이상이다.

③ 특허등록 수가 여섯 번째로 많은 국가의 특허출원 수는 50,000건 이상이다.

④ 특허출원 수 대비 특허등록 수 비율이 50% 이상인 국가보다 그 비율이 50% 미만인 국가가 더 많다.

두 개 이상 제시된 자료나 그래프의 해석 유형

17 다음은 ○○기업의 2019 ~ 2023년 직원 수 및 사내 동호회에 가입한 직원 수에 관한 자료이다. 이에 대한 설명으로 옳지 않은 것은?

〈자료 1〉 ○○기업 직원 수

(단위 : 명)

구분	2019년	2020년	2021년	2022년	2023년
전체 직원 수	117,369	123,425	137,546	142,382	154,315
정규직 직원 수	98,041	108,110	121,656	125,623	137,114
비정규직 직원 수	19,328	15,315	15,890	16,759	17,201

〈자료 2〉 ○○기업 사내 동호회에 가입한 직원 수

(단위 : 명)

구분	2019년	2020년	2021년	2022년	2023년
전체 직원 수	20,125	18,275	24,284	21,624	23,660
정규직 직원 수	17,342	16,473	22,860	20,159	21,733
비정규직 직원 수	2,783	1,802	1,424	1,465	1,927

① 매년 정규직 직원 수는 전체 직원 수의 80% 이상이다.

② 동호회에 가입한 전체 직원 수가 전년 대비 감소한 해에는 동호회에 가입한 정규직 직원 수도 전년 대비 감소하였다.

③ 전년 대비 전체 정규직 직원 수의 증가율이 가장 높은 해는 2021년이고, 전년 대비 전체 비정규직 직원 수의 증가율이 가장 높은 해는 2023년이다.

④ 동호회에 가입한 전체 직원 수 대비 동호회에 가입한 정규직 직원 수의 비중이 가장 큰 해는 2021년이다.

18 다음은 20X9년의 남성의 육아휴직에 관한 자료이다. 이에 대한 설명으로 옳지 않은 것은?

<육아휴직 사용자 중 남성의 비중>

(단위 : %)

국가	남성의 비중	국가	남성의 비중
아이슬란드	45.6	캐나다	13.6
스웨덴	45.0	이탈리아	11.8
노르웨이	40.8	한국	4.5
포르투갈	43.3	오스트리아	4.3
독일	24.9	프랑스	3.5
덴마크	24.1	일본	2.3
핀란드	18.7	벨기에	25.7

<아빠전속 육아휴직 기간과 소득대체율>

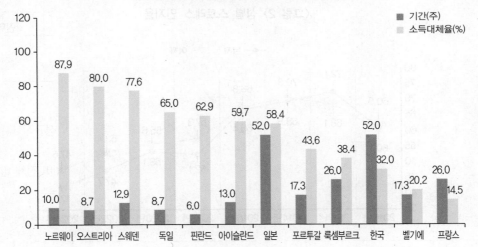

※ 아빠전속 육아휴직 기간 : 육아휴직 기간 중 할당 또는 그밖의 방법으로 아빠에게 주어지며 엄마에게
   양도하거나 공유할 수 없는 기간을 말함.

① 육아휴직 사용자 중 남성의 비중이 가장 큰 국가와 가장 작은 국가의 차이는 43.3%p이다.

② 육아휴직 사용자 중 남성의 비중이 높다고 해서 아빠전속 육아휴직 기간이 긴 것은 아니다.

③ 아빠전속 육아휴직 기간이 길수록 소득대체율이 높다.

④ 아빠전속 육아휴직 기간은 일본이 포르투갈보다 3배 이상 길다.

[19 ~ 20] 다음 보고서와 도표를 보고 이어지는 질문에 답하시오.

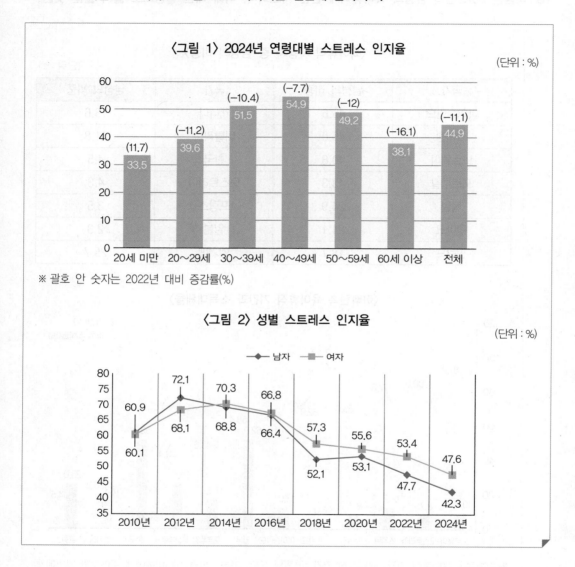

〈그림 1〉 2024년 연령대별 스트레스 인지율

(단위 : %)

※ 괄호 안 숫자는 2022년 대비 증감률(%)

〈그림 2〉 성별 스트레스 인지율

(단위 : %)

<보고서>

개인의 건강은 신체건강과 정신건강으로 측정되며, 최근에는 정신건강의 중요성이 점점 더 부각되고 있다. 스트레스는 일상적으로 발생하는 것으로, 개인들의 정신건강 상태를 측정할 수 있는 가장 대표적인 지표이다. 지난 2주 동안 스트레스를 받은 적이 있는 사람의 비율을 2년 단위로 조사한 스트레스 인지율은 일상생활 전반에 스트레스를 어느 정도 느꼈는지에 대해 '매우 많이 느꼈다' 또는 '느낀 편이다'라고 응답한 사람의 비율을 기준으로 한다.

ⓘ 2022년 스트레스 인지율은 50.5%로, ⓒ 2020년의 54.4%보다 3.9%p 감소하였다. 2010년 60.5%에서 2012년 70.0%로 증가한 이후 2012년부터는 감소하는 추세를 보였다. ⓒ 성별로는 남자는 47.7%, 여자는 53.4%로 여자가 스트레스를 더 많이 느끼는 것으로 확인되었으며, ⓔ 연령대별로는 30 ~ 40대의 스트레스가 가장 높고, 이후 ⓜ 연령이 낮아지거나 증가할수록 점차 감소하는 경향을 보인다.

19 <보고서>의 밑줄 친 ⓘ ~ ⓜ 중 <그림 1>과 <그림 2>을 통해 확인할 수 없는 내용은?

① ⓘ   ② ⓒ   ③ ⓒ

④ ⓔ   ⑤ ⓜ

20 다음 중 2022년 60세 이상의 스트레스 인지율로 옳은 것은? (단, 소수점 둘째 자리에서 반올림한다)

① 38.1%   ② 45.4%   ③ 46.4%

④ 47.7%   ⑤ 50.5%

통계자료를 그래프로 변환하는 유형

21 다음 A 지역의 출산율에 관한 자료를 그래프로 나타낸 것으로 옳지 않은 것은?

〈A 지역의 연령별 출산율〉

(단위 : 명)

구분	20X1년	20X2년	20X3년	20X4년
15 ~ 19세	0.8	0.7	0.7	0.7
20 ~ 24세	9.2	7.6	6.7	5.9
25 ~ 29세	48.3	41.8	36.5	32.3
30 ~ 34세	100.6	94.7	89.3	83.3
35 ~ 39세	47.5	47.2	46.2	44.3
40 ~ 44세	6.1	6.5	7.2	7.5
45 ~ 49세	0.2	0.2	0.2	0.2
합계출산율	1.06	1.002	0.943	0.878

※ 연령별 출산율 : 해당 연령 여성인구 1천 명당 출생아 수
※ 합계출산율 : 가임여성 1인당 출생아 수

권두부록

파트 1
언어능력

파트 2
수리능력

파트 3
추리능력

파트 4
공간지각능력

파트 5
사무지각능력

파트 6
인성검사

① 합계출산율(단위 : 명)

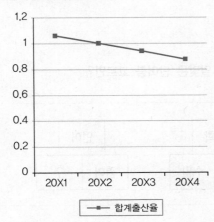

② 25 ~ 39세 연령별 출산율(단위 : 명)

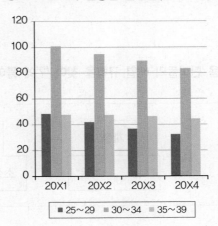

③ 연도별 25 ~ 29세 출산율(단위 : 명)

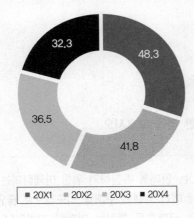

④ 20X3년 30 ~ 40대의 연령별 출산율(단위 : 명)

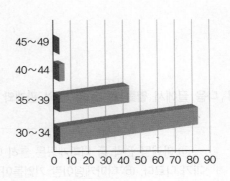

주어진 문자, 숫자들의 일정한 규칙을 파악하는 유형

22 다음 단어들의 배열 규칙을 찾아 '?'에 들어갈 알맞은 단어를 고르면?

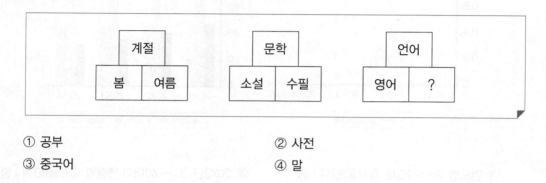

① 공부
② 사전
③ 중국어
④ 말

23 다음 글에서 밑줄 친 ⓐ와 ⓑ의 관계와 가장 유사한 것을 고르시오.

> ⓐ 마케팅 전략 중 디마케팅은 흔히 떠올릴 수 있는 판매를 촉진하기 위한 마케팅과는 효과가 다르다. ⓑ 디마케팅이란 기업들이 자사 상품에 대한 고객의 구매를 의도적으로 줄임으로써 적절한 수요를 창출하고, 장기적으로는 수익의 극대화를 꾀하는 마케팅 기법이다.

① 문학 : 희곡
② 기혼 : 미혼
③ 부모 : 자식
④ 나무 : 뿌리

24 다음 도형의 숫자들의 배열 규칙을 추론하여 '?'에 들어갈 알맞은 숫자를 구하면?

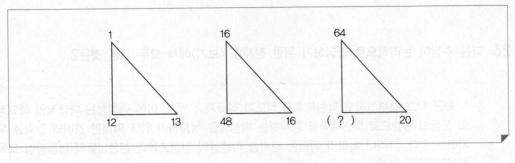

① 72

② 96

③ 128

④ 156

25 다음 숫자들의 배열 규칙을 고려했을 때, 맨 아래에 들어갈 숫자 배열로 가장 적절한 것은?

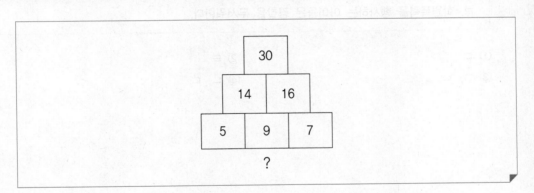

①	0	5	4	8

②	1	4	5	2

③	2	3	7	0

④	6	2	3	1

권두부록

파트 1
언어능력

파트 2
수리능력

파트 3
추리능력

파트 4
공간지각능력

파트 5
사무지각능력

파트 6
인성검사

주어진 조건을 통해 결론을 추론하는 유형

26 다음 주장이 논리적으로 합당하기 위한 전제를 〈보기〉에서 모두 고른 것은?

> 최근 학교 내부에서도 학원폭력의 정도가 심해지고 있다. 이에 경찰청은 대대적인 학교정화 운동의 일환으로 학원폭력을 행사하는 학생들을 색출하기 위해 막대한 경비와 인력을 투자하고 있다. 그러나 차라리 이러한 경비를 학생들의 인성교육과 선생님들의 대응방법 교육에 투자하는 것이 바람직할 것이다.

| 보기 |

ㄱ. 학생들의 인성교육은 학교의 학원폭력에 대한 근절의 효과적인 방법이 된다.
ㄴ. 학생들의 묵인과 학교 측의 미온적인 대응이 학교에서의 학원폭력의 문화가 성행하게 되는 원인이 되었다.
ㄷ. 경찰청의 개입은 최선의 방안이었고 효과적이었다.
ㄹ. 학원폭력을 행사하는 아이들은 경찰을 무서워한다.

① ㄷ

② ㄹ

③ ㄱ, ㄴ

④ ㄴ, ㄷ

주어진 정보들을 연결, 결합, 제거 등 방식으로 결론을 도출해 내는 유형

권두부록

파트 1
언어능력

파트 2
수리능력

파트 3
추리능력

파트 4
공간지각능력

파트 5
사무지각능력

파트 6
인성검사

27 제시된 글의 논증에 대한 설명으로 적절한 것은?

> 김○○ 씨는 비건 단계의 채식주의자이다. 그러므로 김○○ 씨는 어떠한 음식이든 동물을 재료로 한 음식을 먹어서는 안 된다.

① 김○○ 씨는 채식주의자가 아닐 수도 있다.
② 김○○ 씨가 채소를 좋아하는 사람임을 전제한다.
③ 제시된 글은 논리적 오류가 없다.
④ 제시된 글에 따르면 김○○ 씨는 동물실험에 반대하는 사람이다.

28 제시된 글의 근거로 사용되어 필자의 주장을 강화시킬 수 있는 문장으로 적절한 것은?

> 인터넷을 통한 마케팅은 판매자들에게 다양한 이점을 제공한다. 인터넷 마케팅은 24시간 동안 끊이지 않고 제공되고 인터넷만 접속이 가능하다면 세계 어느 곳이든 제공될 수 있다. 또한 인터넷 마케팅은 종이나 사무실, 인력 등의 사용으로부터 자유로워 그 비용이 저렴하다.

① 60대 이상의 노년층은 인터넷을 활용한 매체보다는 종이 매체에 더 익숙하다.
② 최근 스마트폰 사용의 증가로 인하여 인터넷 접속률이 대폭 상승하였다.
③ 케이블 인터넷은 사실상 전화선을 기반으로 하는 인터넷 방식을 대체했다.
④ 인터넷 마케팅에 대한 수요가 급증하고 있다.

일정한 규칙에 따라 변환하는 문자, 모양, 색을 추리하는 유형

[29 ~ 30] 다음 표를 보고 이어지는 질문에 답하시오.

버튼	기능
◐	1번 2번 스위치를 반대로 바꿈 (켜짐→꺼짐, 꺼짐→켜짐)
◑	4번 5번 스위치를 반대로 바꿈 (켜짐→꺼짐, 꺼짐→켜짐)
◎	3번 스위치를 반대로 바꿈 (켜짐→꺼짐, 꺼짐→켜짐)
▣	1번 3번 5번 스위치를 반대로 바꿈 (켜짐→꺼짐, 꺼짐→켜짐)
◈	2번 4번 스위치를 반대로 바꿈 (켜짐→꺼짐, 꺼짐→켜짐)

숫자 = 켜짐   숫자 = 꺼짐

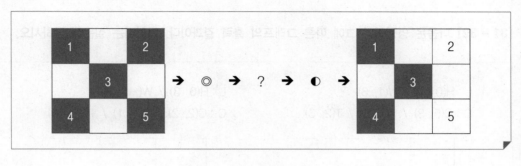

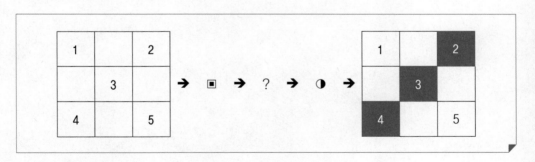

권두부록

파트 1
언어능력

파트 2
수리능력

파트 3
추리능력

파트 4
공간지각능력

파트 5
사무지각능력

파트 6
인성검사

29 왼쪽 모양의 스위치에서 버튼을 세 번 눌렀더니 오른쪽 모양과 같이 되었다. 다음 중 '?'에 들어
갈 버튼으로 알맞은 것은?

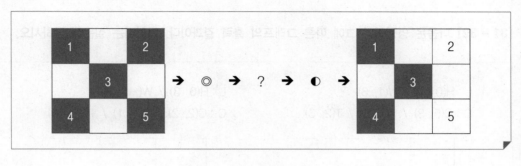

① ◐   ② ◑
③ ◎   ④ ▣

30 왼쪽 모양의 스위치에서 버튼을 세 번 눌렀더니 오른쪽 모양과 같이 되었다. 다음 중 '?'에 들어
갈 버튼으로 알맞은 것은?

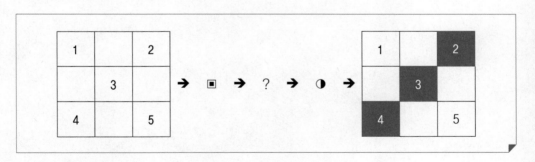

① ◑   ② ◑
③ ▣   ④ ◆

조건을 고려하여 결과를 찾는 유형

[31 ~ 32] 다음은 명령어와 그에 따른 그래프의 출력 결과이다. 이어지는 질문에 답하시오.

L : H(0, 4) / W(1, 6)
C : C(5, 3) / S(1, 2) / T(2, 3)

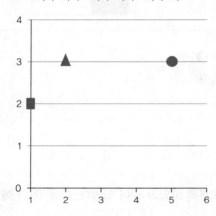

L : H(0, 3) / W(−2, 5)
C : C(2, 2) / S(4, 1) / T(−1, 2)

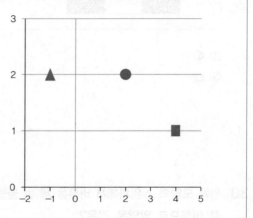

31 다음의 그래프를 출력하기 위한 명령어로 올바른 것은?

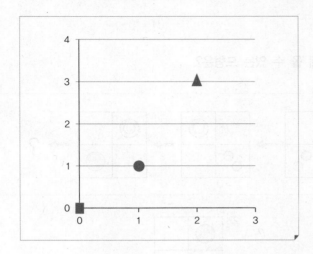

① L : H(0, 4) / W(0, 3)
   C : C(0, 0) / S(1, 1) / T(2, 3)

② L : H(0, 4) / W(0, 3)
   C : C(1, 1) / S(0, 0) / T(2, 3)

③ L : H(0, 3) / W(0, 4)
   C : C(1, 1) / S(2, 3) / T(0, 0)

④ L : H(0, 3) / W(0, 4)C : C(1, 2) /
   S(0, 0) / T(2, 3)

32 〈보기〉는 출력된 그래프를 토대로 명령어를 재구성한 것이다. 명령어에서 잘못 구성된 부분은?

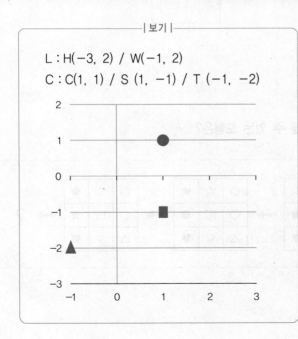

| 보기 |

L : H(−3, 2) / W(−1, 2)
C : C(1, 1) / S (1, −1) / T (−1, −2)

① H(−3, 2)

② W(−1, 2)

③ S(1, −1)

④ T(−1, −2)

제시된 도형에서 규칙을 찾아 문제에
적용하여 푸는 유형

33 다음 도형 규칙을 참고할 때 '?'에 올 수 있는 도형은?

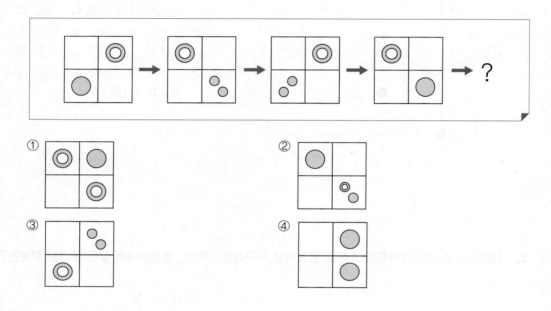

34 다음 도형 규칙을 참고할 때 '?'에 올 수 있는 도형은?

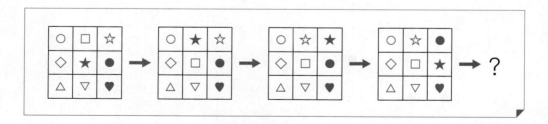

www.gosinet.co.kr **gosinet**

권두부록

파트 1
언어능력

파트 2
수리능력

파트 3
추리능력

파트 4
공간지각능력

파트 5
사무지각능력

파트 6
인성검사

①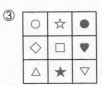

②

③

④

35 다음 도형 규칙을 참고할 때 '?'에 들어갈 알맞은 도형은?

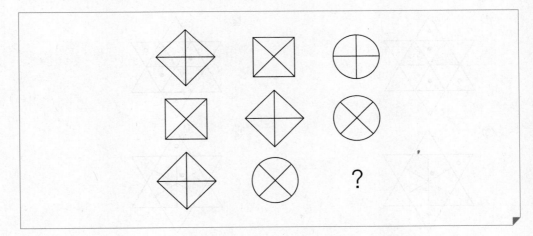

①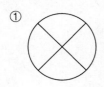

②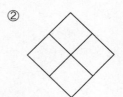

③

④

제시된 도형을 다양한 방향으로 회전 시켰을 때 모양을 유추, 비교하는 유형

36 다음 〈보기〉의 도형을 회전시켰을 때의 모양으로 옳은 것은?

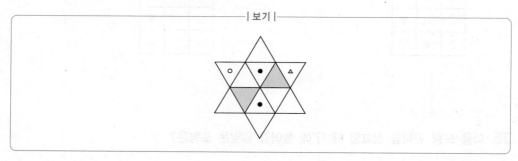

①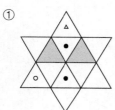

②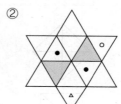

③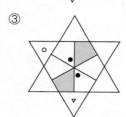

④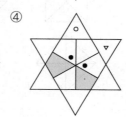

대표기출
유형

20

접은 종이를 펀칭, 자른 후 펼쳤을 때의
나올 수 있는 모양을 고르는 유형

파트 1
언어능력

파트 2
수리능력

파트 3
추리능력

파트 4
공간지각능력

파트 5
사무지각능력

파트 6
인성검사

37 정사각형 모양의 종이를 다음과 같은 순서로 두 번 접은 후, 표시된 부분을 오려 내었다. 다음 중 오린 종이를 펼쳤을 때 나오는 모양으로 옳은 것은?

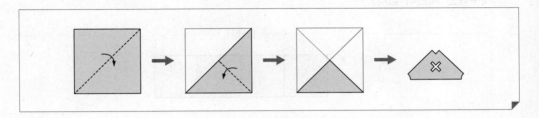

① 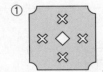　　　　②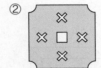

③ 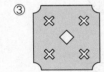　　　　④

블록을 결합, 분리, 회전했을 때의
모양을 유추하는 유형

38 〈그림〉은 어떤 직육면체를 앞과 옆에서 바라본 모습이다. A ~ D 블록 중 한 종류만을 사용하여
〈그림〉에 해당하는 직육면체를 만들고자 할 때, 사용할 수 없는 블록은? (단, 사용 가능한 블록의
개수에는 제한이 없다)

| 그림 |

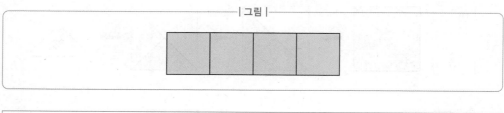

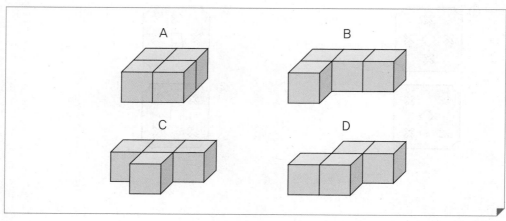

① A
② B
③ C
④ D

39 다음은 어떤 입체도형의 투상도이다. 이에 해당하는 입체도형으로 옳은 것은?

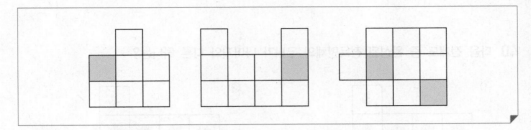

①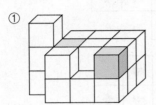

②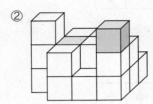

③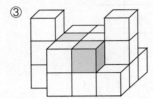

④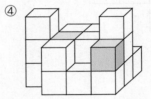

권두부록

파트 1
언어능력

파트 2
수리능력

파트 3
추리능력

파트 4
공간지각능력

파트 5
사무지각능력

파트 6
인성검사

전개도의 입체도형, 비교, 응용 등
세부적으로 묻는 유형

40 다음 전개도 중 완성된 정육면체의 무늬가 나머지와 다른 하나는?

①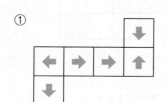

②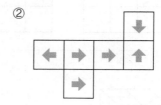

③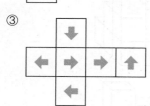

④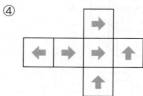

41 다음 전개도가 한 개의 정육면체 주사위를 펼친 것이라 할 때, 이 중 같은 주사위가 아닌 것은?

①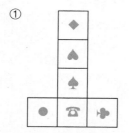

②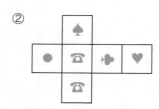

③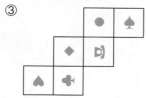

④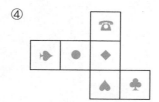

권두부록

파트 1
언어능력

파트 2
수리능력

파트 3
추리능력

파트 4
공간지각능력

파트 5
사무지각능력

파트 6
인성검사

대표기출유형 23

좌우 숫자 배열을 비교하여 서로 같거나 다른 부분 찾는 유형

42 좌우의 숫자를 비교할 때 다음 중 서로 동일한 것은?

① 10287594 = 10287954
② 629731839 = 629732839
③ 7642986782 = 7642986782
④ 8250198948 = 5250198948

43 다음 제시된 글자와 완전히 일치하는 것은?

다국적기업다각적통화상태협정체결

① 다국젹기업다각적통화상태협정체체
② 다국적개업다각적통확상태협정체결
③ 다국적기업다각적통화상태협정체결
④ 다국적기업단각적통화상태협정체결
⑤ 다국적기업다각적통홰상태협정체결

의미 없이 나열된 여러 기호에서
제시된 기호가 몇 개인지 묻는 유형

44 다음 여러 기호 중에서 ▨는 모두 몇 개인가?

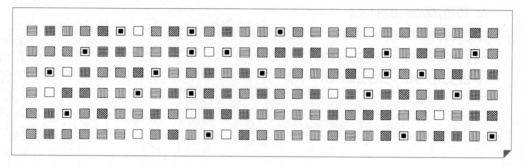

① 14개　　　　　　　② 15개　　　　　　　③ 16개
④ 17개　　　　　　　⑤ 18개

45 다음 그림에서 같은 모양인 열쇠는 모두 몇 쌍인가?

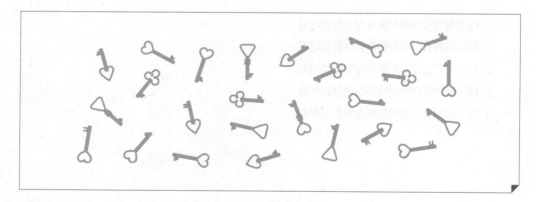

① 2쌍　　　　　　　　　　　② 3쌍
③ 4쌍　　　　　　　　　　　④ 5쌍

권두부록

파트1
언어능력

파트2
수리능력

파트3
추리능력

파트4
공간지각능력

파트5
사무지각능력

파트6
인성검사

대표기출유형 25

제시된 자료에서 특정 어휘를 찾거나 두 개의 자료를 비교하여 서로 다른 부분을 찾는 유형

46 다음 자료에서 '아스파라거스'가 사용된 횟수는?

아스파라거스는 곁들이는 채소가 아닌 주인공이 될 수도 있다. 아스파라거스의 감칠맛과 단맛, 그리고 부드러운 식감은 메인 재료로도 손색이 없다. "아스파라거스는 설탕과 향신료, 조미료가 부족했던 옛날 사람들에게 특별한 향과 맛을 주는 채소였을 것"이라고 말한다.

그래서인지 유럽에서는 아스파라거스를 복잡하게 요리하지 않는다. 17세기 프랑스의 궁중 요리사 프랑수아 피에르 드 라 바렌이 쓴 요리책에서 '세련된 채소 요리'로 익힌 아스파라거스 위에 달걀 노른자와 버터로 만든 소스를 올리는 요리를 소개하고 있다. 17 ~ 18세기 프랑스는 왕가를 중심으로 음식 문화가 절정을 이룬 때다. 루이 14세부터 루이 16세까지의 프랑스는 왕족과 귀족 중심의 음식 문화에 엄청난 발전이 이루어진 대변혁기이며, 고기와 빵 위주의 식문화가 채소로까지 확대되기 시작한 시기였다.

커다란 아스파라거스의 밑동을 긁고 씻은 다음, 물에 넣고 익히고 나서 소금을 뿌린 다음, 적당히 익은 아스파라거스의 물기를 빼고 생버터, 식초, 소금, 육두구를 함께 넣은 소스와 달걀 노른자, 아스파라거스에 고명을 올려 식탁에 올렸다. 이 '세련된 채소 요리'에 쓰인 아스파라거스는 화이트 아스파라거스일 가능성이 높다. 한국에서는 주로 그린 아스파라거스를 먹지만, 유럽에서는 화이트 아스파라거스를 주로 먹는다. 콩나물을 노랗게 키우는 것처럼 검은 천으로 햇빛을 차단하면 화이트 아스파라거스가 된다.

아스파라거스를 부르는 별명도 품위가 넘친다. 루이 14세가 베르사유 궁전에 전용 온실을 만들고 아스파라거스에 '식품의 왕'이라는 작위를 하사했다는 역사 때문인지 '왕의 채소', '귀족 채소', '서양 채소의 왕'이라는 별명을 가지고 있다. 이런 수식어 때문은 아니겠으나, 아스파라거스는 비싼 채소라는 이미지가 있다. 처음 2 ~ 5년은 육성 기간이 필요해 초기 자본회전이 느려 가격이 비싸다는 설명이 있지만, 그것도 옛말이다. 현재는 농법이 발달해 2년 차에도 수확이 가능하며, 한 번 심으면 15 ~ 20년까지 수확할 수 있다. 재배하기도 쉬워 귀농인들이 많이 도전하는 작물이기도 하다.

또 다른 별칭은 '봄 채소의 황제'이다. 4월부터 길게는 6월까지가 제철인 아스파라거스는 겨울 동안 지친 몸에 활력을 불어넣는 봄 채소다. 냉이, 두릅, 달래, 풋마늘을 먹듯이 유럽인들이 이 시기에 아스파라거스를 먹는다. 물론 한국은 하우스 재배가 대부분이므로 가을까지도 맛있는 아스파라거스를 먹을 수 있다.

영양도 뛰어나다, 비타민A, B1, B2, C가 균형 있게 들어가 있고, 아미노산과 단백질이 풍부하다. 아미노산의 일종인 아스파라긴산은 아스파라거스의 액즙에서 최초로 분리된 것으로 피로와 숙취 회복에 도움을 준다. 그린 아스파라거스의 줄기 끝의 뾰족한 부분에는 활성산소 발생을 억제하여 혈관 건강에 기여하는 루틴이 많이 함유되어 있다.

① 16번 ② 17번 ③ 18번 ④ 21번 ⑤ 23번

고시넷 20대기업 온 · 오프라인 인적성검사 통합기본서

영역별 출제비중

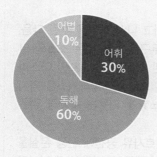

▶ 어휘 : 유의어 · 반의어, 다의어, 단어 의미 관계, 문장 완성하기, 한자어
▶ 독해 : 세부 내용 찾기, 중심 내용 찾기, 추론 · 반박하기, 빈칸 채우기, 글의 구조 파악, 개요 · 보고서 · 실용문 작성하기
▶ 어법 : 어문 규범 적용, 바른 문장쓰기

언어는 크게 1. 어휘 2. 독해 3. 어법 세 가지 영역으로 출제되고 있다. 기본적인 단어의 의미를 파악할 수 있는지를 측정하고, 일상생활에서 접하는 우리말 표현을 정확하게 알고 있는지를 묻거나, 문맥으로 단어의 정확한 뜻을 유추할 수 있는지, 주어진 글의 논리적 전개 순서를 파악하여 문단의 요지 및 주제를 빠르게 분석하는 능력을 평가하는 영역이다.

파트 1 언어능력

UNIT 1

어휘

각 단어의 사전적 의미와 유의어 · 반의어 관계를 파악하고 글의 흐름상 넣기 적절한 한자어나 고유어를 선택할 수 있는 어휘력을 평가할 수 있다.

🔍 유형분석

- 주로 단어의 의미를 파악하고 다양한 맥락 속에서 단어의 의미 변화를 바르게 판단할 수 있는지를 묻는 유형의 문제로 언어영역에서 가장 기본적인 문제라고 볼 수 있다.
- 단어들의 정확한 의미를 파악하여 유의어/반의어를 찾는 문제가 출제되며 하나의 단어가 가지는 여러 의미를 파악하는 문제가 출제된다.
- 문장이나 문단에서의 문맥적 의미를 파악하여 그것과 유사한 의미를 가지는 단어를 찾거나 단어의 관계를 묻는 문제가 출제된다.
- 기본적인 상용한자를 읽고 쓸 수 있는지를 묻는 문제가 출제된다.

🔍 주요 출제기업

삼성_GSAT · 대림 · 두산 · 롯데_L－TAB · 아모레퍼시픽_APAT · 코오롱 · 효성 · GS · KEB하나은행 · LG · SPC · 빙그레 · 삼양 등

🔍 유형별 출제비중

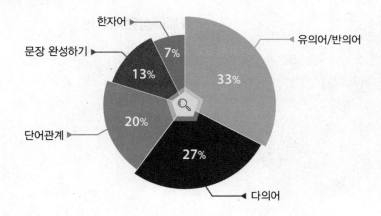

어휘 문제는 언어능력에서 가장 기본이 되는 문제로 많은 기업에서 출제하고 있다. 어휘 문제 중에서는 특히 유의어/반의어를 찾는 문제나 다의어에 관한 문제가 높은 출제 비중을 보이고 있으며 그 뒤로 단어의 관계를 파악하는 문제, 문장 완성하기 문제, 한자어에 관한 문제가 출제되고 있다. 한자어에 관한 문제는 상용한자를 알고 있는지를 묻기 때문에 기본적인 한자를 평소에 익혀두어야 한다.

권두부록

파트 1
언어능력

파트 2
수리능력

파트 3
추리능력

파트 4
공간지각능력

파트 5
사무지각능력

파트 6
인성검사

💡 최신 출제 경향

유의어나 반의어를 묻는 문제는 어휘 문제 중 가장 기본이 되는 문제인 만큼 전통적으로 출제 비중이 높다. 최근 어휘 영역에서는 평소에 잘 접하지 못하는 생소한 어휘나 고유어에 관한 문제가 출제되고 있어 이와 같은 문제에 대한 대비가 필요하다.

💡 빈출되는 세부 유형

• 유의어/반의어를 찾는 문제가 출제된다.
• 다의어의 여러 의미를 파악하는 문제가 출제된다.
• 문단에서의 단어의 관계를 파악하는 문제가 출제된다.
• 문장에서의 빈칸에 들어갈 단어를 찾아 문장을 완성하는 문제가 출제된다.
• 한자를 읽고 쓸 수 있는지를 묻는 문제가 출제된다.

💡 학습방법

• 단어의 사전적 의미를 파악한다. 이때 사전적 의미를 기계적으로 외우는 것이 아니라 여러 예문을 통해 실제로 단어가 사용되는 방식을 익힌다.
• 문장과 문단에서의 단어의 문맥적 의미를 파악할 때에는 그 단어가 쓰인 문장이나 문단 전체의 흐름을 통해 의미를 파악한다.
• 발음이 비슷하여 그 의미가 자주 혼동되는 단어들을 별도로 모아 정확히 구분지어 학습한다.
• 일상생활에서 주로 사용하는 단어뿐만 아니라 생소한 단어도 출제되고 있으므로 평소에 모르는 단어나 생소한 단어를 접하게 되면 정확한 의미를 사전에서 찾아 정리하는 습관을 갖는다.
• 기본적인 상용한자는 반드시 숙지하여 한자 문제를 풀지 못하는 일이 없도록 한다.

유형 1

유의어/반의어

💡 문제분석

유의어/반의어 문제는 하나의 단어를 제시하여 유의어나 반의어를 찾는 문제나, 문장이나 문단에서 어느 한 단어를 지정하여 그 단어의 문맥적 의미에 맞는 유의어나 반의어를 찾는 문제가 출제된다. 유의어와 반의어 문제는 단어의 정확한 뜻을 파악하는 문제이기 때문에 언어영역에서의 가장 기본적인 문제라고 볼 수 있다.

💡 학습 전략

1. 제시된 단어의 뜻을 정확히 파악한다. 단어만이 제시되었을 때는 단어의 사전적 의미를 파악하고 문장과 문단에서의 단어가 제시되었다면 그 단어의 문맥적 의미를 파악해야 한다.
2. 선택지에 제시된 단어의 뜻을 파악하여 제시된 단어와 가장 유사한 뜻을 찾는다. 이때도 단어가 제시되었다면 사전적 의미를, 문장 안에서의 단어가 제시되었다면 문맥적 의미를 파악해야 한다.

📝 학습 TIP

반의어는 둘 사이에 공통적인 의미 요소가 있으면서 한 개의 요소만 달라야 한다. 따라서 반의어는 한 단어에 여러 개의 단어가 대립하는 경우가 있으므로 이에 유의하여 반의어를 골라야 한다.

💡 주요 기업 빈출키워드

젠체하다, 쩨쩨하다, 겸양하다 등
• 젠체하다 : 잘난 체하다.
• 쩨쩨하다 : 너무 적거나 하찮아서 시시하고 신통치 않다.
• 겸양하다 : 겸손한 태도로 남에게 양보하거나 사양하다.

권두부록

파트 1
언어능력

파트 2
수리능력

파트 3
추리능력

파트 4
공간지각능력

파트 5
사무지각능력

파트 6
인성검사

대표예제

01 다음 중 밑줄 친 부분과 문맥상 의미가 가장 유사한 것은?

> 지진이 발생하면 크게 흔들리는 시간은 길어야 1 ~ 2분 정도이기 때문에 지진 대피 요령을 평상시에 반드시 <u>알고 있어야</u> 한다. 우선 몸을 보호할 수 있는 탁자 등의 아래로 들어가야 한다. 흔들림이 멈추면 당황하지 말고 계단을 이용해 운동장 등 넓은 공간으로 대피하여야 한다. 지진으로 인해 손상이 없는 안전한 건물이라면 건물 안에 있는 것이 안전할 것이다.

① 각성해야   ② 감지해야   ③ 강조해야   ④ 숙지해야

| 정답 | ④
| 해설 | 밑줄 친 부분은 지진 대피 요령에 대한 정보나 지식을 갖추고 있어 이를 활용하여 안전하게 대피하라는 의미를 가진다. 따라서 관련 내용을 충분히 안다는 뜻의 '숙지해야'가 옳다.
| 오답풀이 |
① 깨달아 앎.
② 느끼어 앎.
③ 강하게 주장하거나 두드러지게 함.

02 다음 중 밑줄 친 단어의 반의어가 적절하지 않게 연결된 것은?

① 큰할아버지께서 어제 오전 <u>숙환(宿患)</u>으로 별세하셨다. – 급환(急患)

② 나는 지독한 <u>눌변(訥辯)</u>이라서 사람들과 모이면 거의 듣기만 한다. – 능변(能辯)

③ 전쟁 당시 <u>개전(開戰)</u>의 명분이었던 대량 살상 무기는 끝내 발견되지 않았다. – 휴전(休戰)

④ 엄마는 형의 선생님을 대하는 태도에 <u>마뜩한</u> 표정을 지으며 만족해하셨다. – 뜨악하다

| 정답 | ③
| 해설 | '개전(開戰)'은 '전쟁을 시작함'을 뜻하는 단어로 이와 반대의 뜻을 지닌 단어로는 '종전(終戰)'이 있다.
| 오답풀이 |
① '숙환(宿患)'은 '오래 묵은 병'이라는 뜻이므로 반의어로 '급환(急患)'이 적절하다.
② '눌변(訥辯)'은 '더듬거리는 서툰 말솜씨'를 뜻하는 단어이므로 반의어로 '능변(能辯)'이 적절하다.
④ '마뜩하다'는 '제법 마음에 들 만하다'를 뜻하는 단어이므로 반의어로 '뜨악하다'가 적절하다.

유형 2 **다의어**

💡 문제분석

1. 주로 단어를 제시해주고 같은 용도로 쓰인 것을 찾는 문제, 또는 나머지를 모두 포괄할 수 있는 단어를 고르는 문제들이 출제된다.
2. 어휘가 가진 다양한 의미를 파악할 수 있어야 하고, 제시된 어휘의 쓰임과 같은 것을 찾아내는 능력이 필요하다.
3. 문맥에 따른 미묘한 의미 차이를 파악해야 하는 난도 높은 문제가 출제되기도 하므로 평소에 혼동되는 어휘가 있다면 의미를 찾아보며 정리해두는 것이 좋다.
4. 하나의 단어가 두 가지 이상의 의미로 쓰이는 '다의어'와 소리는 같지만 뜻이 다른 '동음이의어' 간의 관계를 확실하게 정리하여 헷갈리지 않도록 주의한다.

💡 학습 전략

1. 주어진 글을 읽고 밑줄 친 단어를 대체할 수 있는 단어를 찾아본다.
2. 대체가능한 단어가 떠올랐다면 각 선택지의 밑줄 친 부분에 해당하는 단어를 대입하여 문맥상 어색하지 않은 것을 고른다.
3. 보기 중 나머지 단어의 의미를 모두 포괄하는 단어를 고르는 경우 먼저, 가장 광범위한 것 같은 어휘를 택한다.
4. 나머지 어휘들로 예문을 생각해 보고 위에서 선택한 어휘를 대입하여 답을 고른다.

💡 주요 기업 빈출키워드

발이 넓어, 나다, 가리다, 채우다, 따른, 손, 씻은, 나누었다, 나간다, 받았다, 타고, 흔드는, 농농한, 나왔다, 물렸다, 풀려서, 사고, 녹는다, 막혀, 올랐다, 번지던 등

---

mini 테스트

01 다음 중 나머지 단어의 의미를 모두 포괄할 수 있는 것을 고르면?
① 한결같다
② 고르다
③ 순조롭다
④ 뽑다
⑤ 가지런하게 하다

정답 ②

02 다음 중 관용적 표현과 그 의미가 잘못 짝지어진 것은?
① 심장이 약하다 : 마음이 약하고 숫기가 없다.
② 심장이 크다 : 겁이 없고 대담하다.
③ 심장에 파고들다 : 사람의 마음을 일어나게 하다.
④ 심장을 찌르다 : 핵심을 꿰뚫어 알아차리다.
⑤ 심장이 뛰다 : 가슴이 조마조마하거나 흥분되다.

정답 ③

권두부록

파트 1
언어능력

파트 2
수리능력

파트 3
추리능력

파트 4
공간지각능력

파트 5
사무지각능력

파트 6
인성검사

대표예제

01 다음 밑줄 친 ㉠의 의미와 가장 유사한 의미로 사용된 것은?

> 정부가 사상 초유의 '유령 주식' 사고를 일으킨 ○○증권에 대한 특별점검에 들어간다. 금융감독원은 현장검사에서 ▲보유하지 않는 주식이 입고돼 장내에서 매도된 경위 ▲직원이 자사주를 제한 없이 매도할 수 있는 내부통제 시스템 투자자 피해보상 대응 ▲관련 내부통제 체계 및 운영 적정성 등을 집중 점검할 방침이다.
>
> 앞서 ○○증권은 지난 6일 우리사주에 대한 배당금을 주당 1,000원 대신 1,000주를 입금하는 사상 초유의 사고를 냈다. 시가총액 112조 원에 달하는 28억 1,000만 주가 우리사주를 보유한 임직원 2,018명의 계좌에 잘못 입고됐다. 직원 16명은 이 중 501만 2,000주를 시장에 팔아치웠다. 이날 주가는 장중 12% 가까이 급락했다. 주가가 요동치자 겁을 ㉠먹은 투자자들이 ○○증권 주식을 던졌다. ○○증권은 이들이 입은 피해를 파악하고 보상해야 한다.

① 낡은 집의 수리에는 자칫 새로 짓는 것보다 비용이 더 먹을 수 있다.
② 매년 나이를 먹는 것이 때로는 서글퍼지곤 해.
③ 축구 경기에서 먼저 한 골을 먹으면 전투력이 약화되기 마련이야.
④ 어제 그 뉴스를 보고 매우 큰 충격을 먹었어.
⑤ 열심히 노력했는데 결국은 부장님께 핀잔만 먹었네.

| 정답 | ④

| 해설 | 제시된 '먹다'는 '겁, 충격 따위를 느끼게 된다'의 의미로, 이와 같은 의미의 선택지는 '어제 그 뉴스를 보고 매우 큰 충격을 먹었어'의 '먹다'이다.

| 오답풀이 |
① '낡은 집의 수리에는 자칫 새로 짓는 것보다 비용이 더 먹을 수 있다'의 '먹다'는 '돈이나 물자 따위가 들거나 쓰이다'의 의미를 가진다.
② '매년 나이를 먹는 것이 때로는 서글퍼지곤 해'의 '먹다'는 '일정한 나이에 이르거나 나이를 더하다'의 의미를 가진다.
③ '축구 경기에서 먼저 한 골을 먹으면 전투력이 약화되기 마련이야'의 '먹다'는 '구기 경기에서, 점수를 잃다'의 의미를 가진다.
⑤ '열심히 노력했는데 결국은 부장님께 핀잔만 먹었네'의 '먹다'는 '욕, 핀잔 따위를 듣거나 당하다'의 의미를 가진다.

유형 3 | **단어 의미 관계**

01 어휘

문제분석

1. 문장이나 문단 안에서 쓰인 단어의 의미 관계를 묻는 문제이다.
2. 두 단어의 의미 관계는 유의관계, 반의관계, 상하관계, 인과관계 등 매우 다양하게 적용될 수 있다.
3. 문장 안에서의 단어의 의미 관계를 파악하고 같은 관계를 갖는 단어들을 선택지에서 골라야 하는 유형이
   므로 유의어나 반의어를 고르는 문제보다 한 단계 높은 수준의 문제라고 볼 수 있다.

학습 전략

1. 먼저 문장이나 문단에서의 쓰인 단어의 의미 관계를 파악한다. 단어의 관계는 유의관계, 반의관계, 상하
   관계 등 많은 유형이 있을 수 있으므로 어떤 관계의 단어인지를 정확히 파악해야 한다.
2. 선택지에 제시된 단어의 관계도 파악한다. 이때 상하관계와 같은 경우는 순서도 중요하기 때문에 단어의
   제시된 순서도 문단과 문장 안에 쓰인 순서와 맞는지 한 번 더 확인한다.

주요 기업 빈출키워드

개미 · 거미 · 꿀벌, 수교 · 단절, 타결 · 결렬, 중지 · 지속, 위반 · 준수, 엿기름 · 식혜 등

---

mini 테스트

01 제시된 단어의 관계가 상하관계라면 O, 그렇지 않다면 X를 표기하시오.

- 동물 : 길짐승 (　　)
- 밥 : 진지 (　　)
- 연필 : 4B연필 (　　)
- 커피 : 카페모카 (　　)
- 미술 : 문학 (　　)

정답 O, O, X, X, O

---

www.gosinet.co.kr **gosi**net

권두부록

파트 1
언어능력

파트 2
수리능력

파트 3
추리능력

파트 4
공간지각능력

파트 5
사무지각능력

파트 6
인성검사

대표예제

01 다음 중 밑줄 친 단어들의 의미 관계가 ㉠ : ㉡의 관계와 가장 유사한 것은?

영국에서는 주소와 이름을 말하면 아무 조건없이 투표용지를 받을 수 있다. 따라서 대리투표나 부정투표가 얼마든지 가능하다. 어떻게 민주주의의 가장 중요한 절차의 하나인 투표를 하는데 본인 확인도 하지 않고 투표에 참여하게 하는가 말이다. 과연 이런 제도의 ㉠맹점(盲點)을 영국인은 모르는가 아니면 알면서도 무슨 특별한 이유가 있어 애써 모르는 체하는 건가? 아니면 이래도 문제가 없다는 말인가? 국민이라고 믿을 만한 사람이 와서 자신이 누구라고 하면 믿어야지 관에서 감히 의심을 하고 신분을 확인하는 일은 월권이라는 믿음이 영국 사회에는 분명 있다. 그래서 본인이 아니라는 확신이 들 때만 신분을 확인할 수 있다는 것이고 ㉡무결(無缺)한 투표가 가능하다고 생각하는 것이다.

① 방언(方言)은 언어(言語)의 분화체로서 쓰는 집단과 지역에 따라 다르게 형성된다.
② 폐소화의 평가절상이 기정(既定) 사실이 된 것처럼 보고 있으나 아직은 미정(未定) 상태이다.
③ 국립생물(生物)자원관은 어린이 및 청소년을 대상으로 숲속의 야생화(野生花) 관찰 현장학습 프로그램을 운영하고 있다.
④ 이중, 삼중의 인격을 가진 자는 그가 뜻하는 바도 이중, 삼중이 되어 모순(矛盾)과 당착(撞着)을 일으킨다.
⑤ 보수파와 개혁파 사이의 마찰(摩擦)이 심해 파벌 간의 알력(軋轢)이 끊일 날이 없다.

|정답| ②
|해설| '맹점'은 미처 생각이 미치지 못한 모순되는 점이나 틈이라는 의미이지만 '무결'은 결함이나 흠이 없다는 의미로 이 두 단어는 서로 반의어 관계이다. 이는 이미 결정되어 있다는 의미의 '기정'과 아직 정하지 못했다는 의미의 '미정' 사이의 관계와 가장 유사하다.

○ 01 어휘

유형 4 문장 완성하기

🔍 문제분석

1. 단어의 사전적 의미와 문맥적 의미를 파악하여 문장의 빈 곳에 적절한 단어를 넣어 문장을 완성하는 문제이다.
2. 적절한 단어를 찾아 문장을 완성하는 문제가 주로 출제되지만 빈 곳에 들어가기 부적절한 어휘를 고르는 유형도 출제된다.
3. 단어가 선택지로 제시된 유형이 있고 〈보기〉에 여러 단어를 제시하여 적절한 단어를 고르는 문제 유형도 출제된다.
4. 제시된 두 개의 단어 중에서 어떤 단어를 쓰는 것이 더 적절한 유형인지를 파악하는 문제도 출제된다.

🔍 학습 전략

1. 단어의 사전적 의미 이외에 문맥적 의미를 파악하는 것이 중요하므로 문장이나 문단의 전체적인 흐름을 파악한다.
2. 선택지에 쓰인 단어의 사전적 의미를 파악한다. 사전적 의미를 정확히 알지 못할 때에는 빈칸에 단어들을 넣어보며 글의 흐름이 적절하게 이어질 수 있는 단어를 찾는다.
3. 선택지에 쓰인 단어의 의미가 비슷하여 답을 고르기 어려울 경우에는 문단의 빈칸의 앞 뒤 단어를 파악하여 가장 적절한 단어를 고른다.
4. 한자어나 고유어와 같이 평소에 잘 접하지 못하는 단어들이 등장하더라도 문맥적 의미를 파악하여 답을 고를 수 있게 평소에 모르는 단어를 찾아보는 훈련을 한다.

🔍 주요 기업 빈출키워드

영세, 결재, 충족, 전담, 부응, 국가관, 벼는 익을수록 고개를 숙인다, 상투, 냉철 등

- 영세(零細) : 작고 가늘어 변변하지 못함, 살림이 보잘 것 없고 몹시 가난함.
- 결재(決裁) : 결정한 권한이 있는 상관이 부하가 제출한 안건을 검토하여 허가하거나 승인함.
- 충족(充足) : 적적하여 모자람이 없음, 일정한 분량을 채워 모자람이 없게 함.
- 부응(副應) : 어떤 요구나 기대 따위에 좇아서 응함.
- 상투(常套) : 늘 써서 버릇이 되다시피 한 것
- 냉철(冷徹) : 생각이나 판단 따위가 감정에 치우치지 않고 침착하며 사리에 밝다.

권두부록

파트 1
언어능력

파트 2
수리능력

파트 3
추리능력

파트 4
공간지각능력

파트 5
사무지각능력

파트 6
인성검사

대표예제

01 다음 밑줄 친 ㉠ ~ ㉣ 중 문맥상 알맞은 단어를 순서대로 나열한 것은?

> 조현병의 진단은 주로 환자의 증상을 바탕으로 임상적으로 내리게 된다. 미국 정신의학회의 ㉠진단/치료 기준을 보면 망상, 환각, 와해된 언어, 와해된 행동이나 긴장증적 행동, 음성 증상의 5가지 중 2가지 이상 증상이 1개월 이상 ㉡존재/상존하는 경우를 조현병으로 본다. 그 외에도 혹시 다른 내과, 신경과적 ㉢약물/질환 때문에 조현병과 유사한 증상을 보이는지를 확인하기 위해 내과적 검사와 뇌 자기공명영상(MRI) 등의 검사를 이용하기도 한다.
>
> 조현병의 치료에 있어 가장 중요한 것은 항정신병약물을 이용한 약물치료이다. 약물치료는 조현병의 중요한 원인 중 하나로 알려진 신경 전달물질의 불균형을 바로 잡아주고, 이를 통해 증상을 ㉣이완/완화시키고 나아가 조현병의 재발을 막아줄 수 있다. 그 외에도 인지행동치료, 환자 가족들에 대한 교육, 직업재활 등의 치료가 도움이 될 수 있다.

① 치료, 상존, 질환, 완화   ② 진단, 존재, 질환, 완화   ③ 치료, 존재, 약물, 이완

④ 진단, 상존, 약물, 완화   ⑤ 치료, 상존, 약물, 이완

| 정답 | ②

| 해설 | ㉠ 조현병의 증상에 관한 내용으로 발병의 '진단'에 해당되는 문장이다.

㉡ '상존'은 늘, 항상 존재한다는 의미이므로 1개월 이상 '존재'한다는 표현이 옳은 경우이다.

㉢ 앞의 수식어가 '내과적, 신경과적'이므로 약물이 아닌 '질환'이 알맞은 어휘이다.

㉣ '정도를 줄여주다'의 의미로 쓰인 문장이므로 '완화'가 올바른 어휘이다.

유형 **5** 한자어

✓ 01 어휘

💡 문제분석

1. 한자의 의미, 음과 뜻 등을 고르는 유형이 출제되며 한자어와 한자성어의 적절한 의미를 찾는 문제들도 나온다.
2. 어려운 한자보다는 기본적인 한자들이 주로 출제되지만 한자에 대한 이해가 없다면 풀기 어려우므로 기초적인 한자나 한자어, 한자성어에 대해서는 암기가 필요하다.
3. 한자성어는 언어영역의 다른 유형과 함께 나올 수도 있으므로 중요하게 학습해 두는 것이 좋다.

💡 학습 전략

1. 헷갈리기 쉬운 획수들은 따로 정리해 두고 확실하게 기억해 놓는다.
2. 한자의 부수를 모두 암기할 수는 없으므로 기초적인 부수를 중심으로 학습해 나가는 것이 좋다.
3. 한자어와 한자성어의 경우 눈으로 반복해서 익히고 어떠한 형태를 띠는지 파악해 둔다.

💡 주요 기업 빈출키워드

파손 : 破損, 추세 : 趨勢, 성장 : 成長, 쇠퇴 : 衰退, 남가일몽 : 南柯一夢, 가담항설 : 街談巷說, 곡학아세 : 曲學阿世, 새옹지마 : 塞翁之馬, 부정 : 不正, 情 : 뜻 정, 種 : 씨 종, 적하 : 積下, 조성 : 組成 등

---

mini 테스트

01 다음 중 음이 잘못된 한자는?

① 萌芽 – 맹아　　② 甦生 – 갱생
③ 潑剌 – 발랄　　④ 不朽 – 불후
⑤ 平坦 – 평탄

정답 ②

02 다음 중 '눈앞의 이익에만 정신이 팔려 뒤에 닥친 위험을 깨닫지 못함'을 뜻하는 한자성어로 옳은 것은?

① 能小能大(능소능대)　　② 螳螂窺蟬(당랑규선)
③ 同苦同樂(동고동락)　　④ 勿失好機(물실호기)
⑤ 門前成市(문전성시)

정답 ②

01 다음 글에서 밑줄 친 ㉠과 바꾸어 쓸 수 있는 것은?

> 실제로 원치 않게 고생이나 억울함을 겪은 사람들이 그렇지 않은 사람들에 비해 비슷한 경험을 한 사람들을 눈여겨보고 배려할 것 같지만 도리어 더 '이기적'인 모습을 보이게 된다는 연구 결과들이 있다. 코넬대 에밀리 지텍(Emily Zitek) 교수는 사람들에게 자신이 당한 억울한 일을 ㉠ 떠올리게 하면 세상에서 내가 제일 억울하고 불쌍한 사람이라는 피해의식이 커지고 다른 사람들은 몰라도 나는 더 이상 희생할 수 없다고 생각하며 이기심이 높아지는 현상이 나타난다고 보고했다.

① 空想(공상)하게　② 默想(묵상)하게　③ 回想(회상)하게　④ 聯想(연상)하게

| 정답 | ④

| 해설 | 과거의 억울한 일을 떠올리는 것이므로 지난 일을 돌이켜 생각하다는 의미의 '회상하다'가 적절하다.

| 오답풀이 |

① 공상하다 : 현실적이지 못한 생각을 하다.　② 묵상하다 : 눈을 감고 말없이 마음속으로 생각하다.

④ 연상하다 : 하나의 관념이 다른 관념을 불러일으키다.

02 다음 내용과 가장 관련이 있는 한자성어는?

> 최근 영국·홍콩을 비롯하여 해외 조세 피난처로 분류되는 60여 개 국가로 빠져나가는 자금이 급증하고 있다. 이 지역을 이용해 비자금을 조성하거나 탈세하는 사례는 한 개인의 단순한 세금 탈루나 재산 해외 은닉 차원을 넘어 국부를 유출시키는 행위라 볼 수 있다. 따라서 이를 그대로 방치한다면 국민의 납세 회피를 조장하고, 나라의 경제 성장 동력을 훼손할 수 있기 때문에 국가 차원에서 엄정히 대응해야 할 필요가 있다.

① 박이부정(博而不精)　② 부화뇌동(附和雷同)　③ 도탄지고(塗炭之苦)

④ 발본색원(拔本塞源)　⑤ 갑론을박(甲論乙駁)

| 정답 | ④

| 해설 | 발본색원(拔本塞源) : 좋지 않은 일의 근본 원인이 되는 요소를 완전히 없애 버려서 다시는 그러한 일이 생길 수 없도록 함.

| 오답풀이 |

① 박이부정(博而不精) : 널리 알지만 정밀하지는 못함.　② 부화뇌동(附和雷同) : 줏대 없이 남의 의견에 따라 움직임.

③ 도탄지고(塗炭之苦) : 진구렁에 빠지고 숯불에 타는 괴로움을 이르는 말.

⑤ 갑론을박(甲論乙駁) : 여러 사람이 서로 자신의 주장을 내세우며 상대편의 주장을 반박함.

01 실전문제연습

01 다음 밑줄 친 단어와 같은 의미의 한자어로 적절하지 않은 것은?

① 이 옷은 회색보다 흰색에 <u>가깝다</u>. → 類似(유사)하다.
② 그 일은 내부규정에 <u>따라</u> 처리하는 것이 맞다. → 遵守(준수)하다.
③ 그 약은 약성이 강해 노인에게 <u>쓰면</u> 위험합니다. → 投射(투사)하다.
④ 경비원은 공장을 한 바퀴 돌고 기숙사로 향했다. → 巡察(순찰)하다.
⑤ 김 교수는 평생 후학들을 가르치는 일에만 <u>힘써</u> 왔습니다. → 邁進(매진)하다.

02 다음 글에서 밑줄 친 ㉠과 바꾸어 쓸 수 있는 것은?

> 비행기 날개의 작동 방식에 대해 우리가 알고 있는 지식은 다니엘 베르누이가 연구하여 얻은 것이다. 베르누이는 유체의 속도가 증가할 때 압력이 감소한다는 사실을 알아냈다. 크리스마스 트리에 다는 장식볼 두 개를 이용하여 이를 쉽게 확인해 볼 수 있다. 두 개의 장식볼을 1cm 정도 떨어뜨려 놓았을 때, 공기가 이 사이로 불어오면 장식볼은 가까워져서 서로 맞닿을 것이다. 이는 장식볼의 곡선을 그리는 표면 위로 흐르는 공기의 속도가 올라가서 압력이 줄어들기 때문으로, 장식볼들 주변의 나머지 공기는 보통 압력에 있기 때문에 장식볼들은 서로 ㉠<u>붙으려고</u> 하는 것이다.

① 접선(接線)하려고   ② 접착(接着)하려고   ③ 접촉(接觸)하려고
④ 접합(接合)하려고   ⑤ 접목(接木)하려고

03 다음 문장에서 밑줄 친 단어를 바꾸어 썼을 때 바르지 않은 것은?

① 제품의 품질이 <u>썩</u> 좋아졌군요. → 매우
② 개성 땅을 옮겨다 놓은 것처럼 <u>맨</u> 그쪽 사투리여서 우선 마음이 놓였다. → 온통
③ 어머니께서 저렇게 <u>통</u> 기동을 못하시니 걱정입니다. → 전혀
④ 꾸며 낸 얘기는 아닙니다. <u>정</u> 믿지 못하시겠다면 이름을 댈 수도 있습니다. → 도무지
⑤ 장비가 <u>영</u> 신통치 않다. → 내내

권두부록

파트 1
언어능력

파트 2
수리능력

파트 3
추리능력

파트 4
공간지각능력

파트 5
사무지각능력

파트 6
인성검사

04 〈보기 1〉을 참고하였을 때 〈보기 2〉와 함께 하나의 표제어 아래 수록될 수 없는 것은?

─── | 보기 1 | ───

　동음이의어와 다의어를 구분할 때 다의어는 국어사전에서 하나의 표제어 아래 뜻풀이 번호를 달리 해서 수록된다. 이와 달리 동음이의어는 두 단어의 어휘 범주가 다르기 때문에 제각기 다른 표제어로 수록된다.

─── | 보기 2 | ───

쓰다 동 어떤 일을 하는 데 시간이나 돈을 들이다.
　예 아르바이트에 시간을 많이 써서 공부할 시간이 없다.

① 쓰다 : 다른 사람에게 베풀거나 내다.
　예 그는 아들을 낳은 턱을 쓰느라 모두에게 저녁을 샀다.
② 쓰다 : 합당치 못한 일을 강하게 요구하다.
　예 그는 자신이 원하는 것을 얻기 위해 마구 억지를 쓰는 버릇이 있다.
③ 쓰다 : 힘이나 노력 따위를 들이다.
　예 이상하게도 그는 오늘 상대 선수에게 너무 힘을 쓰지 못했다.
④ 쓰다 : 어떤 일에 마음이나 관심을 기울이다.
　예 선생님, 일부러 제게 마음을 쓰지 않으셔도 됩니다.
⑤ 쓰다 : 어떤 일을 하는 데에 재료나 도구, 수단을 이용하다.
　예 빨래하는 데에 합성 세제를 많이 쓴다고 빨래가 깨끗하게 되는 것은 아니다.

05 다음 글에서 밑줄 친 ㉠과 바꿔 쓰기에 적절한 것을 고르면?

　심사 결과의 비공개는 많은 의혹을 ㉠ 불러일으킬 것이므로 이를 불식시키기 위해서라도 심사결과를 공표해야 한다.

① 상기(想起)할　　　　② 봉기(蜂起)할　　　　③ 야기(惹起)할
④ 분기(奮起)할　　　　⑤ 궐기(蹶起)할

[06 ~ 07] 제시된 단어와 유의어 관계를 이루도록 하는 단어로 알맞은 것을 고르시오.

06

> 결지(決志)

① 대화를 듣다보니 <u>결기</u>가 나서 자리를 박차고 나왔다.
② 지난번 경기의 설욕을 위해 <u>결사</u>적으로 싸웠다.
③ 네트워크 통신 장치에 <u>결손</u>이 생겼다.
④ 계속된 실패로 힘들었지만 친구 덕분에 <u>결의</u>를 다질 수 있었다.
⑤ 구청에서는 기능직 공무원의 <u>결원</u>을 보충하는 범위에서 사람들을 채용하기로 하였다.

07

> 청렴(淸廉)

① 집의 인테리어를 고풍스럽게 꾸며 분위기가 <u>고상</u>해졌다.
② 그분의 죽음은 우리에게 <u>숭고</u>한 교훈들을 남겨주었다.
③ 그 영화는 변두리 소시민의 삶을 <u>소박</u>하게 그려내었다.
④ 그는 부드러우면서도 <u>강직</u>한 면을 동시에 지니고 있었다.
⑤ 고대에는 태양이 인간의 길흉과 화복을 주관하는 최고의 신으로 <u>숭앙</u>받았다.

[08 ~ 09] 다음 밑줄 친 단어의 반의어로 적절한 것을 고르시오.

08

> 종혁이는 평소에는 과묵하지만 일단 이야기를 시작하면 굉장한 <u>달변(達辯)</u>이었다.

① 능변(能辯)　　　② 배변(排便)　　　③ 강변(强辯)
④ 언변(言辯)　　　⑤ 눌변(訥辯)

09

> 우리 조상들은 봉황이나 학과 같은 동물을 상징화하여 <u>길조(吉兆)</u>의 의미를 나타내거나 신분 계급을 표시하였다.

① 길흉(吉凶)　　　　② 흉조(凶兆)　　　　③ 관조(觀照)
④ 흉길(凶吉)　　　　⑤ 경조(慶兆)

[10 ~ 11] 밑줄 친 단어 중 제시된 단어와 반의어 관계를 이루는 것으로 알맞은 것을 고르시오.

10

> 호젓하다

① 우연히 내다본 강은 <u>유장하게</u> 흐르고 있었다.
② 의사는 급박한 상황에서도 <u>의연함</u>을 잃지 않았다.
③ 설날을 맞아 시장은 온통 <u>부산스러웠다.</u>
④ 그 교수는 <u>비굴한</u> 태도로 인해 주위의 평판이 좋지 않다.
⑤ 맨눈으로 확인한 그 둘의 차이는 <u>미미했다.</u>

11

> 성마르다

① 그는 다음 주부터 새로운 부서로 이동하게 되어 머리가 <u>복잡할</u> 거야.
② 내 친구는 어렸을 때부터 노래에 <u>비상한</u> 재주가 있었다.
③ 평소 인색하고 <u>옹졸하기로</u> 유명한 박 회장은 자선이나 기부 행사에 참여한 적이 없다.
④ 그 사람은 <u>느긋한</u> 성격이 장점이다.
⑤ 가을이 짙어 가면서 이제는 바람도 제법 <u>소슬하게</u> 불어온다.

[12 ~ 13] 다음 밑줄 친 부분과 같은 의미로 쓰인 것을 고르시오.

12

> 첨부 파일로 온 자료를 읽기 위해 그는 인쇄기에 종이를 <u>걸었다</u>.

① 너에게 한 약속만큼은 내 인생을 <u>걸고</u> 맹세할 수 있어.

② 너무 슬프고 속상한 마음에 방문을 <u>걸어</u> 잠그고 오래 울었다.

③ 할머니는 손녀에게 줄 솜이불을 만들기 위해 물레에 솜을 <u>걸었다</u>.

④ 그는 거금의 현상금을 <u>걸고</u> 범인을 꼭 잡겠다는 집념을 보였다.

⑤ 4년간 꾸준히 노력한 결과 그는 드디어 금메달을 목에 <u>걸었다</u>.

13

> 대화 중에 손가락을 딱딱 튕기던 버릇을 하루아침에 <u>고쳤다</u>.

① 오랜만에 만난 그는 고지식한 태도를 <u>고치고</u> 제법 유연해져 있었다.

② 자신의 병을 <u>고치기</u> 위해 백방으로 뛰어다녔다.

③ 전철에서 화장을 <u>고치는</u> 여자를 만나는 것은 어려운 일이 아니다.

④ 범람하는 외래어를 순우리말로 <u>고치는</u> 작업이 한창이다.

⑤ 장판을 <u>고치기</u> 전에 어째서 이렇게 되었는지부터 알아야겠다.

www.gosinet.co.kr gosinet

권두부록

파트 1
언어능력

파트 2
수리능력

파트 3
추리능력

파트 4
공간지각능력

파트 5
사무지각능력

파트 6
인성검사

[14 ~ 15] 다음 중 나머지 단어의 의미를 모두 포괄할 수 있는 것을 고르시오.

14 ① 헤아리다   ② 뽐내다   ③ 재빠르다
     ④ 쌓아두다   ⑤ 재다

15 ① 바꾸다   ② 갈다   ③ 문지르다
     ④ 으깨다   ⑤ 뒤집다

16 다음 중 밑줄 친 ㉠의 의미와 가장 유사하게 쓰인 것은?

> 물론 관광호 이전에 특급 열차가 없었던 것은 아니다. 일제 강점기에도 경부선에 아카쓰키호라는 특급 열차가 있었고 해방 이후에는 해방자호, 재건호, 약진호 같은 열차가 있었다. 1955 ~ 1960년에 운행하던 경부선 특급 열차의 이름은 통일호와 무궁화호였다. 구간별로 경부선에는 맹호호, 호남선에는 백마호같이 각기 다른 이름이 붙었다. 그 뒤를 이어 등장한 관광호라는 특급 열차는 일반적인 특급 열차 위에 군림하는 초특급 열차로 구분된다.
> 1974년은 철도사에서 매우 중요한 해이다. 수도권 최초의 전철이 개통되었고, 특급 열차인 관광호에 '새마을'이라는 새 이름이 붙었다. 전국으로 새마을 운동이 ㉠번지던 시기였다. 열차의 구분도 새마을호, 무궁화호, 통일호, 비둘기호의 등급 체계로 바뀌었다. 기차가 달라진 것은 아니지만, 관광호 대신 새마을호라는 이름은 이때부터 고급 열차의 새로운 상징이자 한국 열차의 정점이 되었다.

① 공부방에서 간간이 책장을 <u>번지는</u> 소리가 들렸다.
② 전염병이 마을에 <u>번져서</u> 손쓸 사이도 없이 많은 이가 희생되었다.
③ 일본의 역사 교과서 왜곡에 대한 규탄 대회가 전국으로 <u>번질</u> 기미이다.
④ 서로 주장만 내세워 계속 협상이 결렬되자 심각한 표정이 장관 얼굴에 <u>번졌다.</u>
⑤ 추수를 할 때가 되어 농부는 탐스럽게 알알이 여문 벼를 한쪽으로 <u>번지며</u> 베어 나갔다.

17 다음 중 ㉠과 ㉡의 관계와 가장 유사한 것은?

> 자본주의 경제 체제는 이익을 추구하려는 인간의 욕구를 최대한 보장한다. ㉠기업 또한 ㉡이익 추구라는 목적에서 탄생하여, 생산의 주체로서 자본주의 체제의 핵심적 역할을 수행한다. 곧 이익은 기업가로 하여금 사업을 시작하게 하는 동기가 된다.

① TV 방송 : 카메라　　　② 시계 : 톱니바퀴　　　③ 연주회 : 지휘자
④ 스포츠 : 규칙 준수　　　⑤ 정당 : 정권 획득

18 다음 중 ㉠과 ㉡의 관계와 같지 않은 것은?

> 구도의 필요에 따라 좌우와 상하의 거리 조정, 허와 실의 보완, ㉠성김과 ㉡빽빽함의 변화 표현 등이 자유로워졌다.

① 곱다 : 거칠다　　　② 무르다 : 야무지다　　　③ 넉넉하다 : 푼푼하다
④ 느슨하다 : 팽팽하다　　　⑤ 가지런하다 : 들쑥날쑥하다

19 다음 빈칸 ㉠ ~ ㉣에 들어갈 단어를 순서대로 나열한 것은?

> 미래사회에서는 에너지 (㉠)의 효율적 사용과 환경 보존을 최우선시하여, 기존 공정을 (㉡)하거나 환경 (㉢)을/를 충족하기 위해서 다양한 촉매의 개발이 필요하게 될 것이다.
> 　특히 기존 공정을 개선하기 위해서 반응 단계는 줄이면서도 효과적으로 원하는 물질을 생산하고, 낮은 온도에서 선택적으로 빠르게 반응을 (㉣)시킬 수 있는 새로운 물질이 필요하게 된다.

① 규제 – 진행 – 자원 – 개선　　　② 자원 – 개선 – 규제 – 진행　　　③ 자원 – 진행 – 규제 – 개선
④ 진행 – 규제 – 개선 – 자원　　　⑤ 진행 – 자원 – 개선 – 규제

권두부록

파트 1
언어능력

파트 2
수리능력

파트 3
추리능력

파트 4
공간지각능력

파트 5
사무지각능력

파트 6
인성검사

20 글의 흐름상 빈칸 ㉠, ㉡에 들어가기에 가장 적절한 단어로 묶인 것은?

서울은 물길이 많은 도시다. 도심 한가운데 청계천이 흐른다. 도성의 북쪽 백악산, 인왕산과 남쪽 목멱산에서 흘러내린 냇물이 청계천으로 (㉠)됐다. 냇물은 자연스럽게 동네와 동네의 경계를 이뤘다. 물길을 따라 만들어진 길은 도시와 어울리며 서울의 옛길이 됐다. 정동길, 안국동천길, 삼청동천길은 왕가·양반의 역사를 간직하고 있다. 진고개라는 지명은 비가 올 때마다 많은 빗물이 흘러내려 늘 질척거리는 고개라는 뜻에서 유래했다. 서울의 옛길은 20세기 초반까지 크게 변하지 않고 (㉡)됐다. 하지만 일제강점기를 거치며 큰 변화가 일어났다. 일제가 도심 내 냇물 복개를 진행하면서 옛길도 사라졌다. 최근 100년 동안의 산업화와 도시화로 서울은 많은 변화를 겪었다. 특히 6·25 전쟁의 폐허 속에서 진행된 도시개발은 서울을 완전히 새롭게 만들었다. 이 과정에서 소중한 도시 문화 자원들이 사라져버리고 많은 옛길이 없어지거나 잊혀졌다.

	㉠	㉡		㉠	㉡
①	합류(合流)	정착(定着)	②	전파(傳播)	유지(維持)
③	전파(傳播)	전래(傳來)	④	정착(定着)	전파(傳播)
⑤	합류(合流)	유지(維持)			

21 다음 중 ㉠ ~ ㉢에 들어갈 어휘를 바르게 선택한 것은?

- 미국 LA 돌비 극장에서 열린 제90회 아카데미 시상식은 남우 주·조연상, 여우 주·조연상, 감독상 등 21개 (㉠)에 대한 시상을 진행했다.
- 대학 본부는 기금을 (㉡)하여 많은 학생이 장학금을 받을 수 있게 할 방침이다.
- 개발 지역에 포함되지 않도록 해당 지역을 (㉢)하기 위한 노력을 아끼지 않는다.

	㉠	㉡	㉢		㉠	㉡	㉢
①	부문	운용	보존	②	부문	운영	보존
③	부분	운용	보전	④	부분	운영	보전
⑤	부분	운영	보전				

22 다음 글의 문맥상 ㉠∼㉣에 들어갈 적절한 단어를 〈보기〉에서 고르면?

> 17세기 초 갈릴레이는 당시로서는 배율이 가장 높은 망원경을 사용하여 달을 (㉠)한 뒤, 달에서 산과 계곡을 (㉡)했다고 보고했다. 그러나 당시 아리스토텔레스의 추종자들은 갈릴레이의 망원경이 달을 있는 그대로 보여 준다는 것을 믿을 수 없다고 (㉢)했다. 이러한 반대는 더 높은 배율의 망원경이 개발되고, 아리스토텔레스의 천상계의 완전성 개념이 무너질 때까지 수십 년간 (㉣)되었다.

| 보기 |

ⓐ 개척 ⓑ 지속 ⓒ 발명 ⓓ 주장 ⓔ 발견 ⓕ 전파 ⓖ 관측 ⓗ 계측

	㉠	㉡	㉢	㉣
①	ⓐ	ⓒ	ⓔ	ⓖ
②	ⓑ	ⓔ	ⓖ	ⓗ
③	ⓒ	ⓗ	ⓐ	ⓗ
④	ⓖ	ⓔ	ⓓ	ⓑ
⑤	ⓗ	ⓒ	ⓕ	ⓐ

23 다음 밑줄 친 ㉠∼㉤을 한자로 잘못 옮긴 것은?

- VR ㉠영상으로 ㉡시선 공포증 환자들이 겪는 일상을 간접적으로 ㉢체험할 수 있다.
- 그 드라마는 인간의 탐욕을 상징적으로 ㉣투영하고 있지만, 죄를 지으면 벌을 받는다는 당연한 ㉤이치를 따르지는 않는다.

① ㉠ 映像 ② ㉡ 視線 ③ ㉢ 體驗
④ ㉣ 投影 ⑤ ㉤ 易致

24 다음 중 ㉠, ㉡의 한자표기를 바르게 짝지은 것은?

> 20X1년 이후 발생한 ◇◇안전사고는 총 355건으로, ◇◇안전사상사고가 339건으로 가장 많았고, 다음으로 ◇◇화재사고 8건, ◇◇시설㉠파손사고 6건의 순으로 나타났다.
>
> 항목별로 비교하면 ◇◇안전사상사고는 20X1년 87건에서 20X5년 19건으로 총 68건 감소하여 78.16%가 감소한 것으로 나타났다. 이에 반해 ◇◇화재사고는 20X1 ~ 20X5년까지 20X2년을 제외하고 매년 2건씩 발생하여 발생빈도가 낮게 유지되고 있는 ㉡추세에 있다.

	㉠	㉡			㉠	㉡			㉠	㉡
①	破損	追勢		②	把孫	趨勢		③	破損	趨勢
④	破損	趨賞		⑤	把損	追勢				

25 다음의 ㉠을 설명하기 위해 인용할 한자성어로 적절하지 않은 것은?

> 동양 사상에서는 ㉠자연을 존중하며, 인간과 자연을 주관과 객관으로 엄격히 구별하지 않았다. 인간을 자연의 일부로서 '자연에서 태어나 자연으로 돌아간다'라는 평범한 명제가 순순히 받아들여졌다. 서구인들은 인간의 힘으로 자연을 정복할 수 있다고 보았지만, 동양인들은 자연에 비할 때 인간은 미미한 존재라고 생각하여 자연과의 조화를 추구했다. 이러한 사상은 단편적으로 동양화에 잘 나타나 있다. 커다란 화폭에 산과 구름, 나무와 강이 펼쳐진 한편에 자연스럽게 사람이 그려져 있는 것이다.

① 창해일속(滄海一粟) ② 물아일체(物我一體) ③ 물심일여(物心一如)

④ 주객일체(主客一體) ⑤ 장주지몽(莊周之夢)

권두부록

파트 1
언어능력

파트 2
수리능력

파트 3
추리능력

파트 4
공간지각능력

파트 5
사무지각능력

파트 6
인성검사

제시된 지문을 통해 글의 구조를 파악하여 중심 내용과 세부 내용을 이해하고, 이를 바탕으로 추론과 주장에 대한 비판을 할 수 있는 능력이다.

유형분석

- 글을 읽고 세부 내용을 파악하는 유형의 문제가 출제된다. 사실적 독해 수준의 유형으로 글의 내용과 선택지의 내용의 일치 여부 및 언급되지 않은 내용 등을 묻는 문제가 출제된다.
- 글의 중심 내용 및 주제를 파악하는 유형의 문제가 출제된다. 전체 내용에서 중심 내용을 묻는 문제, 주제를 파악하는 문제, 글 전체의 제목을 작성하는 문제 등이 출제된다.
- 글에서 제시된 정보나 내용을 바탕으로 결론을 도출하는 능력을 묻는 문제가 출제된다. 명시적으로 제시되지 않은 정보를 파악하는 것이므로 추론적 독해 수준의 문제 유형으로 볼 수 있다.
- 글 전체의 구조를 파악하는 유형의 문제가 출제된다. 구조에 맞게 문장이나 문단을 배열하거나 글의 전개 방식이나 서술방식 등을 파악하는 문제가 출제된다.
- 개요를 작성하거나 실제 보고서를 작성하는 유형의 문제가 출제된다. 글을 보고 개요를 작성하는 문제나, 개요에서 잘못된 사항 등을 파악하는 문제, 보고서 작성 방법을 묻는 문제 등이 출제된다.

주요 출제기업

대림, 두산_DCAT, 롯데_L−TAB, 빙그레, 삼성_GSAT, 삼양, 샘표, 아모레퍼시픽_APAT, 코오롱, 포스코, 현대자동차_HMAT, 효성, CJ_CAT, GS, KCC, KEB하나은행, KT, LG, LS_LSAT, SK_SKCT, SPC, S−OIL

유형별 출제비중

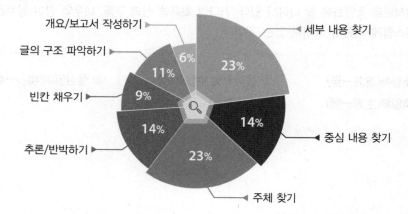

개요/보고서 작성하기 ▶ 6%
글의 구조 파악하기 ▶ 11%
빈칸 채우기 ▶ 9%
추론/반박하기 ▶ 14%
23%
◀ 세부 내용 찾기 23%
◀ 중심 내용 찾기 14%
◀ 주체 찾기 23%

독해 문제는 거의 대부분의 기업에서 출제되고 있는 중요한 영역이며 언어능력 시험 점수에서 가장 큰 비중을 차지하는 영역이다. 그중에서 글의 내용을 이해하는 유형인 세부 내용 찾기, 중심 내용 찾기, 주제 찾기 문제가 큰 비중을 차지한다. 그다음으로 추론적 독해 능력이 필요한 추론하기 등의 문제가 출제된다.

권두부록

파트 1
언어능력

파트 2
수리능력

파트 3
추리능력

파트 4
공간지각능력

파트 5
사무지각능력

파트 6
인성검사

🔅 최신 출제 경향

온라인 검사의 도입으로 독해 문제가 제시되는 지문의 길이가 발문을 포함하여 PC 환경에 맞게 짧게 조정되었다. 이에 따라 지문을 읽는 데 요구하는 시간은 단축되었으나, 그에 비례하여 조금 더 세부적인 내용의 일치 여부를 묻는 등 더욱 심층적인 이해를 요구하도록 문제 난이도를 맞추는 경향을 보이고 있다.

🔅 빈출되는 세부 유형

- 글의 내용과 선택지 내용의 일치 여부 및 글의 세부 내용을 묻는 문제가 출제된다.
- 글의 중심 내용과 주제를 파악하는 문제가 출제된다.
- 글에 제시된 정보를 바탕으로 내용을 추론하는 문제가 출제된다.
- 글에 제시된 필자의 의견을 파악하거나 반박하는 내용을 묻는 문제가 출제된다.
- 글의 빈 곳에 문장이나 문단을 삽입하여 글을 완성하는 문제가 출제된다.
- 개요나 보고서를 작성하는 방법이나 수정 사항 등을 묻는 문제가 출제된다.

🔅 학습방법

- 글의 세부 내용이나 일치 여부를 묻는 문제는 글의 내용을 꼼꼼히 읽는 훈련을 하여야 한다. 먼저 선택지를 읽고 해당 부분을 찾아 읽는 방법을 쓰면 효과적으로 문제를 해결할 수 있다.
- 중심 내용이나 주제를 파악하는 문제는 글의 핵심 내용에 밑줄을 긋는 등의 방법을 이용하여 세부 내용과 중심 내용을 구분하여 읽는 훈련을 해야 한다. 핵심 내용을 찾기 어려울 때에는 핵심어를 먼저 찾아본 후 핵심어에 관련된 내용을 확인하는 방법을 사용할 수 있다.
- 제시된 정보를 바탕으로 글의 내용을 추론하는 문제는 명시되지 않은 정보를 찾아야 하기 때문에 글에 나타난 정보를 정확히 파악하여야 추론도 올바르게 할 수 있다. 따라서 글의 중요 정보에 표시하면서 글을 읽는 연습을 하여야 한다.
- 글의 빈 곳에 문장이나 문단을 삽입하는 문제는 글의 전체적인 흐름을 파악해야 하므로 글에 제시된 접속어나 지시어에 유의하며 글을 읽는 훈련을 한다. 이 문제는 글의 구조를 파악하는 문제와도 연관되므로 글을 읽을 때 글의 구조도 파악하는 훈련을 병행한다.
- 개요 및 보고서를 작성하는 문제는 글을 실질적으로 작성하는 능력을 평가하는 문제이므로 개요를 작성하는 방법이나 보고서를 작성하는 일반적인 방법을 숙지해 두어야 한다. 글의 개요를 작성하는 것은 글을 실제로 작성하기 전에 글의 구조를 짜는 행위이므로 글의 구조를 파악하는 문제와도 연관된다고 할 수 있다. 따라서 글의 구조를 파악하는 능력을 기르고 글을 직접 써보는 연습을 하면 문제를 빠른 시간에 정확히 풀 수 있다.

○ 02 독해

유형 1 세부 내용 찾기(내용 일치 확인)

문제분석

1. 글을 읽고 글의 내용과 일치하거나 일치하지 않는 내용을 고르는 문제들이 주로 출제된다.
2. 지문의 내용을 정확하게 파악하고 지문에 드러나지 않은 내용을 찾을 수 있는 능력이 필요하다.
3. 주제 및 중심 내용을 파악하는 유형의 문제와는 다른 관점으로 문제에 접근해야 하므로 이에 주의하도록 한다.

학습 전략

1. 각 문단의 주된 정보와 핵심 내용을 파악하며 글의 주제가 무엇인지 살펴본다.
2. 선택지의 내용이 글의 정보에서 벗어나 비약된 부분은 없는지 확인한다.
3. 병렬적으로 키워드들이 설명되어 있는 지문의 경우 키워드별로 문단이 나누어져 있을 확률이 높으므로 이를 염두에 두고 읽는다.
4. 글에서 서로 다른 두 가지 개념을 설명할 경우 다른 표시를 하며 읽는 것이 좋다.
5. 실제 직무와 관련된 문서가 제시된 문제일 경우 그 문서가 담고 있는 목적이나 일정, 준비해야 할 사항들을 요소별로 빠르게 파악할 수 있어야 한다.
6. 지문이 객관적 수치와 정보의 나열로만 이루어진 경우 선택지를 먼저 읽고, 글에서 찾아 나가도록한다.
7. '절대', '반드시', '항상'과 같은 극단적인 표현의 선택지는 피하는 것이 좋다.

주요 기업 빈출키워드

건축물에서의 피난 관련 사항, AK10텐트 얼룩에 관한 안내, 녹조를 주제로 한 TV인터뷰 기사, 빌바오 효과, 우수콘텐츠잡지 선정 · 지원 계획공고, 스마트시티 리빙랩 프로젝트, 건설기계산업의 전망, 드라이클리닝, 세균, 윤리 체계, 인터넷 사용의 장점과 단점, 외국환거래법, △△공사 민원처리규칙, 사무관리규칙, 직제규정 시행규칙, 보수규정, 마르크스의 계급 구조, 농산물 생산안정제 등

대표예제

01 다음 글을 읽고 내용을 바르게 이해하지 못한 것은?

권두부록

파트 1
언어능력

파트 2
수리능력

파트 3
추리능력

파트 4
공간지각능력

파트 5
사무지각능력

파트 6
인성검사

> 건축물에서의 피난 관련 사항은 건축허가 요건을 이루는 중요한 규정이다. 일반적으로 피난은 건축물의 화재상황을 염두에 두고 검토되기 때문에 건축법에서는 대피 관련 규정의 상당부분을 화재상황으로 상정하고 있고, 방화규정과 피난규정을 엄격히 구분하고 있지 않다.
> 건축물에서의 피난요건을 규정하는 방식에는 사양방식과 성능방식이 있다. 사양방식은 건축 상황을 일반화시켜 놓고 피난시설의 개수, 치수, 면적, 위치 등을 구체적으로 규정하는 방식이고, 성능방식은 건축물의 특수한 상황에서 법으로 규정된 사양을 맞출 수는 없으나 시뮬레이션을 통해 사람들이 안전하게 대피할 수 있음을 입증하는 방식이다. 우리나라의 건축법은 전적으로 사양방식을 채택하고 있으나, 해외에서는 사양방식을 기본으로 하되 필요에 따라 일부 층이나 특정 공간에서 성능방식을 채택할 수 있도록 규정하고 있다.
> 피난이란 건축물 내에서 안전한 곳까지 막힘없이 안전하게 도달하는 것을 의미한다. 피난 관련 규정은 규모 측면에 있어서 고층 건축물을 구분하여 관리하고 있다. 또한 피난의 개념에 관한 규정은 건축물 내부에서 대피통로, 건축물 내에서 밖으로 탈출하기 위한 출구, 건축물 출구에서 안전한 장소까지 이동하거나 화재 진압에 필요한 통로와 관련하여 크게 세 가지로 구분하고 있다.

① 피난이란 건축물 내에서 안전한 곳까지 막힘없이 안전하게 도달하는 것을 의미한다.
② 우리나라는 일반적으로 건축 상황을 일반화시킨 뒤 피난시설의 개수, 치수, 면적, 위치 등을 구체적으로 규정하는 방식을 채택하고 있다.
③ 30층 이상의 높이를 가진 건축물에는 성능방식을, 그 외 기타규모의 건축물에는 사양방식을 적용하는 것이 옳다.
④ 해외에서는 일부 층이나 특정 공간에서 필요에 따라 건축적 특수상황에서 시뮬레이션을 통해 사람들이 안전하게 대피할 수 있음을 입증하는 방법을 채택하기도 한다.

|정답| ③
|해설| 규모 측면에 있어서 고층 건축물을 구분하여 관리하고 있으나, 규모에 따라 성능방식과 사양방식을 달리 적용한다는 내용은 언급되어 있지 않다.
|오답풀이|
② 우리나라는 일반적으로 사양방식을 채택하고 있다.
④ 해외에서는 사양방식을 기본으로 하되 필요에 따라 일부 층이나 특정 공간에서 성능방식을 채택할 수 있도록 규정하고 있다.

유형 2
중심 내용 찾기

✅ 02 독해

🔆 문제분석

1. 중심 내용을 찾는 문제는 글의 전체 내용을 파악하는 문제이므로 세부 내용을 찾는 문제보다 한 단계 높은 수준을 묻는 문제이다.

2. 글의 전체 내용의 중심 내용을 묻는 문제와 문단별로 중심 내용을 찾는 문제가 출제될 수 있다. 따라서 문단별로 중심 내용을 확인하고 전체 글의 중심 내용을 파악하는 방법으로 문제를 해결한다.

3. 중심 내용을 묻는 문제가 묶음 문제로 출제되는 경우는 세부 내용을 파악하는 문제가 제시된 후에 중심 내용을 파악하는 문제가 출제된다. 따라서 세부 내용과 중심 내용을 구분하여 파악하는 능력이 필요하다.

🔆 학습 전략

1. 글을 읽을 때에 세부 내용과 중심 내용을 구분하여 읽는 훈련을 한다. 중심 내용이 어떤 것인지를 판단하는 능력을 길러야 하는데, 이러한 능력은 핵심어를 구분하거나 글의 구조를 파악하는 능력을 기르는 훈련을 하여야 한다.

2. 문단별로 중심 내용을 파악하는 문제나 글 전체의 중심 내용을 파악하는 문제가 골고루 출제되고 있으므로 글을 읽을 때 문단별로 중심 내용을 파악한 후 그 내용을 중심으로 글 전체의 중심 내용을 파악하는 훈련을 한다.

3. 자신의 배경 지식을 바탕으로 글의 전체 내용이 무엇일지를 짐작한 후에 글을 읽으면 글의 내용을 더욱 쉽게 파악할 수 있고 나아가 중심 내용도 효과적으로 파악할 수 있다. 따라서 글을 읽을 때 적극적으로 자신의 배경지식을 활성화하여 글의 중심 내용을 파악하는 연습을 한다.

🔆 주요 기업 빈출키워드

천동설, 지동설, 시뮬라크르, 입자설, 과학적 패러다임, 파스퇴르, 칭찬의 힘, 미술사, 서양 철학사, 자연 발생설 등

📝 학습 TIP

시뮬라크르

포스트구조주의의 대표적인 철학자 프랑스 들뢰즈가 확립한 철학 개념으로 자기 동일성이 없는 복제를 가리키는 철학 개념이다. 공간 위주의 사유와 합리적이고 법칙적인 사유를 지향하는 20세기 중엽의 구조주의 틀을 이어받으면서 포스트구조주의가 이전의 구조주의와 구분되게 하는 데 핵심 역할을 한 중요한 개념 가운데 하나이다. 들뢰즈는 시뮬라크르를 순간적이고 지속성과 자기 동일성이 없으면서도 인간의 삶에 변화와 의미를 줄 수 있는 각각의 사건으로 정의하고 가치를 부여한다. 이후 들뢰즈가 시뮬라크르를 의미와 연계시켜 사건으로 다루면서 현실과 허구의 상관관계를 밝히면서 시뮬라크르는 현대 철학의 중요한 개념으로 자리잡았다.

대표예제

01 다음 글의 중심 내용으로 가장 적절한 것은?

권두부록

파트 1
언어능력

파트 2
수리능력

파트 3
추리능력

파트 4
공간지각능력

파트 5
사무지각능력

파트 6
인성검사

> 사람들은 흔히 뉴스를 세상에서 일어난 일을 사실적이고 객관적으로 기술한 정보라고 생각한다. 만약 어떤 사건이나 이슈가 완벽하게 사실적이고 객관적으로 기술될 수 있다면, 서로 다른 미디어가 취재해서 보도하더라도 같은 뉴스가 만들어질 것이니 우리 사회에는 굳이 그렇게 많은 뉴스 미디어가 존재할 필요가 없을 것이다. 하지만 현실에는 언론사, 포털 뉴스, 뉴스 큐레이션 서비스, 소셜 미디어 및 개인 미디어 등 수많은 뉴스 생산 주체들이 뉴스를 생산한다. 이렇게 많은 언론사 및 개인들이 뉴스를 생산한다는 것은 현실에서 일어난 하나의 사건이 뉴스 미디어에 따라 다르게 보도될 수 있다는 것을 의미한다.
>
> 과거에는 뉴스를 만드는 사람들은 언론사에 속해 있었고, 언론사의 수도 많지 않았기 때문에 누가 뉴스를 만들었는지에 대한 대답을 쉽게 얻을 수 있었다. 하지만 미디어 환경 및 뉴스 산업 구조의 변화로 인해 뉴스 생산환경이 급속하게 변화하였고, 지금은 언론사에 속한 기자뿐만 아니라 블로거, 시민기자, 팟캐스터 등 다양한 사람들이 뉴스 생산에 기여한다. 따라서 뉴스를 바르게 이해하기 위해서는 뉴스 생산자의 역할과 임무에 대한 이해가 선행되어야 한다.

① 뉴스가 가지는 가치는 다양성에 있다.
② 뉴스는 생산자에 따라 다르게 구성된다.
③ 뉴스는 이용자의 특성에 따라 다르게 구성된다.
④ 뉴스에는 생산자의 특정한 시각과 가치가 담겨 있다.
⑤ 올바른 뉴스 소비를 위해서는 이용자의 능동적인 판단이 필요하다.

| 정답 | ⑤

| 해설 | 첫 번째 문단을 보면 현재 하나의 사건이나 이슈에 대해 수많은 뉴스 생산 주체들이 다르게 보도하고 있다는 것을 알 수 있다. 이후 두 번째 문단을 보면 미디어 환경 및 뉴스 산업 구조로 인해 뉴스 생산 환경이 급속하게 변화했으며 기자, 블로거, 시민기자, 팟캐스터 등 다양한 사람들이 뉴스 생산에 기여한다고 이야기하고 있다. 마지막 문장에서는 '뉴스를 바르게 이해하기 위해서는 뉴스 생산자의 역할과 임무에 대한 이해가 선행되어야 한다'고 말하고 있다. 이를 모두 종합하면 올바른 뉴스를 소비하기 위해서는 뉴스 생산자의 역할과 임무에 대해 소비자가 능동적으로 판단하고 이해해야 한다는 것을 알 수 있다.

02 다음 (가)~(라)를 요약한 내용으로 적절하지 않은 것은?

설과 추석 같은 명절 연휴만 되면 어김없이 도로에 극심한 정체 현상이 나타난다. KTX 같은 고속철도를 이용하면 한결 편안해지는 귀성길이지만 여전히 고향 내려가는 길은 그리 녹록하지 않은 것이 현실이다. 좀 더 빨리 원하는 목적지까지 교통 체증 없이 갈 수 있는 방법은 없을까. 이러한 대중교통 문제를 해결하려는 시도로 최근 주목받고 있는 것이 바로 차세대 초고속 모빌리티 서비스인 '하이퍼루프(Hyperloop)'다.

하이퍼루프는 미국의 전기자동차 회사인 테슬라의 최고경영자(CEO)이자 우주 탐사 기업 스페이스X 설립자인 엘론 머스크가 지난 2013년 백서를 통해 제안한 미래 이동 수단이다. 하이퍼루프는 극초음속(Hypersonic speed)과 루프(Loop)의 합성어로 음속보다 빠른 속도로 달리는 초고속열차를 지칭하는 용어다. 하이퍼루프의 개념은 사실 머스크가 처음 고안한 것은 아니다. 19세기 프랑스 소설가 쥘 베른의 공상과학 소설 '20세기 파리'에 해저에 설치된 공기 튜브를 통해 대서양을 횡단하는 초고속 튜브 열차가 등장한다. 2024년 상용화될 예정인 하이퍼루프는 이 소설에서처럼 공기 저항을 줄이기 위해 터널 안을 진공 상태에 가깝게 설계하고 열차 모양도 캡슐처럼 만든다.

(가) 하이퍼루프는 기술 방식에 따라 자기 부상 방식과 공기 부상 방식 2가지로 나뉜다. 자기 부상 방식은 자기 부상 열차처럼 자력의 힘으로 레일 위를 떠서 달린다. 기존 자기 부상 열차와 다른 점은 전자석 코일 대신 전력이 필요 없는 알루미늄 튜브와 궤도에 자기 시스템을 활용한다는 것이다. 공기 부상 방식은 포드(Pod)라고 불리는 창문이 없는 캡슐 형태의 열차 칸을 부분 진공 상태의 밀폐된 원형 관을 통해 운행하는 방식을 말한다.

(나) 하이퍼루프는 무엇보다 빠른 운송 시간, 에너지 효율성, 상대적으로 저렴한 건설비용, 날씨나 지진 등의 영향을 받지 않는다는 점 등을 장점으로 내세운다. 이 초고속열차는 미국 로스앤젤레스와 샌프란시스코 간을 시속 1,200km의 초고속으로 35분 만에 주파할 수 있고 시간당 3,000여 명을 실어 나를 수 있다. 전기모터와 자기장 그리고 저항진 환경과 결합함으로써 항공기보다 최대 10배 정도의 에너지 효율성도 가진다. 이에 비해 건설비용은 60억 달러(약 7조 원)에서 75억 달러(약 9조 원) 정도로 추산된다. 현재 머스크 CEO는 자신이 세운 굴착 회사 보링컴퍼니, 테슬라, 스페이스X와 함께 약 1.3km 길이의 초고속 터널 구간을 건설하고 있다.

(다) 머스크의 발표 이후 많은 기업들과 국가들이 경쟁적으로 하이퍼루프 프로젝트를 추진하고 있다. 우선 '버진 하이퍼루프 원'은 영국의 버진그룹과 아랍에미리트(UAE) 국영 항만 운영사인 DP월드가 추진하고 있는 하이퍼루프 프로젝트다. 초기 DP월드가 추진하던 '하이퍼루프 원'은 2016년 미국 라스베이거스 네바다 사막에서 시험 운영에 성공했고, 2017년 영국 버진그룹에 인수되면서 대대적인 투자를 진행하고 있다. 제24회 세계에너지총회에서 실물 열차가 전시된 바 있는 '버진 하이퍼루프 원'은 지름 약 3.5m인 원통 튜브로 최대 승객 28명을 태우고 최고 시속 1,200km로 달린다. 일반 여객기가 시속 900km인 점을 고려하면 엄청난 속도인 것은 틀림없다. 보통 승용차로 2시간 걸리는 아부다비와 두바이를 불과 12분 만에 갈 수 있다.

권두부록

파트1
언어능력

파트 2
수리능력

파트 3
추리능력

파트 4
공간지각능력

파트 5
사무지각능력

파트 6
인성검사

(라) 하지만 일각에서는 하이퍼루프의 경제성과 안전성에 의문을 제기하며 회의적인 시각을 보내는 사람들도 있다. 먼저 그들은 하이퍼루프의 인프라 구축과 운영에 막대한 비용이 든다는 점을 지적한다. 최근 미국 미주리 주와 '버진 하이퍼루프 원'과의 시범 운영을 위한 트랙 계약비용만 3 ~ 5억 달러(3,549 ~ 5,913억 원)가 들고 전체 공사비가 100억 달러(약 12조 원)로 추정된다는 보도가 있었다. 전문가들은 초기 머스크 CEO가 추산한 60억 달러는 현실적으로 불가능하고 무려 1,000억 달러(약 118조 원)가 들 것이라고 예상하였다. 하이퍼루프의 안전성도 문제로 제기되고 있다. 음속에 가까운 속도로 운행하기 때문에 사고 발생 시 비행기 사고에 버금가는 위험을 초래할 가능성이 높다. 실제로 하이퍼루프는 진공 상태에서 작동하기 때문에 튜브에 약간의 틈만 생겨도 공기가 급격히 유입돼 치명적인 구조적 손상이 발생할 수 있기 때문이다. 또 승객들은 창문이 없고 밀폐된 진공 상태의 캡슐에서 여행을 하는 것에 갑갑함과 불안감을 가질 우려가 있다. 지형상 곡선으로 운행되면 회전에 의한 가속도가 너무 커 진동 문제 등으로 탑승객의 고통이 클 것이라는 것도 해결해야 할 문제다. 이런 측면에서 최근에는 승객 수송뿐만 아니라 화물 수송 쪽으로 관심이 옮겨 가고 있기도 하다.

① (가) : 하이퍼루프 기술 방식의 종류와 원리
② (나) : 하이퍼루프 기술의 장점과 기대효과
③ (다) : 하이퍼루프 기술의 상용화 사례
④ (라) : 하이퍼루프 기술의 한계와 예상 문제

|정답| ③
|해설| 하이퍼루프는 2024년 상용화될 예정이며, (다)에서는 하이퍼루프 기술이 적용된 '하이퍼루프 원'의 시험 운영 성공 사례와 기대 효과에 대해 서술하고 있다. 따라서 (다)의 중심 내용으로 '하이퍼루프 기술의 상용화 사례'는 적절하지 않다.

유형3 주제 찾기

🔅 문제분석

1. 주제를 찾는 문제는 글의 전체 내용을 이해하여 주제를 파악하는 문제이므로 먼저 글의 전체 내용을 파악하는 것이 중요하다.
2. 문제에 제시된 지문의 길이는 짧은 문제에서부터 긴 문제까지 다양하므로 길이에 구애받지 않는 독해 능력이 필요한 문제이다.
3. 글에 제시된 중심 내용과 세부 내용을 구분하고 중심 내용 중에서 글의 전체 내용을 요약하는 문제가 출제되므로 글을 읽을 때 중심 내용과 세부 내용을 파악하는 능력이 필요하다.
4. 글의 주제나 논지를 파악하기, 글의 주제를 바탕으로 글의 제목을 정하기 등의 문제가 출제된다.

🔅 학습 전략

1. 글을 읽을 때에 세부 내용과 중심 내용을 구분하여 읽는 훈련을 한다. 중심 내용이 어떤 것인지를 판단하는 능력을 길러야 하는데, 이러한 능력은 핵심어를 구분하거나 글의 구조를 파악하는 능력을 기르는 훈련을 하여야 한다.
2. 문단별로 중심 내용을 파악하는 문제나 글 전체의 중심 내용을 파악하는 문제가 골고루 출제되고 있으므로 글을 읽을 때 문단별로 중심 내용을 파악한 후 그 내용을 중심으로 글 전체의 중심 내용을 파악하는 훈련을 한다.
3. 자신의 배경 지식을 바탕으로 글의 전체 내용이 무엇일지를 짐작한 후에 글을 읽으면 글의 내용을 더욱 쉽게 파악할 수 있고 나아가 중심 내용도 효과적으로 파악할 수 있다. 따라서 글을 읽을 때 적극적으로 자신의 배경지식을 활성화하여 글의 중심 내용을 파악하는 연습을 한다.

🔅 주요 기업 빈출키워드

홍차, 남극 빙하 기둥, 유산소 · 무산소 호흡, 추수 감사제, 사물인터넷, 거미줄의 원리 등

📋 학습 TIP

글의 일반적인 구조

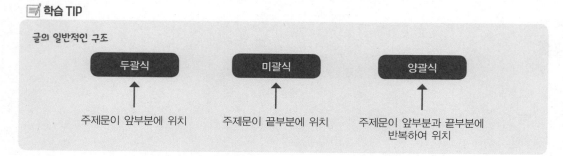

두괄식	미괄식	양괄식
주제문이 앞부분에 위치	주제문이 끝부분에 위치	주제문이 앞부분과 끝부분에 반복하여 위치

권두부록

파트 1
언어능력

파트 2
수리능력

파트 3
추리능력

파트 4
공간지각능력

파트 5
사무지각능력

파트 6
인성검사

대표예제

01 다음 글의 주제로 가장 적절한 것은?

사회적 상호작용은 생물의 질병 진행 양상에 매우 중요한 역할을 할 수 있다. 그 예시로 프랑스 국립과학연구원(CNRS)의 노랑초파리 연구를 들 수 있다. 국립과학연구원에서는 암처럼 전염성이 없는 질병의 진행에 사회적 상호작용이 미치는 영향에 관하여 연구하였다. 그 결과 암에 걸린 초파리의 질병 진행 속도는 다른 파리와 상호작용이 있을 때보다 사회적으로 고립되어 있을 때 더 빠른 것으로 나타났다. 이에 더해 놀랍게도 암에 걸린 초파리가 속한 사회적 집단의 특성 또한 질병의 진행 속도에 영향을 미칠 수 있다는 가능성이 제기됐다. 암에 걸린 초파리들끼리 함께 상호작용할 때보다 건강한 초파리들과 함께 있을 때 종양이 더 빨리 퍼진 것이다.

연구진에 따르면 암에 걸린 초파리가 건강한 개체들과 함께 있으면 암에 걸린 초파리들과 있을 때보다 상호작용 활동량이 적은 것이 그 원인으로 보인다. 마치 군중 속에서 고립되는 것과 유사한 것이다. 그렇다면 암에 걸린 초파리가 암에 걸린 초파리가 있는 그룹과 건강한 초파리가 있는 그룹 중 선택할 수 있다면 어떠한 결정을 할까? 발병 초창기에는 암에 걸린 초파리가 있는 그룹을 선택하는 경향성이 나타났으나, 종양이 어느 정도 진전된 상태에서는 더이상 그룹선호도를 보이지 않았다.

건강한 초파리의 경우 암 발생 초기 단계에 있는 초파리 그룹과 건강한 초파리 그룹을 구분하지는 않았다. 하지만 종양이 진전된 초파리가 있는 그룹과 건강한 초파리가 있는 그룹 중에서 선택권이 주어지면 건강한 초파리 그룹을 선택하는 경향이 두드러졌다.

① 질병의 진행 속도와 사회적 상호작용 사이의 관계
② 프랑스 국립과학연구원(CNRS)의 최신 연구 동향
③ 사회적 상호작용이 암의 발생에 미치는 영향
④ 초파리의 그룹 선택에 영향을 주는 인자들
⑤ 건강한 초파리가 암에 걸릴 확률

|정답| ①

|해설| 초파리의 연구를 통해 사회적 상호작용과 질병 진행 속도 사이의 관계에 대하여 설명하고 있다.

|오답풀이|

② 프랑스 국립과학연구원(CNRS)의 연구 중 하나를 예시로 들었으며, 이 연구소의 최신 연구 동향에 대해서는 알 수 없다.

③ 사회적 상호작용이 암의 진행 속도에 미치는 영향에 대하여 제시하고 있으나 암의 발생에 미치는 영향에 대해서는 알 수 없다.

④ 초파리의 그룹 선택에 영향을 주는 인자들에 대한 설명들이 언급되어 있으나, 이 글의 주된 주제라고 보기는 어렵다.

⑤ 건강한 초파리가 암에 걸릴 확률은 이 글의 주제로 적절하지 않다.

유형4 추론 · 반박하기

문제분석

1. 글에 나타난 정보나 내용을 바탕으로 글에서 명시적으로 제시되지 않은 내용을 추론하는 문제이다.

2. 글에서 필자의 견해 및 의견 등을 판단하는 능력이 필요하므로 필자의 의견에 대한 나의 견해를 정리하는 문제라고 할 수 있다.

3. 글쓴이의 견해나 글의 내용에 반박하는 내용을 추론하는 문제는 글에 제시된 내용에 반하는 내용을 추론해야 하는 문제이므로 글쓴이의 견해에 대한 올바른 추론 후에 문제를 해결해야 한다.

4. 글을 읽고 내용을 수정하거나 논지를 반박하고 강화하는 내용을 고르는 문제, 혹은 글을 읽고 글의 내용에 맞는 사례를 찾거나 평가하는 문제 등이 이 유형에 해당한다.

학습 전략

1. 글의 내용을 추론하거나 글의 내용을 반박하는 문제를 해결하기 위해서는 글의 정확한 이해가 전제되어야 하므로 글의 내용을 정확히 파악하는 훈련을 하여야 한다.

2. 글의 내용을 바탕으로 추론하는 문제는 언제나 글에 제시된 내용을 근거로 결론을 추론하거나 자신의 의견을 말하는 것임에 유의해야 한다.

3. 따라서 아무리 좋은 의견일지라도 글의 논지에 벗어나는 내용이라면 답이 될 수 없으므로 평소에 글을 정확히 파악하는 능력을 기르는 연습을 한다.

4. 다양한 글을 읽는 연습을 하되, 글의 내용을 그대로 읽는 것보다는 글의 내용에 의문을 제기하고, 숨겨진 내용이 무엇인지를 생각하며 읽는 연습을 하여야 한다.

주요 기업 빈출키워드

동물의 신비, 진리정합론, 낭포성섬유증, 정전법, 행성의 공전 궤도, 베블런 효과 등

📋 학습 TIP

베블런 효과
베블런 효과(veblen effect)는 미국의 사회학자이자 사회평론가인 소스타인 베블런(Thorstein Bunde Veblen)이 1899년에 내놓은 저서 「유한계급론」에서 유래되었다. 이 책에서 베블런은 '상류계층 사람들의 두드러진 소비는 자신의 사회적 지위를 과시하기 위해서 별 자각 없이 행해진다'며 그들은 자신의 성공을 드러내고 허영심을 충족시키려 사치를 일삼는다고 지적하였다. 이에 따라 베블런 효과는 상류계층 사람들의 소비행태로서 상품의 가격이 상승함에도 불구하고 오히려 수요가 증가하는 현상을 의미하게 되었다.

권두부록

파트 1
언어능력

파트 2
수리능력

파트 3
추리능력

파트 4
공간지각능력

파트 5
사무지각능력

파트 6
인성검사

대표예제

01 다음 글을 읽고 반박하는 진술로 옳지 않은 것은?

경제적 불의는 더 이상 방치할 수 없는 상태에 이르렀다. 도시 빈민가의 빈곤은 최소한의 인간적 삶조차 원칙적으로 박탈하고 있으며, 경제력을 독점하고 있는 소수 계층은 각계에 영향력을 행사하여 대다수 국민들의 의사에 반하는 결정들을 관철시키고 있다. 사치와 향락은 근면과 저축의욕을 감퇴시키고 투기와 불로소득은 기업들의 창의력과 투자 의욕을 감소시킴으로써 경제 성장의 토대가 와해되고 있다. 부익부 빈익빈의 극심한 양극화는 국민 간의 균열을 심화시켜 사회 안정 기반을 흔들고 공공연한 비윤리적 축적은 공동체의 기본 규범인 윤리 전반을 문란하게 하여 우리 소중한 삶의 터전을 약육강식의 살벌한 세상으로 만들고 있다.

부동산 투기, 정경유착, 불로소득과 탈세를 공인하는 차명계좌 허용, 극심한 소득차, 불공정한 노사관계, 농촌과 중소기업의 피폐 및 부와 소득의 불공정한 분배, 재벌로의 경제적 집중, 사치와 향락, 환경 오염 등의 경제적 불의를 척결하고 경제정의를 실천하는 것이 현시대의 역사적 과제이다.

이 중에서도 부동산 문제의 해결은 가장 시급한 당면 과제이다. 특히 국토는 국민들의 복지 증진을 위한 생산과 생활에만 사용되어야 함에도 불구하고 소수의 재산 증식 수단으로 악용되고 있다. 토지 소유의 극심한 편중과 투기화, 그로 인한 지가의 폭등은 국민생활의 근거인 주택의 원활한 공급을 곤란하게 하고 있을 뿐만 아니라 물가폭등 및 노사 분규의 격화, 거대한 투기 소득의 발생을 초래하여 현재 이 사회가 당면하고 있는 대부분의 경제적·사회적 불안과 부정의의 주요 원인으로 작용하고 있다.

정부 정책에 대한 국민들의 자유로운 선택권이 보장되며 경제적으로 시장 경제의 효율성과 역동성을 살리면서 정부의 적절한 개입으로 분배의 편중, 독과점 및 공해 등 시장 경제의 결함을 해결하는 민주복지사회를 실현하여야 한다.

① 뚜렷하고 구체적인 정책을 제시하지 않고 해결책을 에둘러 말하고 있다.

② 경제·사회적 불안과 부정의의 가장 큰 원인을 부동산 문제라고만은 할 수 없다.

③ 경제력을 독점하고 있는 소수 계층이 경제적 불의를 일으키고 있다.

④ 수많은 경제적 불의 문제들은 나라가 발전하고 성장하는 데에 필수불가결한 단계이다.

|정답| ③

|해설| 소수 계층에 의한 경제적 불의는 제시된 글의 입장을 나타내는 것으로, 반박하는 진술이 아니다.

|오답풀이|

① 네 번째 문단에서 보면 구체적인 정책적 해결 방안을 말하기 보다는 전체적으로 둘러서 말하고 있다.

② 세 번째 문단에서 부동산 문제 해결이 가장 시급한 과제이며 부동산 문제가 모든 경제 사회적 불안과 부정의의 주요 원인으로 작용하고 있다고 하였다. 이에 대해 그 원인이 부동산 문제만은 아니라고 반박할 수 있다.

02 다음 제시된 〈정보〉를 기반으로 할 때, ㉠ ~ ㉣ 중 추론 가능한 것은 모두 몇 개인가?

─── | 정보 | ───

선분양제도는 지난 30여 년간 국내 주택 분양의 독보적 제도로 자리매김해 왔다. 1980년 중반 이후, 정부는 주거안정화 정책의 일환으로 주택을 대량 공급하고자 하였으나 국가 재정 투자의 여력은 부족한 상황이었다. 주택공급업자의 자기자본 규모는 턱없이 부족하였고, 거액의 자금조달 또한 쉽지 않은 상황이었다. 이러한 배경하에 사업비의 상당부분을 분양대금, 즉 소비자 금융으로 조달하는 선분양제도가 양 주체를 모두 만족시킬 수 있는 방안으로 떠올랐으며, 1984년 11월 28일 주택공급에 관한 규칙이 개정됨으로써 현재까지 주택공급의 주된 방법으로 자리 잡았다.

선분양제도란 글자 그대로 건축물이 준공되기 전에 분양을 선(先) 시행하는 제도이며, 구체적으로 사업자가 대지를 확보하고 주택도시보증공사로부터 분양보증을 받을 경우 착공과 동시에 입주자 모집이 가능한 제도이다. 이에 따라 초기 사업자금만 적시에 융통된다면 그 이후 건설기간의 건설비용은 분양대금으로 충당해 사업진행이 가능하여 주택공급자에게 우호적인 사업 환경이 조성될 수 있었다. 또한 수요자 측면에서도 선분양을 통해 분양가와 준공 후 매매가의 시세차익을 향유할 수 있다는 이점이 있었다. 이와 같은 주택공급자와 주택수요자의 상업적 이익을 기반으로 선분양제도는 자연스럽게 국내 분양시스템의 핵심으로 자리 잡을 수 있게 되었다.

그러나 2000년대 초반부터 분양시장 내 분양권 투기(전매) 심화, 소비자 주택선택권 제약, 준공 전 매매대금 지급에 따른 매매위험 증가 등과 같은 사회적 차원의 부작용이 대두되기 시작하였다. 이에 따라 2004년 2월 참여정부는 분양권 투기억제, 소비자 주택선택권 확대 및 주택 매매위험 감소 등을 목적으로 공공부문의 주택공급에 대해서는 후분양제 의무화 및 시범사업을 실시하였으며 민간부문의 주택공급에 대해서는 후분양 사업장에 대해 기금지원, 공공택지 우선공급 등의 인센티브를 부여하는 내용을 골자로 하는 후분양 로드맵을 마련하였다. 이를 통해 정부는 선분양을 억제시키고 후분양의 안정적 정착을 도모하였으나 공공부문의 경우 시범사업장 외에는 후분양 추진사례가 극히 미미하였고 민간부문 또한 사업비용 증가에 따른 주택공급자의 저조한 참여로 후분양제의 실효성에 대한 의문이 제기되면서 대부분의 주택공급은 현재까지 선분양제를 통해 이루어지게 되었다.

이러한 배경하에 지난 2017년 정부는 공공부문을 중심으로 한 후분양제도의 단계적 도입을 시사하였고 현재 후분양제에 대한 재논의가 대두되고 있는 상황이다. 후분양제도란 건축물이 지어진 후에 분양을 시행하는 제도로 구체적으로 주택공급에 관한 규칙 제15조에 의거 전체 층수의 $\frac{2}{3}$ 이상에 해당하는 층수의 골조공사가 완성된 때 입주자를 모집하는 방법을 말한다.

한편 최근 논의가 되고 있는 후분양제는 '전체 공정의 80%에 달한 시점'을 입주자 모집 가능시기로 보고 있다.

권두부록

파트 1
언어능력

파트 2
수리능력

파트 3
추리능력

파트 4
공간지각능력

파트 5
사무지각능력

파트 6
인성검사

| 추론 |

㉠ 착공과 함께 입주자 모집을 할 수 있는 선분양제의 경우 주택공급 사업자는 공사비 등 사업비용 대부분을 분양을 받은 사람의 분양대금을 통해 조달하는 반면, 입주자 모집 시기가 사업 후반부로 늦춰지는 후분양제의 경우 주택공급 사업자는 대부분의 사업비를 대출을 통해 조달하거나 사업자의 자기자금을 활용하여야 한다.

㉡ 선분양제도하에서는 완성된 주택을 보고 구매하는 것이 아닌 모델하우스 등을 통한 간접적 품질 확인 후 주택구매를 하게 되어 초기의 설계나 품질과 다르게 건설된 주택을 소유하여야 하는 위험을 감수해야 한다면, 후분양제하에서는 비교적 완성에 가까운 실물을 확인하고 주택을 구매함으로써 추후 발생할지 모르는 하자 리스크를 감소시킬 수 있게 된다.

㉢ 후분양제도는 선분양제도하에서 소비자가 활용할 수 있었던 분양시장의 분양가와 입주 시점의 매매가의 차액인 시세차익을 기대하기 어렵고, 사업자의 증가된 금융비용이 소비자에게 전가됨으로써 분양가가 상승할 가능성이 나타난다.

㉣ 사회 전반적인 관점에서 후분양제도는 분양권 투기를 억제할 수 있고 중도금대출을 감소시켜 가계부채를 축소시키는 등 일부 긍정적인 면이 있을 것으로 보이지만, 주택공급 감소, 주택가격 상승, 중소건설사 도태 가능성 및 짧은 분양기간으로 인한 준공 후 미분양 증가 등의 단점도 존재할 것으로 보인다.

① 0개   ② 1개   ③ 2개

④ 3개   ⑤ 4개

| 정답 | ⑤

| 해설 | ㉠ 선분양제도는 착공과 동시에 입주자 모집이 가능하기 때문에 주택공급 사업자는 공사비 등의 사업비용 대부분을 분양 받은 사람의 분양대금을 통해 조달할 수 있다. 반면 후분양제의 경우는 입주자의 모집 시기가 사업 후반부로 늦춰지므로 선분양제도처럼 공사비 등을 분양대금으로 조달할 수 없다. 따라서 후분양제의 경우 대부분의 사업비를 대출을 통해 조달하거나 사업자의 자기자금을 활용하여야 한다는 점을 추론할 수 있다.

㉡ 선분양제는 착공과 동시에 입주자를 모집하기 때문에 완성된 주택을 보고 구매할 수 없다. 따라서 모델하우스 등을 통한 간접적인 품질 확인 후 주택구매를 하게 되므로 초기의 설계나 품질과 다르게 건설된 주택을 소유할 위험이 있다. 그러나 후분양제는 전체 공정의 80%에 달한 시점에서 입주자를 모집하므로 비교적 완성에 가까운 실물을 확인하고 주택을 구매할 수 있어 추후 발생할 수 있는 하자 리스크를 감소시킬 수 있다는 점을 추론할 수 있다.

㉢ 선분양제도에서 수요자들은 분양가와 준공 후 매매가의 시세차익을 향유할 수 있다. 그러나 후분양제도에서는 시세차익을 기대하기 어렵고, 주택 공급자가 공사비 등을 대출을 통해 조달해야 하므로 이러한 금융비용이 소비자에게 전가되어 분양가가 상승할 가능성이 있음을 알 수 있다.

㉣ 선분양제도에서의 문제점이었던 준공 전 매매대금 지급에 따른 매매위험 증가와 분양 시장 내 분양권 투기 심화 등을 해소하기 위해 등장한 것이 후분양제도이므로 이러한 문제점을 해소할 수 있는 긍정적인 면이 있지만 주택공급 감소, 주택가격 상승, 중소건설사 도태 가능성 등의 문제점이 발생할 수 있음을 알 수 있다.

02 독해

유형 5

빈칸 채우기

문제분석

1. 글의 맥락을 고려하여 빈칸에 들어갈 어휘나 접속사, 문장, 문단을 고르는 문제들이 출제된다.

2. 비중이 높은 편은 아니지만 꾸준히 출제되고 있는 문제 유형이므로 중요하게 학습해 두어야 한다.

3. 글의 흐름과 핵심을 이해하여 문장이나 문단 간의 연결 관계를 파악할 수 있어야 한다.

4. 시간적 여유가 없기 때문에 판단력을 잃고 핵심을 놓칠 수도 있으므로 기출문제 및 다양한 문제들을 풀어봄으로써 요령을 습득하도록 한다.

학습 전략

1. 지문을 전체적으로 훑어보면서 글의 흐름을 파악한다.

2. 빈칸이 글의 어느 위치에 있는지 확인한다.

3. 빈칸의 바로 앞, 뒤 문장을 집중하여 읽고 빈칸과 관련된 힌트를 찾는다.

4. 빈칸에 들어갈 문장을 고르는 경우 시간적 여유가 없다면 빈칸이 위치해 있는 문단만 읽고 흐름을 잡는다.

5. 중요한 부분이나 키워드에 표시해가며 글을 읽고, 답에 해당되는 선택지를 하나씩 찾아낸다.

6. 시간적인 여유가 있다면 모든 빈칸을 채운 후, 한 번 더 읽어보며 확인한다.

주요 기업 빈출키워드

국민의 행복 추구, 추곡수매 계약재배 안내 등, 주택시장 불안, 사회적 경제, 인간은 사회적 동물, 갑질, 19세기 동아시아 등

권두부록

파트 1
언어능력

파트 2
수리능력

파트 3
추리능력

파트 4
공간지각능력

파트 5
사무지각능력

파트 6
인성검사

대표예제

01 다음 빈칸에 들어갈 내용으로 가장 적절한 것은?

우리는 환경이 우리가 존중하는 분위기와 관념을 구현하고, 우리에게 그것을 일깨워 주기를 은근히 기대한다. 건물이 일종의 심리적 틀처럼 우리를 지탱하여 우리에게 도움이 되는 우리 자신의 모습을 유지해 주기를 기대한다. 우리 내부에 필요한 것, 그러나 필요하다는 사실 자체를 잊을 위험이 있는 것을 표현해 주는 물질적 형태들을 주위에 배치한다. 벽지, 벤치, 그림, 거리가 우리의 진정한 자아의 실종을 막아 주기를 기대한다.

어떤 장소의 전망이 우리의 전망과 부합되고 또 그것을 정당화해 준다면 우리는 그곳을 '집'이라는 말로 부르곤 한다. 꼭 우리가 영구히 거주하거나 우리 옷을 보관해 주어야 집이라는 이름을 붙이는 것은 아니다. 어떤 건물과 관련하여 집 이야기를 하는 것은 단지 그것이 우리가 귀중하게 여기는 내적인 노래와 조화를 이룬다는 사실을 인정하는 방식일 뿐이다. 집은 공항이나 도서관일 수도 있고 정원이나 도로변 식당일 수도 있다.

집을 사랑한다는 것은 또 우리의 정체성이 스스로 결정되는 것이 아님을 인정하는 것이다. (   ) 우리의 약한 면을 보상하기 위해서다. 우리에게는 마음을 받쳐줄 피난처가 필요하다. 세상의 아주 많은 것이 우리의 신의와 대립하기 때문이다. 우리에게는 우리 자신이 바람직한 모습을 바라보게 해 주고, 중요하면서도 쉬이 사라지는 측면들이 살아있도록 유지해 줄 방이 필요하다.

① 벽지, 벤치, 그림 등을 진정한 자아의 실종을 막도록 배치해야 한다.
② 삶을 통해 얻게 되는 다양한 스트레스를 집에서 풀 수 있어야 한다.
③ 우리의 정체성을 견지하기 위해 타인과 함께 사는 지혜가 필요하다.
④ 우리에게는 물리적인 집만이 아니라 심리적인 의미의 집도 필요하다.
⑤ 우리가 인간으로서 가지는 정체성은 우리가 사는 집에 의해서 결정된다.

| 정답 | ④

| 해설 | 빈칸 앞부분에서 '집을 사랑한다는 것은 또 우리의 정체성이 스스로 결정되는 것이 아님을 인정하는 것이다'라고 하였고 뒷부분에서 '우리의 약한 면을 보상하기 위해서다'라고 하였으므로 빈칸에는 들어갈 말로 선택지 ④가 가장 적절하다.

| 오답풀이 |
① 첫 번째 문단에서 벽지, 벤치, 그림 등이 언급되나 자아 실종 방지에 대한 기대감으로 이러한 물품들을 배치한다는 내용이지 배치 행위가 자아 실종을 막아준다는 합당한 근거가 제시되지는 않았다.
③ 제시문은 전반적으로 타인과의 관계를 중점적으로 다루고 있지 않다.

유형 6 글의 구조 파악

✓ 02 독해

🔍 문제분석

1. 글의 서술 방식을 묻는 문제와 글의 구조를 도식화하는 문제들이 출제된다.
2. 문장 혹은 문단 간의 연결뿐만 아니라, 글의 전체적인 구조를 잘 파악할 수 있어야 한다.
3. 지문을 읽고 논지의 전개 방식과 서술 구조를 파악하는 능력이 필요하다.

🔍 학습 전략

1. 문제를 푸는 시간을 단축시키기 위하여 선택지를 먼저 확인하고 지문을 읽는다.
2. 지문을 빠르게 훑어보며 전체적인 흐름과 서술방식을 파악하고 핵심적인 부분을 찾아낸다.
3. 문단 간의 관계를 파악하기 위해서는 한 문단씩 읽을 때마다 핵심 키워드나 핵심 문장을 간단히 적어두는 것이 좋다.
4. 선택지와 지문을 번갈아 가며 내용을 확인한 후, 답을 찾는다.

🔍 주요 기업 빈출키워드

고갱, 국악(國樂), 가족의 공동체적 삶의 원리, 결심 산업의 환불, 국제자오선회의, 사랑에 관한 여러 철학자들의 견해, 카셰어링 등

📝 학습 TIP

대표적인 글의 전개방식

1. 비교와 대조 : 비교는 둘 이상의 사물의 공통되는 성질이나 유사성을 중심으로 설명하는 방법이며 대조는 둘 이상의 사물의 차이점을 중심으로 설명하는 방법이다. 이때 두 대상의 우열을 판단하는 것이 아니라 두 대상 사이의 관계를 파악하여 그것의 특징을 밝히는 전개 방식이다.

2. 분류 : 어떤 대상들을 공통적인 특성이나 일정한 기준에 따라 구분하는 방법이다. 여러 가지 대상을 범주화하여 그 대상을 더욱 쉽게 체계적으로 이해하는 방법이다. 어떠한 대상들을 분류할 때에는 하나의 기준을 적용해야 하고 대상들 중에는 제외되는 것이 있어서는 안 된다.

3. 분석 : 어떤 대상에서 그것을 이루고 있는 구성요소나 부분으로 나누어 구체적으로 설명하는 방법으로 복잡한 구성요소로 이루어진 대상을 설명할 때 주로 사용하는 방식이다. 분석하려는 대상이 무엇이고 어떠한 성질을 지니고 있는지에 따라 분석의 여러 가지 방법을 이용하여 설명할 수 있다.

권두부록

파트 1
언어능력

파트 2
수리능력

파트 3
추리능력

파트 4
공간지각능력

파트 5
사무지각능력

파트 6
인성검사

대표예제

01 다음 글에 사용된 서술 방법으로 알맞은 것은?

가족은 성원들 간의 공유와 협동이 이루어지는 집단이다. 그러나 집단 안에서만 공유와 협동이 이루어지는 배타적 권리를 주장하고 사적 이익만을 추구한다면 이타성과 공공선을 추구하는 전 사회적 공동체의 원리와 대립하게 된다.

그동안 우리 사회는 경제적으로 급성장을 하였지만 불균등한 분배 구조로 계층 간의 차이가 지속적으로 확대되고, 그 차이는 다음 세대로 전승됨으로써 사회적 불평등 구조가 재생산되고 있다. 그러한 사회적 불평등 구조의 재생산 구조는 한국 특유의 배타적 가족주의와 결합하게 되면서 온갖 사회 모순을 확대시켜 왔다. 기업의 족벌 경영 체제, 부동산 투기, 사치성 소비 성향, 고액 과외 등의 부정적 현상들은 개개인들이 자기 가족의 안락과 번영을 위해 헌신한 행위로 정당화되어 결과적으로 가족 집단의 공동 이익이 다른 가족들의 경제적 빈곤을 악화시키는 반공동체적 행위를 강화시켜 온 것이다.

이와 같이 가족 내에서의 공동체적 삶의 원리가 전체 사회의 공동체적 언어를 파괴할 뿐만 아니라 가족 생활 자체도 점차 공동체적 성격을 상실해 간다면, 가족은 더 이상 전체 사회에 유익한 일차 집단이 될 수 없다. 그럼에도 불구하고 가족에 대한 비판을 금기시하고 신성화하는 이데올로기를 고집한다면 우리 사회가 당면한 문제들을 해결하기는 더욱 어려워질 것이다.

① 대상의 특성을 파악하며 비교 설명하고 있다.
② 개별적 사례에서 보편적 원리를 이끌어내고 있다.
③ 필자의 가설을 제시하고 사례를 통해 입증하고 있다.
④ 사회현상을 연속적인 흐름에 따라 설명하고 있다.
⑤ 권위자의 말을 인용하여 필자의 주장을 강화하고 있다.

|정답| ④
|해설| 제시문에서는 '불균등한 분배 → 계층 간 격차 확대 → 다음 세대로 전승'으로 불평등 구조가 재생산되고 있다고 말한다. 또 이 재생산 구조는 한국 특유의 배타적 가족주의와 만나 자기 가족의 안락과 번영을 위해 다른 가족의 경제적 빈곤을 악화시키는 현상을 확대한다. 따라서 사회현상의 연속적인 흐름에 따라 설명하고 있다.

유형7 개요 · 보고서 · 실용문 작성(수정)하기

문제분석

1. 개요나 보고서 · 실용문을 작성하거나 수정하는 문제가 출제된다.

2. 개요를 보고 글의 논리적인 구조와 통일성, 일관성 등을 평가하는 문제가 주로 출제된다. 따라서 글의 각 문단의 흐름이 하나의 주제로 통일되는지 글을 평가하는 능력이 요구된다.

3. 보고서 · 실용문의 올바른 작성을 위해서는 보고서 · 실용문을 작성하는 일반적인 원리에 대한 이해가 필요하다. 또한 보고서 · 실용문을 수정할 때에는 이러한 원리에 의해 적절히 수정해야 한다.

학습 전략

1. 먼저 글의 처음-중간-끝이나 서론-본론-결론에 어떤 내용이 들어가야 하는지를 숙지하여 글의 짜임이 일반적인 글의 전개방식에 맞게 전개되고 있는지를 파악할 수 있도록 연습한다.

2. 글이 통일성 있게 전개되는지 파악하는 능력을 키워야 한다. 평소에 다양한 글을 접하고 문단별로 어떤 중심 내용을 가지고 있는지를 분석하는 훈련을 한다.

3. 보고서 · 실용문의 일반적인 작성 방법을 숙지해야 한다. 보고서 · 실용문들은 일반적인 양식과 구조가 있으므로 그것에 따라 작성해야 하는 경우가 많다. 따라서 그 내용을 먼저 숙지한다.

4. 보고서 · 실용문을 수정할 때에는 보고서 · 실용문을 작성하는 일반적인 원리에 맞는지, 맞춤법이나 문장 구조가 적절한지 등을 파악하는 훈련을 해야 한다.

주요 기업 빈출키워드

다문화 가정, 사이버 공간의 확장, 노령화, 지역축제 등

학습 TIP

문서작성 시 주의사항
- 문서는 작성 시기가 중요하다.
- 문서는 한 사안을 한 장의 용지에 작성한다.
- 반드시 필요한 자료 외에는 첨부하지 않도록 한다.
- 문장 표현은 작성자의 성의가 담기도록 경어나 단어 사용에 신경 쓴다.
- 문서는 육하원칙에 따라 작성한다.
- 문서는 작성한 후 반드시 다시 한 번 내용을 검토한다.
- 문서 내용 중 금액, 수량, 일자 등은 정확하게 작성한다.

보고서 작성 방법
- 업무 진행 과정에 쓰는 경우가 대부분이므로, 쓰려고 하는 핵심 내용을 구체적으로 제시한다.
- 간결하고 핵심적인 내용을 쓰되 내용의 중복을 피한다.
- 복잡한 내용은 도표나 그림을 활용한다.
- 상사에게 제출하는 문서이므로 궁금한 것을 질문 받을 것에 대비한다.
- 제출하기 전에 최종 점검을 한다.
- 참고 자료는 정확하게 제시한다.

대표예제

01 S 과장은 부서별 회의에서 4차 산업혁명의 동향과 이에 따른 정책적 변화의 선제적 대응을 주제로 하는 PT발표를 위해 다음과 같이 개요를 작성하였다. 〈보기〉가 들어갈 위치는?

Ⅰ. 서론 : 연구의 목적 및 선행연구 검토
    1. 연구의 필요성 및 목적 ·· ㉠
    2. 4차 산업혁명에 대한 기존 논의
    3. 역사는 산업혁명에 대해 무엇을 가르쳐 주는가? ························· ㉡

Ⅱ. 본론
    1. 4차 산업혁명의 기술 동인과 산업 파급 전망의 틀
        1-1. 4차 산업혁명의 기술 동인 ·· ㉢
        1-2. 산업 파급 전망의 틀
    2. 4차 산업혁명의 산업 파급 전망(1) : 제조업
        2-1. 자율주행차
        2-2. 스마트 에너지
    3. 4차 산업혁명의 산업 파급 전망(2) : 서비스업 ·························· ㉣
        3-1. 핀테크
        3-2. 디지털 헬스케어

Ⅲ. 종합 및 정책적 시사점
    1. 사례연구 종합
    2. 정책적 시사점

| 보기 |

4차 산업혁명의 공통적 특성 4가지로부터 5가지 혁신과제를 도출
• 3대 핵심과제 : 진입규제완화, 데이터 인프라 확충, 창업생태계 선진화
• 부수 과제 : 공통 R&D 뉴딜 추진, SW 인재 양성 강화

① ㉠   ② ㉡   ③ ㉢   ④ ㉣

| 정답 | ③
| 해설 | 서론에서 4차 산업혁명에 대한 기존 논의에 관한 내용이 있으므로 혁신과제의 도출은 본론에 있어야 하고 〈보기〉의 내용은 본론 중에서 4차 산업혁명의 기술 동인(㉢)에 들어가는 것이 적절하다.

02 ○○기업의 K 사원은 수도요금의 산정에 대한 보고서 초안을 다음과 같이 작성하였다. 이에 대해 팀장은 우리나라의 문제점을 기반으로 한 개선방안을 추가하는 것이 좋겠다는 의견을 주었다. 보고서에 ⓐ ~ ⓓ 내용을 추가하려고 할 때, 팀장의 의견과 거리가 가장 먼 것은?

〈수도요금 산정 보고서〉

가. 우리나라의 현황
- 2010년 기준 전국 평균 수도요금이 다른 OECD 국가에 비하여 상당히 낮음.
  - OECD 회원국 중 수자원 여건이 가장 열악한 국가이나, 선진국보다 물 사용량이 많고 수도요금은 최저 수준이며 요금 현실화율도 매우 낮은 수준
  - 수도요금은 꾸준히 상승하였으나 원가도 인상되어 현실화율은 개선되지 않음.

나. 우리나라의 문제점
㉠ 수도요금 원가의 부적정한 산정으로 비공기업 사업자의 원가산정 신뢰성 저하
  - 상하수도 서비스의 외부효과 및 물 사용의 기회비용 미반영
  - 지자체에 따라서는 원가가 실제원가의 1/4도 안 되는 경우도 있음.
㉡ 낮은 수도요금으로 인한 과도한 물 사용으로 지역적 물 부족 초래
  - 신규 수도시설 조기 건설, 늘어난 하수처리량으로 인한 비용 낭비
㉢ 수도사업자 재정 악화로 적절한 시설 투자 장애
  - 상하수도 사업으로 인한 부채액 매년 증가
㉣ 재정부족으로 인한 물 산업 육성 장애
  - 하수 재이용사업, 해수담수화 사업 등 경쟁력 확보 곤란

〈우리나라 수도요금 체계 개선방안〉

가. 수도요금 원가산정의 적정화
- 총비용 회수원칙을 적용해 수도 서비스 제공에 소요되는 비용을 원가에 반영 ········ ⓐ
- 기타 비공기업으로 운영되는 수도사업자의 원가계산의 정확성 확보 ······················· ⓑ

나. 요금 부과체계의 합리화
- 수요자의 경제적 능력에 관계없이 필수사용량을 고려한 정책적 배려 필요 ············· ⓒ

다. 요금 현실화율 제고
- 수도 서비스 지속성 확보 및 소비자의 효율적인 물 사용 유도를 위해 필요 ··········· ⓓ

---

① ⓐ   ② ⓑ   ③ ⓒ   ④ ⓓ

| 정답 | ③
| 해설 | 제시된 우리나라 수도요금의 문제점에는 수요자 개인의 경제적 능력에 관계없이 필수사용량을 고려한 요금 부과체계와 연결되는 내용은 포함되어 있지 않다.

03 다음 유의사항을 참고하여 기안문 작성 지침을 바르게 지시한 사람은 누구인가?

권두부록

파트 1
언어능력

파트 2
수리능력

파트 3
추리능력

파트 4
공간지각능력

파트 5
사무지각능력

파트 6
인성검사

〈기안문 작성 시 유의사항〉

(가) 정확성

　(1) 일반적으로 육하원칙에 따라 작성하고 오탈자나 개수 착오가 없도록 한다.

　(2) 필요한 내용을 빠뜨리지 않고, 잘못된 표현이 없도록 문서를 작성한다.

　(3) 의미전달에 혼동을 일으키지 않도록 정확한 용어와 문법에 맞는 문장으로 구성한다.

　(4) 애매모호하거나 과장된 표현에 의하여 사실이 왜곡되지 않도록 한다.

(나) 용이성

　(1) 문장은 가급적 짧게 끊어 항목별로 표현하여 상대가 이해하기 쉽게 작성한다.

　(2) 읽기 쉽고 알기 쉬운 용어를 사용하고, 한자나 어려운 전문용어 또는 일반화되지 않은
　　 약어는 사용하지 않는다.

(다) 성실성

　(1) 문서는 성의 있고 진실하게 작성한다.

　(2) 상대방에게 불쾌감을 주거나 상대를 무시하는 듯 한 표현은 피하고 경어를 사용한다.

　(3) 감정적이고 위압적인 표현을 쓰지 않는다. 지휘·감독관계에 있더라도 존중의 의미에
　　 서 상호간에 "…… 하시기 바랍니다."와 같은 표현을 사용하는 것이 좋다.

갑 : 문서를 작성하는 측과 읽는 측의 조직 내 상하관계가 명확히 드러난 글이어야 한다네.

을 : 긴 문장보다는 짧은 문장을 활용하여 말하고자 하는 바를 명료하게 드러낼 수 있는 문장
　　 을 많이 쓰도록 하게.

병 : 사용하는 단어나 문구에 전문성이 깃들어 있어야 문서의 품격이 올라가는 법이지.

정 : 육하원칙을 지키기보다 생략이나 비유를 활용하여 간단하게 작성해야지.

① 갑　　　　　　② 을　　　　　　③ 병　　　　　　④ 정

|정답| ②

|해설| (나)에서 문장은 가급적 짧게 끊어서 항목별로 표현하여 상대방의 입장에서 이해하기 쉽게 작성해야 한다고
명시되어 있다.

|오답풀이|

① 성실성 원칙에 따라 조직구조상 지휘·감독관계에 있다하더라도 상호간에 존중하는 자세가 필요하다.

③ 용이성의 원칙을 지켜 전문용어보다 읽기 쉬운 용어를 사용해야 한다.

④ 정확성의 원칙을 무시한 방법으로 의사 전달에 문제를 초래할 수 있다.

02 실전문제연습

독해

01 다음 우대용 교통카드의 대상자에 대해 잘못 이해하고 있는 사람은?

• 우대용 교통카드 : 수도권 도시철도 무임승차 대상자(만 65세 이상 경로우대자, 장애인, 유공자)가 이용하는 반영구적 교통카드

<우대용 교통카드 적용대상자>

구분	적용 대상자
경로자	[적용대상] : 「노인복지법」 제26조에 정한 노인(만 65세 이상 어르신) [카드발급] : 동주민센터(단순무임), ○○은행(신용 / 체크카드)
장애인	[적용대상] : 「장애인복지법」 제2조에 정한 장애인(지체 / 청각 / 언어 / 정신지체 장애 등으로 신분확인 가능한 증명서를 발급받은 사람), 장애등급 1 ~ 3급의 동승보호자 1인 [카드발급] : 동주민센터(단순무임 / 신용 / 체크카드)
유공자	[적용대상] – 「독립유공자예우에 관한 법률 시행령」 제14조, 「국가유공자 등 예우 및 지원에 관한 법률 시행령」 제85조 제1항 및 「5 · 18 민주유공자 예우에 관한 법률 시행령」 제52조 제2항에 정한 사람 – 독립유공자, 전상군경, 공상군경, 4 · 19혁명부상자, 공상공무원, 6 · 18자유상이자, 특별공로상이자로서 1 ~ 7급까지 해당자 및 상이등급 1급의 동승보호자 – 5 · 18 민주화 운동 부상자로서 1 ~ 14급까지 해당자 및 장애등급 1급의 동승보호자 1인 [카드발급] : 관할 보훈지청(신용 / 체크카드)

---

① 갑 : 만 66세 이상인 할아버지는 대상이 되는 것 같아.

② 을 : 장애등급 1급인 사촌동생의 보호자인 숙모는 대상자가 아닌 것 같아.

③ 병 : 「독립유공자예우에 관한 법률 시행령」에서 정하고 있는 독립유공자인 큰아버지는 대상자가 될 수 있을 것 같아.

④ 정 : 「장애인복지법」에서 지체장애인으로 신분확인 가능한 증명서를 발급받은 외사촌은 대상자가 될 것 같은데.

⑤ 무 : 1급 공상공무원인 친구는 유공자이므로 대상자가 된다고 봐.

권두부록

파트 1
언어능력

파트 2
수리능력

파트 3
추리능력

파트 4
공간지각능력

파트 5
사무지각능력

파트 6
인성검사

02 △△공단에서는 청년실업 문제에 대한 세미나를 열어 다음과 같은 학계의 의견을 취합하여 정리하게 되었다. 다음 중 세미나 자료의 의견을 바르게 정리한 것은?

> 우리나라의 청년실업 문제는 외환위기 이후 본격적으로 등장하여 거의 20년간 경제정책 과제의 최상단에 머물러 있다. 그럼에도 불구하고 이 중대한 문제는 해결되지 못하고 있으며 경기침체와 더불어 오히려 더욱 악화되고 있다. 지금까지 청년실업 문제에 대한 대응방향이 적절하였다면 20년이 지난 지금 적어도 문제해결의 실마리는 보였어야 한다. 그러나 거듭된 정책 의지 표명과 엄청난 예산 및 인력의 투입에도 불구하고 청년실업 문제는 완화될 기미조차 보이지 않고 있으며, 문제해결 방향에 대한 컨센서스가 존재하는지조차 불분명하다. 정부뿐만 아니라 학계나 연구기관 등 정책연구 분야도 청년실업 문제에 관한 해결책을 제시하지 못하고 있다는 책임에서 자유롭지 못하다.
>
> 청년실업의 원인으로 가장 흔하게 통용되고 있는 설명은 소위 '미스매치' 이론이다. 그러나 이 이론은 매우 단순한 정태적인 관점에서의 설명으로 충분한 정책적 함의를 가지지는 못한다. 대졸자가 적정 수준보다 많고 이에 비하여 대졸 일자리 공급은 부족하며, 그 해결책은 '눈높이 조정'에 있다는 매우 단순한 논리이므로 현 상황에서 청년들이 어떻게 대응하여야 하는지를 알려주는 가이드라인이 될 수는 있지만 청년실업 문제의 해결을 위해서 정부가 무엇을 해야 하는지 정책방향에 대한 시사점은 약하다.
>
> 실제로는 남자 청년층 25 ~ 29세 고용률은 크게 하락하였지만 30 ~ 34세 고용률은 상대적으로 하락하지 않았으며, 청년일자리는 임금과 안정성 측면에서 고용의 질이 크게 개선되었다. 그럼에도 불구하고 청년일자리 공급은 충분하지 못하다. 그 가운데 지속되는 학력 상승은 노동시장에 배출되는 청년인력의 수를 감소시켜 줄어든 일자리에서 공급과 수요의 균형을 맞추는 기능을 하고 있다. 만약 청년들이 생산직을 기피하여 고용이 하락하였다면 충분한 조정기간이 경과하여 의중임금(Reservation Wage)이 조정되고 난 후 생산직에 취업하는 청년들이 증가하여야 한다. 그러나 청년 생산직 취업자는 증가하지 않고 있다.
>
> 청년실업 문제를 개인 차원의 적응에 맡기는 접근방법이 과연 국가경제의 관점에서 바람직한가를 검토해 볼 필요가 있다. 경제위기 상황에서는 위기극복이 가장 중요한 정책목표이므로 청년일자리는 부수적인 문제가 되고 고통분담의 차원에서 청년들의 적응을 요구할 수 있다. 그러나 그 상태가 20년간 지속되면 청년인력의 비효율적인 배분은 경제구조의 일부분이 되고 미래의 지속적인 성장을 제약하는 조건이 된다. 이 제약은 현재 이미 작용하고 있는지도 모른다. 청년일자리에서 드러나는 문제들에 비추어 우리나라의 인력양성, 기업성장에 관련된 제도들의 개선 방향이 무엇인지를 검토하여야 할 시점이다.

① 청년실업 문제에 대응하는 정책은 20년 전보다 많은 개선을 보였다.
② 실질적인 청년일자리의 내용은 20년 전과 비교해 크게 달라진 것이 없다.
③ 청년실업 문제는 미스매치 이론으로 충분한 설명이 될 수 있다.
④ 청년들이 생산직을 기피하는 이유는 의중임금이 충족되지 않기 때문이다.
⑤ 청년실업 문제는 인력양성, 기업성장 관련 제도들과 밀접한 관련이 있다.

[03 ~ 04] 다음 글을 읽고 이어지는 질문에 답하시오.

한때 미국 코닥과 함께 ㉠사진 필름 시장에서 우위를 점하던 후지필름은 디지털 카메라의 등장으로 최대 위기를 맞았다. 필름의 수요가 급감하면서 시장 변화에 맞설 새로운 아이디어가 필요했다.

이에 후지필름은 전혀 연관성이 없을 것 같은 화장품을 대안으로 내놓았다. 얼핏 보면 엉뚱한 사업확장 같지만 사실 이는 내부 역량인 필름 제조 기술을 십분 활용한 아이디어였다. 사진 필름의 주원료는 콜라겐이고 후지필름은 콜라겐 변성 방지 기술과 나노 관련 기술을 가지고 있었던 것이다. 콜라겐은 피부의 주성분이기도 하므로 이 기술을 노화방지에 응용할 수 있었다. 그 결과 ㉡노화방지 화장품은 매출의 상당 부분을 차지할 만큼 성공을 거두게 되었다. 그 후 후지필름은 제약분야에도 두각을 나타내었다. 필름 개발 과정에서 얻은 화학 합성 물질 데이터베이스와 노하우를 활용하여 독감 치료제인 ㉢'아비간' 등을 만들어냈다. 아비간은 이후 에볼라 치료에도 특효를 보이며 미 당국이 승인한 최초의 에볼라 치료제로 주목받았다. 그 밖에도 의료 화상정보 네트워크 시스템이나 전자 내시경 등 고성능 렌즈가 필요한 의료기기의 개발에 박차를 가했다. 이렇게 발굴한 사업들은 다소 생소한 감이었지만 기존의 주력 사업과 밀접한 연관성을 갖고 있었기 때문에 경쟁력을 발휘할 수 있었다.

포스트잇, 스카치테이프 등 사무용품으로 우리에게 유명한 3M이라는 회사가 있다. 회사명 '3M'은 미네소타광산·제조업회사(Minnesota Mining and Manufacturing Company)의 약자이다. 이 회사의 시초는 광산업이었으며 ㉣사금 채굴을 주로 했다. 그러나 채굴에 실패를 겪으면서 사포와 연마석을 만드는 제조사로 전환하게 되었다. 뛰어난 유연성과 금속 연마력을 지닌 방수 샌드페이퍼와 자동차 도색용 마스킹 테이프는 그 자체로도 주력 상품이 되었다. 3M은 이에 안주하지 않고 당시 꽤 혁신적인 제품이었던 셀로판지의 단점을 보완할 테이프를 연구하였다. 셀로판지는 열 부근에서는 말리고, 기계 코팅 시에는 찢어지며, 평평하게 부착되지 않는 등의 문제가 있었기 때문이다. 얇고 투명한 셀로판에 접착제를 붙이는 수많은 실험을 한 결과, 마침내 3M의 대표 상품으로도 유명한 '스카치 테이프'가 출시될 수 있었다. 그 후 접착제에 대한 연구를 바탕으로 그 유명한 ㉤포스트잇이 개발됐다. 이러한 과정을 통해 광산회사에서 시작한 3M은 점진적인 사업다각화 전략을 통해 지금의 거대 기업으로 성장할 수 있었다.

03 윗글에 나타난 '후지필름'과 '3M'에 대한 이해로 가장 적절한 것은?

① 후지필름은 국가의 적극적인 지원을 통해 의료분야에 진출할 수 있었다.

② 3M은 회사의 위기 때마다 다른 분야 회사와의 합병을 통해 위기를 극복한다.

③ 두 회사는 고유역량의 잠재적 가능성을 재해석하여 사업다각화로 혁신에 성공했다.

④ 두 회사는 각각 다른 분야와의 기술융합을 시도하여 미래가치사업 분야의 주역이 되었다.

⑤ 두 회사의 경쟁력은 실패한 분야는 빠르게 포기하고 새로운 사업 분야에 도전하는 자세에 있다.

권두부록

파트 1
언어능력

파트 2
수리능력

파트 3
추리능력

파트 4
공간지각능력

파트 5
사무지각능력

파트 6
인성검사

04 밑줄 친 ㉠~㉤ 중 성격이 같은 것으로만 묶은 것은?

① ㉠, ㉡, ㉢   ② ㉠, ㉢, ㉤   ③ ㉡, ㉢, ㉣

④ ㉡, ㉢, ㉤   ⑤ ㉢, ㉣, ㉤

05 다음 글의 중심 내용으로 가장 적절한 것은?

오늘의 급속한 사회적, 직업적 변화 가운데 지속가능한 노동시장 경쟁력과 고용가능성을 갖추는 것은 개인뿐 아니라 국가 차원에서도 중요한 이유로 자리 잡게 되었다. 이는 현대적 환경 변화에 따른 주도적 경력 관리의 책임이 우선적으로는 조직 또는 개인에게 있지만, 지속 가능한 방향과 국가 경쟁력 강화를 위해 국가 차원에서 체계적인 정책 수립과 이에 따른 세부적인 지원 방향 마련이 필요해졌기 때문이다. 거시적 측면에서 볼 때 과학기술의 진보뿐 아니라 경제성장의 둔화, 인구의 고령화, 노동시장의 유연화, 일자리 부조화 등 주요 변화에 따라 개인과 조직 간 심리적 계약의 내용과 형태도 바뀌고 있으며 전 생애 과정을 통한 경력개발 필요성도 더욱 강조되고 있다. 이는 고용서비스 대상 또는 개인의 특성과 상황에 따라 더욱 다양하게 요구되는 실정이다.

청소년의 경우 4차 산업혁명에 따른 생애 전 영역에서의 변화와 미래 직업세계 변화에 대비할 수 있는 기본적인 태도와 자질, 미래역량을 함양할 수 있는 정책적 지원이 요구되고 있으며, 청년의 경우에는 진로취업역량 강화를 위한 더욱 구체적이고 체계적인 정책 지원 방안 마련이 요구되고 있다.

또한 지속가능한 경력개발과 고용가능성 함양을 위해서는 과거 실직자 대상의 취업지원 서비스에서 한 걸음 더 나아가 재직자 대상의 직업능력 향상 및 생애경력설계 지원이 요구되고 있다. 급속한 고령화의 진전과 노동시장의 불안정성, 베이비부머의 일자리 퇴직과 재취업 등으로 공공 고용서비스 영역에서 퇴직을 전후로 한 중·장년 근로자 대상의 정책과 적극적인 지원방안 마련 또한 절실히 요구되고 있다.

① 거시적 관점에서의 노동시장 변화의 이해

② 지속가능 성장을 위한 노동시장의 유연화

③ 생애경력개발을 위한 정책 지원의 필요성

④ 4차 산업혁명으로 인한 고용시장의 변화와 전망

⑤ 생산가능인구 감소 시대의 경제성장과 노동시장

06 다음 중 각 문단의 중심 내용으로 옳지 않은 것은?

(가) 과학 이론은 우리가 세계를 보는 눈이기도 하다. 흔히 과학이란 관찰과 경험에 토대를 두고 있기 때문에 어떤 과학 이론도 관찰 결과와 일치하지 않으면 수정되거나 폐기될 수 밖에 없다고 생각한다. 경험된 사실들을 토대로 형성된 과학 이론은 자연 현상에 대해 기술하고 예측하는 데 그 존재 이유가 있는 것이므로, 어떤 이론에서 예측된 내용이 실제 관찰 결과와 일치하지 않을 때 그 이론은 쓸모가 없다는 것이다. 이런 견해에 따르면 관찰 결과가 이론의 생사를 결정하는 잣대가 된다.

(나) 관찰과 이론의 관계가 항상 그렇게 일방적인 것만은 아니다. 뉴턴은 중력과 운동에 관한 이론을 발표하여 과학사상 거의 유례가 없는 존경과 찬사를 받았다. 그러나 그 당시 뉴턴의 이론이 모든 관찰 결과와 일치하지는 않았다. 천문학자들은 뉴턴의 이론을 근거로 예측한 달의 운동이 관찰 결과와 일치하지 않는다는 것을 지적하였다. 그럼에도 불구하고 뉴턴은 자신의 이론을 수정하거나 포기하지 않았다. 오히려 그는 천문학자들에게 달을 관찰하는 데 영향을 미치는 여러 가지 요소들을 고려해서 다시 관찰하도록 충고하였다. 천문학자들은 뉴턴의 충고를 따라서 그들의 관찰 방법을 수정하였고, 그 결과 자신들의 오류를 인정하지 않을 수 없었다.

(다) 거의 한 세기가 지나서 천문학자들은 다시 천왕성의 궤도가 뉴턴의 이론이 예측한 위치에서 벗어나 있다는 것을 알게 되었다. 그러나 그들은 뉴턴의 이론을 의심하지 않고 천왕성의 궤도에 영향을 미치는 또 다른 행성이 있어야 한다고 생각하기에 이르렀다. 그들은 뉴턴의 이론을 토대로 그 행성의 위치와 질량을 계산해서 추적한 결과 실제로 해왕성이라는 새로운 행성을 발견하게 되었다. 이것은 이론이 새로운 발전을 유도한 사례이다. 이처럼 과학자들이 이론에 모순되는 관찰 결과가 나왔다는 이유만으로 자신의 이론을 쉽게 포기하지 않은 예는 과학사에 드물지 않다.

(라) 이와 같이 권위 있는 과학 이론은 토마스 쿤이 말하는 패러다임의 역할을 한다. 패러다임이란 과학자 사회의 구성원들이 공유하고 있는 신념, 가치, 기술 등의 총체를 말한다. 패러다임은 과학적으로 탐구할 만한 문제를 규정해 주고, 과학자들이 취할 수 있는 문제 해결 모형을 제공하며, 연구 결과의 타당성을 분별하는 기준이 된다. 과학에서 패러다임의 존재는 거의 절대적이어서, 과학자들은 패러다임을 적극적으로 옹호하고 보호하려고 한다. 따라서 패러다임과 일치하지 않는 관찰 결과가 나왔을 때, 과학자들은 이론을 의심하기보다 관찰 결과를 재해석하고 새로운 실험을 통해서 그 불일치를 해결하려고 노력한다.

(마) 그러나 이론에 모순된 관찰 결과들이 증가하면 패러다임은 위기를 맞게 된다. 그렇게 되면 그런 관찰 결과들을 해석하기 위한 새로운 이론들이 쏟아져 나와 서로 경합하는 혼돈의 시기로 접어들게 된다. 이때에도 과학자들은 하나의 이론이 승리하여 새로운 패러다임으로 확립되기까지 기존의 패러다임을 포기하지 않는다. 물론 어떤 사람들은 이론에 모순되는 관찰들, 다시 말해서 이론이 옳지 않다는 것을 보여 주는 반례들을 앞에 놓고서도 기존의 과학 이론을 포기하지 않는 과학자들의 태도는 도저히 합리적이라고 볼 수 없다고 생각한다. 그러나 이러한 과학자들의 태도가 불합리하다고 말할 수만은 없다. 과학적 이론이란 세계를 보는 도구이며, 도구 없이 세계를 본다는 것은 불가능하기 때문이다.

① (가) : 이론이 관찰에 의해 좌우된다는 통념
② (나) : 이론이 관찰 방법을 수정시킨 사례
③ (다) : 이론이 새로운 발견을 유도한 사례
④ (라) : 패러다임의 성립과 이론적 근거
⑤ (마) : 패러다임에 대한 과학자들의 태도

권두부록

파트 1
언어능력

파트 2
수리능력

파트 3
추리능력

파트 4
공간지각능력

파트 5
사무지각능력

파트 6
인성검사

07 다음 글의 주제로 가장 적절한 것은?

> 기초과학연구원(IBS) 시냅스 뇌 질환 연구단은 자폐증 환자에게 발견되는 CHD8 유전자에 돌연변이를 일으킨 암컷과 수컷 생쥐를 대상으로 연구를 진행하였다. 유전자 돌연변이를 일으킨 암컷과 수컷 생쥐를 관찰한 결과 그 행동 변화가 다르게 나타났다. 뇌 속 신경세포인 뉴런의 활성화 정도를 측정하였더니 CHD8 유전자 돌연변이를 일으킨 수컷 생쥐에서는 흥분성 뉴런의 활성화가 증가하였다. 연구단은 뇌 속 뉴런에 주목하였다. 뇌 속 신경세포의 활동은 크게 흥분과 억제로 나뉘는데, CHD8 돌연변이를 일으킨 수컷 생쥐에게선 흥분성 뉴런과 억제성 뉴런 사이에서 균형을 유지하는 시스템이 무너진 것을 확인했다. 반대로 CHD8 돌연변이 암컷 생쥐에게선 흥분성 뉴런과 억제성 뉴런 사이의 균형이 유지됐다. 연구단은 암컷 생쥐의 뇌에서 CHD8 돌연변이에 대응하기 위해 특이적 유전자 발현이 증가한 것으로 분석했다. 돌연변이를 일으킨 수컷 생쥐보다 암컷 생쥐의 뇌에서 더 많은 유전자 변화가 나타난 것이다.

① 신경세포 활동에 따라 변하는 행동 패턴
② 뉴런의 숨겨진 균형시스템, 아동발달의 열쇠를 움켜줘
③ 질병 스위치, 유전자에 따른 활성 여부
④ 뇌 속 신경세포 불균형으로 인한 자폐증의 남녀 성차
⑤ 흥분성 뉴런과 억제성 뉴런 사이의 관계

08 다음 글의 제목으로 가장 적절한 것은?

인간관계에서 소통은 가장 본질적이고 근원적인 것이다. 소통을 통해 서로 교류하고, 공감하고, 협력하며 사회를 만들어 가기 때문이다. 인간은 이러한 소통을 위해 여러 종류의 매체들을 사용한다. 이러한 매체들을 이용해서 수신자에게 의미를 전달하는 데에 사용되는 언어가 매체 언어이다. 따라서 매체를 어떻게 정의하느냐에 따라 매체 언어의 범주가 달라질 수 있을 것이다.

넓은 의미에서 매체는 송신자와 수신자 사이에 정보를 전달하는 수단이나 매개물을 말하며 인류의 의사소통에 사용된 모든 도구와 수단들이다. 즉 인류 최초의 의사소통 매체인 '말'에서 텔레비전과 컴퓨터, 스마트폰에 이르기까지 문명의 변화 추이에 따라 달라진 의사소통의 양태 모두가 매체다.

좁은 의미에서 매체는 텔레비전, 라디오, 신문처럼 뉴스와 정보 등을 다수의 사람들로 하여금 즐기게 하고 전파하는 대중 매체, 즉 미디어(mass media)의 번역어로 사용된다. 의사소통양식은 사람들 사이의 관계 형성과 유지를 담당하는 대인 의사소통, 정보의 대량 전달과 전파를 담당하는 대중 의사소통으로 나눌 수 있다. 메시지 전달의 범위가 일대일의 관계에서 일대다의 대중으로 확장되었다는 것은 매체에 있어서의 큰 변화인데, 이러한 대중 매체들이 사용될 수 있었던 것은 인쇄술과 통신, 전기라는 매체의 보급을 전제로 한다.

매체는 의사소통을 하는 도구로 메시지를 전달하는 것이며, 근원적인 매체는 말과 글자와 기호이다. 그렇기에 구술자나 필자처럼 이 매체를 직접적으로 활용한 것뿐 아니라 인쇄, 전파, 인터넷 등도 말과 글자, 기호를 전달한다는 점에서 매체이다. 그리고 구술 매체, 필사 매체, 잡지나 신문과 같은 인쇄 매체, 라디오나 텔레비전과 같은 전자 매체, 이메일이나 SNS와 같은 인터넷 매체에 사용된 텍스트가 모두 매체 언어이다.

그런데 매체와 매체 언어 사이의 경계가 명확하게 구분되는 것은 아니다. 말과 글자는 매체인 동시에 매체 언어라고 할 수 있다. 맥루한(M. McLuhan)은 '매체가 메시지(The medium is the message)'라고 말한다. 매체는 실재를 경험하는 수단이고, 매체가 달라지는 것은 사회의 감각을 변화시켜 새로운 인간 환경을 창조하는 것이다. 매체의 형식이 메시지 내용, 형식, 의미에 영향을 준다는 점에서 매체가 메시지라는 것이다. 인터넷도 스마트폰도 사용되지 않은 시점에 이러한 개념을 제시했다는 것은 놀라운 일이다. 나아가 그는 '매체가 마사지(The medium is the massage)'라고 말한다. 매체는 의사소통 행위를 매개하고 전달하는 환경을 넘어서서 인간의 감각 형태 전반에 자극을 주어 변화를 일으키는 마사지라는 것이다. 어떤 매체를 선택해 사용하느냐에 따라 사용하는 감각 형태가 달라지고, 전달되는 메시지의 내용이나 형식, 의미도 달라진다.

① 매체와 매체 언어
② 매체의 역사적 의미
③ 메시지이며 마사지인 매체
④ 인간관계에서의 소통의 의미
⑤ 매체인 동시에 매체 언어인 말과 글자

권두부록

파트 1
언어능력

파트 2
수리능력

파트 3
추리능력

파트 4
공간지각능력

파트 5
사무지각능력

파트 6
인성검사

09 다음 글에서 글쓴이가 다룬 핵심 문제는 무엇인가?

지구상에서는 매년 약 10만 명 중의 한 명이 목에 걸린 음식물 때문에 질식사하고 있다. 이러한 현상은 인간의 호흡 기관(기도)과 소화 기관(식도)이 목구멍 부위에서 교차하는 구조로 되어 있기 때문에 발생한다. 인간과 달리 곤충이나 연체동물 같은 무척추동물은 교차 구조가 아니어서 음식물로 인한 질식의 위험이 없다. 인간의 호흡 기관이 이렇게 불합리한 구조를 갖게 된 원인은 무엇일까?

바다 속에 서식했던 척추동물의 조상형 동물들은 체와 같은 구조를 이용하여 물속의 미생물을 걸러 먹었다. 이들은 몸집이 아주 작아서 물속에 녹아 있는 산소가 몸 깊숙한 곳까지 자유로이 넘나들 수 있었기 때문에 별도의 호흡계가 필요하지 않았다. 그런데 몸집이 커지면서 먹이를 거르던 체와 같은 구조가 호흡 기능까지 갖게 되어 마침내 아가미 형태로 변형되었다. 즉, 소화계의 일부가 호흡 기능을 담당하게 된 것이다. 그 후 호흡계의 일부가 변형되어 허파로 발달하고, 그 허파는 위장으로 이어지는 식도 아래쪽으로 뻗어 나갔다. 한편 공기가 드나드는 통로는 콧구멍에서 입천장을 뚫고 들어가 입과 아가미 사이에 자리 잡게 되었다. 이러한 진화 과정을 보여 주는 것이 폐어(肺魚) 단계의 호흡계 구조이다.

이후 진화 과정이 거듭되면서 호흡계와 소화계가 접하는 지점이 콧구멍 바로 아래로부터 목 깊숙한 곳으로 이동하였다. 그 결과 머리와 목구멍의 구조가 변형되지 않는 범위 내에서 호흡계와 소화계가 점차 분리되었다. 즉, 처음에는 길게 이어져 있던 호흡계와 소화계의 겹친 부위가 점차 짧아졌고, 마침내 하나의 교차점으로만 남게 된 것이다. 이것이 인간을 포함한 고등 척추동물에서 볼 수 있는 호흡계의 기본 구조이다. 따라서 음식물로 인한 인간의 질식 현상은 척추동물 조상형 단계를 지나 자리 잡게 된 (당시에는 최선의 선택이었을) 허파의 위치 때문에 생겨난 진화의 결과라 할 수 있다.

이처럼 진화는 반드시 이상적이고 완벽한 구조를 창출해 내는 방향으로만 이루어지는 것은 아니다. 진화 과정에서는 새로운 환경에 적응하기 위한 최선의 구조가 선택되지만 그 구조는 기존의 구조를 허물고 처음부터 다시 만들어 낸 최상의 구조와는 차이가 있다. 그래서 진화는 불가피하게 타협적인 구조를 선택하는 방향으로 이루어지며 순간순간의 필요에 대응한 결과가 축적되는 과정이라고 할 수 있다.

① 인간이 진화 과정을 통하여 얻은 이익과 손해는 무엇일까?
② 무척추동물과 척추동물의 호흡계 구조의 차이점은 무엇일까?
③ 인간의 호흡계와 소화계가 지니고 있는 근본적인 결함은 무엇일까?
④ 질식사에 대한 인간의 불안감을 해소시킬 방안은 무엇일까?
⑤ 진화 과정에서 인간의 호흡계와 같은 불합리한 구조가 발생하는 이유는 무엇일까?

10 다음 글을 바탕으로 추론할 수 있는 내용으로 적절한 것은?

자동차 운전면허의 '허점'을 드러내는 사고가 발생했다. 사고 운전자가 운전면허 취득이 금지된 뇌전증 환자로 밝혀지면서 운전면허 적성검사에 대한 문제가 제기되었다. 현행 운전면허 제도의 적성검사에서는 면허 결격사유인 뇌전증에 대한 검증이 전혀 이루어지지 않았기 때문이다. 그렇다면 운전면허 부적격자를 어떻게 가려낼 수 있을까? 운전면허를 취득할 때, 갱신할 때, 운전에 영향을 줄 수 있는 질환이 발병했을 때로 상황을 나누어 살펴보자.

첫째, 운전면허를 취득할 때 면허시험 응시자가 병력을 밝히지 않으면 면허취득을 제한할 방법이 없다. 운전면허 취득 시 1장짜리 질병신고서를 작성하는 것이 전부이며 신체검사는 시력과 색맹, 청력, 팔·다리 운동에 그친다. 도로교통법 제82조에 따르면 정신질환자, 간질환자, 마약, 대마, 향정신성의약품 또는 알코올 중독자는 운전면허 부적격자로 질병에 관해 자진신고하게 되어 있지만 응시자가 시험 전 병력을 밝히지 않으면 면허 취득을 제한할 방법이 없다.

둘째, 운전면허를 갱신할 때 정기적성검사를 받지만 시력 등 간단한 신체능력을 테스트하는 수준이다. 2013년 적성검사를 간소화하면서 면허시험장에서 직접 실시하던 신체검사 중 대부분을 수검자 자신이 작성하게 되면서 운전자 자신이 질병 유무를 밝히지 않으면 정기적성검사에서는 확인이 불가능하게 되었다. 면허시험장에서는 시력만 검사하고 있으며, 청력검사는 1종 대형, 특수면허 소지자에 한정되고 신체·정신적 장애를 확인하는 절차는 장애인 운전자만 대상으로 한다. 심지어 이렇게 간단한 적성검사마저 1종 면허 소지자만 받는다. 2종 면허 적성검사는 2000년 폐지돼 2종 면허 운전자는 신체검사를 받지 않고 면허를 갱신하고 있다.

셋째, 면허를 받은 뒤 후천적으로 신체장애가 발생한 경우에도 마찬가지다. 보건복지부나 지자체, 병무청에서 운전면허 결격사유 해당자 정보를 도로교통공단에 보내 수시적성검사를 하지만 그 대상자는 극히 제한적이다. 뇌전증을 비롯한 정신질환자의 경우 6개월 이상 병원에 입원한 경우에만 수시적성검사 대상자로 분류된다. 하지만 위 사고 운전자처럼 입원하지 않은 채 통원치료를 하면서 약만 복용하는 경우에는 운전면허 갱신, 신규 취득 역시 가능하다.

허술한 운전면허 검증에서는 무엇보다 부적격자를 미연에 걸러내기 위한 정보가 관리되고 이를 검증, 반영하는 절차를 보강하는 일이 필요하다. 따라서 정부는 모든 교통사고 정보가 경찰에 의무적으로 보고되도록 하는 교통사고 정보 공유 시스템을 마련하여 운전면허 재발급 과정에서 반드시 참조되도록 하여야 한다. 위 사고 운전자도 과거에 보행로로 차량을 운전하는 등 상식적으로 이해하기 힘든 사고를 냈다. 문제는 세 차례의 교통사고가 모두 '인명사고가 없었다는 이유'로 경찰에 보고되지 않고 보험사에서만 처리됐다는 점이다.

---

① 보건복지부 등은 운전면허 부적격자의 모든 정보를 도로교통공단에 의무 제공한다.
② 2019년 기준 2종 면허소지자는 시력검사만 받으면 면허를 갱신할 수 있다.
③ 운전면허 취득 시 질병 신고서만 작성하면 취득 자격을 획득할 수 있다.
④ 뇌전증 때문에 8개월간 병원에 입원한 병력이 있으면 수시적성검사 대상자로 분류된다.
⑤ 1종 보통 면허를 소지한 운전자는 면허 갱신 시 시력검사와 청력검사를 모두 받아야한다.

11 다음 글에 나타난 근대 약학에 대한 필자의 생각으로 가장 적절한 것은?

권두부록

파트 1
언어능력

파트 2
수리능력

파트 3
추리능력

파트 4
공간지각능력

파트 5
사무지각능력

파트 6
인성검사

근대 약학에서는 이른바 역증 요법에 근거하여 질병을 치료하고 있다. 위가 쓰리면 제산제를 복용하게 하고, 혈압이 높으면 혈압 강하제를 복용하게 하는 등의 치료법이 바로 그것이다. 이는 인체를 기계적 존재로 간주하여 여러 물질들의 반응을 통해 움직이는 하나의 정밀한 공정으로 보는 것이다.

부작용의 위험이 있는데도 이러한 화학 약제가 치료에 쓰이게 된 데에는 그 외에 다른 대응수단이 없다는 인식도 작용했겠으나, 이러한 인식에는 상업주의적 제약 회사들의 과다 경쟁이 미친 영향도 무시하지 못한다. 즉, 환자의 고통을 덜어주고 사람들이 신체적으로 건강한 삶을 살도록 하는 데 기여하겠다는 생각보다도 다른 회사보다 먼저 시장에 상품을 출시하여 돈을 벌어 보겠다는 생각이 크게 작용하고 있는 것이다. 이렇게 하여 의약품 시장을 선점한 제약 회사들이 효과가 뛰어날 뿐 아니라 값싸고 부작용이 없는 약제의 출현을 갖가지 방법으로 억압하는 경우까지 생겨나고 있다. 이러한 현상을 막기 위해서는 국민의 건강 복지 차원에서 국가나 사회 단체의 적극적인 대처와 기업가들의 자성이 필요하다.

전쟁에서 싸워 이긴다는 근대 약학의 기본 정신을 되짚어 봐야 할 때다. 그것은 적군과 아군을 구분하는 분리의 철학, 병균의 존재를 용인하지 못하는 불관용의 사상에 근거하고 있다. 유익한 균과 해로운 균을 나누는 것은 인간의 구분일 뿐이며, 우주에 존재하는 모든 것은 그 나름대로 존재하는 이유가 있고 또 존재할 권리가 있다. 이러한 이치를 생각하지 못하고 병원균을 전멸시키겠다는 생각만 하고 있으니, 항구적인 해결책이 나올 리가 없다. 먼저 병원균의 존재를 인정하고, 인간이 그것과 함께 살면서도 병에 걸리지 않는 방법을 강구하는 것이 올바른 순서이다. 누구나 몸 안에 대장균을 지니고 있지만 일정한 숫자 이상으로 증식하지만 않으면 아무런 이상이 없다. 인체가 충분한 면역 능력과 저항력을 가지고 있다면, 대장균이 일정 숫자 이상으로 증식하여 질병에 걸리게 된다 하더라도 쉽게 이겨낼 수 있다. 여기에서 보듯이 앞으로의 약학은 질병의 치료가 아닌 건강의 유지에 목표를 두고 많은 관심을 기울여야 한다.

① 시간이 흐를수록 그 영향력은 점차 감소될 것이다.
② 질병 문제를 해결함에 있어 근원적인 한계를 지니고 있다.
③ 현재는 다른 대안이 없으므로 필요악과 같은 존재이다.
④ 긍정적 측면보다는 부정적 측면이 지나치게 부각되어 왔다.
⑤ 기술적 차원의 문제가 보완된다면 좋은 결과가 예상된다.

[12 ~ 13] 다음 글을 읽고 이어지는 질문에 답하시오.

농업이 산업이라는 것은 지금은 상식적인 이야기에 속한다. 현대사회에 농업은 산업이 되었다. 그러나 현대 이전의 농업은 산업이 아니었다. 어떤 상품을 만드는 상품생산업은 아니었던 것이다. 세계 어디에서나 농업은 주로 가족에 의해서 영위되고 가족의 먹을거리도 상당부분 조달하는 가족 농업이었다. 그러나 현대에는 농업은 상품을 생산하는 산업이다. 대부분의 농업은 곡물생산이든 축산이든 판매를 위한 식품생산인 것이다. 그렇기 때문에 자유무역협정을 맺는다고 할 때 농민들이 크게 반발하는 이유도 여기에 있다. 농산물이 상품으로 취급되고 있고, 이것이 외국에서 값싸게 들어온다면 농업이 타격을 받을 수 있기 때문이다.

농업은 미국에서 가장 자본주의적이고 산업적으로 이루어진다. 미국에서는 곡물을 아주 넓은 영토에서 생산한다. 한 사람이 수십만 평의 경지를 몇 명의 농업노동자를 고용해서 경작한다. 이때 필수적인 것은 많은 농약, 많은 비료, 커다란 기계이다. 트랙터, 콤바인, 비행기를 이용해서 씨를 뿌리고 수확을 하고 농약과 비료를 뿌리면서 하는 것이 미국의 대표적인 농업방식이다. 여기서 생산된 곡물은 상품으로 취급될 수밖에 없다. 그리고 이렇게 대량생산된 것이기 때문에 그 지역을 넘어 미국 전역과 전 세계로 팔리는 것이다.

곡물생산뿐만 아니라 축산업도 마찬가지다. 전에는 농가에서 가축을 한두 마리 길러서 잡아먹거나 시장에 나가서 팔았다. 한국 축산업의 경우 1960년대까지는 손익계산도 하지 않았다. 음식찌꺼기를 주며 몇 년 동안 키워서 내다 팔아 약간의 목돈을 얻는 것 정도였을 뿐이다. 그러나 요즈음의 축산업에서는 수십, 수백 마리의 가축을 키우기 때문에 상업적인 계산을 철저하게 해야만 한다. 그렇지 않으면 금방 망하기 때문이다. 그러므로 현대 농업은 산업, 기업적인 방식으로 이루어지고 있다고 말해야 한다. 축산업의 축사를 보면 가축 한 마리에게 돌아가는 공간이 아주 좁다. 그 이유는 공간을 넓게 줄수록 비용이 더 많이 들어가기 때문이다. 축산업에서는 소비자가 매력적으로 느끼는 고기들을 키우기도 하는데, 그 이유는 시장에서 상품성이 아주 높은 것을 생산하는 것이 더 많은 이윤을 남기게 하기 때문이다. 한국에서 한약 소고기, 인삼 소고기, 약초 소고기를 만드는 것도 바로 잘 팔리는 상품을 만들기 위한 것이다. 이러한 소고기로 가장 유명한 것이 고베 소고기이다. 이것은 시장에서 보통 소고기보다 3 ~ 4배 이상 비싸게 팔린다. 상품성이 대단히 높기 때문인데, 그 이유는 특별한 방식으로 소를 사육하기 때문이다. 고베 소고기는 곡식, 무, 감자로 만들어진 사료를 먹고, 맥주를 먹는다. 특히 여름에는 식욕을 돋우기 위해 맥주를 자주 마시게 한다. 고베 소고기에서 가장 특별한 것은 주인이 매일 소를 두세 시간씩 마사지하는 것이다. 이렇게 하면 아주 부드럽고 특별한 소고기가 만들어진다.

고베 소고기는 축산이 산업이라는 것을 극명하게 보여주는 사례이다. 전에는 가축을 길렀던 이유가 반드시 고기를 얻어야만 했기 때문은 아니다. 고기를 얻는 것이 주목적이 아니라 주목적은 퇴비를 얻기 위함이었다. 고기는 부산물이고 분뇨를 썩힌 퇴비가 주산물이었다고 할 수 있는 것이다. 가축 분뇨 속에는 질소나 유기질 성분이 많이 들어 있다. 이것을 작물에게 주면 훌륭한 비료성분으로 작용했던 것이다. 그러나 현대 농업에서는 축산분뇨는 처치 곤란한 쓰레기이다.

권두부록

파트1
언어능력

파트2
수리능력

파트3
추리능력

파트4
공간지각능력

파트5
사무지각능력

파트6
인성검사

재래 농업에서 작물재배와 가축사육은 하나의 순환고리 속에 들어 있었다. 이 고리 속에서 가축들은 농토에서 나오는 부산물과 풀을 먹고 질소를 축적했고, 질소는 배설물의 형태로 농토로 돌아가 작물의 성장을 촉진하는 역할을 했던 것이다. 현대 농업에서 이러한 순환고리는 더 이상 존재하지 않는다. 축산은 고기 자체를 생산하여 이윤을 얻기 위한 것으로 바뀌었고, 가축의 배설물은 처치 곤란한 폐기물이 되었으며, 가축 배설물로부터 얻던 질소는 질소 비료가 대신하게 되었다. 질소 비료는 공기 중의 질소를 암모니아의 형태로 고정해서 만드는데, 암모니아 생산은 높은 온도와 압력을 요하기 때문에 많은 양의 에너지가 투입된다. 질소 1톤을 생산하는 데 석유로 환산한 에너지가 1.9톤이 들어간다는 것을 고려하면 현대 농업이 얼마나 에너지 집중적이고, 에너지 면에서 비효율적인가를 알 수 있다. 농업이 전 세계 이산화탄소 방출량에서 차지하는 비중은 14%에 달한다. 만일 농업 자체에 의한 것뿐만 아니라 농업을 위한 수송, 에너지 소비, 농산품의 가공에서 나오는 온실가스를 모두 합하면 이 비중은 훨씬 더 높을 것이다. 아주 많은 양의 온실가스는 농업 전체에서 배출되는 것이다.

12 제시된 글을 근거로 할 때, 다음 중 진위(참 또는 거짓) 판단이 옳지 않은 것은?

① [거짓] 매일 소를 두세 시간씩 마사지하면 쇠고기의 육질이 질겨진다.
② [참] 현대 농산물의 가격은 석유나 비료 등의 가격에 영향을 받는다.
③ [참] 산업적으로 이루어지는 농업이란 상품으로 농산물을 생산하는 것을 말한다.
④ [거짓] 현재에도 농업은 세계 어디에서나 주로 가족에 의해서 영위되고 가족의 먹을거리도 상당 부분 조달하는 가족농업의 형태로 남아 있다.
⑤ [참] 현대 농업에서 가축들은 농토에서 나오는 부산물과 풀을 먹으며 질소를 축적하고, 질소는 배설물의 형태로 농토로 돌아가 작물의 성장을 촉진하는 역할을 한다.

13 제시된 글을 근거로 할 때, 다음 중 진위(참 또는 거짓) 판단이 옳은 것은?

① [거짓] 한국 축산업은 1960년대까지 손익계산을 하지 않을 만큼 상업적인 행위가 아니었다.
② [참] 현대 농업에 비해 전통적인 농업은 에너지 집중적이고 에너지 면에서 비효율적이었다.
③ [거짓] 전 세계 이산화탄소 방출량의 14% 가량이 농업에서 배출된다.
④ [참] 현대 농업은 식품생산을 목표로 하므로 농산물이 상품으로 취급되고 있기 때문에 자유무역협정을 맺는다고 할 때 농민들이 크게 반발하는 것이다.
⑤ [거짓] 미국에서는 한 농가에서 몇 명의 농업노동자를 고용해서 아주 넓은 농토에서 곡물을 생산한다.

14 다음 글의 논지를 반박하는 근거로 알맞은 것은?

> 지구 곳곳에서 심각한 기후 변화가 나타나고 있고 그 원인이 인간의 활동에 있다는 주장은 일견 과학적인 것처럼 들리지만 따지고 보면 진실과는 거리가 먼, 다분히 정치적인 프로파간 다에 불과하다. "자동차는 세워 두고 지하철과 천연가스 버스 같은 대중교통을 이용합시다." 와 같은 기후 변화와 사실상 무관한 슬로건에 상당수의 시민이 귀를 기울이도록 만든 것은 환경주의자들의 성과였지만, 그 성과는 사회 전체의 차원에서 볼 때 가슴 아파해야 할 낭비의 이면에 불과하다.
>
> 희망컨대 이제는 진실을 직시하고 현명해져야 한다. 기후 변화가 일어나는 이유는 인간이 발생시키는 온실가스 때문이 아니라 태양의 활동 때문이라고 보는 것이 합리적이다. 태양 표면의 폭발이나 흑점의 변화는 지구의 기후 변화에 막대한 영향을 미친다. 결과적으로 태양의 활동이 활발해지면 지구의 기온이 올라가고, 태양의 활동이 상대적으로 약해지면 기온이 내려간다. 환경주의자들이 말하는 온난화의 주범은 사실 자동차가 배출하는 가스를 비롯한 온실가스가 아니라 태양이다. 태양 활동의 거시적 주기에 따라 지구 대기의 온도는 올라가다가 다시 낮아지게 될 것이다.
>
> 대기화학자 브림블컴은 런던의 대기 오염 상황을 16세기 말까지 추적해 올라가서 20세기 까지 그 거시적 변화의 추이를 연구했는데 그 결과 매연의 양과 아황산가스 농도가 모두 19세기 말까지 빠르게 증가했다가 그 이후 아주 빠르게 감소하여 1990년대에는 16세기 말보다도 낮은 수준에 도달했음이 밝혀졌다. 반면에 브리블컴이 연구 대상으로 삼은 수백 년 동안 지구의 평균 기온은 지속적으로 상승해 왔다. 두 변수의 이런 독립적인 행태는 인간이 기후에 미치는 영향이 거의 없다는 것을 보여 준다.

① 지구의 온도가 상승하면서 인도의 벵골 호랑이와 중국의 판다 개체수가 줄어들어 멸종 위기에 처해 있다.

② 1,500cc 자동차가 5분 동안 공회전을 하면 90g의 이산화탄소가 공기 중에 배출되고, 12km를 달릴 수 있는 정도의 연료가 소모된다.

③ 친환경 에너지타운, 생태마을 등을 조성하는 일이 실질적으로 미세먼지를 줄이는 데에 실효성이 있는지는 여전히 의문이다.

④ 미세먼지에 자주 노출되면 호흡기 및 심혈관계 질환을 발생시킬 위험이 있으며, 특히 10마이크로미터 이하의 미세한 입자들은 폐와 혈중으로 유입될 수 있다.

⑤ 최근 수십 년 간 전 세계가 대기오염을 줄이기 위한 캠페인의 일환으로 숲을 조성한 결과 지구의 평균 기온 상승률이 어느 정도 완만해졌다.

15 다음 빈칸에 들어갈 접속어가 순서대로 바르게 짝지은 것은?

권두부록

파트 1
언어능력

공유지의 비극은 공적 자원의 남용을 설명하는 경제 이론으로, 수요가 공급을 압도적으로 추월하여 결과적으로 자원을 사용할 수 없게 되는 비극을 말한다. (　　) 사적 이익에 따라 행동하는 개인들이 모여 자원을 고갈시키거나 훼손시킴으로써 모든 사용자의 공동 이익에 반하는 문제를 일으키는 것이다. 크게는 대기와 수도, 작게는 사무용 냉장고와 같이 다수의 사용자가 공유하면서 어떠한 규제도 없는 자원들이 이에 해당한다. 이 이론은 모든 사용자가 개방된 자원에 동일 확률로 접근할 수 있을 때 일어나는 문제를 다룰 때 사용된다. (　　) 어느 초원에서 가축을 사육한다고 가정해보자. 초원의 주인은 없고 누구나 자신의 가축을 방목하여 풀을 먹일 수 있다. 사람들은 사용에 관한 일체의 대화도, 함께 일을 하지도 않는다. 만약 가축 10마리를 수용할 정도의 초원에 풀이 10마리가 먹을 수 있는 양만 있다면 수용능력 이상으로 가축을 방목할 경우 추가로 들어온 동물은 원래 수용능력 안의 동물들이 먹었어야 할 풀을 먹어 모든 동물들의 가치를 떨어뜨리고 말 것이다. 동물들의 건강은 위험에 처하고 더 낮은 품질의 자원을 제공할 것이다. 결과적으로는 손실 구조임에도 불구하고 가축업자들은 동물이 주는 당장의 이익만을 본다. 훼손된 목초지에 대한 비용은 모든 사용자가 부담하지만 각 개인은 그중 일부만 지불하면 되므로 이러한 방식은 자원을 과도하게 사용하는 이유 중 하나가 될 것이다. 가축업자들은 이러한 유인책에 유혹되어 자신에게 이득이 되는 한 가축의 수를 계속 늘리거나 더 오랜 시간 방목한다. 한정된 자원에 대한 자유로운 접근과 끝없는 요구가 과도한 개발을 유도하고 자원을 감소시키는 것이다. 환경뿐만 아니라 정치나 경제, 인문학, 사회학 분야에서도 비슷한 문제가 발생한다. 이처럼 모두가 함께 사는 세상에서 극단적인 비극을 맞이하지 않으려면 정부 차원의 해결책이 고려돼야 한다. 필요한 만큼만 적절히 사용할 때 지급되는 인센티브와 과다 사용에 대한 처벌이 있다면 건강한 환경을 지키는 데 도움이 될 것이다.

파트 2
수리능력

파트 3
추리능력

파트 4
공간지각능력

파트 5
사무지각능력

파트 6
인성검사

① 즉 – 하지만　　　　② 그러므로 – 이와 달리　　　　③ 그러므로 – 예를 들어

④ 다시 말하면 – 이를테면　　⑤ 그러나 – 만약

16 다음 글에서 문맥상 빈칸에 들어갈 여성정책의 문제점은 무엇인가?

> 여성을 대상으로 하는 정책은 대개 여성이기에 공통적으로 직면하는 실질적 위험이 존재한다는 사회적 공감대를 바탕으로 만들어지고 운용된다. 노동시장에서 여성과 남성의 구별을 발생시키는 주된 위험은 출산과 육아라는 생애사적 사건과 이에 부과되는 책임에서 기인한다. 출산과 육아는 노동시장에 참가하고 있는 여성이 노동시장으로부터 이탈을 선택하고 이후 노동시장에 재진입하려고 할 때 좋은 일자리를 갖기 어렵게 하여, 노동시장에서 여성을 취약하게 만든다.
>
> 하지만 다양한 여성이 직면하는 공통의 위험에만 집중하는 여성정책은 (   )으로써 또 다른 배제를 발생시킬 가능성이 있다. 또한 출산과 육아라는 생애사적 사건은 사전적으로 통계적 차별을 발생시키는 원인으로 작동하기도 한다. 따라서 생애사적 사건에만 집중하는 정책은 사전적으로 발생하는 통계적 차별과 사후적 어려움 모두를 해결하지 못한다.

① 남성과의 차별을 더욱 부각시킴
② 여성 전체의 생애사적 약점을 드러냄
③ 노동시장의 문제점을 덮어버림
④ 여성 각자가 처한 상이한 상황과 경험을 간과함
⑤ 여성의 차별화를 가속화함

17 다음 글의 ㉠에 들어갈 내용으로 가장 적절한 것은?

> 19세기의 동아시아는 문명적 유사성과 지리적 근접성에도 불구하고 문화적 특수성과 국가이익, 그리고 민족적 편견과 차별이 뒤섞인 비단일적 공간이었다. 그 공간은 대립의 현실과 연대의 이상이 교차하는 모순된 공간이었다. 동아시아 연대론은 그러한 모순과 갈등을 해소하려는 지역적 연대와 협력의 발상이다.
>
> 일본의 연대론자들은 국제관계의 변화를 비관적으로 예측했다. 그것에는 유럽의 백인종 국가들이 세계를 장악하고 아시아 황인종 국가들을 식민과 멸시의 대상으로 삼는 국제정치 현실에 대한 위기감이 작용하고 있었기 때문이다. 한편 조선의 연대론자들도 당혹감과 위기감에서 벗어나지 못했다. 적색 인종을 말살시키고 흑색 인종을 노예로 삼은 백인들이, 이제는 예의의 조종(祖宗)이었던 동아시아의 황인종까지 지배하려 들고 있었기 때문이다.
> (㉠   ) 국제정치와 관련해서는 동아시아 동종의 우국이 힘을 합쳐 백인종을 막아야 한다는 주장이 제기되곤 했던 것이다.

① 조선과 일본의 연대론자들은 서로 대립하면서도 동시에 연대까지 하는 모순된 공간에서 혼란을 겪었다.

② 동아시아의 연대론자들은 서구인의 멸시와 침략에 대해 분개했으며, 이는 연대와 대항의 심리를 자극했다.

③ 일본의 연대론자들은 민족적 편견을 바탕으로 대립을 강조했던 반면 조선의 연대론자들은 지역적 연대와 협력을 강조했다.

④ 동아시아의 연대론자들은 서구 세력의 위력을 실감하고 동아시아가 매우 불리한 위치에 있음에 좌절하였다.

⑤ 일본의 연대론자들이 당대의 세계적 정세를 비관적으로 파악했던 반면, 조선의 연대론자들은 보다 적극적으로 백인종에게 대항하고자 하였다.

18 다음 (가)와 (나)의 공통된 서술 방식으로 옳은 것은?

(가) 인공위성을 이용한 원격 측정 기술은 각종 전자파 센서를 이용하여 대기 중의 오존이나 수증기와 같은 구성 물질의 전 지구적 분포를 측정하는 데 커다란 역할을 할 것이다. 미국은 적도를 따라 바다에서의 강수량을 측정할 수 있는 극초단파 센서를 장착한 인공위성을 쏘아 올릴 예정이고, 오존이나 수증기의 연직 분포를 인공 위성에서 측정할 수 있는 방법 등을 연구 개발 중이다. 우리나라도 최근에 과학 로켓 1호와 2호에 오존 측정 기기를 장착하여 오존의 연직 분포 측정에 성공하였는데, 대기 오염 측정 기기나 기상 측정 기기가 개발되어 우리나라 인공 위성에 장착될 날도 멀지 않았다.

(나) 지상에서 레이저 광선을 발사하여 대기 중의 구성 물질을 측정하는 원격 측정 기술도 활발히 진행되고 있다. 이 방법은 각 기체 분자가 가지고 있는 분광학적 특성을 이용한 것인데, 대기 중에서 반사되어 오는 분광(Spectrum)의 성분을 분석하여 아황산 가스나 오존과 같은 대기 오염 물질의 농도 및 그 연직 분포를 측정하는 것이다. 21세기에는 원격 측정 기술을 비롯한 측정 과학 기술이 크게 발전하여 전 지구적인 환경 감시 기능을 수행할 것으로 예상된다.

① 주지 – 예시 – 부연　　② 전제 – 상세화 – 주지
③ 전제 – 현실 비판 – 대안의 제시　　④ 일반적 진술 – 구체적 진술 – 미래의 전망
⑤ 주장 – 상세화 – 근거

19 다음 글의 흐름에 따라 (가)~(라)를 바르게 배열한 것은?

정부 주도의 주택 보급이 활성화되던 1970년대에서 1990년대는 '벽돌의 시대'였다. 그러나 이후 구조와 건축 재료의 발달로 벽돌은 저렴한 저층 건축 재료로 낙인찍혔다. 최근 개성 넘치는 새로운 옷으로 다시 주목받고 있는 벽돌의 매력과 미래를 가늠해 보자.

(가) 1980~90년대 이후 아파트 시장의 활황으로 대형 건설업자들이 콘크리트로 아파트를 수없이 짓고 있을 때 소규모 주택 시장의 집장사들은 공동주택에 '빌라'라는 이름을 붙이고 콘크리트 내력벽 위에 화강석을 건식으로 붙인 저품질 주택을 양산했고 자연스레 대중은 붉은 벽돌집은 싸구려 집이라는 인식을 갖게 되었다. 기술의 발달과 재료의 다양화 역시 벽돌을 멀어지게 만든 원인 중 하나였다. 어떤 건축가들은 물성을 드러내는 재료로써 노출 콘크리트를 진지하게 탐구하기 시작했으며, 어떤 건축가들은 건물의 '스킨'이라 하여 건물 외벽을 금속 패널로 치장하는 데 몰두하기도 했다. 이 사이에 벽돌건축은 점차 건축가들의 관심에서도 멀어져 갔다.

(나) 최근엔 구조재가 아닌 치장재로 새롭게 주목받기 시작하며 다양한 색깔과 독특한 쌓기 방식으로 건물의 외벽에서 개성을 드러내고 있다. 크게 두 가지 이유인데 첫째로 건축 기술의 발달로 벽돌이 건물의 힘을 받는 구조체로부터 독립해 외장재로 자유로워졌으며 둘째로 벽돌을 활용한 다양한 쌓기 방법이 개발되고 철물의 개발로 높이 쌓는 것이 가능해지면서 고층 건물의 외부를 벽돌로 장식하여 얻어지는 시각적 독특함이 눈길을 끌 수 있게 되었다.

(다) 그러나 건축에서 무엇보다 가장 중요한 것은 자연스럽고 친숙한 이미지와 느낌이다. 벽돌은 흙을 구워서 만든다. 그리고 천연 재료라는 이미지와 더불어 가지런한 줄눈은 안정감을 준다. 게다가 한국처럼 다습하며 기온 변화가 심한 곳에선 건축 재료의 오염이 빈번한 편인데 벽돌은 다른 건축 재료에 비해 변형이나 오염에 대한 문제가 상대적으로 적다. 이것이 많은 사람들이 벽돌 외벽을 선호하게 된 이유가 되었다.

(라) 일제강점기 근대건축이 들어오면서 우리 생활에 벽돌이 본격적으로 들어오기 시작했다. 당시 신재료였던 벽돌은 '근대성'의 상징이었다. 광복 후 전란으로 폐허가 된 서울을 신속하게 복구하는 데에도 재활용이 가능한 재료로 벽돌만큼 쉽게 구할 수 있는 것이 없었다. 1970년대 이후 소규모 주택을 공급하는 '집장사'들이 만드는 '불란서 2층 양옥집'이 유행했을 때에도 대부분이 붉은 벽돌집이었다. 이후에 '집'하면 자연스레 '붉은 벽돌집'을 떠올릴 정도로 많은 벽돌집이 지어졌다.

① (가)-(나)-(라)-(다)　　② (가)-(라)-(나)-(다)　　③ (나)-(다)-(라)-(가)

④ (라)-(가)-(나)-(다)　　⑤ (라)-(가)-(다)-(나)

20 다음 글에서 ㉠을 설명한 방식으로 가장 적절한 것은?

권두부록

파트 1
언어능력

파트 2
수리능력

파트 3
추리능력

파트 4
공간지각능력

파트 5
사무지각능력

파트 6
인성검사

1884년 10월 13일 「국제자오선회의」에서 영국의 그리니치 자오선을 본초 자오선으로 채택하면서 지구상의 모든 지역은 하나의 시간을 공유하게 됐다. 본초 자오선을 정하기 전 인류 대부분은 태양의 위치로 시간을 파악했다. 그림자가 생기지 않는 정오를 시간의 기준점으로 삼았는데 관측 지점마다 시간이 다를 수밖에 없었다.

지역 간 이동이 활발하지 않던 그 시절에는 수많은 시간이 공존했던 것이다. 그러나 세계가 확장되고 지역과 지역을 넘나들면서 문제가 발생했다. 기차의 발명이 변화의 시초였다. 기차는 공간을 빠르고 편리하게 이동할 수 있어 산업혁명의 바탕이 됐지만 지역마다 다른 시간의 충돌을 야기했다. 역마다 시계를 다시 맞춰야 했고 시간이 엉킬 경우 충돌 등 대형 사고가 일어날 가능성도 높았다.

이런 문제점을 공식 제기하고 세계 ㉠ 표준시 도입을 주장한 인물이 '세계 표준시의 아버지' 샌퍼드 플레밍(1827 ~ 1915)이다. 그는 1876년 아일랜드의 시골 역에서 그 지역의 시각과 자기 손목시계의 시각이 달라 기차를 놓치고 다음 날 런던에서 출발하는 배까지 타지 못했다. 당시의 경험을 바탕으로 기준시의 필요성을 주장하고 경도를 기준으로 시간을 정하는 구체적 방안까지 제안했다. 그의 주장이 받아들여진 결과가 1884년 미국 워싱턴에서 열린 국제 자오선 회의이다.

시간을 하나로 통일하는 회의 과정에서는 영국이 주장하는 그리니치 표준시와 프랑스가 밀어붙인 파리 표준시가 충돌했다. 자존심을 건 시간 전쟁이었다. 결과는 그리니치 표준시의 일방적인 승리로 끝났다. 이미 30년 이상 영국의 그리니치 표준시를 기준 삼아 기차 시간표를 사용해 왔고 미국의 철도 회사도 이를 따르고 있다는 게 이유였다. 당시 결정한 그리니치 표준시(GMT)는 1972년 원자시계를 도입하면서 협정세계시(UTC)로 대체했지만 여전히 GMT 표기를 사용하는 경우도 많다. 둘의 차이는 1초보다 작다.

표준시를 도입했다는 건 세상이 완전히 열렸음을 의미한다. 세계의 모든 인구가 하나의 표준시에 맞춰 일상을 살고 국가마다 다른 철도와 선박, 항공 시간을 체계적으로 정리할 수 있게 됐다. 지구 곳곳에 파편처럼 흩어져 살아가던 인류가 하나의 세계로 통합된 것이다. 협정세계시에 따르면 한국의 표준시는 UTC +09 : 00이다. 그리니치보다 9시간 빠르다는 의미다. 우리나라가 표준시를 처음으로 도입한 것은 고종의 대한제국 시절이며 동경 127.5도를 기준으로 UTC +08 : 30 그러니까 지금보다 30분 빠른 표준시를 썼다. 현재는 일제 강점기를 거치고 파란의 현대사를 지나며 박정희 군사정부가 채택한 동경 135도의 표준시를 쓰고 있다.

① ㉠이 한국에 적용된 시기를 살펴보고 다른 나라들의 사례와 비교하고 있다.

② ㉠에 적용된 과학적 원리를 설명하고 역사적 변천 과정을 서술하였다.

③ ㉠의 한계점을 지적하고 대안을 설명하고 있다.

④ ㉠을 일정한 기준으로 나누고 각각의 장, 단점을 열거하였다.

⑤ ㉠의 필요성이 대두된 배경과 도입과정을 설명하고 그 의의를 설명하고 있다.

21 다음 글의 설명 방식으로 적절하지 않은 것은?

사랑을 일종의 광기로 간주한 철학자들은 많다. 이때 광기란 부정적인 의미가 아니라 자아가 스스로 자신의 가치를 높이는 독특한 형태의 충만감이다. 〈젊은 베르테르의 슬픔〉에서 베르테르는 사랑에 빠진 후 스스로를 숭배하게 되었다고 말한다. 사랑에 빠지면 상대방을 황홀하게 보는 만큼이나 자신을 귀하게 여기게 된다. 한편 니체가 보기에 사랑을 한다는 행위는 자존감을 높여주고 생명에너지를 분출시키는 것이었다. 사랑에 대한 철학적 논의에서 공통적인 것은 사랑을 통해 자아는 열등감에서 벗어나고 자신의 유일성을 확인하게 된다는 점이다.

동서고금을 막론하고 사랑은 자존감의 고취를 이끈다. 하지만 여기서 주목하고자 하는 것은 현대사회가 사랑에 부여하는 감정이다. 현대의 인간관계에 있어 사랑이 만들어 내는 자존감은 그 어느 때보다 중요하며 결정적인 요소이다. 현대의 개인주의야말로 자존감을 세우는 일로 고군분투하고 있기 때문이다. 자신을 차별화하고 자신감을 가져야 한다는 강박관념이 현대 사회를 지배하고 있다. 과거에는 사랑의 감정이 '사회적'으로는 아무런 의미를 갖지 않았으며, 사회적 인정을 대신해 줄 수 있는 것도 아니었다. 그런데 이 인정의 구조가 현대의 관계에서 변화했으며, 과거의 그 어느 때보다도 심각한 의미를 갖게 되었다. 구애와 관련되어 1897년에 출간된 저서 〈남자를 위한 예절〉은 계급과 성에 맞는 연애예절에 대해 충고한다. 이 책은 남자가 거리에서 길을 걸을 때는 어느 편에 서야 하는지, 우산을 받쳐 줄 때는 어떻게 해야 하는지 등의 자잘한 예절들을 망라하고 있다. 이처럼 과거의 연애 지침서는 계급과 성정체성을 정의하는 일에 매달렸다. 연애에 성공하는 것이 사랑의 가장 중요한 목표라고 할 때 그것은 교육을 잘 받은 교양인의 능력과 관련되어 있었기 때문이다. 남녀는 행동을 통해 자신의 소속 계급과 성정체성을 드러냈고, 동시에 상대방의 그것을 확인하고자 했다. 오늘날의 연애 지침서들은 전혀 다른 문제를 다룬다. 연애 방법과 관련된 한 책에는 '나는 누구인가', '자신감을 가져라' 등의 부제가 붙어 있다. 현대의 책들은 더 이상 예절이나 성정체성을 강조하지 않으며, 오로지 나의 내면과 감정을 통해 정의되는 자아에 집중한다. 정확히 말하자면 현대의 연애에서 가장 중요하게 여겨지는 것은 상대방을 통해 자신의 가치를 가늠하는 일이다. '불안함'은 19세기의 사랑에서는 발견하기 어려운 어휘였지만 현대의 사랑 관념에서는 매우 핵심적인 개념이 되었다. 불안하다는 것은 자신의 가치를 확신하지 못한다는 것, 이를 위해 다른 사람에게 의존해야 한다는 것을 뜻한다.

현대에 들어와서 일어난 근본적 변화 중 하나는 사회관계 안에서 자신을 나타냄으로써 사회적 자존감과 가치가 획득된다는 사실이다. 이는 곧 자아의 가치가 상호작용에 의존하게 된다는 것을 뜻한다. 과거의 낭만적 관계는 고정된 사회계층에 바탕을 둔 반면, 현대에는 자아가 스스로 자신을 책임지고 자기의 자존감을 획득해 내야 하기 때문이다. 현대의 사랑은 사회라는 테두리가 설정한 조건들로부터 떨어져 나왔다는 점에서 이제 더 이상 낭만적일 수 없다. 현대의 사랑은 불안감을 바탕으로 자존감을 얻기 위해 협상을 벌이는 무대이자 전장이 되었다.

권두부록

파트1
언어능력

파트2
수리능력

파트3
추리능력

파트4
공간지각능력

파트5
사무지각능력

파트6
인성검사

① 비유적인 표현을 통해 대상에 대한 독자의 이해를 돕고 있다.

② 대상에 대한 여러 견해를 제시하면서 논지를 전개시키고 있다.

③ 구체적인 예시를 다양하게 제시함으로써 자신의 의견을 뒷받침하고 있다.

④ 과거와 현재에서의 대상의 의미를 비교하며 글을 전개하고 있다.

⑤ 시간에 따른 변화 과정을 순차적으로 검토함으로써, 대상의 역사적인 가치를 찾고 있다.

22 다음은 ○○기업에 근무하는 A 차장이 '시장 변화에 따른 신제품 개발 필요성'이라는 보고서를 쓰기 위해 작성한 개요이다. 수정·보완 방안으로 적절하지 않은 것은?

Ⅰ. 서론 ·· ㉠
　본사 제품의 경쟁력 약화 실태

Ⅱ. 본론
　1. 경쟁력 약화의 문제점 ··· ㉡
　　가. 시장 변화에 따른 소비자 기호 변화
　　나. 신제품 개발에 대한 인식과 노력 미흡
　　다. 무분별한 영업망 확장에 따른 마케팅 전략 실패
　2. 경쟁력 확보 방안
　　가. 다양한 종류의 신제품 개발 필요성 ······················· ㉢
　　나. 맨투맨 방식의 공격적인 마케팅 전략 수립
　　다. 소비자 기호와 시장 변화를 반영한 신제품 출시
　　라. 제품의 경쟁력 약화 원인 분석 ···························· ㉣

Ⅲ. 결론
　시장 변화와 경쟁력 약화에 대한 고찰 ··························· ㉤

---

① ㉠에는 '경쟁력이 약화된 제품의 통계 자료'를 제시해야겠어.

② ㉡은 하위 항목을 포괄하지 못하므로 '경쟁력 약화의 원인'으로 바꿔야겠어.

③ ㉢은 상위 항목과 어울리지 않으므로 'Ⅰ'로 옮겨 화제로 제시해야겠어.

④ ㉣은 'Ⅱ-1-다'를 고려하여 '원가 절감을 위한 생산성 향상'으로 고쳐야겠어.

⑤ ㉤은 글의 마무리로 적절한 내용이 아니므로 '시장 변화에 따른 신제품 개발 계획의 수립 필요성'으로 바꿔야겠어.

23 다음에 제시된 개요의 수정 방안으로 적절하지 않은 것은?

〈202X년 생각하는 십대를 위한 진로 인문학 운영 계획〉

1. 목적
   ㉠ 상상력과 창의력을 키워 자신의 진로를 탐색하고 스스로 삶의 방향 설정
   ㉡ 인문학을 통해 삶의 혜안과 철학을 형성하여 주체적 태도와 정서 함양
   ㉢ 십대들의 '생각의 힘'을 키워 세상을 보는 시야를 넓히고 행복한 미래를 준비

2. 방침
   ㉠ 인문학과의 만남을 통해 고등학생들의 인성과 소양을 기르는 데 주안점을 둠
   ㉡ ○○대학교와 연계하여 분야별 전문가(저자) 중심으로 강사진 구성
   ㉢ 독서·인문 소양을 키우기 위해 선정도서를 지정하여 '함께 읽기'와 연계

3. 세부 추진 계획
   ㉠ 제목 : 생각하는 십대를 위한 진로 인문학 '상상 새로운 지평을 열다'
   ㉡ 대상 : 서울 소재 고등학생 300명 내외(교당 5명 이내, 3회 모두 참석 조건)
   ㉢ 운영기간 : 202X. 5. 26.(토) ~ 6. 9.(토) 10 : 00 ~ 12 : 00(기간 중 토요일 총 3회,
      9 : 50까지 등록 완료)
   ㉣ 장소 : ○○대학교 학술회의장(본부관 1층 101호)
   ㉤ 주최·주관 : 서울특별시교육청
   ㉥ 특기사항 : 참가 학생들은 3회 행사 중 1회 소감문(간단 양식) 제출, 선정 도서를 읽고
      참가(학생 참여형으로 진행 예정, 토론과 질의에 적극 참여)

4. 기대 효과
   ㉠ 인문학을 통해 고등학생들의 상상력과 창의력 신장
   ㉡ 십대들의 생각의 힘을 키워 진로 역량 및 주체적 태도 함양
   ㉢ 다양한 분야의 저자와 만남을 통해 독서·인문 소양 및 미래 역량 함양

---

① 프로그램의 일자별 세부 내역이 빠져 있으므로 이를 추가한다.
② 행사를 주관하는 부서 및 부서의 연락처, 연락 방법 등을 기재한다.
③ 프로그램 참가 신청 방법에 대한 안내가 없으므로 이를 추가한다.
④ 선정 도서가 무엇인지에 대한 안내가 부족하므로 이를 보완하여 기재한다.
⑤ '목적'과 '방침' 항목이 서로 중복되는 내용이 많으므로 두 항목 중 한 항목을 삭제한다.

[24 ~ 25] 다음 공문서를 읽고 이어지는 질문에 답하시오.

권두부록

파트 1
언어능력

파트 2
수리능력

파트 3
추리능력

파트 4
공간지각능력

파트 5
사무지각능력

파트 6
인성검사

제목 : 20X3년 한·유럽 문화자원 협력 회의 개최 결과

1. ㉠<u>10. 28/29간</u>에 서울 ○○○에서 개최한 20X3년 한·유럽 문화자원 ㉡<u>협력 회의 관련</u> 문화관광부 회의 영어 ㉢<u>copy본</u>(원본은 ㉣<u>회의 시 참가자 직접 수여)</u> 및 ⓐ<u>참가자앞</u> 감사 서한을 ㉤<u>11. 20(금)</u>에 귀관에 송부하였다고 ⓑ<u>알려왔는 바</u>, 이를 ⓒ<u>귀 주재국</u> 문화부 측에 전달 바람.
   • 문화부 측에서 참가자에게 전달하도록 안내 바람.
   • (영국대사) 이번 회의에 국내 사정상 불참하여 감사 서한 대신 이번 회의 결과 및 향후 계획을 알리는 서한을 귀관에 송부했으므로 이를 상기 합의의사록 영어 사본과 함께 주재국 문화부 측에 전달 바람.

2. 아울러 20X4년 ⓓ<u>제 11차</u> 회의는 내년 5월에 영국 런던에서 개최하는 방안을 적극 ⓔ<u>검토중이라고</u> 하니 참고 바람. 끝.

---

24 ㉠ ~ ㉤ 중 공문서 작성 요령과 국어 어법, 전달하려는 의미에 적합한 표현을 고르면?

① ㉠　　　　　　② ㉡　　　　　　③ ㉢
④ ㉣　　　　　　⑤ ㉤

25 ⓐ ~ ⓔ 중 띄어쓰기 규정에 적합한 것을 고르면?

① ⓐ　　　　　　② ⓑ　　　　　　③ ⓒ
④ ⓓ　　　　　　⑤ ⓔ

UNIT 3

어법

실생활에서 표준어를 사용하며 올바른 맞춤법과 띄어쓰기를 적용하고 문맥에 맞지 않는 표현과 어휘의 사용을 자제하는지 평가할 수 있는 능력이다.

유형분석

• 글을 읽고 맞춤법이나 띄어쓰기가 옳고 그른 문장을 가려내는 비교적 단순한 형태의 문제가 주로 출제되고, 단어의 표기와 표준 발음이 옳은 것을 고르는 문제가 나오기도 한다.

• 언어생활에서 따르고 지켜야 할 공식적인 기준인 어문 규범이 주어지고, 이에 맞게 올바른 규칙이 적용된 문장을 고르는 문제가 출제된다.

• 문장 성분과 구조어의 호응이 어색하거나 문장 성분이 탈락되고 동어가 반복해서 표현된 문장을 고르는 문제가 출제된다.

• 중의적 표현, 문맥에 맞지 않는 어휘 또는 외국어식 표현이 사용된 비문을 고르는 유형이 출제된다.

주요 출제기업

현대자동차_HMAT, LG, 두산_DCAT, 롯데_L-TAB 등

유형별 출제비중

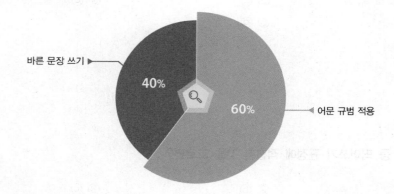

바른 문장 쓰기 40%

어문 규범 적용 60%

어법 문제는 우리가 일상생활에서 접하는 문법을 바탕으로 정확한 우리말 표현을 알고 있는지 파악하는 문제가 주로 출제된다. 어법 문제 중에서 맞춤법, 띄어쓰기, 표준어와 표준 발음 등과 같은 어문 규범에 관한 문제가 높은 출제 비중을 보이고 있으며, 나머지는 어법이 바르게 쓰이고 문장 성분 간의 호응관계가 적절한지 파악하는 문제가 출제되고 있다. 어법은 어휘나 독해와 달리 출제하는 기업이 점점 줄어들고 있지만 출제하는 기업에서는 당락을 가르는 중요한 파트가 되기도 하므로, 기출문제를 통해 자주 나오는 유형의 문제들을 확실하게 정리해 두어야 한다.

권두부록

파트 1
언어능력

파트 2
수리능력

파트 3
추리능력

파트 4
공간지각능력

파트 5
사무지각능력

파트 6
인성검사

🔆 최신 출제 경향

어법 문제는 자주 사용함에도 불구하고 헷갈리기 쉬운 문제들로 출제되고 있기 때문에 평소 제대로 된 표현과 어법을 사용하고 있다면 큰 어려움 없이 풀어나갈 수 있다. 하지만 기초적인 지식이 부족하다면 문제 풀이를 통해 다양한 표현과 어법을 확인하고, 이를 실생활에 적용하는 연습을 하여 익숙해지도록 노력하는 것이 좋다.

🔆 빈출되는 세부 유형

• 맞춤법, 띄어쓰기가 올바른/올바르지 않은 것을 찾는 문제가 출제된다.
• 표준어와 발음의 표기를 묻는 문제가 출제된다.
• 어문 규범에 관한 글이 주어지고 그 규범에 따라 바르게 적용된 것을 찾는 문제가 출제된다.
• 문장 성분 간의 호응관계를 파악하는 문제가 출제된다.
• 올바른 외래어 표기법을 찾는 문제가 출제된다.

🔆 학습방법

• 헷갈리기 쉬운 띄어쓰기와 맞춤법은 기억하기 쉽도록 간단한 예문을 통해 정리하고 암기한다.
• 표준어 문제가 출제되는 기업의 경우 자주 나오는 표준어 규정은 따로 정리하여 알아두는 것이 좋다.
• 표준어 규정은 지속적으로 바뀌고 있으므로 최근 변경된 사항들이 무엇인지 찾아보고 기억해 둔다.
• 문장 성분의 호응이 적절한지 파악하기 위해 가장 먼저 문장의 주어와 서술어를 찾고 그 둘의 관계를 살펴본다.
• 일상생활에서 주로 사용하는 외래어뿐만 아니라 생소한 단어도 출제되고 있으므로 평소 글을 읽을 때 잘못되거나 어색한 표현을 찾아보는 습관을 들이도록 한다.

유형 1 어문 규범 적용

✓ 03 어법

💡 문제분석

1. 띄어쓰기나 맞춤법, 표준어, 표준 발음 등을 묻는 문법적인 문제들이 출제된다.
2. 대체적으로 혼동하기 쉬우나 평소 올바른 문법적 표현을 사용하고 있다면 어렵지 않게 풀 수 있다.
3. 표준어 문제가 출제되는 기업의 경우 자주 나오는 표준어 규정은 따로 알아두는 것이 좋다.
4. 출제 비중이 높은 편은 아니지만 기초적인 어법은 파악해 둘 필요가 있으므로 평상시에 올바른 어문 규범을 확인하고 사용하는 습관을 들이도록 한다.

💡 학습 전략

1. 선택지를 하나씩 읽어보고 띄어쓰기나 맞춤법, 문맥 등이 어색하지 않은지 파악한다.
2. 확실한 선택지부터 소거해가며 답을 좁혀 나간다.
3. 잘못된 맞춤법을 찾는 문제에 대비하여 평소에 간단한 예문으로 정리하고 암기하도록 한다.
4. 표준어 규정은 지속적으로 바뀌므로 최근 변경된 사항들은 기억해 두도록 한다.

💡 주요 기업 빈출키워드

오랜만에, 결재/결제, ~ 로써/로서, 뜻한 바, 환절기, 염치 불구, 잊을래야, 사단, 들렀다, 대가, 자격요건, 부재, 제적, 기재사항, 최소화, 게재, 뇌졸중, 연평균, 해약, 평판, 드러나는, 개시 등

---

mini 테스트

01 띄어쓰기가 옳은 것은 O, 틀린 것은 X를 표시하시오.
① 사과한개 (　)
② 책 한 권 (　)
③ 선수 및 관중 (　)
④ 천 원 어치 (　)
⑤ 여기에서부터 (　)
⑥ 그것 밖에 없다 (　)
⑦ 밥은커녕 물도 (　)
⑧ 할 일 (　)

정답 ① X ② O ③ O ④ X ⑤ O ⑥ X ⑦ O ⑧ O

02 표준어는 O, 표준어가 아닌 것은 X를 표시하시오.
① 삼가하다 (　) / 삼가다 (　)
② 설레임 (　) / 설렘 (　)
③ 순댓국 (　) / 순대국 (　)
④ 건들이지 마 (　) / 건드리지 마 (　)
⑤ 일부러 그랬지? (　) / 일부로 그랬지? (　)

정답 ① X / O ② X / O ③ O / X ④ X / O ⑤ O / X

권두부록

파트 1
언어능력

파트 2
수리능력

파트 3
추리능력

파트 4
공간지각능력

파트 5
사무지각능력

파트 6
인성검사

대표예제

01 다음 공고문에서 잘못 쓴 단어는 모두 몇 개인가?

〈제○○회 공인중개사 자격시험 예정 공고〉

• 시험시행계획 공고(예정) : 20X3년 7월 25일 수요일
• 시험시행일 : 10월 27일 토요일
• 응시자격 : 제한 없음.

　※ 단, 공인중개사법 제6조(결격사유)에 따라 공인중개사 자격이 취소된 후 3년이 경과되지 않이 한 자,
　　기자격자는 시험에 응시할 수 없음.

• 시험방법
　－제1차 및 제2차 시험을 모두 객관식 5지 선택형으로 출제(매 과목당 40문항)
　－제1차 시험 100분, 제2차 시험 150분을 같은 날에 시행
　－제1차 시험 불합격자의 제2차 시험은 무효로 함.

• 안내사항
　－원서접수방법 : 인터넷 원서접수
　－기타 사항은 홈페이지에 개재

□□공단 이사장

---

① 1개　　　　　　　　　　　② 2개
③ 3개　　　　　　　　　　　④ 4개

| 정답 |　②
| 해설 |　않이 한 → 아니 한, 개재 → 게재

유형 2 바른 문장 쓰기

✅ 03 어법

🔆 문제분석

1. 문장 안에서의 띄어쓰기나 문장 성분의 주술관계, 수식어와 피수식어 등의 호응관계를 묻는 문제가 출제된다.

2. 문장의 구조를 파악하여 한 문장에서 필요 없는 요소가 포함되거나 의미가 중복되는 것을 포함하는지를 묻는 문제가 출제된다.

3. 높임법의 사용이나 지나친 피동 · 사동 표현과 같이 일상생활에서 쉽게 발견할 수 있는 오류를 묻는 문제가 출제된다.

🔆 학습 전략

1. 주로 문장의 올바른 수정사항을 묻는 문제가 출제되므로 기본적인 문장 성분을 익혀 필요한 성분을 갖춰 어법에 맞게 문장을 쓰는 연습을 한다.

2. 주술관계, 수식어와 피수식어의 관계, 부사어와 서술어의 관계 등 문장 성분의 호응관계에 대해 미리 숙지하여야 한다.

3. 한 문장 안에서 불필요한 문장 성분이 포함되지 않도록 문장 성분의 의미와 역할에 대해 명확히 파악한다.

4. 일상생활에서 흔히 접할 수 있는 문법적인 오류 사항들을 미리 정리해두어 반복적으로 학습하여 실수가 없도록 한다.

🔆 주요 기업 빈출키워드

압존법, 주술 호응, 중의적 표현, 피동 · 사동표현 등

📝 학습 TIP

문장쓰기의 기본 원칙
- 간결하고 명료한 문장을 쓴다.
- 상대방이 이해하기 쉽게 쓴다.
- 중요하지 않은 경우 한자 사용을 자제한다.
- 문장은 긍정문의 형식으로 쓴다.
- 간단한 표제를 붙인다.
- 문서의 주요한 내용을 먼저 쓴다.

권두부록

파트 1
언어능력

파트 2
수리능력

파트 3
추리능력

파트 4
공간지각능력

파트 5
사무지각능력

파트 6
인성검사

대표예제

01 다음은 발목 골절 수술을 받은 김 대리가 ○○의료원으로부터 고지 받은 내용이다. 밑줄 친 부분을 고친 내용이 잘못된 것은?

> **〈수술 후 주의사항〉**
> • 4주 동안 담배를 <u>피지</u> 마세요.
> • 봉합 부분은 <u>깨끗히</u> 유지해 주세요.
> • 수술 후 과격한 운동은 <u>삼가해 주세요.</u>
> • 이상 징후가 나타나면 <u>반듯이</u> 내원하세요.
> • 답답하더라도 압박붕대는 그대로 <u>두시는 게 좋으세요.</u>

① 피지 → 피우지
② 깨끗히 → 깨끗이
③ 삼가해 주세요. → 삼가주세요.
④ 반듯이 → 반든시
⑤ 두시는 게 좋으세요. → 두세요.

| 정답 | ④

| 해설 | '반듯이'는 '작은 물체 또는 생각이나 행동 따위가 비뚤어지거나 기울거나 굽지 아니하고 바르게'라는 뜻이고, '반드시'는 '꼭, 틀림없이'의 뜻이므로 '반드시'를 '반드시'로 고쳐야 한다.

| 오답풀이 |
① '피우다'는 '피다'의 사동사로 '피지'를 '피우지'로 하는 것이 맞다.
② '하다'가 붙을 수 있는 말은 '히'로 쓰면 되고 'ㅅ' 받침으로 끝나는 말, 'ㅂ' 받침이 없어지는 말, '하다'가 붙지 않는 말, 부사 뒤, 같은 말이 반복되어 만들어진 말, 'ㄱ' 받침으로 끝나는 말 다음에는 '이'로 쓴다.
③ '몸가짐이나 언행을 조심하다', '꺼리는 마음으로 양이나 횟수가 지나치지 아니하도록 하다' 등의 뜻일 때 '삼가다'로 쓴다.
⑤ 모든 용언에 '-시-'를 넣는 것은 바람직하지 않다. 지나친 존대는 자연스럽지 않으며, 주의사항이라는 글의 어감에도 맞지 않으므로 '두세요'라고 표현하는 것이 적절하다.

실전문제연습 어법

01 다음 중 표준 발음으로 옳지 않은 것은?

① 옷안[오단] ② 흙을[흘글] ③ 밟지[발찌]
④ 읽지[익찌] ⑤ 외곬[외골]

02 다음 중 표준 발음으로 옳은 것은?

① 옷 한 벌[오탄벌] ② 밭 아래[받아래] ③ 꽃 한 송이[꼳한송이]
④ 앞마당[압마당] ⑤ 넓다[넙따]

[03 ~ 04] 다음 중 표준어 규정에 맞지 않는 표기를 고르시오.

03 ① 뇌졸중 ② 깔때기 ③ 숙맥
④ 눈꼽 ⑤ 흐리멍덩하다

04 ① 다행히도 ② 통털어 ③ 뒤꿈치
④ 고춧가루 ⑤ 게거품

권두부록

파트 1
언어능력

파트 2
수리능력

파트 3
추리능력

파트 4
공간지각능력

파트 5
사무지각능력

파트 6
인성검사

05 음절의 끝소리 규칙이 바르게 적용된 것을 〈보기〉에서 모두 고르면?

> 음절의 끝소리 규칙은 받침으로 발음되는 자음은 'ㄱ, ㄴ, ㄷ, ㄹ, ㅁ, ㅂ, ㅇ'의 일곱 가지만 올 수 있다는 것으로, 이외의 자음들이 음절 끝에 오게 되면 이들 중 하나로 바뀌는 규칙이다. 즉, '잎'은 [입]으로 'ㅍ'이 'ㅂ'으로 발음된다. 이는 겹받침인 경우에도 적용되는데, 두 자음 중 하나가 대표음으로 발음된다. 또 받침 뒤에 모음으로 시작되는 조사, 어미, 접사가 오면 받침이 온전히 발음되지만 '웃어른'의 '어른'처럼 실질적인 뜻을 지닌 모음으로 된 말이 오면 음절의 끝소리 규칙을 적용한 후 다음 음절의 첫소리로 발음하여 [우더른]이 된다.

| 보기 |

> ㉠ '히읗'은 [히읃]으로 발음된다.
> ㉡ '빗으로'는 [빈으로]로 발음된다.
> ㉢ '부엌'은 [부얻]으로 발음된다.
> ㉣ '웃옷'은 [우돋]으로 발음된다.

① ㉠, ㉢   ② ㉠, ㉣   ③ ㉡, ㉢
④ ㉡, ㉣   ⑤ ㉢, ㉣

06 다음 밑줄 친 ㉠ ~ ㉢ 중 맞춤법에 맞게 표현된 것을 모두 고르면?

> A는 올해 휴가기간에는 특별한 일정을 잡지 않고 ㉠오랫만에 시골 고향집에 내려갔다. 휴가 때마다 특별하게 보내려고 이런저런 신경을 쓰다 보니 오히려 스트레스를 받게 되고 피로가 쌓이는 듯하여 이번 휴가는 말 그대로 꼭 ㉡쉴려고 시골집에 ㉢들렀다. 하지만 가는 날이 장날이라고 노모 홀로 계신 고향집은 그간 제대로 돌보지 못하여 밀린 일들이 산더미처럼 쌓여 있어 잠시도 쉬지 못하고 휴가 내내 고된 노동의 ㉣대가를 톡톡히 치르게 ㉤되였다. 겉으로는 온몸이 쑤시고 결려 휴가 전보다 피로가 가중한 듯했지만 마음은 한결 가벼워졌다.

① ㉠, ㉡   ② ㉠, ㉢   ③ ㉡, ㉢
④ ㉢, ㉣   ⑤ ㉣, ㉤

07 다음 밑줄 친 ㉠~㉤ 중 맞춤법에 어긋난 것은 모두 몇 개인가?

> 도심에서 멀지 않은 곳에 이런 공원이 있다는 건 분명 큰 행운이다. 시흥은 경기도 유일의 내만 ㉠ <u>개펄</u>을 가진 도시이다. 갯골을 따라 갯벌의 생태계가 살아 숨 쉰다. 갯골은 갯고랑을 의미하는 말이다. 바다가 들고 나는 동안 흐르는 물길은 바닥을 움켜쥐고 달려가 육지 깊은 곳까지 크고 깊은 고랑을 냈다. 이곳의 갯골은 제법 규모 있는 하천을 ㉡ <u>연상케</u> 한다. 하루에 두 번, 간조시간이 다가오면 갯골 가득히 차올랐던 바닷물이 빠져나가 바닥이 ㉢ <u>들어나는</u> 장관을 볼 수 있다. 간조는 서해를 곁에 뒀기에 가능한, 시흥이란 도시가 보여주는 드라마틱한 풍경의 시간이다. 갯골을 따라 들어온 바닷물이 있어 육지 안쪽에서도 염전을 일굴 수 있었다. 갯골생태공원 일대는 염전 산업이 성황을 이뤘던 곳이다. 일제는 1934년 염전을 만든 이후 여기서 생산한 소금을 경부선과 수인선 철로를 이용해 군산과 부산으로 옮겨 일본으로 반출해갔다. 그 뒤로도 ㉣ <u>오랜동안</u> 소금을 생산했지만 1995년 수인선이 운행을 종료한 이듬해 결국 염전도 문을 닫았다. 148만 제곱미터(약 45만 평)에 달하는 드넓은 폐염전 부지는 오랜 시간 방치되었다가 2012년 2월 ㉤ <u>생태자원으로써의</u> 가치를 인정받아 국가 해양습지보호지역으로 지정됐다.

① 1개   ② 2개   ③ 3개
④ 4개   ⑤ 5개

08 다음 A~D 문장의 밑줄 친 부분 중 맞춤법에 맞게 표기된 것은 모두 몇 개인가?

> A : 일이 꺼림칙하게 되어 가더니만 결국 사상자가 발생하는 <u>사단</u>이 났다.
> B : 여러분들에게 내가 오늘 이 자리를 <u>빌려서</u> 간곡히 부탁 말씀을 드립니다.
> C : 당장 돈이 없으면 사업이 망할 상황이어서 <u>염치 불구</u>하고 지인들에게 돈을 빌렸다.
> D : 해외에 여행을 나가서도 생각나는 김치의 칼칼함과 시원한 맛은 <u>잊을래야</u> 잊을 수 없는 강렬한 맛이다.

① 0개   ② 1개   ③ 2개
④ 3개   ⑤ 4개

09 다음 문서에서 오탈자는 모두 몇 개인가?

권두부록

파트 1
언어능력

파트 2
수리능력

파트 3
추리능력

파트 4
공간지각능력

파트 5
사무지각능력

파트 6
인성검사

〈고용창출 우수기업 선정〉

'고용창출 우수기업'은 후보기업 선정 후, 법 위반 여부 조회, 현지실사, 신정심사위원회 등 을 거쳐 선정한다.

① 후보기업 선정 : 고용보험 피보험자 수를 기준으로 기업규모(중소 · 중견 · 대기업)별로 20X3년 3월부터 20X4년 2월까지 고용증가량과 고용증가율이 높은 기업 500개소 선정

  ※ 30 ～ 299인, 300 ～ 999인, 1,000인 이상 3개 군

② 법 위반 및 신용평가 조회 : 노동관계법, 공정거래법 등 법 준수 여부 및 신용평가급을 조회하여 법 위반 사실이 있거나 신용등급이 낮은 기업은 제외

③ 현장실사 : 지방 노동기관을 통해 근로자 증가현황, 임금수준, 비정규직 비중, 근로시간 등 조사

④ 노사단체 의견조회 및 심사의원회 개최 : 기업 평반 조회 등을 거친 후 심사위원회를 통해 '고용창출 우수기업' 100개소 선정

⑤ '고용창출 모범기업(가칭)' 선정 : 우수기업 중 특히 고용창출 실적이 뛰어난 기업으로서 특정 총고용량을 달성한 기업 30개소 선정

---

① 1개   ② 2개   ③ 3개
④ 4개   ⑤ 5개

10 다음 공고문의 밑줄 친 ㉠~㉤을 어문규정에 맞지 않게 수정한 것은?

〈202X년 ○○위원회 국민 행복 제안 공모〉

■ 공정한 시장 경제 질서와 화합을 통한 ㉠ <u>다이내믹</u> 코리아

• 공모 분야 : 국민이 체감하는 공정하고 활력 있는 시장을 만들기 위한 경제 민주화, 경쟁촉진 및 소비자 권익 보호와 관련된 정책 및 제도 개선 방안(○○○위원회 소관 법령 및 업무 분야에 한정)

[분야 1] 대 · 중소기업 협력(하도급, 가맹 · 유통거래 등 개선) 실천 방안

[분야 2] 경쟁 시장(담합 · 불공정거래 근절 및 독과점 개선 등) 촉진 방안

[분야 3] 소비자 중심 시장(권익 보호 및 피해 구제 등) 구현 방안

• 공모 기간 : ㉡ <u>202X.7.3.</u>(월) ~ 202X. 7. 31.(월) [4주간]

• 참여 자격 : 누구나 가능

• 참여 방법 : 인터넷 또는 우편

 – 인터넷 : 국민신문고 홈페이지(www.epeople.go.kr)–국민 행동 제안–공모 제안

 – 우편 : (○○○○○) □□시 OO3로 101 정부□□청사 ○○○위원회 창조행정법무담당관실

 (인터넷은 7월 31일 24 : 00까지 등록. 우편 접수는 ㉢ <u>7월 31일 자</u> 소인 분까지 유효)

• 제안양식

 A4 용지 3장 분량 이내로 작성하되 과제의 중요성을 ㉣ <u>부각시키기</u> 위하여 현황 및 문제점 개선 방안, 기대효과 등을 첨부 양식에 따라 구체적으로 작성

• 시상내역 : 총 5편(총 상금 150만 원)

 – 최우수(1편) : 표창 및 상금(50만 원 상당의 온누리 상품권)

 – 우수(2편) : 표창 및 상금(30만 원 상당의 온누리 상품권)

 – 장려(2편) : 표창 및 상금(20만 원 상당의 온누리 상품권)

 ※ 심사 결과에 따라 시상 내역이 달라질 수 있으며, 입상자가 없을 경우 시상하지 않음.

 ※ 동일인의 제안이 다수 선정된 경우에는 최고 순위 1개 제안에 대해서만 시상

• 결과 발표 : 202X년 8월 중(홈페이지 ㉤ <u>개시</u> 및 개별 통보)

• 문의처 : ○○○위원회 창조행정법무담당관실 ○○○–○○○–○○○○

• 유의사항

 – 제출된 제안서 및 관련 서류는 반환하지 않으며 제안 서류는 지정 양식을 준수하여 작성 제출

 – 제안 내용의 표절 등 부정한 방법에 의한 수상일 경우 수상을 취소하고 상금을 환수조치

 – 동일한 내용이 접수될 경우 다른 조건은 배제하고 먼저 접수한 제안만 심사

---

① ㉠ : 외래어 표기법에 따라 '다이내믹'을 '다이나믹'으로 수정한다.

② ㉡ : 아라비아 숫자만으로 연월일을 표시할 때는 띄어쓰므로 '202X.7.3.'을 '202X. 7. 3.'으로 수정한다.

③ ㉢ : '일'과 '자'의 의미가 비슷하므로 불필요하게 사용한 '자'를 빼는 것으로 수정한다.

④ ㉣ : '부각하다'에는 이미 사동의 의미가 담겨 있으므로 '부각시키다'를 '부각하다'로 바꾼다.

⑤ ㉤ : 여러 사람에게 알리기 위하여 내붙이거나 내건다는 의미이므로 '개시'를 '게시'로 수정한다.

11 A 사원은 국어사전에서 '-지'의 쓰임을 조사해 보았다. ㉠, ㉡, ㉢에 들어갈 예로 옳은 것은?

- 지 (의존명사)(어미 '-은' 뒤에 쓰여) 어떤 일이 있었던 때로부터 지금까지의 동안을 나타내는 말 예(㉠)
- 지 (어미) 어떤 사실을 긍정적으로 서술하거나 묻거나 명령하거나 제안하는 따위의 뜻을 나타내는 종결어미, 서술, 의문, 명령, 제안 따위로 두루 쓰인다. 예(㉡)
- 지 (어미) 상반되는 사실을 서로 대조적으로 나타내는 연결어미 예(㉢)

① ㉠-언제 오시지?

② ㉠-부부 사이는 대등한 관계이지 종속 관계가 아니다.

③ ㉡-그는 이름난 효자이지.

④ ㉢-그를 만난 지도 꽤 오래되었다.

⑤ ㉢-자네는 그만 떠나지.

12 다음은 ○○출판사가 잡지 광고를 유치하기 위해 작성 중인 글이다. (가) ~ (마) 중 어법에 어긋난 부분이 있는 문장은 모두 몇 개인가?

> (가) 우리 잡지에 광고를 실어 주실 회사나 단체, 개인을 모시고 있습니다.
> (나) 잡지에 광고를 게재하시면 TV 광고처럼 짧은 시간 동안만 보이는 것이 아니라 매월 발간되는 이 잡지를 계속 보신다는 뜻입니다.
> (다) 그리고 타 매체보다 훨씬 저렴하면서도 큰 광고 효과를 지속적으로 누리실 수 있을 것입니다.
> (라) 특히 우리 잡지는 광고 매출의 일정 부분을 소외 계층, 장애인 단체 등 도움이 필요한 분들을 위해 쓰고 있습니다.
> (마) 우리 잡지에 광고를 실으시면 사회공헌 활동에도 동참하시는 것이 될 것입니다. 많은 연락을 기다리겠습니다.

① 1개   ② 2개   ③ 3개
④ 4개   ⑤ 5개

13 다음 ㉠ ~ ㉤ 중 맞춤법에 어긋난 문장은?

> ㉠ 외할머니와의 갑작스러운 이별로 저는 무척 상심했습니다. ㉡ 그것은 제가 경험한 첫 번째 이별이었습니다. ㉢ 생전 외할머니의 모습은 아직 가끔 꿈에 나옵니다. ㉣ 꿈에서 깨어나 보면 저는 할머니가 돌아가셨던 그때처럼 눈물을 흘리고 있습니다. ㉤ 죽음은 한순간 우리를 덥치고 소중한 것을 앗아갑니다.

① ㉠   ② ㉡   ③ ㉢
④ ㉣   ⑤ ㉤

권두부록

파트 1
언어능력

파트 2
수리능력

파트 3
추리능력

파트 4
공간지각능력

파트 5
사무지각능력

파트 6
인성검사

14 다음 문장을 띄어쓰기에 맞춰 수정 표시했을 때, 잘못 표시한 것은?

① 이아이는착하디착한나의동생이야. → 이∨아이는∨착하디∨착한∨나의∨동생이야.

② 수학은하면할수록더어려워지는것같아. → 수학은∨하면∨할수록∨더∨어려워지는∨것∨같아.

③ 세영은학원에다닌지사흘만에그만두었다. → 세영은∨학원에∨다닌∨지∨사흘∨만에∨그만두었다.

④ 나도나대로무척이나힘든날들을보냈다. → 나도∨나대로∨무척이나∨힘든∨날들을∨보냈다.

⑤ 구름낀하늘을보면마음이우울해진다. → 구름∨낀∨하늘을∨보면∨마음이∨우울해진다.

15 다음 중 문장 성분의 호응이 어색하지 않은 것은?

① 우리말을 바르게 사용하는 것이 우리말을 지키는 첫걸음이며, 나아가 한국의 문화를 세계에 알리는 지름길이다.

② 깊은 슬픔에 빠진 사람은 그 어둠 속에서 보이는 것이 바늘 끝만 한 한 줄기 희망뿐이라서 그것 이라도 잡기 위해 고군분투할 수밖에 없었다.

③ 내 친구는 고등학생 때부터 신춘문예에 소설을 공모했으나 여전히 등단하지 못했다.

④ 중요한 것은 네가 지금까지의 잘못을 반성하고 앞으로 진실하게 살아가야 한다는 것이다.

⑤ 우리는 가난한 이웃을 사랑하고 도움을 주어야 한다.

[16 ~ 17] 다음은 우리말 속에 남아있는 일본식 표현으로 이루어진 글이다. 이어지는 질문에 답하시오.

(가) A : 너네들 뭐 먹을지 결정했니?

B : 엄마, 나 우동 먹을래.

C : 난 덴뿌라 넣은 오뎅으로 먹을 거야. 근데, 엄마 여기 단무지랑 양파 없어?

A : 글쎄, 종업원한테 물어보자. 일단, 시보리하고 와리바시 좀 가져와.

(나) A : 여보, 단스에 있던 내 우와기 어디 있어?

B : 장 시렁에 있을 거예요. 에리도 크고 구식이라….

A : 쓰봉도 그래.

B : 이젠 가다까지 완전히 달라져서 안 맞아요.

A : 여기 가봉한 데는 빵꾸까지 나 있어.

---

16 다음 중 (가)에서 잘못 쓰인 표현을 찾아 바르게 고친 것은?

① 우동 → 가락국수   ② 덴뿌라 → 포크커틀릿   ③ 단무지 → 노랑무

④ 시보리 → 숟가락   ⑤ 와리바시 → 휴지

17 다음 중 (나)에서 잘못 쓰인 표현을 바르게 고친 것은?

① 여보, 단스에 있던 내 우와기 어디 있어?

→ 여보, 장롱에 있던 내 셔츠 어디 있어?

② 장 시렁에 있을 거예요. 에리도 크고 구식이라….

→ 장 시렁에 있을 거예요. 깃도 크고 구식이라….

③ 쓰봉도 그래. → 소매도 그래.

④ 이젠 가다까지 완전히 달라져서 안 맞아요.

→ 이젠 느낌까지 완전히 달라져서 안 맞아요.

⑤ 여기 가봉한 데는 빵꾸까지 나 있어.

→ 여기 다리미질한 데는 구멍까지 나 있어.

18 다음 밑줄 친 ㉠~㉤ 중 문맥상 표현이 어색하지 않은 것은?

> 한 언론사가 사회 각 방면에서 성공한 인물 100명을 대상으로 그들의 성공 요인을 조사해 보았는데, ㉠ 예상되어진 것과는 다른 결과가 나왔습니다. 그들은 '지능, 학력, 가정, 환경' 대신 자신이 좋아하는 일을 했다는 데서 성공 요인을 찾았습니다.
>
> 사람은 자신이 좋아하는 일을 할 때 즐거움을 느낍니다. ㉡ 하지만 즐거움을 느낄 때, 일의 능률이 ㉢ 발휘될 것입니다. 마지못해서 또는 남에게 보이기 위한 ㉣ 체면치레로 일을 하면 성공과 행복을 얻을 수 없습니다.
>
> 여러분은 어떤 일을 좋아합니까? 그리고 그렇게 좋아하는 일을 하기 위해서 ㉤ 어디서 준비하고 있습니까?

① ㉠ 예상되어진   ② ㉡ 하지만   ③ ㉢ 발휘될
④ ㉣ 체면치레   ⑤ ㉤ 어디서

19 다음 중 높임법이 바르게 사용된 문장은?

① 지사님께서 말씀이 있으시겠습니다.
② 지사님께서 말씀이 계시겠습니다.
③ 지사님의 말씀이 있으시겠습니다.
④ 지사님의 말씀이 계시겠습니다.
⑤ 지사님께서 말씀이 계셨습니다.

20 다음 중 어법에 맞지 않는 문장은?

① 어릴 적 겪었던 일들이 지금까지도 나를 괴롭히고 있다.
② 나뭇잎 한 개를 물에 띄워 보았다.
③ 그럼 다음 주 수요일에 뵈요.
④ 할지 말지 고민하고 있다면 해야 한다.
⑤ 그들은 대학은 다르지만 같이 자취를 하고 있다.

권두부록

파트 1
언어능력

파트 2
수리능력

파트 3
추리능력

파트 4
공간지각능력

파트 5
사무지각능력

파트 6
인성검사

01 다음 중 밑줄 친 ㉠과 같은 의미로 사용된 것은?

> 흔히들 '경제는 심리'라고 한다. 1997년 외환위기에 의해 IMF 구제 금융을 받기 전까지 한국 경제는 활기찼다. 무모할 정도의 적극경영이었고 지나칠 정도의 차입경영이었다. 누가, 어느 그룹이 신 사업 분야, 신 시장에 먼저 진출하여 선점하느냐, 어느 기업이 매출과 점유율 면에서 앞서고 있느냐 등 양적 경쟁이 치열했다. 따라서 투자 면에서도 과열된 분위기를 ㉠띠고 있었고 자연히 투자 실패로 인한 경영 부실도 많았다. 그렇다 하더라도 이 시기에는 세계 어느 나라 기업보다 과감하게 투자하는 도전경영을 하였다. 자신감과 도전정신, 즉 기업가 정신으로 충만했던 것이다.

① 가을이 되자 시골 들판에는 누런빛을 띤 벼가 추수를 기다리며 익어가고 있었다.
② 패스파인더는 화성에 생물체가 있는지 없는지를 알아내야 하는 막중한 임무를 띠고 있었다.
③ 방북한 재계 인사들은 서류 가방을 직접 챙겨 들고 시종일관 미소를 띤 채 북한 경제인들과 인사를 나누었다.
④ K 사에 입사 지원하기 위하여 교수님으로부터 받은 추천서를 띠고 방문하였다.
⑤ 명절 음식 준비로 바쁜 어머니는 입고 계신 치마가 흘러 내리지 않게 허리에 띠를 띠고 있었다.

02 다음은 '머리'가 나타내는 다양한 의미이다. 이를 같은 맥락으로 확장하여 다른 신체 부위를 지칭하는 단어에 적용했을 때, 그 용례로 적절하지 않은 것은?

> ㉠ 신체의 일부 : 사람이나 동물의 목 위의 부분(눈 · 코 · 입 · 귀가 있는 얼굴, 머리카락이 있는 부위 포함)
> ㉡ 위치 : 해당 지역의 가장 위쪽
> ㉢ 쓰임새(능력) : 생각하고 판단하는 지적 능력
> ㉣ 물체의 부분 : 사물의 맨 앞이나 윗부분
> ㉤ 시간 : 어떤 때 · 시기가 시작될 즈음

① ㉠-그녀가 멀리서 손을 흔들었다.
② ㉡-분단선이 한반도의 허리를 관통했다.
③ ㉢-앞으로의 일은 아들 손에 맡겼다.
④ ㉣-부러진 의자 다리를 고쳤다.
⑤ ㉤-그는 눈 깜짝할 새 지나갔다.

권두부록

파트 1
언어능력

파트 2
수리능력

파트 3
추리능력

파트 4
공간지각능력

파트 5
사무지각능력

파트 6
인성검사

03 다음 밑줄 친 단어 중 제시된 단어와 반의어 관계인 것은?

> 이울다

① 그 친구는 최근 가세가 <u>기울면서</u> 어려움을 겪고 있는 것 같더라.

② 셰프는 기억을 <u>되살려</u> 그 식당의 요리를 재현했다.

③ 우리가 여행을 다녀오는 동안 화분의 꽃이 <u>시들어</u> 버렸다.

④ 고향에서 천만리나 떨어진 남의 땅에서 추석을 맞으니 마음이 <u>울적하다</u>.

⑤ 여름으로 접어들면서 공원의 나무들이 <u>번성하게</u> 자랐다.

04 다음 중 밑줄 친 ㉠의 의미와 가장 거리가 먼 것은?

> 사용자가 마치 직접 경험을 하고 있는 것처럼 느끼게 해주는 미디어인 실감미디어는 그 확장성과 시장성으로 인해 미래의 혁신산업으로 주목받고 있다. 가상현실에 대한 사용자의 관심이 영상 콘텐츠뿐만 아니라 게임 등 엔터테인먼트 분야에서 적지 않게 일어나고 있지만 3D 영상이 그랬듯 가상현실 역시 사용자 관점이 아닌 제작자와 공급자 위주의 관점에서 바라보는 것이 가장 큰 문제이다. 가상현실에 대한 시장의 반응에서 정작 사용자는 빠져있다. 기기 제조업자와 콘텐츠 제작자, 마케팅 에이전시, 언론사 등의 관심은 지극히 크지만 정작 사용자의 목소리는 단지 호기심 어린 탄성만 소개된다. 우리는 이미 3D 영상산업의 실패를 바로 몇 년 전에 경험한 바 있다. 새로운 산업으로서 가상현실을 그 ㉠돌파구로 삼는 것을 이해 못하는 바는 아니지만, 그 기대가 큰 만큼 실망도 클까 걱정이다.

① 타개하다   ② 해결하다   ③ 극복하다

④ 타파하다   ⑤ 답파하다

05 다음 글에서 밑줄 친 ㉠, ㉡의 관계와 가장 유사한 것은?

> 한 나라의 경기가 어려워지면 개인적으로나 사회적으로 모두 좋을 것이 없으므로 시급한 ㉠대책(對策)이 필요하다. 경기가 다시 좋아지게 되면 실업자 수는 줄어들게 되지만 경기 회복이 지연될 경우는 사회적으로 별도의 ㉡방책(方策)을 수립해야 한다.

① 방해(妨害) – 훼방(毁謗)　　　　　　② 소년(少年) – 소녀(少女)

③ 소등(消燈) – 점등(點燈)　　　　　　④ 절기(節氣) – 춘분(春分)

⑤ 문학(文學) – 소설(小說)

06 다음 밑줄 친 ㉠~㉤ 중 쓰임이 적절하지 않은 것은?

> 전주 덕진공원 내 덕진연못이 국가중점관리 저수지가 됐다. 지방자치단체가 관리하는 저수지 중 국가중점관리 저수지로 ㉠지정된 것은 전국에서 덕진연못이 처음이다. 전주시는 덕진연못 수질 개선사업을 적극 추진해 덕진공원을 도심의 명물 수변·휴양형 휴식공간으로 만든다는 ㉡구상이다.
>
> 후백제 시대 ㉢편성된 것으로 알려진 전주 덕진연못은 역사·문화적 가치가 우수한 지역 명소로, 전주 한옥마을과 함께 전주의 대표관광지 중 하나다. 주변 지역 도시화와 유입수량 부족으로 수질이 악화됐지만 준설 등을 위해서는 막대한 예산이 들어갈 것으로 ㉣전망돼 정비에 어려움을 겪어왔다.
>
> 중점관리저수지는 오염된 저수지의 수질개선을 위한 「수질 및 수생태계 보전에 관한 법률」에 따라 지정되며 수질개선을 위한 사업 추진 시 국비를 우선 지원받게 된다. 이에 따라 시는 내년 8월까지 덕진연못 수질오염방지 및 수질개선대책을 수립해 환경부에 제출하여야 하며, 이후 2020년부터 2022년까지 연차적으로 국비 125억 원 등 총 250억 원을 투입해 덕진연못수질개선 연계사업을 ㉤추진할 수 있게 됐다.

① ㉠　　　　　　　　② ㉡　　　　　　　　③ ㉢

④ ㉣　　　　　　　　⑤ ㉤

권두부록

파트 1
언어능력

파트 2
수리능력

파트 3
추리능력

파트 4
공간지각능력

파트 5
사무지각능력

파트 6
인성검사

07 다음 글에서 필자가 궁극적으로 주장하는 것은?

오늘날 사람들이 입에 올리는 비난의 말들 가운데 '비경제적'이라는 말만큼 결정적인 것은 없다. 어느 행위에 비경제적이라는 낙인이 찍히면, 그 존재의 권리가 의심을 받는 정도가 아니라 강하게 부정되어버린다.

경제학적 관점에서 볼 때, 비경제적이라는 말은 돈의 형태로 충분한 이익을 올리지 못한다는 의미이다. 한 사회 또는 그 속의 개인이나 집단은 '비경제적인 동기', 예를 들면 사회적 · 예술적 · 도덕적 · 정치적 동기에 의해서도 활동을 한다. 그러나 경제학은 그것을 실행하는 사람에게 이익이 있을 것이냐는 측면만 문제 삼기 때문에 사회 속의 어느 집단의 행동이 사회 전체에 이익을 가져오느냐의 여부에는 그다지 관심을 갖지 않는다. 국영기업조차도 사회 전체를 생각하는 입장에서 운영되고 있지 않다. 국영기업은 재무(財務) 목표를 의무적으로 부여받는데, 이 목표를 달성하기 위한 자신들의 경제 행위가 다른 경제 부문에 어떤 타격을 줄 것인가 하는 점에 대해서는 도외시하는 것이 보통이다.

경제학적 판단은 장기(長期)보다 단기(短期)를 훨씬 중시한다. 그것은 케인즈가 지적한 것처럼, 장기적으로 보면 사람은 모두 죽어버리기 때문이다. 또한 경제학적 판단에 사용되는 '비용'에 대한 정의(定義)에는 자유재(自由財)라 불리는 신(神)으로부터 부여받은 환경은 들어있지 않다. 이는 어느 행위에 의해 환경이 엉망이 되어도 그 행위는 경제적일 수 있고, 반대로 환경을 보호하는 행위에 비용이 들면 그것은 비경제적인 것으로 간주될 수 있음을 뜻한다.

더욱이 경제학은 인간이 자연으로부터 채취해야 하는 일차적 재화와 이를 가공해서 만드는 이차적 재화에 대해 완전히 동일한 규칙과 기준을 적용한다. 기본적인 관심사가 사적(私的) 이윤에 있기 때문에 모든 재화는 동일하게 취급받는다. 이는 인간이 자연계에 의존하고 있다는 사실이 경제학의 방법론에서는 무시되고 있음을 의미한다. 그래서 물품의 배후에 있는 자연이나 사회적 사실에는 관심을 기울이지 않는다. 사는 이든 파는 이든 자신에 대해서밖에는 책임을 지지 않기 때문에 시장이라는 것은 어떤 의미에서는 개인주의와 무책임이 제도화된 것이라 할 수 있다.

① 비경제적이라는 비판을 받는 것이 실상 가장 소중한 것이다.
② 자본주의 사회에서 경쟁에 낙오된 자는 결국 죽는다.
③ 경제학적으로 사기업이나 국영기업이나 다를 바가 없다.
④ 너무 오랜 시간 기다릴 수 없다. 인간은 다 죽는다.
⑤ 기업의 윤리는 최소한의 비용으로 최대한의 이윤을 얻는 것이다.

08 다음 글을 통해 알 수 없는 내용은?

　최근 들어 경제학자들 사이에서도 인공지능이 중요한 화두로 등장하였다. 인공지능이 일자리에 미칠 영향에 대한 논의는 지난 2013년 영국 옥스퍼드 대학의 경제학자 프레이 교수와 인공지능 전문가 오스본 교수의 연구 이후 본격화됐다. 이들의 연구는 데이비드 오토 등이 선구적으로 연구한 정형화 업무와 비정형화 업무의 분석틀을 이용하되 여기에서 한걸음 더 나아갔다. 인공지능의 발전으로 대부분의 비정형화된 업무도 컴퓨터로 대체될 수 있다고 본 것이 핵심적인 관점의 변화다. 이들은 10 ~ 20년 후에도 인공지능이 대체하기 힘든 업무를 '창의적 지능(Creative Intelligence)', '사회적 지능(Social Intelligence)', '감지 및 조작(Perception and Manipulation)' 등 3가지 '병목(Bottleneck) 업무'로 국한시키고, 이를 미국 직업정보시스템 O*Net에서 조사하는 9개 직능 변수를 이용해 정량화했다. 직업별로 3가지 병목 업무의 비중에 따라 인공지능에 의한 대체 정도가 달라진다고 본 것이다. 프레이와 오스본의 분석에 따르면, 미국 일자리의 47%가 향후 10 ~ 20년 후에 인공지능에 의해 자동화될 가능성이 높은 고위험군으로 나타났다.

　프레이와 오스본의 연구는 전 세계 연구자들 사이에서 반론과 재반론을 불러일으키며 논쟁의 중심에 섰다. OECD는 인공지능이 직업 자체를 대체하기보다는 직업을 구성하는 과업의 일부를 대체할 것이라며 프레이와 오스본의 연구가 자동화 위험을 과대 추정하고 있다고 비판했다. 인공지능이 직업 자체를 대체하기보다는 직업을 구성하는 과업의 일부를 대체할 것이라는 주장이었다. OECD의 분석에 따르면 미국의 경우 9%의 일자리만이 고위험군에 해당한다고 밝혔다. 데이비드 오토는 각 직업에 포함된 개별적인 직업을 기술적으로 분리하여 자동화할 수 있더라도 대면 서비스를 더 선호하는 소비자로 인해서 완전히 자동화되는 일자리 수는 제한적일 것이라고 주장했다.

　컨설팅 회사 PwC는 OECD의 방법론이 오히려 자동화 위험을 과소평가하고 있다고 주장하고, OECD의 연구 방법을 수정하여 다시 분석하였다. 그 결과 미국의 고위험 일자리 비중이 OECD에서 분석한 9% 수준에서 38%로 다시 높아졌다. 동일한 방법으로 영국, 독일, 일본의 고위험군 비중을 계산한 결과도 OECD의 연구에 비해서 최소 14%p 이상 높은 것으로 나타났다.

　매킨지는 직업별로 필요한 업무활동에 투입되는 시간을 기준으로 자동화 위험을 분석하였다. 분석 결과 모든 업무활동이 완전히 자동화될 수 있는 일자리의 비중은 미국의 경우 5% 이하에 불과하지만 근로자들이 업무에 쓰는 시간의 평균 46%가 자동화될 가능성이 있는 것으로 나타났다. 우리나라의 경우 52%의 업무활동 시간이 자동화 위험에 노출될 것으로 나타났는데, 이는 독일(59%), 일본(56%)보다는 낮고, 미국(46%), 영국(43%)보다는 높은 수준이다.

① OECD에서는 인공지능에 의해 특정 직업군이 완전히 사라지기보다 업무의 일부만이 자동화될 것으로 보았으며, 미국의 경우 전체 일자리의 9% 정도가 고위험군에 속한다고 분석하였다.

② 매킨지가 근로자들이 업무에 투입하는 시간을 기준으로 분석하자 우리나라 근로자들의 업무활동 시간은 독일, 일본보다는 적고 미국, 영국보다는 많았다.

③ 프레이와 오스본의 연구가 선행 연구들과 다른 점은 정형화된 업무뿐만 아니라 비정형화된 업무도 인공지능이 대체할 수 있다는 관점을 제시한 것이다.

④ PwC가 OECD의 연구 방법을 재해석하여 다시 분석해보자 고위험군에 속하는 일자리 비율이 OECD 결과보다 크게 높아졌다.

⑤ 프레이와 오스본은 직능을 설명하는 변수를 활용하여 각 직업별로 인공지능에 의한 대체 정도를 정량화하였다.

09 다음 밑줄 친 '부정'의 한자 표기로 바른 것은?

> 끊임없이 파이를 키워야만 쳇바퀴의 회전력을 유지할 수 있는 자본주의의 숙명은 속칭 혁신이라는 이름의 '신상'을 재생산해야 한다. 그 특유의 왕성한 생산력 때문에 종종 자신들이 심혈을 기울여 만들었던 기존 제품에 대한 철저한 <u>부정</u>을 감내해야만 한다. 이전에 생산된 제품은 이러한 점이 문제가 되었기 때문에 그 점을 개선했다는 정도로는 안 된다. 완전히 새로운 개념의 제품을 내놓았다며 혁명 수준의 혁신을 강조해야 한다. 물질문명의 발달이라는 측면에선 당연히 지향점이 분명한 발전적 방향이다. 지극히 생산적이며 건설적이기까지 하다. 그러나 가만히 생각해보면 지독해 보이기까지 한 자기부정의 메커니즘이 그 자리의 중심을 차지하고 있다.

① 不正   ② 不定   ③ 不貞
④ 좀定   ⑤ 不淨

권두부록

파트 1
언어능력

파트 2
수리능력

파트 3
추리능력

파트 4
공간지각능력

파트 5
사무지각능력

파트 6
인성검사

10 다음에서 설명하는 '장소'에 대한 내용으로 적절한 것은?

우리가 경험하고 이해하는 공간은 다양하다. 하늘, 바다, 경관의 공간 또는 높은 빌딩에서 내려다볼 때 발아래에 펼쳐진 도시라는 공간, 또 외부에서 바라보거나 내부에서 경험하게 되는 건물들로 구성된 공간, 지도나 계획도, 천체도, 기하학, 별과 별 사이의 공간 같은 추론의 공간, 또 사물들이 점유한 공간, 국가가 영토로 규정한 공간, 신에게 바쳐진 공간, 이처럼 공간의 범위는 다양하다. 공간은 형태가 없고, 손으로 만져볼 수도 없고 또 직접 묘사하거나 분석할 수 있는 실체가 아니다. 그러나 우리가 어떻게 공간을 느끼고, 알고 또 설명하더라도 거기에는 항상 장소감이나 장소 개념이 관련되어 있다. 일반적으로 공간이 장소에 맥락을 주는 것처럼 보이지만 공간은 그 의미를 특정한 장소들로부터 얻는다.

공간의 본질은 철학자나 과학자들이 많이 논의해 온 주제이다. 그러나 이러한 논의는 아직까지 해결되지 않았으며 다양한 형태의 공간들을 모두 포괄하면서 상당히 일관된 틀을 정식화하는 것은 쉬운 일이 아니다. 그러므로 이런 논쟁에 휘말리는 것은 적절치 못하다. 하지만 공간과 장소 간의 관계를 명확히 하고, 그에 따라 장소를 개념적, 경험적 맥락에서 분리하지 않는 일은 중요하다. 이 딜레마는 직접 경험과 추상적 사고라는 양극단을 가진 연속체 속에 다양한 형태의 공간이 자리 잡고 있음을 인식함으로써 어느 정도 해결될 수 있다. 이 연속체를 다시 몇 가지 형태의 공간으로 구분해 볼 수 있다. 예를 들어, 무의식적이고 실용적인 경험공간, 개별적인 인간들이 의식적으로 경험하는 지각 공간, 건축물 같은 '인공 공간(Built Space)' 이 더 적절하지 않을까? 그리고 추상적인 기하학적 공간 등이 있다. 이 중에서 '실존' 또는 '생활' 공간이 특히 중요하다. 이 공간은 장소에 대한 현상학적 이해와 관련되기 때문이다. 물론 개념이나 경험, 창조된 공간이 항상 이러한 범주 가운데 딱 들어맞는 것은 아니다. 하지만 이러한 분류는 공간과 관련된 관념, 경험, 활동 등 매우 넓은 범위를 포괄하며 장소의 다양한 의미를 전달해 주기 때문에 유용하다.

일상생활에서 장소는 위치나 외관으로 간단하게 기술될 수 있는 독립적이고 명확하게 규정되는 실체로 경험되는 것이 아니다. 오히려 장소는 환경·경관·의식·일상적인 일·다른 사람들·개인적인 체험·가정에 대한 배려와 같은 것들이 뒤섞인 데서, 그리고 다른 장소들과의 맥락 속에서 느껴진다. 장소는 나의 장소, 너의 장소, 거리, 동네, 시내, 시·군, 지역, 국가와 대륙 등 공간적 정체화가 가능한 모든 수준에서 나타난다. 하지만 장소가 반드시 이렇게 깔끔하게 위계적으로 분류되는 것은 아니다. 모든 장소는 서로 겹치고, 서로 섞이며, 다양하게 해석될 수 있다. 그러나 우리의 장소 경험 측면에서 보면 장소 규모의 복잡성과 다양성이 당연히 바람직한 특성이지만 장소를 하나의 현상으로 이해하려고 하게 되면 이 특성이 매우 골치 아픈 문제가 된다. 그러나 장소를 명확하게 인식할 수 있는 한 가지 방법이 있다. 장소를 다차원적인 경험 현상으로 보고 위치나 경관 같은 장소의 다양한 속성 및 개인적 장소 경험 등을 탐구하는 것이다. 이런 방식으로 장소 의미의 원천이나 본질을 밝힐 수 있다.

권두부록

파트 1
언어능력

파트 2
수리능력

파트 3
추리능력

파트 4
공간지각능력

파트 5
사무지각능력

파트 6
인성검사

　　장소는 인간의 질서와 자연의 질서가 융합된 것이고 우리나 세계를 직접적으로 경험하는 의미 깊은 중심이다. 장소는 고유한 입지, 경관, 공동체에 의하여 정의되기보다는 특정 환경에 대한 경험과 의도에 초점을 두는 방식으로 정의된다. 장소는 추상이나 개념이 아니다. 장소는 생활 세계가 직접 경험되는 현상이다. 그래서 장소는 의미, 실재 사물, 계속적인 활동으로 가득 차 있다.

　　이것은 개인과 공동체 정체성의 중요한 원천이며, 때로는 사람들이 정서적·심리적으로 깊은 유대를 느끼는 인간 실존의 심오한 중심이 된다. 사실 장소와 인간의 관계는 사람들과의 관계와 마찬가지로 필수적이고, 다양하며, 때로는 불쾌한 것이다.

　　규모에 상관없이 모든 장소는 자연물과 인공물, 활동과 기능, 그리고 의도적으로 부여된 의미가 종합된 총체적인 실체이다. 이런 구성 요소들로 특정 장소의 정체성이 만들어지지만 구성 요소가 이 정체성을 규정하는 것은 아니다. 장소의 정체성이란 특별한 성격을 가진 내부성이자 내부에 있다는 경험으로서 장소들을 공간상에 분리시키는 역할을 한다. 내부성은 중세 도시의 성곽 같이 물리적 형태와 관련이 있고 또 물리적 형태에 반영되기도 한다. 또는 장소의 고유한 특질을 유지하려는 의식(儀式)과 주기적인 활동으로 내부성이 표출될 수도 있다. 하지만 무엇보다도 내부성은 장소 경험의 강렬함과 관련이 있다.

① 장소는 객관적인 지표를 기준으로 정의내릴 수 있다.
② 장소는 공간과 독립적으로 이해해야 한다.
③ 장소는 개인의 경험과 밀접하게 관련되어 있다.
④ 장소는 공간적 정체화가 가능하여 명확하게 분류할 수 있다.
⑤ 공간과 달리 장소에 대한 경험은 정서적이다.

11 (가) ~ (마) 중 글의 주제와 직접적인 관련이 없는 부분은?

(가) 〈에너지혁명 2030〉의 저자인 토니 세바(Tony Seba)는 미래의 에너지 조건으로 '청정에
너지'와 '분산형 에너지'를 꼽는다. 청정에너지라는 이름으로 국내 시내버스에도 많이 도
입되어 있는 천연가스는 언뜻 전자의 조건에 부합하는 것처럼 보인다. 그러나 천연가스
의 '청정'은 어디까지나 다른 화석 연료와 비교했을 때의 의미일 뿐이다. 실제로 천연가
스 발전소는 석탄 발전소에 비해 온실가스가 절반밖에 나오지 않는다. 하지만 연소되지
않은 가스는 사정이 다르다. 천연가스의 주성분인 메탄은 이산화탄소보다 72배 더 강한
온실효과를 일으킨다.

(나) 미국 환경보호국(EPA)은 매년 전 세계 천연가스 생산량의 3.2%가 미국에서 누출된다고
발표하였다. 이를 근거로 볼 때, 1%의 가스 누출 비율만으로 천연가스를 이용한 화력발
전의 이산화탄소 배출량이 석탄을 이용한 화력발전의 이산화탄소 배출량보다 50%나 더
적다는 논리는 성립될 수 없다. 하물며 누출량이 3% 이상이라면 천연가스를 이용한 화력
발전이 석탄을 이용한 화력발전보다 나을 것이 전혀 없다.

(다) 미국의 가스관은 대부분 1950년대와 1960년대 이전에 건설되었으며, 그중 12%는 1950
년대에 건설되었다. 2013년 10월 미국 전기·가스 공급 회사인 P 기업은 3년간 20억
달러를 들여 자사가 지참한 6,750마일의 파이프라인 가운데 69마일을 교체했다고 발표
했다. 이는 마일당 약 2,900만 달러가 지출되었다는 의미이므로 나머지 99%의 라인을
교체하려면 1,937억 달러가 추가로 소요된다는 뜻이다. 물론 이는 고스란히 고객이 부담
해야 할 몫이다.

(라) 그래도 아직까지 천연가스는 석유보다 가격 면에서 경쟁력이 있다고 생각할 것이다. 하
지만 하나 더 고려해야 할 부분이 있다. 바로 '수압파쇄법'이다. 이는 이송 과정에서 가스
누출이 발생한다는 사실 외에도 천연가스가 결코 청정에너지원이 될 수 없는 이유이기도
하다. 천연가스 채취는 수압파쇄법으로 이루어진다. 이 방식은 채취 과정에서 방사성 폐
기물인 라듐을 발생시킨다. 라듐은 1,601년의 반감기를 가지고 있다.

(마) 하나의 예로, 미국 노스다코타 주의 수압파쇄법 유정(油井)은 매일 27톤이 넘는 방사성폐
기물을 배출한다. 천연가스가 채취된 지역의 대기와 수질, 토양이 최소 1,601년간 회복
불능의 상태에 놓인다는 의미이다. 미국에서 수압파쇄법은 현재 대기오염방지법, 수질보
호법, 음용수안전법, 국가환경정책법, 비상계획 및 지역사회의 알 권리에 관한 법 등 모
든 환경보호 법률로부터 예외의 특혜를 받고 있다. 하지만 과연 이 특혜가 언제까지 지속
될 수 있을까? 특혜가 사라졌을 때 지불해야 할 사회적 비용을 고려하면 우리는 현재
천연가스에 많은 대가를 지불하고 있다. 과연 천연가스는 청정에너지일까?

① (가) ② (나) ③ (다)

④ (라) ⑤ (마)

12 다음 글의 내용을 바르게 이해하지 못한 것은?

권두부록

파트 1
언어능력

파트 2
수리능력

파트 3
추리능력

파트 4
공간지각능력

파트 5
사무지각능력

파트 6
인성검사

공정거래위원회와 한국소비자원이 추석을 맞아 소비자 피해가 빈번히 발생하는 항공, 택배, 상품권, 자동차 견인 분야에 대한 소비자 피해주의보를 공동으로 발령했다. 대표적인 소비자 피해 사례는 항공권 취소 시 과다한 수수료 요구 및 운송 과정에서의 위탁수하물 파손, 택배 물품 파손과 분실, 배송지연, 과도한 차량 견인 요금 청구 등이다.

항공 분야에서는 구매한 항공편의 운항이 취소돼 여행 일정에 차질이 생겼음에도 항공사가 보상을 거절하거나 위탁수하물이 파손되었음에도 정확한 보상 안내를 하지 않는 경우가 발생하기도 한다. 택배 분야에서는 택배 서비스 이용이 집중되는 추석 명절 특성상 배송지연, 물품 분실 등의 사고가 많이 발생하며, 신선 식품의 경우 상한 상태로 배송되는 피해가 발생하기도 한다. 차량 견인 분야에서는 견인 사업자가 기준을 크게 초과해 부당한 요금을 청구하거나 차량이 견인 도중 파손되기도 한다. 상품을 선택할 때에는 가격, 거래 조건, 상품 정보, 업체정보 등을 종합적으로 비교해 신중하게 결정해야 한다. 항공 분야의 경우 항공권 구매 시 운송 약관과 유의 사항, 예약 정보를 확인하고, 위탁수하물이 있는 경우 반드시 해당 항공사의 관련 규정과 주의 사항을 확인해야 한다. 또한 항공 이용 과정에서 위탁수하물 파손, 분실, 인도 지연 시에는 공항 내 항공사 직원에게 즉시 피해사실을 신고해야 한다. 택배 분야의 경우 택배 물량이 크게 증가하는 시기이니 배송 지연을 예방하기 위해 1주일 이상의 충분한 시간적 여유를 두고 배송 신청을 한다. 배송 물품 분실 시 소비자 분쟁 해결 기준에 따른 배상을 받기 위해서는 운송장에 물품 종류, 수량, 가격을 정확히 기재하고 물품 배송이 완료될 때까지 운송장을 보관해야 한다. 자동차 견인 분야의 경우 사고로 경황이 없을지라도 견인 사업자가 요구하는 금액을 확인한 뒤 견인에 동의하고, 가급적 자동차 보험 특약에 포함된 견인서비스를 이용한다. 자동차 견인 과정에서 부당한 요금 징수로 피해를 입은 경우에는 영수증 등 입증 자료를 확보하여 관할 시·군·구청에 신고할 수 있다. 명절 연휴 피해를 입은 소비자는 보상이 완료될 때까지 계약서나 영수증, 사진, 동영상 등 증빙 자료를 보관해야 한다. 소비자 피해가 발생하면 '1372소비자상담센터' 또는 '행복드림 열린소비자포털'을 통해 거래내역, 증빙서류 등을 갖추어 상담 또는 피해구제를 신청할 수 있다.

소비자 피해의 상당수가 사업자의 미흡한 정보 제공 때문에 발생하는 것인 만큼 사업자들도 가격, 거래 조건 등의 정확한 정보를 소비자들이 알기 쉽게 표시하거나 제공해야 한다. 사업자들도 이용 약관이 표준 약관이나 소비자 분쟁 해결 기준과 다른 경우에는 사전에 소비자들에게 명확히 고지하는 것이 중요하다.

① 사업자들은 가격, 거래 조건 등을 소비자들에게 정확하게 제시하여야 한다.

② 차량 견인 요금 징수가 부당한 경우에는 입증 자료를 확보하여 관할 시·군·구청에 신고할 수 있다.

③ 항공 위탁수하물을 분실했을 경우 공항 내 항공사 직원에게 즉시 피해사실을 신고해야 한다.

④ 소비자상담콜센터에서 피해구제를 신청할 때에는 피해를 입증하는 서류 없이도 가능하다.

⑤ 택배 배송 지연을 피하기 위해서는 1주일 이상의 시간적 여유를 두고 배송 신청을 하는 것이 좋다.

13 다음 중 A 공단의 평가결과에 대한 이해로 적절하지 않은 것은?

〈경영실적 평가〉

가. 평가의 기본개념 및 평가지표의 내용

1) 각 공공기관의 전년도 혹은 최근 몇 년간의 경영개선 추세를 비교하여 202X년도 경영 개선 실적 또는 사업목표 달성도를 평가하였다.

2) 평가 범주의 이원화, 주요 사업의 경영전략화

• 주요 사업 비계량은 단일 자료로 평가하였던 전년도와 달리, 기관의 주요 사업별 성과관리의 적정성을 추진계획 수립의 진행 실적과 성과로 평가하였다.

3) 계량 및 비계량지표 가중치

• 공기업과 준정부기관의 가중치 합계는 총 100점이며, 전년도보다 비계량 가중치가 증가하여 계량지표와 비계량지표의 가중치 비율은 60 : 40이다. 이 중 주요 사업의 경우 계량과 비계량지표 가중치가 32 : 18로 여전히 계량지표의 가중치 비율이 상당히 높은 편이다.

• 강소형기관의 경우에는 가중치의 합계가 총 60점이며, 계량지표와 비계량지표의 가중치 비율은 45 : 15로 구성되어 있다. 반면, 주요 사업의 계량과 비계량의 가중치 비율은 20 : 10으로 전년도와 동일하게 구성하였다.

나. 평가방법

1) 경영관리 평가지표

• 재무제표 및 기관이 제시한 자료 등을 근거로 업무효율, 재무예산 성과, 계량관리 업무 및 총인건비 인상률 등을 과거 일정기간 추세치와 비교하여 평가하였다. 평가 방법으로는 목표부여평가, 목표대실적평가 등의 방법이 주로 활용되었다.

2) 주요 사업 계량지표

• 주요 사업 계량지표도 경영관리 계량지표의 평가 방식과 대체로 유사한 방식을 적용하였다. 다만, 선도적 공공기관의 핵심 사업에 대해서는 글로벌 우수사업의 실적과 국제적으로 공인된 기관에 의하여 평가·인증되는 실적 및 수준 등을 반영한 글로벌 실적 비교로 평가하였다.

3) 비계량지표

• 계량지표만으로는 경영성과를 종합적으로 평가하기 어려우므로 전략기획 및 기관 혁신, 재무예산 및 복리후생관리, 그리고 주요 사업의 추진 실적 등 계량화하기 어려운 평가항목들은 설문조사 등을 통해 정상평가하였다.

• 비계량지표의 경영실적은 자료 및 세부평가내용 전체를 대상으로 전반적인 운영실적과 전년 대비 개선도를 고려하여 평가하였다.

• 또한 사전에 결정한 비계량지표 평가등급 평점 기준이 적용된 '절대함수 체계'에 근거하여 공단별 공동 평가를 실시함으로써 공정성과 객관성을 확보하였다.

〈평가결과 : A 공단〉

A 공단의 평점은 거의 전 분야에서 고르게 상승하였다. 특히 노동생산성 지표를 사업 수행효율성 지표로 변경하면서 지난해 1점에서 올해 5점으로 득점이 대폭 상승했다. 이는 인원 대비 매출액 달성목표를 부여하고 성과달성을 위한 전사적인 노력이 있었기 때문이다. 따라서 전년 대비 큰 폭(4.7%)의 매출액 상승이 가능했다.

한편 전년도 지적사항도 상당 부분 개선하였다. 기관의 1인당 복리후생비가 8.87% 감소하였음에도 비금전적 복리후생제도 확대에 노력하여 복리후생 만족도가 전년 대비 10.9% 향상되었다. 또한 노사가 합의하는 등 제도 운영을 위한 전반적인 개선 노력을 기울인 점도 긍정적으로 평가된다. 다만, 임금피크제 대상자에 대하여 명예퇴직을 허용하는 부분, 퇴직 1년 전 공로연수 운영 부분은 추가적인 개선방안이 마련되어야 할 것으로 판단된다. 나아가 체계적인 노사관계 전략을 수립하고 활동 유형별 예방 및 관리 노력을 한 점, 소통 채널별 만족도 조사를 시행한 점 등도 긍정적으로 평가된다.

① 전년 대비 실적 상승 및 지적사항 개선 부분에서 좋은 평가를 받았다.
② 퇴직 전 공로연수 제도 운영은 비계량지표 부분에서 감점요인이었다.
③ 비계량지표 부분에서 체계적인 노사관계 전략 수립은 평가에 긍정적 영향을 주었다.
④ 복리후생비가 감소했지만 계량지표인 복리후생 만족도가 10% 이상 상승하였으므로 좋은 평가를 받았다.
⑤ 계량지표인 업무효율 부분에서 매출액 달성 목표를 부여하고 매출액을 큰 폭으로 증가시켰으므로 좋은 평가를 받았다.

14 다음 글의 제목으로 적절한 것은?

우리가 갈등을 두려워하는 것은 아마 우리가 갈등 이전이나 갈등을 겪는 동안 느끼는 감정들을 선명하고 강렬하게 기억하는 반면, 갈등이 해결된 후의 것은 그에 비해 아주 미미하게 기억하기 때문일 것이다. 심한 갈등이 진행되는 동안 겪는 것은 대개 우리에게 스트레스를 주고 위협적인 것들이다. 하지만 갈등이 해결된 후에는 마침내 해결했다는 것에서나 혹은 우리의 관계가 그러한 어려움을 이겨냈다는 것에서 오는 만족감을 느낄 수 있을 것이다. 이처럼 갈등은 긍정적인 결과를 가져올 수 있다.

갈등이 주는 또 다른 이점은 현재의 집단이 더 나은 결정을 하도록 돕는다는 것이다. 연구자들은 어떤 집단에서 갈등이 없다는 것은 그 집단이 건강하지 못하다는 것을 보여준다고 주장한다. 왜냐하면 이렇게 될 경우 어떠한 대안에 대한 탐색이나 논의 없이 바로 결정되는 이른바 '집단사고'가 나타나는 결과를 초래하기 때문이다. 갈등을 효과적으로 관리하기만 하면 보다 나은 결정을 하는 데 도움이 된다는 인식을 공유할 때 그 집단은 더욱 나은 성과를 산출할 수 있다.

갈등은 또한 사람들이 자신의 감정을 어딘가에 쏟아 꺼내 놓을 수 있도록 도와준다. 감정을 숨기는 것은 종종 현명한 일이 아니다. 특히 강한 감정일 경우에는 더욱 그러하다. 하지만 이렇게 감정을 숨기는 일들은 발생하기 마련이고 결국 그것은 갈등이 충돌할 때에야 비로소 표출된다. 누군가 감정을 표현해야 비로소 그것을 다룰 수 있게 되는데, 이를 통해 구성원들은 서로가 느끼는 실망감, 조바심, 두려움들에 대해 반응하는 방법을 알아가게 된다.

갈등은 사람들의 진실한 만남을 촉진한다. 예를 들어 어떤 관계에서 권력이 낮은 위치에 있는 사람은 항상 결정에 따르기만 하는 것에 싫증을 느끼고 관계를 변화시키기 위해 갈등을 사용할 수 있다. 이 경우 갈등은 한 개인에게 힘을 부여한다. 또는 여러분이 직장과 전공을 선택할 때 한 친구가 강하게 자신의 의견을 피력한다면, 그것은 여러분과 그 친구 사이의 독특한 차이점을 경험하게 하는 기회를 제공한다. 만약 여러분이 여러분의 결정에 대해서 신중하게 생각하고 친구도 그러했다면 많은 허울들을 벗고 진실하게 그와 대면할 수 있다. 그때 여러분은 다른 누구의 생각이나 입장을 대변하는 것이 아닌 현재 자신을 온전히 드러내게 된다. 여러분의 친구도 그러할 것이다.

요컨대 서구의 관점에서 갈등은 친한 관계뿐만 아니라 직장, 동네, 가족, 클럽, 혹은 다른 조직에서도 긍정적인 역할을 할 수 있다. 우리가 앞서 언급한 바와 같이, 사람들이 고유함을 유지하는 한 여러분은 그들과의 의사소통에서 갈등을 제거할 수 없다. 또한 억지로 시도할 필요도 없다. 왜냐하면 그것이 본질적으로 '나쁜' 것은 아니기 때문이다. 사실 갈등이 좋은지 나쁜지는 전적으로 그것을 어떻게 다루느냐에 달려있다.

① 인간관계에서 발생하는 여러 가지 갈등의 유형
② 갈등 해결을 위한 바람직한 의사소통 방법
③ 갈등이 개인에게 미치는 부정적인 영향
④ 관계 발전을 위한 갈등 활용법
⑤ 갈등에 대한 부정적인 인식으로부터 해방

권두부록

파트 1
언어능력

파트 2
수리능력

파트 3
추리능력

파트 4
공간지각능력

파트 5
사무지각능력

파트 6
인성검사

15 다음 (가), (나)에서 필자가 공통으로 말하고 있는 것은?

(가) 독서란 장차 이치를 밝혀서 일에다 펼치려는 것이다. 진실로 정밀하게 읽고, 익숙하게 강(講)*하며, 적실(的實)*하게 보고 진실되게 얻는다면, 저 책이란 것은 아무짝에 쓸데없는 낡은 종이일 뿐이니 이를 묶어 다락에 올려두어도 괜찮다. 오직 정밀하고 익숙하며, 적실하고 참된 것은 비록 성인이라 해도 오히려 부족하게 여기는 바가 있다. 그럴진대 독서란 것은 그 공부가 진실로 끝이 없어 실로 배우는 자가 죽을 때까지 해야 할 사업이다. (중략) 지금 우리의 독서란 대충대충 섭렵하여 읽다 말다 하는 것이다. 이미 정밀하지도 익숙지도 않은데 어찌 적실하고 진실됨을 논하겠는가? 독서가 이런 지경인데도 또한 책을 다 읽고는 자기 일을 이미 마쳤다고 말하며, 함부로 날뛰고 망령된 행동을 하면서도 아무 거리낌이 없다. 책을 다 읽은 뒤에는 문득 가서 이를 실행하는 큰 일이 남아 있음을 알지 못한다. 어떤 사람이 먼 길을 가려 하는 것에 비유해 보자. 책이란 한 부의 노정기(路程記)*이고 행함이란 말에게 꼴을 먹이고 수레에 기름칠을 해서 노정기에 따라 몰고 또 달리는 것이다. 다만 말에 고삐를 씌우고 수레를 손질해 두고는 몰지도 않고 달리지도 않으면서 오직 열심히 노정기만 강론한다면 먼 길을 가려는 계획은 끝내 무너져 이루어질 날이 없다.

* 강(講) : 배운 글을 선생이나 시관(試官) 또는 웃어른 앞에서 욈.
* 적실(的實) : 틀림이 없이
* 노정기(路程記) : 여행할 길의 거리 · 경로를 적은 기록

(나) 성현의 글을 읽는 것은 덕에 나아가고 행실을 닦아 부족한 점을 채우기 위한 것이다. 예컨대 『논어』 한 권을 읽었는데, 한 사람은 마치 자기 말처럼 다 외우지만 막상 어떤 경우에 닥치면 일찍이 생각이 책 속에 미치지 못하고 그 행동하는 바를 살펴보면 읽은 것과는 반대로 한다. 한 사람은 능히 한두 장도 외우지 못하지만, 화나는 일이 생기면 문득 맹렬히 반성하여 이렇게 말한다. "『논어』 중에 한 구절이 있는데 내가 그 말을 자세히 기억할 수는 없지만 생각해 보니 화가 날 때 마음대로 하면 뒤에 반드시 어려움이 있다는 식의 말이었다." 하고는 마침내 참고 이를 가라앉혔다.

---

① 독서는 깨달은 것을 실행하기 위한 것이다.
② 독서는 정밀하게 해야 한다.
③ 책 속에는 삶의 이치가 담겨 있다.
④ 독서하지 않는 삶은 의미가 없다.
⑤ 마음을 다스리기 위해 독서를 해야 한다.

16 다음 글의 내용을 뒷받침하는 사례로 적절한 것은?

> 팔린 물건이라도 그것은 여전히 영혼을 갖고 있으며, 그 예전의 소유주는 그것을 지켜보고 또한 물건 자체도 그 예전의 소유주를 따라다닌다. 프랑스 동북부의 보주 산맥의 한 계곡에 있는 마을에서는 새로 산 가축들이 자신들의 옛 주인을 잊고 '자기 집'으로 돌아가고 싶은 생각이 들지 않도록 하기 위하여 축사 문 위에 댄 가로대에 십자가를 만들었고, 산 사람은 그 판 사람의 고삐를 갖고 있었으며, 또한 그 가축들에게 손으로 소금을 뿌렸다. 프랑스의 이러한 관습은 팔린 물건을 판 사람과 떼어 놓아야 한다는 것을 보여 준다.
>
> 법의 일부, 즉 산업법과 상법은 오늘날 이러한 인식과 상충되고 있다고도 말할 수 있다. 민중과 생산자의 경제적인 편견과 불만은 그들이 생산한 물건을 지켜보려는 강한 의지와 이익을 분배받지 못한 채 자신들의 노동이 전매(專賣)된다는 인식에서 유래한다. 오늘날까지 이어지는 관습들 중 일부는 법전의 엄격함·추상성·비정함에 반발하고 있다. 법과 제도의 무정함에 대한 반발은 아주 타당하고 근거가 있으며 새로 제정되는 법과 제도의 몇몇 새로운 원칙들은 이러한 점들을 반영하고 있다.
>
> 원고·발명품 또는 예술 작품의 판매라는 결과적인 행위를 넘어서 의장권·저작권·특허권이 인정되는 데에는 오랜 시간이 걸렸다. 실제로 사회는 인류의 은인인 저술가나 발명가의 상속인들에게 권리 소유자에 의해서 만들어진 물건들에 대한 일정한 권리보다 더 많은 것을 인정하는 데에는 큰 관심을 두지 않았다. 사람들은 그것들이 개인 정신의 산물일 뿐만 아니라 집단정신의 산물이기도 하다고 곧잘 주장한다. 모든 사람들은 저작권이나 특허권이 빨리 소멸되거나 그것들이 부(富)의 일반적인 순환 과정 속에 포함되기를 바랐다. 하지만 예술가와 그 직접적인 상속인이 생존해 있는 동안 회화·조각·예술품의 가격이 증가했다는 점 때문에 1923년 9월의 프랑스 법은 받은 작품이 계속 매매되는 경우에 생기는 증가액에 대한 추구권(追求權)을 예술가와 작품 소유자에게 주었다.
>
> 프랑스의 사회보장에 관한 모든 법과 이미 실현된 국가 사회주의는 다음과 같은 원리에서 영감을 얻고 있다. 즉, 노동자는 한편으로는 집단 공동체에, 또 한편으로는 자신의 고용주에게 그의 생명과 노고를 바친다는 것이다. 또한 노동자가 사회 보장 사업에 참여하는 상황에서 그의 노동으로 이익을 본 자들은 단순히 임금을 지불하는 것만으로는 노동자에게 빚을 갚은 것이 아니라는 것이다. 공동체를 대표하는 국가 자체는 고용주와 함께 노동자의 협력을 얻어서 노동자의 실업·질병·노령화 및 사명에 대한 일정한 생활보장을 노동자에게 해 주어야 한다는 것이다.
>
> 한편으로 국가와 그 조직들이 보호하고자 하는 것은 개인이다. 사회는 사회를 구성하는 세포들을 다시 찾고자 한다. 사회는 개인이 갖고 있는 권리 의식과 자선·사회봉사·유대의 감정 등이 혼합되어 있는 상태에서 개인을 보상한다. 증여의 주제, 즉 증여 속에 있는 자유와 의무, 후한 인심 그리고 주는 것이 이롭다는 주제가 마치 오랫동안 잊어버린 주요한 동기가 부활한 것처럼 우리 사회에서 다시 나타나고 있다.

① 프랑스의 기업가들이 가족을 책임지고 있는 노동자에게 생활보장을 해 주었고 노동자는 부조, 금고 등을 통하여 노동자 스스로가 이익을 지켰다.

② 영국에서는 오랫동안의 극심한 불황기에 동업자들이 노동자에게 부조를 하였으나 여기에 막대한 경비가 들어 노동자들의 생활과 삶을 보호할 수 없었다.

③ 고대 문명 중에는 50년마다 한 번씩 노예를 해방시키고 그들의 땅을 돌려주는 기념절을 지낸 곳도 있었다.

④ 일부 개인의 이익을 위한 투기와 고리대금의 투기를 방지하기 위해서 구소련이나 중국과 같은 사회주의 사회에서는 이자를 엄격하게 금지하였다.

⑤ 구소련에서는 미술품에 대해 처음에는 국가가 작품에 대하여 작품료를 지급하였는데 작가들이 국가의 은혜를 입고 그들이 작품발표를 하지 않게 되자 작품료를 지급하지 않았다.

17 ○○사 홍보실에서는 사원들이 각종 보고서나 공문서를 작성할 때 어려워하는 우리말 사용 용례를 다음과 같이 안내하였다. 안내문에 따라 작성한 예시문으로 바르지 않은 것은?

> 문장에서 어떨 때는 붙여 쓰고 어떨 때는 띄어 쓰는 말이 적지 않다. '데'가 대표적이다.
>
> ---
>
> 가. 먼저 의미를 살펴봐야 한다. '데'가 '곳이나 장소', '일이나 것'이라는 뜻을 나타낼 때에는 의존명사로 띄어 쓴다.
> 나. '데'가 '경우'의 뜻을 나타낼 때도 의존명사로 띄어 써야 한다.
> 다. '데'가 어미일 때는 붙여 써야 한다.
> 라. 뜻으로 구별이 잘 안 될 때는 '데' 뒤에 격조사 '에'를 붙여 보는 방법도 있다. ' ∼ ㄴ데'는 연결어미이므로 붙여 쓴다.

① 김 사원, 지금 편의점에 가는 데 뭐 사다 줄까?

② 방 사원, 그 추운 데서 하루 종일 고생이 참 많네요.

③ 김 과장님, 지금 굉장히 추운데 그렇게 입고 괜찮으세요?

④ 이번 과제는 환경의 소중함을 깨닫게 하는 데 목적이 있어요.

⑤ 그 일을 다 하는 데 일주일이 걸렸습니다.

권두부록

파트 1
언어능력

파트 2
수리능력

파트 3
추리능력

파트 4
공간지각능력

파트 5
사무지각능력

파트 6
인성검사

18 다음 상황을 보고 사원 W가 내년의 소비 트렌드를 반영한 마케팅 방안을 제안한 내용으로 적절하지 않은 것은?

대형 패밀리레스토랑 외식사업부에서 마케팅을 담당하고 있는 사원 W는 내년의 소비 트렌드를 참고하여 자사의 마케팅 기획서를 작성하려고 한다.

〈○○트렌드연구소가 뽑은 내년 소비 트렌드 전망〉

• Hit and run(치고 빠지기)

구매 선택에 어려움을 느끼는 소비자는 때로 기업과 밀고 당기기를 즐기기도 한다. 소비자는 최대한 많은 상품이나 브랜드를 경험하고자 하며 지속적으로 다양한 브랜드를 간본다. 지속적인 인간관계가 부담스러운 사람들에게 일회성 사교모임인 '소셜다이닝'이 인기를 얻는 추세와 함께 상품과 브랜드는 써 보고 결정하려는 소비자가 많아지는 현상이 그 예다.

• Showing off everyday, in classy way(일상을 자랑하다)

소셜네트워크서비스(SNS)를 통해 자신의 소비 일상은 곧 자랑이 되고, 자랑은 곧 일상이 된다. 과시의 욕구를 자유롭게 분출하고 싶은 소비자는 때로는 자랑을 위해 일상을 연출하고, 매순간을 캡처해 SNS에 업로드한다. 주변 평판에 자존감을 느끼는 사람들은 누려야 할 것들(경험)의 리스트를 만들고, 이러한 경험을 자랑함으로써 존재감을 확인한다.

• Ultimate 'omni-channel' wars(옴니채널 전쟁)

소비 트렌드 변화는 구매 채널 변혁을 예고한다. 온라인 · 오프라인 · 모바일을 자유롭게 넘나들며 쇼핑을 즐기는 쇼퍼들이 증가하고 있다. 유통채널이 다각화되고 통합화되면서 채널 간의 경쟁도 그 어느 때보다 치열해지는 양상이다. 오프라인 · 온라인 · 모바일 · TV 홈쇼핑 등 여러 유통채널이 확장되고 결합되며 '옴니채널'로 진화하고 있다. 이에 따라 유통업체들은 채널 간 연속성 강화를 위해 통합 채널을 구축하고 간편한 쇼핑 환경 조성을 위해 노력 중이다. 오프라인 매장에 모바일 앱 기술을 접목하거나, 금융과 첨단기술이 결합된 핀테크를 도입해 구매 과정의 편의성을 극대화한다. 이제 소비자들은 시간과 장소에 구애받지 않고 끊임없이 연동되고 지속되는 확장된 쇼핑 경험을 하게 될 것이다.

---

① 여러 브랜드의 메뉴를 맛볼 수 있는 쿠폰을 활용한 마케팅

② SNS에 해당 음식 사진을 업로드할 때 혜택이 주어지는 마케팅

③ 온라인 예약 후 매장을 직접 방문하는 고객에게 할인을 해 주는 마케팅

④ 비인기상품에 대한 파격할인을 통해 실속형 소비자들을 공략하는 마케팅

⑤ 모바일 앱을 통한 주문 시 혜택이 주어지는 마케팅

19 밑줄 친 ㉠ ~ ㉣을 문맥에 맞게 배열한 것은?

인공지능이 과연 인간을 압도할 위협이 될 것인가는 많은 논쟁이 있는 문제이다. 빌 게이츠나 일론 머스크와 같은 이들은 그 위험을 분명히 인식해야 하며, 인공지능의 발전에 대해 명확한 제한을 가해야 한다는 입장이다. 하지만 유명도나 경륜에 있어 그들 못지않은 많은 이들은 이러한 걱정은 기우일 뿐이라는 주장을 펴기도 한다.

㉠오늘날 우리가 정신노동이라고 부르는 일련의 작업이 총체적인 인간 이성의 복합적이고 미묘한 작업이라기보다는 사실상 컴퓨터 프로그램과 다름없이 일련의 알고리즘으로 이루어진 기계적 과정이 되어가고 있음을 보여주는 일이기 때문이다. ㉡이는 분명히 컴퓨터 과학의 진보를 보여주는 사건이기도 하지만, 동시에 인간 정신노동의 쇠퇴를 보여주는 일이기도 하다. ㉢얼마 전 AP통신의 기사가 큰 화제가 되었는데, 그 이유는 기사의 내용이 아니라 그 기사의 작성 과정 때문이었다. ㉣그 기사는 작성 프로그램은 애플사의 보고서를 놓고 이와 관련된 수백 개의 리포트와 문서들을 참조해 단 30분 만에 내놓은 분석기사였다.

각종 소프트웨어의 비약적인 발전으로 매일매일 감가를 겪고 존재가치마저 위협당하는 정신노동의 직종은 그 외에도 무수히 많다. 이른바 제3차 산업혁명의 진전과 그 귀결인 전면적인 자동화(이 또한 오늘날 대단히 고색창연한 용어가 되었다)로 인해 노동이 위협을 받게 된다는 경고는 오래전부터 있었다.

그런데 이러한 위협은 비교적 단순하다고 말할 수 있는 노동에만 적용되는 일이 아니다. 지금처럼 정신노동이 정형화되고 기계화되는 쇠퇴 과정이 계속된다면, 기자건 교수건 변호사이건 인간 활동의 모든 영역에서 벌어질 수 있는 일이다.

말할 것도 없이 이러한 변화는 우리에게 지금 존재하는 노동시장, 보상체계, 교육시스템 전반을 근본적인 차원에서 다시 생각하고 다시 설계할 것을 촉구한다. 이러한 기술 변화의 흐름을 되돌릴 것이 아니라면, 인간도 사회도 이러한 흐름에 적응해 나가면서 기계와 데이터의 흐름이 아니라 이성과 감성과 육신을 가진 인간만이 할 수 있고 또 해야 할 역할이 무엇인지를 새롭게 찾아 나가야만 한다.

① ㉠-㉡-㉢-㉣ ② ㉠-㉢-㉡-㉣ ③ ㉢-㉡-㉣-㉠
④ ㉢-㉣-㉡-㉠ ⑤ ㉣-㉢-㉡-㉠

권두부록

파트 1
언어능력

파트 2
수리능력

파트 3
추리능력

파트 4
공간지각능력

파트 5
사무지각능력

파트 6
인성검사

20 다음 글의 ⊙ ~ ⑩ 중 〈보기〉의 문장이 들어갈 위치로 가장 적절한 곳은?

2015년 건강검진을 받은 성인 1,346만 명 중 몸무게(kg)를 키(m)의 제곱으로 나눈 체질량지수(BMI)가 25 이상인 비만·고도비만·초고도비만 수검자의 비율은 32.5%로 2006년의 29%보다 증가했다. 특히 같은 기간 남성의 비만율은 34.1%에서 40.1%로 높아져 10년간 21.4 ~ 23% 수준을 유지해 온 여성보다 증가폭이 컸다. (⊙)

소득, 지역 등 계층 간의 비만율 격차도 눈에 띄었다. 소득과 재산을 반영한 건강보험료 분위와 비만율을 대조해 보면 저소득층에 해당하는 1분위는 모든 계층을 통틀어 고도비만율(BMI 30 ~ 35)이 4.8%로 가장 높았던 반면, 고소득층인 17 ~ 19분위는 2.3%였다. 초고도비만율(BMI 35 이상)도 유사한 패턴을 보였다. (ⓒ)

이는 7세 미만 영유아 사이에서도 마찬가지였다. 생후 24개월 미만일 땐 신장별 체중이 상위 95% 이상일 경우 '과체중'으로, 24개월 이상은 BMI 정규 분포를 기준으로 '비만'으로 구분하는데, 부모의 건보료가 높은 분위인 경우 비만율이 2.5%에 불과하지만 저소득층으로 갈수록 점차 늘어 1분위는 3.7%이다. (ⓒ)

세계 곳곳에선 비만에 악영향을 미치는 설탕 등 당류나 탄산음료에 물리는 '비만세'를 도입하고 있다. 고열량 식품의 소비를 줄이고 거둔 세금은 비만 퇴치 정책에 활용한다는 취지다. 성인 60% 이상이 비만인 멕시코는 2013년부터 설탕이 함유된 음료 1L에 1페소(약 54원)를 세금으로 물리고 있다. 미국의 필라델피아 주도 올해부터 탄산음료 한 캔(약 283g)에 15센트(약 177원)의 '소다세'를 매긴다. 비만세를 도입한 국가에서 비만세가 적용된 제품의 소비는 0.9 ~ 11.2% 줄었다. (ⓔ)

이런 '극약처방'으로 비만과의 전쟁에 나선 선진국들과 달리 국내 비만 정책은 컨트롤타워 없이 중구난방으로 진행되고 있다. 보건복지부는 2020년까지 '제4차 국민건강증진종합계획'에 따라 비만을 억제하겠다고 나섰지만 비만율을 줄이는 것이 아니라 현 수준으로 '유지'하는 게 목표다. 게다가 산발적으로 진행되는 각 부처의 비만 관련 정책은 하나로 모아지지 않고 제각각 진행되고 있다. (⑩)

─────────| 보기 |─────────

직장 가입자의 경우 직장의 규모가 작을수록 비만율이 높았고, 지역별로는 제주(36.1%), 강원(35.4%), 충남(34.6%) 등 농어촌 지역의 비만율이 대구(30.2%), 광주(31.0%), 서울(31.8%) 등 도시 지역보다 높았다.

① ⊙   ② ⓒ   ③ ⓒ

④ ⓔ   ⑤ ⑩

권두부록

파트 1
언어능력

파트 2
수리능력

파트 3
추리능력

파트 4
공간지각능력

파트 5
사무지각능력

파트 6
인성검사

21 다음은 기사를 읽고 나눈 대화이다. 빈칸에 들어갈 내용으로 적절하지 않은 것은?

〈스마트 팩토리, 부품 · 설비끼리 소통하는 "차세대 생산시스템"〉

스마트 팩토리는 공장에 있는 설비와 기계에 사물인터넷(IoT)이 설치돼 정보가 실시간으로 수집 및 분석되어 공장의 모든 상황이 일목요연하게 보여지고, 이를 분석해 원하는 바에 따라 스스로 제어되는 공장을 말한다. 쉽게 말해 인터넷으로 연결된 제조 공장의 모든 설비와 기계가 설정된 목표에 따라 생산의 모든 과정을 수행하면서 제조 과정을 스스로 진단하고 제어하는 말 그대로 '똑똑한 공장'인 것이다.

스마트 팩토리를 도입하면 품질개선 33%, 비용절감 23%, 납기단축 27% 효과로 생산성이 약 30% 상승한다는 연구결과가 있다. 현재 우리나라는 중국 대비 원가경쟁력이 떨어지고, 일본 대비 품질경쟁력이 낮아 스마트 팩토리는 생존을 위한 수단으로 거론되고 있다. 제조업 강국인 독일도 첨단기술전략 2020의 일환으로 'Industry 4.0민 · 관 · 학 프로젝트' 추진을 위해 2억 유로(한화 약 2,467억 원)를 투자하고 있으며, 미국은 미국국립표준기술연구소(NIST)를 중심으로 2014년부터 5년간 스마트 제조 프로그램에 2,600만 달러(한화 약 290억 원)를 투자하고 있다.

우리 정부도 2020년까지 중소 · 중견기업공장의 30% 정도를 대상으로 스마트 팩토리 1만 개를 구축한다는 목표로 2015년 6월 스마트공장 추진단을 설립해 개별기업과 업종, 산업단지 등을 중심으로 주요 공장의 스마트화를 추진하고 있다.

현재 정부는 스마트 팩토리 수준을 '기초, 중간1, 중간2, 고도화'의 4단계로 구분하여 기업의 현실에 맞게 단계적으로 공장의 스마트화를 추진하고 있다. 기초 수준은 바코드나 RFID를 통해 기초적인 물류정보를 수집하는 정도며, 중간1은 설비로부터 실시간 정보를 수집해서 공장을 운영하는 단계를 말한다. 중간2는 설비웨어 자동화를 통해 실시간 의사결정 및 설비 직접제어를, 고도화는 '사이버물리시스템, IoT, 빅데이터를 이용한 자가진단과 제어능력을 갖춘 고객맞춤 서비스 제공'이 가능한 단계이다. 이를 위해 대학의 독창적인 교육모델인 선진직업교육센터에 '스마트 팩토리센터'를 추가 구축하고, 스마트 팩토리 관련 교과목을 만들어 각 전공별 특징을 살린 스마트 팩토리 관련 교육 과정을 도입함으로써 핵심 운영인력을 양성 배출하려는 노력도 가시화되고 있다.

윤 과장 : 최근 이슈가 되고있는 스마트 팩토리에 대해 말해 주겠나?
최 대리 : 네, _____

① 스마트 팩토리는 스스로 제어되는 공장을 말합니다.

② 스마트 팩토리를 도입하면 품질경쟁력을 높일 수 있습니다.

③ 미국을 비롯한 유럽 국가들은 스마트제조 프로그램에 많은 돈을 투자하고 있습니다.

④ 우리 정부는 스마트 팩토리의 수준을 4단계로 구분하여 도입하고 있습니다.

⑤ 빅데이터를 이용한 자기진단과 제어능력은 스마트 팩토리 도입 중간단계에 해당합니다.

22 다음 글에서 밑줄 친 ㉠의 이유를 적절하게 설명한 것은?

과학의 가장 큰 특성 중의 하나는 과학이 실험을 행한다는 점이다. 많은 사람들이 '과학'이라고 하면 실험을 머릿속에 떠올릴 만큼 실험은 과학의 가장 전형적인 특성이다. 물론 이론물리학자나 이론화학자처럼 실험을 하지 않고 이론만을 연구하는 과학자가 없는 것은 아니지만, 결국 이들의 연구 결과 얻어진 이론도 실험적인 사실에 의해서 뒷받침이 되어야만 받아들여지게 되는 것이므로 실험과 관계가 없다고 볼 수 없다. 그러나 이와 같이 과학에서의 실험이 갖는 큰 중요성은 종종 실험에 대한 잘못된 믿음을 발생시켰다. '과학자가 실험에 의해 그간 모르던 새로운 사실들을 알아내서 이것을 정리하고 체계화하는 것이 곧 과학이다'라는 믿음이 바로 그것이다. 따라서 이런 믿음에 의하면 참다운 과학자상은 겸허한 자세로 '실험결과가 어디로 이끌든지 그것을 좇아서' 연구에 전념하는 사람이다.

그러나 실험이 모르던 사실들을 새로 알게 해 준다는 생각은 대부분의 경우 잘못이다. 실험을 할 때는 누구나 어떤 결과가 나오리라는 것을 예상하고서 시작하며, 그러기에 '예상외의 실험 결과'라는 말이 있게 된 것이다. 그리고 이렇게 예상하지 않던 실험 결과가 얻어지면 그것을 그대로 받아들이기보다는 거의 그 결과를 믿지 않고 실험 도중에 무슨 잘못이 있었을 것으로 의심하여 세심한 검토를 하게 된다. 물론 대부분의 경우에는 무언가 잘못한 것이 드러나게 되고 이를 시정하면 다시 예상했던 결과를 얻게 된다. 만약 과학자들 사이에 완전히 받아들여진 이론으로부터 벗어나는 실험 결과가 얻어지면 그런 실험 결과를 믿는 사람들은 아무도 없고 실험을 행한 과학자 자신마저도 분명히 자신이 무슨 잘못을 범했을 것으로 확신할 것이다.

이것은 결국 실험이 새로운 사실들을 알게 해 준다는 생각이 잘못되었다는 것을 지적해 주는 것이며 과학의 연구에 이론적 사고가 훨씬 더 중요하다는 것을 보여 준다. 물론 그렇지 않은 경우도 있기는 하지만, 이 같은 '성공 사례'들은 이보다 수천, 수만 배 더 많은 통상의 예, 즉 잘못이 드러나서 그것을 시정하고 다시 예상했던 결과를 얻게 되는 예에 비해 볼 때 극히 적은 비율의 예외에 불과한 것이다. 그리고 이런 예외의 경우에도 그런 예상외의 실험 결과를 얻어 낸 과학자가 수많은 반복과 검토 끝에 결국은 그것을 받아들이는 과정에서 자기 자신의 결과에 대해서 끈질기게 의심을 품는다는 사실로부터 그가 믿고 있는 이론에 의한 선입견의 힘이 얼마나 큰가를 알 수 있다. 또한 그가 끝내 예상외의 결과를 받아들이게 되는 것은 그 결과에 대한 새로운 이론적 설명이 얻어져서야 가능하며 이런 의미에서 그가 받아들이는 것은 '예상외의 결과'가 아니라, 이런 새로운 이론을 바탕으로 했을 때 이해할 수 있는 결과, 즉 '예상할 수 있는 결과'가 되는 셈이다.

www.gosinet.co.kr **gosi**net

권두부록

파트 1
언어능력

파트 2
수리능력

파트 3
추리능력

파트 4
공간지각능력

파트 5
사무지각능력

파트 6
인성검사

실험으로부터 얻어 낸 사실들을 단순히 정리하고 체계화하는 것이 과학이라는 생각도 역시 비슷한 잘못을 내포하고 있다. 실험으로부터 얻어 내는 결과 자체는 항상 분명한 사실을 말해 주지는 않는다. 많은 경우에, 그리고 현대 과학에 있어서 대부분의 실험 결과는 외부 현상이나 과학적 사실과는 거리가 먼 데이터에 불과하며 이것이 의미를 가지기 위해서는 과학자의 해석을 거쳐야 한다. 그리고 이 '해석'이 결국은 과학자의 이론적 사고에 의해서 행해지는 것이다. ㉠과학의 역사상 자주 보는 커다란 논쟁들이 흔히는 똑같은 실험 결과를 가지고 이것을 어떻게 해석하느냐에 관한 것이었다.

이러한 일은 역사적인 예에만 국한되지 않는다. 실제로 누구나 과학 시간에 하게 되는 실험들에서 비슷한 경험을 한다. 즉, 주어진 실험에는 항상 기대되는 결과가 있으며 그 결과가 얻어져야만 실험이 제대로 되었다고 생각하고, 그렇지 못한 경우에는 결과를 조작하려는 충동까지도 흔히 가지게 되는 것이다. 널리 퍼져 있는 과학에 관한 그릇된 일화들도 실험에 대한 잘못된 생각이 받아들여지는 데 작용을 했다. 예를 들어 갈릴레오가 피사의 사탑에서 무거운 것과 가벼운 두 금속 공을 떨어뜨려서 동시에 땅에 떨어지는 것을 보였다거나 공이 떨어지는 동안 맥박을 사용해서 떨어진 거리가 시간의 제곱에 비례한다는 것을 알아냈다는 것이 그것이다. 하지만 이것은 사실일 수 없다. 당시의 사회 환경에서 그런 엉뚱한 실험을 피사의 탑 위에서 행하도록 당국이 허용했을 리도 없고 인간의 맥박을 가지고 실제로 그런 결과를 얻어 낼 수도 없었으리라는 것은 쉽게 알 수 있는 것이다. 결국 사람들이 과학적 법칙을 받아들이는 것은 그러한 실험들보다는 이 법칙들에 바탕한 이론적 설명의 합리적이고 정연한 설득력에 훨씬 더 크게 힘입은 것이다.

① 실험 결과는 실험 환경 및 조건에 따라 달라질 수 있기 때문이다.

② 과학자가 지지하는 이론에 따라서 같은 실험 결과를 다르게 해석할 수 있기 때문이다.

③ 과학자들은 결과를 미리 예측한 후 실험하기 때문이다.

④ 대부분의 과학자들은 실험 결과를 과학적 이론보다 중요시하기 때문이다.

⑤ 이미 알려진 이론과는 다른 실험 결과가 나오는 경우가 상당하기 때문이다.

23 다음 글에 나타난 필자의 견해로 가장 적절한 것은?

가장 일반적으로 권력은 능력을 의미하며 많은 종류가 있다. 사람들은 부자이기 때문에 어떤 힘을 가지기도 하며 이와 같은 부를 창출하고 보호하는 사회에서 살기 때문에 정치적인 권력을 소유하기도 한다.

그런데 컴퓨터에 대한 흥미로운 비판 가운데 하나는 컴퓨터가 권력의 집중을 야기한다는 주장이다. 컴퓨터가 등장함에 따라 대부분의 정치적, 사회적 조직들은 그들이 필요로 하는 대규모의 정보들을 효율적으로 다룰 수 있게 됐으며 그 결과 조직의 거대화, 집중화가 가능해졌다는 것이다. 권력의 집중화에 대한 이 같은 우려는 사생활의 문제와 깊이 연계되어 있다. 정부가 시민들의 활동 내용을 상세하게 기록하여 보존할 수 있게 됨에 따라 시민들에 대한 정부의 통제력이 엄청나게 커졌다는 두려움에서 이와 같은 논의가 생겨난 것이다.

반면에 우리 사회를 민주화하는 데 컴퓨터를 유용하게 사용할 수 있다고 주장하는 사람들이 있다. 권력의 집중을 두려워하는 사람들은 컴퓨터가 정부의 수중에 있다고 생각하지만, 컴퓨터가 탈집중화에 도움이 된다고 보는 사람들은 컴퓨터가 개별 시민의 손에 있다고 생각한다. 시민들이 컴퓨터를 이용해 각종 정보에 접근할 수 있으며 이를 통해 정부 기구와 국민의 대표자들 사이의 의사소통이 더욱 원활해질 수 있다고 보는 것이다.

컴퓨터에 의한 권력의 집중화 논의는 복잡할 뿐만 아니라 문제의 본질을 규명하기가 매우 어렵다. 여기에 뒤얽혀 있는 쟁점 가운데 하나는 컴퓨터가 과연 집중화−탈집중화를 유발하는 원인 중 가장 중요한 요소에 해당하는가에 관한 것이다. 컴퓨터가 둘 중 하나를 조장하는 데 이용될 수 있는 것처럼 보이지만 사회에는 권력의 집중화를 부추기는 많은 다른 정치적, 사회적 요인들이 존재하기 마련이다. 그리고 이러한 요인들 때문에 컴퓨터가 권력의 집중화에 더욱더 쉽게 이용될 수도 있다. 따라서 권력의 집중화는 컴퓨터의 내재적 특성에 기인하는 것이 아니라 컴퓨터가 차지하는 사회적 맥락에 연유하는 것으로 볼 일이다.

이와 연관된 또 하나의 복잡한 쟁점은 권력의 집중화와 권력의 탈집중화의 구별이 모호하다는 것이다. 일반적으로 권력이란 '의사 결정 권한'을 말하고, 권력의 집중이란 의사 결정의 권한이 조직의 상위로 이동하는 것이라고 말한다. 그러나 이렇게 단순히 보아도 컴퓨터가 정책 결정에 어떻게 영향을 미치는가 하는 것은 분명하지가 않다. 컴퓨터는 위계질서의 정점에 있는 사람에게 더 많은 정보를 쉽게 다룰 수 있게 해 주고 그래서 아래 지위에 있는 사람들과의 직접적인 협의의 필요성과 의존도를 약화시킨다고 볼 수도 있다. 반면에 이러한 현상을 이미 컴퓨터를 이용해 조직의 아래에서 조직의 위로 각종 요구나 의견을 충분히 투입한 결과로 해석할 수도 있는 것이다. 따라서 조직의 아래에도 충분히 의사 결정에 참여할 수 있는 권한이 주어졌다고 볼 수 있는 것이다.

사이먼(H. A. Simon)에 따르면 컴퓨터가 의사 결정을 집중화하고 있다는 논의는 주로 컴퓨터 기술의 초기 시대에 제기되었다. 즉, 컴퓨터의 효율성이 급속도로 증대되면서 일부만이 컴퓨터에 접근할 수 있었던 환경에서 비롯되었다는 것이다. 그러나 PC가 등장하고 컴퓨터에 대한 접근이 누구에게나 일상적인 일이 되어버린 현재의 사회적 환경은 이러한 우려를 종식시키기에 충분하다.

이상으로 보아 컴퓨터가 본질적으로 권력의 집중화로 편향된 것 같지는 않다. 컴퓨터는 다양하게 이용될 수 있으며 궁극적으로 인간이 원하는 쪽으로 이용될 것으로 보인다. 따라서 어떤 조직에서 집중화의 경향이 일어나고 있다면 컴퓨터는 그러한 방향으로 이용될 것이며, 의사 결정의 권한이나 정보의 확산이 필요하다면 컴퓨터는 그러한 방식으로 이용될 것이다. 그러므로 집중화가 증대한다는 사실에 대한 두려움이 현실적인 것이기는 하지만 컴퓨터가 적(敵)은 아니다.

① 컴퓨터는 과거에 권력 집중화의 도구였으나 컴퓨터에 대한 접근성이 높아지며 점점 권력의 분산에 이바지하고 있다.

② 컴퓨터는 본질적으로 권력의 탈집중화에 기여하는 속성을 가진다.

③ 컴퓨터가 권력의 집중화에 기여한다 하더라도 적(敵)으로 간주할 수 있다.

④ 컴퓨터는 권력의 집중화와 탈집중화를 유발하는 중요한 요인으로 간주되어야 한다.

⑤ 컴퓨터와 권력의 상관관계는 사회적 맥락에 따라 다르게 해석된다.

24 다음 ㄱ ~ ㅁ 중 맞춤법이 잘못된 것은?

부산은 수산물의 ㉠집산지로써 여러 가지 제철 수산물이 대거 모였다가 판매되는 국제적인 무역항이다. 그래서인지 각종 생선은 ㉡살코기가 부드럽고 싱싱하다. A 가게는 이곳 시장에서 구입한 생선을 가져가면 회로 뜨거나 ㉢조려서 요리를 해 준다. 그리고 주인 아주머니가 직접 담근 맛깔스러운 ㉣깍두기는 생선의 ㉤감칠맛을 더 돋우어 준다.

① ㉠   ② ㉡   ③ ㉢

④ ㉣   ⑤ ㉤

25 다음 글의 문단을 가장 적절하게 구분한 것은?

(가) 크고 작은 금융위기가 우리나라에 닥칠 때마다 거론되는 문제 중 하나는 가계대출 문제이다. 미국발 금융위기 이후 가계대출 증가 규모가 조정되지 않고 지속적으로 증가하고 있어 우리나라 경제의 치명적 뇌관으로 급부상하고 있다.

(나) 가계대출 규모의 지속적 증가가 문제시되는 이유는 가계의 대출규모가 증가할수록 개별 가계가 향후 금리변동위험에 취약해지기 때문이다. 현재 우리나라는 세계적인 금융위기를 몇 차례 겪으면서 저금리 기조에 접어들게 되었고, 가계대출이 증가함에도 불구하고 이자지급부담은 크게 부각되지 않은 상태이다.

(다) 그러나 앞으로 금리하락의 여력보다는 상승의 가능성이 훨씬 크기 때문에 가계부채 상환부담은 크게 확대될 수 있다. 금리 상승으로 인해 채무상환 능력이 떨어지고 파산 가계가 증가하면 금융기관의 부실채권 양성 및 경기 침체로 이어질 것이다.

(라) 부채상환 부담이 증가하면 소비여력도 크게 줄어들어 경기침체를 더욱 가속화하는 원인이 된다.

(마) 특히 우리나라 가계대출 비중의 절반 이상은 장기적인 고정금리가 아닌 중단기적 변동금리대출이기 때문에 금리변동 위험에 크게 노출되어 있다. 금리상승의 여력이 큰 상황에서 이러한 구조적 취약성이 향후 경제위기를 불러오는 주요원인이 될 수 있다.

(바) 제2금융권의 무분별한 가계대출의 증가도 가계대출 규모 확대의 원인이 되고 있다. 제1금융권 규제로 인해 풍선효과가 발생하였고 가계는 제2금융권을 찾게 되었다. 제2금융권의 가계대출구조가 제1금융권의 대부분을 차지하는 주택담보대출보다 가계신용대출의 비중이 훨씬 큰 것도 역시, 가처분소득이 절대적으로 부족한 영세시민 층들의 주택담보대출 외 가계대출이 제2금융권으로 많이 편중되었기 때문이다.

(사) 가계대출 증가의 위험요인들이 지금 당장은 큰 문제로 보이지 않더라도 잠재적인 경기침체의 원인이 된다. 따라서 주택담보대출이 한 가계대출의 절반 이상을 차지하고 있는 것을 고려하여 국가적 차원에서 가계부채를 관리할 필요가 있다.

① (가) / (나)(다) / (라)(마) / (바) / (사)
② (가) / (나)(다)(라) / (마) / (바) / (사)
③ (가)(나) / (다)(라) / (마)(바) / (사)
④ (가)(나) / (다)(라) / (마)(바)(사)
⑤ (가)(나) / (다)(라) / (마) / (바) / (사)

26 다음 중 (가) ~ (라)를 글의 흐름에 따라 바르게 배열한 것은?

권두부록

파트1
언어능력

파트2
수리능력

파트3
추리능력

파트4
공간지각능력

파트5
사무지각능력

파트6
인성검사

> (가) 창조 도시는 창조적 인재들이 창의성을 발휘할 수 있는 환경을 갖춘 도시이다. 즉, 창조 도시는 인재들을 위한 문화 및 거주 환경의 창조성이 풍부하며, 혁신적이고도 유연한 경제시스템을 구비하고 있는 도시이다.
>
> (나) 창조 계층을 중시하는 관점에서는, 개인의 창의력으로 부가가치를 창출하는 창조계층이 모여서 인재 네트워크인 창조 자본을 형성하고, 이를 통해 도시는 경제적 부를 축적할 수 있는 자생력을 갖게 된다고 본다. 따라서 창조 계층을 끌어들이고 유지하는 것이 도시의 경쟁력을 제고하는 관건이 된다. 창조 계층에는 과학자, 기술자, 예술가, 건축가, 프로그래머, 영화 제작자 등이 포함된다.
>
> (다) 그러나 창조성의 근본 동력을 무엇으로 보든, 한 도시가 창조 도시로 성장하려면 창조 산업과 창조 계층을 유인하는 창조 환경이 먼저 마련되어야 한다. 창조 도시에 대한 논의를 주도한 랜드리는, 창조성이 도시의 유전자 코드로 바뀌기 위해서는 다음과 같은 환경적 요소들이 필요하다고 보았다. 개인의 자질, 의지와 리더십, 다양한 재능을 가진 사람들과의 접근성, 조직 문화, 지역 정체성, 도시의 공공 공간과 시설, 역동적 네트워크의 구축 등이 그것이다.
>
> (라) 창조 도시의 주된 동력을 창조 산업으로 볼 것인가 창조 계층으로 볼 것인가에 대해서는 견해가 다소 엇갈리고 있다. 창조 도시의 주된 동력으로 창조 산업을 중시하는 관점에서는, 창조 산업이 도시에 인적, 사회적, 문화적, 경제적 다양성을 불어 넣음으로써 도시의 재구조화를 가져오고 나아가 부가가치와 고용을 창출한다고 주장한다. 창의적 기술과 재능을 소득과 고용의 원천으로 삼는 창조 산업의 예로는 광고, 디자인, 출판, 공연 예술, 컴퓨터 게임 등이 있다.

① (가)-(나)-(다)-(라) ② (가)-(라)-(나)-(다) ③ (라)-(나)-(가)-(다)
④ (라)-(나)-(다)-(가) ⑤ (가)-(라)-(다)-(나)

27 다음 글의 논지 전개 방식으로 적절한 것은?

> 다른 나라와 마찬가지로 최근 호주에서도 자동차는 개인의 전유물에서 시민들이 공유하는 교통수단으로 인식이 변화하고 있다. 호주 현지 전문가들은 카셰어링 비즈니스로 자동차 산업에 일어나고 있는 변화의 정도를 '위험한 속도(Breakneck Speed)'로까지 비유하고 있다. 카셰어링은 렌터카와 다른 방식인데, 시간 또는 분 단위로 자동차를 빌려 사용하는 방식으로 비용절감뿐만 아니라 환경적, 사회적 측면에서 세계적으로 각광받고 있는 사업 모델이다. 호주에서 카셰어링 시장규모는 8,360만 호주 달러로 지난 5년간 연평균 21.7%의 급격한 성장률을 보이고 있다. IBIS World 산업보고서에 따르면 호주 카셰어링 시장은 앞으로도 가파르게 성장해 5년 후에는 현재보다 2.5배 증가한 2억 1,920만 호주 달러에 이르러 자동차 산업에 큰 변화를 가져올 것이라고 예상하고 있다. 그렇다면 호주에서 카셰어링 비즈니스가 급성장한 배경은 무엇일까?
>
> 그 배경으로 우선 도심으로의 인구 유입을 들 수 있다. 호주가 이민자들로 인한 인구의 지속적인 증가와 도심으로의 인구 유입 현상을 동시에 겪고 있을 때 카셰어링 서비스가 시작되면서 카셰어링 차량 한 대당 도로상의 개인 소유차 9대를 줄이는 효과를 보았고 해당 서비스 가입자들은 이후 자동차 사용을 50%까지 줄였다고 한다. 이러한 이유로 호주 정부에서 카셰어링 서비스를 적극적으로 지원한다.
>
> 세계 최고 수준인 호주의 높은 물가도 원인이 된다. 고물가로 인해 차량 유지비 부담이 크기 때문에 카셰어링 서비스의 이용도가 높아지고 있다. 도시에 거주하고 운전 이동 거리가 적을수록 카셰어링 서비스를 이용하는 비용이 훨씬 저렴하고 주차 공간을 찾는 데 소요되는 시간도 줄어들기 때문이다.
>
> 또한 IT환경의 발달이 카셰어링 비즈니스의 급성장에 끼친 영향이 크다. 최근 호주 정부의 광통신망 구축사업으로 카셰어링 플랫폼과 같은 On-Offline을 융합한 비즈니스 시장이 빠르게 성장세를 보이고 있다. 특히 호주에서 카셰어링 비즈니스를 이용하는 세대들은 휴대전화를 통한 온라인 플랫폼 이용에 익숙하고 소유보다는 공유를 선호하는 세대인 점이 크게 작용했다.
>
> 지금의 세계는 소유가 아닌 공유의 시대로 나아가고 있다. 호주의 카셰어링 비즈니스 시장은 지속적인 성장을 하고 있지만, 앞선 미국이나 유럽 각국의 대도시에 비하면 아직 시작에 불과하다. 그래서 호주의 카셰어링 비즈니스는 오히려 잠재력이 큰 시장이다. 특히 차별화된 온라인 비즈니스 플랫폼을 보유한 국내 기업들에게는 지금이 호주의 카셰어링 비즈니스 시장 진출의 적기일 수 있다.

① 시간 이동에 따른 대상의 변화 과정을 기술하고 있다.
② 구체적인 근거를 제시하며 현상의 원인을 분석하고 있다.
③ 비유를 통해 어려운 개념을 쉽게 설명하고 있다.
④ 결말을 먼저 밝히고 역순행적으로 진행 과정을 서술하고 있다.
⑤ 현실의 문제를 비판하기 위하여 사례를 들어 반박하고 있다.

www.gosinet.co.kr **gosinet**

권두부록

파트 1
언어능력

파트 2
수리능력

파트 3
추리능력

파트 4
공간지각능력

파트 5
사무지각능력

파트 6
인성검사

28 다음 개요를 보고 정할 수 있는 주제는?

주제 : _____

Ⅰ. 서론 : 사이버 공간의 확장과 그에 따른 역기능

Ⅱ. 본론

  1. 사이버 폭력의 개념 : 정보통신망을 통해 부호, 문헌, 음향, 화상 등을 이용하여 타인의 명예 또는 권익을 침해하는 행위

  2. 사이버 폭력의 유형 : 사이버 모욕, 사이버 명예훼손, 사이버 성희롱, 사이버 스토킹, 사이버 음란물 등

  3. 사이버 폭력의 현황

    가. 명예훼손, 모욕, 스토킹, 성폭력 등 타인의 개인적 법익에 대한 침해 행위 급증

    나. 게시판, 댓글, 퍼나르기 등을 통해 이루어지고, 블로그, 카페, 포털사이트 등에 의해 확대 · 재생산

    다. 정보통신윤리위원회 통계자료 제시 - 사이버 폭력 관련 피해내용 · 건수 통계

  4. 사이버 폭력의 원인

    가. 익명성

    나. 이기주의 문제

    다. 근본적 인식의 문제

  5. 사이버 폭력의 해결책

    가. 실명제 도입

    나. 이기주의의 역효과 기대

    다. 근본적 인식 전환 훈련

Ⅲ. 결론 : 사이버 폭력의 예방과 해결책 마련 촉구

① 사이버 폭력의 실태 및 대응 방안   ② 사이버 공간의 역할

③ 인터넷 실명제 도입의 필요성   ④ 사이버 폭력의 현황

⑤ 범죄의 여러 유형

29 신입사원 A는 사내교육프로그램으로 '짧고 쉬운 보고서 쓰기'에 대한 교육을 받은 후 교육 자료집에 실린 다음의 내용을 토대로 〈효과적인 보고서 작성 체크리스트〉를 작성해 보기로 하였다. 체크리스트 항목으로 적절하지 않은 것은?

> 효과적인 보고서의 핵심은 '짧고 쉽게 쓰기'입니다. 짧은 보고서는 작성 방법과 내용에 따라 100장짜리 보고서보다 알차고 효과적입니다. 보고서 작성을 시작할 때는 결론을 가장 먼저 작성합니다. 이것은 단 한 줄만 읽고도 보고서 전체의 내용을 파악할 수 있도록 하기 위해서입니다. 보고서 내용은 핵심이 명확하게 표기되어야 하고 짧지만 구체적으로 표현되어야 합니다. 또한 어려운 전문용어보다는 가급적 쉬운 말을 사용해야 합니다. 그리고 했던 이야기를 반복하지 않습니다. 앞에서 핵심을 정확하게 드러냈다면 이야기를 반복해서 시간을 낭비할 필요가 없을 것입니다.
>
> 보고서를 마칠 때에는 결론을 다시 정리해 의사결정자가 고려할 사항을 다시 한번 언급합니다. 보고서의 가장 첫 줄과 마찬가지로 마지막 줄을 통해 최종의사결정자가 보고서가 왜 작성되었는지, 의사결정자로서 자신은 무엇을 고려해야 하는지 등을 즉시 파악할 수 있도록 해야 합니다.
>
> 짧은 보고서 작성을 위해서는 민토 피라미드(Minto Pyramid)를 바탕으로 보고서를 작성할 것을 추천합니다. 민토 피라미드는 맥킨지 컨설턴트인 바바라 민토(Barbara Minto)가 만든 시각적 사고법으로, 가장 위쪽에는 핵심 메시지를, 아래쪽에는 상위 메시지에 관한 부연설명을 배치합니다. 메시지를 위에서 아래로 전개할 때 왜(Why), 무엇을(What) 등의 질문을 하면서 그 답에 해당하는 것을 하위 메시지로 만듭니다. 민토 피라미드를 활용해 보고서를 작성할 경우 보고서의 불필요한 부분을 줄여 명확하게 메시지를 전달할 수 있습니다.

① 보고서 페이지 수는 적당히 간결한가?
② 보고서에 전문용어 활용이 부족하지는 않은가?
③ 보고서의 처음과 끝에 핵심내용을 언급했는가?
④ 보고서 작성 시 같은 내용이나 말이 두 번 이상 반복되지 않았는가?
⑤ 보고서 핵심사항과 부연설명의 배치가 적절한가?

30 다음은 ○○주식회사 영업지원팀 소속인 김 사원이 작성한 보고서이다. 업무 보고서를 작성할 때 고려해야 할 사항으로 적절하지 않은 것은?

<수요 동향 보고서>

문서번호 - ○○○○○		○○주식회사				
작성일자	20XX. 3. 10.					
처리기한	년 월 일					
시행일자	년 월 일					
주관부서	영업지원팀	업무협력부서		○○부, ○○부		
보고자 (작성자)	김○○					
제목	20XX년 1월 수요 동향 보고서					

신제품 ○○○의 수요 동향에 대해 실시한(20XX. 1. 1. ~ 1. 31.) 조사 결과를 다음과 같이 보고합니다.

1. 업계 사정
   본 업계에서 제품의 소매점 공급은 대규모 도매점 5개 사가 전체의 60%를 차지하고 있다. 당사 대리점 H사는 5개 도매점 중 2위의 판매 실적을 보이고 있다. 그러나 타사의 가격인하 직판·특판 등에 견제를 받고 있어 판매량이 정체되고 있다.

2. 최근 매출 상황
   ○○○의 발매 초기에는 월마다 전월 대비 5 ~ 10% 증가하였다. 그러나 현재 거의 변동이 없으며 가격 경쟁력에서 밀리는 상황이다.

3. 견해
   ○○○은 현재 품질에는 문제가 없지만 가격 면에서 다소 높아 매출 증가에 방해요인이 되고 있다. 따라서 새로운 가격정책을 세워 경쟁력을 유지할 필요가 있다.

① 업무 보고서는 정보 수요자의 관점에서 작성해야 하므로 보고 내용을 쉽게 이해할 수 있도록 전문용어나 어려운 한자, 불필요한 외래어 등의 사용을 삼가야 한다.

② 업무 보고서는 작성자의 이해관계 및 선입견을 배제하고 가장 객관적인 입장에서 작성한다.

③ 업무 보고서는 가급적 업무시스템에 등록된 표준화된 보고서 서식·규격을 사용해 작성한다.

④ 업무 보고서는 정보 수요자가 어떤 사안이나 문제에 대해 정확한 정보를 필요로 할 때 보고되어야 한다.

⑤ 업무 보고서는 그 자체로 완결성을 가져야 하지만 수요자가 보고서를 읽고 추가 질문을 할 수 있도록 작성해야 한다.

고시넷 20대기업 온·오프라인 인적성검사 통합기본서

영역별 출제비중

▶ 응용계산 : 거리·속력·시간, 농도, 일의 양, 금액, 경우의 수·
확률, 약·배수, 간격, 방정식·부등식의 활용, 도형
계산, 집합
▶ 자료해석 : 자료이해, 자료계산, 자료변환

수리는 크게 1. 응용계산 2. 자료해석 두 가지 영역으로 출제되고 있다. 제시된 조건에 따라 식을 세우고
답을 도출해낼 수 있는지, 직무와 관련이 있는 각종 자료를 분석하여 요구하는 값을 구할 수 있는지, 주어
진 자료를 활용하여 새로운 도표를 작성할 수 있는지 평가하는 영역이다.

파트 2 수리능력

업무 상황에서 필요한 다양한 사칙연산과 계산방법을 활용하고 연산 결과의 오류를 판단하여 수정하며, 다단계의 수리적 기법을 활용하여 상황을 판단하고 예측하는 능력이다.

유형분석

- 기본 공식과 풀이 방법을 알고 제시된 조건에 따라 올바른 식을 세울 수 있는지를 묻는 문제가 출제된다.
- 사칙연산과 계산 능력을 바탕으로 주어진 문제를 빠르고 정확하게 계산할 수 있는지를 묻는 문제가 출제된다.
- 시간을 단축시킬 수 있는 유형이므로 시간 내에 빠르고 정확하게 푸는 연습이 요구된다.

주요 출제기업

삼성_GSAT · CJ_CAT · SK_SKCT · 롯데_L−TAB · 아모레퍼시픽_APAT · GS · KEB하나은행 · KT · LG · S−OIL · SPC · 대림 · 빙그레 · 삼양 · 샘표 · 코오롱 · 효성 등

유형별 출제비중

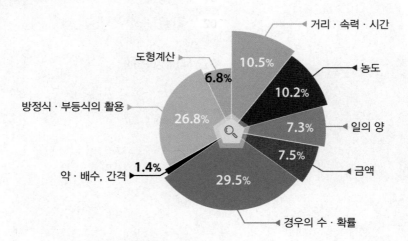

응용계산은 경우의 수, 확률, 방정식, 부등식, 거리 · 속력 · 시간, 농도, 일의 양, 금액을 구하는 문제 등 다양한 유형의 문제가 출제되고 있다. 도형계산, 약 · 배수, 간격, 집합 등의 유형도 출제되지만 그 비중은 낮은 편이다.

권두부록

파트 1
언어능력

파트 2
수리능력

파트 3
추리능력

파트 4
공간지각능력

파트 5
사무지각능력

파트 6
인성검사

최신 출제 경향

대부분의 기업에서 출제되고 있는 응용계산은 경우의 수, 확률, 방정식의 출제비중이 높은 편이며 거리·속력·시간, 농도, 일의 양도 꾸준히 출제된다. 응용계산은 자료해석과 함께 수리영역에 포함되거나 응용계산 영역이 따로 구분되어 출제되며, 응용계산이 출제되지 않더라도 문제해결, 자료해석에 응용계산력이 요구되므로 이에 대한 학습이 필요하다.

빈출되는 세부 유형

• 조건 상황에서 특정 일이 일어날 수 있는 경우의 수를 구하는 유형
• 구하고자 하는 값을 미지수로 두고 조건에 따라 방정식을 세워서 답을 구하는 유형
• 제시된 거리를 일정 속력으로 갈 때 걸리는 시간을 구하는 유형
• 두 개 이상의 소금물 일부를 섞었을 때의 농도를 구하는 유형
• 각각 일을 할 때 걸리는 시간을 활용하여 함께 일을 할 때 걸리는 시간을 구하는 유형

학습방법

• 응용계산 영역은 기본 공식을 알아야 풀 수 있는 유형이 대부분이므로 먼저 기본 공식을 숙지하고, 다양한 문제에 공식을 적용해보며 풀이 요령을 익힌다.
• 응용계산 영역은 빠르고 정확한 계산능력이 요구되므로 시간 내에 문제를 푸는 연습을 통해 빠르고 정확한 계산능력을 기를 수 있도록 한다.
• 응용계산 영역은 시간을 단축하는 요령이 필요하다. 선택지의 수 사이에 큰 차이가 있다면 문제에 따라 1의 자리만 먼저 계산해보거나 반올림 혹은 버림하여 계산함으로써 빠르게 답을 찾아내어 시간을 단축하도록 한다.
• 선택지의 수 사이에 큰 차이가 없다면 계산과정에서 오류가 생기기기 쉬우므로 정확하게 계산하도록 한다.
• 단위에 따라 값이 달라지므로 단위에 유의하여 계산해야 하며 단위환산에 익숙해지도록 학습한다.

01 응용계산

유형 1 거리·속력·시간

문제분석

1. 대상의 이동거리, 속력, 시간 중 두 가지 조건을 제시하고 남은 한 가지를 묻는 문제가 출제된다.
2. 두 사람의 이동거리, 속력, 시간 중 두 가지 조건을 제시하고 두 사람이 만나는 데 걸린 시간이나 떨어진 거리를 묻는 문제가 출제된다.
3. 기차와 터널의 길이 등 상황을 제시하고 기차가 터널을 지나는 데 걸리는 시간 혹은 속력을 묻는 문제가 출제된다.
4. 강물이 흐르는 속도와 방향 등 배에 미치는 영향을 고려하여 배의 속력을 묻는 문제가 출제된다.

학습 전략

1. 거리·속력·시간에 대한 기본 공식을 기억한다.

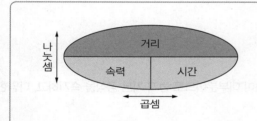

- 거리＝속력×시간
- 속력＝$\dfrac{거리}{시간}$
- 시간＝$\dfrac{거리}{속력}$

2. 시간, 거리, 속력의 단위를 확인하여 계산 전 단위를 통일한다.

- 시간 : 1시간＝60분＝3,600초
- 거리 : 1km＝1,000m, 1m＝100cm
- 속력 : km/h, m/min, m/s 등

3. 두 객체가 나올 경우 같은 방향으로 이동하는지 혹은 마주보고 이동하는지를 유의한다.
4. 구하고자 하는 값이 무엇인지 확인하고, 문제의 조건에 따라 거리, 속력, 시간 중 일정한 값을 유지하여 등호관계(＝)를 성립시킬 수 있는 것을 기준으로 하여 식을 세운다.

주요 기업 빈출키워드

자전거로 갈아타고 이동한 거리 구하기, 먼저 출발한 A와 늦게 출발한 B가 만나는 데 걸리는 시간 구하기, 기차가 마주치는 시간 구하기, 퇴근에 걸리는 시간 구하기, 열차의 속도 구하기, 거북이의 속도 구하기, 두 사람이 만나는 데 걸리는 시간 구하기, 총 이동거리 구하기, 배의 속력과 강의 속력 구하기 등

권두부록

파트 1
언어능력

파트 2
수리능력

파트 3
추리능력

파트 4
공간지각능력

파트 5
사무지각능력

파트 6
인성검사

대표예제

01 그림과 같은 2km 길이의 원형 트랙에서 A, B가 각자의 위치에서 A는 반시계 방향으로, B는 시계 방향으로 달리기를 시작했다. A는 한 바퀴 도는 데 12분, B는 한 바퀴 도는 데 8분이 걸릴 때, 처음 만나는 데 걸리는 시간이 3분 36초라면, A와 B가 출발할 때 떨어져 있던 거리는? (단, A와 B가 출발 시 떨어져 있었던 거리는 작은 값으로 한다)

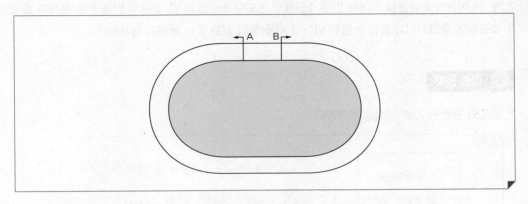

① 230m   ② 330m   ③ 420m

④ 500m   ⑤ 540m

| 정답 | ④

| 해설 | 처음 떨어져 있던 거리는 A와 B가 만날 때 A가 이동한 거리와 B가 이동한 거리의 합을 이용하여 구할 수 있다.

'속력 = $\dfrac{거리}{시간}$'이므로 A의 속력은 $\dfrac{1}{6}$km/분, B의 속력은 $\dfrac{1}{4}$km/분이다.

A와 B가 만나는 데 걸리는 시간은 3분 36초이므로 $3 + \dfrac{36}{60} = \dfrac{18}{5}$(분)이다. 따라서 A가 이동한 거리는 $\dfrac{1}{6} \times \dfrac{18}{5} = 0.6$(km), B가 이동한 거리는 $\dfrac{1}{4} \times \dfrac{18}{5} = 0.9$(km)이다.

단위를 m로 바꿔서 A와 B가 이동한 거리를 합하면 $600 + 900 = 1,500$(m)이다. 따라서 A와 B가 떨어져 있던 거리는 작은 값으로 계산한다고 하였으므로 $2,000 - 1,500 = 500$(m)이다.

유형2 농도

01 응용계산

💡 문제분석

1. 소금물의 양, 소금의 양, 농도 중 두 가지 조건을 제시하고 남은 한 가지를 묻는 문제가 출제된다.
2. 두 개 이상의 소금물을 섞어서 만든 소금물의 농도나 소금물의 양, 소금의 양을 묻는 문제가 출제된다.
3. 소금물을 증발시키고 증발된 물의 양이나 처음 물의 양을 묻는 문제가 출제된다.

🎯 학습 전략

1. 농도와 관련된 기본 공식을 기억한다.

> | 소금의 양(g) | |
> |---|---|
> | ÷ | ÷ |
> | 농도(%)/100 | ⊗ 소금물의 양(g) |
>
> • 소금의 양(g) = 소금물의 양(g) × $\dfrac{농도(\%)}{100}$
>
> • 농도(%) = $\dfrac{소금의\ 양(g)}{소금물의\ 양(g)}$ × 100
>
> • 소금물의 양(g) = 소금의 양(g) + 물의 양(g)

2. 혼합문제는 소금의 양을 먼저 구한다.

> • 물을 부었다 : $\dfrac{소금의\ 양}{소금물의\ 양 + x}$ × 100
>
> • 물을 증발시킨다 : $\dfrac{소금의\ 양}{소금물의\ 양 - x}$ × 100
>
> • 소금을 늘린다 : $\dfrac{소금의\ 양 + x}{소금물의\ 양 + x}$ × 100

3. 소금물을 증발시켜도 소금의 양은 변화가 없음을 유의한다.

💡 주요 기업 빈출키워드

섞은 소금물의 농도 구하기, 소금물을 섞어 만든 소금물의 농도로 혼합 전 소금물의 농도 구하기, 증발 전 소금물의 양 구하기, 덜어낸 소금물의 소금의 양 구하기, 첨가된 소금물의 양 구하기, 증발된 물의 양 구하기, 혼합 후 소금물의 소금의 양 구하기 등

권두부록

파트 1
언어능력

파트 2
수리능력

파트 3
추리능력

파트 4
공간지각능력

파트 5
사무지각능력

파트 6
인성검사

대표예제

01 A는 농도가 3%, 5%, 10%인 설탕물을 가지고 있고 이 설탕물의 총량은 1,000g이다. 세 가지 농도의 설탕물을 모두 섞으면 5%의 설탕물이 되고, 5%와 10%의 설탕물을 섞으면 7%의 설탕물이 된다고 한다. A가 가지고 있는 설탕물 중 농도가 3%인 설탕물의 양(㉠)과 5%인 설탕물의 양(㉡)은?

	㉠	㉡		㉠	㉡		㉠	㉡
①	200g	600g	②	300g	500g	③	400g	400g
④	500g	300g	⑤	600g	200g			

|정답| ④

|해설| 3% 설탕물의 양을 xg, 5% 설탕물의 양을 yg, 10% 설탕물의 양을 zg이라고 하면

$x+y+z=1,000$ ·················· ㉮

세 가지 농도의 설탕물을 모두 섞으면 5% 설탕물이 된다고 할 때, 설탕의 양은 변하지 않으므로 설탕을 기준으로 식을 세우면 다음과 같다.

$$\frac{3}{100}x+\frac{5}{100}y+\frac{10}{100}z=1,000\times\frac{5}{100}$$

$3x+5y+10z=5,000$ ·················· ㉯

다음으로 5%와 10%의 설탕물을 섞으면 7% 설탕물이 되므로

$$\frac{5}{100}y+\frac{10}{100}z=\frac{7}{100}(y+z)$$

$5y+10z=7y+7z$

$2y=3z$ ·················· ㉰

㉯－㉮×3을 하면

$2y+7z=2,000$

㉰를 대입하면 $3z+7z=2,000$, $z=200$이다.

z의 값을 다시 ㉰에 대입하면 $y=300$이고, y, z의 값을 ㉮에 대입하면 $x=500$이 된다.

따라서 ㉠은 500g, ㉡은 300g이다.

유형**3** 일의 양

✅ 01 응용계산

💡 문제분석

1. 일을 하는 데 걸리는 시간(기간)을 제시하고 조건에 따라 혼자 혹은 함께 일을 할 때 걸리는 시간(기간)을 묻는 문제가 출제된다.

2. 기계의 시간당 작업량을 제시하고 일을 하는 데 걸리는 시간이나 필요한 기계의 수를 묻는 문제가 출제된다.

3. 수조에 물을 가득 채우는 데 걸리는 시간을 묻는 문제가 출제된다.

💡 학습 전략

1. 일률, 일량, 시간을 구하는 공식을 학습한다.

- 일률 = $\dfrac{일량}{시간}$
- 일량 = 시간 × 일률
- 시간 = $\dfrac{일량}{일률}$

2. 해야 하는 전체 일의 양을 1로 둔다. 예를 들어, A가 일을 하는 데 4시간이 걸린다면 1시간당 일률(작업량)은 $\dfrac{1}{4}$ 이다.

3. 분을 시간으로 환산한 값을 기억하면 계산 시간을 단축할 수 있다.

- 30분 = $\dfrac{1}{2}$ 시간
- 20분 = $\dfrac{1}{3}$ 시간
- 15분 = $\dfrac{1}{4}$ 시간
- 12분 = $\dfrac{1}{5}$ 시간
- 10분 = $\dfrac{1}{6}$ 시간

💡 주요 기업 빈출키워드

보고서 작성시간 구하기, 혼자 일할 때 걸리는 시간 구하기, 작업일 구하기, 두 명이 일하다가 한 명이 이어서 일했을 때 걸리는 시간 구하기, 수조에 물이 차는 시간 구하기, 두 명이 함께 일할 때 걸리는 시간 구하기, 기한 안에 해내지 못한 일의 양 구하기 등

대표예제

01 세 사람이 프로젝트 A를 다음과 같이 진행할 때, 박 사원이 일한 날은 총 며칠인가?

- 프로젝트 A를 완성하는 데 각자 혼자서 일을 하면 김 대리는 16일, 최 주임은 20일, 박 사원은 25일이 걸린다.
- 먼저 김 대리와 최 주임이 프로젝트 A를 진행하기 시작했다.
- 김 대리는 프로젝트 A에 4일간 참여하고, 다른 프로젝트에 투입되었다.
- 이후 최 주임 혼자 프로젝트 A를 진행하다가 박 사원이 투입되었다.
- 프로젝트 A는 총 11일에 걸쳐 완성되었다.

① 5일   ② 6일   ③ 7일

④ 8일   ⑤ 9일

|정답| ①

|해설| 전체 일의 양을 1이라 하면, 하루 동안 김 대리, 최 주임, 박 사원이 일하는 양은 각각 $\frac{1}{16}$, $\frac{1}{20}$, $\frac{1}{25}$이다. 김 대리는 4일간 참여하였으므로 총 일한 양은 $\frac{4}{16}$이며, 최 주임은 프로젝트 A의 시작부터 끝까지 모두 참여하였으므로 $\frac{11}{20}$이다. 박 사원의 경우 정확히 언제 투입되었는지 알 수 없으므로 일한 날을 x라 하면, 박 사원이 일한 양은 $\frac{x}{25}$이다. 이를 바탕으로 식을 세우면 $\frac{4}{16} + \frac{11}{20} + \frac{x}{25} = 1$이므로, $x=5$가 된다. 따라서 박 사원이 일한 날은 총 5일이다.

유형4 금액

01 응용계산

💡 문제분석

1. 제품의 금액과 수량을 제시하고 제품의 총액을 묻는 문제가 출제된다.
2. 할인율과 할인된 가격을 제시하고 정가 혹은 원가를 묻는 문제가 출제된다.
3. 원금과 이율, 가입기간을 활용하여 적금상품의 만기 금액을 묻는 문제가 출제된다.
4. 환율을 제시하고 환전된 금액을 묻는 문제가 출제된다.

💡 학습 전략

1. 판매가의 구조를 이해한다.

> ❶ 정가·이익
>
> • 정가 = 원가 + 이익 • 정가 = 원가 $\times \left(1 + \dfrac{\text{이익률}}{100} \right)$
>
> • 이익 = 원가 $\times \dfrac{\text{이익률}}{100}$
>
>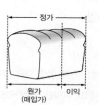
>
> ❷ 할인
>
> • 할인율(%) = $\dfrac{\text{정가} - \text{할인가(판매가)}}{\text{정가}} \times 100$
>
> • 할인가 = 정가 $\times \left(1 - \dfrac{\text{할인률}}{100} \right)$ = 정가 - 할인액
>
>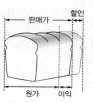

2. 원가, 정가, 판매가, 이익의 4가지 항목을 정리한다.
3. 구하는 값을 x로 하고 '판매가 - 원가 = 이익'의 형태로 만든다.
4. 단리와 복리의 차이를 기억한다. 단리는 원금에 대해서만 이자를 붙이는 방식이며 복리는 원금에서 생기는 이자에도 이자를 붙이는 계산방법이다.

> • 단리 : $S = A(1 + rn)$ • 복리 : $S = A(1 + r)^n$ (S : 원리합계, A : 원금, r : 연이율, n : 기간(년))

5. 'O%'나 '△할'은 소수나 분수로 고쳐 계산하는 것이 많으므로 %, 할, 소수, 분수의 관계를 알아둔다.

> • 100% = 10할 = 1 • 10% = 1할 = 0.1 = $\dfrac{1}{10}$ • 1% = 0.1할 = 0.01 = $\dfrac{1}{100}$

💡 주요 기업 빈출키워드

이익률과 할인율에 따른 원가 구하기, 총액과 할인율을 비교하여 정가 구하기, 예산에 따른 참가비 구하기, 기차 운임과 인원에 따른 1인당 금액 구하기, 적금 만기총액 구하기, 할인율 구하기, 단리와 복리의 차액 구하기 등

권두부록

파트 1
언어능력

**파트 2
수리능력**

파트 3
추리능력

파트 4
공간지각능력

파트 5
사무지각능력

파트 6
인성검사

대표예제

01 A, B사의 지난달 매출액의 비는 2 : 3이고, 두 회사의 지난달 매출액의 합은 100억 원이다. 이번 달 매출액은 지난달에 비해 A사는 20% 증가하였고 B사는 25% 감소하였다. 두 회사의 이번 달 매출액의 합은 얼마인가?

① 90억 원　　　② 91억 원　　　③ 92억 원　　　④ 93억 원　　　⑤ 94억 원

|정답| ④

|해설| A사와 B사의 지난달 매출액의 비는 2 : 3이므로 각 매출액을 구하면 다음과 같다.

• 지난달 A사의 매출액 : $100 \times \dfrac{2}{5} = 40$(억 원)

• 지난달 B사의 매출액 : $100 \times \dfrac{3}{5} = 60$(억 원)

다음으로 이번 달 매출액은 각각 다음과 같다.

• 이번 달 A사의 매출액 : $40 \times (1+0.2) = 48$(억 원)

• 이번 달 B사의 매출액 : $60 \times (1-0.25) = 45$(억 원)

따라서 두 회사의 이번 달 매출액의 합은 $48+45=93$(억 원)이다.

02 ○○기업에서 생산한 A 식품의 다음 판매 정책을 토대로 할 때, A 식품의 원가는?

• A 식품의 정가는 원가에 15% 이익을 붙여 책정되었다.
• 유통기간이 3일 이내로 임박한 경우 정가에서 700원을 할인하여 판매한다.
• 할인판매 시 A 식품을 1개 판매할 때마다 원가의 5%에 해당하는 이익을 얻는다.

① 6,500원　　　② 7,000원　　　③ 7,500원　　　④ 8,000원　　　⑤ 8,500원

|정답| ②

|해설| 첫 번째 조건을 수식화하면,

A 식품의 정가=원가+원가×0.15=원가×1.15 ················ ㉠

두 번째와 세 번째 조건을 수식화하면,

A 식품의 정가−700=원가+원가×0.05 ················ ㉡

㉠을 ㉡에 대입하면,

원가×1.15=원가×1.05+700

원가×0.1=700

원가=$\dfrac{700}{0.1}$=7,000(원)이다.

유형 5 **경우의 수 · 확률**

✓ 01 응용계산

🔅 문제분석

1. 주어진 조건을 만족하는 경우의 수가 몇 가지인지를 순열과 조합을 활용하여 계산하는 문제가 출제된다.
2. 특정 상황 발생 확률, 사건 A 발생 후 사건 B 발생 확률(조건부확률)을 구하는 문제가 출제된다.
3. 출발점에서 도착점까지 갈 수 있는 최단경로의 수를 구하는 문제가 출제된다.

🔅 학습 전략

1. 합의 법칙과 곱의 법칙, 순열과 조합 공식 등을 미리 학습해둔다.

❶ **합의 법칙** : 두 사건 A, B가 동시에 일어나지 않을 때, 사건 A, B가 일어날 경우의 수를 각각 m, n이라고 하면, 사건 A 또는 B가 일어날 경우의 수는 $(m+n)$가지이다.

❷ **곱의 법칙** : 사건 A, B가 일어날 경우의 수를 각각 m, n이라고 하면, 사건 A, B가 동시에 일어날 경우의 수는 $(m \times n)$가지이다.

❸ **순열** : 서로 다른 n개에서 중복을 허용하지 않고 r개를 골라 순서를 고려해 나열하는 경우의 수

$$_n\mathrm{P}_r = n(n-1)(n-2) \cdots (n-r+1) = \frac{n!}{(n-r)!} \ (단, \ r \leq n)$$

❹ **조합** : 서로 다른 n개에서 순서를 고려하지 않고 r개를 택하는 경우의 수

$$_n\mathrm{C}_r = \frac{n(n-1)(n-2) \cdots (n-r+1)}{r!} = \frac{n!}{r!(n-r)!} \ (단, \ r \leq n)$$

2. '적어도 ~'라는 표현이 있으면 여사건, '~ 일 때, ~ 일 확률'이라는 표현이 있으면 조건부확률을 활용하는 문제이다.

❶ **여사건** : 사건 A가 발생할 확률을 $\mathrm{P(A)}$라 하면 사건 A가 발생하지 않을 확률은 $1-\mathrm{P(A)}$이다.

❷ **조건부확률** : 확률이 0이 아닌 두 사건 A, B에 대하여 사건 A가 일어났다고 가정할 때, 사건 B가 일어날 확률

$$\mathrm{P(B\,|\,A)} = \frac{\mathrm{P(A \cap B)}}{\mathrm{P(A)}} \ (단, \ \mathrm{P(A)} > 0)$$

🔅 주요 기업 빈출키워드

주어진 숫자로 만들 수 있는 비밀번호의 개수 구하기, 도형을 색칠하는 경우의 수 구하기, 출장지의 경우의 수 구하기, 수단이 겹치지 않게 경로를 선택하는 경우의 수 구하기, 과목을 선택하는 경우의 수 구하기, 경기에서 승리할 확률 구하기, 정답을 맞힐 확률 구하기, 출장지에 함께 배정받을 확률 구하기 등

권두부록

파트 1
언어능력

파트 2
수리능력

파트 3
추리능력

파트 4
공간지각능력

파트 5
사무지각능력

파트 6
인성검사

대표예제

01 ○○기업 영업부는 다음과 같이 대진표를 작성하여 씨름대회를 하려고 한다. 같은 팀원끼리 결승전에서만 만나는 경우의 수는 몇 가지인가?

- ○○기업 영업부는 4개의 팀으로 구성되어 있다.
- 씨름대회에는 각 팀에서 2명씩 선수로 참가한다.

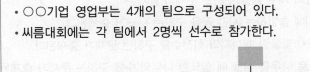

① 48가지　　　　② 60가지　　　　③ 72가지
④ 84가지　　　　⑤ 96가지

|정답| ③

|해설| 영업부 1개 팀의 선수 2명을 각각 A, A′이라 하면 다음과 같이 배치할 수 있다(A와 A′이 같은 구역에 위치할 경우 결승전을 하기 전에 만날 수도 있으므로 서로 다른 구역에 위치해야 한다).

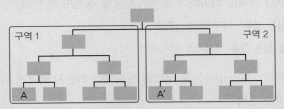

나머지 3팀의 선수들도 같은 팀끼리는 서로 다른 구역에 위치해야 하므로 각 구역에 한 명씩 있는 경우의 수는 $2 \times 2 \times 2 = 8$(가지)이다.

각 구역에서 2명씩 짝을 지어 경기를 하는 경우의 수는

$$_4C_2 \times \frac{1}{2} \times _2C_1 \times \frac{1}{2} \times _4C_2 \times \frac{1}{2} \times _2C_1 \times \frac{1}{2}$$

$$= \frac{4 \times 3}{2 \times 1} \times \frac{1}{2} \times \frac{2 \times 1}{1} \times \frac{1}{2} \times \frac{4 \times 3}{2 \times 1} \times \frac{1}{2} \times \frac{2 \times 1}{1} \times \frac{1}{2}$$

$$= 3 \times 3 = 9$$(가지)이다.

따라서 $8 \times 9 = 72$(가지)이다.

유형6 약 · 배수, 간격

✅ 01 응용계산

🔍 문제분석

1. 최대공약수를 활용하여 필요한 물품의 개수 등을 구하는 문제가 출제된다.
2. 최소공배수를 활용하여 버스가 동시에 출발하는 시간 등을 구하는 문제가 출제된다.
3. 두 개의 톱니바퀴가 한 지점에서 다시 맞물릴 때까지의 회전수를 구하는 문제가 출제된다.
4. 직선 또는 원 둘레에 일정한 간격으로 나무를 심을 때 필요한 나무의 수를 구하는 문제가 출제된다.

💡 학습 전략

1. 최대공약수와 최소공배수 구하는 방법을 학습한다.

   ❶ **최대공약수 구하는 방법**

   • 이외의 공약수가 없을 때까지 1이 아닌 공약수로 각각의 수를 계속 나눈다.
   • 나누어 준 공약수를 모두 곱한다.

   ❷ **최소공배수 구하는 방법**

   • 1 이외의 공약수가 없을 때까지 1이 아닌 공약수로 각각의 수를 계속 나눈다.
     ※ 세 수의 최소공배수를 구할 때 세 수의 공약수가 없으면 두 수의 공약수로 나눈다.
   • 나누어 준 공약수와 마지막 몫을 모두 곱한다.

2. 나무의 수와 간격 수의 관계를 파악하여 문제에 적용할 수 있도록 한다.

   ❶ **직선상에 나무를 심는 경우** : 나무의 수=간격 수+1

   ❷ **원 둘레상에 나무를 심는 경우** : 나무의 수=간격 수

3. 발문을 보고 최대공약수, 최소공배수 중 무엇을 활용해야 하는지 빠르게 파악한다.

   ❶ **최대공약수를 활용하는 문제**

   • 특정 크기의 공간을 가장 큰 물품으로 남는 공간이 없이 채우는 경우
   • 특정 양을 최대한 많은 사원에게 똑같이 나누어 주는 경우

   ❷ **최소공배수를 활용하는 문제**

   • 특정 간격으로 발생하는 일이 동시에 발생하는 때를 찾는 경우

💡 주요 기업 빈출키워드

남는 공간이 없도록 적재함에 박스 쌓기, 버스가 동시에 출발하는 시간 구하기, 남는 부분이 없도록 타일 붙이기, 톱니바퀴가 한 지점에서 다시 맞물릴 때까지의 회전수 구하기, 가로등이 세워진 간격 구하기, 필요한 나무의 수 구하기, 기둥의 개수를 바탕으로 둘레의 길이 구하기 등

대표예제

01 ○○기업은 아동복지기관의 아이들에게 나누어 줄 선물 꾸러미를 준비하였다. 선물 꾸러미의 구성품이 다음과 같을 때, 선물 꾸러미 1개에 들어갈 비스킷과 사탕 개수의 합은? (단, 최대한 많은 아이들에게 선물 꾸러미를 나누어 주려고 한다)

> • 준비한 품목들을 남김없이 공평하게 나누어 선물 꾸러미를 만들 계획이다.
> • 선물 꾸러미는 한 명당 한 개씩 나누어 줄 것이다.
> • 학용품은 공책 180권, 연필 270자루를 준비하였다.
> • 다과는 비스킷 225개, 사탕 135개를 준비하였다.

① 7개   ② 8개   ③ 9개
④ 11개   ⑤ 12개

|정답| ②

|해설| 준비한 품목들을 남김없이 모두 같은 개수로 나누어야 하므로, 모든 품목의 최대공약수만큼 선물 꾸러미를 준비해야 한다. $180 = 2^2 \times 3^2 \times 5$, $270 = 2 \times 3^3 \times 5$, $225 = 3^2 \times 5^2$, $135 = 3^3 \times 5$이므로, 모든 품목들의 최대공약수는 $3^2 \times 5 = 45$이다. 따라서 선물 꾸러미 45개를 만들 때 꾸러미 1개에 들어갈 비스킷 개수는 5개, 사탕 개수는 3개이므로, 선물 꾸러미 1개당 비스킷과 사탕 개수의 합은 8개이다.

02 원형 공사장 주변에 말뚝을 박아 간이 펜스를 치려고 한다. 말뚝과 말뚝 사이의 거리를 5m 간격으로 유지할 경우와 8m 간격으로 유지할 경우의 필요한 말뚝의 개수는 3개 차이가 난다. 이때, 말뚝과 말뚝 사이의 거리를 2m로 유지한다면 모두 몇 개의 말뚝이 필요한가?

① 15개   ② 16개   ③ 18개
④ 20개   ⑤ 22개

|정답| ④

|해설| 5m 간격으로 말뚝을 세울 경우 말뚝의 개수를 x개라 하면, 8m 간격으로 말뚝을 세울 경우의 말뚝의 개수는 $x-3$개가 된다. 공사장 주변의 길이는 동일하므로 다음의 식이 성립한다.

$5x = 8(x-3)$

이를 풀면 $24 = 3x$가 되어 $x = 8$이며, 공사장 주변 전체의 길이는 $5 \times 8 = 40$(m)이다.

따라서 2m 간격으로 말뚝을 세울 경우 20개의 말뚝이 필요하다.

파트 1 언어능력
파트 2 수리능력
파트 3 추리능력
파트 4 공간지각능력
파트 5 사무지각능력
파트 6 인성검사
권두부록

✓ 01 응용계산

유형 7

방정식 · 부등식의 활용

💡 문제분석

1. 제시된 조건으로 방정식을 세운 후 가감법, 대입법으로 미지수를 구하는 문제가 출제된다.
2. 부등식을 이용하여 조건을 만족하는 최댓값, 최솟값 등을 구하거나 특정 상황이 발생하기 시작하는 시점을 구하는 문제가 출제된다.

💡 학습 전략

1. 등식과 부등식의 성질을 활용하여 값을 도출한다. 부등식의 경우 양변에 음수를 곱하거나 나눌 때 부등호의 방향이 바뀌므로 계산 과정에서 실수하지 않도록 한다.

> **❶ 등식의 성질**
> - $a=b$일 때 $a+c=b+c$
> - $a=b$일 때 $a-c=b-c$
> - $a=b$일 때 $ac=bc$
> - $a=b$일 때 $\dfrac{a}{c}=\dfrac{b}{c}$ (단, $c \neq 0$)
>
> **❷ 부등식의 성질**
> - $a < b$일 때, $a+c < b+c$, $a-c < b-c$
> - $a < b$, $c > 0$일 때, $ac < bc$, $\dfrac{a}{c} < \dfrac{b}{c}$
> - $a < b$, $c < 0$일 때, $ac > bc$, $\dfrac{a}{c} > \dfrac{b}{c}$

2. 구하고자 하는 것을 미지수로 정하여 식을 세운다.
3. 미지수가 2개 이상일 경우에는 문제에서 요구하는 것이 무엇인지 유의해야 한다.
4. '이상, 이하, 초과, 미만, 최대한, 최소한, 언제부터'라는 표현에 주의하여 부등식을 세운다.

💡 주요 기업 빈출키워드

물품의 최대(최소) 개수 구하기, 사과와 배의 개수 구하기, 남학생의 수 구하기, 특정 직급의 최소 인원 구하기, 불만족이라고 응답한 여성 회원 수 구하기 등

대표예제

01 다음은 출퇴근 버스 A, B의 각 정류장별 하차 인원을 조사한 내용이다. A 버스에 처음 승차하는 인원은 B 버스보다 많고 세 번째 정류장에 도착한 후 2대의 버스에 탑승하고 있는 인원의 합이 12명일 때, 2대의 버스에 처음 승차한 인원은 총 몇 명인가?

〈정류장별 하차 인원 비율〉

구분	첫 번째 정류장	두 번째 정류장	세 번째 정류장
A 버스	전체 탑승 인원의 $\frac{1}{3}$	남은 인원의 50%	남은 인원의 25%
B 버스	전체 탑승 인원의 $\frac{2}{3}$	남은 인원의 50%	남은 인원의 25%

① 48명　　　　　　② 60명　　　　　　③ 76명
④ 84명　　　　　　⑤ 95명

|정답| ②

|해설| A, B 버스에 처음 승차하는 인원을 각각 a명, b명이라 하면 각 정류장별 하차 인원은 다음과 같다.

구분	첫 번째 정류장	두 번째 정류장	세 번째 정류장
A 버스	$\frac{1}{3}a$	$\left(a-\frac{1}{3}a\right)\times\frac{1}{2}=\frac{1}{3}a$	$\left(a-\frac{1}{3}a-\frac{1}{3}a\right)\times\frac{1}{4}=\frac{1}{12}a$
B 버스	$\frac{2}{3}b$	$\left(b-\frac{2}{3}b\right)\times\frac{1}{2}=\frac{1}{6}b$	$\left(b-\frac{2}{3}b-\frac{1}{6}b\right)\times\frac{1}{4}=\frac{1}{24}b$

따라서 다음과 같은 식이 성립한다.

$a>b$ ·· ㉠

$\left(a-\frac{1}{3}a-\frac{1}{3}a-\frac{1}{12}a\right)+\left(b-\frac{2}{3}b-\frac{1}{6}b-\frac{1}{24}b\right)=12$ ········· ㉡

㉡을 정리하면,

$2a+b=96$ ··· ㉢

㉠, ㉢을 만족하는 a와 b는 다음과 같다(단, $a>0$, $b>0$).

a	33	34	35	36	37	⋯	46	47
b	30	28	26	24	22	⋯	4	2

A 버스의 정류장별 하차 인원이 $\frac{1}{3}a$, $\frac{1}{3}a$, $\frac{1}{12}a$이므로 a는 12의 배수여야 하고, B 버스의 정류장별 하차 인원은 $\frac{2}{3}b$, $\frac{1}{6}b$, $\frac{1}{24}b$이므로 b는 24의 배수여야 한다(∵하차 인원은 자연수). 따라서 $a=36$, $b=24$가 되어 $a+b=36+24=60$(명)이다.

파트1 언어능력

파트2 수리능력

파트3 추리능력

파트4 공간지각능력

파트5 사무지각능력

파트6 인성검사

권두부록

01 응용계산

유형 8 도형계산

💡 문제분석

1. 다양한 도형에서 특정 범위의 길이를 계산하거나 면적을 구하는 문제가 출제된다.
2. 전개도를 이용하여 부피를 구하는 문제가 출제된다.
3. 평면도형을 한 직선을 축으로 하여 회전시켰을 때 생기는 입체의 부피를 구하는 문제가 출제된다.

💡 학습 전략

1. 도형의 둘레, 넓이를 구하는 공식을 암기하여 문제 풀이 시간을 단축시킨다.

> - 정삼각형의 둘레 : $3a$
> - 정삼각형의 넓이 : $\dfrac{\sqrt{3}}{4}a^2$
> - 원의 둘레 : $2\pi r$
> - 원의 넓이 : πr^2
> - 부채꼴의 둘레 : $2\pi r \times \dfrac{\theta}{360} + 2r$
> - 부채꼴의 넓이 : $\pi r^2 \times \dfrac{\theta}{360}$
> - 사다리꼴의 넓이 : (윗변의 길이+아랫변의 길이)×높이÷2
> - 마름모의 넓이 : (한 대각선의 길이)×(다른 대각선의 길이)÷2

2. 닮은 도형의 성질을 학습해둔다.

> - 대응하는 변의 길이의 비는 일정하다.
> $$\overline{AB}:\overline{DE}=\overline{BC}:\overline{EF}=\overline{AC}:\overline{DF}$$
> - 대응하는 각의 크기는 서로 같다.
> $$\angle A = \angle D, \ \angle B = \angle E, \ \angle C = \angle F$$
> - 닮음비가 $m:n$인 두 닮은 도형에 대하여
>   – 넓이의 비는 $m^2:n^2$이다.　　　– 부피의 비는 $m^3:n^3$이다.

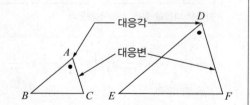

3. 중점연결정리, 피타고라스의 정리, 무게중심의 성질, 도형의 높이·부피를 구하는 공식 등 도형과 관련된 다양한 성질과 공식을 많이 알수록 문제 풀이가 쉬워지며 시간도 단축시킬 수 있다.

🔍 주요 기업 빈출키워드

산책로 둘레의 길이 구하기, 전개도로 만들어지는 입체에서 색칠된 부분의 부피 구하기, 주어진 도형의 대소 관계 구하기, 색칠된 부분의 넓이 구하기, 평면도형을 회전시켰을 때 생기는 입체의 부피 구하기 등

대표예제

01 다음의 전개도로 만들어지는 입체도형에서 색칠된 부분의 부피는? (단, 점 G는 삼각형의 무게 중심이다)

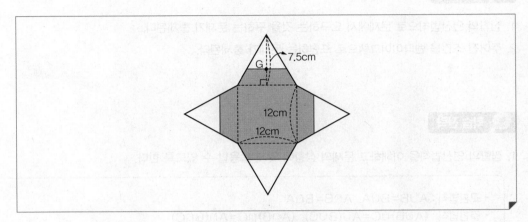

① 64cm³   ② 72cm³   ③ 152cm³

④ 216cm³   ⑤ 240cm³

| 정답 | ③

| 해설 |

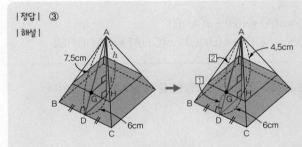

정사각뿔의 전개도이며, 색칠된 부분의 부피는 전체 정사각뿔의 부피(V_1)에서 작은 정사각뿔의 부피(V_2)를 뺀 값이다.
'정사각뿔의 부피(V) $= \dfrac{1}{3} \times$(밑넓이)$\times$(높이)'이며, 높이는 피타고라스의 정리를 이용하여 구한다.

1. 전체 정사각뿔의 높이($\overline{AH} = h$)

$$7.5^2 = 6^2 + h^2 \qquad h = \sqrt{7.5^2 - 6^2} = \sqrt{56.25 - 36} = \sqrt{20.25} = 4.5(\text{cm})$$

$$\Rightarrow V_1 = \frac{1}{3} \times 12^2 \times 4.5 = 216(\text{cm}^3)$$

2. 작은 정사각뿔의 높이($\overline{AI}$)

점 G가 △ABC의 무게중심이므로 $\overline{AG} : \overline{GD} = 2 : 1$이 되고 $\overline{AD} : \overline{AG} = 3 : 2$이다.

이에 따라 $\overline{AH} : \overline{AI} = 3 : 2 = 4.5 : \overline{AI}$ $\overline{AI} = 3(\text{cm})$ $\overline{DH} : \overline{GI} = 3 : 2 = 6 : \overline{GI}$ $\overline{GI} = 4(\text{cm})$

$$\Rightarrow V_2 = \frac{1}{3} \times 8^2 \times 3 = 64(\text{cm}^3)$$

∴ 색칠된 부분의 부피 $= V_1 - V_2 = 216 - 64 = 152(\text{cm}^3)$

권두부록

파트 1
언어능력

파트 2
수리능력

파트 3
추리능력

파트 4
공간지각능력

파트 5
사무지각능력

파트 6
인성검사

01 응용계산

유형 9 집합

문제분석

1. 집합의 연산법칙으로 문제에서 요구하는 것을 구하는 문제가 출제된다.
2. 주어진 조건을 벤다이어그램으로 표현하는 문제가 출제된다.

학습 전략

1. 집합의 연산법칙을 이해하고 문제의 상황에 맞게 활용할 수 있도록 한다.

- 교환법칙 : $A \cup B = B \cup A$, $A \cap B = B \cap A$
- 결합법칙 : $(A \cup B) \cup C = A \cup (B \cup C)$, $(A \cap B) \cap C = A \cap (B \cap C)$
- 분배법칙 : $A \cup (B \cap C) = (A \cup B) \cap (A \cup C)$, $A \cap (B \cup C) = (A \cap B) \cup (A \cap C)$
- 드모르간의 법칙 : $(A \cup B)^c = A^c \cap B^c$, $(A \cap B)^c = A^c \cup B^c$
- 차집합의 성질 : $A - B = A \cap B^c$
- 여집합의 성질 : $A \cup A^c = U$, $A \cap A^c = \varnothing$
- 유한집합의 원소의 개수 : $n(A \cup B) = n(A) + n(B) - n(A \cap B)$
  $n(A \cup B \cup C) = n(A) + n(B) + n(C) - n(A \cap B) - n(B \cap C) - n(C \cap A) + n(A \cap B \cap C)$

2. 벤다이어그램으로 쉽게 해결할 수 있는 문제도 있으므로 다양한 풀이 방법으로 학습한다.

주요 기업 빈출키워드

음식의 선호도 조사 결과를 바탕으로 교집합 구하기, 구기 종목 선호도 조사 결과를 바탕으로 특정 종목만 좋아하는 인원 구하기, 동아리 신청 현황을 보고 특정 동아리만 신청한 직원 수 구하기 등

권두부록

파트 1
언어능력

파트 2
수리능력

파트 3
추리능력

파트 4
공간지각능력

파트 5
사무지각능력

파트 6
인성검사

대표예제

01 ○○해외봉사단체는 다음 달에 떠나는 봉사 단원들을 대상으로 아프리카에서 봉사한 경험과 동남아시아에서 봉사한 경험이 있는지를 조사하였다. 그 결과 아프리카에서 봉사한 경험이 있는 봉사 단원이 258명, 동남아시아에서 봉사한 경험이 있는 봉사 단원이 60명이었고, 아프리카와 동남아시아 모두에서 봉사한 경험이 있는 봉사 단원은 18명이었다. 전체 봉사 단원의 20%가 해외에서 봉사한 경험이 없다고 할 때 다음 달에 떠나는 봉사 단원은 모두 몇 명인가?

① 323명   ② 345명   ③ 350명
④ 375명   ⑤ 400명

| 정답 | ④

| 해설 | 제시된 정보를 토대로 벤다이어그램을 그려 보면 다음과 같다.

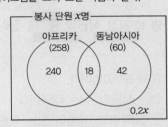

해외봉사 경험이 있는 단원은 총 240+18+42=300(명)이다.

다음 달에 떠나는 봉사 단원의 수를 x명이라 하면, 해외 경험이 없는 단원의 수는 0.2x명이다.

$x=300+0.2x$

$0.8x=300$

$\therefore\ x=375$

따라서 다음 달에 떠나는 봉사 단원의 수는 모두 375명이다.

🗸 **해결 전략**

▶1단계 제시된 항목을 확인하고 벤다이어그램을 그린다.

▶2단계 $n(A\cup B) = n(A) + n(B) - n(A\cap B)$를 숙지하고 식을 세운다.

실전문제연습

응용계산

01 철수와 영희가 달리기 시합을 했다. 영희가 출발점에서 시속 6km로 먼저 출발하였고, 철수는 20초 후에 10km의 속력으로 뒤따라갔다. 철수가 출발한 후 영희를 따라잡게 되는 시점은 언제인가?

① 30초 후   ② 35초 후   ③ 40초 후
④ 45초 후   ⑤ 50초 후

02 다음과 같은 상황에서 N 은행 K 지점 직원들 중 '내 집이 없이 대출만 있는' 직원의 수는?

- N 은행 K 지점의 전 직원 수는 50명이다.
- 내 집이 있거나 대출이 있는 직원의 수는 42명이다.
- 내 집이 있는 직원의 수는 30명이고, 대출이 있는 직원의 수는 35명이다.

① 10명   ② 12명   ③ 14명
④ 15명   ⑤ 16명

03 사무용품 1개를 생산할 때 문제없는 제품을 생산하면 3,000원의 수익이 발생하고, 불량 제품을 생산하면 1,000원의 손실이 발생한다. 이 사무용품을 3,500개 생산했을 때, 이익을 얻으려면 불량 제품은 최대 몇 개까지여야 하는가?

① 2,621개   ② 2,622개   ③ 2,623개
④ 2,624개   ⑤ 2,625개

권두부록

파트1
언어능력

파트2
수리능력

파트3
추리능력

파트4
공간지각능력

파트5
사무지각능력

파트6
인성검사

04 ○○기업의 홍 사원은 간담회에 먹을 과일을 준비하라는 상사의 지시를 받았다. 다음 조건에 따라 홍 사원이 귤을 90,000원어치 구입하였다면, 사과와 배, 그리고 귤은 모두 몇 개인가?

- 준비할 과일은 사과, 배, 귤이고 모두 같은 금액만큼 구입하도록 예산을 배정 받았다.
- 사과 1.2kg은 15,000원이며, 같은 무게의 배 가격은 절반이고, 같은 무게의 귤 가격은 두 배이다.
- 사과 세 개의 무게와 배 두 개, 귤 다섯 개의 무게는 같으며, 귤 한 개의 무게는 60g이다.

① 228개   ② 240개   ③ 244개
④ 248개   ⑤ 252개

05 얼마 전 치른 승진 시험에서 50명 중 20명이 불합격하였다. 합격한 사람 중 가장 낮은 점수는 합격자들의 평균보다 30점이 낮고, 전체 50명의 평균보다 5점이 낮으며, 불합격자 평균의 2배보다 3점이 낮았다. 합격자의 평균 점수는 몇 점인가?

① 76점   ② 84점   ③ 87점
④ 93점   ⑤ 98점

06 다음 직사각형에서 A, B, C의 넓이가 같다고 할 때, $(x+y)^2$은 얼마인가?

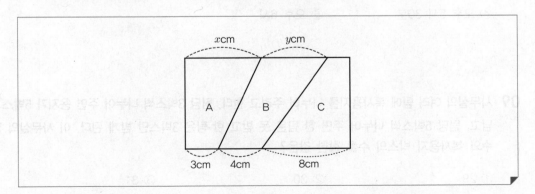

① 121   ② 144   ③ 169
④ 196   ⑤ 225

07 어떤 공장에 제품을 4분에 1개씩 생산하는 기계가 6대 있고, 그 제품을 3분에 1개씩 포장하는 기계가 3대 있다. 어제 생산만 하고 포장은 하지 못한 제품이 95개 남아 있다고 할 때, 7시간 후에 포장하지 못한 생산품은 모두 몇 개인가?

① 205개   ② 295개   ③ 300개

④ 305개   ⑤ 310개

08 B 지사로 출장을 가는 K 사원은 출장 도중 A 지사에 들러 1시간 동안 업무를 보고 다시 출발할 예정이다. 본사에서 A 지사까지는 60km/h의 속력으로 이동하고, A 지사에서 B 지사까지는 80km/h의 속력으로 이동할 예정이다. 본사에서 오전 10시에 출발한다고 하였을 때, B 지사에 도착하는 예상 시각은? (단, 본사, A 지사, B 지사는 일직선상에 위치하며, K 사원은 최단거리로 움직이고, 정해진 일정 이외에는 멈추지 않는다)

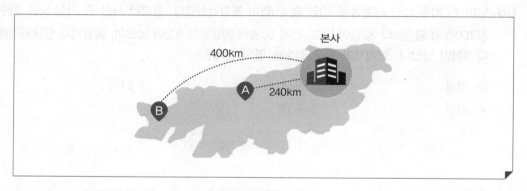

① 오후 4시   ② 오후 4시 30분   ③ 오후 5시

④ 오후 5시 30분   ⑤ 오후 6시

09 사무실의 여러 팀에 복사용지를 나누어 주려고 한다. 팀당 3박스씩 나누어 주면 용지가 5박스가 남고, 팀당 5박스씩 나누어 주면 한 팀은 못 받고 한 팀은 3박스만 받게 된다. 이 사무실의 팀 수와 복사용지 박스의 수를 합한 값은?

① 29   ② 30   ③ 31

④ 32   ⑤ 33

권두부록

파트 1
언어능력

파트 2
수리능력

파트 3
추리능력

파트 4
공간지각능력

파트 5
사무지각능력

파트 6
인성검사

10 직장인 350명을 대상으로 주말을 보내는 방법에 대해 설문조사를 한 결과가 다음과 같다. 쇼핑을 했지만 영화를 보지 않은 사람의 수는 영화를 보았지만 쇼핑을 하지 않은 사람 수의 3배일 때, 영화를 보았지만 쇼핑을 하지 않은 사람은 몇 명인가?

구분	했음	하지 않았음
쇼핑	220명	130명
영화 관람	90명	260명

① 45명   ② 50명   ③ 55명
④ 60명   ⑤ 65명

11 A 공사의 시장조사팀은 주택만족도 설문조사를 실시하기 위해 김 사원, 이 대리, 박 과장, 정 차장 중 2명을 매일 선발할 계획이다. 신입 사원인 김 사원은 주택시장 교육차 매일 설문조사에 참여한다고 할 때, 5일간의 일정을 정할 수 있는 경우의 수는 모두 몇 가지인가?

① 27가지   ② 81가지   ③ 162가지
④ 243가지   ⑤ 486가지

12 (주)AA 전자는 마니콜 휴대폰을 제조하여 판매하고 있다. 마니콜 휴대폰을 1대당 80만 원에 판매하면 하루 판매량이 1,600대이고 가격을 5만 원씩 올릴 때마다 판매량은 80대씩 줄어든다. 하루에 판매한 마니콜 휴대폰의 총액이 최대가 되는 경우는 마니콜 휴대폰 1대당 가격을 5만 원씩 몇 회 올렸을 때인가?

① 1회   ② 2회   ③ 3회
④ 4회   ⑤ 5회

13 다음 전개도로 만들어지는 입체도형의 부피는?

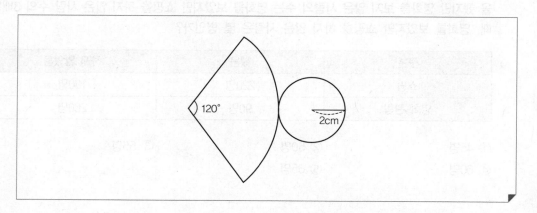

① $\dfrac{10}{3}\pi\,cm^3$ ② $\dfrac{14}{3}\pi\,cm^3$ ③ $\dfrac{16\sqrt{2}}{3}\pi\,cm^3$

④ $\dfrac{20\sqrt{2}}{3}\pi\,cm^3$ ⑤ $\dfrac{22\sqrt{2}}{3}\pi\,cm^3$

14 다음은 ○○신용평가기관의 투자등급 변화 확률 자료이다. 20X1년에 [B⁻]등급인 투자자가 20X3년에 [B⁻]등급 이상이 될 확률은? (단, 투자등급 변화 확률은 매년 동일하다)

〈투자등급 변화 확률〉

t년 ＼ t+1년	A⁺	A⁻	B⁺	B⁻	C
A⁺	0.3	0.2	0.2	0.2	0.1
A⁻	0.2	0.3	0.3	0.1	0.1
B⁺	0.1	0.2	0.3	0.2	0.2
B⁻	0.05	0.1	0.4	0.25	0.2
C	0.0	0.05	0.1	0.15	0.7

① 0.620 ② 0.655 ③ 0.715
④ 0.730 ⑤ 0.860

15 L 회사의 직원은 총 500명으로 올해 이들 중 10%가 자전거로 출퇴근을 했다. 총 직원 수는 동일한 상태에서 매년 자전거를 이용하는 직원이 전년 대비 20%씩 증가한다고 할 때, 이들이 차지하는 비중이 전체 직원의 40% 이상이 되는 해는 몇 년 후가 되겠는가? (단, log1.2＝0.08, log2＝0.3으로 계산한다)

① 5년 후　　　　　　　　② 6년 후　　　　　　　　③ 7년 후
④ 8년 후　　　　　　　　⑤ 9년 후

16 B 회사에서 개최하는 체육대회에 200캔의 음료수와 80개의 떡이 협찬으로 들어왔다. 최대한 많은 사원에게 똑같이 나누어 주려면 음료수와 떡을 각각 몇 개씩 나누어 주어야 하는가?

	음료수	떡		음료수	떡		음료수	떡
①	4캔	1개	②	5캔	2개	③	8캔	4개
④	10캔	8개	⑤	12캔	10개			

17 경영지원팀은 부서 행사 일정을 짜고 있다. 배를 타고 관광하는 일정의 내용이 다음과 같을 때, 배 승선에서부터 하선까지 소요되는 총 시간은? (단, 상류 관광지에서 정박하지 않고, 관광지 도착 후 곧바로 하류 선착장으로 향하면서 선상에서 관람한다)

- 강 하류 선착장에서 승선하여 강 상류의 관광지를 선상에서 관람하고 다시 강 하류 선착장으로 복귀한 뒤 하선하는 코스이다.
- 강 하류 선착장에서 승선과 하선할 때 각 15분씩 걸린다.
- 강 하류 선착장에서 관광지까지의 거리는 30km이다.
- 흐르지 않은 물 위에서의 배의 평균 속력은 25km/h이다.
- 강물은 한 방향으로 흐르며, 강물의 유속은 5km/h로 일정하다.

① 1시간　　　　　　　　② 1시간 30분　　　　　　③ 2시간 30분
④ 2시간 45분　　　　　　⑤ 3시간

18 A 컵에는 12% 소금물 200g이, B 컵에는 18% 소금물 200g이 각각 담겨 있다. 이때 A 컵 소금물의 절반을 B 컵으로 옮긴 후 다시 B 컵 소금물의 절반을 A 컵으로 옮긴다면, 최종적으로 A 컵에 담긴 소금물의 농도는 몇 %인가?

① 14% ② 14.4% ③ 15%
④ 15.6% ⑤ 16%

19 지금 시각이 1시 25분이고, 수업은 15분 전에 시작하였다. 수업 시간이 2시간 20분이라면 수업이 끝나는 시각에 시계의 시침과 분침 사이의 각도는? (단, 작은 각도를 구한다)

① 45° ② 60° ③ 75°
④ 90° ⑤ 105°

20 A, B 두 사람이 자전거를 타고 가 지점에서 나 지점으로 동시에 출발하였다. 20분 후 A가 가 지점과 나 지점의 중간지점에 도착했을 때, B는 A의 6km 뒤에 있었다. B가 중간지점에 도착했을 때, A는 B의 9km 앞에 있었다면 가 지점부터 나 지점까지의 거리는 얼마인가? (단, 두 사람의 속력은 일정하다)

① 32km ② 34km ③ 36km
④ 38km ⑤ 40km

21 A 사원은 30장의 문서를 워드로 옮기는 데 2시간 30분이 걸린다. A 사원이 먼저, 그리고 B 사원이 이어서 모두 60장의 문서를 워드로 옮겼더니 총 5시간이 걸렸다. B 사원이 36장의 문서를 옮겼다면, B 사원은 1시간에 몇 장의 문서를 워드로 옮길 수 있는가?

① 12장 ② 18장 ③ 20장
④ 24장 ⑤ 48장

권두부록

파트 1
언어능력

파트 2
수리능력

파트 3
추리능력

파트 4
공간지각능력

파트 5
사무지각능력

파트 6
인성검사

22 G사의 채용시험 1차에 합격한 지원자의 남녀비는 4 : 5이다. 이 중 2차 시험에 합격한 지원자의 남녀비는 3 : 7이고 불합격한 지원자의 남녀비는 21 : 23이다. 2차 시험에 합격한 지원자가 50명일 때, 1차 시험에 합격한 지원자의 수는 몇 명인가?

① 240명   ② 250명   ③ 260명
④ 270명   ⑤ 280명

23 6%의 소금물 300g이 들어 있는 비커에 10%의 소금물이 1분에 5g씩 떨어지고 있다면, 몇 분 후에 9%의 소금물을 만들 수 있겠는가?

① 90분   ② 120분   ③ 150분
④ 180분   ⑤ 210분

24 지름이 400m인 원형 공원의 둘레에 벚나무를 7m 간격으로 심으려고 한다. 공원 입구의 원형 폭이 3m이고 입구 양옆부터 심는다고 할 때 몇 그루의 벚나무가 필요한가? (단, $\pi = 3.14$로 계산한다)

① 178그루   ② 179그루   ③ 180그루
④ 181그루   ⑤ 182그루

25 A, B, C 세 부서에 각각 동일한 양으로 공급한 볼펜을 소비하는 데 걸리는 시간은 A 부서가 30일, B 부서가 60일, C 부서가 40일이다. 부서별로 각각 나누어 주던 볼펜을 이번에는 모두 합쳐서 A, B, C 부서에 한꺼번에 주고 소비하게 할 때, 세 부서에 나누어 준 볼펜이 모두 소비되는 데 걸리는 시간은?

① 35일   ② 40일   ③ 44일
④ 48일   ⑤ 52일

26 주머니 A, B, C에 아래 표와 같이 붉은색, 흰색, 검정색의 공이 들어있다. 임의로 하나의 주머니를 선택하여 그 속에서 공 1개를 꺼냈더니 붉은 색이었다면, 주머니 B에서 꺼내졌을 확률은?

(단위 : 개)

주머니	붉은색	흰색	검정색
A	3	4	1
B	1	2	3
C	4	3	2
합계	8	9	6

① $\dfrac{43}{71}$ ② $\dfrac{38}{71}$ ③ $\dfrac{12}{71}$

④ $\dfrac{24}{71}$ ⑤ $\dfrac{25}{71}$

27 A가 혼자 하면 10시간, B가 혼자 하면 12시간, C가 혼자 하면 15시간 걸리는 일이 있다. A, B, C 세 사람이 함께 일을 하면 끝마치는 데 x시간이 걸리고, 세 사람이 함께 일을 하다 A가 도중에 빠지고 남은 일을 B, C가 y시간 동안 함께 하면 끝마치는 데 총 6시간이 걸릴 때, $x + y$의 값은?

① 8 ② 9 ③ 10

④ 11 ⑤ 12

28 새마을호의 길이는 150m, KTX의 길이는 320m이고, KTX의 속력은 새마을호의 2배이다. 두 열차가 같은 터널을 통과하는 데 새마을호는 20초, KTX는 11초가 걸렸다고 할 때, 해당 터널의 길이는?

① 1,020m ② 1,180m ③ 1,320m

④ 1,500m ⑤ 1,550m

www.gosinet.co.kr gosinet

권두부록

파트 1
언어능력

파트 2
수리능력

파트 3
추리능력

파트 4
공간지각능력

파트 5
사무지각능력

파트 6
인성검사

29 정사다리꼴 ABCD에서 $\overline{AD} : \overline{BC} : \overline{DC} = 1 : 2.5 : 1.25$, $5\overline{AE} = 2\overline{EB}$일 때 $\overline{AD} = 7$(cm)라면 색칠된 삼각형의 넓이는?

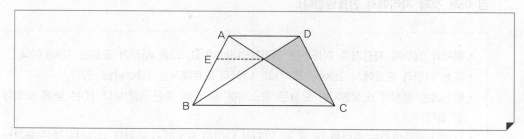

① 15.5cm² ② 16.5cm² ③ 17.5cm²

④ 18.5cm² ⑤ 19.5cm²

30 대학로의 어느 소극장에서 연극 포스터 인쇄를 주문하려고 한다. 100장을 인쇄하는 데 20,000원이고 100장의 초과분에 대해서는 1장당 120원이 청구된다. 포스터 1장당 인쇄비가 150원 이하가 되도록 하려면 최소한 몇 장 인쇄를 맡겨야 하는가?

① 267장 ② 268장 ③ 269장

④ 270장 ⑤ 271장

31 김 주임은 베트남에서 열리는 신생에너지 포럼에 참석하기 위해 출장을 다녀왔다. 이때 다음과 같이 환전하였다면 김 주임은 총 몇 동(VND)을 환전한 것인가?

- 한국에서 달러로 환전할 때, 현금 70만 원을 가져가 환전하였다.
- 한국에서 100달러(USD) 지폐로만 환전하였고, 베트남에서 동(VND)으로 다시 환전했다.
- 환전 당시 환율은 다음과 같다.

출국 전 환율	베트남에서의 환율
1달러(USD) =1,114.67원	1달러(USD) =22,810동(VND)

① 13,424,000동(VND) ② 13,686,000동(VND) ③ 14,142,000동(VND)

④ 14,301,670동(VND) ⑤ 14,324,680동(VND)

32 자전거로 출퇴근하는 이 사원은 오늘 평소보다 조금 늦게 나와 지각할 위기에 있다. 지각하지 않고 정시 전에 도착하려면 자전거 도로에서 최소 몇 km/h 이상으로 달려야 하는가? (단, 소수점 아래 첫째 자리에서 반올림한다)

> • 회사와 집까지 자전거로 이동하는 거리는 14km이고, 그중 자전거 도로는 10km이다.
> • 평소 자전거 도로에서 25km/h로 가고, 나머지 도로에서는 10km/h로 간다.
> • 평소에는 정시에 도착했지만 오늘은 평소처럼 갈 경우 출근 시간보다 10분 늦게 도착할 것 같다.
> • 자전거 도로에서는 속력을 더 낼 수 있지만 나머지 도로에서 속력을 더 내는 것은 불가능하다.

① 40km/h 이상   ② 43km/h 이상   ③ 46km/h 이상
④ 50km/h 이상   ⑤ 53km/h 이상

33 G 회사 직원 4명은 외국의 A 회사 직원 3명, 외국의 B 회사 직원 3명과 함께 회의실의 원형 테이블에 앉아 프로젝트 관련 미팅을 하려고 한다. 이때 G 회사 직원과 A 회사 직원 사이, G 회사 직원과 B 회사 직원 사이에 통역사를 1명씩 둘 예정이다. 이들이 둘러앉을 수 있는 경우의 수는 모두 몇 가지인가? (단, 동일 회사 직원끼리는 붙어 앉는다)

① 864가지   ② 1,152가지   ③ 1,728가지
④ 2,592가지   ⑤ 3,456가지

34 가로 57m, 세로 42m인 직사각형 모양의 공원이 있는데 공원 가장자리에 3m 폭으로 나무를 심으려고 한다. 공원의 네 모서리에 반드시 나무를 심어야 한다면 나무는 총 몇 그루가 필요한가?

① 65그루   ② 66그루   ③ 67그루
④ 68그루   ⑤ 69그루

35 다음 M사의 매장에서 하루 동안 판매한 A 제품의 개수를 50일간 조사한 표를 참고할 때 A 제품의 표준편차는?

A 제품 판매 개수(개)	일수(일)
10 이상 ~ 20 미만	5
20 이상 ~ 30 미만	22
30 이상 ~ 40 미만	18
40 이상 ~ 50 미만	3
50 이상 ~ 60 미만	2
합계	50

① 81 ② 36 ③ 18
④ 9 ⑤ 3

36 유도, 검도, 합기도 경험자 33명이 다니는 무술학원이 있다. 유도 경험자가 19명, 검도 경험자가 24명, 합기도 경험자가 26명이다. 이 중 유도와 검도 양쪽 경험자는 15명, 검도와 합기도 양쪽 경험자는 19명, 유도와 합기도 양쪽 경험자는 16명일 때, 유도, 검도, 합기도 모두의 경험자는 몇 명인가?

① 11명 ② 12명 ③ 13명
④ 14명 ⑤ 15명

37 갑 은행에서 거치식 예금 통장을 개설한 A 씨는 세금우대를 받아 이자소득세는 1.4%만 내기로 하고 1,000만 원을 넣었다. 만기는 2년, 연 1.8%의 이율을 적용하여 연복리로 계산했을 때, 2년 후 A 씨가 받게 될 금액은? (단, 연복리 계산법은 '만기 총액＝원금×(1＋연이율)^{기간}'이고, 소수점 아래 첫째 자리에서 반올림한다)

① 약 10,354,960원 ② 약 10,356,155원 ③ 약 10,357,155원
④ 약 10,358,155원 ⑤ 약 10,359,825원

UNIT 2

자료해석

업무 상황에서 접하는 도표 자료의 의미를 파악하고 내용을 해석하여 필요한 정보를 종합하며, 다양한 데이터를 이용하여 업무 결과를 도표로 제시할 수 있는 능력이다.

유형분석

• 주어진 자료를 이해하고 문제에서 요구하는 값을 구할 수 있는지, 자료를 활용하여 새로운 도표를 작성할 수 있는지를 묻는 문제가 출제된다.

• 응용계산에 비해 계산이 복잡한 편이므로 응용계산에서 최대한 시간을 단축시킨 후 자료해석에서 시간을 투자하는 수험전략을 사용할 수 있다.

주요 출제기업

삼성_GSAT · SK_SKCT · CJ_CAT · 현대자동차_HMAT · 두산_DCAT · 롯데_L-TAB · 포스코_PAT · LS_LSAT · LG · 삼양 · 샘표 · 코오롱 · 효성 · 빙그레 · GS · KCC · KEB하나은행 · SPC · S-OIL 등

유형별 출제비중

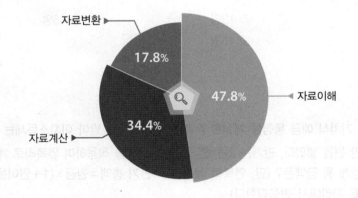

자료해석은 직무와 직접 관련이 있는 각종 자료를 분석하는 능력을 평가할 수 있어 특히 많은 기업에서 출제되고 있다. 자료이해와 자료계산이 대부분을 차지하지만 자료변환도 꾸준히 출제되고 있다.

www.gosinet.co.kr gosi**net**

권두부록

파트 1
언어능력

파트 2
수리능력

파트 3
추리능력

파트 4
공간지각능력

파트 5
사무지각능력

파트 6
인성검사

최신 출제 경향

직무적성검사를 실시하는 대부분의 기업이 자료해석을 출제하는 만큼 단계적인 학습 및 다양한 문제 연습이 필요하다. 최근에는 제시되는 자료의 수가 많아지고 있으며 다양한 소재의 문제가 출제되고 있다.

따라서 두 개 이상의 자료를 복합적으로 판단하고 변화량, 증감률, 비중 등을 빠르고 정확하게 계산하는 학습이 필요하다.

빈출되는 세부 유형

• 제시된 자료에 대한 설명으로 옳은/옳지 않은 것을 찾아내는 유형
• 자료의 빈칸에 들어갈 수치를 계산하는 유형
• 자료를 바탕으로 특정 수치(비율, 증감률, 지수 등)를 계산하는 유형
• 보고서, 표 등의 자료를 그래프로 변환하는 유형

학습방법

• 자료가 여러 개 제시될 경우 복합적으로 판단하는 문제가 출제될 수 있으므로 자료 간의 관련성을 파악한다.
• 변화량, 증감률, 비중 등을 계산하는 문제들이 많이 출제되므로 의미와 계산식을 알아둔다.
• 단위의 함정에 빠지지 않도록 단위를 확인하며 푸는 습관을 들인다.

유형 1 자료이해

💡 문제분석

1. 자료를 제시하고 자료에 대한 설명으로 옳은 것을 묻는 문제가 출제된다.
2. 자료를 제시하고 자료에 대한 설명으로 옳지 않은 것을 묻는 문제가 출제된다.
3. 다수의 표를 제시하여 지표 간의 관계를 파악해야 하는 문제가 출제된다.

☀ 학습 전략

1. 통계에 대한 개념을 숙지한다.

> ❶ **도수분포표** : 자료를 몇 개의 계급으로 나누고, 각 계급에 속하는 도수를 조사하여 나타낸 표
> ❷ **히스토그램** : 도수분포표의 각 계급의 양 끝 값을 가로축에 표시하고 도수를 세로축에 표시하여 직사
>   각형 모양으로 나타낸 그래프
> ❸ **상대도수** : 전체도수에 대한 각 계급의 도수의 비율
>
> $$계급의\ 상대도수 = \frac{각\ 계급의\ 도수}{도수의\ 총합}$$
>
> ❹ **누적도수** : 도수분포표에서 작은 계급의 도수부터 어느 계급의 도수까지 차례로 더한 도수의 합
>
> $$각\ 계급의\ 누적도수 = 앞\ 계급까지의\ 누적도수 + 그\ 계급의\ 도수$$

2. 여러 가지 도표에 대한 이해가 필요하므로 다양한 문제를 풀어본다. 문제를 푸는 데 필요한 정보만을 빠르게 파악해야 시간을 단축할 수 있다.
3. 비율을 묻는 문제가 많으므로 비율 계산에 익숙해지도록 한다.

> $$a에\ 대한\ b의\ 비율 = \frac{a}{b}\ (\%로\ 요구할\ 경우\ \frac{a}{b} \times 100)$$

💡 주요 기업 빈출키워드

설문조사 결과로 옳은 것, 인구이동에 대한 설명으로 옳은 것, 수출량에 대한 설명으로 옳은 것, 일자리에 대한 설명으로 옳지 않은 것, 연도별 수출 및 무역수지에 대한 설명으로 옳은 것, 경제성장률에 대한 내용으로 옳은 것, 시장현황에 대한 설명으로 옳지 않은 것 등

대표예제

01 다음은 H 회사 직원 350명을 대상으로 차량 보유현황 및 운용비용을 조사한 자료이다. ㄱ ∼ ㄷ 중 이에 대한 분석으로 옳은 것은?

〈H 회사 직원들의 차량 보유 현황〉

- 소형
- 중형
- 대형

대형 16%
중형 34%
소형 50%

〈1인당 월간 교통비용〉

소형	중형	대형
30만 원	45만 원	55만 원

※ 총 교통비용＝1인당 월간 교통비용×직원 수

ㄱ. 중형 자동차를 보유하고 있는 직원은 100명 이상이다.

ㄴ. 소형 자동차를 보유하고 있는 직원들의 총 교통비용은 5천만 원 이하이다.

ㄷ. 보유하고 있는 자동차의 크기가 커질수록 총 교통비용 또한 커진다.

① ㄱ   ② ㄴ   ③ ㄱ, ㄴ

④ ㄱ, ㄷ   ⑤ ㄴ, ㄷ

| 정답 | ①

| 해설 | ㄱ. 중형 자동차를 보유하고 있는 직원은 350×0.34＝119(명)이므로 100명 이상이다.

| 오답풀이 |

ㄴ. 소형 자동차를 보유하고 있는 직원은 350×0.5＝175(명)이므로 총 교통비용은 175×30＝5,250(만 원)이다.

ㄷ. 중형, 대형 자동차의 총 교통비용은 다음과 같다.

- 중형 : 119×45＝5,355(만 원)
- 대형 자동차 350×0.16×55＝3,080(만 원)이다.

따라서 대형 자동차의 총 교통비용이 가장 작으므로 적절하지 않다.

[02 ~ 03] 다음 자료를 보고 이어지는 질문에 답하시오.

〈인구 및 고령화 전망 추이(1990 ~ 2050년)〉

(단위 : 천 명, %)

구분	총인구	유년인구 (0 ~ 14세)		생산가능인구 (15 ~ 64세)		고령인구 (65세 이상)	
		인구	구성비	인구	구성비	인구	구성비
1990년	42,870	10,974	25.6	29,701	69.3	2,195	5.1
2000년	47,008	9,911	21.1	33,702	71.7	3,395	7.2
2010년	49,410	7,985	16.2	35,973	72.8	5,452	11.0
2014년	50,424	7,229	14.3	36,809	73.0	6,386	12.7
2017년	50,977	6,890	13.5	37,068	72.7	7,019	( )
2020년	51,435	6,788	13.2	36,563	71.1	8,084	15.7
2026년	52,042	6,696	12.9	34,506	66.3	10,840	20.8
2030년	52,159	6,575	12.6	32,893	63.1	12,691	24.3
2040년	51,092	5,718	11.2	28,873	56.5	16,501	32.3
2050년	48,121	4,783	9.9	25,347	52.7	17,991	( )

※ 65세 이상 인구가 7%면 고령화 사회, 14%를 넘으면 고령사회, 20%를 넘으면 초고령 사회로 분류됨.

02 위 자료를 바탕으로 할 때, 우리나라 인구 추이와 인구 고령화에 대한 설명으로 적절하지 않은 것은?

① 1990년 이래로 고령인구의 비율은 계속 증가하고 있으며, 이 추세는 계속될 것으로 예상된다.

② 2017년에 고령사회로 진입하여 2026년에는 초고령사회에 진입했을 것으로 예상된다.

③ 고령인구는 1990년 219만 5천 명에서 지속적으로 증가하여, 2030년 1,269만 1천 명, 2050년 1,799만 1천 명 수준으로 늘어날 것으로 보인다.

④ 2010년에 고령인구 비중이 전체인구의 10%를 넘은 이후 계속 증가해 2050년에는 고령인구의 비중이 전체의 37% 이상을 차지할 것으로 보인다.

⑤ 2017년에는 고령인구의 비중이 유년인구 비중을 추월했고, 2030년 이후로는 총인구도 감소할 것으로 예상된다.

> | 정답 | ②
>
> | 해설 | 먼저 빈칸에 들어갈 숫자를 구하면, 2017년의 고령인구 구성비는 100-(13.5+72.7)=13.8, 2050년의 고령인구 구성비는 100-(9.9+52.7)=37.4이다. 각주에 따라 고령사회 분류기준은 고령인구 구성비 14% 초과이므로 2017년에 고령사회로 진입하였다는 설명은 옳지 않다.

권두부록

파트 1
언어능력

파트 2
수리능력

파트 3
추리능력

파트 4
공간지각능력

파트 5
사무지각능력

파트 6
인성검사

03 노인부양비율은 생산가능인구 대비 고령인구의 비율을 뜻한다. 다음 중 노인부양비율에 대한 설명으로 옳지 않은 것은?

① 2010년 노인부양비율은 1990년 노인부양비율의 두 배 이상이다.
② 2020년 노인부양비율은 20%를 넘는다.
③ 2020년 이후 노인부양비율은 10년 단위로 계속 증가할 전망이다.
④ 2040년 노인부양비율은 약 57%로 2030년보다 15%p 이상 증가할 전망이다.
⑤ 2050년 노인부양비율은 약 75%를 상회할 전망이다.

|정답| ⑤
|해설| 각 연도별 노인부양비율을 계산하면 다음과 같다.

구분	생산가능인구	고령인구	노인부양비율
1990년	29,701	2,195	약 7%
2000년	33,702	3,395	약 10%
2010년	35,973	5,452	약 15%
2014년	36,809	6,386	약 17%
2017년	37,068	7,019	약 19%
2020년	36,563	8,084	약 22%
2026년	34,506	10,840	약 31%
2030년	32,893	12,691	약 39%
2040년	28,873	16,501	약 57%
2050년	25,347	17,991	약 71%

2050년 노인부양비율은 약 71%이다.

|오답풀이|

① 2010년 노인부양비율은 약 15%로 1990년 노인부양비율 약 7%의 $\frac{15}{7}$≒2.14(배)이다.

④ 2040년 노인부양비율은 약 57%로 2030년의 약 39%보다 18%p 증가할 전망이다.

유형 2 자료계산

💡 문제분석

1. 자료를 바탕으로 특정 수치나 비율, 증감률을 묻는 문제가 출제된다.
2. 자료를 바탕으로 표의 빈칸에 들어갈 수치나 항목을 묻는 문제가 출제된다.
3. 자료를 바탕으로 주어진 조건을 충족하는 항목을 묻는 문제가 출제된다.
4. 연도별 자료의 증감추이를 묻는 문제가 출제된다.
5. 주어진 정보를 바탕으로 빈칸에 들어갈 항목을 나열하는 문제가 출제된다.

💡 학습 전략

1. 문제에서 묻는 것을 파악하여 필요한 정보에 표시한다.
2. 자료가 두 개 이상 주어진 경우 자료 간의 관계를 파악한다.
3. 증감률을 계산하는 방법을 학습한다.

$$A \text{ 대비 } B\text{의 증감률} = \frac{B-A}{A} \times 100$$

4. 퍼센트(%)와 퍼센트포인트(%p)의 차이를 이해한다.

- 퍼센트는 백분비라고도 하는데 전체의 수량을 100으로 하여, 해당 수량이 그 중 몇이 되는가를 가리키는 수로 나타낸다.
- 퍼센트포인트는 이러한 퍼센트 간의 차이를 표현한 것으로 실업률이나 이자율 등의 변화가 여기에 해당된다.

  예 실업률이 작년 3%에서 올해 6%로 상승하였다.
  ⇒ 실업률이 작년에 비해 100% 상승 또는 3%포인트(%p) 상승했다.

  여기서 퍼센트는 '$\frac{\text{현재 실업률} - \text{기존 실업률}}{\text{기존 실업률}} \times 100$'으로 하여 '100'으로 산출됐고, 퍼센트포인트는 퍼센트의 차이이므로 6−3=3이란 수치가 나온 것이다.

⚙️ 주요 기업 빈출키워드

판매량의 증감률, 공장의 생산량, 백화점 설문조사 표의 빈칸에 들어갈 숫자의 합, 작업시간 표를 바탕으로 작업 순서 구하기, 빈칸에 들어갈 지역 이름, 환율 정보를 바탕으로 필요한 금액, 생산가능 인구 등

대표예제

01 의류회사에 근무하는 박 사원은 지난주의 시간대별 모바일 쇼핑 매출 기록을 다음과 같이 정리하였다. 〈자료 1〉, 〈자료 2〉를 바탕으로 평일(5일) 시간대별 모바일 쇼핑 매출 비율을 추정할 때, 15 ～ 21시 구간이 매출에서 차지하는 비율은 얼마인가? (단, 모든 계산은 소수점 아래 둘째 자리에서 반올림한다)

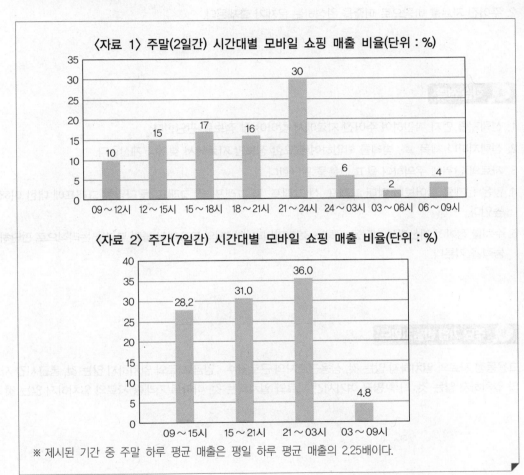

〈자료 1〉 주말(2일간) 시간대별 모바일 쇼핑 매출 비율(단위 : %)

〈자료 2〉 주간(7일간) 시간대별 모바일 쇼핑 매출 비율(단위 : %)

※ 제시된 기간 중 주말 하루 평균 매출은 평일 하루 평균 매출의 2.25배이다.

① 28%　　② 29%　　③ 30%　　④ 31%　　⑤ 32%

|정답| ①

|해설| 평일 하루 평균 매출을 x라고 하면 주말 하루 평균 매출은 $2.25x$이며 지난주 전체 매출은 $5x + 2 \times 2.25x = 9.5x$이다. 15 ～ 21시 구간에서 지난주 매출은 $9.5x \times 0.31 ≒ 2.9x$이고 주말 이틀간의 매출은 $2 \times 2.25x \times (0.17 + 0.16) ≒ 1.5x$이다. 따라서 해당 구간에서 평일 전체 매출은 $2.9x - 1.5x = 1.4x$이고 이는 평일 전체 시간대 매출 대비 $\dfrac{1.4x}{5x} \times 100 = 28$(%)를 차지한다.

유형 3 자료변환

💡 문제분석

1. 주어진 자료를 바탕으로 그래프나 표가 적절하게 표현됐는지 판단하는 문제가 출제된다.
2. 주어진 자료를 바탕으로 퍼즐을 완성하는 문제가 출제된다.

💡 학습 전략

1. 선택지를 먼저 확인하여 주어진 자료에서 찾아야 할 정보를 판단한다.
2. 선택지마다 제목, 축, 범례를 확인하여 필요한 정보만 자료에서 찾거나 계산한다.
3. 자료의 단위에 주의하여 옳고 그름을 판단한다.
4. 많은 문제를 풀어보며 막대 그래프, 선 그래프, 띠 그래프, 원 그래프 등 다양한 그래프에 대한 이해를 높인다.
5. 수치를 정확히 계산해서 정답을 구하는 것뿐 아니라 선택지의 도표에서 틀린 부분을 논리적으로 판단하는 능력을 기른다.

💡 주요 기업 빈출키워드

고용동향 자료와 일치하지 않는 것, 상용근로자의 근로일수·임금 자료와 일치하지 않는 것, 통근시간 자료와 일치하지 않는 것, 하루 평균 여가시간 자료와 일치하는 것, 아파트 거래량 자료와 일치하지 않는 것 등

대표예제

01 다음 자료를 바탕으로 작성한 그래프로 옳지 않은 것은?

〈자료 1〉 구조활동 현황

(단위 : 건, 명)

구분	2013년	2014년	2015년	2016년	2017년	2018년	2019년	2020년
구조건수	281,743	316,776	427,735	400,089	451,051	479,786	609,211	655,485
구조인원	92,391	106,660	102,787	110,133	115,038	120,393	134,428	115,595

※ 구조활동 : 전국 소방관서 상황실에서 119신고 접수 후, 119구조대(구조대원)에게 출동지령을 내려 구조
활동을 한 통계

〈자료 2〉 구급활동 현황

(단위 : 천 건, 천 명)

구분	2013년	2014년	2015년	2016년	2017년	2018년	2019년	2020년
이송건수	1,428	1,405	1,494	1,504	1,631	1,707	1,748	1,777
이송인원	1,481	1,483	1,543	1,548	1,678	1,755	1,793	1,817

※ 구급활동 : 전국 소방관서 상황실에서 119신고 접수 후, 안전센터 구급대로 출동지령을 내려 구급활동
(응급처치 및 이송)을 한 통계

① 〈구조인원〉

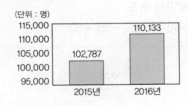

② 〈구조건수(전년 대비 증가율)〉

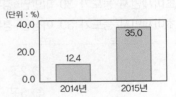

③ 〈이송인원〉

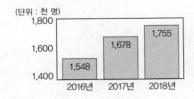

④ 〈이송건수(전년 대비 증가율)〉

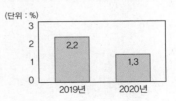

| 정답 | ④

| 해설 | 전년 대비 이송건수 증가율은 2019년은 $\frac{1,748-1,707}{1,707} \times 100 ≒ 2.4(\%)$, 2020년은 $\frac{1,777-1,748}{1,748} \times 100 ≒ 1.7(\%)$
이다.

실전문제연습

자료해석

01 다음은 주요 5개 도시의 미세먼지 및 초미세먼지 농도에 대한 자료이다. 〈계산식〉에 따라 통합미세먼지지수가 '보통' 단계인 도시는 몇 곳인가?

〈주요 5개 도시의 미세먼지 및 초미세먼지 농도〉

(단위 : μg/m³)

도시	서울	부산	광주	인천	대전
미세먼지	86	77	43	63	52
초미세먼지	40	22	27	23	38

단계	좋음	보통	나쁨	매우 나쁨
통합미세먼지지수	0 이상 ~ 90 미만	90 이상 ~ 120 미만	120 이상 ~ 160 미만	160 이상

───| 계산식 |───

- 통합미세먼지지수＝미세먼지지수＋초미세먼지지수
- 미세먼지지수
  - 미세먼지 농도가 70 이하인 경우 : $0.9 \times$ 미세먼지 농도
  - 미세먼지 농도가 70 초과인 경우 : $1.0 \times$ (미세먼지 농도－70)＋63
- 초미세먼지지수
  - 초미세먼지 농도가 30 미만인 경우 : $2.0 \times$ 초미세먼지 농도
  - 초미세먼지 농도가 30 이상인 경우 : $3.0 \times$ (초미세먼지 농도－30)＋60

① 1곳   ② 2곳   ③ 3곳
④ 4곳   ⑤ 5곳

02 다음은 매체를 통한 대중음악 이용경험을 나타낸 자료이다. 제시된 조건에 따라 퍼즐을 완성할 때, A ~ D 칸에 들어갈 숫자를 모두 합한 값은 얼마인가?

권두부록

파트 1
언어능력

파트 2
수리능력

파트 3
추리능력

파트 4
공간지각능력

파트 5
사무지각능력

파트 6
인성검사

구분	20XX년				
	사례 수(명)	TV(%)	인터넷(%)	휴대용 모바일 기기(%)	비디오/DVD/CD플레이어(%)
소계	8,847	87	3.1	9.7	0.2
남성	4,245	85.8	3.8	10.3	0.1
여성		88.1	2.5	9.1	0.3
15 ~ 19세	719		6	29.5	0.5
20대	1,273	67	7.9	24.9	0.2
30대	1,461	84.3	4.6	10.8	0.3
40대	1,634	91.9	2.4	5.5	0.2
50대		95.9	1	3	0.1
60대	1,069	98.7	0.2	1	0.1
70대 이상	1,067	99.4	0.1	0.5	0

[가로열쇠]

㉠ 비율을 통해 볼 때 15 ~ 19세의 TV를 통한 대중음악 이용경험 비율은 ○○%이다.

㉡ 여성의 대중음악 이용경험 사례는 ○○○○명이다.

[세로열쇠]

㉢ 50대의 대중음악 이용경험 사례는 ○○○○명이다.

㉣ 비율을 통해 볼 때, 15 ~ 19세와 20대의 휴대용 모바일 기기를 통한 대중음악 이용경험 비율을 합하면 ○○.○이다

① 19
② 20
③ 21
④ 22
⑤ 23

03 다음 외국인 노동자와 국제결혼에 관한 보고의 내용을 표로 나타내었을 때 적절하지 않은 것은?

유럽의 국가들은 이삼백 년에 걸쳐 산업화가 진행되었던 반면, 우리나라는 반세기라는 비교적 짧은 시간 동안 산업화를 이룩하면서 빠른 성장을 거듭해 왔다. 이러한 빠른 경제성장과 더불어 생활수준 역시 빠른 속도로 향상되었으며 내국인 노동자의 인건비 역시 상승하였다. 결국 부가가치가 낮은 산업에서의 내국인 노동자 인건비는 그 경쟁력을 잃어버리는 추세를 보여 기업들은 상대적으로 인건비가 낮은 외국인 노동자들을 선호하게 되었다.

이러한 까닭으로 우리나라에도 외국인 노동자의 유입이 증가하고 있는 실정이다. 2019년부터 2022년까지의 지역별 외국인 등록 인구를 보면 경기도를 제외하고는 매년 전년 대비 증가하고 있으며, 경기도 역시 2020년부터 2022년까지 전년 대비 증가하는 추세를 보이고 있다. 한국국적을 신규로 취득한 전체 외국인 수 역시 2021년에 비하여 2022년에 증가하였으며, 그중에서 동북아시아 출신 외국인 수는 900명 이상 증가하였다.

2022년 국제결혼 이주자 수의 경우에는 아시아 지역이 90% 이상을 차지하고 있으며, 그중에서도 특히 동북아시아 지역이 아시아 지역의 80% 이상을 차지하고 있다. 국제결혼이 증가함에 따라 국제결혼가정 자녀 수 역시 2021년에 비해 2022년에 두 배 이상이 되었다. 2022년 국제결혼가정 자녀의 연령층별 구성을 보면 연령층이 높아질수록 그 수가 감소하고 있다.

① 2022년 국제결혼가정 부모의 출신지역별 자녀의 연령분포

(단위 : 명)

출신지역 연령층	동북 아시아	동남 아시아	남부 아시아	중앙 아시아	미국	유럽	기타	합
6세 이하	18,210	8,301	281	532	880	171	714	29,089
7 ~ 12세	10,922	4,011	130	121	829	87	91	16,591
13 ~ 15세	4,207	2,506	30	28	391	24	132	7,318
16세 이상	3,070	1,494	13	26	306	21	79	5,009

② 출신지역별 한국국적 신규취득 외국인 수

(단위 : 명)

출신지역 연도	동북 아시아	동남 아시아	남부 아시아	중앙 아시아	미국	유럽	기타	합
2021년	18,412	14,411	9,307	4,097	23,137	3,919	31,059	104,342
2022년	19,374	12,737	8,906	5,283	24,428	4,468	29,448	104,644

③ 출신지역별 국제결혼가정 자녀 수

(단위 : 명)

연도 \ 출신지역	동북 아시아	동남 아시아	남부 아시아	중앙 아시아	미국	유럽	기타	합
2021년	17,477	8,224	288	550	852	263	652	28,306
2022년	34,409	15,312	454	707	2,406	303	1,116	54,707

④ 2022년 출신지역별 국제결혼 이주자 수

(단위 : 명)

출신지역	동북 아시아	동남 아시아	남부 아시아	중앙 아시아	미국	유럽	기타	합
이주자 수	98,139	17,805	1,179	1,173	1,794	835	2,564	123,489

⑤ 연도별 지역별 외국인 등록 인구

(단위 : 명)

지역 \ 연도	2018년	2019년	2020년	2021년	2022년
경기도	165,922	155,942	200,798	234,030	256,827
강원도	7,265	7,989	10,252	11,994	12,892
충청북도	11,665	12,871	17,326	20,731	22,700
충청남도	19,147	19,849	26,411	30,553	35,254
전라북도	8,932	10,165	13,475	16,151	18,749
전라남도	7,819	9,260	11,903	15,126	19,690
경상북도	22,696	23,409	29,721	33,721	35,731
경상남도	24,920	26,679	35,953	42,389	51,707
제주도	1,873	2,178	3,199	4,130	4,902

www.gosinet.co.kr gosinet

권두부록

파트 1
언어능력

파트 2
수리능력

파트 3
추리능력

파트 4
공간지각능력

파트 5
사무지각능력

파트 6
인성검사

04 다음 자료를 참고하여 작성한 그래프로 옳지 않은 것은?

〈공연·전시 횟수〉

(단위 : 회)

구분		2019년	2020년	2021년	2022년
전시		13,002	13,881	13,631	13,235
공연		82,330	80,683	63,251	65,220
	연극	69,122	66,060	47,781	50,920
	무용	2,488	2,491	3,188	3,056
	양악	7,218	8,275	8,298	8,003
	국악	3,502	3,857	3,984	3,241
계		95,332	94,564	76,882	78,455

① 〈공연·전시 총 횟수〉

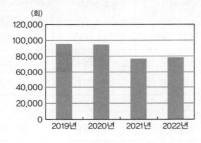

② 〈양악과 국악의 공연 횟수〉

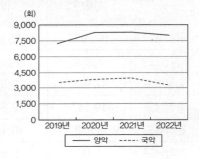

③ 〈2020년 공연 횟수〉

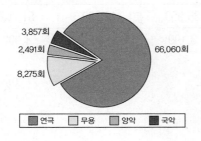

④ 〈2019년 공연·전시 비중〉

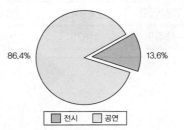

⑤ 〈2022년 공연 구성비〉

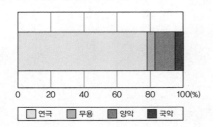

권두부록

파트1
언어능력

파트 2
수리능력

파트 3
추리능력

파트 4
공간지각능력

파트 5
사무지각능력

파트 6
인성검사

05 다음은 월평균 사교육비의 계층별 특성 분포에 대한 통계 자료이다. 이에 대한 설명으로 옳은 것을 〈보기〉에서 모두 고르면?

(단위 : %)

특성별		사교육 받지 않음	10만 원 미만	10 ~ 30만 원 미만	30 ~ 50만 원 미만	50만 원 이상
대도시		29.5	7.5	24.9	19.7	18.4
대도시 이외		32.9	8.3	28.0	19.4	11.4
초등학교		18.9	12.7	37.8	20.3	10.3
중학교		30.8	5.1	22.0	24.6	17.5
고등학교		50.5	3.6	14.6	13.8	17.5
학교 성적	상위 10% 이내	21.6	6.6	28.0	22.3	21.5
	11 ~ 30%	23.3	6.6	28.5	23.4	18.2
	31 ~ 60%	28.4	7.8	27.2	21.3	15.3
	61 ~ 80%	35.5	8.3	26.7	17.4	12.1
	하위 20% 이내	45.4	10.0	23.6	13.5	7.5
부모님 평균 연령	20 ~ 30대	21.6	12.2	38.3	20.0	7.9
	40대	30.7	7.1	24.9	20.8	16.5
	50대 이상	45.9	4.6	17.6	15.2	16.7

─────| 보기 |─────

ⓐ 조사자 수가 3,100명이라면, 학교 성적이 11 ~ 30%인 학생 중 사교육비로 50만 원 이상 지출하는 인원은 약 113명이다.

ⓑ 대도시 이외의 지역에서는 대도시에 비해 사교육을 아예 받지 않거나 30만 원 미만의 비용만 지출하는 비율이 더 많고, 대도시 지역에서는 30만 원 이상을 지출하는 인원이 $\frac{1}{3}$ 이상을 차지한다.

ⓒ 상급학교로 진학할수록, 부모님의 평균 연령대가 높아질수록 사교육을 받는 비율이 높아지고, 이들 모두에게서 사교육을 받지 않는 경우를 제외하고 가장 많은 지출 범위는 10 ~ 30만 원 미만이다.

ⓓ 학교 성적이 상위 10% 이내인 학생이 사교육비로 10만 원 이상을 지출하는 비율이 성적 11 ~ 30%인 학생들에 비해 더 높다.

ⓔ 학교 성적이 하위권으로 내려갈수록 사교육을 받지 않는 비율이 높고, 사교육 여부에 관계없이 이들 모두 10 ~ 30만 원 미만의 비용을 지출하는 경우가 가장 많다.

① ㉠, ㉡, ㉢ 　　　 ② ㉠, ㉡, ㉣ 　　　 ③ ㉠, ㉢, ㉤

④ ㉡, ㉢, ㉣ 　　　 ⑤ ㉡, ㉢, ㉤

[06 ~ 07] 다음은 A 지역 청년통장사업 참여인원에 관한 자료이다. 이어지는 질문에 답하시오.

〈청년통장사업에 참여한 근로자의 고용형태별, 직종별, 근무연수별 인원〉

• 고용형태

(단위 : 명)

전체	정규직	비정규직
6,500	4,591	1,909

• 직종

(단위 : 명)

전체	제조업	서비스업	숙박 및 음식점업	운수업	도소매업	건설업	기타
6,500	1,280	2,847	247	58	390	240	1,438

• 근무연수

(단위 : 명)

전체	6개월 미만	6개월 이상 1년 미만	1년 이상 2년 미만	2년 이상
6,500	1,669	1,204	1,583	2,044

〈청년통장사업별 참여인원 중 유지인원 현황〉

(단위 : 명)

사업명	참여인원	유지인원	중도해지인원
청년통장 I	500	476	24
청년통장 II	1,000	984	16
청년통장 III	5,000	4,984	16
전체	6,500	6,444	56

06 청년통장사업에 참여한 근로자 중 정규직 근로자의 비율은? (단, 소수점 아래 첫째 자리에서 반올림한다)

① 71% ② 77% ③ 81%
④ 84% ⑤ 88%

07 청년통장사업에 참여한 정규직 근로자 중 근무연수가 2년 이상인 근로자의 비율은 최소 몇 %인 가? (단, 소수점 아래 둘째 자리에서 반올림한다)

① 1.5%   ② 2.9%   ③ 3.7%

④ 4.1%   ⑤ 5.0%

08 다음은 어떤 상품을 최근 2개월 안에 구매한 사람과 앞으로 2개월 안에 구매할 예정인 사람을 대상으로 상품 선택에 영향을 미치는 요인에 대해 설문조사한 결과이다. 조사에 응한 사람들은 항목을 1개 또는 2개 선택하였다고 할 때, 설문조사에 대한 해석으로 옳지 않은 것은?

(단위 : 명)

구분		조사인원	가격	브랜드	색상	내구성	디자인	합계
20대	구매한 사람	100	41	33	35	11	46	166
	구매할 사람	100	45	29	38	15	39	166
30대	구매한 사람	200	64	74	66	36	84	324
	구매할 사람	200	68	70	60	42	70	310
40대	구매한 사람	300	81	96	84	66	117	444
	구매할 사람	300	90	87	87	75	99	438
50대	구매한 사람	200	48	42	46	62	50	248
	구매할 사람	200	56	36	54	72	42	260
60대 이상	구매한 사람	100	38	18	16	42	14	128
	구매할 사람	100	43	16	12	48	11	130

① 나이가 들면서 내구성을 중요시하는 비중이 커지고 있다.

② 30대의 구매한 사람 중에서 두 항목을 선택한 사람은 62%이다.

③ 구매한 사람이 구매할 사람보다 가격을 중요시하는 경향이 있다.

④ 20대에서 가격을 선택한 사람의 비율이 50대에서 가격을 선택한 사람의 비율보다 높다.

⑤ 30대와 40대에서 구매한 사람의 상품 선택에 영향을 미치는 요인의 우선순위는 같다.

[09 ~ 10] 다음 상황과 자료를 보고 이어지는 질문에 답하시오.

F 대리는 환경정책자금 융자에 대한 상환관리 업무를 맡고 있다.

<환경기업 금융지원 현황>

기업	구분	대출금리	대출기간	업체당 지원한도액
A	환경산업육성자금	고정금리	3년 거치 4년 상환	3억 원
B	환경개선자금		3년 거치 4년 상환	5억 원
C	재활용산업육성자금	연도별 변동금리	2년 거치 5년 상환	2억 원
D	천연가스공급시설 설치자금		2년 거치 10년 상환	3억 원

※ 변동금리는 1년 단위로 정해진다.

※ 원금 상환은 거치기간 이후부터 시작한다(예를 들어, 대출시기가 X1년이고, 1년 거치 3년 상환일 경우 1년 동안은 이자만 납부하고, 2년이 되는 20X3년부터 원금을 상환한다).

※ 거치기간에도 원금에 대한 이자는 납부해야 하며, 상환기간에는 남은 원금에 대한 이자를 납부해야 한다.

※ 이자는 대출한 다음 해부터 납부하며, 전년도 원금에 대해 고정금리 혹은 변동금리를 적용하여 계산한다.

09 A와 B 기업의 대출 현황 및 상환계획이 다음과 같을 때 20X8년까지 두 기업이 지급한 이자를 포함한 총 상환금은?

〈A, B 기업 대출 현황〉

기업	대출금액(만 원)	대출시기	금리
A	10,000	20X3년	2%
B	5,000	20X2년	3%

※ A 기업은 원금 상환 시기부터 해마다 원금의 25%를 상환한다.
※ B 기업은 원금 상환 시기부터 해마다 원금의 10%, 20%, 20%, 50%를 상환한다.

① 66,900,000원   ② 82,100,000원   ③ 92,900,000원
④ 141,150,000원   ⑤ 163,400,000원

10 C와 D 기업의 대출 현황 및 상환계획이 다음과 같을 때 20X9년까지 두 기업이 지급한 이자를 포함한 총 상환금은?

〈예상 변동금리표〉

구분	20X6년	20X7년	20X8년	20X9년
금리	3%	1%	3%	5%

〈C, D 기업 대출 현황〉

기업	대출금액(원)	대출시기
C	100,000,000	20X5년
D	200,000,000	20X7년

※ C 기업은 원금 상환 시기부터 해마다 원금의 20%를 상환할 계획이다.
※ D 기업은 원금 상환 시기부터 해마다 원금의 10%를 상환할 계획이다.

① 65,400,000원   ② 66,800,000원   ③ 67,000,000원
④ 105,400,000원   ⑤ 107,800,000원

권두부록

파트 1
언어능력

파트 2
수리능력

파트 3
추리능력

파트 4
공간지각능력

파트 5
사무지각능력

파트 6
인성검사

[11 ~ 12] 다음은 어느 렌트카 회사의 차종별 주간 대여요금과 주행요금을 나타낸 표이다. 이어지는 질문에 답하시오.

(단위 : 원)

요금 차종	대여요금(주간)		주행요금
	주간 10분	1일	1km당
경차	790	48,000	140
소형차	800	50,100	150
준중형차	850	51,000	160
중형차	940	53,500	160
대형차	1,050	55,000	160
승합차	1,150	64,600	170
SUV	1,100	63,000	160
외제차	1,200	66,000	200

※ 야간은 주간 대여요금의 50%를 적용한다.
※ 이용요금은 대여요금과 주행요금을 합하여 산정한다.
※ 주간 : 05 : 00 ~ 19 : 00 / 야간 : 19 : 00 ~ 05 : 00

11 오후 5시부터 오후 10시까지 차량을 대여하여 200km를 운행하려고 한다. 준중형차를 대여하고 동일한 속도로 운행한다고 가정했을 때 이용요금은 얼마인가?

① 47,850원   ② 49,850원   ③ 52,400원
④ 83,000원   ⑤ 58,500원

12 자료에 대한 설명으로 옳지 않은 것은?

① 야간에 외제차를 5시간 빌리면 대여요금이 30,000원을 넘지 않는다.
② 중형차를 주간에 10시간 이상 대여한다면 1일 대여요금이 더 싸다.
③ 이용요금은 SUV가 대형차보다 비싸다.
④ 대형차를 주간요금으로 9시간 대여하면 1일 대여요금보다 싸다.
⑤ 1일 사용 기준 외제차를 제외한 가장 비싼 차종은 승합차이다.

[13 ~ 14] 다음 자료를 보고 이어지는 질문에 답하시오(단, 건당 금액은 십만의 자리에서 반올림한다).

〈업종별 현금영수증 발급의무 위반 과태료 부과 현황〉

업종	2020년			2021년			2022년		
	건수 (건)	금액 (억 원)	건당 금액 (백만 원)	건수 (건)	금액 (억 원)	건당 금액 (백만 원)	건수 (건)	금액 (억 원)	건당 금액 (백만 원)
전문직	79	2	3	131	21	16	249	58	23
의료업	287	36	13	585	221	38	1,019	650	64
예식장	123	28	23	97	42	43	90	56	62
장례식장	(가)	0.5	(나)	37	13	(다)	53	25	47
골프장	5	–	–	3	–	–	4	–	–
부동산 중개업	116	0.5	–	120	2	2	(A)	(B)	12
산후조리원	50	9	18	54	14	26	(C)	(D)	50
학원	53	11	21	54	24	44	70	40	57
유흥주점	34	–	–	27	0.1	–	50	57	114
기타	224	–	–	256	15.9	6	295	97	33
계	1,018	87	–	1,364	353	–	2,042	1,032	–

13 2021년 장례식장 업종에 부과된 현금영수증 발급의무 위반 과태료의 건당 금액은 2020년에 비해 몇 배 증감하였는가?

① 14배 증가   ② 21배 감소   ③ 21배 증가
④ 35배 감소   ⑤ 35배 증가

14 (C)에 들어갈 숫자로 알맞은 것은?

① 18   ② 32   ③ 54
④ 62   ⑤ 150

[15 ~ 16] 다음은 연구실 사고 관련 자료이다. 이어지는 질문에 답하시오.

〈자료 1〉 최근 3년(2020 ~ 2022년)간 발생한 연구실 사고 요약

(단위 : 건)

구분	전기사고 (누전, 합선 등)	연구장비 및 기구관련 사고	생물체 사고 (교상, 감염 등)	유해인자 누출 및 접촉	화학물질 (폐기물 반응 및 폭발)	기타 부주의 (넘어짐, 부딪힘 등)
기계/물리	8	88	–	22	2	33
생물/보건	5	87	86	60	7	89
전기/전자	9	6	–	11	3	6
화학/화공	9	72	1	104	29	18
건축/토목/자원	2	83	–	32	–	45
합계	33	336	87	229	41	191

〈자료 2〉 기관별 연구실 사고 현황

(단위 : 건)

구분	2018년	2019년	2020년	2021년	2022년
대학	102	97	153	170	212
연구기관	6	13	14	15	38
기업부설연구소	–	2	8	30	17
합계	108	112	175	215	267

15 다음 중 위의 표를 바르게 분석한 내용만으로 짝지어진 것은?

> ㉠ 연구실 분야별 사고 수는 생물/보건, 화학/화공, 건축/토목/자원, 기계/물리, 전기/전자 순으로 많다.
>
> ㉡ 기관별 연구실 사고 발생 건수는 전체적으로 매년 증가하고 있으며, 사고가 가장 많이 발생하는 기관은 대학이다.
>
> ㉢ 2020년 ~ 2022년의 연구실 사고 유형 중 35% 이상의 비율을 차지하는 것은 연구 장비 및 기구관련 사고뿐이다.

① ㉠
② ㉡
③ ㉠, ㉡
④ ㉡, ㉢
⑤ ㉠, ㉡, ㉢

16 다음 그래프는 연구실 분야별 사고 유형을 백분율로 나타낸 것이다. A ~ D에 들어갈 내용으로 가장 적절한 것은?

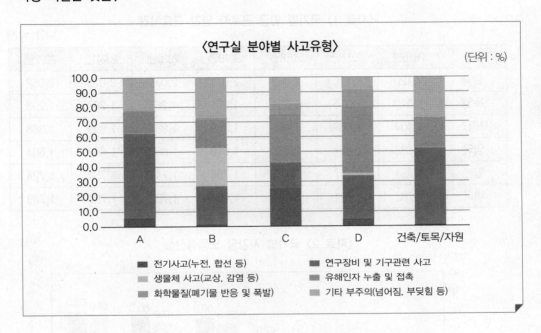

〈연구실 분야별 사고유형〉

(단위 : %)

■ 전기사고(누전, 합선 등)   ■ 연구장비 및 기구관련 사고
■ 생물체 사고(교상, 감염 등)   ■ 유해인자 누출 및 접촉
■ 화학물질(폐기물 반응 및 폭발)   ■ 기타 부주의(넘어짐, 부딪힘 등)

	A	B	C	D
①	기계/물리	생물/보건	전기/전자	화학/화공
②	생물/보건	기계/물리	화학/화공	전기/전자
③	전기/전자	기계/물리	생물/보건	화학/화공
④	화학/화공	기계/물리	생물/보건	전기/전자
⑤	기계/물리	생물/보건	화학/화공	전기/전자

권두부록

파트 1
언어능력

파트 2
수리능력

파트 3
추리능력

파트 4
공간지각능력

파트 5
사무지각능력

파트 6
인성검사

[17 ~ 18] 다음 자료를 보고 이어지는 질문에 답하시오.

〈자료 1〉 국가별 임금 근로자 연간 근로시간

(단위 : 시간)

구분	2016년	2017년	2018년	2019년	2020년	2021년	2022년
한국	2,120	2,116	2,092	2,071	2,071	2,073	2,052
독일	1,310	1,315	1,301	1,291	1,266	1,287	1,298
프랑스	1,404	1,407	1,403	1,389	1,887	1,999	1,388
영국	1,632	1,621	1,688	1,616	1,667	1,668	1,694
일본	1,754	1,747	1,705	1,786	1,741	1,754	1,724
미국	1,782	1,791	1,792	1,790	1,792	1,791	1,789

〈자료 2〉 국가별 시간당 노동생산성

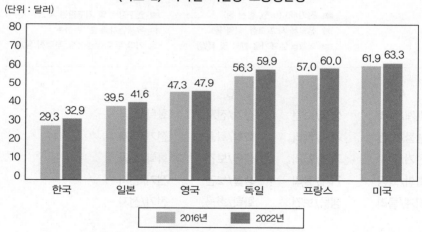

(단위 : 달러)

※ 시간당 노동생산성 = $\dfrac{\text{1인당 GDP}}{\text{연간 근로시간}}$

17 제시된 자료에 대한 설명으로 옳은 것은?

① 2019년 연간 근로시간이 가장 짧았던 나라는 독일이며, 제시된 나라들의 2019년 평균 연간 근로시간보다 400시간 이상 더 짧다.

② 우리나라는 다른 나라들에 비해 연간 근로시간이 긴 편이지만 매년 조금씩 줄어들고 있다.

③ 1인당 GDP가 동일하다면 연간 근로시간이 짧을수록 노동생산성이 높아진다.

④ 제시된 모든 나라들의 2022년 연간 근로시간이 2016년에 비해 줄어들었다.

⑤ 조사기간 동안 일본의 연간 근로시간은 매년 전년 대비 감소하고 있다.

18 2022년 우리나라 1인당 GDP는 2016년에 비해 얼마나 변화하였는가?

① 1,992.4달러 감소   ② 5,394.8달러 증가   ③ 5,394.8달러 감소

④ 9,624.4달러 증가   ⑤ 9,624.4달러 감소

권두부록

파트 1
언어능력

파트 2
수리능력

파트 3
추리능력

파트 4
공간지각능력

파트 5
사무지각능력

파트 6
인성검사

01 유진이는 중간고사에서 5과목(각 과목 100점 만점) 시험을 치렀다. 그 결과가 A ~ D와 같을 때, 국어 점수는 몇 점인가?

> A. 국어와 사회 점수의 평균은 71점이다.
> B. 사회와 과학, 수학 점수의 평균은 55점이다.
> C. 수학과 영어 점수의 평균은 75점이다.
> D. 과학 점수는 5과목 평균과 같다.

① 80점   ② 85점   ③ 90점
④ 95점   ⑤ 100점

02 A, B, C, D, E 다섯 사원은 출근길에 설치된 과속 단속카메라를 지나갔다. 이들 다섯 사원의 단속결과가 다음과 같을 때, 다섯 명이 부담해야 할 범칙금은 총 얼마인가?

> • 단속카메라는 60m 떨어진 두 센서 사이의 통과 시간을 측정한다.
> • A, B, C, D, E가 두 센서 사이를 통과한 시간은 각각 2.5초, 2초, 3초, 2.7초, 2.4초이다.
> • 측정된 속력이 제한속도 80km/h보다 15%를 초과한 경우 범칙금 3만 원이 부과된다.

① 3만 원   ② 6만 원   ③ 9만 원
④ 12만 원   ⑤ 15만 원

03 다음에 제시된 내용을 참고할 때, 최 대리와 강 사원 중 어느 한 명이라도 식사 당번에 포함될 확률은 얼마인가?

> 1박 2일간 야유회를 떠난 영업본부 직원 11명은 야외에서 식사를 직접 준비해 먹으려 한다. 11장의 종이 중 4장에 '식사' 표기를 한 후 통 속에 넣어 '식사'가 쓰인 종이를 뽑게 되면 식사 당번이 된다. 맨 처음 뽑는 최 대리는 자신의 종이를 뽑은 후 장을 보러 간 강 사원의 종이까지 대신 뽑아 주기로 하였다.

① $\frac{21}{55}$　　　　② $\frac{3}{7}$　　　　③ $\frac{5}{9}$

④ $\frac{17}{33}$　　　　⑤ $\frac{34}{55}$

04 A 마켓에 물건을 납품하는 진희는 원가의 40%를 이익으로 붙여 그릇세트 정가를 정하였으나 잘 팔리지 않아 정가의 20%를 할인하기로 했다. 이 그릇세트를 판 결과 1세트당 2,520원의 이익이 남았다면 이 그릇세트의 정가는 얼마인가?

① 12,600원　　　　② 17,640원　　　　③ 21,000원

④ 29,400원　　　　⑤ 30,700원

05 A 용기에는 15%의 소금물이, B 용기에는 6%의 소금물이 각각 100g씩 들어있다. A, B에서 각각 Mg의 소금물을 덜어 A의 것을 B에, B의 것을 A에 넣고 섞은 결과 A의 농도는 12%가 되었다. 다시 한번 Mg씩을 덜어 교환하면 A의 농도는 몇 %가 되는가?

① 7%　　　　② 8%　　　　③ 9%

④ 10%　　　　⑤ 11%

권두부록 / 파트 1 언어능력 / 파트 2 수리능력 / 파트 3 추리능력 / 파트 4 공간지각능력 / 파트 5 사무지각능력 / 파트 6 인성검사

06 그림과 같이 A 점에서 나무의 꼭짓점을 측정한 각이 30°, A 점에서 나무로 16m 접근한 B 점에서 나무의 꼭짓점을 측정한 각이 45°였다. 이 나무의 높이는 얼마인가?

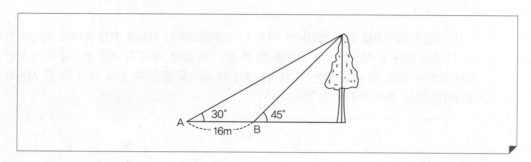

① $2(\sqrt{3}+1)$m   ② $4(\sqrt{3}+1)$m   ③ $6(\sqrt{3}+1)$m

④ $8(\sqrt{3}+1)$m   ⑤ $10(\sqrt{3}+1)$m

07 ○○포털사이트에서는 회원가입을 위해 설정해야 하는 비밀번호에는 주민등록번호 앞 6자리 배열에서 2개 이상의 연속하는 숫자를 비밀번호로 설정할 수 없고, 아이디에 포함된 숫자는 비밀번호로 사용할 수 없다. 다음과 같이 숫자 3개를 사용하여 다음과 같이 비밀번호를 설정할 때 가능한 경우의 수는?

성명	김정현		
주민등록번호	950214 – 2******	확인	완료
아이디	kjh673	확인	완료
비밀번호	kjh955	확인	(오류 !)

① 263가지   ② 269가지   ③ 275가지

④ 277가지   ⑤ 281가지

08 새로운 프로젝트에 사원 A, B, C를 투입해 진행하려고 한다. A와 B가 투입되면 5일이 걸리고, B와 C가 투입되면 10일이 걸리며, A와 C가 투입되면 8일이 걸린다. C 사원이 혼자 프로젝트를 진행한다면 최소 며칠이 걸리겠는가?

① 40일   ② 60일   ③ 70일

④ 80일   ⑤ 120일

09 A 공사의 사내 동아리인 관광 동아리에서 회원을 모집했더니 정회원 25명, 준회원 10명이 가입하였다. 동아리의 입회비는 정회원 30,000원, 준회원 10,000원이고, 비회원에 비해 정회원은 여행비의 20%, 준회원은 10%를 할인해준다. 이들 35명과 비회원 4명의 여행비를 모두 모았더니, 입회비를 포함하여 전부 184만 원이었다. 비회원 1인의 여행비는 얼마인가?

① 25,000원   ② 30,000원   ③ 35,000원
④ 40,000원   ⑤ 45,000원

10 G 회사 경호팀을 대상으로 수영, 오래달리기, 100m 달리기 세 종목에 대한 체력 테스트를 실시하였더니 다음과 같은 결과가 나왔다면, 경호팀은 모두 몇 명인가?

> (가) 수영을 통과한 사람은 17명이다.
> (나) 오래달리기를 통과한 사람은 19명이다.
> (다) 100m 달리기를 통과한 사람은 23명이다.
> (라) 수영과 오래달리기를 통과한 사람은 8명이다.
> (마) 수영과 100m 달리기를 통과한 사람은 11명이다.
> (바) 오래달리기와 100m 달리기를 통과한 사람은 10명이다.
> (사) 세 종목 모두 통과한 사람은 5명이다.
> (아) 세 종목 모두 통과하지 못한 사람은 4명이다.

① 38명   ② 39명   ③ 40명
④ 41명   ⑤ 42명

11 사람들에게 사탕을 나눠 주던 수영이는 15명에게 3개씩 나눠 주면 나머지 사람들이 4개씩 받아도 사탕이 남고, 10명에게 5개씩 나눠 주면 나머지 사람들이 3개씩 받아도 사탕이 모자란다는 것을 알았다. 사탕의 개수가 총 103개라면 사람들은 최대 몇 명인가?

① 27명   ② 28명   ③ 29명
④ 30명   ⑤ 31명

권두부록
파트 1 언어능력
파트 2 수리능력
파트 3 추리능력
파트 4 공간지각능력
파트 5 사무지각능력
파트 6 인성검사

12 ○○공사 문화예술팀 김 대리는 공연 행사 홍보를 위해 현수막을 설치하는 작업을 하고 있다. A 지점부터 B 지점까지 총 100m 거리이며 20m 간격으로 현수막을 설치해야 한다. 현수막은 모두 A 지점에 있으며 한 번에 한 개만 옮길 수 있을 때, 김 대리가 현수막을 모두 설치하기 위해 이동할 거리는? (단, A, B 지점에도 현수막은 설치되어야 한다)

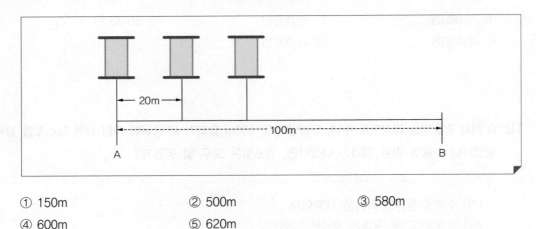

① 150m　　　　　　　② 500m　　　　　　　③ 580m
④ 600m　　　　　　　⑤ 620m

13 A, B, C 3명이 연못의 주변에서 마라톤을 하고 있다. A와 B는 서로 반대 방향으로 같은 속력으로 달리고 있고, C와 A는 같은 방향으로 달리고 있다. A는 C를 12분 만에 앞질렀고, B와 C는 8분 만에 만났다. 이때, A가 연못을 1바퀴 도는 데 걸리는 시간은? (단, A, B, C는 일정한 속력으로 달리고 있다)

① 9분 24초　　　　　② 9분 36초　　　　　③ 9분 48초
④ 10분 36초　　　　　⑤ 10분 48초

14 10%의 소금물 350g에 7%의 소금물을 섞었다. 여기서 30g의 물을 증발시키고 나니 9%의 소금물이 되었다. 7%의 소금물은 몇 g을 넣은 것인가?

① 310g　　　　　　　② 320g　　　　　　　③ 330g
④ 340g　　　　　　　⑤ 350g

www.gosinet.co.kr **gosi**net

15 다음의 〈조건〉을 참고할 때, 모든 사원들에게 지급되고 있는 월급의 총액은 얼마인가?

| 조건 |

- 모든 사원의 월급은 동일하다.
- 사원 10명을 증원하고 각 사원의 월급을 100만 원씩 줄이면 모든 사원에게 지급하는 월급 총액은 기존의 80%가 된다.
- 사원 20명을 감축하고 각 사원의 월급을 전과 같이 지급한다면 모든 사원에게 지급하는 월급 총액은 기존의 60%가 된다.

---

① 1억 원　　　　　　　② 1억 2천만 원　　　　　③ 1억 5천만 원
④ 1억 8천만 원　　　　⑤ 2억 원

16 A 컨베이어 벨트로 물건을 옮기면 4시간, B 컨베이어 벨트로 옮기면 10시간이 걸린다. 3시간 동안 B 컨베이어 벨트로 물건을 옮기고, 나머지는 A, B 컨베이어 벨트로 함께 옮겼다면 물건을 옮긴 시간은 총 얼마인가?

① 4시간　　　　　　　② 5시간　　　　　　　　③ 6시간
④ 7시간　　　　　　　⑤ 8시간

17 월드컵 결승전에서 만나게 된 프랑스와 크로아티아는 현재 승부차기를 벌이고 있다. 4명의 키커까지 승부차기를 하였고 점수는 3 : 3으로 같은 상황에서 마지막 양 팀의 키커가 승부차기를 한 후에 경기의 승패가 갈릴 수 있는 확률은 얼마인가? (단, 프랑스와 크로아티아의 승부차기 성공확률은 각각 60%, 30%이다)

① 48%　　　　　　　② 50%　　　　　　　　③ 52%
④ 54%　　　　　　　⑤ 56%

18 ○○회사에는 3대의 셔틀버스가 있다. 3대의 셔틀버스가 7시에 동시에 출발한다면 처음으로 다시 동시에 출발하는 시간은 언제인가?

> • A 버스는 25분 만에 출발지로 돌아오고, 5분 휴식 후 다시 출발한다.
> • B 버스는 50분 만에 출발지로 돌아오고, 10분 휴식 후 다시 출발한다.
> • C 버스는 1시간 10분 만에 출발지로 돌아오고, 10분 휴식 후 다시 출발한다.

① 8시   ② 11시   ③ 12시
④ 12시 50분   ⑤ 16시 30분

19 A 반 학생 40명은 컴퓨터 자격증 시험과 운전면허 시험을 보았다. 컴퓨터 자격증 시험에만 합격한 사람이 12명, 모두 합격한 사람은 7명, 운전면허 시험에만 합격한 사람은 모두 불합격한 사람의 2배일 때 모두 불합격한 사람은 몇 명인가?

① 5명   ② 6명   ③ 7명
④ 8명   ⑤ 9명

20 다음 그림의 정사각형의 점선을 접어 올리고 △ABC를 밑면으로 하는 원뿔을 만들어서 밑면에서부터 12cm인 곳까지 물을 넣었다. 이 삼각뿔을 △ABD가 밑면이 되도록 두고 같은 양의 물을 넣었을 때, 물의 높이는 밑면에서부터 몇 cm가 되는가?

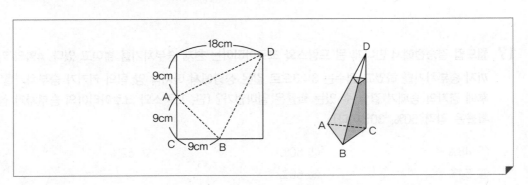

① 3cm   ② 4cm   ③ $4\sqrt{3}$ cm
④ 6cm   ⑤ $6\sqrt{3}$ cm

www.gosinet.co.kr **gosi**net

권두부록

파트 1
언어능력

파트 2
수리능력

파트 3
추리능력

파트 4
공간지각능력

파트 5
사무지각능력

파트 6
인성검사

21 다음 자료는 통계청에서 발표한 생애주기별 주요특성 분석의 일부이다. 이에 대한 설명 중 옳은 것을 모두 고른 것은?

〈자료 1〉 기혼 여성의 혼인 코호트별 초혼 연령, 출생아 수

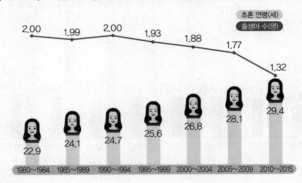

〈자료 2〉 기혼 여성의 혼인 코호트별 출생아 수 분포

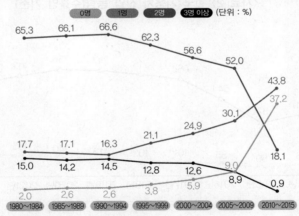

※ 혼인 코호트(Cohort) : 동일한 시기에 결혼한 집단

ㄱ 1980 ～ 1984년 대비 2010 ～ 2015년 혼인 코호트의 초혼 연령은 약 7세 증가하였다.

ㄴ 동일한 시기에 결혼한 집단별로 비교할 때 20년간 전반적으로 기혼 여성의 초혼 연령은 증가하고 출생아 수는 감소하였다.

ㄷ 2000년을 기점으로 자녀를 1명만 낳은 혼인 코호트가 차지하는 비중이 20%를 넘어섰다.

ㄹ 2010 ～ 2015년 자녀를 낳지 않은 혼인 코호트의 비중은 자녀를 2명 낳은 혼인 코호트의 2배를 넘어섰다.

① ㄱ, ㄴ   ② ㄴ, ㄷ   ③ ㄷ, ㄹ

④ ㄱ, ㄴ, ㄹ   ⑤ ㄴ, ㄷ, ㄹ

[22 ~ 23] 다음 자료를 보고 이어지는 질문에 답하시오.

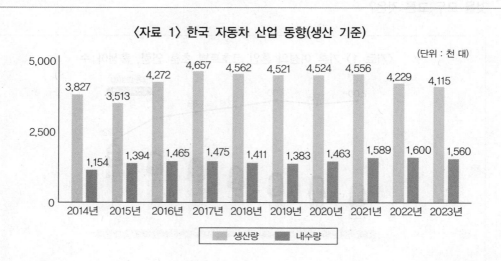

〈자료 1〉 한국 자동차 산업 동향(생산 기준)

〈자료 2〉 한국 자동차 산업 동향(수출입 기준)

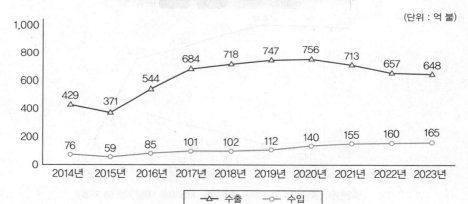

※ 생산/내수는 국내 완성차 업계의 실적 집계이며, 수출/수입은 통관 기준 금액임(완성차, 부품 포함).
※ 무역수지＝수출－수입

〈자료 3〉 2023년 자동차 생산량 국제 비교

(단위 : 천 대)

구분	한국	중국	미국	일본	독일	인도	멕시코	세계 총 생산
생산량	4,115	29,015	11,182	9,684	6,051	4,780	4,068	98,909

권두부록

파트 1
언어능력

파트 2
수리능력

파트 3
추리능력

파트 4
공간지각능력

파트 5
사무지각능력

파트 6
인성검사

22 다음 중 제시된 자료에 대한 설명으로 옳은 것을 모두 고른 것은?

> ㉠ 2023년 한국은 세계 총 자동차 생산량의 약 4%를 차지하고 있다.
> ㉡ 자동차 내수량이 가장 많았던 해에는 전년 대비 10,000대 이상 증가했다.
> ㉢ 한국 자동차 산업의 무역수지는 모든 해에 흑자를 기록하였으며, 무역수지가 가장 큰 해는 2019년이다.

① ㉠   ② ㉠, ㉡   ③ ㉠, ㉢
④ ㉡, ㉢   ⑤ ㉠, ㉡, ㉢

23 2023년 한국의 자동차 생산량의 전년 대비 감소율과 일본의 전년 대비 증가율이 동일할 때, 일본의 2022년 자동차 생산량은? (단, 모든 계산은 소수점 아래 첫째 자리에서 반올림한다)

① 약 9,078천 대   ② 약 9,150천 대   ③ 약 9,277천 대
④ 약 9,402천 대   ⑤ 약 9,504천 대

24 다음 표를 보고 제시된 조건에 따라 가로세로 퍼즐을 완성한다고 할 때, A ~ D에 들어갈 숫자를 모두 합한 값으로 알맞은 것은? (단, 필요하면 소수점 아래 첫째 자리에서 반올림한다)

〈주요 소아암 종류별 진료인원 및 점유율〉

구분	진료인원(명)			점유율(%)		
	2021년	2022년	2023년	2021년	2022년	2023년
백혈병	3,495	3,405	3,484	23.6	23.2	22.1
뇌 및 중추신경계	1,525	1,514	1,728	10.4	10.3	11.0
비호지킨 림프종	1,465		1,576	9.9	9.8	10.0
갑상선암	358	357	413	2.4	2.4	2.6
신장암	366	372	363	2.5	2.5	2.3

※ 위 표는 상위 5개 소아암의 자료이다.

[가로열쇠]

㉠ 백혈병의 점유율을 통해 볼 때 2022년 총 진료인원 수는 □□,□□□명이다.

㉡ ㉠의 총 진료인원 수와 비호지킨 림프종의 점유율을 통해 볼 때 2022년 비호지킨 림프종 진료인원 수는 □,□□□명이다.

[세로열쇠]

㉠ 2023년 비호지킨 림프종, 갑상선암, 신장암의 점유율을 합한 값은 □□.□%이다.

㉢ 2023년 뇌 및 중추신경계 소아암 진료인원 수는 2021년에 비해 □□□명 늘었다.

㉣ 2021년 상위 5개 소아암의 진료인원 수를 합한 값은 □,□□□명이다.

① 15

② 17

③ 19

④ 21

⑤ 23

www.gosinet.co.kr

권두부록

파트1
언어능력

파트 2
수리능력

파트 3
추리능력

파트 4
공간지각능력

파트 5
사무지각능력

파트 6
인성검사

[25 ~ 26] 다음 표를 보고 이어지는 질문에 답하시오.

〈202X년 6월 27일 종목별 채권대차거래 현황〉

(단위 : 억 원)

종목명	전일잔량	금일거래	금일상환	금일잔량
04-3	9,330	0	0	9,330
04-6	27,730	419	㉠	27,507
05-4	35,592	822	0	36,414
06-5	8,200	0	0	8,200
08-5	17,360	0	0	17,360
10-3	20,900	0	0	20,900
11-7	11,680	480	750	11,410
12-2	18,160	3,200	500	20,860
12-3	19,400	200	1,600	18,000
12-4	11,870	600	1,000	11,470
12-6	30,610	2,700	1,300	32,010
13-1	26,370	2,500	800	28,070
13-2	33,870	2,250	1,200	34,920
13-3	11,080	900	300	11,680
기타	68,042	1,350	3,530	65,862
합계	350,194	15,421	㉡	353,993

25 다음 중 ㉠, ㉡에 각각 들어갈 숫자로 올바른 것은?

	㉠	㉡		㉠	㉡		㉠	㉡
①	0	10,980	②	196	11,176	③	223	11,203
④	642	11,622	⑤	466	11,980

26 전일잔량에 비해 금일잔량이 가장 크게 증가한 종목은?

① 12-2　　　　② 12-6　　　　③ 13-1
④ 13-2　　　　⑤ 13-3

[27 ~ 28] 다음 자료를 보고 이어지는 질문에 답하시오.

〈자료 1〉 농가 및 농가 인구

구분	2016년	2017년	2018년	2019년	2020년	2021년	2022년
농가 수(천 호)	1,163	1,151	1,142	1,121	1,089	1,068	1,042
총 가구 중 비중(%)	6.6	6.4	6.3	6.1	5.7	5.5	5.3
농가당 가구원 수(명)	2.5	2.5	2.4	2.5	2.4	2.3	2.3
농가 인구(천 명)	2,962	2,912	2,847	2,752	2,569	2,496	2,422
총 인구 중 비중(%)	6	5.8	5.7	5.7	5	4.9	4.7
65세 이상 비중(%)	33.7	35.6	37.3	39.1	38.4	40.3	42.5

〈자료 2〉 어가 및 어가 인구

구분	2016년	2017년	2018년	2019년	2020년	2021년	2022년
어가 수(천 호)	63.3	61.5	60.3	58.5	54.8	53.2	52.8
총 가구 중 비중(%)	0.36	0.34	0.33	0.32	0.29	0.3	0.3
전업어가 수(천 호)	19.3	18.6	17.2	16.6	16	18.4	19.8
어가당 가구원 수(명)	2.5	2.5	2.4	2.4	2.3	2.4	2.3
어가 인구(천 명)	159.3	153.1	147.3	141.3	128.4	125.7	121.7
총 인구 중 비중(%)	0.32	0.3	0.29	0.28	0.25	0.2	0.2
65세 이상 비중(%)	25.4	27.8	29.9	32.2	30.5	32.5	35.2

27 다음 중 자료에 대한 설명으로 옳지 않은 것은?

① 어가당 가구원 수는 평균 2.4명이다.
② 농가의 인구는 점점 감소하고 있다.
③ 2022년 농가 인구 대비 어가 인구의 비중은 약 5%이다.
④ 2020년을 제외하고 총 가구 중 어가의 비중은 계속 3% 이상이다.
⑤ 농가의 65세 이상 인구의 비중이 어가의 65세 이상 인구의 비중보다 더 높다.

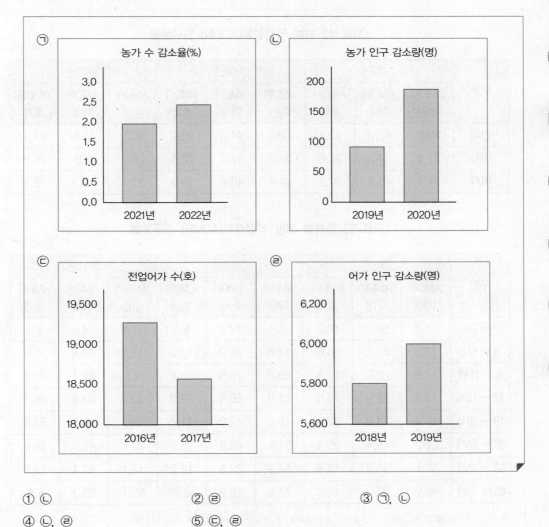

28 다음 중 자료의 내용과 일치하지 않는 그래프를 모두 고른 것은?

① ㉡
② ㉣
③ ㉠, ㉡
④ ㉡, ㉣
⑤ ㉢, ㉣

www.gosinet.co.kr gosinet

권두부록

파트 1
언어능력

파트 2
수리능력

파트 3
추리능력

파트 4
공간지각능력

파트 5
사무지각능력

파트 6
인성검사

[29 ~ 30] 다음 자료를 보고 이어지는 질문에 답하시오.

〈자료 1〉 지방 적정섭취(ADMR) 인구분율

(단위 : %)

구분	2005년			2010년			2015년		
	AMDR 미만	AMDR 이내	AMDR 초과	AMDR 미만	AMDR 이내	AMDR 초과	AMDR 미만	AMDR 이내	AMDR 초과
전체	30.6	47.0	22.4	(B)	44.0	20.4	(C)	43.6	27.7
남자	27.1	(A)	24.6	30.3	47.2	22.5	25.7	(D)	29.9
여자	34.1	45.7	20.2	40.9	40.8	18.3	31.7	42.8	(E)

〈자료 2〉 연령별 지방 적정섭취(ADMR) 인구분율

(단위 : %)

구분	2005년			2010년			2015년		
	AMDR 미만	AMDR 이내	AMDR 초과	AMDR 미만	AMDR 이내	AMDR 초과	AMDR 미만	AMDR 이내	AMDR 초과
1 ~ 2세	27.8	56.2	16.0	46.1	47.4	6.5	37.0	54.9	8.1
3 ~ 5세	13.8	65.6	20.6	17.8	69.2	13.0	13.7	78.6	7.7
6 ~ 11세	13.6	68.6	17.8	19.2	70.3	10.5	9.8	67.1	23.1
12 ~ 18세	11.4	68.6	20.0	11.6	66.4	22.0	10.2	63.4	26.4
19 ~ 29세	19.4	43.0	37.6	16.6	42.0	41.4	13.3	34.1	52.6
30 ~ 49세	29.2	45.4	25.4	31.0	45.3	23.7	20.5	44.0	35.5
50 ~ 64세	51.1	35.3	13.6	54.9	32.9	12.2	42.1	40.4	17.5
65세 이상	66.7	27.1	6.2	77.5	18.8	3.7	65.1	28.3	6.6

※ AMDR(Acceptable Macronutrient Distribution Range) : 다량영양소 적정섭취범위

〈지표의 의의 및 활용〉

- ADMR 초과섭취 인구분율은 에너지 섭취량이 성별, 연령별 필요추정량보다 높은 사람의 분율을 의미하며 에너지 필요추정량이란 적정 체격과 활동량을 가진 건강한 사람이 에너지 평형을 유지하는 데 필요한 에너지 양
- 지방 적정섭취(ADMR) 인구분율은 지방으로부터 섭취하는 에너지량이 전체 섭취 에너지량 대비 적정 범위 내에 속하는 경우를 뜻하며 지방 섭취가 적정섭취 범위 미만 또는 이상인 경우 만성질환 발병 위험이 상대적으로 높은 경향
- ADMR 초과섭취 인구분율은 해당 지표 자체로는 낮을수록 양호하나 초과섭취 인구분율이 낮은 경우 상대적으로 부족 위험이 있는지에 대해서도 관찰이 필요
- 지방 적정섭취 인구분율은 ADMR 이내 인구 비율이 높을수록 양호하며 미만 또는 초과 인구 비율을 함께 제시하고 있으므로 영양 문제가 어느 방향으로 치우쳐 있는지도 함께 점검하는 것이 필요

권두부록

파트 1
언어능력

파트 2
수리능력

파트 3
추리능력

파트 4
공간지각능력

파트 5
사무지각능력

파트 6
인성검사

29 다음 중 성별에 따른 지방 적정섭취(AMDR) 인구분율과 관련된 설명으로 가장 적절한 것은?

① 2005년 지방 AMDR 이내 여성 인구분율은 남성에 비해 3.6%p 작다.

② 2015년 지방 AMDR 이내 남성 인구분율은 5년 전에 비해 증가하였다.

③ 2015년 지방 AMDR 초과 여성 인구는 5년 전에 비해 약 39% 증가하였다.

④ 2010년 전체 인구가 1,800만 명이라고 가정하면, AMDR 미만 인구는 600만 명 이상이다.

⑤ 조사 기간 동안 지방 AMDR 미만인 여성 인구분율은 항상 동일 조건의 남성 인구분율에 비해 더 적다.

30 다음 중 연령별 지방 적정섭취(ADMR) 인구분율 추이에 관한 해석으로 옳지 않은 것은?

① 2015년 지방 AMDR 이내에 속하는 인구분율이 가장 높은 연령대는 3 ~ 5세이다.

② 2015년의 AMDR 미만의 인구분율은 3세 미만을 제외한 모든 연령대에서 10년 전보다 감소하였다.

③ 조사 기간 중 30 ~ 49세, 50 ~ 64세 두 연령대의 AMDR 초과 인구분율은 동일한 증감 패턴을 보인다.

④ AMDR을 초과하는 인구분율과 비만발생률이 비례한다고 가정할 때, 비만발생 가능성이 가장 높은 연령대는 30 ~ 40대이다.

⑤ 조사 기간 동안 65세 이상의 AMDR 미만 인구분율은 항상 60% 이상으로 해당 연령대 인구의 과반수가 적정 수준의 지방을 섭취하지 않음을 알 수 있다.

고시넷 20대기업 온·오프라인 인적성검사 통합기본서

영역별 출제비중

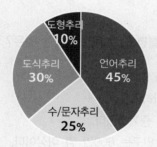

▶ 언어추리 : 명제추리, 논리 오류, 참·거짓추리, 조건추리, 어휘
    추리/범주화
▶ 수/문자추리 : 수열추리, 문자추리, 응용추리
▶ 도식추리 : 문자도식추리, 그림도식추리, 알고리즘
▶ 도형추리 : 박스형, 나열형, 시각적 형상화

추리는 크게 1. 언어추리 2. 수/문자추리 3. 도식추리 4. 도형추리 네 가지 영역으로 출제되고 있다. 주어진 명제나 조건들을 통해 결과를 도출해내고, 참과 거짓을 추론하는 능력을 평가한다. 또 나열된 수와 문자의 규칙을 파악하는 능력, 도식과 도형에 나타난 일정한 규칙성을 파악하는 능력을 평가한다.

파트 3 추리능력

언어추리

제시된 각각의 명제 및 정보를 이해하고, 정보 및 명제 간의 논리적 연관성을 파악하여 적절한 결론을 도출해 내는 능력이다.

유형분석

- 제시된 상황 또는 조건에 분석적으로 접근하여 논리적 사고력으로 새로운 사실이나 논증의 결과를 추론해내는 능력을 평가한다.
- 주어진 명제나 조건의 옳고 그름을 통해 옳은(또는 옳지 않은) 답을 선택지에서 찾는 유형이 출제된다.
- 추리 영역에서 언어추리는 가장 높은 출제비율을 보이고 있으므로 다양한 유형을 학습해 두어야 한다.

주요 출제기업

CJ_CAT · GS · KCC · KEB하나은행 · KT · LG · LS_LSAT · SK_SKCT · 대림 · 롯데_L－TAB · 빙그레 · 삼성_GSAT · 아모레퍼시픽_APAT · 코오롱 · 현대자동차_HMAT · 효성 등

유형별 출제비중

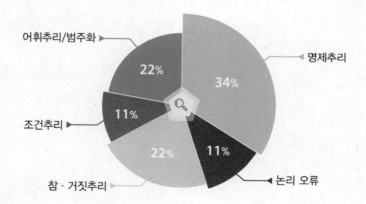

간단한 명제부터 삼단논법과 조건추리, 범주화까지 다양한 유형이 여러 기업에서 출제되고 있다. 대체적으로 평이한 수준의 난도를 보이고 있으므로 기본기를 확실하게 익히는 학습을 하는 것이 좋다. 언어추리는 언어와 관련이 있기도 하지만 이를 논리적, 비판적으로 접근하여 추론하는 능력에 따라 문제를 해결하는 데 차이가 있기 때문에 다양한 시각에서 사고하는 연습을 필요로 한다.

권두부록

파트 1
언어능력

파트 2
수리능력

파트 3
추리능력

파트 4
공간지각능력

파트 5
사무지각능력

파트 6
인성검사

최신 출제 경향

명제추리, 논리 오류, 참·거짓추리, 조건추리, 어휘추리/범주화 유형으로 구분되는 언어추리는 추리의 대표적인 유형답게 거의 모든 기업에서 출제된다. 그중 논리 오류나 어휘추리의 비중은 비교적 적지만 출제되는 일부 기업들에서는 꾸준히 출제되고 있으므로 기출 유형 및 패턴을 학습해 두어야 한다.

빈출되는 세부 유형

• 주어진 명제의 역·이·대우를 활용하여 답을 도출하는 유형
• 논리적 사고를 통해 오류의 종류를 파악하는 유형
• 참 또는 거짓의 진술을 통해 문제가 요구하는 답을 추론하는 유형
• 제시된 조건을 활용하여 자리를 배치하거나 위치를 파악하는 유형
• 단어나 문장의 범주를 유추하여 분류하는 유형

학습방법

• 명제추리에서는 조건을 첫 음절이나 알파벳 등을 활용하여 시각적으로 이해하기 쉽게 정리하는 연습을 한다.
• 조건추리는 조건에 따라 모순되는 선택지들을 미리 삭제하는 등 시간을 절약할 수 있는 방법을 익혀 둔다.
• 어휘추리에서 제시되는 어휘들의 사전적 의미와 활용 예문도 함께 익혀 다양한 쓰임을 이해하며 학습한다.
• 범주화의 풀이시간을 줄이기 위해서는 문장들의 실질적인 내용뿐만 아니라 내포된 의미나 문장 형식도 함께 이해하는 학습을 해야 한다.

○ 01 언어추리

유형 1 **명제추리**

💡 문제분석

1. 주어진 명제를 통해 역 · 이 · 대우의 관계를 이해하고 활용할 수 있는지를 묻는 문제가 출제된다.
2. 일반적인 사실에서 구체적인 결론을 도출하는 연역법(삼단논법)을 활용한 문제가 출제된다.
3. 비슷한 유형의 문제들이 많이 출제되기 때문에 많은 문제를 유형별로 연습한다.

💡 학습 전략

1. 조건을 간략하게 기호화하는 연습을 한다. 예를 들어 'A라면 B이다'에서 A는 가정이 되고, B는 결론이 된다. 이것을 기호로 'A → B'로 나타낼 수 있다.
2. 대우 명제는 본래의 진릿값(참, 거짓)과 동일한 진릿값을 갖기 때문에 참을 고르는 문제는 '대우'가 정답일 경우가 많다.
3. 선택지에 대우가 있는지부터 확인한 다음 주어진 명제들 중 어떤 것을 대우로 활용하는 것이 좋을지 판단한다.
4. 명제의 연언, 선언관계를 학습한다. 연언 명제를 암시하는 연결사는 '그리고, 그러나, 그럼에도 불구하고' 등이 있고, 선언 명제를 암시하는 연결사는 '또는' 등이 있다.
5. 주어진 전제로부터 A를 얻고자 하면 일단 A를 부정한 다음 나타나는 모순을 발견하는 귀류법을 활용한다.

💡 주요 기업 빈출키워드

거짓말을 하는 사람 찾기, 출장 장소 찾기, 신입사원들이 할 수 있는 언어 맞추기, 다섯 명 중에 가장 먼저 출근한 사람 찾기, 좋아하는 색깔 찾기, 학생들의 좋아하는 과목 찾기, 홍차를 구매한 사람 찾기, 신제품이 출시되는 날짜 찾기, A기업이 대출을 하지 않았을 때 파산하는 기업 찾기, 좋아하는 간식에 대해 조사한 결과가 다음과 같을 때 확실하게 말할 수 있는 것 찾기 등

권두부록

파트1
언어능력

파트2
수리능력

파트3
추리능력

파트4
공간지각능력

파트5
사무지각능력

파트6
인성검사

대표예제

01 ○○제약회사에서 개발한 신약이 가진 부작용의 원인이 신약을 항생제와 함께 복용, 진통제와 함께 복용, 수면제와 함께 복용한 경우 중 하나라고 한다. 다음 A ~ D를 참고하여 반드시 거짓인 진술을 고르면?

> A. 항생제와 진통제를 복용했고, 수면제를 복용하지 않았을 때 부작용이 없었다.
> B. 항생제를 복용했고, 진통제와 수면제를 복용하지 않았을 때 부작용이 없었다.
> C. 항생제를 복용하지 않았고, 진통제와 수면제를 복용했을 때 부작용이 있었다.
> D. 항생제와 진통제를 복용하지 않았고, 수면제를 복용했을 때 부작용이 있었다.

① 사례 A, B만을 고려한다면 항생제를 신약과 함께 복용한 것이 부작용의 원인이다.
② 사례 A, C만을 고려한다면 진통제를 신약과 함께 복용한 것은 부작용의 원인이 아니다.
③ 사례 A, D만을 고려한다면 수면제를 신약과 함께 복용한 것이 부작용의 원인이다.
④ 사례 B, C만을 고려한다면 진통제를 신약과 함께 복용한 것이 부작용의 원인일 수 있다.
⑤ 사례 C, D만을 고려한다면 수면제를 신약과 함께 복용한 것은 부작용의 원인이다.

| 정답 | ①

| 해설 | 조건을 표로 정리해 보면 다음과 같다. 이를 토대로 각 선택지의 진술을 판단할 수 있다.

구분	항생제 복용	진통제 복용	수면제 복용	부작용 발생
A	○	○	×	×
B	○	×	×	×
C	×	○	○	○
D	×	×	○	○

사례 A, B의 차이는 진통제 복용 여부이고, 두 시험 모두 부작용이 없었으므로 ①은 거짓이다.

| 오답풀이 |

② 사례 A, C 모두 진통제를 복용했으나 부작용 발생 여부는 달랐으므로 진통제 복용이 부작용 발생의 원인이 될 수 없다.

③ 수면제를 제외한 약물을 복용했을 때 부작용이 없었고, 수면제만을 복용했을 때 부작용이 있었으므로, 수면제 복용을 부작용의 원인으로 추론할 수 있다.

④ 사례 B는 진통제와 수면제를 제외한 약물을 복용했을 때 부작용이 없었고, 사례 C는 진통제와 수면제를 복용했을 때 부작용이 있었으므로, 진통제 복용이 부작용의 원인일 수 있다.

⑤ 수면제를 복용한 두 시험 모두에서 부작용이 발생했으므로 수면제 복용을 부작용의 원인으로 추론할 수 있다.

○ 01 언어추리

유형 2 논리 오류

🔍 문제분석

1. 논리적 사고력, 비판적 사고력을 활용하여 오류를 파악하는 유형이다.
2. 오류의 유형을 묻는 문제, 주어진 예문과 유사한 오류를 고르는 문제, 제시된 글에 나타난 논리적 오류와 유사한 오류를 지닌 문장을 고르는 문제 또는 오류 유형이 다른 유형을 찾는 문제 등이 출제된다.
3. 오류는 비논리적 사고의 결과이기 때문에 논증의 구조와 방식을 파악하는 것이 요구된다.

💡 학습 전략

1. 추리 과정에서 나타나는 비논리적 특징을 파악하면 오류의 유형에 더 쉽게 접근할 수 있다.
2. 제시된 내용이 일반적이고 객관적으로도 올바른 내용인지 비판적으로 생각하는 능력을 길러야 한다.
3. 오류의 유형을 종류에 따라 형식적 오류, 자료적 오류, 심리적 오류, 언어적 오류로 나누어 암기하고, 감정에 호소하는 오류, 연민에 호소하는 오류 등 자주 출제되는 오류의 의미를 정확히 파악해 두어야 한다.
4. 전건 부정의 오류, 후건 긍정의 오류나 분할의 오류, 합성의 오류 등 반대되거나 유사한 오류들은 예시와 함께 암기해 두는 것이 좋다.

💡 주요 기업 빈출키워드

알래스카에 대한 인식, 금융 부문의 부패에 따른 출판업계의 피해, 외국산 제품의 사용과 매국, 직원들의 대화 내용, 신의 존재 유무, 신입사원 연수 교육, 인간과 침팬지 등

대표예제

01 다음은 논리적 오류에 관한 예시이다. 어떤 논리적 오류에 해당하는가?

> • 훌륭한 예술가들은 왼손잡이이다.
> • 나는 왼손잡이이다.
> • 따라서 나는 훌륭한 예술가이다.

① 매개념 부주연의 오류   ② 사개명사의 오류   ③ 선언지 긍정의 오류

④ 선결문제의 오류   ⑤ 잘못된 유추의 오류

| 정답 | ①

| 해설 | 매개념 부주연의 오류란 '모든 X는 Y이다. Z도 Y이다. 따라서 Z는 X이다(또는 X는 Z이다)' 형식의 오류를 말한다. 삼단논법의 전제에서 매개념이 한 번도 주연이 되지 않은 경우에 발생하는 오류이다.

02 다음에 나타난 논리적 오류와 동일하지 않은 오류를 범하고 있는 것은?

> 중국에서 지난해 7월 금융 부문에 대한 반부패 단속에 추가로 적발된 야오강 전 증권감독관리위원회 부주석이 5일 수뢰혐의 등으로 기소됐습니다. 관영 신화통신은 최고인민검찰원 발표를 인용해 야오 전 부주석이 이날 수뢰 및 내부자거래 혐의로 기소됐다고 보도했습니다. 이에 따라 야오 전 부주석이 집필한 증권 관련 서적에 대한 소비자들의 반품 요청이 쇄도하고 있어 출판업계에서는 큰 곤혹을 치르고 있습니다.

① 그가 아무리 잘못을 했어도 내 오랜 친구인데 내가 그의 편을 드는 것은 당연하다.

② 그 대통령은 결국 사형 선고를 받게 되었으니 평소 그의 철학과 소신은 믿을 수 없다.

③ 돈을 물 쓰듯이 하는 그녀가 불우한 이웃을 도와야 한다고 주장하는 얘기는 들을 필요가 없다.

④ 그녀는 대학을 나오지 않았으므로 그녀의 말을 믿을 수 없다.

⑤ 그의 부모는 노비 출신이기 때문에 우리 가문의 여자와 혼인을 할 수 없다.

| 정답 | ①

| 해설 | 제시된 글과 나머지 선택지의 경우 다른 사람의 의견이나 견해에 대해 논리적으로 반박하지 않고 고의적으로 상대방의 인품, 성격, 과거의 행적 등을 비난하고 공격함으로써 자신의 주장을 정당화시키려 하거나 상대방의 주장을 부정하려 할 때 발생하는 인신공격의 오류이다. 그러나 ①은 가족이나 친구 등 사적 관계에 있는 사람들에 대해서 학연, 지연, 혈연 등의 서로의 친밀함을 내세워 그 주장을 받아들이지 않을 타당한 이유가 있음에도 불구하고 자기 의견에 동조할 것을 요구하는 오류의 유형이다. 그러므로 ①은 제시된 글과 같은 오류의 유형을 범하고 있지 않다.

권두부록

파트 1
언어능력

파트 2
수리능력

파트 3
추리능력

파트 4
공간지각능력

파트 5
사무지각능력

파트 6
인성검사

○ 01 언어추리

유형 3
참 · 거짓 추리

🔅 문제분석

1. 제시된 조건을 통해 어떤 진술이 참인지 거짓인지 판별하고, 문제가 원하는 답을 도출하는 유형이다.

2. 특정 상황에서 참을 진술하는 사람과 거짓을 진술하는 사람을 찾거나 특정 상황에 해당하는 사람을 찾는 유형이다.

3. 제시된 예문을 바탕으로 각 문제의 내용을 읽고 참 · 거짓 · 알 수 없음을 선택하는 유형이다.

🔅 학습 전략

1. 조건의 특정 내용이 참인지, 거짓인지에 따라 여러 가지 경우의 수를 생각하여 판단해야 하는 경우가 있다. 따라서 확실하게 참 · 거짓을 판별할 수 있는 것을 찾아 경우의 수를 좁혀 나간다.

2. 제시된 조건에서 고정된 조건이 무엇인지를 먼저 파악한 다음 변동 가능한 조건을 확인하고 나머지 조건들을 대입하며 불가능한 경우를 삭제한다.

3. 거짓말을 하는 사람을 찾는 경우 각각 한 명씩 진실을 말한다고 가정하고 모순이 되는 경우를 찾는다.

4. 주어진 조건에서 참 · 거짓을 판단해야 한다. 명확히 알 수 없는 진술과 참 · 거짓을 혼동하지 않도록 주의한다.

5. 각각의 진술 가운데 서로 모순이 되는 진술을 중심으로 참 또는 거짓이라 가정하고 문제풀이의 실마리를 찾는다.

🔅 주요 기업 빈출키워드

다섯 명 중 거짓말을 하는 사람은 1명뿐이고 나머지는 모두 진실을 말할 때의 범인 찾기, A는 진실을 말하고 B는 거짓을 말할 때 반드시 참인 진술 찾기, 조건이 참일 때 예시가 반드시 참인 것 찾기, 해외수출에 대한 진술이 참일 때 옳지 않은 것 찾기 등

권두부록

파트 1
언어능력

파트 2
수리능력

파트 3
추리능력

파트 4
공간지각능력

파트 5
사무지각능력

파트 6
인성검사

대표예제

01 같은 엘리베이터에 탄 사원 A ～ E의 다음 진술에서 한 명은 거짓말을 하고 있을 때, 반드시 참인 것은? (단, 각각 1 ～ 5층에서 내리며, 같은 층에서 내린 사람은 없다)

- A : B는 확실히 1층에서 내렸어.
- B : C는 1층에서 내렸어.
- C : 잘은 모르겠지만, D는 적어도 3층에서는 내리지 않았어.
- D : E는 4층에서 내렸어.
- E : 나는 4층에서 내렸고 A는 5층에서 내렸어.

---

① A는 4층에서 내렸다.　　② B는 3층에서 내렸다.　　③ C는 1층에서 내렸다.

④ D는 2층에서 내렸다.　　⑤ E는 5층에서 내렸다.

|정답| ④

|해설| A ～ E의 진술을 살펴보면, A와 B가 상반된 진술을 하고 있음을 알 수 있다. 따라서 C ～ E 중 거짓이 있을 경우, A와 B의 진술이 모순이 되므로 A와 B 중 거짓을 말하는 사람이 반드시 있다. A와 B의 진술을 가정하여 각 진술을 참과 거짓으로 구분하면 다음과 같은 두 가지 결론을 얻을 수 있다.

- A가 거짓인 경우 : 1 ～ 5층 → C, D, B, E, A
- B가 거짓인 경우 : 1 ～ 5층 → B, D, C, E, A

따라서 누구의 진술이 거짓이냐에 관계없이 D는 항상 2층에서 내린다.

01 언어추리

유형 4 조건추리

문제분석

1. 제시된 상황이나 주어진 조건을 통해 알맞은 결과를 추론하는 문제이다.
2. 참인 조건을 제시하여 다른 참인 정보 도출하기, 제시된 상황으로 자리 배치하기, 순서 나열하기 등이 출제된다.
3. 언어추리 유형 중 가장 많은 사고력을 필요로 하며 주어진 상황에 대한 정보로 값을 산출하는 수리적 사고를 요구하기도 한다.

학습 전략

1. 제시된 조건들을 간단하게 기호화하거나 불가능한 선택지를 삭제해나가면 풀이 시간을 단축할 수 있다.
2. 가장 명확한 조건을 기준으로 조건을 표나 그림으로 정리하거나 가능한 경우의 수를 최소화하기 위해 모순되는 진술을 먼저 파악하는 것도 효율적인 방법이다.
3. 원탁 배열 문제일 경우 한 사람의 자리를 고정시켜서 판단하며, 이 사람을 기준으로 마주보는 경우가 있는지를 확인하며 위치를 파악한다.
4. 제시된 조건들이 유기적 관계를 형성하고 있으므로 조건들을 연결하여 풀이해 나가거나 패턴의 흐름을 파악하여 이를 적용하는 연습을 해야 한다.

주요 기업 빈출키워드

아파트 입주민 파악하기, 수강신청하기, 직급별 주차 위치 파악하기, 지갑 훔친 범인 찾기, 달리기 순위 나열하기, 특정 달의 일정 파악하기, 회의시간 테이블 위치 파악하기, 휴가 일수 및 일정 파악하기, 카페메뉴 선정하기, 리그별 소속팀 판별하기, 일렬로 주차된 차 나열하기, 인물과 고향 연결하기, 쓰고 있는 우산의 색으로 옳은 것 찾기 등

대표예제

01 다음 〈조건〉에 따라 사원들의 자리를 추론할 때 적절한 것은?

──| 조건 |──

- 9개의 책상이 있는 사무실에 7명이 근무하고 있다.
- 사무실에 근무하는 사람은 강 주임, 김 책임, 박 선임, 최 주임, 장 책임, 조 사원, 신 사원이다.
- 한 명당 한 개의 책상을 사용한다.
- 장 책임은 창문 바로 옆에 있는 책상에 앉고 그 옆자리는 공석이다.
- 박 선임 양 옆에는 김 책임과 강 주임이 앉는다.
- 조 사원 바로 앞에는 박 선임이 앉는다.
- 신 사원 뒤에는 김 책임이 앉는다.
- 창문 바로 옆자리 중에 공석이 있다.

(앞)

창문	책상 1	책상 2	책상 3
	책상 4	책상 5	책상 6
	책상 7	책상 8	책상 9

(뒤)

① 최 주임은 책상 7에 앉는다.
② 공석은 서로 앞뒤로 위치해 있다.
③ 장 책임 뒤에는 김 책임이 앉는다.
④ 조 사원과 창문 사이 자리는 공석이다.
⑤ 신 사원은 조 사원의 옆에 앉는다.

| 정답 | ④
| 해설 | 제시된 조건에 따라 자리 배치도를 그려 보면 다음과 같다.

창문	책상 1 장 책임	책상 2 (공석)	책상 3 신 사원
	책상 4 강 주임	책상 5 박 선임	책상 6 김 책임
	책상 7 (공석)	책상 8 조 사원	책상 9 최 주임

따라서 조 사원과 창문 사이 자리는 공석이다.

권두부록

파트 1
언어능력

파트 2
수리능력

파트 3
추리능력

파트 4
공간지각능력

파트 5
사무지각능력

파트 6
인성검사

유형 5 어휘추리/범주화

💡 문제분석

1. 낱말과 문장의 의미나 유형을 파악하는 유형이다.
2. 주어진 단어들의 관계를 파악하여 유사한 관계를 선택하는 문제, 단어들이나 문장들을 일정기준에 따라 분류하는 문제가 출제된다.
3. 분류하는 기준이 두 개 또는 세 개로 출제되며 이에 따라 범주를 나누는 기준을 세워 분류하는 연습을 해야 한다.

💡 학습 전략

1. 순우리말, 한자어, 동사, 형용사 등 다양한 형태의 단어를 학습해야 한다.
2. 제시된 단어의 쓰임이나 뜻을 이해하여 관계를 유추하는 능력을 길러야 한다.
3. 대표적인 단어 관계인 동의관계, 유의관계, 반의관계, 상하관계, 포함관계를 정리해 둔다.
4. 제시된 단어에 '을(를), ~이, ~하다, ~이다' 등을 써서 문장을 만들어 보고 선택지에서 공통된 부분을 찾는 연습을 한다.
5. 단어나 문장들을 제시하는 분류 수에 따라 범주를 설정해야 하며 내포된 의미, 속성들을 중심으로 분류하여 집단화해야 한다.

💡 주요 기업 빈출키워드

싹/열매, 높새/하늬, 절찬/혹평, 격분하다/따분하다, 축구/펜싱, 하교/공부, 대전/안동, 영토/주권, 별/바람, 석유/풍차, 단어 범주화하기, 논리에 따라 주장 범주화하기, 인간의 심성에 따라 분류하기, 자동차의 장단점에 따라 분류하기, 길이와 무게에 따라 분류하기 등

권두부록

파트 1
언어능력

파트 2
수리능력

파트 3
추리능력

파트 4
공간지각능력

파트 5
사무지각능력

파트 6
인성검사

대표예제

01 다음 제시된 문장을 정해진 기준에 맞게 분류한 것은?

---

① 서울은 아름다운 도시이다.

② 로마는 문화 유적이 그대로 보존되어 있다.

③ 뉴욕은 인구밀도가 높다.

④ 상파울로는 뜨거운 태양처럼 열정적이다.

⑤ 오사카에는 다양한 종류의 음식들이 많다.

⑥ 두바이는 화려한 빌딩의 향연장이다.

⑦ 파리는 철학이 살아있는 도시이다.

⑧ 베이징은 웅장하고, 엄숙한 분위기이다.

---

(1)	(2)
①	

1-(1)

|정답| ④, ⑤, ⑥, ⑦, ⑧

|해설| ①은 개인의 주관이 개입된 문장이다. 따라서 1-(1)에는 주관적인 문장이, 1-(2)에는 객관적인 문장이 들어가야 한다.

1-(2)

|정답| ②, ③

|해설| 1-(1) 해설을 참고하면 두 번째 박스에는 ②, ③이 들어가야 함을 알 수 있다.

01 실전문제연습

언어추리

01 다음의 조건이 모두 참이라고 할 때, 반드시 참이라고 볼 수 없는 것은?

> • 김 대리가 해외출장을 가면 최 사원은 팀을 이동한다.
> • 하 과장이 국내출장을 가면 최 사원은 팀을 이동한다.
> • 근무평가 기간이 아니면 하 과장이 국내출장을 가지 않는다.
> • 근무평가 기간에 김 대리는 해외출장을 간다.

① 최 사원이 팀을 이동하면 근무평가 기간이다.
② 하 과장이 국내출장을 가면 근무평가 기간이다.
③ 근무평가 기간이 되면 최사원은 팀을 이동한다.
④ 김 대리가 해외출장을 가지 않으면 근무평가 기간이 아니다.
⑤ 하과장이 국내출장을 가면 김 대리가 해외출장에 간다.

02 다음의 명제들이 모두 참일 때, 반드시 참인 것은?

> • 계산기를 주로 사용하는 사람은 계산 능력이 높지 않다.
> • 계산기가 없으면 불안감을 느낀다.
> • 수리 능력이 높은 사람은 계산 능력이 높다.

① 계산기가 있으면 불안감을 느끼지 않는다.
② 계산 능력이 높으면 불안감을 느낀다.
③ 계산기를 주로 사용하는 사람은 수리 능력이 높지 않다.
④ 불안감이 높은 사람은 계산기를 주로 사용함을 통해 불안감을 해소한다.
⑤ 계산기를 사용하지 않으면 불안감을 느끼지 않는다.

03 6명의 친구들에게 올 여름 계곡 여행 참석여부를 물었더니 다음과 같이 답했을 때, 항상 참인 것은?

> • 경준 : 선영이가 안 가면 갈게
> • 단비 : 지율이가 가면 나도 갈거야
> • 혁칠 : 단비가 가면 난 안 갈래
> • 선영 : 혁칠이가 가면 나도 갈게
> • 성빈 : 단비는 안 오고 경준이가 가면 갈게

① 지율이가 가면 혁칠이도 간다.
② 단비와 선영이가 가지 않으면 성빈이는 간다.
③ 단비가 가면 지율이는 가지 않는다.
④ 혁칠이가 가면 경준이도 간다.
⑤ 선영이가 간다면 경준이도 간다.

04 '열심히 일하는 사람은 모두에게 칭찬을 받는다'라는 명제가 참일 때, 다음 중 항상 옳은 것은?

> 가. 일부에게만 칭찬을 받는 사람은 열심히 일하는 사람이 아니다.
> 나. 열심히 일하는 사람은 일부에게만 칭찬을 받는다.
> 다. 모두에게 칭찬을 받는 사람은 열심히 일하는 사람이다.
> 라. 열심히 일하지 않는 사람은 모두에게 칭찬받는 사람이 아니다.
> 마. 열심히 일한 사람은 모두에게 칭찬을 받지 않았다.

① 가   ② 나   ③ 다
④ 라   ⑤ 마

권두부록

파트 1
언어능력

파트 2
수리능력

파트 3
추리능력

파트 4
공간지각능력

파트 5
사무지각능력

파트 6
인성검사

05 다음의 명제들이 확실하게 참이라고 할 때, 반드시 참인 것은?

> • 수소 전기차 시장이 성장하면 어떤 소수 연료 회사는 성장한다.
> • 수소 전기차 시장이 성장하지 않으면 대체 에너지 시장은 성장하지 않는다.

① 어떤 수소 연료 회사가 성장하면 수소 전기차 시장은 성장한다.
② 대체 에너지 시장이 성장하면 어떤 수소 연료 회사는 성장하지 않는다.
③ 대체 에너지 시장이 성장하지 않으면 모든 수소 연료 회사가 성장한다.
④ 모든 수소 연료 회사가 성장하지 않으면 대체 에너지 시장은 성장하지 않는다.
⑤ 수소 전기차 시장이 성장하면 대체 에너지 시장은 성장하지 않는다.

06 총무팀 사원 중 사내 운동 동호회 활동을 하는 사람은 총 13명이다. 다음 운동 동호회 활동에 대한 〈정보〉가 모두 참일 때, 〈보기〉 중 항상 참인 진술이 아닌 것은?

> | 정보 |
>
> • 총무팀 사원이 활동하는 운동 동호회는 마라톤부, 산악회, 축구부 총 세 개다.
> • 모든 총무팀 사원은 2개 이상의 운동 동호회 활동을 할 수 없으며, 1개의 동호회만 활동해야 한다.
> • 마라톤부 활동을 하는 총무팀 사원수는 산악회 활동을 하는 총무팀 사원수보다 많다.
> • 축구부 활동을 하는 총무팀 사원수는 마라톤부 활동을 하는 총무팀 사원수보다 많다.
> • 각 운동 동호회에는 최소 1명 이상의 사람이 활동하고 있다.

> | 보기 |
>
> A : 마라톤부 활동을 하는 총무팀 사원이 4명이라면, 축구부 활동을 하는 총무팀 사원은 7명이다.
> B : 산악회 활동을 하는 총무팀 사원이 3명이라면, 축구부 활동을 하는 총무팀 사원은 6명이다.
> C : 축구부 활동을 하는 총무팀 사원이 9명이라면, 산악회 활동을 하는 총무팀 사원은 1명이다.

① A   ② B   ③ A, B   ④ A, C   ⑤ B, C

권두부록

파트 1
언어능력

파트 2
수리능력

파트 3
추리능력

파트 4
공간지각능력

파트 5
사무지각능력

파트 6
인성검사

07 다음에 나타난 논리적 오류와 동일한 오류를 범하고 있는 사람은?

> "나는 어제 어떤 사람이 몽둥이로 개를 때리는 것을 보았네. 그 모습이 불쌍해 가슴이 너무 아팠네. 그래서 이제부터는 개고기나 돼지고기를 먹지 않을 생각이네."

① 김 사원 : 이 과목마저 낙제를 하면 저는 졸업할 수 없습니다. 그러면 제 어머니께서 얼마나 낙담하시겠습니까? 선생님, 제발 낙제만 면하게 해주십시오.

② 이 사원 : 내가 어제 갈비를 뜯다가 이를 부러뜨릴 뻔했어. 그러니까 너희들은 절대로 갈비를 먹어서는 안 돼. 이가 부러지거든.

③ 장 사원 : 얘들아, 자꾸 텔레비전 채널 놓고 싸울래? 얘들은 도대체 공부할 생각을 안 해요. 그만 공부나 해라.

④ 윤 사원 : 그 사람 말은 보나마나 거짓말이야. 전에 사기로 다른 사람에게 고소를 당한 적이 있는 사람이니까.

⑤ 박 사원 : 교과서의 소설은 정말 재미없었어. 아마 저 소설도 재미가 없을 거야.

08 논리적 오류의 성격이 다음의 글과 같은 것은?

> 아침에 안경 쓴 남자를 보면 그날은 영락없이 재수가 없더라. 오늘 아침에도 안경 쓴 남자를 보았으니 재수가 없는 하루가 될 거야.

① 내가 아무리 잘못했다고 치더라도 넌 내 친구니까 내 편이어야 한다.

② 너는 좋아하는 운동이 하나도 없어? 어쩌면 그럴 수가 있어. 너처럼 운동을 싫어하는 사람은 아마 없을 거야.

③ 소풍 갈 때마다 비가 왔다. 그러므로 올해도 소풍 갈 때 비가 올 것이다.

④ 친구를 뒤에서 흉보면 안 된다. 그러므로 친구 아닌 다른 사람은 뒤에서 흉보아도 된다.

⑤ 그를 이번에 합격시켜요. 그에게는 연로하신 부모가 있어요.

09 다음은 직원들의 대화를 정리한 것이다. 밑줄 친 문장에서 범하고 있는 논리적 오류는?

> 김 사원 : 아! 오늘 진상고객 정말 많다.
> 박 사원 : 나도 봤어. 번호표 한참 지났는데 먼저 업무 처리 해달라고 소리치던 고객이지?
> 김 사원 : 맞아. 지금 생각해 보니 올 때마다 진상을 부린 것 같다.
> 박 사원 : <u>그 사람은 어디서든 진상을 부릴 것이 틀림없어.</u>

① 성급한 일반화의 오류　　② 해석의 오류　　③ 과대 해석의 오류
④ 무지에의 호소　　⑤ 인신공격의 오류

10 다음 〈정보〉와 〈조건〉을 토대로 할 때, 항상 거짓인 것은?

───| 정보 |───

　신입사원 5명 A, B, C, D, E의 전공은 각각 경영학, 사회학, 심리학, 영문학, 회계학 중 하나이다.

───| 조건 |───

• 이들은 사내 동호회(탁구, 등산, 볼링) 1곳에 가입했으며, 3곳 모두 최소 1명 이상이 가입하였다.
• 볼링 동호회에 가입한 사람은 2명이다.
• A와 C는 같은 동호회에 가입하였다.
• B는 회계학을 전공하였다.
• D와 E는 경영학과 영문학을 전공하지 않았다.
• 사회학을 전공한 사람은 볼링 동호회에 가입하지 않았다.
• 심리학을 전공한 사람은 등산 동호회에 가입하지 않았다.
• 탁구 동호회에는 영문학과 경영학을 전공한 사람이 가입하였다.

① A는 심리학을 전공하지 않았다.
② B는 등산 동호회에 가입하였다.
③ C는 영문학을 전공하였다.
④ D는 볼링 동호회에 가입하였다.
⑤ A와 C는 탁구 동호회에 가입하였다.

11 올 여름 휴가 계획에 대해 다섯 명의 사원 중 한 명을 제외하고 모두 진실을 말했다고 할 때, 다음 중 거짓말을 하고 있는 사원은?

> A 사원 : 나는 올해에도 E 사원 바로 다음으로 휴가를 가는군.
> B 사원 : 이번엔 내가 마지막으로 휴가를 가는구나.
> C 사원 : 나는 휴가를 D 사원보다 늦게 가겠네.
> D 사원 : 나는 휴가를 B 사원, C 사원보다 늦게 가겠구나.
> E 사원 : 올해엔 내가 제일 먼저 휴가를 가네.

① A 사원   ② B 사원   ③ C 사원
④ D 사원   ⑤ E 사원

권두부록

파트 1
언어능력

파트 2
수리능력

파트 3
추리능력

파트 4
공간지각능력

파트 5
사무지각능력

파트 6
인성검사

12 사내에서 대여해주는 노트북이 분실되었는데, 개발팀, 영업팀, 생산팀, 법무팀 중 어느 한 곳의 사무실에 분실한 노트북이 있는 것으로 조사되었다. 〈진술〉에서 사원 중 1명만 거짓을 말하고 있을 때, 다음 〈보기〉 중 항상 참인 것은?

> | 진술 |
>
> • 개발팀 사원 : 영업팀에 갔었는데 거기에는 그 노트북이 없었습니다.
> • 영업팀 사원 : 내가 우리팀이랑 법무팀에 가서 봤을 때 노트북은 없던데.
> • 생산팀 사원 : 우리 사무실에는 없어요.
> • 법무팀 사원 : 어!? 나는 생산팀에서 봤어.

> | 보기 |
>
> A. 개발팀 사원이 거짓말을 하고 있다면, 노트북은 개발팀에 있다.
> B. 영업팀 사원이 거짓말을 하고 있다면, 노트북은 영업팀에 있다.
> C. 생산팀 사원이 거짓말을 하고 있다면, 노트북은 생산팀에 있다.
> D. 법무팀 사원이 거짓말을 하고 있다면, 노트북은 법무팀에 있다.

① A   ② B   ③ C
④ D   ⑤ A, B

13 직원 A, B, C, D가 1명씩 돌아가면서 주말 근무를 하고 있다. 같은 직원이 2주 연속으로는 주말 근무를 하지 않는다. 〈조건〉 중 3개는 참이고 1개는 거짓일 때, 항상 참인 진술은? (단, 각 직원은 한 달에 1번 이상 주말 근무를 하여야 한다)

───| 조건 |───

㉮ A는 지난 2주 동안 휴가였기 때문에 주말 근무를 하지 않았다.

㉯ B가 지난주에 주말 근무를 하였다.

㉰ C는 2주 전에 주말 근무를 하였다.

㉱ D는 이번 주에 주말 근무할 예정이다.

① 지난주 주말 근무자는 B이다.　　　　② 지난주 주말 근무자는 A이다.

③ 이번 주 주말 근무자는 D이다.　　　　④ 이번 주 주말 근무자는 C이다.

⑤ 다음 주 주말 근무자는 A이다.

14 다음 명제가 참일 때, 반드시 참인 진술은?

• 직원 중 한 명 이상은 반드시 직업훈련에 참가해야 한다.

• 갑, 을, 병 세 직원 모두 직업훈련에 참가하는 것은 불가능하다.

• 갑 직원이 직업훈련에 참가하지 않았다면 을 직원도 직업훈련에 참가하지 않았다.

• 을 직원과 병 직원 모두 직업훈련에 참가했거나 혹은 모두 직업훈련에 참가하지 않았다.

• 병 직원이 직업훈련에 참가했다면 갑 직원도 직업훈련에 참가했다.

① 갑 직원만 직업훈련에 참가했다.

② 갑, 을, 병 세 직원은 모두 직업훈련에 참가했다.

③ 갑 직원, 을 직원은 직업훈련에 참가했지만 병 직원은 직업훈련에 참가하지 않았다.

④ 갑 직원, 병 직원은 직업훈련에 참가했지만 을 직원은 직업훈련에 참가하지 않았다.

⑤ 을 직원, 병 직원은 직업훈련에 참가했지만 갑 직원은 직업훈련에 참가하지 않았다.

15 ○○기업 마케팅부 사원 A, B, C, D, E는 점심식사 후 음료를 마시려고 카페에 갔다. 제시된 조건에 따라 각 사원이 마신 음료와 그 가격을 대응시켰을 때, 다음 중 바르게 연결된 것은?

A, B, C, D, E는 커피 2종류(카페라테, 카페모카), 주스 2종류(수박, 자두), 차 1종류(녹차) 중에서 하나씩 선택했고, 각자 서로 다른 음료를 주문했다. 주문한 음료 중 두 가지는 4,000원이고, 또 다른 두 가지는 5,000원이고, 나머지 하나는 6,000이다.

• A는 가격이 4,000원인 음료를 주문했다.
• C는 가장 비싼 음료를 주문했다.
• C와 E는 같은 범주에 속하는 음료를 주문했다.
• D는 주스를 주문하지 않았고, A와 다른 가격의 음료를 마셨다.
• B는 녹차를 주문했으며, B가 주문한 음료는 D, E가 주문한 음료와 금액이 다르다.
• 카페모카와 수박 주스는 가격이 동일하다.

① A, 수박 주스, 4,000원 ② B, 녹차, 5,000원 ③ C, 카페라테, 6,000원
④ D, 카페모카, 5,000원 ⑤ E, 자두 주스, 5,000원

16 한 달에 한 번 열리는 회의에 A, B, C, D, E가 참석을 하는데, 이번 달 회의에 대해 다음과 같이 발언을 하였다. 이들 중 오직 한 사람만이 진실을 말하고 있으며, 나머지 네 사람은 거짓을 말하고 있다. 이들의 발언을 참고할 때, 이번 달 회의는 무슨 요일에 열리는가? (단, 회의는 월, 화, 수, 목, 금요일 중에 열린다)

• A : 회의를 한 다음날은 금요일이다.
• B : 회의는 월요일이나 목요일에 열린다.
• C : 회의는 화요일과 목요일에는 열리지 않는다.
• D : 저번 달 회의는 월요일에 열렸으므로, 이번 달 회의도 월요일에 열릴 것이다.
• E : 회의는 마지막 주 수요일에 열린다.

① 월요일 ② 화요일 ③ 수요일
④ 목요일 ⑤ 금요일

17 사내강사 3명과 외부강사 2명은 다음 주 월요일부터 금요일까지 경제, 경영, 법률, 교양, 회계 지식을 직원들에게 교육할 예정이고, 교육규칙에 따라 1명당 한 분야를 담당하며, 하루에 1명씩 교육을 진행한다. 다음의 규칙을 기반으로 추론하여 〈보기〉에서 옳은 내용만을 모두 고른 것은?

- 회계 강의 이틀 후에는 사내강사가 교육한다.
- 화요일과 목요일은 외부강사가 교육한다.
- 월요일부터 수요일까지는 경제 교육이 불가능하다.
- 법률 교육 이틀 후에는 외부강사가 교양 강의를 한다.

| 보기 |

㉠ 경제 교육을 사내강사가 한다면 경영 교육은 외부강사가 한다.
㉡ 수요일에는 회계 교육을 할 수 없다.
㉢ 교양 교육 다음에는 경제 교육을 해야 한다.

① ㉠   ② ㉢   ③ ㉠, ㉡

④ ㉡, ㉢   ⑤ ㉠, ㉡, ㉢

[18 ~ 19] 제시된 단어의 관계가 서로 같은 관계가 되도록 빈칸에 들어갈 적절한 단어를 고르시오.

18

허술하다 : 오달지다 =(   ) : 빈곤하다

① 가멸차다   ② 빈약하다   ③ 황망하다

④ 헤프다   ⑤ 청하다

19

용이하다 : 쉽다 =( ) : 받들다

① 붙잡다   ② 공경하다   ③ 건네다

④ 무시하다   ⑤ 맞들다

20 제시된 단어를 보고 공통점이 있는 것 3개를 골라 연상되는 단어를 유추하면?

마우스, 숟가락, 눈금자, 빗물, 비닐봉지, 모니터, 빨대, 침대, 도로, 키보드

① 식사   ② 작곡   ③ 컴퓨터

④ 실내장식   ⑤ 음료수

21 제시된 단어들 중에는 서로 관련이 있는 단어가 3개 있다. 이 세 단어들을 통해 공통으로 적용·연상할 수 있는 단어를 고른 것은?

금관악기	날씨	알밤
바지	묵	겨울잠
독수리	기상	그림

① 철도   ② 비   ③ 우산

④ 나팔   ⑤ 사막

[22 ~ 25] 다음 제시된 단어 또는 문장을 일정한 기준에 따라 분류하시오.

22

① 개발   ② 운동   ③ 마케팅

④ 등록   ⑤ 추천   ⑥ 연애

⑦ 결혼   ⑧ 투표

⑨ 출산   ⑩ 영업

⑪ 당선   ⑫ 생산   ⑬ 양육

(1) ①

(2) ④

(3)

23

① 대전   ② 전주

③ 안동   ④ 경주

⑤ 포항   ⑥ 인천

⑦ 목포   ⑧ 나주

(1) ①

(2) ③

(3)

24

① 택시 운전자들의 입장에서는 수입금이 증대하기 때문에 승객입장에서는 택시를 잡기 쉬워질 것입니다.

② 심야 시간에 택시 환승을 허용한다는 방침은 관리 감독이 되지 않을 것입니다.

③ 신선한 아이디어라고 반기는 목소리가 있는 반면 효과가 없고 지켜지기 힘들 것이라는 부정적 견해가 팽팽히 맞서고 있습니다.

④ 합승이 택시 범죄를 부추길 수도 있습니다.

⑤ 서울시는 심야시간에 택시를 잡기 힘든 구간을 택해 택시 합승을 허용한다는 '택시 해피존'을 시범적으로 운영하겠다고 발표하였습니다.

⑥ 택시 운전자들의 골라태우기식 승차거부를 해소할 수 있습니다.

⑦ 택시 운전자와 승객 간의 요금 실랑이가 일어날 수도 있습니다.

(1)	(2)	(3)
	①	②

25

① 내가 탕에 들어오니 엄청나게 많은 물이 넘쳤어.

② 목욕하기 전이랑 몸무게 차이가 있어

③ 내 차 트렁크에는 캐리어가 두 개밖에 안 들어가.

④ 로운이는 소영이보다 다리가 길다.

⑤ 여기서는 속초보다 대전이 더 멀어.

⑥ 내가 힘이 더 세니, 더 무거운 짐을 들게.

⑦ 내가 엘리베이터에 탔더니 정원 초과 벨이 울렸어.

⑧ 튜브의 바람을 다 빼서 가방에 넣으렴.

(1)	(2)	(3)
④	②	

권두부록

파트 1
언어능력

파트 2
수리능력

파트 3
추리능력

파트 4
공간지각능력

파트 5
사무지각능력

파트 6
인성검사

제시된 수, 문자 등의 배열로부터 규칙을 발견하고, 이러한 규칙을 적용하여 다음 순서 혹은 빈칸 등에 들어갈 내용을 추론하는 능력이다.

🔍 유형분석

- 수/문자추리는 숫자나 문자의 배열을 보고 규칙을 추론하는 유형으로, 숨은 규칙을 추론하는 능력뿐만 아니라 수리적인 추리능력 또한 평가한다.
- 문자보다 숫자를 추론하는 문제의 출제비중이 더 높으며 일부 기업에서는 수리영역에 포함시켜 출제되고 있다.
- 추리 내 비중은 약 12 ~ 13%정도이지만 꾸준히 출제되고 있는 유형이므로 학습이 필요하다.

🔍 주요 출제기업

KEB하나은행 · KT · LG · LS_LSAT · 대림 · 두산_DCAT · 롯데_L-TAB · 빙그레 · 삼성_GSAT · 코오롱 · 현대자동차_HMAT 등

🔍 유형별 출제비중

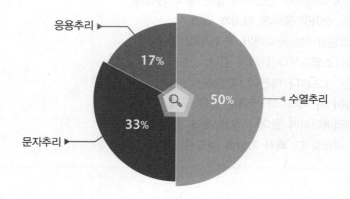

숫자와 문자가 복합적으로 나타나는 유형이 출제된다. 나열된 조건들의 귀납적 정의를 이해해야 쉽게 접근할 수 있으며, 이들의 알고리즘을 분석하는 능력이 요구된다.

🔆 최신 출제 경향

수/문자추리는 다른 수학적 추론문제들과 달리 사전 지식 없이 풀 수 있는 문제가 출제된다. 일부 기업에서는 수리능력에서 출제되기 때문에 수학적 지식과 무관하지 않다. 따라서 수리능력과 연계된 부분이 많다는 것을 인지하고 학습해야 한다.

🔆 빈출되는 세부 유형

- 나열된 숫자에 연산기호를 사용하여 숫자 간의 차이를 파악하는 유형
- 나열된 문자를 보고 규칙을 발견함으로써 특정 자리에 들어갈 내용을 추리하는 유형
- 여러 모양의 조건에 숨어 있는 일정한 수학적 규칙을 파악하고 논리적으로 풀이하는 유형

🔆 학습방법

- 나열된 숫자를 연산하여 숫자 간 차이(오차)를 살펴보고 공통적으로 나타나는 규칙을 파악한다.
- 풀이 가능성에 빠지지 말고 답이 잘 나오지 않는다면 다음 문제로 과감히 넘어가야 한다.
- 문자들은 약속된 문자 순서에 따라 숫자로 치환하여 해결한다.
- 다양한 유형의 문제들로 수에 대한 감각과 규칙을 파악하는 요령을 학습한다.

권두부록

파트 1
언어능력

파트 2
수리능력

파트 3
추리능력

파트 4
공간지각능력

파트 5
사무지각능력

파트 6
인성검사

유형 1

수열추리

💡 문제분석

1. 나열된 숫자들의 규칙을 찾아 빈칸에 들어갈 적합한 것을 고르는 유형으로 짧은 시간 안에 문제를 풀어야 하기 때문에 주어진 시간에 많은 문제를 풀어내는 것이 중요하다.

2. 밑줄 그은 세 항 이상끼리의 일정한 규칙을 찾아내어 빈칸에 올 알맞은 수를 추리하는 군수열 형태로 구성된 유형이다.

3. 등차수열, 등비수열, 계차수열 외에도 다양한 수열이 출제되므로 폭넓은 학습을 해야 한다.

💡 학습 전략

1. 수열추리는 수열의 규칙을 빨리 찾아내는 것이 중요하기 때문에 기출문제를 풀면서 수열의 규칙을 빨리 찾는 연습을 해야 한다.

2. 이웃한 두 항만으로 규칙을 찾는 것보다 이웃한 세 항 또는 수열 전체를 살펴보며 일정한 규칙을 찾는 연습을 해야 한다.

3. 규칙이 보이지 않을 경우에는 홀수 항과 짝수 항을 짝을 지어 비교해 보는 다양한 방법으로 연습한다.

4. 문제에 분수가 출제되었을 경우에는 분자, 분모를 나누어 각각의 규칙을 파악해 보는 연습을 한다.

5. 수열의 어떤 규칙이 나열되었는지 찾기 위해서는 오차(차이)에 주목하여 문제를 푸는 연습을 한다.

6. 규칙이 보이지 않을 때는 소수의 나열을 생각해 본다. 규칙이 없는 소수의 나열은 문제를 푸는 동안 규칙을 찾기 위해 많은 시간을 보내게 만들 수도 있으므로 규칙성을 찾을 수 없다면 소수의 나열일 수 있다.

💡 주요 기업 빈출키워드

공통된 규칙을 찾아 괄호 안에 들어갈 알맞은 수 찾기, A와 B에 들어갈 수들의 합 구하기, 일정한 규칙에 따라 나열된 수열에서 2,007항에 들어갈 수 찾기, 10항을 구하여 각 자릿 수의 합 구하기, ⬇ 자리를 기준으로 시계 방향으로 돌아갈 때 일정한 규칙을 찾아 괄호 안에 들어갈 알맞은 숫자 찾기 등

대표예제

01 다음 수들은 일정한 규칙에 의해 나열되어 있다. '?'에 들어갈 수로 적절한 것은?

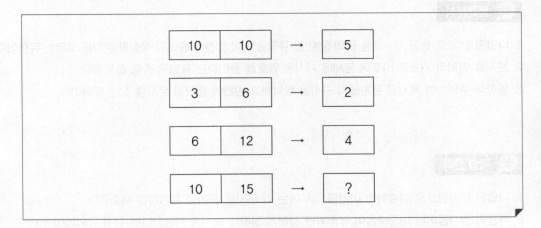

| 10 | 10 | → | 5 |

| 3 | 6 | → | 2 |

| 6 | 12 | → | 4 |

| 10 | 15 | → | ? |

① 4   ② 5   ③ 6

④ 7   ⑤ 8

|정답| ③

|해설| 왼쪽 두 수를 곱한 값을 두 수를 더한 값으로 나누면 오른쪽 값이 된다.

$(10 \times 10) \div (10 + 10) = 100 \div 20 = 5$

$(3 \times 6) \div (3 + 6) = 18 \div 9 = 2$

$(6 \times 12) \div (6 + 12) = 72 \div 18 = 4$

따라서 $(10 \times 15) \div (10 + 15) = 150 \div 25 = 6$

권두부록

파트 1
언어능력

파트 2
수리능력

파트 3
추리능력

파트 4
공간지각능력

파트 5
사무지각능력

파트 6
인성검사

02 수/문자추리

유형 2 문자추리

문제분석

1. 나열된 알파벳, 한글 자 · 모음 등의 문자 간 규칙을 찾아 빈칸에 들어갈 적절한 문자를 고르는 유형이다.
2. 문자를 임의의 기호로 바꾸어 문제에 제시된 암호를 풀이하는 유형도 종종 출제된다.
3. 방향에 주의하여 제시된 문자들의 규칙을 파악하고 빈칸에 들어갈 문자를 찾는 유형이다.

학습 전략

1. 나열된 문자만으로 해결하기 어려울 경우에는 각 문자를 숫자로 치환하여 해결한다.
2. 한글의 쌍자음이나 이중모음이 포함되면 사전에 실리는 순서를 적용한다는 것에 유의해야 한다.
3. 대응 규칙에는 다양한 패턴이 있지만 자주 사용되는 순환 패턴의 종류를 대략적으로 익혀두면 유사문제들에 대한 통찰력을 기를 수 있다.
4. 공통되는 단어가 있다면 먼저 대응 구조를 파악한다.
5. 규칙성을 찾는 것이 핵심이므로 다양한 문제를 통해 학습한다.

주요 기업 빈출키워드

알파벳으로 나타난 규칙성 찾기, 단모음으로 나타난 규칙성 찾기, 단모음과 이중모음의 순서로 규칙성 찾기, 사전에 실리는 모음 순서(순환패턴) 파악하기, 사전에 실리는 자음 순서(순환패턴) 파악하기, 자음과 모음의 순환패턴으로 빈칸의 글자 찾기 등

권두부록

파트 1
언어능력

파트 2
수리능력

파트 3
추리능력

파트 4
공간지각능력

파트 5
사무지각능력

파트 6
인성검사

대표예제

[01 ~ 03] 일정한 규칙을 찾아 '?'에 들어갈 알맞은 것을 고르시오.

01

W   A   F   L   S   (?)

① A   ② D   ③ G   ④ J   ⑤ K

| 정답 | ①
| 해설 | W ── A ── F ── L ── S ── ?
23 ──⁺⁴── 27 ──⁺⁵── 32 ──⁺⁶── 38 ──⁺⁷── 45 ──⁺⁸── ?
따라서 '?'에는 53으로 치환되는 A가 들어간다.

02

ㄱ   ㄲ   ㄷ   ㅁ   ㅆ   (?)

① ㅈ   ② ㅊ   ③ ㅋ   ④ ㅎ   ⑤ ㄷ

| 정답 | ③
| 해설 | 사전에 실리는 자음 순서를 이용하여 푼다.
ㄱ ── ㄲ ── ㄷ ── ㅁ ── ㅆ ── ?
1 ──⁺¹── 2 ──⁺²── 4 ──⁺³── 7 ──⁺⁴── 11 ──⁺⁵── ?
따라서 '?'에는 16으로 치환되는 ㅋ이 들어간다.

03

가   댜   머   셔   (?)   쾌

① 오   ② 예   ③ 조   ④ 좌   ⑤ 쵸

| 정답 | ③
| 해설 | 자음은 +2, 모음은 +1의 형태의 반복이다. 자음 'ㅈ'과 모음 'ㅗ'의 차례로 답은 '조'이다.

유형 3

응용추리

02 수/문자추리

💡 문제분석

1. 여러 모양의 도형이나 도식, 문제에 숨어있는 일정한 수학적 규칙을 파악하고 논리적으로 문제를 풀어 나가야 한다.

2. 일정한 패턴으로 출제되는 유형은 아니지만 기본적인 접근 방식은 유사하므로 다양한 문제로 수에 대한 감각이나 규칙을 파악하는 요령을 익히는 것이 좋다.

3. 여러 방식으로 접근해도 규칙 파악이 어려운 경우에는 다음 문제로 넘어가는 결단력이 필요하다.

💡 학습 전략

1. 주어진 조건을 이해하기 쉽도록 표로 정리하여 해결한다.

2. 연속된 정수의 합을 구할 때에는 가능한 경우의 수를 모두 나열한 후 조건에 맞는 것을 선택한다.

3. 이미 사용한 연산 기호를 다시 사용하지 않도록 주의해야 한다.

4. 사칙연산의 계산 순서에 따라 계산하며 곱셈과 나눗셈이 함께 있을 때는 한꺼번에 소거하여 최대한 간단한 수로 만들어 해결한다.

5. 가로, 세로, 대각선 한 줄씩만 보는 것이 아니라 사각형 전체를 보고 추론해야 한다.

💡 주요 기업 빈출키워드

5×5칸의 가로 · 세로 · 대각선의 합이 같도록 숫자 채우기, 가로 · 세로 · 대각선의 합이 같도록 공통된 수 x 찾기, 원판이 회전할 때 생기는 수열 찾기, 규칙에 따라 빈칸에 들어갈 수 나열하기, 트럼프 카드를 섞어 위치 추론하기, 꼭짓점 수의 합으로 모양 찾기

대표예제

01 다음 그림에서 A와 B에 들어갈 숫자의 곱은?

3	4		B	5
2				
		A		
				4

① 1
② 2
③ 4
④ 5
⑤ 6

| 정답 | ③

| 해설 |

3	4	④	B	5
2				
		A		
㉮				4

• B가 해당되는 가로줄에 3, 4, 5가 있으므로 B는 1 또는 2이다.
• ㉮가 해당되는 가로줄, 세로줄, 대각선에 2, 3, 4, 5가 있으므로 ㉮는 1이다.
• A가 해당되는 대각선에 1, 3, 4, 5가 있으므로 A=2이다.
• ④에 해당되는 가로줄, 세로줄에 2, 3, 4, 5가 있으므로 ④는 1이다. 그러므로 B=2가 된다.
∴ A×B=2×2=4

02 A에 들어갈 알맞은 숫자는?

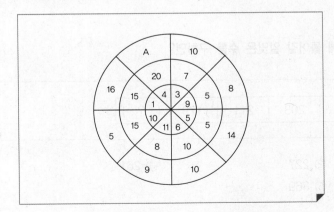

① 10
② 12
③ 14
④ 16
⑤ 18

| 정답 | ①
| 해설 | 같은 위치에 있는 3개의 숫자를 더했을 때 2씩 커짐을 알 수 있다. 즉, 3+7+10=20, 9+5+8=22, 5+5+14 =24와 같이 규칙적으로 숫자의 합이 커지며, 이 규칙에 따라 '4+20+A'는 34가 되어야 하므로 A는 10이다.

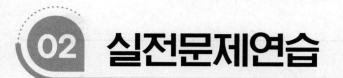

실전문제연습 | 수/문자추리

01 밑줄 친 세 항은 일정한 규칙으로 나열된 수열과 규칙이다. '?'에 들어갈 알맞은 수는?

<u>8   5   13</u>   <u>9   7   16</u>   <u>7   4   (?)</u>

① 3   ② 7   ③ 11
④ 14   ⑤ 28

02 다음과 같이 어떤 규칙에 의해 나열된 숫자가 있다. '?'에 들어갈 알맞은 수는?

−4 2 −2 4 0 6 (?)

① 2   ② 3   ③ 4
④ 5   ⑤ 6

03 다음 공통된 규칙을 찾아 '?'에 들어갈 알맞은 수를 구하면?

205	203	211	179	(?)

① 106   ② 227   ③ 261
④ 307   ⑤ 369

04 ⬇ 자리부터 시작해 시계 방향으로 돌아갈 때, '?'에 들어갈 알맞은 수는?

⬇

?	4	16
196		36
144	100	64

① 240　　　　　② 256　　　　　③ 512
④ 556　　　　　⑤ 784

05 ⬆ 자리부터 시작해 시계 방향으로 돌아갈 때, '?'에 들어갈 알맞은 수는?

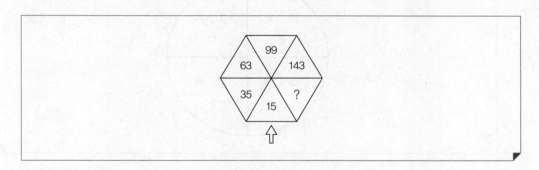

① 167　　　　　② 186　　　　　③ 195
④ 204　　　　　⑤ 205

권두부록

파트 1
언어능력

파트 2
수리능력

파트 3
추리능력

파트 4
공간지각능력

파트 5
사무지각능력

파트 6
인성검사

[06 ~ 09] 일정한 규칙을 찾아 '?'에 들어갈 알맞은 수를 고르시오.

06

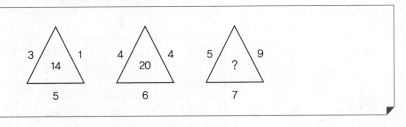

① 35   ② 31   ③ 29

④ 26   ⑤ 7

07

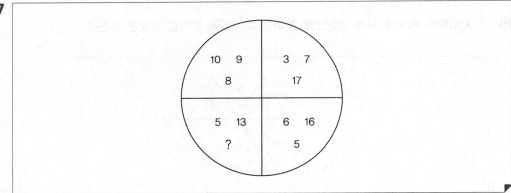

① 6   ② 7   ③ 8

④ 9   ⑤ 10

08

			7
17			11
21			15
25		?	
29	27		23

① 19　　　　② 21　　　　③ 25

④ 29　　　　⑤ 31

09

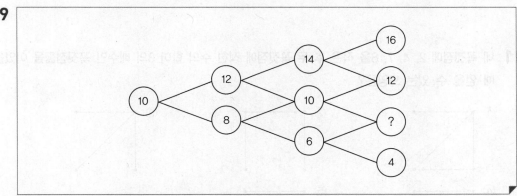

① 6　　　　② 7　　　　③ 8

④ 10　　　　⑤ 11

10 다음 톱니바퀴 A, B는 각각 톱니의 튀어나온 부분(바깥쪽)과 들어간 부분(안쪽)이 서로 다른 일정한 규칙을 갖는다. 두 톱니바퀴가 서로 맞물리는 부분의 두 수 관계에 따른 규칙이 동일하다고 할 때, '?'에 들어갈 알맞은 수는?

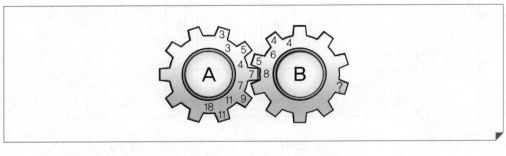

① 16　　　　　　② 29　　　　　　③ 30

④ 46　　　　　　⑤ 48

11 네 꼭짓점에 2, 4, 7, 8을 적은 후 두 꼭짓점에 적힌 수의 합이 3의 배수인 꼭짓점들을 이었을 때 얻을 수 있는 모양은?

① 　　　② 　　　③

④ 　　　⑤

[12 ~ 13] 다음 문자들의 배열 규칙을 찾아 '?'에 들어갈 알맞은 문자를 고르시오.

12

B   D   F   H   J   (?)

① L   ② C   ③ N
④ P   ⑤ R

13

마   자   파   다   사   (?)

① 가   ② 자   ③ 카
④ 하   ⑤ 마

[14 ~ 15] 다음 제시된 문자들의 규칙 관계를 찾아 '?'에 들어갈 알맞은 문자를 고르시오.

14

XUR : (?) = ZYW : ABD

① FDB   ② WTQ   ③ EGF
④ YVS   ⑤ CFI

15

IV VIII XII : DHL = XI XII XIII : (?)

① KMS   ② KLM   ③ IRV
④ LQT   ⑤ MOQ

권두부록

파트 1
언어능력

파트 2
수리능력

파트 3
추리능력

파트 4
공간지각능력

파트 5
사무지각능력

파트 6
인성검사

[16 ~ 17] 일정한 규칙을 찾아 '?'에 들어갈 알맞은 문자를 고르시오.

16

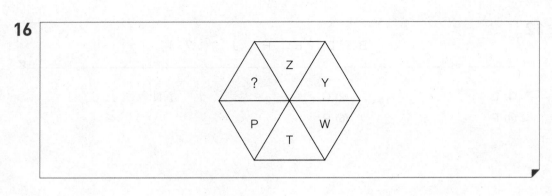

① I   ② J   ③ K
④ L   ⑤ M

17

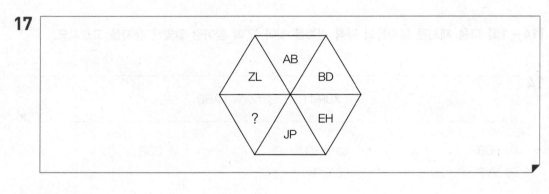

① PF   ② PG   ③ QF
④ QG   ⑤ RF

www.gosinet.co.kr gosinet

권두부록

파트 1
언어능력

파트 2
수리능력

파트 3
추리능력

파트 4
공간지각능력

파트 5
사무지각능력

파트 6
인성검사

[18 ~ 19] ⇩부터 시계 방향으로 이동할 때, 공통된 규칙을 찾아 '?'에 들어갈 알맞은 것을 고르시오.

18

자	축	자
유		축
?	사	진

① 술   ② 해   ③ 신
④ 묘   ⑤ 인

19

Gg	Ii	Dd
		Ff
?	Cc	Aa

① Vv   ② Ww   ③ Xx
④ Yy   ⑤ Zz

온·오프라인 인적성검사 통합기본서

20 다음 원판이 45°씩 시계 방향으로 회전할 때 생기는 수열 ABCABCABCABC…는?

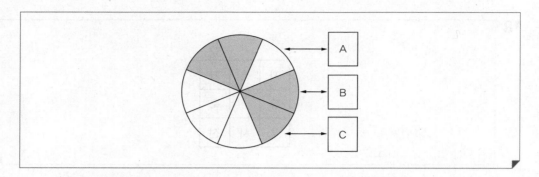

① 0111011101110001000…

② 0111011100011001000…

③ 1000100011011101000…

④ 1000101100110011001000…

⑤ 1000100100011001000…

21 △에 17에서 25까지의 수를 넣어서 한 줄에 있는 세 수의 합이 모두 같게 하려고 한다. B에 들어갈 수 있는 수는?

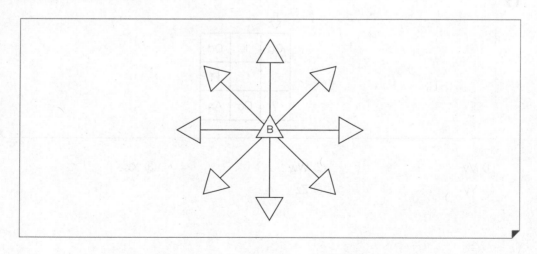

① 18

② 19

③ 21

④ 23

⑤ 27

22 □에 23에서 31까지의 수를 넣어서 한 줄에 있는 세 수의 합이 모두 같게 하려고 한다. R에 들어갈 수 없는 숫자는?

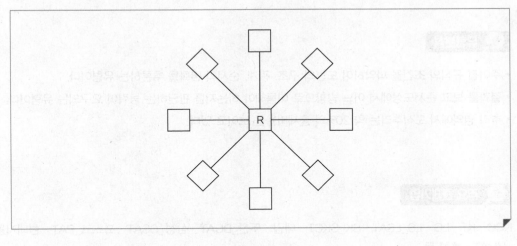

① 23
② 25
③ 27
④ 31

23 A ~ D 4개 도시 중 한 도시에서 출발하여 모든 도시에 한 번씩 들러서 다시 처음 도시로 돌아오려고 한다. 차로 각 도시 사이를 이동할 때 연료 소비량이 다음과 같다면 최소 연료 소비량은?

이동경로	연료 소비량(L)	이동경로	연료 소비량(L)
A → B	20	C → A	15
A → C	15	C → B	8
A → D	10	C → D	6
B → A	14	D → A	7
B → C	4	D → B	12
B → D	8	D → C	4

① 35L
② 36L
③ 37L
④ 38L
⑤ 39L

도식추리

제시된 도식으로부터 규칙을 찾아내거나, 제시된 규칙을 도식에 적용하여 적절한 결론을 도출해내는 능력이다.

유형분석

• 주어진 규칙의 조건을 파악하여 도형의 구조, 관계, 순서의 변화를 추론하는 유형이다.
• 결과를 보고 순서도상에서 어느 방향으로 이동해야 하는지를 판단하는 능력이 요구되는 유형이다.
• 추리 영역에서 도식추리는 약 20%의 출제비율을 보이고 있다.

주요 출제기업

KCC · KT · LG · LS_LSAT · SK_SKCT · 대림 · 두산_DCAT · 삼성_GSAT · 포스코_PAT · 현대자동차
_HMAT · 효성 등

유형별 출제비중

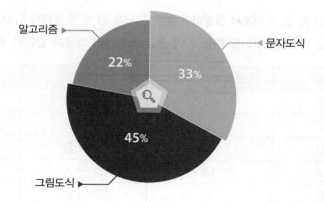

출제되는 기업에서는 매년 비중 있게 다루는 영역이다. 문제 유형이 조금씩 바뀌지만 측정 요소가 다르지
않고 문제의 난이도도 비슷한 수준이기 때문에 많은 문제 유형을 학습하여 판단력을 길러두면 대부분의
문제를 해결할 수 있다.

권두부록

파트 1
언어능력

파트 2
수리능력

파트 3
추리능력

파트 4
공간지각능력

파트 5
사무지각능력

파트 6
인성검사

최신 출제 경향

추리능력 내에서 큰 비중을 차지하지는 않지만 도형추리와 함께 꾸준히 출제되고 있다. 도식추리는 문자도식추리, 그림도식추리, 알고리즘 유형이 있으며 일부 기업에서는 그림도식추리와 알고리즘의 구분이 모호한 복합적인 문제가 출제되므로 함께 학습해 두는 것이 좋다.

빈출되는 세부 유형

• 제시된 흐름도에 나타난 일정한 규칙에 따라 변환하여 중간 또는 최종과정의 문자열을 찾는 유형
• 조건에 따라 도형의 변화를 파악하여 중간 또는 최종과정의 도형을 찾는 유형
• 순서도(알고리즘)에 규칙을 적용하여 결과를 유추하는 유형

학습방법

• 풀이에 시간이 많이 걸리는 문제이므로 핵심 요소를 정확하고 빠르게 유추하는 능력을 키우는 학습을 해야 한다.
• 규칙을 유추하지 않아도 되는 유형은 바로 문제에 적용하여 해결한다.
• 특정 유형을 공부하기보다는 조건의 의미를 빠르게 이해하고 적용할 수 있도록 다양한 문제를 풀어보는 것이 좋다.

○ 03 도식추리

유형 **1**

문자도식추리

💡 문제분석

1. 문자도식추리는 문자를 일정한 규칙에 따라 변환하여 중간 과정 또는 최종 과정에 알맞은 문자열을 찾는 유형이다.

2. 주어진 조건에 따라 규칙을 적용하는 유형과 문자, 기호가 변화하는 일련의 과정을 유추하여 규칙을 찾는 유형이 있다.

3. 출제되는 형태와 유형이 한정적이므로 문제의 난도는 높지 않다.

💡 학습 전략

1. 문자도식추리는 문자 순서를 빠르게 파악해야 하므로 기출문제를 통해서 문제풀이의 감각을 익힌다.

2. 변화하는 범위는 문자와 숫자의 치환이나 증감, 순서교환 등으로 한정적이므로 많은 문제를 풀면서 변환 규칙을 빠르고 정확하게 적용하는 연습을 해야 한다.

3. 처음부터 시간 단축을 하는 것에 집중하는 것보다는 문자의 변화 규칙을 정확하게 파악하여 출제 원리를 이해하는 것에 목표를 두고 학습한다.

4. 각각의 기호는 하나의 변환규칙을 나타내며, 한글의 자음과 모음 또는 알파벳 등의 순서를 미리 익혀 둔다.

5. 숫자 배열의 경우 사칙연산 또는 규칙적인 수열에 의해 주로 변화되고, 문자 배열의 경우 어떤 규칙에 의해 문자의 순서가 변화한다.

6. 기호와 문자들로 복잡하게 구성된 행과 열에서 발견한 규칙을 혼동하지 않게 풀이 중간마다 정리하면서 문제를 해결한다.

7. 중간 과정에서 실수하게 되면 결과가 달라지므로 마지막 결과를 도출할 때까지 집중해야 한다.

💡 주요 기업 빈출키워드

제시된 규칙을 적용하여 마지막에 도출되는 도형 찾기, 기호의 규칙을 찾아 '?'에 들어갈 알맞은 문자 찾기 등

www.gosinet.co.kr **gosi**net

권두부록

파트 1
언어능력

파트 2
수리능력

파트 3
추리능력

파트 4
공간지각능력

파트 5
사무지각능력

파트 6
인성검사

대표예제

01 다음 흐름도에서 각각의 도형들은 일정한 규칙에 따라 문자를 변환시킨다. 도형의 규칙을 찾아 '?'에 들어갈 알맞은 숫자는?

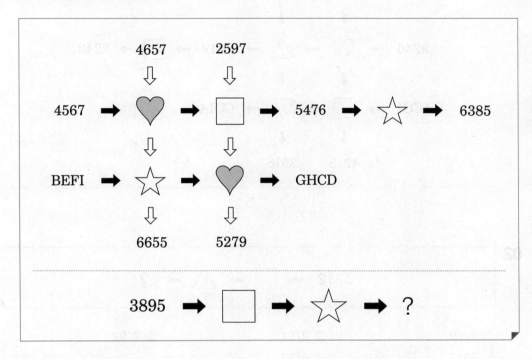

① 6982   ② 5883   ③ 9268
④ 6829   ⑤ 6892

| 정답 | ⑤

| 해설 | 우선 흐름도의 5476 ➡ ☆ ➡ 6385를 통해 ☆이 +1, −1, +1, −1 암호임을 알 수 있다. 이 암호를 BEFI행에 적용해 보면, BEFI를 알파벳 순서에 맞게 변환한 2569에 +1, −1, +1, −1을 적용하면 3478이 되고, 이를 다시 알파벳으로 변환하면 CDGH가 된다. 이 CDGH가 ♥를 거치면서 GHCD가 되었으므로 ♥는 4개의 문자군(또는 숫자군)을 두 개씩 나누어 앞뒤를 바꾸는 암호임을 알 수 있다. 여기서 파악한 ☆과 ♥의 암호를 4657열에 적용해 보면, 4657 ➡ ♥ ➡ 5746 ➡ ☆ ➡ 6655가 되므로 위에서 유추한 암호가 맞음이 확인된다.

마지막으로 4567행은 4567 ➡ ♥ ➡ 6745 ➡ □ ➡ 54760 되므로, □는 4개의 숫자군(또는 문자군)을 역순으로 나열하는 것임을 알 수 있다. 이를 종합하여 규칙을 정리하면 다음과 같다.

1. ♥ : 문자군 또는 숫자군을 두 개씩 묶어 앞뒤 바꾸기

2. ☆ : 각 자릿수에 각각 +1, −1, +1, −1 적용하기

3. □ : 문자 정렬 순서를 역순으로 바꾸기

따라서 □에 따라 역순으로 바꾸고, ☆에 따라 +1, −1, +1, −1을 적용한 결과는 다음과 같다.

3895 ➡ □ ➡ 5983 ➡ ☆ ➡ 6892

[02 ~ 04] 다음 흐름도에서 각각의 도형들은 정해진 규칙에 따라 문자와 숫자를 변환시키는 암호의 약속을 나타낸 것이다. 이를 보고 '?'에 들어갈 알맞은 문자나 숫자를 고르시오.

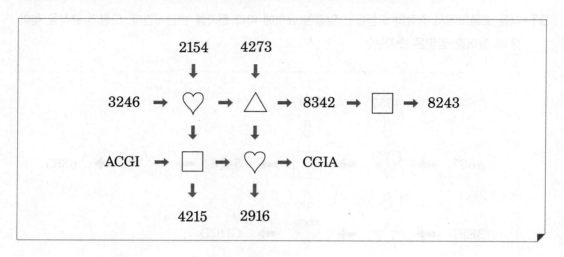

02

$$5372 \rightarrow \square \rightarrow \triangle \rightarrow \ ?$$

① 7219　　　　　　② 2791　　　　　　③ 7192

④ 2917　　　　　　⑤ 9172

| 정답 |　③

| 해설 |　우선 흐름도의 첫 번째 가로줄 마지막에 있는 8342 → □ → 8243을 통해 □가 두 번째와 네 번째 자리에 있는 숫자 또는 문자의 위치를 서로 바꾸는 규칙임을 알 수 있다. 이 규칙을 두 번째 가로줄에 적용해 보면, ACGI에서 두 번째와 네 번째 자리의 알파벳이 서로 바뀌어 AIGC가 된다. 이 AIGC가 ♡를 거치면서 CGIA가 되었으므로 ♡는 배열된 순서를 역순으로 바꾸는 규칙임을 알 수 있다. 지금까지 파악한 □와 ♡의 규칙을 첫 번째 세로줄에 적용해 보면, 2154 → ♡ → 4512 → □ → 4215가 되므로 위에서 유추한 규칙이 맞는 규칙임이 확인된다.

마지막으로 첫 번째 가로줄은 3246 → ♡ → 6423 → △ → 8342가 되므로, △는 각 자리의 수에 각 +2, −1, +2, −1을 하는 규칙임을 알 수 있다.

이를 종합하여 규칙을 정리하면 다음과 같다.

• ♡ : 숫자의 정렬 순서를 역순으로 바꾸기

• □ : 두 번째와 네 번째 자리의 숫자 서로 위치 바꾸기

• △ : 각 자릿수에 각각 +2, −1, +2, −1 적용하기

따라서 □에 따라 52730 되고, △에 따라 +2, −1, +2, −1을 적용하면 7192가 된다.

권두부록

파트 1
언어능력

파트 2
수리능력

파트 3
추리능력

파트 4
공간지각능력

파트 5
사무지각능력

파트 6
인성검사

03

$$7495 \rightarrow \heartsuit \rightarrow \triangle \rightarrow \square \rightarrow ?$$

① 5947　　　　　② 7594　　　　　③ 7866

④ 7668　　　　　⑤ 8667

|정답| ④

|해설| $7495 \rightarrow \heartsuit \rightarrow 5947 \rightarrow \triangle \rightarrow 7866 \rightarrow \square \rightarrow 7668$

04

$$BJKM \rightarrow \square \rightarrow \heartsuit \rightarrow ?$$

① JBMK　　　　　② JKMB　　　　　③ MKJB

④ KMBJ　　　　　⑤ BKJM

|정답| ②

|해설| $BJKM \rightarrow \square \rightarrow BMKJ \rightarrow \heartsuit \rightarrow JKMB$

✅ 03 도식추리

유형 2

그림도식추리

🔍 문제분석

1. 주어진 조건에 따라 도형이 어떻게 바뀌는지를 파악하여 중간 과정이나 최종 모양을 고르는 유형이다.

2. 표시된 화살표를 거치면서 알 수 있는 규칙을 파악하여 알맞은 화살표를 찾는 유형이다.

3. 제시된 조건과 예제를 정확하게 이해해야 문제에 쉽게 접근할 수 있다.

4. 조건으로 나타난 변화·비교 규칙을 빠르게 이해하여 적용하는 연습이 필요하다.

💡 학습 전략

1. 제시된 규칙을 문제에 쉽게 적용하기 위해서 기억하기 쉬운 형태로 변형하여 적용한다.

2. 자주 쓰이는 대칭과 회전의 적용을 외워두면 정답률을 높이고 시간도 단축할 수 있다.

> • 좌우대칭+180° 회전=상하대칭   • 180° 회전+상하대칭=좌우대칭

3. 행과 열, 교환 위치, 사각형 전체 회전 방향과 그 횟수를 확인하고 선택지와 비교하여 위치가 다른 경우를 소거하며 시간을 단축하는 연습을 해야 한다.

4. 규칙을 바르게 적용하는 것이 중요하므로 많은 문제를 풀어보면서 규칙을 적용하는 연습을 해야 한다.

💡 주요 기업 빈출키워드

화살표를 거치면서 변화하는 규칙 파악하기, 제시된 도형 규칙 적용하기, 도형 규칙을 적용하여 도형 도출하기, 규칙에 따라 변형된 도형 찾기 등

대표예제

01 다음 제시된 규칙에 따라 '?'에 들어갈 도형을 고르면?

┤규칙├

∞ : 가장 안쪽 도형의 모양으로 테두리를 그린다.

★ : 가장 바깥 도형을 반시계 방향으로 90° 회전시킨다.

♂ : 가장 안쪽 도형을 시계 방향으로 90° 회전시킨다.

◆ : 가장 안쪽 도형을 180° 회전시킨다.

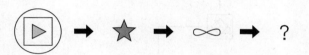

①   ②   ③

④   ⑤

| 정답 | ③

| 해설 |

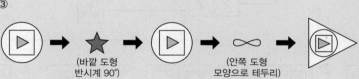

[02 ~ 03] 다음에 제시되는 도형의 규칙을 적용하여 마지막에 도출되어야 하는 도형을 고르시오(단, 조건에 의해 비교할 대상은 각 문제의 처음에 제시된 도형이다).

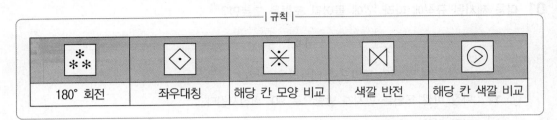

02

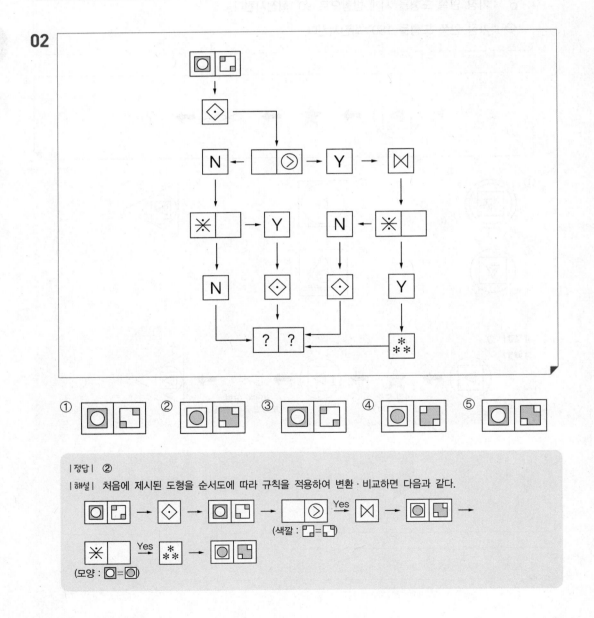

03

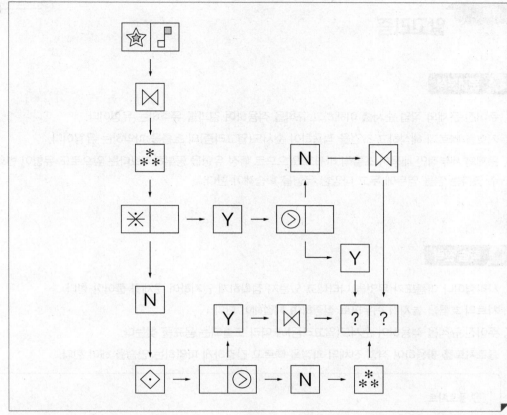

① 　② 　③

④ 　⑤

| 정답 | ④

| 해설 | 처음에 제시된 도형을 순서도에 따라 규칙을 적용하여 변환·비교하면 다음과 같다.

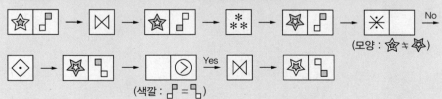

03 도식추리

유형 3 알고리즘

💡 문제분석

1. 주어진 문제의 작업 순서를 이해하고 규칙을 적용하여 결과를 유추하는 유형이다.
2. 기호를 빠르게 해석하고 조건을 적용하여 순서도(알고리즘)의 흐름을 파악하는 유형이다.
3. 문제의 세부적인 내용이 조금씩 바뀌고 있으므로 특정 유형을 공부하기보다는 앞으로도 유형이 변화될 수 있다는 점을 염두에 두고 다양한 유형을 학습해야 한다.

💡 학습 전략

1. 사각형이나 마름모가 무엇을 나타내고 있는지 정확하게 인지하며 문제를 풀어야 한다.
2. 차트의 흐름을 놓치기 쉬우므로 집중하여 해결해야 한다.
3. 주어진 규칙을 적용하여 순서도(알고리즘)에 따라 도출되는 음표를 찾는다.
4. 플로차트를 활용하여 작업 전체의 과정을 빠르고 간결하게 파악하는 연습을 해야 한다.

> 💬 **플로차트**
> 일련의 작업 흐름을 도표로 나타낸 것

💡 주요 기업 빈출키워드

순서에 따라 인쇄되는 특정 값 파악하기, 변환 조건을 적용하여 최종적으로 도출되는 도형 고르기, OUTPUT 상자에 들어갈 도형에 해당하는 알파벳 찾기, 알고리즘 순서에 따라 그림을 변환한 결과와 일치여부 판단하기 등

대표예제

[01 ~ 02] 다음에 제시된 〈규칙〉에 따라 변환시킬 때 최종적으로 도출되는 음표로 알맞은 것을 고르시오.

• 음계(계이름)

1　2　3　4　5　6　7　1　2　3

• 음표(박자)

○	♩	♩	♪	♫	♬
4박	2박	1박	$\frac{1}{2}$박	$\frac{1}{4}$박	$\frac{1}{8}$박

〈변환 규칙〉

• # : 각 음계에 +1(한 음계 위로)
• ♭ : 각 음계에 −1(한 음계 아래로)
• #n : 각 음계에 +n(n음계 위로)
• ♭n : 각 음계에 −n(n음계 아래로)
• ⬆n : 각 박자에 2n배 느려짐(단, 최대 4박 → $\frac{1}{8}$박)
• ⬇n : 각 박자에 $\frac{1}{2n}$배 빨라짐(단, 최대 $\frac{1}{8}$박 → 4박)
• △ : 음계가 높은 것부터 내림차순 재배열
• ▽ : 음계가 낮은 것부터 오름차순 재배열
• ▲ : 박자가 긴(느린) 것부터 내림차순 재배열
• ▼ : 박자가 짧은(빠른) 것부터 오름차순 재배열
• ⬠ : 음표를 Y축 대칭(좌우대칭)으로 재배열

〈비교 규칙〉

• ☐ : 음계의 전체 합계와 숫자 비교
• ◼ : 박자의 전체 합계와 숫자 비교
• N : N번째 음표의 음계와 숫자 비교
• N : N번째 음표의 박자와 숫자 비교

권두부록

파트 1
언어능력

파트 2
수리능력

파트 3
추리능력

파트 4
공간지각능력

파트 5
사무지각능력

파트 6
인성검사

01

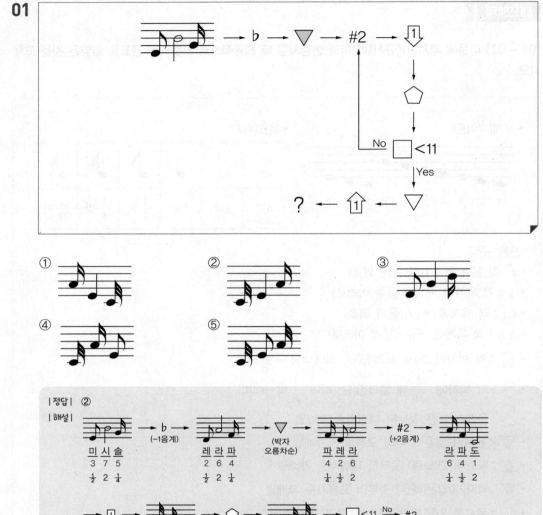

| 정답 | ②

| 해설 |

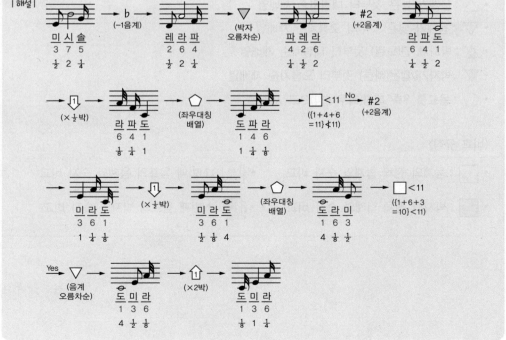

02

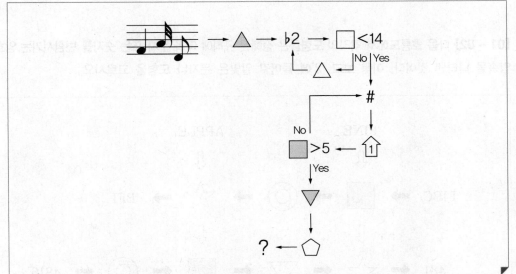

① ② ③ ④ ⑤

| 정답 | ③

| 해설 |

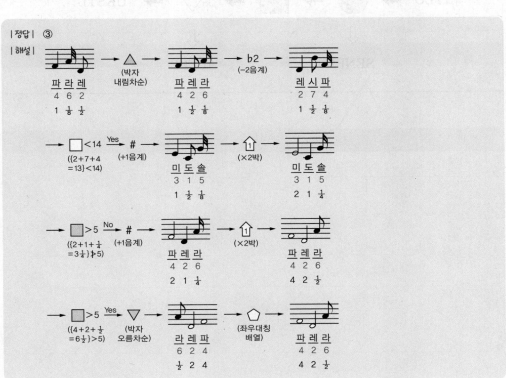

실전문제연습

도식추리

[01 ~ 02] 다음 흐름도에서 각각의 도형들은 정해진 규칙에 따라 문자 또는 숫자를 변환시키는 암호의 약속을 나타낸 것이다. 이를 보고 '?'에 들어갈 알맞은 문자나 도형을 고르시오.

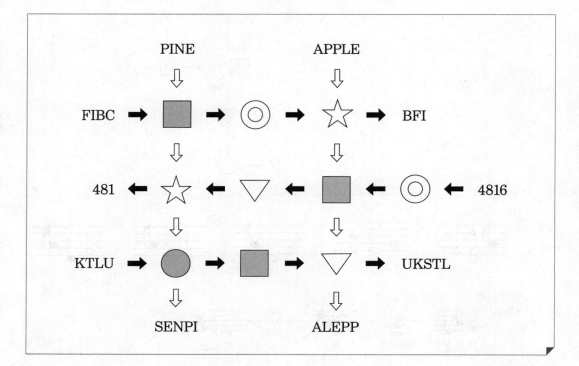

권두부록

파트 1
언어능력

파트 2
수리능력

**파트 3
추리능력**

파트 4
공간지각능력

파트 5
사무지각능력

파트 6
인성검사

01

70321 ➡ ☆ ➡ ◎ ➡ ▽ ➡ ?

① 7132   ② 0123   ③ 0371S
④ 07312   ⑤ 03217

02

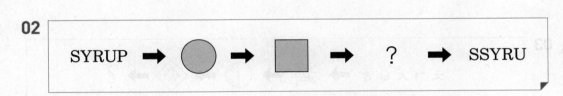

 ① ◯

 ② ☆

③ ▽

 ④ ■

⑤ ⬤

[03 ~ 04] 다음 흐름도에서 각각의 도형들은 정해진 규칙에 따라 문자를 변환시키는 암호의 약속을 나타낸 것이다. 이를 보고 '?'에 들어갈 알맞은 문자나 도형을 고르시오.

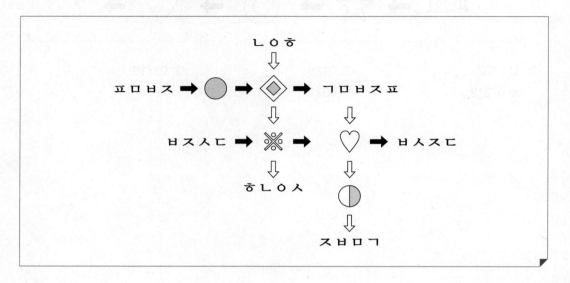

03

ㅊㄱㅅㅂㅎ ➡ ※ ➡ (반원) ➡ ◈ ➡ ?

① ㅇㄱㅅㅂㅊ　　　② ㄱㅅㅂㅊㅌ　　　③ ㄱㅅㅂㅎ
④ ㅇㄱㅅㄷ　　　　⑤ ㅅㅎㅊㅇ

04

ㄱㅅㅊㄹ ➡ ? ➡ ◈ ➡ ※ ➡ ㄱㅅㅊㄹㄷ

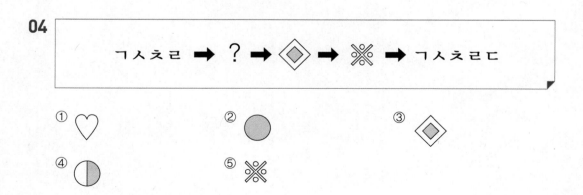

권두부록

파트 1
언어능력

파트 2
수리능력

**파트 3
추리능력**

파트 4
공간지각능력

파트 5
사무지각능력

파트 6
인성검사

[05 ~ 06] 다음 흐름도에서 각각의 도형들은 정해진 규칙에 따라 문자를 변환시키는 암호의 약속을 나타낸 것이다. 이를 보고 '?'에 들어갈 알맞은 문자나 도형을 고르시오.

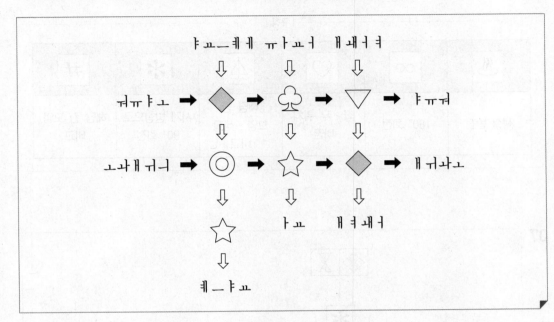

05

ㅑㅕㅜㅠㅖㅔ ➡ ☆ ➡ ◆ ➡ ♣ ➡ ?

① ㅖㅔㅠㅜㅑ   ② ㅕㅜㅠㅖ   ③ ㅖㅠㅜㅑㅕ   ④ ㅔㅕㅑㅠㅖ   ⑤ ㅜㅕㅠㅖ

06

ㅣㅐㅗㅓ ➡ ◆ ➡ ? ➡ ㅐㅓㅗㅣ

① ☆ ➡ ◎   ② ▽ ➡ ☆   ③ ♣ ➡ ◎

④ ◎ ➡ ▽   ⑤ ◆ ➡ ♣

[07 ~ 08] 다음에 제시된 규칙에 따라 마지막에 도출되어야 하는 도형을 고르시오(단, 조건에 의해 비교할 대상은 각 문제의 처음에 제시된 도형이다).

| 규칙 |

♨	∞	♡	△	✳	#
색깔 반전	180° 회전	좌 · 우 위치 바꿈	해당 칸 모양 · 색깔 비교	시계 방향으로 90° 회전	해당 칸 모양 비교

07

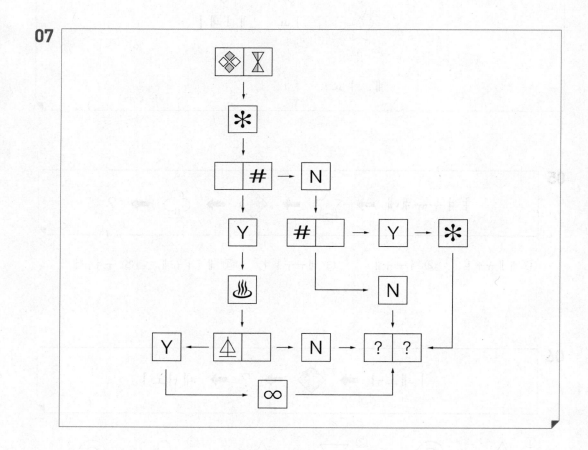

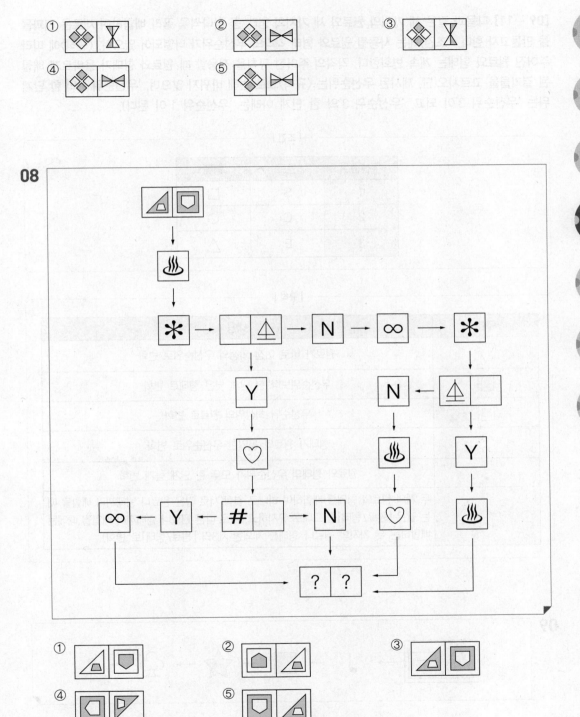

[09 ~ 11] 다음과 같은 세 가지의 원료와 세 가지의 형태 중 하나씩을 골라 배합하여 새로운 결과물을 만들고자 한다. 〈조건〉에는 사용될 원료와 형태 각각의 우선순위가 나열되어 있으며, 〈규칙〉에 따라 주어진 원료와 형태는 계속 변화한다. 각각의 주어진 규칙을 적용할 때 원료와 형태가 올바르게 배합된 결과물을 고르시오(단, 제시된 우선순위는 〈규칙〉으로 인해 바뀌지 않으며, '우선순위 1'의 한 단계 위는 '우선순위 3'이 되고, '우선순위 3'의 한 단계 아래는 '우선순위 1'이 된다).

| 조건 |

우선순위	원료	형태
1	S	□
2	C	○
3	E	△

| 규칙 |

구분	내용
▽	원료가 바로 이전 과정의 우선순위로 변화
□	우선순위보다 한 단계 낮은 형태로 변화
▣	우선순위 최상위의 원료로 변화
♣	형태가 원료와 동일한 우선순위로 변화
♪	원료와 형태의 우선순위가 모두 한 단계 높게 변화
☆	두 개의 원료와 형태를 배합하여 하나로 결합(서로 같은 원료나 형태끼리 배합될 때는 같은 [원료/형태]를 그대로 유지하고, 서로 다른 원료나 형태끼리 배합될 때에는 배합하는 두 가지의 원료나 형태를 제외한 제3의 [원료/형태]로 변화)

09

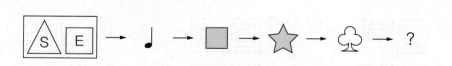

권두부록

파트 1
언어능력

파트 2
수리능력

파트 3
추리능력

파트 4
공간지각능력

파트 5
사무지각능력

파트 6
인성검사

① ☐ S   ② ⬡ S   ③ △ S

④ ☐ C   ⑤ ⬡ E

10

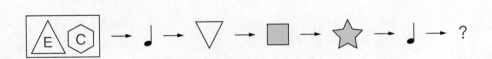

① ☐ S   ② ⬡ S   ③ △ S

④ ☐ C   ⑤ ⬡ E

11

① ☐ S   ② ⬡ S   ③ △ C

④ ☐ C   ⑤ △ E

[12 ~ 13] 다음 〈규칙〉을 참고하여 이어지는 질문에 답하시오.

─┤ 규칙 ├─

• 4개의 행과 열로 이루어진 격자가 존재한다.
• 행바꿈이란 각 행에 해당하는 모든 칸을 서로 바꾸어 주는 것이다.
• 열바꿈이란 각 열에 해당하는 모든 칸을 서로 바꾸어 주는 것이다.

〈버튼의 기능〉

버튼	기능
A	1행과 2행을 행바꿈한 후 3열과 4열을 열바꿈한다.
B	3행과 4행을 행바꿈한 후 1열과 2열을 열바꿈한다.
C	1행과 3행을 행바꿈한 후 2열과 4열을 열바꿈한다.
D	2행과 4행을 행바꿈한 후 1열과 3열을 열바꿈한다.

예 (ㄱ)에 A 버튼을 누르면 (ㄴ)의 과정을 거쳐 (ㄷ)의 결과물이 된다.

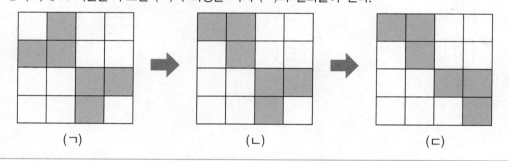

(ㄱ)　　　　　　(ㄴ)　　　　　　(ㄷ)

12 (ㄱ)을 (ㄴ)과 같이 만들기 위해서는 어떤 버튼을 눌러야 하는가?

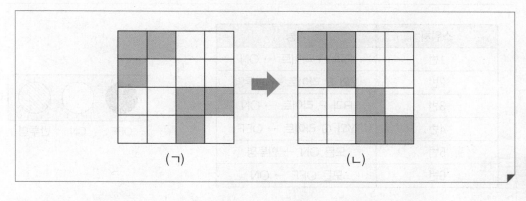

① A 버튼   ② B 버튼   ③ C 버튼
④ D 버튼   ⑤ 알 수 없음

13 (ㄱ)에서 버튼을 3번 눌렀더니 (ㄴ)과 같이 바뀌었다. 어떤 순서로 버튼을 눌렀는가?

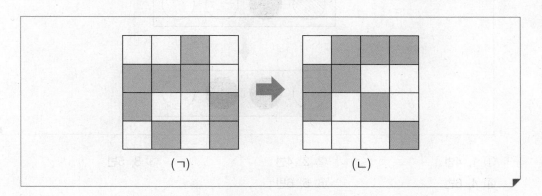

① A → B → B   ② A → B → D   ③ D → C → A
④ D → C → B   ⑤ B → C → A

[14 ~ 16] 다음 표와 그림을 참고하여 이어지는 질문에 답하시오.

스위치	기능
1번	R과 G 라이트 → ON
2번	Y와 P 라이트 → 반투명
3번	R과 P 라이트 → ON
4번	Y와 G 라이트 → OFF
5번	모든 ON → 반투명
6번	모든 OFF → ON

OFF ON 반투명

14 처음 상태에서 스위치를 두 번 눌렀더니 다음과 같은 상태로 바뀌었다. 어떤 스위치를 눌렀는가?

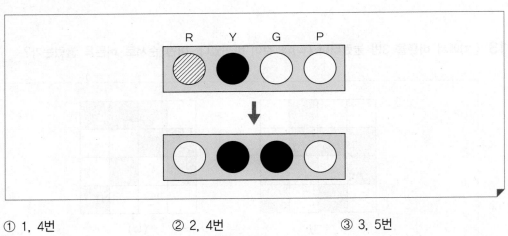

① 1, 4번 ② 2, 4번 ③ 3, 5번

④ 4, 6번 ⑤ 5, 6번

15 처음 상태에서 스위치를 두 번 눌렀더니 다음과 같은 상태로 바뀌었다. 어떤 스위치를 눌렀는가?

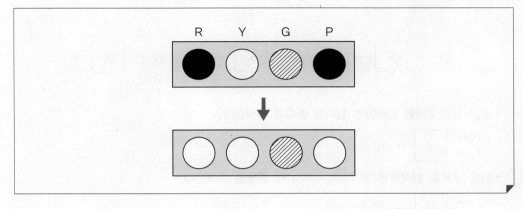

① 1, 4번   ② 2, 5번   ③ 3, 4번
④ 3, 6번   ⑤ 2, 6번

16 처음 상태에서 스위치를 세 번 눌렀더니 다음과 같은 상태로 바뀌었다. 어떤 스위치를 눌렀는가?

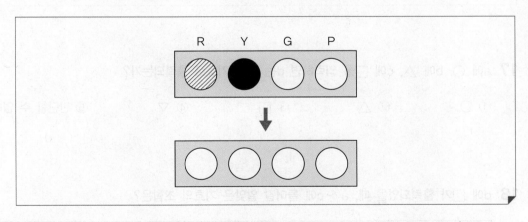

① 1, 3, 5번   ② 2, 3, 4번   ③ 2, 4, 5번
④ 3, 4, 6번   ⑤ 1, 5, 6번

[17 ~ 18] 세 종류의 입력기호 ○, △, □를 아래와 같이 변환시켜서 출력하는 블랙박스 X, Y가 있다. 이어지는 질문에 답하시오.

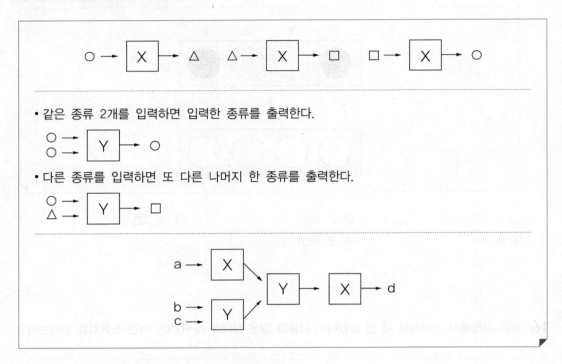

• 같은 종류 2개를 입력하면 입력한 종류를 출력한다.

• 다른 종류를 입력하면 또 다른 나머지 한 종류를 출력한다.

17 a에 ○, b에 △, c에 □를 입력하면 d는 어떤 기호로 출력되는가?

① ○   ② △   ③ □   ④ ▽   ⑤ 판단할 수 없다.

18 d에 □가 출력되었을 때, a ~ c에 들어갈 알맞은 기호의 조합은?

	a	b	c
가	□	○	△
나	△	□	○
다	□	△	□
라	△	○	○

① 가   ② 나   ③ 다   ④ 라   ⑤ 가, 라

[19 ~ 20] 다음의 〈조건 1〉에서 각각의 기호는 정해진 규칙에 따라 도형을 변환시키는 암호의 약속이고, 〈조건 2〉는 도형의 조건에 따른 동일 여부를 판단하는 기호이다. 제시된 도형을 사다리를 따라 이동하면서 〈조건 1·2〉를 적용하여 변환 또는 비교할 때 최종적으로 도출되는 알맞은 도형을 고르시오(단, 사다리의 갈림길에서 〈조건 2〉가 없으면 기존의 사다리 타기 규칙을 따르며, 양갈래길에서는 도형의 검정 실선의 개수 N값에 따라 짝수이면 오른쪽, 홀수이면 왼쪽으로 이동한다. 또한 〈조건 2〉의 기준선은 왼쪽부터 따진다).

| 조건 1 |

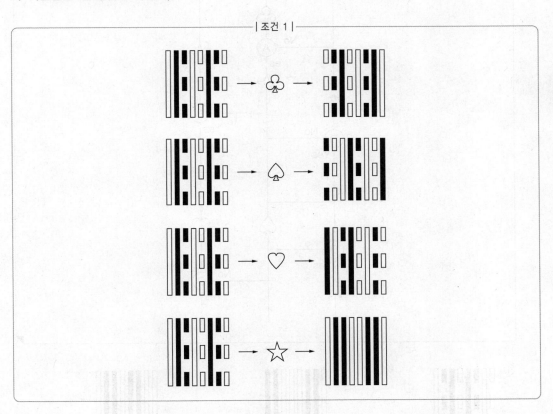

| 조건 2 |

- Ⓐ : 두 번째에 흰 점선이 있는가?
- Ⓑ : 두 번째에 흰 실선이 있는가?
- Ⓒ : 두 번째에 검정 점선이 있는가?
- Ⓓ : 두 번째에 검정 실선이 있는가?

권두부록

파트 1
언어능력

파트 2
수리능력

파트 3
추리능력

파트 4
공간지각능력

파트 5
사무지각능력

파트 6
인성검사

19

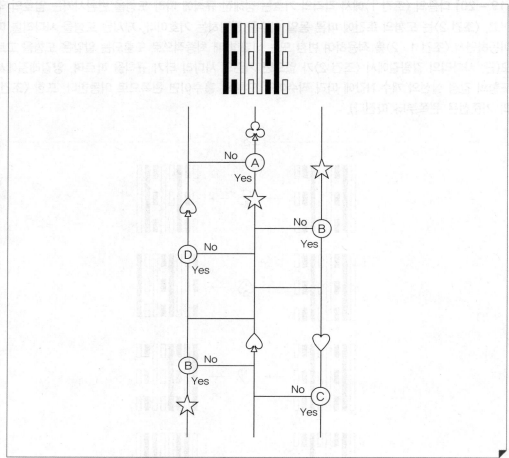

20

권두부록

파트 1
언어능력

파트 2
수리능력

**파트 3
추리능력**

파트 4
공간지각능력

파트 5
사무지각능력

파트 6
인성검사

① ② ③

④ ⑤

도형추리

일정한 규칙에 따라 변화하는 제시된 도형을 보고, 규칙을 발견하여 다음 순서 혹은 빈칸에 들어갈 도형을 추론하는 능력이다.

🔍 유형분석

• 도형의 변화를 통해 일반적인 규칙을 발견하고 이를 적용하여 앞으로 나올 도형의 형태를 유추할 수 있는 지를 평가하는 유형이다.

• 다양한 규칙성을 파악하기 위해 많은 문제를 접해 보는 것이 좋다.

💡 주요 출제기업

GS · KEB하나은행 · KT · LG · LS_LSAT · SK_SKCT · 빙그레 · 삼성_GSAT · 샘표 · S−OIL · 코오롱 · 포스코_PAT · 효성 등

💡 유형별 출제비중

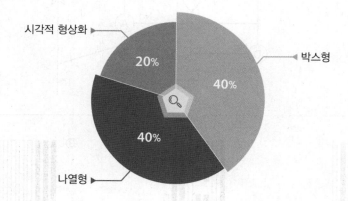

인적성 검사에서 도형추리가 차지하는 비중은 크지 않으나 일부 기업에서 중점적으로 출제하는 영역이다. 특히 이공계 직렬에서 중점적으로 출제하고 있으므로 신 유형이나 고난도 유형이 출제될 수 있다. 자신이 지망하는 기업에서 출제하지 않았지만 언제든지 출제될 수 있는 영역이다. 따라서 유형을 눈에 익히는 것만으로도 도움이 될 수 있다.

권두부록

파트1
언어능력

파트2
수리능력

파트3
추리능력

파트4
공간지각능력

파트5
사무지각능력

파트6
인성검사

최신 출제 경향

도형추리에서는 박스형과 나열형 그리고 시각적 형상화 유형이 출제된다. 수험자들이 느끼는 난이도는 박스형보다는 나열형, 나열형보다는 시각적 형상화가 어렵다. 출제의 빈도는 나열형이 다른 유형보다 높은 편이다.

빈출되는 세부 유형

• 주어진 규칙에 따라 도형을 변화시킬 때 변화의 규칙과 맞는 도형을 찾는 유형
• 제시된 도형의 변화 규칙을 적용하는 유형
• 보기에 변환규칙을 제시한 후 다른 도형에 변환규칙을 적용하여 도출되는 도형을 찾는 유형

학습방법

• 도형의 모양을 찾는 유형으로 공간지각능력의 풀이 방법으로 접근하는 것보다 도형을 소재로 한 추리영역이라는 점을 명심하여 변화의 규칙을 찾는 것을 우선으로 한다.
• 도형의 각도, 회전 방향, 변환의 진행 방향, 색깔의 변화 등을 주목하여 규칙을 파악하는 학습 전략을 세워야 한다.
• 매년 다양하고 복잡한 도형과 변환규칙들이 출제되어 많이 혼란스럽지만 변화의 규칙을 찾는 것이 문제 풀이의 왕도라는 사실을 기억하고 규칙을 찾는 것에 목표를 둔다.

04 도형추리

유형 1 박스형

문제분석

1. 개별적이고 구체적인 사실이나 현상에서 얻은 지식을 일반적인 결론으로 이끌어내는 귀납적인 사고를 측정하는 문제이다.
2. 다양한 형태로 제시된 도형의 규칙을 찾아 그 규칙이 적용되는 도형을 유추하는 문제가 출제된다.
3. 특정한 기호가 제시되지 않고 변화의 방식이 다양하기 때문에 많은 연습이 필요하다.

학습 전략

1. 변화의 규칙이 적용되는 방향을 찾는 것이 가장 중요하므로 제시된 도형들 사이의 규칙이 가로줄, 세로줄, 대각선, 또는 박스 전체가 같은 규칙으로 적용되는지 정확하게 파악하는 연습을 해야 한다.
2. 도형의 변화가 회전, 대칭, 색 반전, 추가·삭제된 도형이 있는지 주목하면서 규칙을 찾는 연습을 한다.
3. 도형이 시계 방향 또는 반시계 방향으로 회전하는 규칙이라면 회전하는 방향을 간단히 표시하면서 문제를 푸는 것이 도움이 될 수 있다.
4. 적용되는 규칙이 여러 가지일 경우에는 쉽게 확인할 수 있는 규칙을 먼저 적용하여 선택지에서 틀린 답을 지워가며 문제를 푸는 연습을 한다.

주요 기업 빈출키워드

제시된 도형들의 규칙을 찾아 '?'에 들어갈 것 찾기, 다음의 규칙을 적용하여 '?'에 들어갈 알맞은 도형 찾기, 주어진 규칙에 따라 도형을 변환시킬 때 '?'에 알맞은 도형 찾기 등

대표예제

01 다음은 가로와 세로가 각각 왼쪽에서 오른쪽, 위에서 아래로 서로 다른 일정한 규칙을 갖고 있다. 그룹 1과 3을 비교하여 그룹 2의 A, B에 들어갈 알맞은 도형을 고르면?

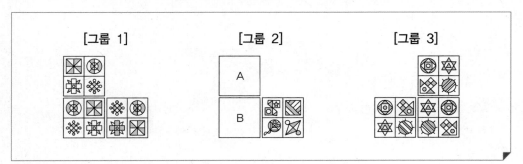

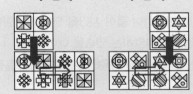

|정답| ③

|해설| [그룹 1]과 [그룹 3]에서 위에서 아래방향(다음 그림에서의 ↓ 방향)으로의 변화 규칙을 살펴보면 2×2 사각형 전체가 세로축(Y축)을 중심으로 좌우 대칭(or 좌우 열간 자리바꿈 + 각 도형의 좌우 대칭)되었음을 알 수 있다.

[그룹 1]   [그룹 3]

또한, 왼쪽에서 오른쪽(⇨)으로의 변화 규칙을 살펴보면 2×2 사각형 내에서 각 도형이 시계 방향으로 90° 위치 이동(시계 방향 1칸 이동)과 함께 색 반전이 이루어졌음을 알 수 있다.

- 세로 규칙(위 → 아래) : 사각형 전체의 좌우 대칭(or 좌우칸 자리바꿈 + 각 도형 좌우 대칭)
- 가로 규칙(좌 → 우) : 각 도형의 위치 시계 방향 90° 회전(시계 방향 1칸 이동) + 색 반전

이러한 규칙을 [그룹 2]에 동일하게 적용해 보면 그림에서처럼 B는 가로 규칙의 역방향이고, B → A도 세로 규칙의 역방향이 된다.

- → B(우 → 좌) : 각 도형의 위치 반시계 방향 90° 회전 + 색 반전(반시계 방향 1칸 이동)
- B → A(아래 → 위) : 사각형 전체의 좌우 대칭 ← 세로 규칙(위 → 아래)과 동일 (or 좌우칸 자리바꿈 + 각 도형 좌우 대칭)

따라서 역방향의 규칙을 [그룹 2]에 적용하면 ③과 같은 도형이 나온다.

유형 2 **나열형**

✓ 04 도형추리

💡 문제분석

1. 특정 도형이 규칙에 따라 변화하는 형태를 보여준 후 마지막에 도출되는 모양을 찾는 문제가 출제된다.
2. 제시된 규칙을 적용하여 문제의 도형에 적용한 후 마지막에 도출되는 도형을 찾는 문제가 출제된다.

💡 학습 전략

1. 도형의 규칙에 따라 변화한 최종 모양을 찾아야 하는 경우 대부분의 규칙이 주어지지 않으므로 유추를 통해 규칙을 찾는 연습을 해야 한다.
2. 제시된 규칙으로 문제를 풀기 쉽게 분류하거나 쉬운 형태로 변형하여 풀이 시간을 단축해야 한다.
3. 문제해결은 제시된 규칙에 나왔음을 기억하고, 규칙을 꼼꼼하게 파악하는 연습을 해야 한다.
4. 적용되는 규칙이 여러 가지일 경우에는 쉽게 확인할 수 있는 규칙을 먼저 적용하여 선택지에서 틀린 답을 지워가며 문제를 푸는 연습을 한다.
5. 찾은 규칙을 도형 전체에 적용하기보다는 도형의 특정부분에만 적용하여 빠르게 풀어가는 방법도 있다.

💡 주요 기업 빈출키워드

제시된 도형의 규칙을 찾아 '?'에 들어갈 알맞은 것 찾기, 제시된 규칙을 따라서 '?'에 들어갈 변형된 도형 찾기, 제시된 도형의 규칙을 적용하여 마지막에 도출되는 도형 찾기 등

대표예제

01 다음 규칙을 적용하여 '?'에 들어갈 알맞은 것을 고르면?

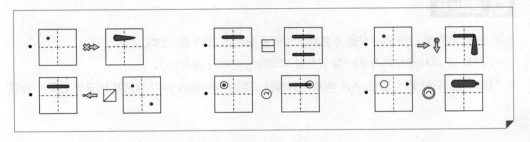

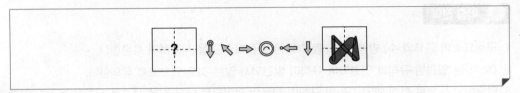

 ① ② ③ ④ ⑤

|정답| ②

|해설|
- ⟫➡ : 화살표 방향으로 선의 굵기가 점점 가늘어지게
- ➡ : 화살표 방향으로 직선 연결
- ⟲ : 원의 이동방향에 따른 점의 궤적
- ⟸ : 화살표 방향으로 선 삭제
- ◎ : 점에 닿을 때까지의 원의 궤적
- ⇓ : 화살표 방향으로 선의 굵기가 점점 굵어지게
- ⊟ : 중심선 기준으로 상하 대칭
- ⧄ : 중심선 기준으로 대각선 대칭

시작도형을 찾는 문제이므로 뒤에서부터 제시된 조건에 따라 선의 모양·방향을 감안하여 반대로 도형을 소거하거나 선 삭제일 때는 생성·연결하는 방식으로 푼다.

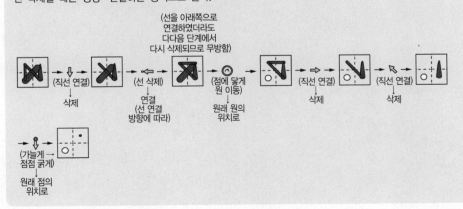

유형 3

시각적 형상화

✓ 04 도형추리

💡 문제분석

1. A, B, C 각각에 나타난 규칙을 추론하는 능력을 묻는 문제가 출제된다.
2. 각 규칙 중 제시된 보기가 이어질 규칙을 파악하는 문제가 출제된다.
3. 기호나 선, 도형 등 다양한 구성 속에서 일정한 규칙을 파악해야 하기 때문에 비교적 난도가 높다.

💡 학습 전략

1. 구성요소의 종류와 수, 방향, 각도 등 다양한 분류의 기준을 적용하여 추론한다.
2. 〈보기〉는 일관된 규칙과 연결되며 규칙이 발견되지 않는 것도 있으므로 유의한다.
3. 단순하고 눈으로 쉽게 확인 가능한 규칙이 적용된 것이므로 너무 깊은 사고로 시간을 뺏기지 않게 주의한다.

💡 주요 기업 빈출키워드

도형 변의 수에 따른 규칙 파악하기, 구성요소의 위치에 따른 규칙 파악하기, 화살표 방향에 나타난 규칙으로 다음 그림 추론하기 등

대표예제

01 그림들이 일정한 규칙에 의해 A, B, C로 분류되어 있다. 분류의 기준을 찾아 〈보기〉가 어디에 속하는지 고르면?

| 보기 |

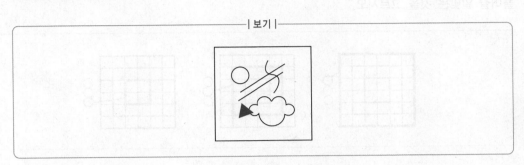

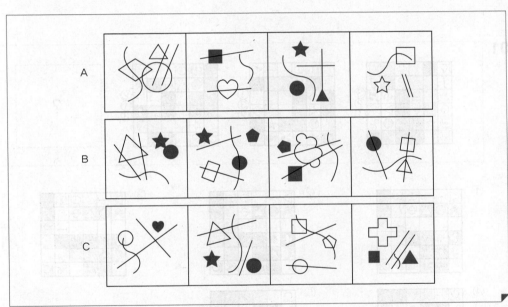

① A
② B
③ C
④ 없음.

| 정답 | ②
| 해설 | A는 두 직선이 곡선과 만나지 않는다. B는 두 직선이 모두 곡선과 만나며, C는 한 직선만 곡선과 만난다. 〈보기〉는 두 직선이 모두 곡선과 만나므로 B에 속한다.

권두부록

파트 1
언어능력

파트 2
수리능력

파트 3
추리능력

파트 4
공간지각능력

파트 5
사무지각능력

파트 6
인성검사

04 실전문제연습

도형추리

[01 ~ 02] 다음 크기가 다른 세 개의 겹쳐진 사각형은 세 개의 원의 규칙이 각각 위에서 아래 순으로 큰 사각형 → 작은 사각형에 1 : 1로 하나씩 적용된다. 사각형의 변화를 통해 원의 규칙을 찾아 '?'에 들어갈 알맞은 것을 고르시오.

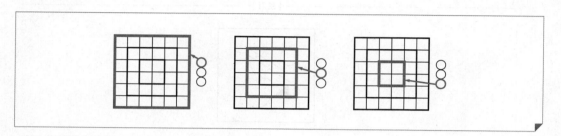

01

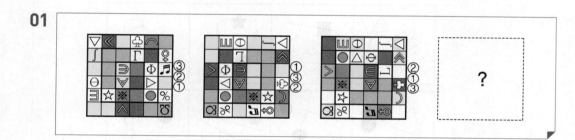

①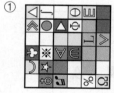

②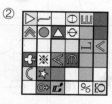

③

④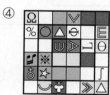

⑤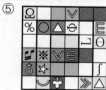

02

권두부록

파트 1
언어능력

파트 2
수리능력

파트 3
추리능력

파트 4
공간지각능력

파트 5
사무지각능력

파트 6
인성검사

온 · 오프라인 인적성검사 통합기본서

[03 ~ 04] 다음 각 기호의 규칙에 의한 도형의 변화를 보고 '?'에 들어갈 알맞은 것을 고르시오.

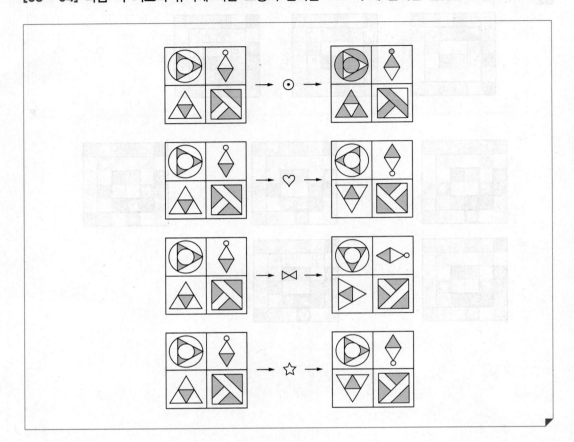

03

① ② ③

④ ⑤

04

① ② ③

④ ⑤

[05 ~ 06] 다음 예시를 보고 주어진 각 화살표를 거치면서 표가 변화하는 규칙을 파악하여 '?'에 들어갈 알맞은 것을 고르시오.

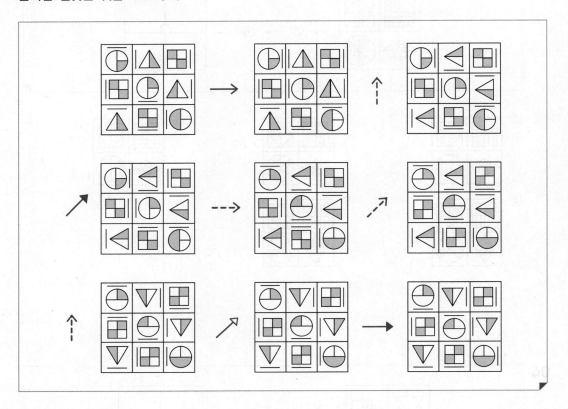

05

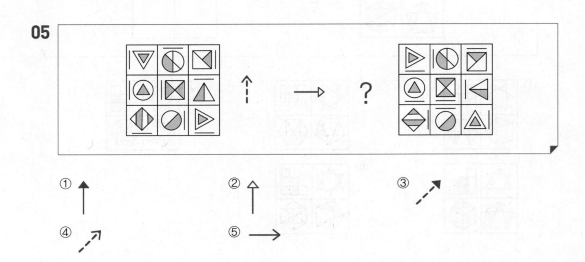

① ↑

② ↑

③ ↗

④ ↗

⑤ →

권두부록

파트 1
언어능력

파트 2
수리능력

파트 3
추리능력

파트 4
공간지각능력

파트 5
사무지각능력

파트 6
인성검사

06

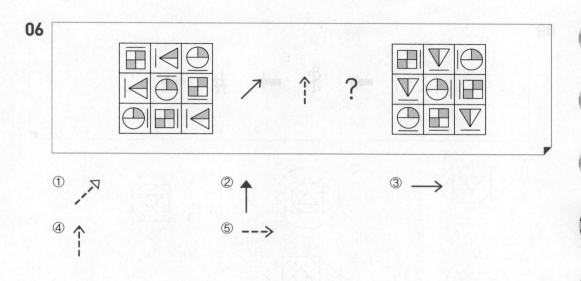

① ↗

② ↑

③ →

④ ↑

⑤ --→

[07 ~ 08] 다음 제시된 규칙에 따라서 '?'에 들어갈 도형을 고르시오.

$: 가장 바깥 도형을 시계 방향으로 90° 회전시킨다.

& : 가장 안쪽 도형을 반시계 방향으로 90° 회전시킨다.

: 전체 도형을 180° 회전시킨다.

※ : 가장 안쪽 도형의 모양으로 테두리를 그린다.

07

△▷ → ※ → # → ?

① ② ③ ④ ⑤

08

 ➡ $ ➡ # ➡ ?

①

②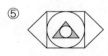

③

④

⑤

[09 ~ 10] 다음 〈조건 1〉과 〈조건 2〉의 규칙을 문제에 적용할 때 최종적으로 도출되는 도형을 고르시오.

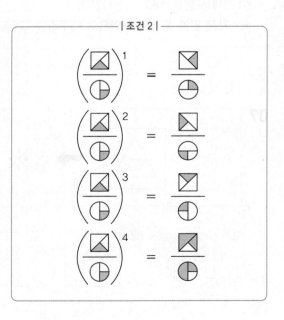

www.gosinet.co.kr **gosi**net

권두부록

파트 1
언어능력

파트 2
수리능력

파트 3
추리능력

파트 4
공간지각능력

파트 5
사무지각능력

파트 6
인성검사

09

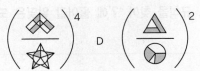

① 　　② 　　③

④　　⑤

10

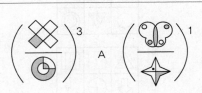

① 　　② 　　③

④ 　　⑤

[11 ~ 12] 다음은 가로줄과 세로줄이 각각 왼쪽에서 오른쪽, 위쪽에서 아래쪽 방향으로 서로 다른 일정한 규칙을 갖고 있다. 그 규칙을 찾아 '?'에 들어갈 알맞은 도형을 고르시오.

11

12

www.gosinet.co.kr **gosinet**

권두부록

파트 1
언어능력

파트 2
수리능력

파트 3
추리능력

파트 4
공간지각능력

파트 5
사무지각능력

파트 6
인성검사

①

②

③

④

⑤

[13 ~ 14] 다음 〈조건 1〉과 〈조건 2〉의 규칙을 적용할 때 최종적으로 도출되는 도형을 고르시오.

13

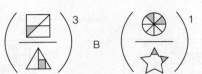

①

②

③

④

⑤

14

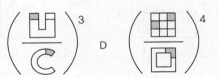

①

②

③

④

⑤

권두부록

파트 1
언어능력

파트 2
수리능력

파트 3
추리능력

파트 4
공간지각능력

파트 5
사무지각능력

파트 6
인성검사

[15 ~ 16] 다음 각 기호의 규칙에 따른 도형의 변화를 보고 '?'에 들어갈 알맞은 것을 고르시오.

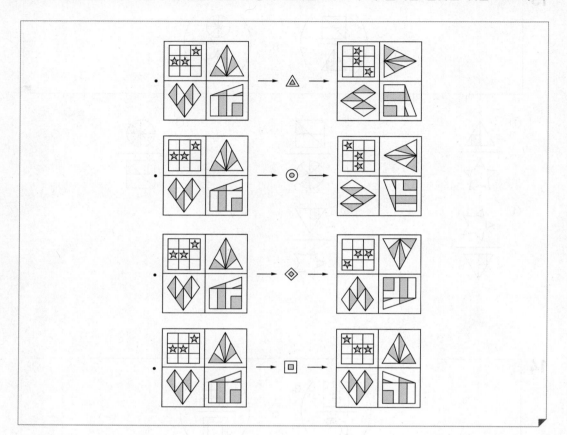

15

① 　② 　③

④ 　⑤

16

① 　② 　③

④ 　⑤

권두부록

파트 1
언어능력

파트 2
수리능력

파트 3
추리능력

파트 4
공간지각능력

파트 5
사무지각능력

파트 6
인성검사

[17 ~ 20] 그림들이 일정한 규칙에 의해 A, B, C로 분류되어 있다. 분류의 기준을 찾아 〈보기〉가 어디에 속하는지 고르시오.

17

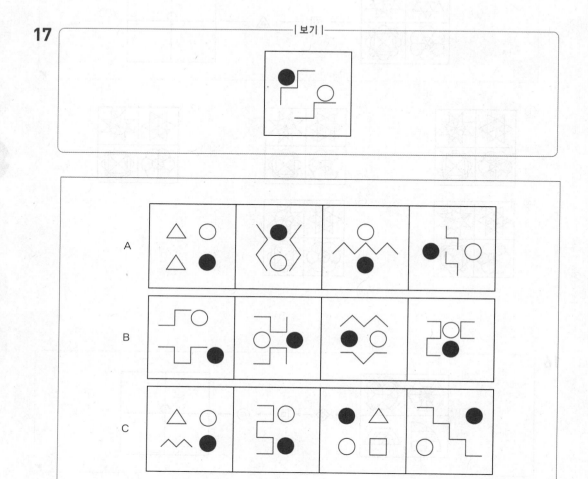

① A   ② B
③ C   ④ 없음.

18

| 보기 |

① A

② B

③ C

④ 없음.

권두부록

파트 1
언어능력

파트 2
수리능력

파트 3
추리능력

파트 4
공간지각능력

파트 5
사무지각능력

파트 6
인성검사

19

| 보기 |

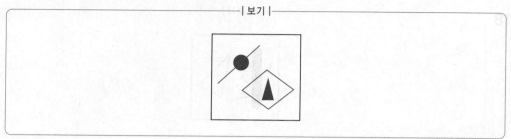

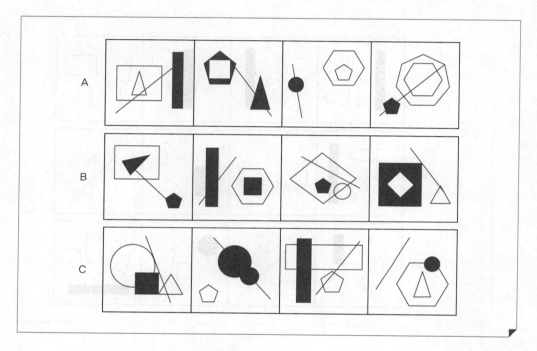

① A
② B
③ C
④ 없음.

20

권두부록

파트 1
언어능력

파트 2
수리능력

파트 3
추리능력

파트 4
공간지각능력

파트 5
사무지각능력

파트 6
인성검사

| 보기 |

① A

② B

③ C

④ 없음.

01 해외 수출에 대한 다음 진술이 모두 참일 때 옳지 않은 것은?

> • 미국에 수출한다면 칠레에도 수출한다.
> • 중국에 수출한다면 일본에도 수출한다.
> • UAE에 수출한다면 칠레에는 수출하지 않는다.
> • UAE에 수출하지 않는다면 일본에도 수출하지 않는다.

① 중국에 수출한다면 UAE에도 수출한다.
② 칠레에 수출한다면 일본에는 수출하지 않는다.
③ 일본에 수출한다면 미국에는 수출하지 않는다.
④ 칠레에 수출하지 않는다면 미국에도 수출하지 않는다.
⑤ 중국에 수출하지 않는다면 일본에도 수출하지 않는다.

02 두 명제 '조직이 안정적이면 중앙집권 체제가 효과적이다'와 '중앙집권 체제가 효과적이지 않다면 직원들의 동기는 낮다'가 모두 참일 때, 다음 중 항상 참인 것을 모두 고르면?

> ⊙ 직원들의 동기가 낮지 않으면 중앙집권 체제가 효과적이다.
> ⓒ 직원들의 동기가 낮으면 중앙집권 체제가 효과적이지 않다.
> ⓒ 중앙집권 체제가 효과적이지 않으면 조직은 안정적이지 않다.
> ⓒ 중앙집권 체제가 효과적이면 직원들의 동기가 낮지 않다.

① ⊙, ⓒ   ② ⓒ, ⓒ   ③ ⊙, ⓒ
④ ⊙, ⓒ, ⓒ   ⑤ ⓒ, ⓒ, ⓒ

03 다음 진술이 모두 참일 때 반드시 참이라 할 수 없는 것은?

> • 기획팀 팀장이 출장을 가지 않으면 회계팀 팀장은 출장을 간다.
> • 회계팀 팀장이 출장을 가지 않으면 A는 업무시간에 외근을 나간다.
> • 회계팀 팀장이 출장을 가면 B는 회계팀 사람들과 회의를 한다.

① 회계팀 팀장이 출장을 가지 않으면 기획팀 팀장이 출장을 간다.
② A가 외근을 나가지 않으면 B는 회계팀 사람들과 회의를 한다.
③ B가 회계팀 사람들과 회의를 하지 않으면 A는 업무시간에 외근을 나간다.
④ 기획팀 팀장이 출장을 가지 않으면 A는 업무시간에 외근을 나가지 않는다.
⑤ B가 회계팀 사람들과 회의를 하지 않으면 기획팀 팀장은 출장을 간다.

04 ○○연구소의 연구원인 K 씨는 다음과 같은 주장을 하였다. 이때, K 씨가 사용한 논증 방식은?

> • 정교한 기계에는 그것을 제작한 제작자가 있다.
> • 인간의 몸은 그 어떤 기계와 비교가 안 될 정도로 정교하다.
> • 따라서 인간의 몸을 정교하게 만든 창조자가 있을 것이다.

① 연역적 논증   ② 유비 추리 논증   ③ 원인결과
④ 문제해결   ⑤ 귀납적 논증

05 다음 글과 동일한 논리적 오류를 범한 것은?

> 북한을 돕자고 하는 것을 보니 너는 빨갱이구나?

① 외계인이 있다는 증거가 없으니 외계인은 없어.
② 저는 아이들이 6명이나 있습니다. 이 가족을 부양하려면 어쩔 수 없었습니다.
③ 하버드 대학교를 나온 그가 맞다고 했으니 정확한 거야.
④ 그 사람은 믿을 수가 없어. 왜냐하면 그는 거짓말쟁이니까.
⑤ 저 사람은 일본 애니메이션을 좋아하니 독도도 일본 땅이라고 할 거야.

권두부록

파트 1
언어능력

파트 2
수리능력

파트 3
추리능력

파트 4
공간지각능력

파트 5
사무지각능력

파트 6
인성검사

06 다음은 A, B, C, D 제품의 품질검사 결과에 대해 사원들이 나눈 대화이다. 품질검사 결과는 적합과 부적합 두 종류가 있고 갑~무 사원 중 단 한 사람만 거짓을 말하고 있을 때, 적합 판정을 받은 제품은 무엇인가?

> 갑 사원 : B와 A는 같은 결과를 받았네.
> 을 사원 : D와 A는 다른 결과를 받았어.
> 병 사원 : 제품 품질기준 부적합 판정을 받은 제품은 모두 두 개야.
> 정 사원 : 을 사원은 검사결과와 다른 이야기를 하고 있어.
> 무 사원 : C는 품질기준에 적합 판정을 받았어.

① B, A   ② B, C   ③ A, D
④ C, D   ⑤ D, A

07 영화 개봉 일정이 다음과 같을 때 분명히 참인 것은?

> • 어떤 달에는 4주에 걸쳐 총 6편의 다른 영화가 두 영화관에서 개봉된다.
> • 한 영화관에서 개봉한 영화는 다른 영화관에서 개봉하지 않는다.
> • 영화 A는 둘째 주, 영화 B는 넷째 주에 영화관 G에서 개봉한다.
> • 영화 C, D와 같은 주에 개봉되는 영화는 없다.
> • 영화관 H는 이번 달에 영화 두 편만 개봉한다.
> • 영화 E는 영화 C, D와 다른 영화관에서 개봉된다.
> • 영화 F는 영화 E, 영화 D는 영화 C가 개봉된 주 이후에 개봉된다.

① 영화 A는 F와 같은 주에 개봉된다.
② 첫째 주에 개봉되는 영화는 E이다.
③ 영화관 H에서 개봉하는 영화는 C, F이다.
④ 영화관 G에서 영화 F가 개봉된다.
⑤ 영화 E가 개봉된 후에 영화 D가 개봉된다.

08 V, W, X, Y, Z 중 한 명이 다른 한 명에게 지갑을 절도당했다. 다섯 명 중 거짓말을 하고 있는 사람은 1명뿐이고 나머지는 모두 진실을 말한다고 할 때, 범인은 누구인가?

> V : 나와 Z는 범인이 아니야.
> W : Y는 범인이 아니야.
> X : 범인은 W야.
> Y : W는 거짓말을 하고 있어.
> Z : 지갑을 절도당한 사람은 X야.

① V   ② W   ③ X
④ Y   ⑤ Z

09 ○○기업 윤리감사팀은 영업팀원 A, B, C, D 네 명 중 한 명이 거래처로부터 금품을 제공받았다는 신고를 받았다. 이에 네 명의 직원을 불러 조사한 결과 다음과 같은 사실이 확인되었다. 네 명 중 금품을 반드시 수수한 사람은 누구인가?

> • A는 어떠한 금품도 받지 않았다.
> • B가 금품을 받았다면 또 다른 한 명도 금품을 받았다.
> • C가 금품을 받았다면 또 다른 두 명도 금품을 받았다.
> • A, B, C, D 중 최소 한 명은 금품을 수수했다.

① A   ② B   ③ C
④ D   ⑤ 없음.

10 다음 제시된 단어들을 보고 최소 3개 이상에 공통으로 적용·연상되는 단어를 고르면?

> 증폭, 무좀, 안경, 난청, 모차르트, 안개, 청력, 보건소, 렌즈

① 베토벤   ② 증권거래소   ③ 보청기
④ 오페라   ⑤ 휠체어

11 다음의 정보를 토대로 도출할 수 있는 도어락의 비밀번호로 가능한 것은?

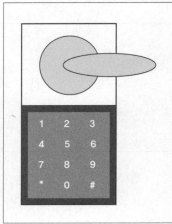

- 비밀번호는 중복되지 않는 네 개의 숫자와 두 개의 특수기호로 이루어져 있다.
- 비밀번호 중 세 개의 숫자는 사선으로 일직선상에 위치한다.
- 비밀번호를 구성하는 네 개의 숫자 중 가장 큰 수와 가장 작은 수의 합은 나머지 두 개의 숫자의 합과 같다.
- 비밀번호의 맨 앞뒤는 특수기호이고 맨 앞 기호는 비밀번호를 이루는 네 개의 숫자들 중 2개의 숫자가 있는 열의 기호를 선택한다.
- 네 개의 숫자배열은 등차수열을 이루고 있지 않다.

① #1346*   ② #1537#   ③ *7531#

④ *7153#   ⑤ *3957*

12 다음 톱니바퀴 A, B는 각각 톱니의 튀어나온 부분(바깥쪽)과 들어간 부분(안쪽)에 서로 다른 일정한 규칙을 갖는다. 두 톱니바퀴가 서로 맞물리는 부분의 규칙이 동일하다고 할 때 A, B 톱니의 수를 모두 더한 값은?

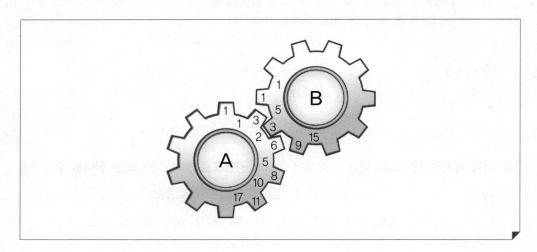

① 810   ② 912   ③ 1,225

④ 1,255   ⑤ 1,265

13 다음에 제시된 문장은 일정한 기준에 따라 세 박스로 분류된다. 어떻게 분류하면 되겠는가? (단, 박스에 이미 분류되어 있는 번호는 OMR 응답지에 기본 마킹되어 있다)

---

① 한민족의 통일성을 확보하여 왜곡된 역사를 바로 잡는 것은 우리에게 주어진 역사의 사명이다.

② 남북한이 분단된 지 50년이 넘어서고 있다. 이 시점에서 통일에 대한 우리의 인식을 확인할 필요가 있다.

③ 남한 국민의 세금으로 충당해야 하는 사회적 비용은 역사적 사명으로 해결할 문제의 수준을 넘어설 것이다.

④ 전시 대치 상황의 군사력이 고스란히 통일 한국의 국방력 상승으로 유지될 것이다.

⑤ 통일에 관한 진지한 물음이 다시 한번 필요한 시점이다.

⑥ 최근 통일의 현실적인 방안과 이를 위한 실제적인 노력에 관한 관심이 새롭다.

⑦ 통일로 인한 혼란은 최악의 경우 국가적 붕괴사태까지 불러올 수 있다.

⑧ 통일에 관한 바람은 경제적이고 정치적인 논리에 묻히거나 심지어 그 당위성의 문제마저 과거와는 다른 시각으로 접근하는 사람들도 많기 때문에 현 시점에서의 통일은 많은 혼란을 야기한다.

---

(1)	(2)	(3)
①	②	

14 다음을 일정한 규칙에 따라 나열하였을 때 '?'에 들어갈 알맞은 수는?

$\dfrac{1\ 3\ 6\ 8}{3}$	$\dfrac{2\ 5\ 9\ 14}{5}$	$\dfrac{3\ 7\ 13\ 19}{7}$	$\dfrac{4\ 9\ 16\ (\ ?\ )}{9}$

① 21   ② 22   ③ 23

④ 24   ⑤ 25

15 다음 악보가 [MUSIC]을 나타낸다고 하면, [REVEL]을 나타내는 것은 무엇인가?

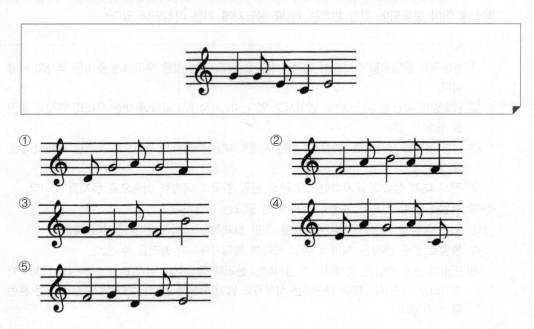

16 [ZNCBQNRTLB]라는 암호는 [MAPODAEGYO]를 의미하고 있다. 같은 암호를 사용하여 나타낸 [TENCR]이 뜻하는 단어는 무엇인가?

① APPLE   ② PEACH   ③ BANANA
④ ORANGE   ⑤ GRAPE

17 술통에 16L의 기름이 들어 있다. 이 기름을 7L와 9L의 물통을 사용하여 8L씩 나누기로 했을 때, 최소 횟수로 나누기 위해서는 몇 번 옮겨 담는 조작이 필요한가? (단, 기름은 술통에 되돌려도 좋고, 물통과 물통 사이 및 물통과 술통 사이에서 기름을 옮길 때마다 1회 조작으로 세기로 한다. 또한 한 통에서 다른 한 통으로 옮길 때는 들어갈 수 있는 최대치를 옮겨야 한다)

① 15회   ② 16회   ③ 17회
④ 18회   ⑤ 19회

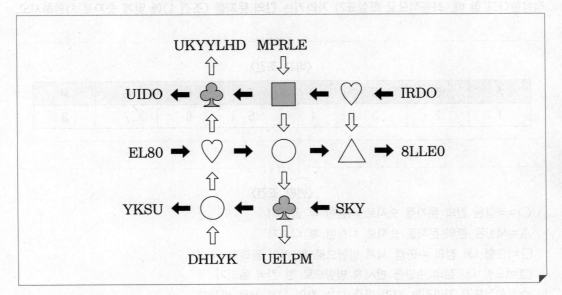

[18 ~ 19] 다음 흐름도에서 각각의 도형들은 정해진 규칙에 따라 문자와 숫자를 변화시키는 암호이다. 이를 보고 '?'에 들어갈 알맞은 문자나 숫자를 고르시오.

권두부록

파트 1
언어능력

파트 2
수리능력

파트 3
추리능력

파트 4
공간지각능력

파트 5
사무지각능력

파트 6
인성검사

18

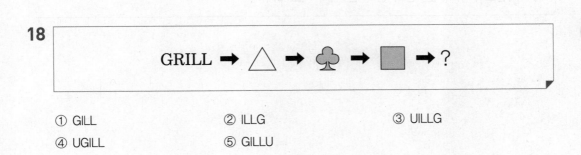

① GILL   ② ILLG   ③ UILLG
④ UGILL   ⑤ GILLU

19

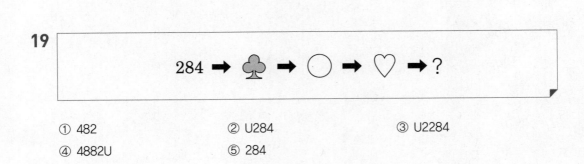

① 482   ② U284   ③ U2284
④ 4882U   ⑤ 284

[20 ~ 21] 다음의 〈조건 1〉은 문자의 비교 조건이며, 〈조건 2〉는 다음 단계로 가기 위한 변환 조건이다. INPUT에서 제시된 원형 문자표의 화살표는 고정되어 있으며, 주어진 순서도에 따라 조건을 적용한다고 할 때, 최종적으로 화살표가 가리키는 칸의 문자를 〈조건 1〉에 맞게 숫자로 치환하시오.

| 조건 1 |

〈비교 조건〉

A	B	C	D	E	F	G	H
1	2	3	4	5	6	7	8

| 조건 2 |

〈변환 조건〉

○=색칠된 칸의 문자를 숫자로 치환한 후 곱하기
△=색칠된 칸의 문자를 숫자로 치환한 후 더하기
□=(도형 내) 점의 수만큼 시계 방향으로 한 칸씩 돌리기
■=(도형 내) 점의 수만큼 반시계 방향으로 한 칸씩 돌리기
☆=화살표가 가리키는 칸과 마주 보는 칸의 위치 서로 바꾸기
♡=화살표가 가리키는 칸의 양쪽 칸 위치 서로 바꾸기

www.gosinet.co.kr **gosi**net

권두부록

파트 1
언어능력

파트 2
수리능력

파트 3
추리능력

파트 4
공간지각능력

파트 5
사무지각능력

파트 6
인성검사

20

INPUT

OUTPUT

No

Yes

>5?

Yes

>5?

No

① 2   ② 3   ③ 5

④ 7   ⑤ 8

21

Yes

INPUT

OUTPUT

>15?

No

>20?

Yes

>3?

Yes

No

No

① 1   ② 2   ③ 3

④ 4   ⑤ 7

[22 ~ 23] 다음의 〈조건 1〉은 도형의 모양을, 〈조건 2〉는 체스 피스의 이동 방향을 나타낸다. START
에 제시된 블록에 A를 기준으로 〈조건 2〉의 방향성에 따라 〈조건 1〉의 도형을 쌓아 결합시킬 때,
FINISH의 블록이 도출될 수 있는 경로의 피스를 순서대로 고르시오.

| 조건 1 |

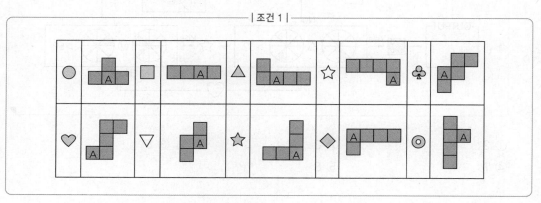

| 조건 2 |

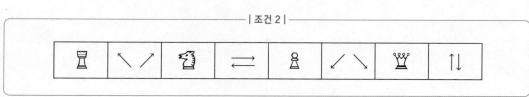

22

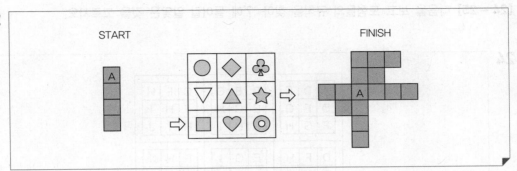

23

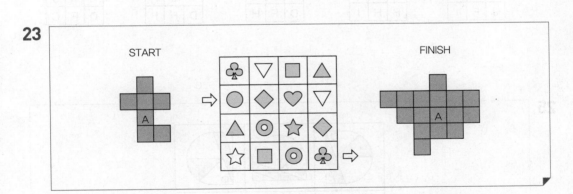

권두부록

파트 1
언어능력

파트 2
수리능력

파트 3
추리능력

파트 4
공간지각능력

파트 5
사무지각능력

파트 6
인성검사

[24 ~ 25] 다음을 보고 도형들의 규칙을 찾아 '?'에 들어갈 알맞은 것을 고르시오.

24

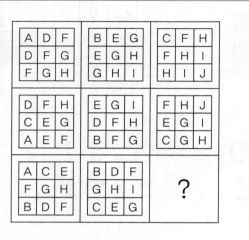

A D F	B E G	C F H
D F G	E G H	F H I
F G H	G H I	H I J

D F H	E G I	F H J
C E G	D F H	E G I
A E F	B F G	C G H

A C E	B D F	?
F G H	G H I	
B D F	C E G	

①
| E H J |
| H J F |
| J F I |

②
| E J F |
| J F H |
| F H I |

③
| C E G |
| H I J |
| D F H |

④
| C G E |
| I J H |
| D H F |

⑤
| C E G |
| H A J |
| D F C |

25

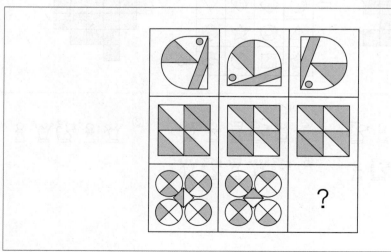

www.gosinet.co.kr **gosi**net

권두부록

파트 1
언어능력

파트 2
수리능력

파트 3
추리능력

파트 4
공간지각능력

파트 5
사무지각능력

파트 6
인성검사

①

②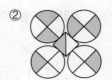

③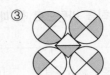

④

⑤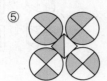

26 다음 규칙을 바탕으로 할 때, '?'에 들어갈 알맞은 도형은?

    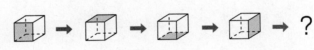

①

②

③

④

⑤

27 다음 규칙을 바탕으로 할 때, '?'에 들어갈 알맞은 도형은?

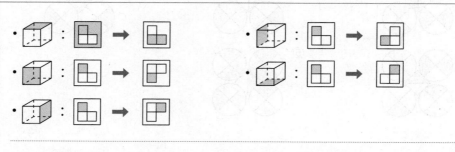

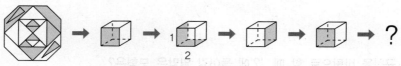

①
②
③

④
⑤

[28 ~ 30] 그림들이 일정한 규칙에 의해 A, B, C로 분류되어 있다. 분류의 기준을 찾아 〈보기〉가 어디에 속하는지 고르시오.

28

권두부록

파트 1
언어능력

파트 2
수리능력

파트 3
추리능력

파트 4
공간지각능력

파트 5
사무지각능력

파트 6
인성검사

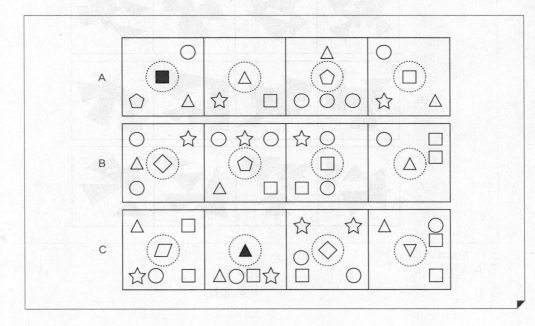

① A   ② B
③ C   ④ 없음.

29

| 보기 |

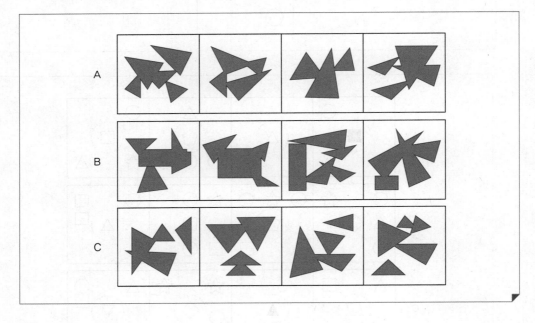

① A ② B

③ C ④ 없음.

30

① A

② B

③ C

④ 없음.

영역별 출제비중

▶ 입체도형(전개도, 블록, 추상도, 도형회전) : 전개도일반, 전개도 응용, 펀칭, 블록 결합, 블록 분리, 블록회전, 투상도의 입체도형, 평면회전, 입체회전, 매듭 한붓그리기
▶ 평면도형(종이접기, 조각모음) : 펀칭, 자르기, 앞뒷면 유추, 도형분할, 도형조합

공간지각은 크게 1. 전개도 2. 종이접기 3. 블록 4. 투상도 5. 조각모음 6. 도형회전 여섯 가지 영역으로 출제되고 있으며, 전개도 유형의 출제비중이 가장 높다. 공간지각능력은 여러 가지 도형의 공간관계와 공간위치를 이해하는 능력을 평가하는 영역이다.

파트 4 공간지각능력

다양한 형태의 전개도를 연결하여 입체도형의 모양을, 입체도형의 모양을 통해 전개도의 형태를 추리하고 이를 응용하는 능력이다.

🔍 유형분석

• 입체도형과 전개도 간의 관계를 이해하고 이를 바탕으로 도형에 알맞은 전개도를 찾는 문제가 출제된다.

• 전개도를 접어 완성되는 정육면체를 특정 조건이나 삼차원의 공간에서 이동시켰을 때 보이는 면이나 순서를 유추할 수 있는지를 묻는 문제가 출제된다.

• 공간지각능력의 유형 중 비교적 쉬운 유형이기 때문에 문제 풀이 시간을 오래 끌지 않아야 한다.

🔍 주요 출제기업

삼성_GSAT · 현대자동차_HMAT · GS · 두산_DCAT · 아모레퍼시픽_APAT · 효성 등

🔍 유형별 출제비중

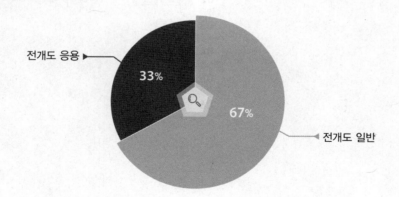

전개도 응용 33%
전개도 일반 67%

전개도는 공간지각능력의 평가를 위해 기업에서 자주 출제하는 영역이다. 전개도와 입체도형의 일치/불일치 문제나 전개도를 접어 완성된 입체도형이 다른 하나를 고르는 문제가 높은 출제비중을 보이고 있으며 회전 후의 모양 찾기, 도형의 이동 방향 나열하기 등 응용문제들이 출제되고 있다.

🔍 최신 출제 경향

전개도 문제는 주로 정육면체 형태가 가장 많이 출제되지만 최근에는 사각뿔, 삼각기둥, 정사면체 등 다양하고 복잡한 입체도형 형태도 자주 등장하고 있다. 처음 보는 전개도에 당황하지 않도록 최대한 다양한 문제를 많이 풀어 보아야 한다. 또한 전개도 응용문제의 비중이 높아지고 있으므로 유형별 문제 풀이 전략을 학습하여 문제에 적용하는 연습이 필요하다.

🔍 빈출되는 세부 유형

• 주어진 입체도형의 전개도를 고르는 유형
• 주어진 전개도를 완성하였을 때 모양이 다른 입체도형을 고르는 유형
• 전개도의 그림이 바깥쪽으로 나오도록 완성하였을 때의 입체도형을 고르는 유형
• 전개도를 회전 조건에 따라 회전한 후 화살표가 가리키는 면을 찾는 유형
• 여러 개의 전개도를 접어 조건에 따라 회전한 후 이어 붙였을 때의 모양을 찾는 유형

🔍 학습방법

• 전개도의 변환 패턴을 미리 암기해 두면 문제 풀이 시간을 단축할 수 있다.
• 전개도의 인접하는 변끼리 표시하는 습관을 들여 맞닿는 부분의 무늬를 확인하기 쉽도록 한다.
• 전개도는 명확한 원리를 가지고 푸는 문제이기 때문에 득점하고자 한다면 다양한 유형의 문제를 학습하며 노하우를 터득하는 것이 좋다.

권두부록

파트 1
언어능력

파트 2
수리능력

파트 3
추리능력

파트 4
공간지각능력

파트 5
사무지각능력

파트 6
인성검사

유형 1 전개도 일반

🔅 문제분석

1. 정육면체의 전개도를 접을 때 완성되는 입체도형과 일치하는 것 또는 일치하지 않는 것을 고르는 유형의 문제이다.

2. 정육면체의 전개도를 접을 때 완성되는 입체도형이 나머지와 다른 것을 고르는 유형의 문제이다.

🔅 학습 전략

1. 전개도의 변환 모양을 미리 암기하여 문제를 풀면 시간을 단축할 수 있다.

2. 전개도가 나올 때 일단 접하는 부분을 표시하는 습관을 들이면 맞닿는 부분의 무늬를 확인하기 쉽다.

3. 전개도를 접을 때 모양이 다른 것을 찾는 문제는 하나를 기준모양으로 두고 기준모양에 붙는 모양이 무엇인지를 생각하며 선택지끼리 비교하고, 다른 하나를 소거하는 방식으로 답을 찾는다.

🔅 주요 기업 빈출키워드

다른 전개도의 모양, 완성할 수 있는 입체도형, 옳은 입체도형의 전개도, 그림이 바깥쪽으로 나오도록 접었을 때의 입체도형 등

권두부록

파트 1
언어능력

파트 2
수리능력

파트 3
추리능력

파트 4
공간지각능력

파트 5
사무지각능력

파트 6
인성검사

대표예제

01 다음 중 전개도를 접었을 때 모양이 다른 하나를 고르면?

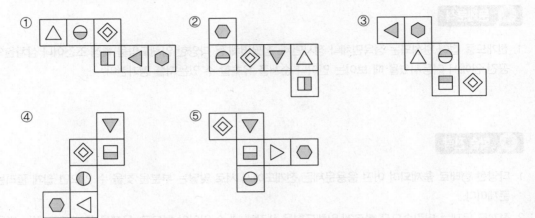

|정답| ①

|해설| 각 전개도에서 인접하는 부분을 표시하면 다음과 같다. 이때, 회전 방향에 따른 모양의 변화가 쉽게 눈에 들어오는 ⊖과 ▥을 기준으로 삼아 인접 부분을 화살표로 표시하여 두 도형의 연결 형태를 생각해본다.

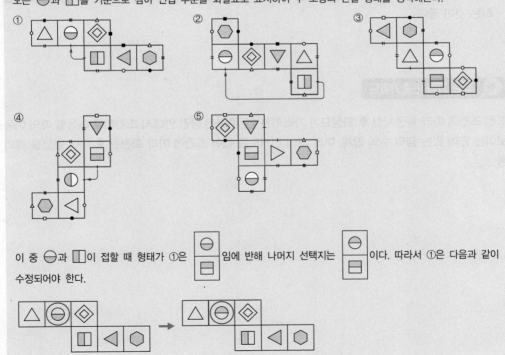

이 중 ⊖과 ▥이 접할 때 형태가 ①은 [⊖/▥] 임에 반해 나머지 선택지는 [⊖/▥] 이다. 따라서 ①은 다음과 같이 수정되어야 한다.

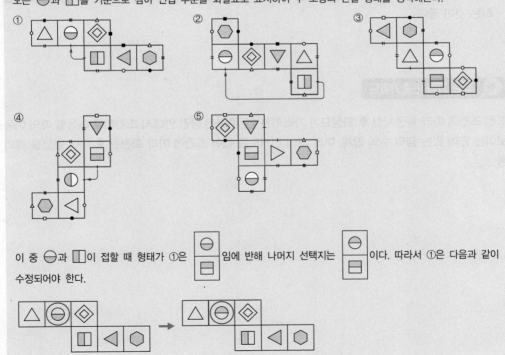

유형 2 **전개도 응용**

✓ 01 전개도

🔍 문제분석

1. 전개도를 접어 완성되는 정육면체나 정사면체, 정팔면체 등 다양한 입체도형을 특정 조건이나 삼차원의 공간 안에서 이동시켰을 때 보이는 면이나 순서를 유추할 수 있는지를 평가한다.

🔍 학습 전략

1. 다양한 형태로 출제되며 어떤 응용문제든 전개도에서 서로 맞닿는 부분을 찾을 수 있으면 쉽게 풀리는 문제이다.
2. 전개도 문제는 머릿속으로 빠르게 입체도형을 생각해 낼 수 있어야 하므로, 문제를 풀 때 인접하는 변을 먼저 표시하는 습관을 들이도록 한다.
3. 조건에 주어진 회전축의 회전 방향에 유의해야 한다.
4. 학습 시 전개도를 만들어 직접 전개도를 회전시켜보고, 다양한 유형의 문제를 풀어보면서 노하우를 터득하는 것이 좋다.

🔍 주요 기업 빈출키워드

회전 조건에 따라 회전시킨 후 화살표가 가리키는 면, 주어진 공간 안에서 조건대로 이동할 때의 이동순서, 보이는 면에 있는 점의 수의 합계, 여러 개의 전개도를 접어 조건에 따라 회전한 후 이어 붙였을 때의 모양 등

권두부록

파트 1
언어능력

파트 2
수리능력

파트 3
추리능력

**파트 4
공간지각능력**

파트 5
사무지각능력

파트 6
인성검사

대표예제

01 주어진 전개도를 그림이 겉으로 나오도록 접어 만든 정육면체가 다음과 같은 형태로 나누어진 공간 안에서 A → B로 이동할 때, 그 이동 방향을 순서대로 나열한 것은? (단, 밑면을 기준으로 이동하고자 하는 방향의 모서리를 축으로 하여 한 칸씩 굴려서 이동하되 이동 방향이 막혀 있을 때는 벽을 타고 이동한다)

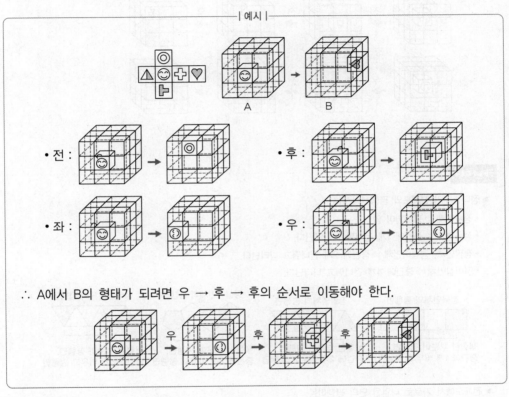

∴ A에서 B의 형태가 되려면 우 → 후 → 후의 순서로 이동해야 한다.

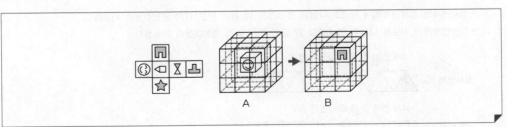

① 전-전-우　　② 전-전-좌　　③ 전-우-전

④ 전-우-후　　⑤ 우-전-전

| 정답 | ③

| 해설 | A의 위치에서 B의 위치로 이동하려면 전으로 2번, 우로 1번 움직여야 하므로 ②, ④는 답이 될 수 없다.

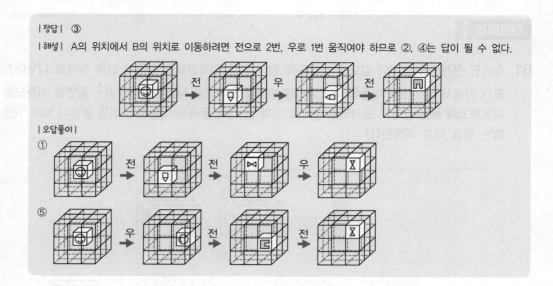

하나더+

▶ 정다면체의 전개도와 평행선의 위치

• 정사면체 ⇨ 평행면이 없다.
• 정육면체 ⇨ 중간에 1개 건너뛰고 나타난다.
• 정팔면체, 정십이면체 ⇨ 중간에 2개 건너뛰고 나타난다.
• 정이십면체 ⇨ 중간에 4개 건너뛰고 나타난다.

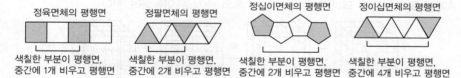

정육면체의 평행면 / 정팔면체의 평행면 / 정십이면체의 평행면 / 정이십면체의 평행면

색칠한 부분이 평행면, 중간에 1개 비우고 평행면 / 색칠한 부분이 평행면, 중간에 2개 비우고 평행면 / 색칠한 부분이 평행면, 중간에 2개 비우고 평행면 / 색칠한 부분이 평행면, 중간에 4개 비우고 평행면

▶ 전개도에서 가로로 나열된 면의 평행이동

• 정사면체와 정육면체에서 가로로 나열된 면 4개의 양 끝의 면은 각각 평행이동이 자유롭다.
• 정팔면체에서 가로로 나열된 면 6개의 양 끝의 면은 각각 평행이동이 자유롭다.

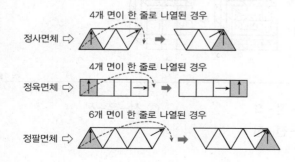

정사면체 ⇨ (4개 면이 한 줄로 나열된 경우)
정육면체 ⇨ (4개 면이 한 줄로 나열된 경우)
정팔면체 ⇨ (6개 면이 한 줄로 나열된 경우)

▶ 전개도에서 쓰이는 접하는 부분의 3대 원칙

입체가 펼쳐져 평면으로 된 전개도를 접으면, 전개도의 2개의 변이 접하여 입체의 한 변을 형성한다. 이 접하는 부분에 관한 규칙을 외워두면 쉽게 풀 수 있다.

1. 전개도에서 두 변이 이루는 각이 최소가 되는 두 변은 반드시 접한다.

2. 1에서 접합한 변의 각각의 변과 이웃한 변도 차례로 접한다.

3. 2개의 면이 공유할 수 있는 변은 한 변뿐이다.

• 원칙 1, 2의 사용법

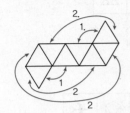

• 원칙 3의 사용법

올바른 것

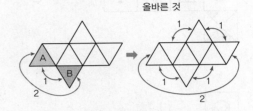

원칙 3에서 A와 B의 두 면은 이미 1에서 한 변을 공유하고 있으므로 더 이상 변을 공유하는 일은 없다.

▶ 전개도에서 접한 후 회전이동

변과 변의 접한 것을 확인한 후에는, 알기 쉬운 위치로 자유롭게 회전시킬 수 있다.

접하는 것을 확인! 접하는 것을 확인!

이것으로는 접었을 때의 화살표의 위치관계를 알기 어렵다. 알기 쉬워졌다. 바로 옆에 오는 화살표의 위치관계는 이것으로 확실히 파악할 수 있다.

실전문제연습

전개도

[01 ~ 02] 다음 중 전개도를 접었을 때 모양이 다른 하나를 고르시오.

01 ①

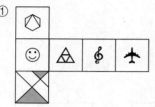

②

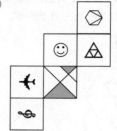

③

④

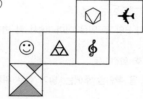

⑤

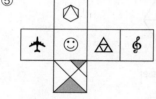

02

①

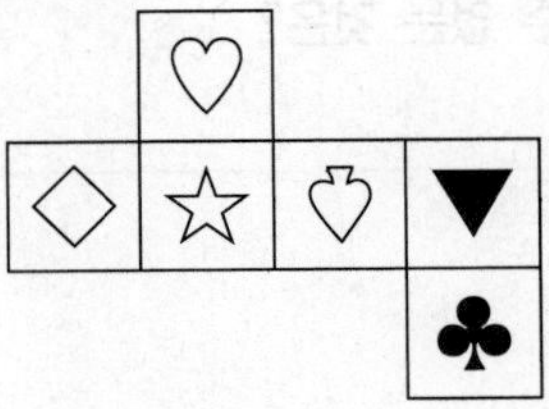

②

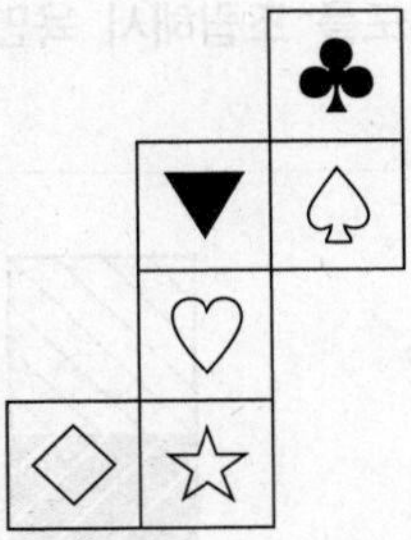

③

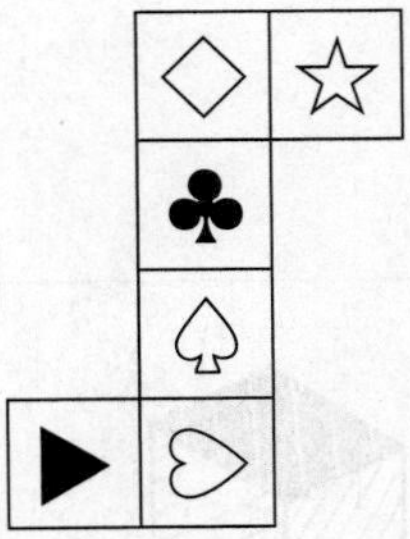

④

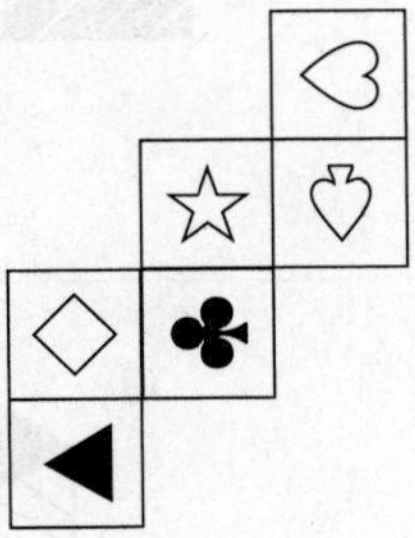

⑤

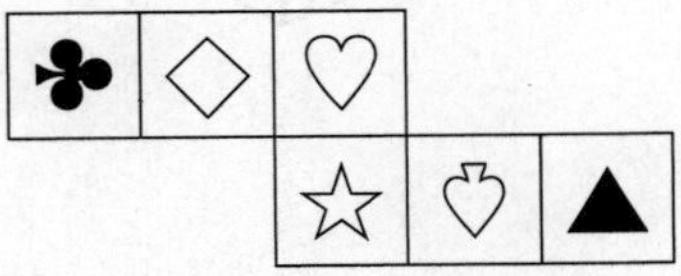

권두부록

파트 1
언어능력

파트 2
수리능력

파트 3
추리능력

파트 4
공간지각능력

파트 5
사무지각능력

파트 6
인성검사

03 다음 〈보기〉의 전개도를 조립해서 육면체를 만들 때 나올 수 없는 것은?

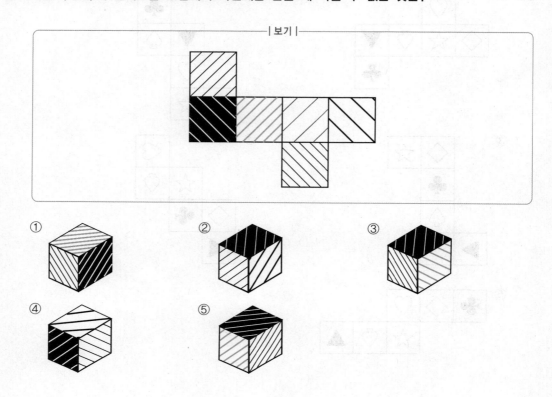

04 다음 전개도를 접어 완성했을 때 나올 수 없는 주사위는?

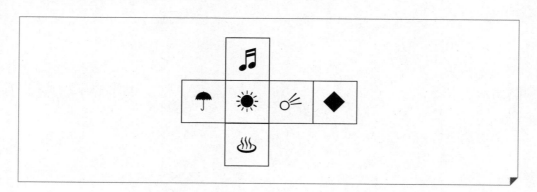

권두부록

파트 1
언어능력

파트 2
수리능력

파트 3
추리능력

파트 4
공간지각능력

파트 5
사무지각능력

파트 6
인성검사

① 　② 　③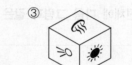

④ 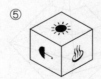　⑤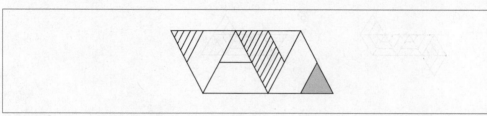

05 다음 전개도를 접었을 때 완성되는 입체도형은?

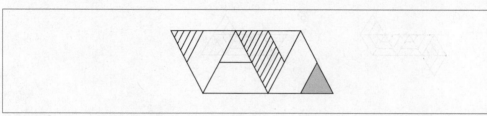

① 　② 　③

④ 　⑤

06 표면 전체에 다음 그림과 같은 모양이 들어간 정팔면체의 전개도로 알맞은 것은?

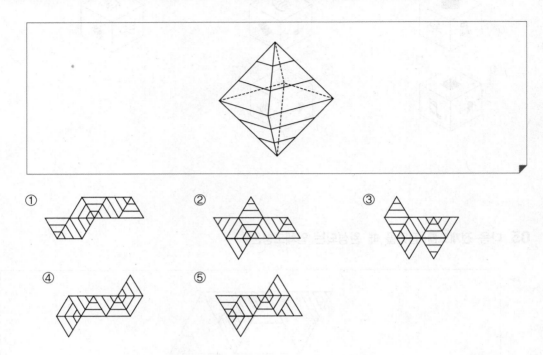

07 다음 펼쳐진 전개도를 보고 그림이 바깥쪽으로 나오도록 접었을 때 나타날 수 있는 입체도형은?

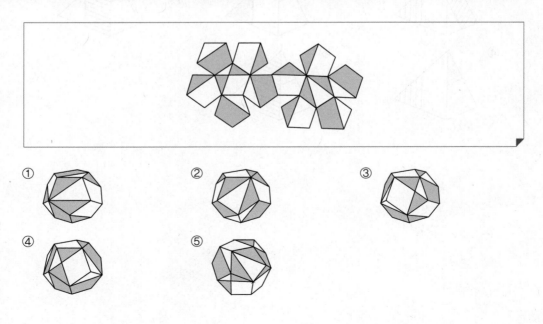

08 다음 제시된 입체도형을 그림이 보이도록 펼쳤을 때의 전개도를 고르면?

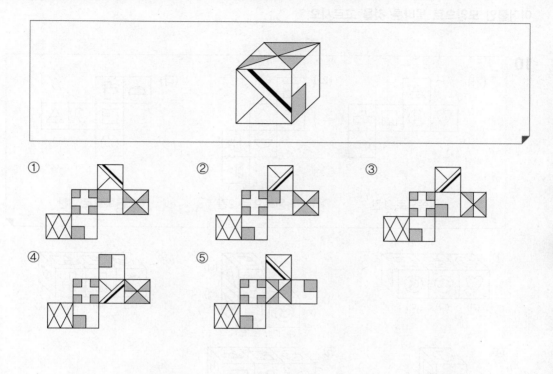

09 〈보기〉의 왼쪽 전개도를 접어 오른쪽 주사위 모형을 만들었을 때, 윗면 방향에서 바라본 면의 모습은?

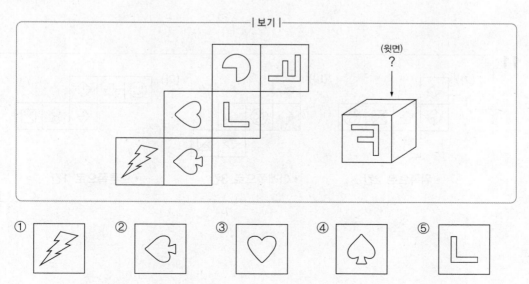

[10 ~ 11] 다음 세 개의 전개도를 ☺ 면이 앞에 오도록 접어 제시된 방향과 횟수대로 회전한 후 이어붙인 모양으로 올바른 것을 고르시오.

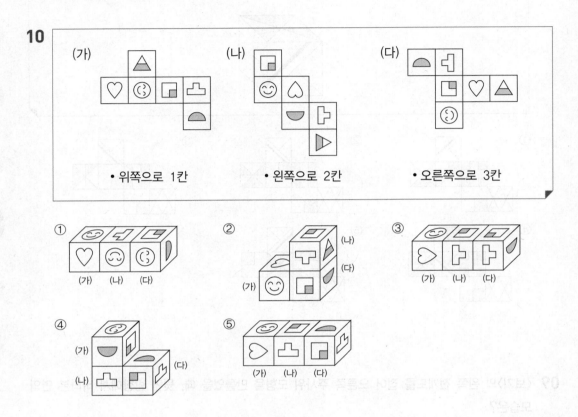

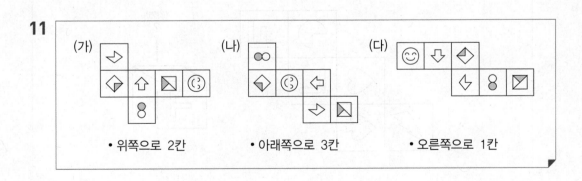

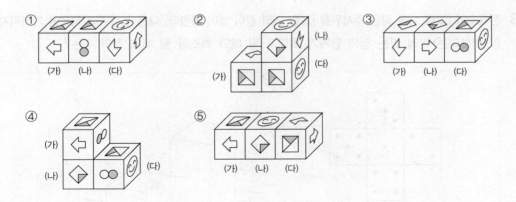

12 [그림 1]은 표면의 각 면을 4색으로 칠한 입체도형의 전개도이다. 이 입체도형 5개를 [그림 2]와 같이 쌓아 올렸을 때 입체도형이 바닥에 접하거나 입체도형끼리 접함에 따라 어디에서도 보이지 않는 면이 11개 있다면, 보이지 않는 면의 색의 수를 바르게 파악한 것은?

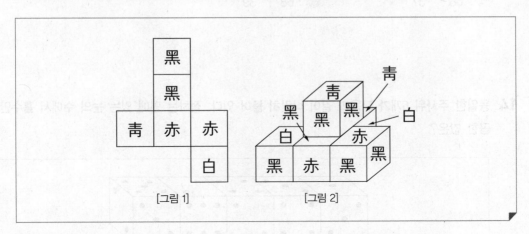

	黑	赤	靑	白
①	2	5	1	3
④	4	3	3	1

	黑	赤	靑	白
②	3	4	2	2
⑤	4	4	1	2

	黑	赤	靑	白
③	3	5	2	1

13 전개도가 [그림 1]과 같은 주사위를 [그림 2]와 같이 쌓아 올렸다. 다른 주사위나 책상에 가려지지 않고 보이는 면에 있는 점의 합계가 최대가 될 때와 최소가 될 때의 점의 수는?

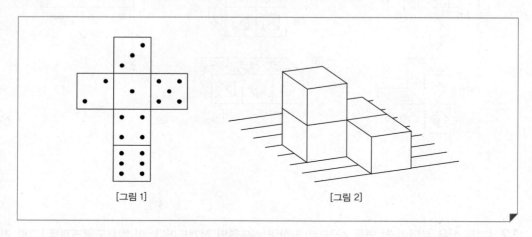

[그림 1]　　　　　　　　　　　[그림 2]

	최대	최소		최대	최소		최대	최소
①	66	37	②	66	39	③	67	38
④	68	37	⑤	68	39			

14 동일한 주사위 5개가 다음과 같이 나란히 붙어 있다. 접하는 면에 있는 눈의 수에서 홀수만을 곱한 값은?

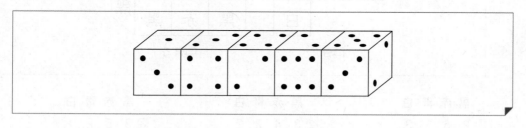

① 55　　　　　　　　② 65　　　　　　　　③ 75

④ 85　　　　　　　　⑤ 95

15 다음 세 개의 전개도를 ? 면이 앞에 오도록 접어 제시된 방향과 횟수대로 회전한 후 이어붙인 모양으로 올바른 것은?

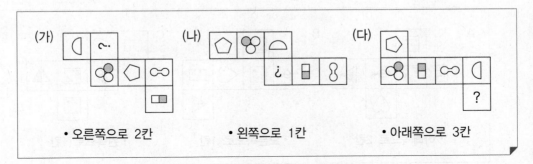

①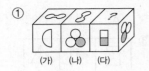

②

③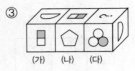

④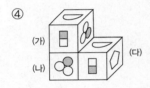

⑤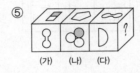

권두부록

파트 1
언어능력

파트 2
수리능력

파트 3
추리능력

파트 4
공간지각능력

파트 5
사무지각능력

파트 6
인성검사

16 다음 주사위의 전개도를 $\oint$ 면이 앞에 오도록 접어 제시된 방향과 횟수대로 회전한 후 이어붙인 것의 정면은?

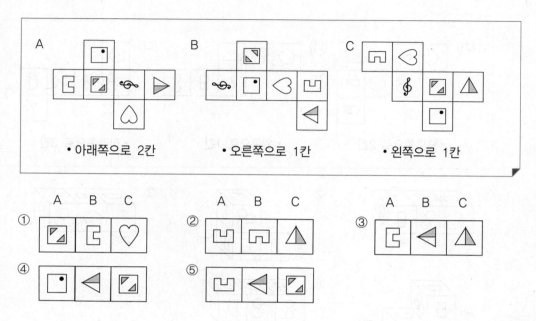

17 다음과 같이 동일한 6개의 주사위를 서로 붙여 놓았다. 맞닿는 면의 숫자의 합이 각각 짝수가 되도록 할 때, 서로 접하고 있는 모든 면에 있는 점의 최소 개수는? (단, 각 주사위의 마주 보는 면의 눈의 합은 7이다)

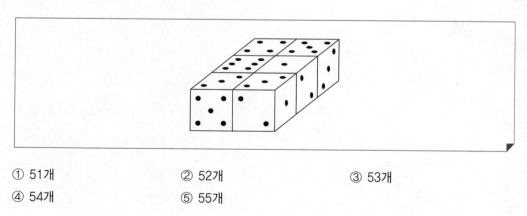

① 51개   ② 52개   ③ 53개

④ 54개   ⑤ 55개

[18 ~ 21] 제시된 전개도를 그림이 겉으로 나오도록 접어 만든 정육면체가 다음과 같은 형태로 나누어진 공간 안에서 A → B로 이동할 때, 그 이동 방향을 순서대로 나열한 것을 고르시오(단, 밑면을 기준으로 이동하고자 하는 방향의 모서리를 축으로 하여 한 칸씩 굴러서 이동하되 이동 방향이 막혀 있을 때는 벽을 타고 이동한다).

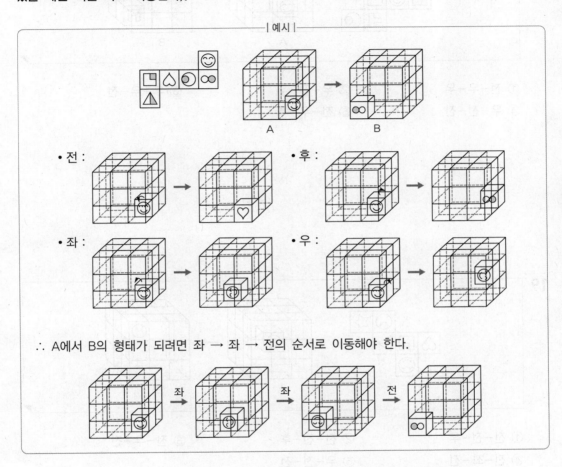

∴ A에서 B의 형태가 되려면 좌 → 좌 → 전의 순서로 이동해야 한다.

권두부록

파트 1 언어능력

파트 2 수리능력

파트 3 추리능력

파트 4 공간지각능력

파트 5 사무지각능력

파트 6 인성검사

18

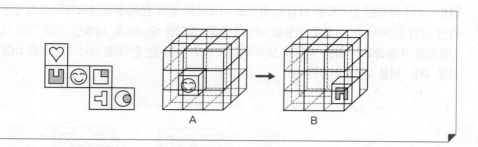

A → B

① 전 - 우 - 우   ② 우 - 전 - 우   ③ 우 - 우 - 전

④ 우 - 전 - 전   ⑤ 전 - 우 - 후

19

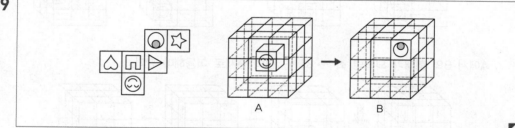

A → B

① 전 - 전 - 우   ② 전 - 전 - 후   ③ 전 - 우 - 전

④ 전 - 좌 - 전   ⑤ 우 - 전 - 전

www.gosinet.co.kr gosinet

권두부록

파트 1
언어능력

파트 2
수리능력

파트 3
추리능력

파트 4
공간지각능력

파트 5
사무지각능력

파트 6
인성검사

20

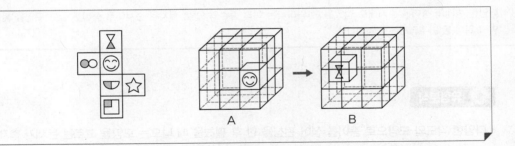

① 전 - 좌 - 후   ② 좌 - 좌 - 후   ③ 좌 - 후 - 후

④ 좌 - 후 - 좌   ⑤ 후 - 좌 - 좌

21

① 좌 - 좌 - 전   ② 우 - 후 - 우   ③ 우 - 후 - 후

④ 전 - 좌 - 좌   ⑤ 후 - 전 - 우

종이접기

다양한 형태의 종이를 순서대로 접었을 때 나타나는 여러 종류의 모양, 제시된 순서대로 종이를 접고 구멍을 뚫었을 때 구멍의 위치 등을 추리하는 능력이다.

유형분석

• 다양한 각도와 모양으로 종이를 접어 펀칭을 한 후 펼쳤을 때 나오는 모양을 고르는 문제가 출제된다.
• 종이를 여러 번 접어 일부분을 자른 후 펼쳤을 때 나오는 모양을 고르는 문제가 출제된다.
• 다양한 각도와 모양으로 종이를 접은 후 펼쳤을 때 나오는 앞뒷면의 모양을 고르는 문제가 출제된다.

주요 출제기업

롯데_L-TAB · 삼성_GSAT

유형별 출제비중

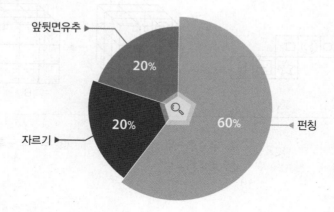

공간지각능력을 평가하는 기업에서 종이접기 영역을 출제하는 기업의 수는 많지 않은 편이지만 삼성 _GSAT에서는 매년 가장 출제비중이 높다. 종이를 접어 펀칭을 한 후 펼친 모양을 고르는 문제가 가장 많이 출제되며 종이를 자른 후 펼친 모양을 고르는 문제와 종이의 뒷면으로 알맞은 모양을 고르는 문제가 비슷한 비중으로 출제되고 있다.

권두부록

파트 1
언어능력

파트 2
수리능력

파트 3
추리능력

파트 4
공간지각능력

파트 5
사무지각능력

파트 6
인성검사

🔆 최신 출제 경향

종이접기 문제는 제한된 시간 내에 푸는 것이 상당히 어려운 편이다. 펀칭 유형의 경우 펀칭 모양이 주로 원형으로 출제되지만 간혹 삼각형, 사다리꼴 등 다양한 펀칭 형태도 등장하고 있으며 또한 좌우대칭이 아닌 불규칙적으로 펀칭을 한 문제가 출제되기도 하므로 평소 다양한 유형의 문제를 학습하여 이와 같은 문제에 대한 대비가 필요하다.

🔆 빈출되는 세부 유형

• 종이를 접어 구멍을 뚫은 후 다시 펼쳤을 때 맞는 그림을 찾는 유형
• 종이를 접어 자른 후 다시 펼쳤을 때 맞는 그림을 찾는 유형
• 종이를 접은 후 앞면 혹은 뒷면에서 볼 수 있는 모양을 찾는 유형

🔆 학습방법

• 종이접기 문제의 대부분은 접은 순서를 역순으로 펼치며 확인하는 것이 풀이의 핵심이다.
• 펀칭 문제와 자르기 문제는 구멍이나 잘린 부분이 선대칭으로 나타나므로 이에 유의하면서 학습한다.
• 일부 기업에서는 시험지를 돌리거나 찢는 행위, 필기를 하는 행위 등이 제한되므로 머릿속으로 그려나갈 수 있도록 끊임없이 연습하여 노하우를 터득하는 것이 좋다.

○ 02 종이접기

유형 1
펀칭

🔍 문제분석

1. 다양한 방향으로 접은 종이의 구멍을 뚫고 펼쳤을 때 나오는 모양을 고르는 유형이다.
2. 선대칭을 바탕으로 한 변형 결과를 떠올릴 수 있는지를 평가한다.

💡 학습 전략

1. 종이를 접은 역순으로 펼치며 확인하는 것이 풀이의 핵심이다.
2. 마지막 종이와 각 선택지의 구멍 위치를 비교하여 일치하지 않는 선택지부터 소거해 나가면 된다.
3. 구멍이 뚫리는 위치가 모서리인지 꼭짓점인지 파악하는 것만으로도 선택지의 일부를 소거할 수 있다.
4. 실제 시험장에서는 공간지각 영역에 한해 필기를 할 수 없도록 제한하는 경우도 있으므로 펀칭 부분을 머릿속으로 그려나갈 수 있도록 끊임없이 연습해 놓는 것이 좋다.
5. 접하는 부분이 일부분일 때 그 대칭되는 면에 주의한다.
6. 반만 잘린 부분이 펼쳐질 때 하나의 원형 구멍이 되는 부분, 1/4 원이 1/2 원으로 펼쳐지는 부분에도 유의하여 살핀다.
7. 펼칠 때도 1/4 원이나 1/2 원의 모양은 그대로 유지된다.

💡 주요 기업 빈출키워드

종이를 접어 구멍을 뚫은 후 맞는 그림 찾기 등

권두부록

파트1
언어능력

파트2
수리능력

파트3
추리능력

파트4
공간지각능력

파트5
사무지각능력

파트6
인성검사

대표예제

01 다음과 같이 화살표 방향으로 종이를 접은 후, 마지막 그림과 같이 펀치로 구멍을 뚫고 다시 펼쳤을 때의 모양으로 옳은 것은?

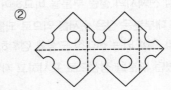

①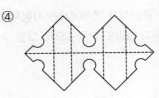

③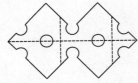

⑤

|정답| ②

|해설| 종이를 접은 역순으로 다시 펼치면 다음과 같다.

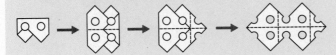

02 종이접기

유형 2 자르기

문제분석

여러 가지 방향으로 접은 종이의 일부분을 자른 후 펼쳤을 때 나오는 모양을 고르는 유형의 문제이다.

학습 전략

1. 마지막 종이와 각 선택지의 잘린 부분을 비교하여 소거법으로 문제를 푼다.

2. 종이접기 문제의 대부분은 접은 순서를 역으로 되돌려 원래의 상태로 되돌리며 생각하면 좋다. 이때, 접은 자국이 대칭의 축이 되는 선대칭 도형을 정확히 그려야 한다.

3. 펼칠 때마다 접혔던 부분을 점선으로 표시하고 자른 모양을 실선으로 표시하면 자른 모양을 확인하기 쉽다.

4. 실제 시험에서는 공간지각 영역에서만 시험지에 아무런 표시도 하지 못하게 제한하는 기업이 있으므로 직접 표시하여 풀지 않아도 머릿속으로 그릴 수 있도록 유형 풀이에 능숙해야 한다.

주요 기업 빈출키워드

종이를 접은 후 점선을 자르고 펼쳤을 때 모양 등

대표예제

01 다음 그림과 같이 화살표 방향으로 종이를 접은 후, 마지막 점선을 자르고 다시 펼쳤을 때의 모양으로 옳은 것은?

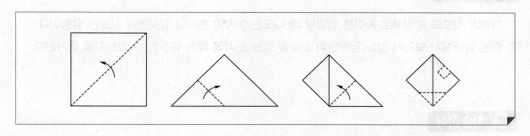

① 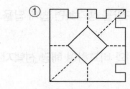   ②   ③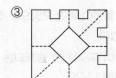

④   ⑤

| 정답 | ③

| 해설 | 종이를 접은 역순으로 다시 펼치면 다음과 같다.

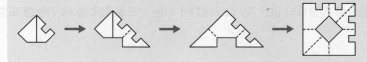

권두부록

파트 1
언어능력

파트 2
수리능력

파트 3
추리능력

파트 4
공간지각능력

파트 5
사무지각능력

파트 6
인성검사

유형 3 앞뒷면 유추

문제분석

1. 다양한 각도와 모양으로 종이를 접었을 때 나오는 마지막 종이의 앞뒷면을 고르는 유형이다.
2. 접은 상태에서 보이지 않는 앞뒷면의 모습을 접는 순서에 따라 유추할 수 있는지를 평가한다.

학습 전략

1. 처음부터 뒷면이 어떤 모양으로 접히는지 생각해 본다. 접는 순서별로 뒷면의 모양을 생각하면 쉽게 답을 찾을 수 있다.
2. 접는 방향이 두 가지로 출제되는 경우, 마지막 단계의 접는 방향에 따라 선택지와 비교하여 해당 선택지부터 소거해 나간다.
3. 앞뒤로 접었을 때의 앞모양을 유추한 뒤 일치하는 선택지를 찾아 제거한다. 그 다음 보이지 않는 뒷면이 어떤 모양으로 접히는지 생각해 본다.
4. 남아 있는 선택지에서 앞뒷면의 모양에 대한 단서를 찾을 수도 있다.

주요 기업 빈출키워드

종이를 접은 후 앞이나 뒷모습으로 적절하지 않은 것, 좌우대칭이 되는 선으로 접었을 때 가능한 도형 등

대표예제

01 다음과 같이 접은 후 뒤에서 본 모양으로 알맞은 것은?

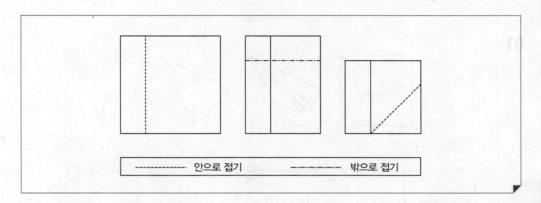

①
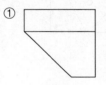

②

③
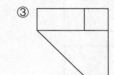

④
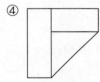

⑤

|정답| ③

|해설| 접는 순서별로 뒷면의 모양을 생각하면 쉽게 답을 찾을 수 있다. 뒷면에서의 순서를 그림으로 나타내면 다음과 같다.

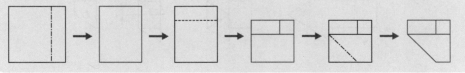

실전문제연습 종이접기

[01 ~ 06] 화살표 방향으로 종이를 접은 후, 마지막 그림과 같이 펀치로 구멍을 뚫고 다시 펼쳤을 때의 모양으로 옳은 것을 고르시오.

01

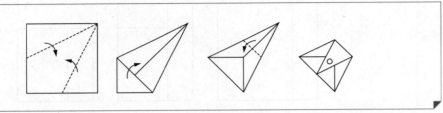

① ② ③

④ ⑤

02

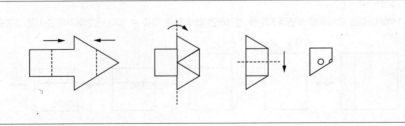

① ② 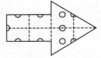 ③

④ ⑤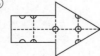

www.gosinet.co.kr ⓖosinet

권두부록

파트 1
언어능력

파트 2
수리능력

파트 3
추리능력

파트 4
공간지각능력

파트 5
사무지각능력

파트 6
인성검사

03

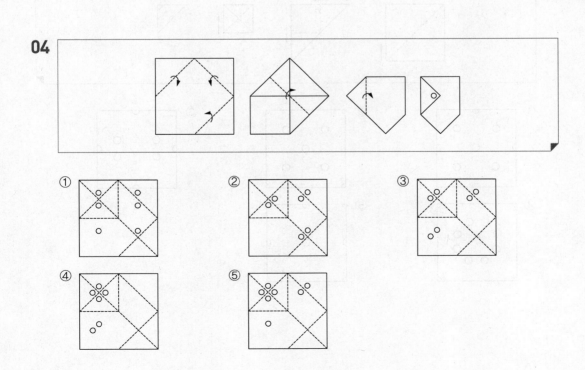

04

05

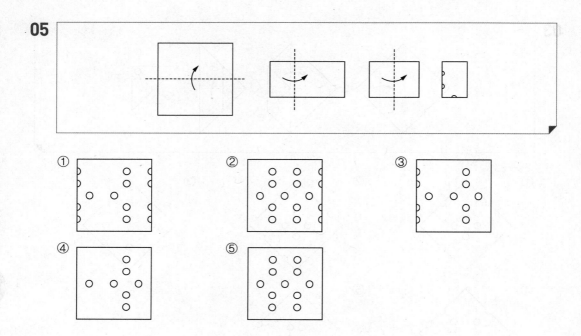

① ② ③

④ ⑤

06

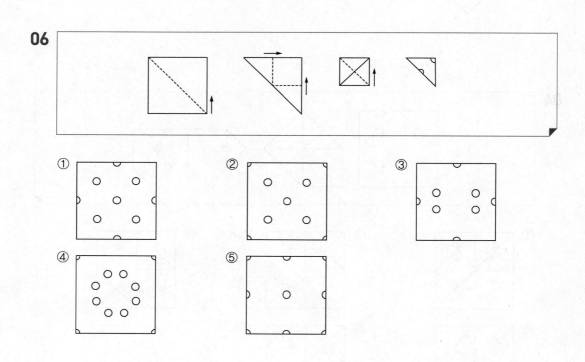

① ② ③

④ ⑤

07 직각이등변삼각형을 다음 a ～ d 순서대로 접은 후, d의 색칠된 부분을 자르고 다시 펼쳤을 때의 모양으로 옳은 것은?

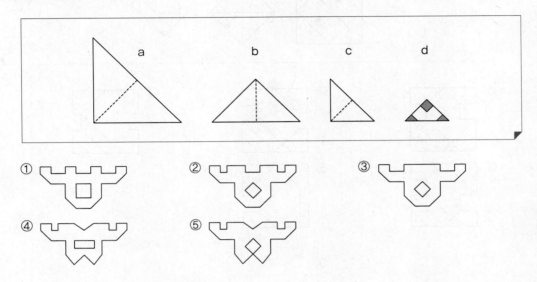

[08 ~ 10] 다음 그림과 같이 화살표 방향으로 종이를 접은 후, 마지막 점선 부분을 자르고 다시 펼쳤을 때의 모양으로 옳은 것을 고르시오.

08

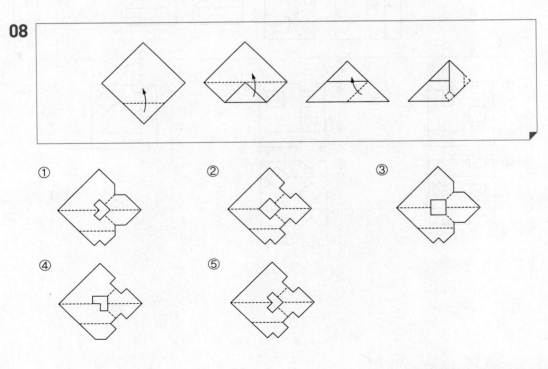

권두부록

파트 1
언어능력

파트 2
수리능력

파트 3
추리능력

파트 4
공간지각능력

파트 5
사무지각능력

파트 6
인성검사

09

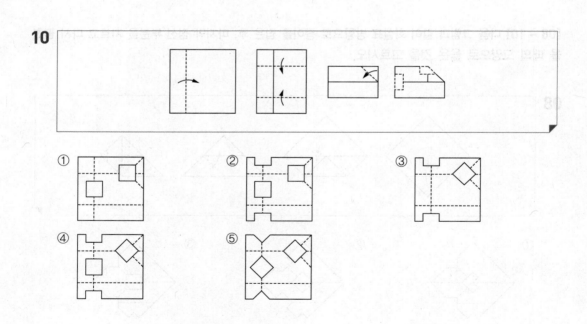

11 다음 그림과 같이 화살표 방향으로 종이를 접은 후, 마지막 점선을 자른 뒷면의 모양은?

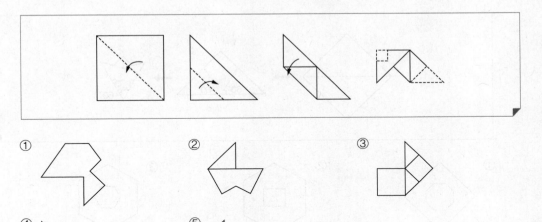

① ② ③

④ ⑤

12 다음 그림과 같이 종이를 접은 후, 마지막 점선 부분을 자르고 다시 펼쳤을 때의 모양으로 옳은 것은?

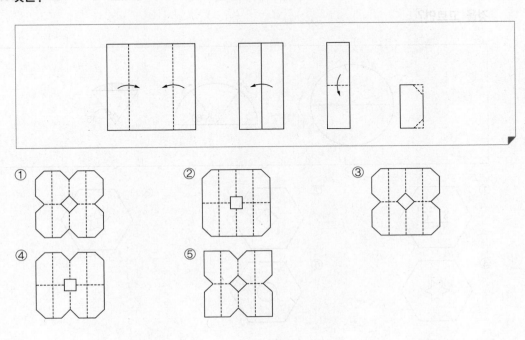

① ② ③

④ ⑤

권두부록

파트 1
언어능력

파트 2
수리능력

파트 3
추리능력

파트 4
공간지각능력

파트 5
사무지각능력

파트 6
인성검사

13 다음 종이를 점선을 따라 접은 후, 색칠된 부분을 잘라내어 자른 것을 펼친 모양은?

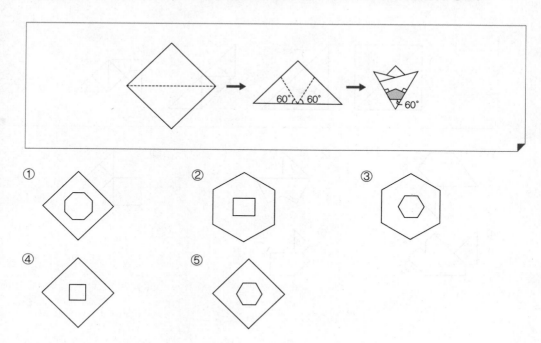

14 종이를 화살표 방향으로 접은 후 색칠된 부분을 잘라내고 모두 펼쳤을 때의 모양으로 알맞은 것을 고르면?

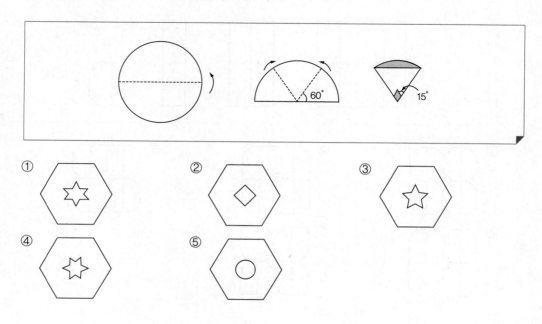

[15 ~ 16] 다음과 같이 종이를 접은 후 앞이나 뒤에서 볼 수 있는 모양으로 알맞은 것을 고르시오.

15

---------- 안으로 접기   ---------- 밖으로 접기

① 　② 　③

④ 　⑤

16

---------- 안으로 접기   ---------- 밖으로 접기

① 　② 　③

④ 　⑤

권두부록

파트 1
언어능력

파트 2
수리능력

파트 3
추리능력

파트 4
공간지각능력

파트 5
사무지각능력

파트 6
인성검사

[17 ~ 19] 다음과 같이 종이를 접은 후 앞이나 뒤에서 볼 수 있는 모양으로 옳지 않은 것을 고르시오.

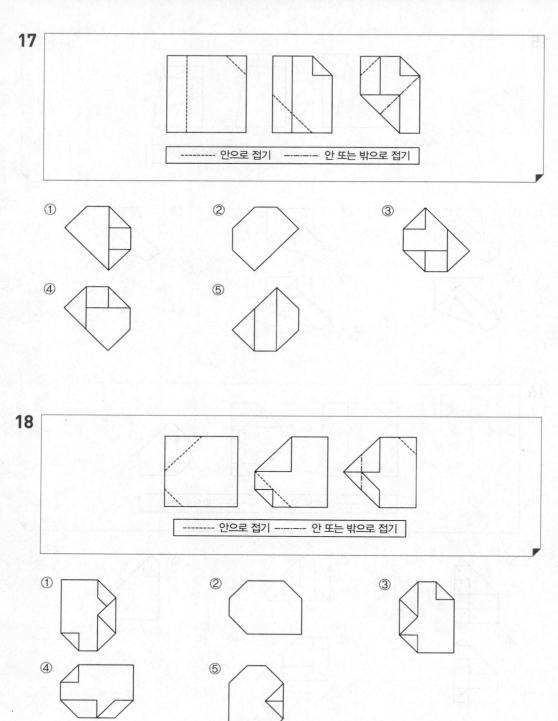

19

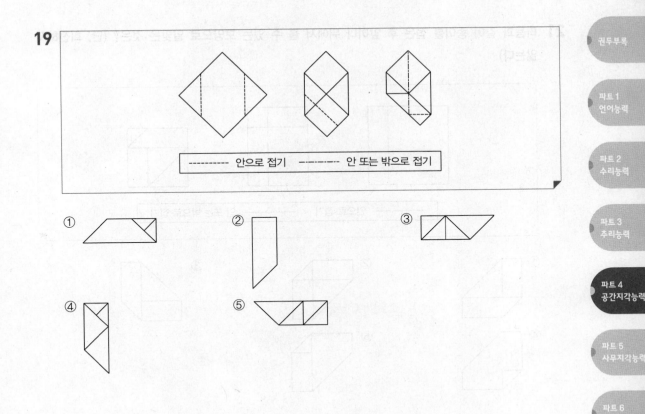

---------- 안으로 접기 ---·---·- 안 또는 밖으로 접기

20 마름모 종이를 그림의 점선 1 부분에서 안쪽으로 접은 다음에 겹쳐진 부분도 함께 점선 2 부분을 따라 안쪽으로 접었다. 이것을 다시 좌우대칭이 되는 선에 따라 안쪽으로 접었을 때 도형은?

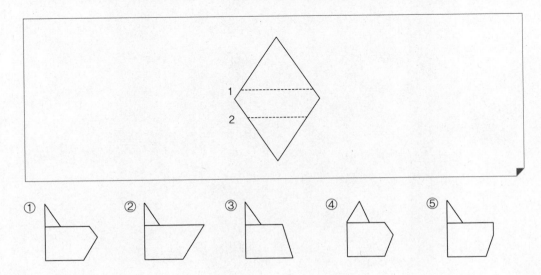

21 다음과 같이 종이를 접은 후 앞이나 뒤에서 볼 수 있는 모양으로 알맞은 것은? (단, 회전하지 않는다)

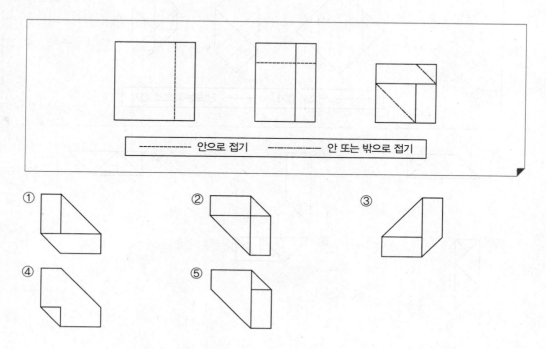

22 다음과 같이 종이를 접은 후 앞이나 뒤에서 볼 수 있는 모양이 아닌 것은?

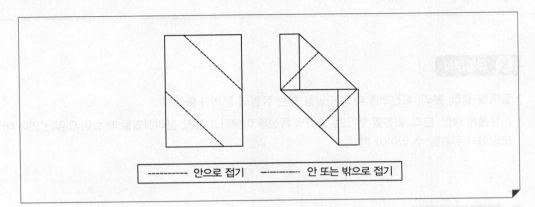

--------- 안으로 접기   ------- 안 또는 밖으로 접기

①

②

③

④

⑤

권두부록

파트 1
언어능력

파트 2
수리능력

파트 3
추리능력

파트 4
공간지각능력

파트 5
사무지각능력

파트 6
인성검사

블록을 쌓아 만든 형태를 추리하고 블록의 개수, 여러 각도로 보았을 때의 모습, 블록을 결합하고 분리했을 때의 모습 등을 추리하고 이를 응용하는 능력이다.

유형분석

• 블록을 결합, 분리, 회전했을 때의 모양을 찾는 유형의 문제가 출제된다.

• 자유롭게 결합, 분리, 회전할 수 있는 블록의 특성을 이해하고 결합, 분리하였을 때 보이지 않는 면에 대한 모양까지 유추할 수 있어야 한다.

주요 출제기업

삼성_GSAT · CJ_CAT · SK_SKCT · 롯데_L−TAB · LS_LSAT · 포스코_PAT · 두산_DCAT

유형별 출제비중

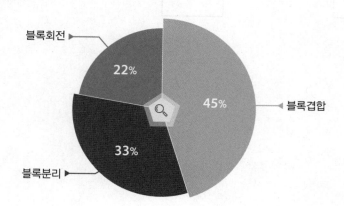

블록은 공간지각능력을 평가하는 기업에서 자주 출제되는 영역이다. 두 개 이상의 블록을 합친 형태를 고르는 문제가 높은 출제비중을 보이고 있으며 그 뒤로 2개 이상의 블록이 결합된 형태에서 블록을 제거한 후의 모양 찾기, 규칙에 따라 회전시킨 블록의 절단면 찾기 등이 출제되고 있다.

권두부록

파트 1
언어능력

파트 2
수리능력

파트 3
추리능력

파트 4
공간지각능력

파트 5
사무지각능력

파트 6
인성검사

최신 출제 경향

블록 문제는 새로운 유형보다는 이전에 출제된 유형이 반복해서 출제되고 있으며 전반적인 난이도도 평이한 편이다. 따라서 기출 문제를 최대한 활용하여 블록의 결합, 분리에 대한 여러 형태의 문제를 접해 보고 눈에 잘 띄는 특징적인 부분을 찾는 연습이 시간 내 문제해결에 도움이 된다.

빈출되는 세부 유형

• 두 개의 블록을 결합했을 때 조합 가능한 형태 또는 조합 불가능한 형태를 찾는 유형
• 2개 또는 3개로 결합된 블록의 형태를 보고 주어진 블록을 제거한 후의 모양을 찾는 유형
• 주어진 큐브를 규칙에 따라 회전시킨 후 일부를 잘라냈을 때 특정 방향에서 바라본 단면도 모양을 찾는 유형

학습방법

• 주어진 블록 중 한 개를 정하여 선택지에 블록을 찾아 표시한 후 주어진 두 개의 블록 중 나머지 블록과 선택지를 체크하여 정답을 찾는 식으로 문제에 접근한다.
• 주어진 블록의 개수를 체크하여 오답을 소거한 후 결합된 블록에서 보이는 블록 모양의 방향이나 위치를 참고하여 일치하지 않는 선택지를 제거함으로써 문제를 해결한다.
• 제시된 큐브의 회전 방향과 각도를 풀기 쉽게 변경하는 등 블록의 규칙을 미리 학습해 두면 실제 시험장에서의 문제풀이 시간을 단축할 수 있다.

유형 **1**

블록결합

⊘ 03 블록

문제분석

1. 두 개의 블록을 결합하여 만들 수 있는 형태 또는 만들 수 없는 형태를 고르는 유형의 문제이다.
2. 정육면체를 완성할 수 있는 블록을 찾는 문제이다.
3. 숨겨진 블록으로 조합할 수 있는 도형을 찾는 문제이다.

학습 전략

1. 제시된 블록의 개수를 합하여 전체 블록의 개수를 구한다. 각 선택지를 확인하여 합쳐진 블록의 수를 확인하여 문제를 푼다.
2. 제시된 블록 중 한 개를 정하여 선택지에서 주어진 블록이 알맞게 들어간 형태를 찾아 체크한다.
3. 선택지의 블록과 문제의 블록이 합쳐졌을 때 (가로×세로×높이)의 개수를 확인한다.
4. 블록들이 자유롭게 회전할 수 있다는 점을 고려하고, 우선적으로 보이는 면을 기준으로 하여 선택지 일부를 소거해 나가는 방법을 활용하면 시간을 단축할 수 있다.
5. 블록을 회전해 가면서 선택지의 모양과 일치하는지 확인한다.
6. 옴폭 들어간 부분과 튀어 나온 부분을 결합한 형태를 생각해 본다.

주요 기업 빈출키워드

합친 블록의 형태, 정육면체를 완성할 수 있는 블록, 안 보이는 블록 결합 등

대표예제

01 [그림 1]은 3개의 작은 정육면체를 붙여서 만든 블록이고, [그림 2]는 이 블록 9개를 조립해서 만든 큰 정육면체를 어느 방향에서 본 것이다. 이 방향에서는 7개의 블록이 보이지만, 뒤에 숨겨져서 보이지 않는 블록이 2개 있다. 다음 (가) ~ (마) 중 [그림 2]에서 보이지 않는 2개의 블록 조합으로 가능한 것은? (단, (가) ~ (마)는 [그림 2]와 같은 방향에서 본 그림이다)

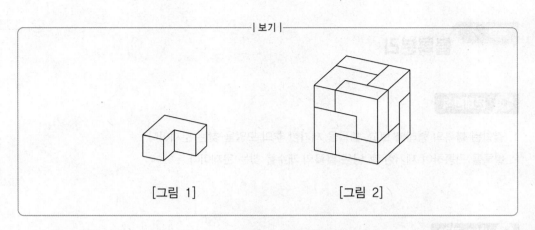

| 보기 |

[그림 1]   [그림 2]

권두부록

파트 1
언어능력

파트 2
수리능력

파트 3
추리능력

파트 4
공간지각능력

파트 5
사무지각능력

파트 6
인성검사

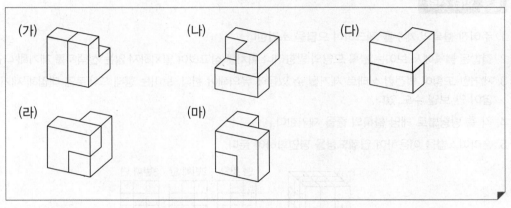

(가)   (나)   (다)

(라)   (마)

① (가), (나), (마)   ② (가), (다), (라)   ③ (가), (다), (마)
④ (나), (다), (라)   ⑤ (나), (라), (마)

|정답| ③

|해설| [그림 2]의 왼쪽 앞을 정면으로 하고 각 단의 평면도를 그려
보면 다음과 같다. 칠해진 부분은 보여지는 블록이 있는 부분이다.
가운데의 단과 아랫단 a의 블록에 있어 a′의 두 곳 중 하나는 a
블록일 것이므로 (라)는 불가능하다. 또한 b의 블록에 있어, b′의 두
곳 중 하나는 b 블록일 것이므로 (나)는 불가능하다.

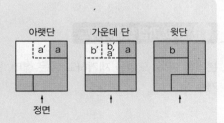

아랫단   가운데 단   윗단

↑
정면

(나)

(라)

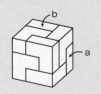

◎ 03 블록

유형 2 블록분리

🔆 문제분석

1. 결합된 블록의 형태를 보고, 블록을 제거한 후의 모양을 찾는 문제이다.
2. 블록을 관통하여 제거한 후 남은 블록의 개수를 찾는 문제이다.

🔆 학습 전략

1. 주어진 블록의 개수를 체크하여 오답을 소거한다.
2. 결합된 블록에서 보이는 블록 모양의 방향이나 위치를 참고하여 일치하지 않는 선택지를 제거해 나간다.
3. 제거한 도형이 회전한 상태로 제거될 수 있음에 유의해야 한다. 보이는 형태 그대로만 대입해 제거하면 답이 안 보일 수도 있다.
4. 각 축 방향별로 해당 블록의 줄을 제거한다.
5. 슬라이스법을 이용하여 입체도형을 평면화하여 푼다.

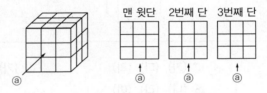

🔆 주요 기업 빈출키워드

분리한 블록, 도형을 제거하고 남은 형태, 반대쪽까지 뚫었을 때 남은 입체 도형을 구성하는 정육면체의 개수 등

www.gosinet.co.kr **gosi**net

권두부록

파트 1
언어능력

파트 2
수리능력

파트 3
추리능력

파트 4
공간지각능력

파트 5
사무지각능력

파트 6
인성검사

대표예제

01 왼쪽 도형에서 오른쪽 도형을 제거하고 남은 형태로 옳은 것은?

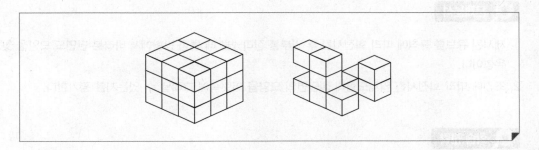

① 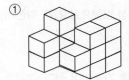　② 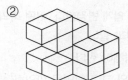　③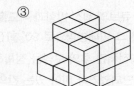

④ 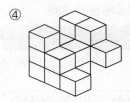　⑤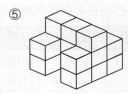

|정답| ①

|해설| 아래와 같이 색칠된 부분이 남는다.

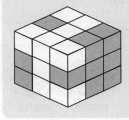

유형 **3** **블록회전**

🔆 문제분석

1. 제시된 큐브를 규칙에 따라 회전시킨 후 일부를 잘라냈을 때 특정 방향에서 바라본 단면도 모양을 찾는 유형이다.
2. 조건에 따라 회전시킨 입체도형의 절단면의 모양을 머릿속에 그려낼 수 있는지를 평가한다.

🔆 학습 전략

1. 제시된 큐브의 회전 방향과 각도를 풀기 쉽게 변경한다. 어떤 축의 면을 일정 방향으로 270° 회전시킨다는 것은 그 반대방향으로 90° 회전한 것과 같다.
2. 축을 회전시킨 후의 모양을 정확히 파악해야 한다.
3. 1/2 절단되었거나 비어 있는 칸의 위치와 그 절단면을 파악하는 데 주의를 기울여야 한다.
4. 다면체의 자른 단면 형태에 대해 알아두면 다른 유형의 문제가 나와도 빠르게 풀 수 있다.

다면체	정다각형	그 외 각형
정사면체	정삼각형, 정사각형	이등변삼각형, 직각삼각형, 정사각형, 사다리꼴
정육면체	정삼각형, 정사각형, 정육각형	사다리꼴, 오각형, 마름모꼴, 직사각형
정팔면체	정사각형, 정육각형	마름모꼴, 사다리꼴
정십이면체	정삼각형, 정사각형, 정오각형, 정육각형, 정십각형	삼각형 ~ 십각형
정이십면체	정오각형, 정십각형	오각형 ~ 십이각형

정삼각형　　이등변삼각형　　정사각형　　직사각형　　등변사다리꼴　　오각형　　정육각형　　마름모꼴

🔆 주요 기업 빈출키워드

규칙에 따라 회전시킨 후 큐브를 바닥과 수직이 되게 잘랐을 때 일정 방향에서 바라본 단면도 찾기, 나무를 쌓아 회전시킨 후 전체를 위에서 본 그림 등

권두부록

파트 1
언어능력

파트 2
수리능력

파트 3
추리능력

파트 4
공간지각능력

파트 5
사무지각능력

파트 6
인성검사

대표예제

01 그림과 같이 가로 3개 축과 세로 3개 축의 각 면이 회전 가능한 큐브 퍼즐이 있다. 큐브의 특정 축의 면을 일정한 방향과 각도로 각각 회전시키고 큐브의 위쪽에서 점선으로 표시된 부분(ⓐ 또는 ⓑ)을 따라 바닥과 수직이 되도록 자른 후 잘려진 단면의 대각선 방향에 따라 좌·우측(ⓐ´ 또는 ⓑ´)에서 바라본 단면도를 알고자 한다. 오른쪽 큐브에서 세로 오른쪽 축의 면을 앞으로(아래로) 90° 회전시키고, 가로 맨 아래의 축 면을 오른쪽(반시계 방향)으로 180° 회전, 가로 가운데 축의 면을 왼쪽(시계 방향)으로 270° 회전시킨 후, 큐브의 위쪽에서 점선을 따라 바닥과 수직이 되게 잘랐을 때 그림과 같은 방향에서 바라본 단면도를 고르면?

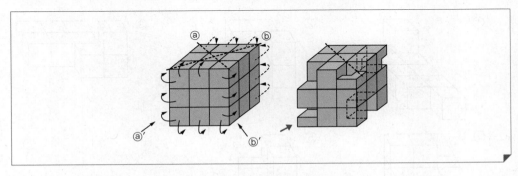

① 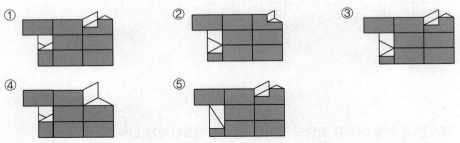 ② ③

④ ⑤

|정답| ③

|해설| 우선 큐브를 각각 차례대로 회전시키면 다음과 같다.

1. 세로 오른쪽 축의 면을 앞으로 (아래로) 90° 회전

2. 가로 맨 아래의 축 면을 오른쪽(반시계 방향)으로 180° 회전

3. 가로 가운데 축의 면을 왼쪽(시계 방향)으로 270° 회전

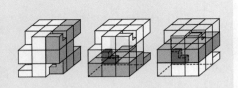

이렇게 회전시킨 큐브를 위쪽에서 점선을 따라 바닥과 수직이 되게 자른 후 좌측에서 바라보면 다음과 같은 절단면이 나타난다.

03 실전문제연습 블록

01 다음 두 블록을 합쳤을 때 나올 수 없는 형태를 고르면? (단, 회전은 자유롭다)

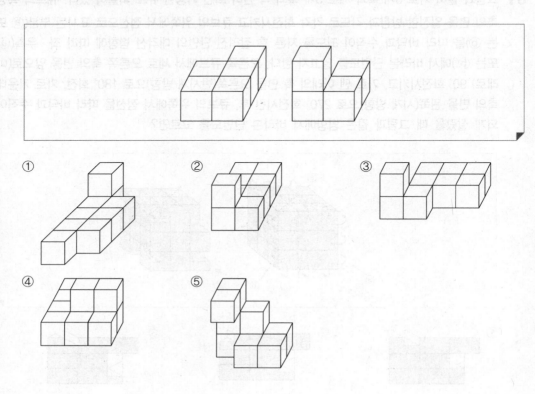

02 다음 제시된 블록에 어떠한 모양의 블록을 합해야 정육면체가 되는가?

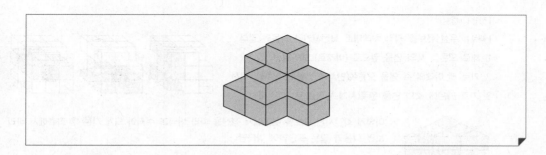

① 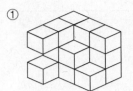 ② 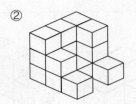 ③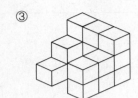

④ 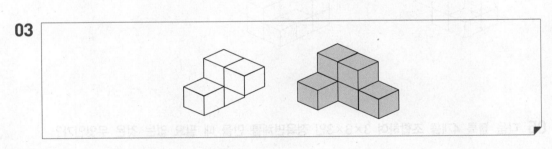 ⑤

[03 ~ 04] 다음 두 블록을 합쳤을 때 나올 수 있는 형태를 고르시오. (단, 회전은 자유롭다)

03

① 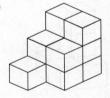 ② 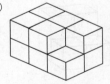 ③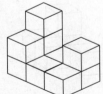

④ 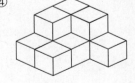 ⑤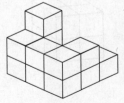

04

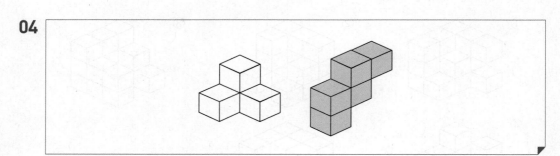

①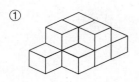

②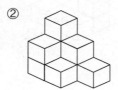

③

④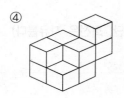

⑤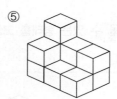

05 다음 블록 4개를 조합하여 3×3×3인 정육면체를 만들 때 필요 없는 것은 무엇인가?

①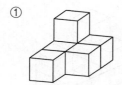

②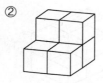

③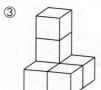

④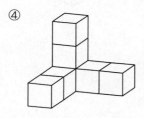

⑤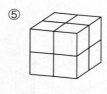

www.gosinet.co.kr **gosinet**

권두부록

파트 1
언어능력

파트 2
수리능력

파트 3
추리능력

파트 4
공간지각능력

파트 5
사무지각능력

파트 6
인성검사

[06 ~ 07] 다음 세 개의 블록을 결합했을 때 만들 수 없는 형태를 고르시오.

06

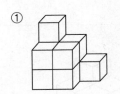

① ② 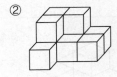 ③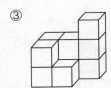

④  ⑤

07

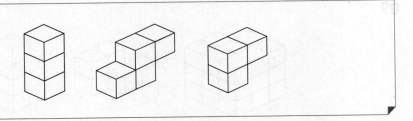

① 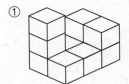 ② 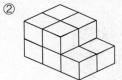 ③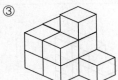

④ 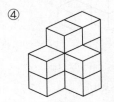 ⑤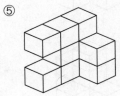

[08 ~ 09] 첫 번째 입체도형은 두 번째와 세 번째의 입체도형에 한 가지 입체도형을 결합시켜 만들 수 있다. 그 입체도형으로 알맞은 것을 고르시오.

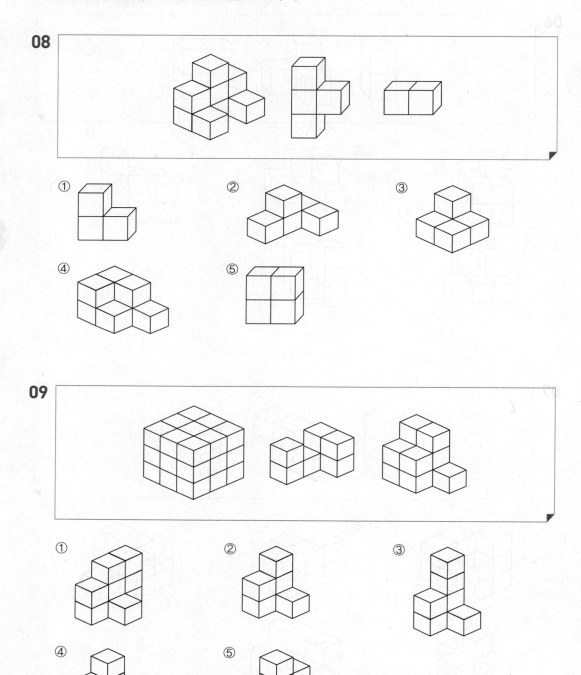

권두부록

파트 1
언어능력

파트 2
수리능력

파트 3
추리능력

파트 4
공간지각능력

파트 5
사무지각능력

파트 6
인성검사

[10 ~ 13] 다음 정육면체 (A)에서 (B)의 블록을 제거하고 남은 블록 모양으로 옳은 것을 고르시오.

10

(A) 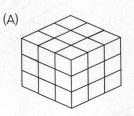　　(B)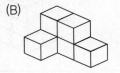

① 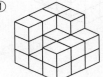　　② 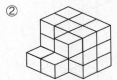　　③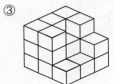

④ 　　⑤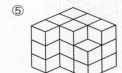

11

(A) 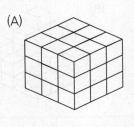　　(B)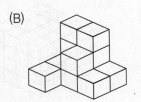

① 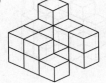　　② 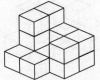　　③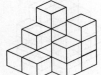

④ 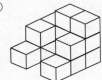　　⑤

12

(A) 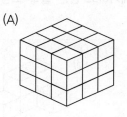　　(B)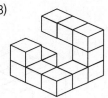

① 　　② 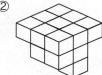　　③

④ 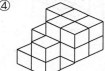　　⑤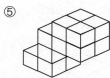

13

(A) 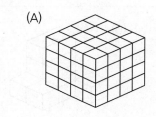　　(B)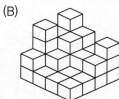

① 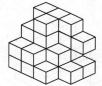　　② 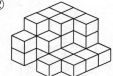　　③

④ 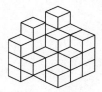　　⑤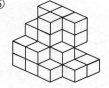

14 가로 3개 축과 세로 3개 축의 각 면이 회전 가능한 다음 큐브 퍼즐의 세로 오른쪽 축의 면을 앞으로(아래로) 270° 회전시키고, 세로 가운데 축의 면을 뒤로(위로) 90° 회전, 가로 맨 아래의 축 면을 왼쪽(시계 방향)으로 180° 회전시킨 후, 점선을 따라 바닥과 수직이 되게 잘랐을 때 화살표 방향으로 바라본 단면도는?

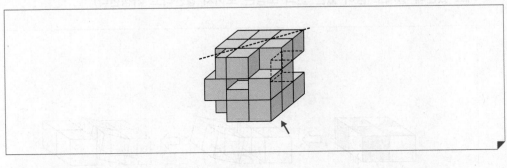

① 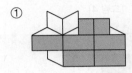 ② 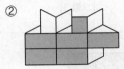 ③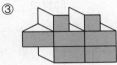

④ 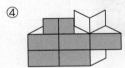 ⑤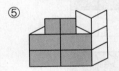

15 [그림 1]은 두 면은 흰색, 두 면은 컬러로 빈틈없이 칠하고, 남은 두 면은 하나의 대각선을 경계로 흰색과 컬러로 나누어진 나무이다. 이것을 [그림 2]와 같이 놓은 후 [그림 3], [그림 4]와 같이 1열씩 오른쪽 방향으로 90° 회전시켰다. 이때, 쌓은 나무 전체를 위에서 본 그림은? (단, [그림 2]에서 접하는 면은 모두 다른 모양의 면을 합한 것으로 한다. 또, [그림 1]에는 모양을 투과시키고 있는데 실제로 숨어 있는 면의 모양은 보이지 않는다고 가정한다)

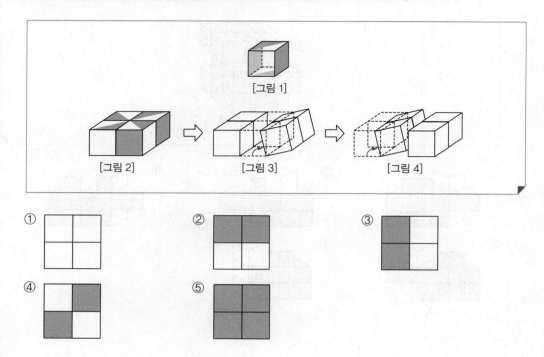

① ② ③ ④ ⑤

16 다음과 같이 같은 크기의 작은 정육면체 125개를 빈 공간 없이 쌓은 입체도형이 있다. 이 입체도 형을 X, Y, Z의 세 방향에서 바라보고, 색칠한 부분을 그 면에 수직인 방향으로 각각의 면의 반대쪽까지 뚫었을 때, 남은 입체도형을 구성하는 정육면체의 개수는? (단, 입체도형은 뚫어도 무너지지 않는다)

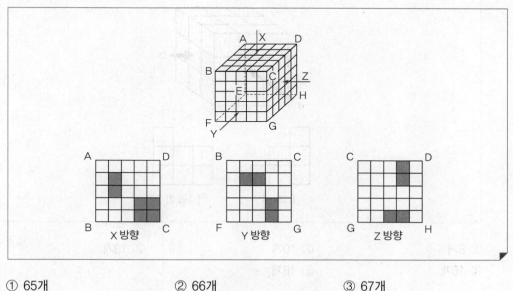

① 65개　　　　　　　② 66개　　　　　　　③ 67개
④ 68개　　　　　　　⑤ 69개

17 같은 크기의 정육면체 27개를 빈틈없이 쌓아 다음과 같은 큰 정육면체를 만들었다. 여기에서 작은 정육면체 몇 개를 빼내어 만든 입체도형을 a와 b의 화살표 방향으로 보면 각각 [그림 1]과 [그림 2]가 된다면, 남은 입체도형의 최소 개수는?

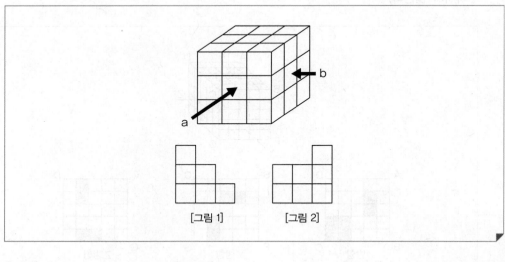

[그림 1]   [그림 2]

① 8개   ② 10개   ③ 13개
④ 16개   ⑤ 18개

18 다음은 블록을 쌓아 놓은 모양의 밑면으로 각 칸에 쓰여 있는 숫자는 그 자리에 쌓아올린 블록의 수를 나타낸 것이다. 이 블록을 쌓은 도형의 3층에 있는 블록의 개수는?

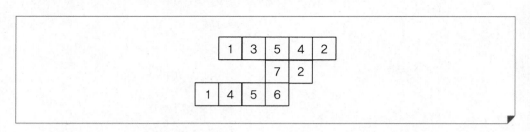

① 5개   ② 6개   ③ 7개
④ 8개   ⑤ 9개

19 다음 그림은 같은 크기의 블록을 쌓아 놓은 것이다. 표시된 블록의 밑면과 윗면에 직접 접촉하고 있는 블록은 모두 몇 개인가?

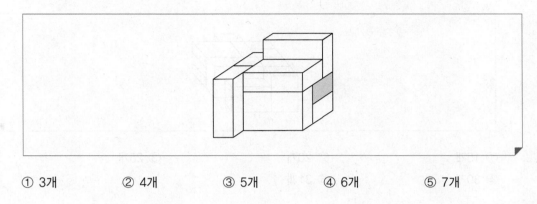

① 3개　　　　② 4개　　　　③ 5개　　　　④ 6개　　　　⑤ 7개

20 다음 그림과 같은 한 변의 길이가 3cm이고, 내부가 비어있는 상자가 있다. 이 상자에 한 변의 길이가 1cm인 작은 정육면체들을 조합한 A ~ D 입체도형을 상자에서 빠져 나오지 않도록 다음 〈조건〉에 맞춰 넣었을 때, 바닥에 접하는 C와 D의 입체도형의 수는? (단, 면의 수는 작은 정육면체의 면을 단위로 하여 센다)

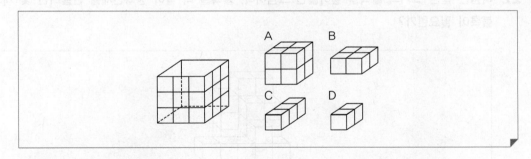

| 조건 |

• A ~ D는 적어도 한 면은 다른 입체도형 또는 상자의 바닥에 접한다.
• A의 바닥은 다른 입체도형의 두 면과 접한다.
• C는 A, D와는 접하지 않는다.
• A와 D는 한 면 접한다.

	C	D
①	1	0
②	1	1
③	1	2
④	3	1
⑤	3	2

파트1 언어능력

파트2 수리능력

파트3 추리능력

파트4 공간지각능력

파트5 사무지각능력

파트6 인성검사

권두부록

21 다음 블록에서 밑면을 제외하고 페인트를 칠할 때 칠할 수 있는 면의 개수는? (단, 면의 일부분만 칠할 수 있는 면은 제외한다)

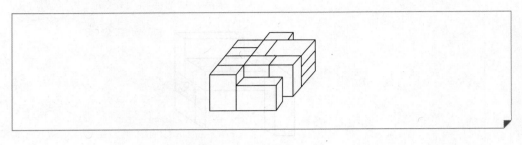

① 15개   ② 20개   ③ 25개
④ 30개   ⑤ 31개

22 다음은 같은 크기의 블록을 쌓아올린 그림이다. 블록을 더 쌓아 정육면체를 만들려면 몇 개의 블록이 필요한가?

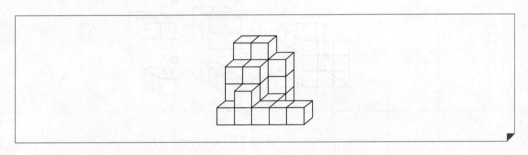

① 101개   ② 103개   ③ 105개
④ 107개   ⑤ 108개

23 다음 블록에서 밑면을 제외하고 페인트를 칠할 때 3개의 면이 칠해지는 블록의 개수는? (단, 면의 일부분만 칠할 수 있는 면은 제외한다)

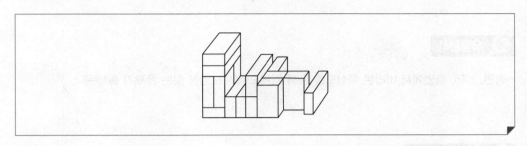

① 2개   ② 3개   ③ 4개

④ 5개   ⑤ 6개

24 다음의 규칙대로 블록을 쌓을 때 네 번째에 올 모양을 만들기 위해 필요한 블록의 개수는?

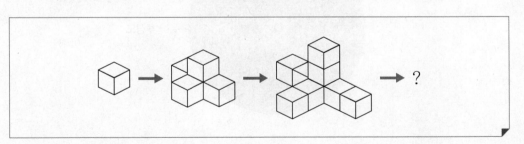

① 8개   ② 10개   ③ 13개

④ 14개   ⑤ 15개

권두부록

파트 1
언어능력

파트 2
수리능력

파트 3
추리능력

파트 4
공간지각능력

파트 5
사무지각능력

파트 6
인성검사

투상도

다양하고 복잡한 형태의 입체도형의 모습을 정면, 평면, 측면에서 관찰한 그림인 투상도를 통해 도형의 형태를 추리하는 능력이다.

🔍 유형분석

• 정면, 윗면, 측면에서 바라본 투상도를 통해 입체도형의 모양을 찾는 문제가 출제된다.

🔍 주요 출제기업

삼성_GSAT

🔍 유형별 출제비중

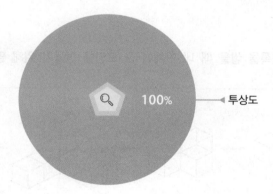

100% ◀ 투상도

투상도는 삼성_GSAT에서 주로 출제되고 있는 영역이며 현대자동차_HMAT에서도 출제된 적이 있다. 제시된 투상도를 보고 일치하는 입체도형을 고르는 한 가지 세부 유형으로 출제되고 있다.

🔍 최신 출제 경향

투상도 문제는 최근 시험까지 새로운 유형보다는 이전에 출제된 유형이 반복해서 출제되고 있다. 비교적 모양이 단순한 형태로 출제되어 난도는 평이한 편이지만 선택지가 여러 방향으로 회전된 입체도형으로 구성되어 꾸준한 연습이 필요하다.

빈출되는 세부 유형

제시된 입체도형의 왼쪽, 오른쪽, 위 등 세 가지 투상도를 보여주고 일치하는 입체도형을 찾는 유형

학습방법

• 튀어나온 부분이나 경사면을 포함하는 입체도형의 투상도는 보는 방향에 따라 다르게 나타나므로 입체도형의 투상도를 미리 공부한다.

• 주어진 투상도와 선택지의 입체도형을 확인하여 어느 방향에서 바라본 투상도인지를 정확히 이해한 후 문제를 푼다.

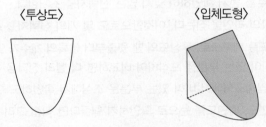

〈투상도〉　　　　〈입체도형〉

• 위에 제시된 투상도는 입체도형을 위에서 봤을 때 나오는 투상도이다.

• 입체도형을 위아래, 왼쪽, 오른쪽, 앞뒤에서 봤을 때 겹치는 부분은 면적이 넓은 도형에 포함되어 투상도로 나옴을 유의하면서 문제를 푼다.

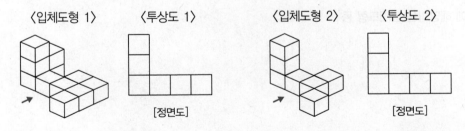

〈입체도형 1〉　　〈투상도 1〉　　　〈입체도형 2〉　　〈투상도 2〉

[정면도]　　　　　　　　　　　　[정면도]

• 〈입체도형 1〉과 〈입체도형 2〉는 서로 다른 형태이지만, 왼쪽에서 바라보았을 때 〈입체도형 1〉과 〈입체도형 2〉의 큰 도형에 작은 도형이 가려져 큰 도형의 형태로 투상도가 나타나므로 〈투상도 1〉과 〈투상도 2〉는 같은 모양이다.

✓ 04 투상도

유형 1 투상도의 입체도형

💡 문제분석

1. 제시된 투상도와 일치하는 입체도형을 고르는 유형의 문제이다.

💡 학습 전략

1. 가로와 세로의 블록 개수를 먼저 확인하여 맞지 않는 선택지를 소거한다.
2. 정면도를 기준으로 블록의 라인을 잡는다. 이것만으로도 몇 개의 선택지를 소거할 수 있다.
3. 정면이 아닌 다른 투상도를 기준으로, 투상도의 맨 윗줄부터 블록의 개수가 맞는지 비교한다. 단순한 부분보다 복잡하거나 특징이 있는 부분을 포착하여 비교하면 더 빨리 정답을 찾을 수 있다.
4. 쉬워 보이는 문제라도 입체도형에서 비어 있는 부분은 조심해서 확인하도록 한다.
5. 입체도형의 정면도, 평면도, 측면도를 눈으로 확인하기 힘들다면 직접 그려 보면서 하는 것도 좋다.

💡 주요 기업 빈출키워드

투상도에 해당하는 입체도형 등

대표예제

01 다음 그림은 같은 크기의 블록을 쌓아 만든 입체도형을 가지고 앞에서 본 정면도, 위에서 본 평면도, 오른쪽에서 본 우측면도를 그린 것이다. 이에 해당하는 입체도형으로 알맞은 것은? (단, 화살표 방향은 정면을 의미한다)

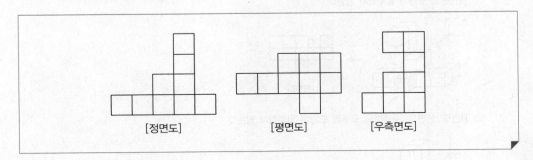

[정면도]　　　　　[평면도]　　　　　[우측면도]

①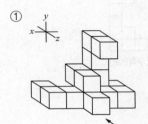

②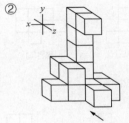

③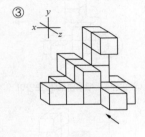

④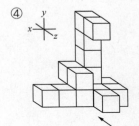

⑤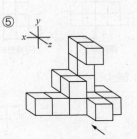

권두부록

파트 1
언어능력

파트 2
수리능력

파트 3
추리능력

파트 4
공간지각능력

파트 5
사무지각능력

파트 6
인성검사

|정답| ⑤

|해설| 투상도 문제에서는 우선 정면도를 통해 가로·세로의 블록 개수를 각각 확인한다. 여기에서는 가로와 세로 블록의 개수가 각각 5개, 4개이므로 ②, ④는 답이 될 수 없다.

다음으로, 두 번째 투상도인 평면도를 기준으로 평면도 맨 윗줄부터 블록의 개수가 맞는지 비교하면 되는데, 맨 윗줄에서는 ①은 1개 더 많고, ③은 1개밖에 없으므로 답은 ⑤가 된다.

|오답풀이|

① 평면도의 모양이 일치하지 않는다.

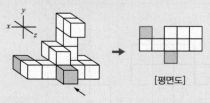

② 정면도, 평면도, 우측면도 모두의 모양이 일치하지 않는다.

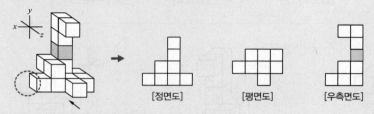

③ 평면도, 우측면도의 모양이 일치하지 않는다.

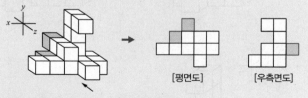

④ 정면도, 우측면도의 모양이 일치하지 않는다.

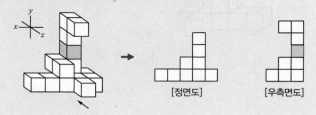

www.gosinet.co.kr **gosi**net

권두부록

파트 1
언어능력

파트 2
수리능력

파트 3
추리능력

**파트 4
공간지각능력**

파트 5
사무지각능력

파트 6
인성검사

하나더+

$x \times y \times z$의 입체블록에서 정면도, 평면도, 우측면도에 따라 블록을 일부씩 제거해 나가는 방법도 있다.

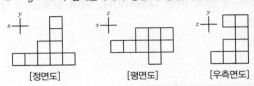

[정면도]　　　　　[평면도]　　　　　[우측면도]

1. 정면도의 $x \cdot y$축, 평면도의 $x \cdot z$축에 의해 x축 5개, y축 4개, z축 3개의 입체블록을 만들 수 있다. 여기에 정면도에 따른 블록의 위치를 표시하고 나머지 블록을 모두 삭제한다.

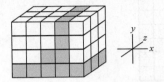

2. 다시 평면도에 따른 블록의 위치를 표시하고 나머지 블록을 모두 삭제한다.

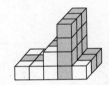

3. 다시 우측면도에 따른 블록의 위치를 표시하고 나머지 블록을 모두 삭제한다.

4. 최종적으로 정리된 블록의 형태를 통해 적합한 답을 찾는다. 도출된 블록의 형태와 동일한 선택지가 없다면 정면도 · 평면도 · 우측면도에 어긋나지 않는 범위 내에서 추가적으로 삭제 가능한 블록이 없는지 확인한다. 이 문제의 경우 ★ 블록과 2개의 ♥ 블록 중 하나는 다른 블록에 가려지는 위치에 있기 때문에 삭제되어도 무방하다.

따라서 ⑤가 답이 될 수 있다(★과 아래쪽 ♥ 블록이 삭제된 형태).

04 실전문제연습

투상도

[01 ~ 02] 다음은 어느 입체도형의 3차원 공간에서 세 면에 비친 그림자이다. 이에 알맞은 도형을 고르시오.

01

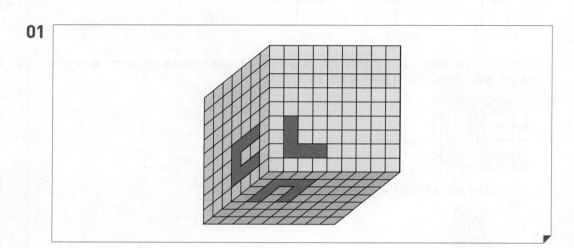

①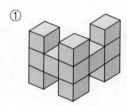

②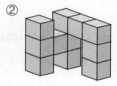

③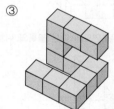

④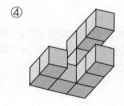

⑤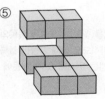

02

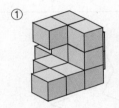

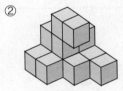

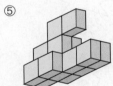

권두부록

파트 1
언어능력

파트 2
수리능력

파트 3
추리능력

파트 4
공간지각능력

파트 5
사무지각능력

파트 6
인성검사

03 다음 그림과 같은 다각형을 X축을 중심으로 회전시킨 후 만들어지는 입체도형을 X축이 지나는 평면으로 절단하였다. 이때 나타나는 단면도로 옳은 것은?

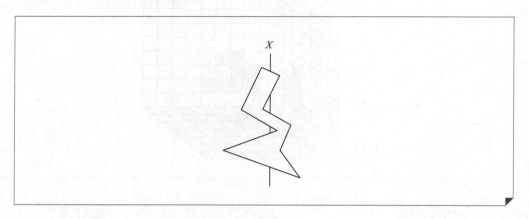

① 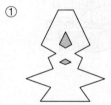　　② 　　③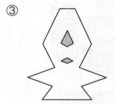

④ 　　⑤

04 다음과 같이 중앙에 정사각기둥의 구멍을 뚫은 정육면체가 있다. 이 정육면체로부터 꼭짓점 a, b, c를 지나는 면에서 삼각뿔 부분을 잘라냈다. 이때, A와 B 방향에서 본 도형의 모양으로 옳은 것은?

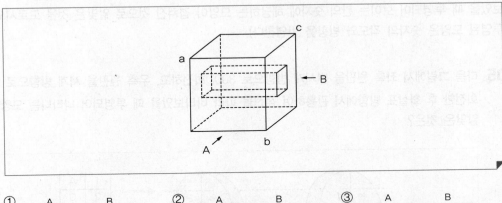

①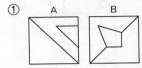

②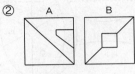

③ A B

④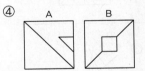

⑤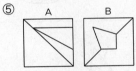

권두부록

파트 1
언어능력

파트 2
수리능력

파트 3
추리능력

파트 4
공간지각능력

파트 5
사무지각능력

파트 6
인성검사

[05 ~ 06] 다음 그림과 같이 하나의 막대로 그 사이가 연결된 두 개의 원판이 있다. 두 원판은 각각 시계 방향이나 반시계 방향으로 회전이 가능하다. 각 원판은 투명한 유리로 되어 있으며, 여러 조각으로 나누어진 각 칸마다 특정 모양과 대응하는 임의의 숫자가 하나씩 쓰여 있다. 다음의 문제별로 주어진 조건에 따라 각 판을 회전한 후, 어느 한쪽의 지정된 화살표 방향에서 관통하여 점선을 따라 바라보았을 때 투영되어 보이는 칸의 숫자에 해당하는 모양이 겹쳐진 것으로 알맞은 것을 고르시오(단, 투영된 모양은 숫자의 각도와 방향을 반영한다).

05 다음 그림에서 좌측 원판을 반시계 방향으로 300° 회전하고, 우측 원판을 시계 방향으로 120° 회전한 후 화살표 방향에서 관통하여 점선을 따라 바라보았을 때 투영되어 나타나는 모양으로 알맞은 것은?

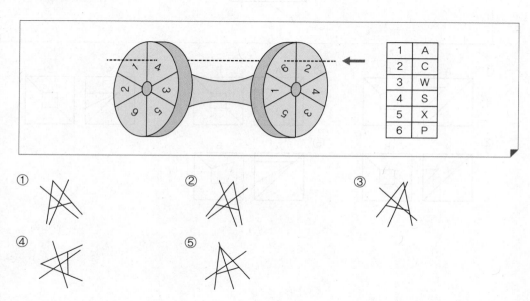

06 다음 그림에서 좌측 원판을 반시계 방향으로 216° 회전하고, 우측 원판을 시계 방향으로 72° 회전한 후 화살표 방향에서 관통하여 점선을 따라 바라보았을 때 투영되어 나타나는 모양으로 알맞은 것은?

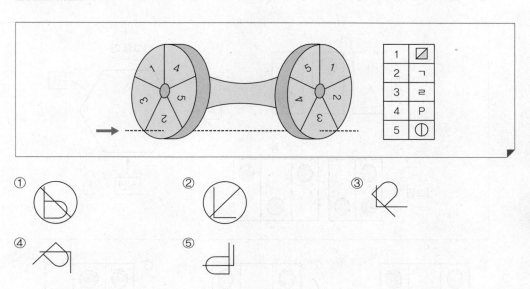

07 다음 그림과 같은 정면도와 평면도를 갖는 입체도형의 좌측면도는? (단, 점선으로 표시된 부분은 숨겨져 있는 부분을 뜻한다)

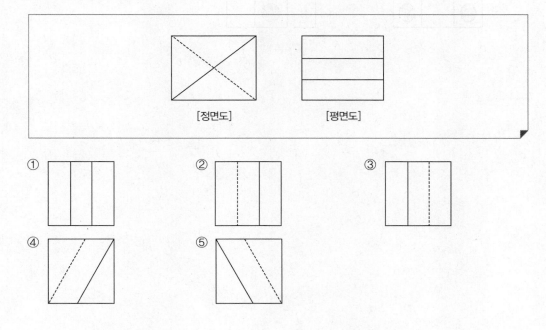

권두부록 / 파트1 언어능력 / 파트2 수리능력 / 파트3 추리능력 / 파트4 공간지각능력 / 파트5 사무지각능력 / 파트6 인성검사

08 투명한 직사각형의 유리판 6장에 [그림 1]과 같이 원 스티커 2장을 위쪽에, 2장을 아래쪽에 붙였다.
이 3종류의 유리판을 육각기둥으로 나열하여 [그림 2]의 A, B 방향에서 보았을 때, 각각 [그림
3]과 같이 보였다. 이것을 [그림 2]에서 나타낸 정면 방향에서 볼 때 옳은 것은?

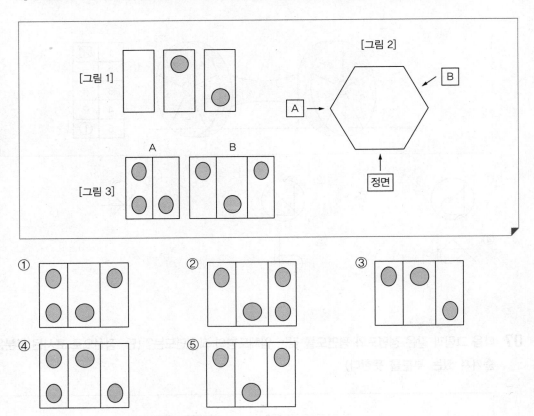

[09 ~ 25] 다음은 입체도형을 여러 방향에서 바라본 투상도이다. 이에 해당하는 입체도형을 고르시오(단, 화살표 방향은 정면을 의미한다).

권두부록

파트 1
언어능력

파트 2
수리능력

파트 3
추리능력

파트 4
공간지각능력

파트 5
사무지각능력

파트 6
인성검사

09

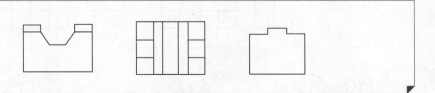

① 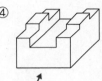   ②   ③

④   ⑤

10

①   ②   ③

④   ⑤

온 · 오프라인 인적성검사 통합기본서

11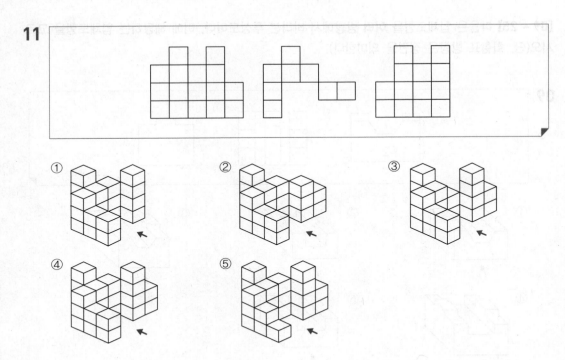

12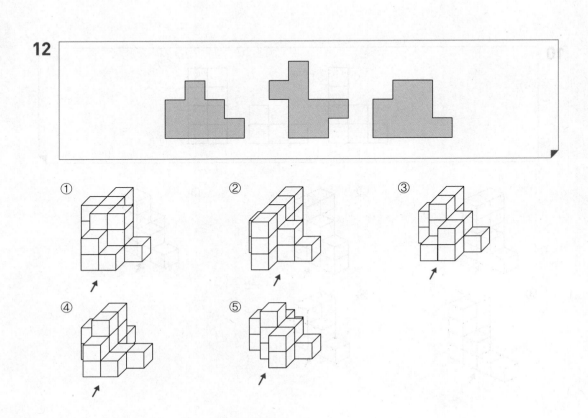

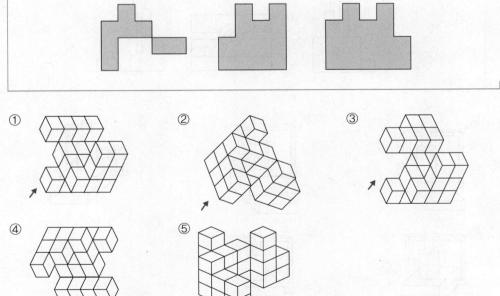

13

① ② ③

④ ⑤

14

① ② ③

④ ⑤

15

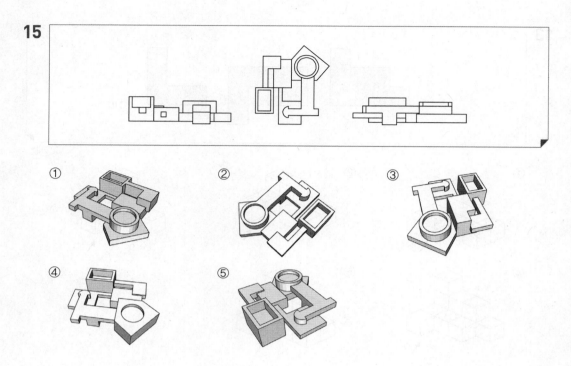

16

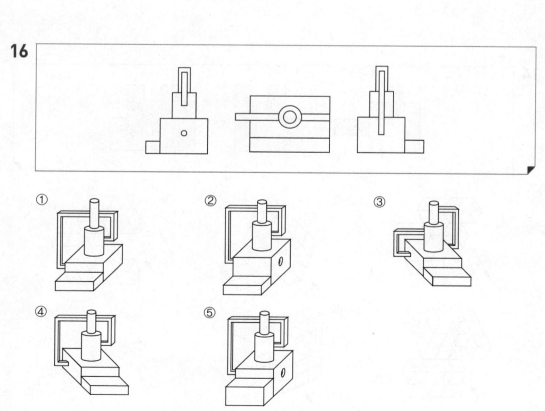

17

① ② ③

④ ⑤

18

① ② ③

④ ⑤

권두부록

파트 1
언어능력

파트 2
수리능력

파트 3
추리능력

파트 4
공간지각능력

파트 5
사무지각능력

파트 6
인성검사

19

20

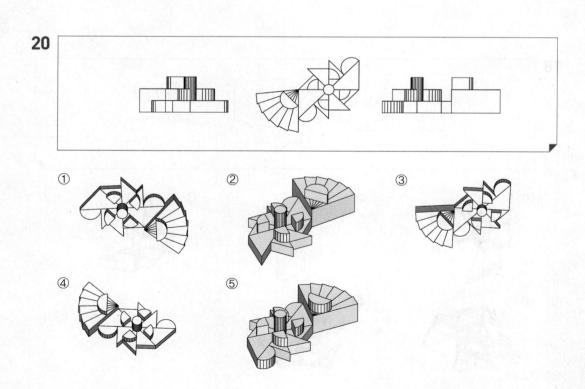

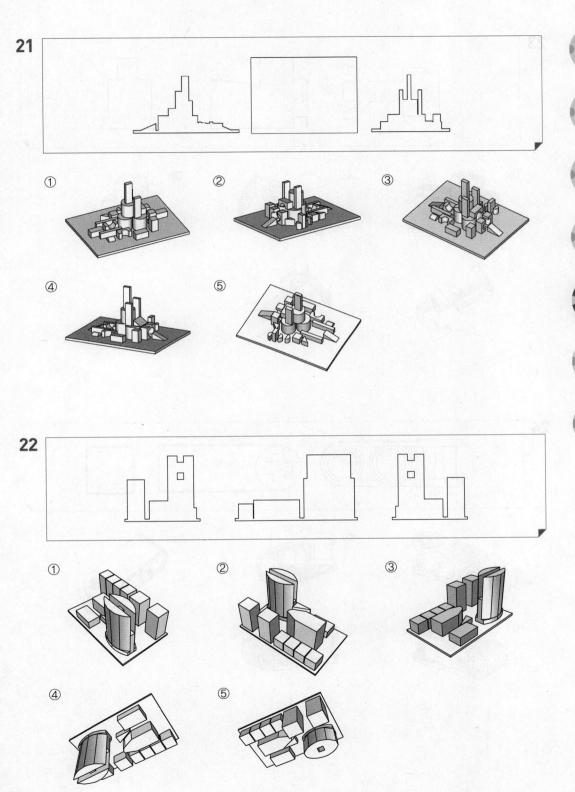

21

① ② ③

④ ⑤

22

① ② ③

④ ⑤

권두부록

파트 1
언어능력

파트 2
수리능력

파트 3
추리능력

파트 4
공간지각능력

파트 5
사무지각능력

파트 6
인성검사

23

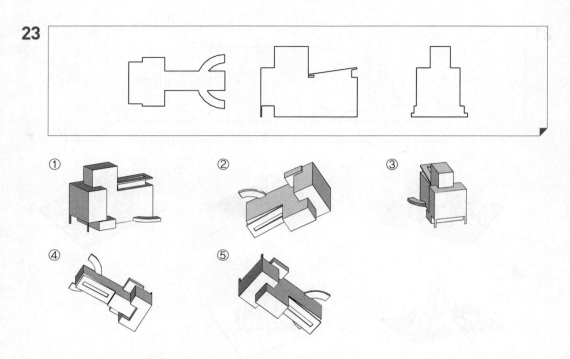

24

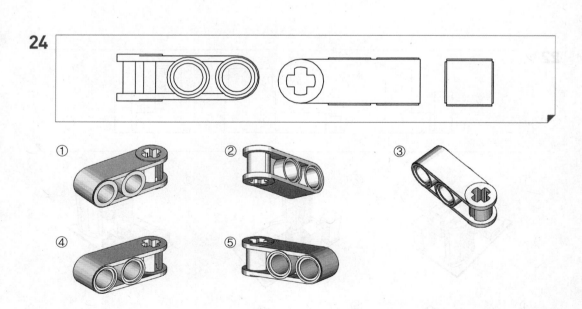

25 [그림 1]과 같이 같은 간격의 9개 위치에 원기둥을 1개 ~ 3개를 쌓고, 이것을 A 방향에서 볼 때 [그림 2]와 같이 보였다. 또한 B, C, D의 세 방향에서 볼 경우에는 어떻게 해도 같은 모양으로 보인다. 원기둥을 2단으로 쌓은 곳이 2개 있을 때, E 방향에서 본 그림으로 옳은 것은?

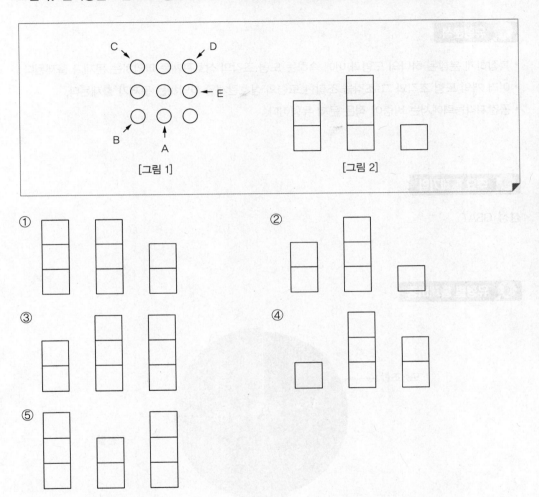

[그림 1]

[그림 2]

권두부록

파트 1
언어능력

파트 2
수리능력

파트 3
추리능력

파트 4
공간지각능력

파트 5
사무지각능력

파트 6
인성검사

UNIT 5

조각모음

여러 개로 분할된 도형 조각들을 조합하였을 때의 형태를 추론하여 도형 조각의 개수, 도형을 구성하는 조각들의 형태 등을 추리하는 능력이다.

🔍 유형분석

• 복잡하게 분할된 하나의 도형과 이에 속하는 도형 조각의 상호관계를 파악하는 문제가 출제된다.
• 여러 개의 도형 조각과 그 조각을 조합한 도형의 상호관계를 파악하는 문제가 출제된다.
• 공간지각능력에서는 비중이 적은 문제 유형이다.

🔍 주요 출제기업

삼성_GSAT

🔍 유형별 출제비중

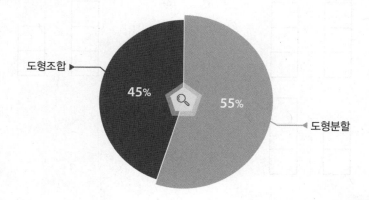

조각모음은 공간지각능력을 평가하는 기업에서 출제 빈도가 낮은 유형이지만 삼성_GSAT에서는 매년 빠짐 없이 1 ~ 3문항이 출제되고 있다. 도형조합보다는 제시된 그림에서 찾을 수 없는 조각을 고르는 도형분할 문제가 더 높은 비중으로 출제되고 있다.

권두부록

파트 1
언어능력

파트 2
수리능력

파트 3
추리능력

파트 4
공간지각능력

파트 5
사무지각능력

파트 6
인성검사

최신 출제 경향

조각모음 문제는 새로운 유형보다는 이전에 출제된 유형이 반복해서 출제되고 있으며 전반적인 난도도 낮은 편이다. 따라서 기출 문제를 최대한 활용하여 도형의 특징적인 부분을 빠르게 파악하는 연습이 필요하다.

빈출되는 세부 유형

• 직선 또는 곡선을 서로 교차시켜 다수의 조각으로 잘린 그림 안에 나타나 있지 않은 조각을 고르는 유형
• 주어진 다각형의 조각들을 조합하여 만들 수 없는 도형을 고르는 유형
• 주어진 다각형의 조각들을 재배치하였을 때 일치하는 도형을 고르는 유형

학습방법

• 도형분할의 경우 제시된 그림과 선택지 속 조각을 서로 비교할 때 상대적으로 잘 보이는 특징적인 한 부분을 잡아 대입해 보고 연결하면 문제 풀이 시간을 단축할 수 있다.
• 도형조합의 경우 주어진 조각 중 가장 큰 것의 위치를 찾아 먼저 배치한 후 나머지 작은 크기의 조각을 끼워 맞추는 방법을 이용하면 시간을 단축할 수 있다.
• 확인하기 쉽도록 나타나 있는 조각은 색칠해 두거나 선을 긋는 습관을 갖는다.
• 선의 기울기나 길이, 각도 등이 모두 일치하는지 꼼꼼히 비교하여 잘못된 답을 고르는 일이 없도록 한다.

유형 1 — 도형분할

💡 문제분석

1. 그림 안에 주어진 조각이 들어 있는지 찾는 문제이다.
2. 여러 형태의 조각 모양에서 아주 작은 차이를 비교하고 시각적으로 유사하거나 맞물릴 수 있는 것들을 찾아낼 수 있는 능력을 지녔는지 알아보는 문제이다.

💡 학습 전략

1. 조각들이 회전하고 있는 경우에는 선택지 속 도형의 특징적인 한 모양을 잡아서 대입해 보고 연결하여 정답을 찾는다.
2. 그림 안에 있는 조각을 찾으면 표시를 하거나 색을 칠해 둔다. 헷갈리는 것을 방지할 수 있다.
3. 복잡해 보이는 문제도 확실히 아닌 조각부터 제외시키면 빨리 답을 찾을 수 있다.
4. 특징이 잘 보이지 않는 단순 직선보다는 돌출부, 함몰부와 같이 특징이 도드라지는 부분을 기준으로 비교하여 빠르게 푸는 연습을 한다.

💡 주요 기업 빈출키워드

그림 안에 나타나 있지 않은 조각, 보기의 도형을 만드는 데 필요 없는 조각 등

대표예제

01 [그림 1]의 정사각형 종이 ABCD를 EG의 점선으로 이등분해 접고, 다음으로 FH의 점선으로
이등분해 접으면 [그림 2]와 같이 된다. 또한 이것을 EH의 점선으로 접으면 [그림 3]이 된다.
이를 PQ, PR의 선으로 절단하면 원래의 정사각형 종이는 몇 조각의 종잇조각으로 나뉘는가?

[그림 1] [그림 2] [그림 3]

① 7조각 ② 9조각 ③ 11조각
④ 13조각 ⑤ 15조각

|정답| ②
|해설| 종이접기 문제와 마찬가지로 종이를 접은 역순으로 다시 펼치면서 생각한다. 접는 선에 선대칭이 되도록 절단
한 선을 그려 넣으면서 펼쳐 나가도록 한다.

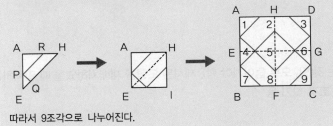

따라서 9조각으로 나누어진다.

유형 2 **도형조합** ✓ 05 조각모음

🔍 문제분석

1. 주어진 조각을 조합한 새로운 도형을 유추할 수 있는지를 알아보는 유형이다.

2. 조각들을 재배열하여 만들 수 있는 도형을 제시하고 그 속에서 근소한 차이를 찾아낼 수 있는지를 평가한다.

💡 학습 전략

1. 가장 큰 조각의 위치를 찾아 먼저 배치해 보고, 나머지 작은 크기의 도형을 끼워 맞추면 시간을 단축할 수 있다.

2. 있는 조각은 색칠해 두거나 선을 그어서 확인하는 것이 빠르다.

3. 테두리 모양과 일치하는 조각을 배치해 나가면 쉽게 답을 찾을 수 있다.

4. 주어진 큰 도형을 만들 때 사용되지 않는 작은 도형 조각을 찾아내는 유형의 경우에는 먼저 반드시 포함되는 것으로 보이는 큰 조각이나 특징적인 조각을 기준으로 삼은 뒤, 남은 작은 조각들을 매치하며 정답을 찾아가는 연습을 한다.

💡 주요 기업 빈출키워드

주어진 도형을 이용해 만들 수 없는 것(단, 모두 들어가야 함), 제시된 도형을 재배치하였을 때 일치하는 것, 큰 도형을 만들 때 사용되지 않는 조각 찾기 등

대표예제

01 다음에 주어진 도형을 이용하여 만들 수 없는 것은? (단, 제시된 도형이 모두 들어가야 하며, 한 번씩 이용되어야 한다)

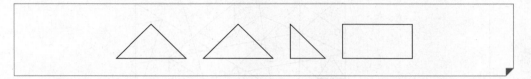

①    ② 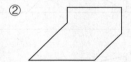   ③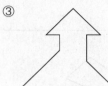

④ 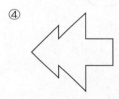   ⑤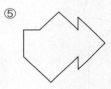

권두부록

파트 1
언어능력

파트 2
수리능력

파트 3
추리능력

파트 4
공간지각능력

파트 5
사무지각능력

파트 6
인성검사

|정답| ④

|해설| 각 선택지의 도형마다, 제시된 4개의 도형 중 크기가 가장 큰 것의 위치를 먼저 찾아 배치하고 그 형태의 라인을 그린다. 그러고 나서 나머지 3개의 도형들도 선을 그려가며 찾으면 된다. 이 문제에서는 제시된 도형 중 마지막 사각형의 면적이 가장 크고 자리잡기가 용이하므로 이것을 기준으로 하면 된다. 주어진 도형을 다음과 같이 a, b, c, d라 할 때(a, b는 동일한 모양), ④의 도형 위에 선을 그어 보면 다음과 같다.

제시된 조건에 따르면 a, b, c, d의 도형이 한 번씩만 사용되면서 모두 들어가야 하는데, ④에는 b(혹은 a)는 없고 c가 두 번 들어갔다.

|오답풀이|

①   ②   ③   ⑤

05 실전문제연습

조각모음

[01 ~ 04] 제시된 그림에 나타나 있지 않는 조각을 고르시오.

01

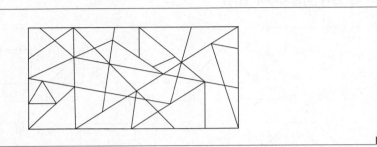

①   ②   ③

④   ⑤

02

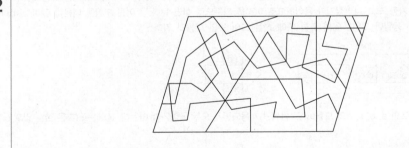

①   ②   ③

④   ⑤

03

① 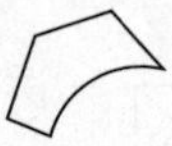   ②    ③

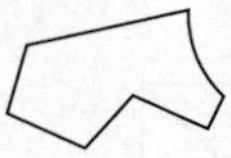

④ 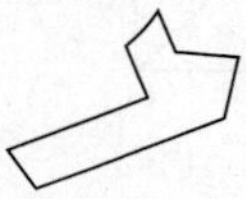   ⑤

04

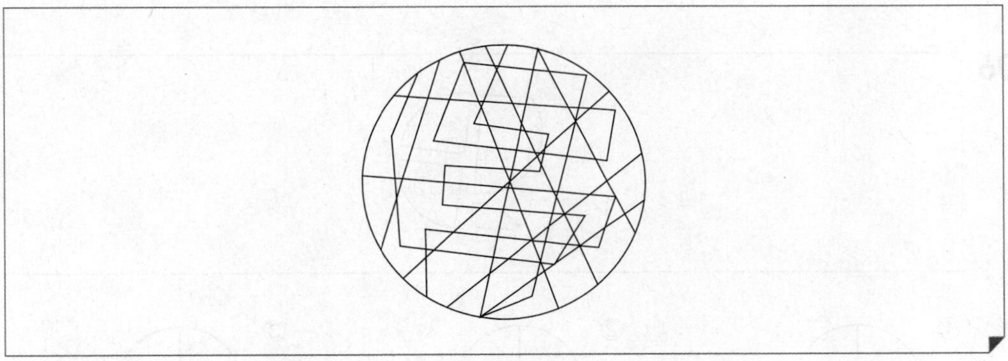

① 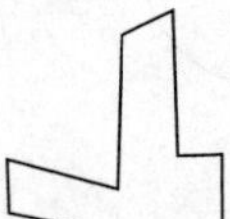   ② 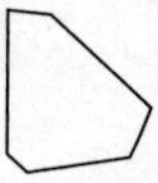   ③

④ 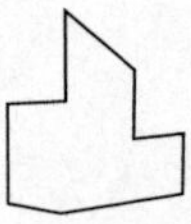   ⑤

권두부록

파트 1
언어능력

파트 2
수리능력

파트 3
추리능력

파트 4
공간지각능력

파트 5
사무지각능력

파트 6
인성검사

[05 ~ 06] 제시된 도형을 재배치하여 만들 수 있는 것을 고르시오.

05

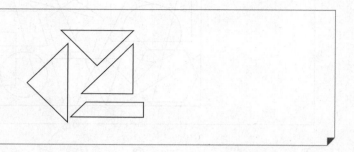

① 　② 　③

④ 　⑤

06

① 　② 　③

④ 　⑤

[07 ~ 11] 제시된 도형 조각을 모두 이용하여 만들 수 없는 것을 고르시오(단, 제시된 조각이 모두 들어가야 하며, 한 번씩 이용되어야 한다).

07

①

②

③

④

⑤

08

①

②

③

④

⑤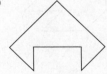

권두부록

파트 1
언어능력

파트 2
수리능력

파트 3
추리능력

파트 4
공간지각능력

파트 5
사무지각능력

파트 6
인성검사

09

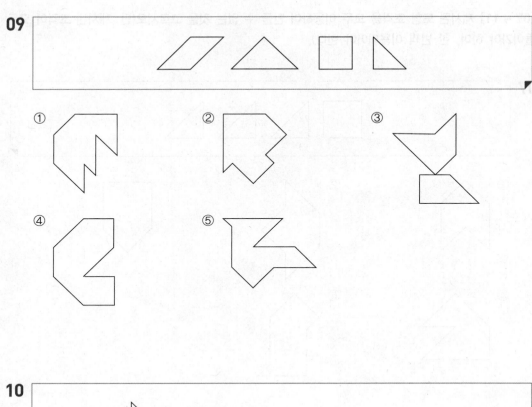

10

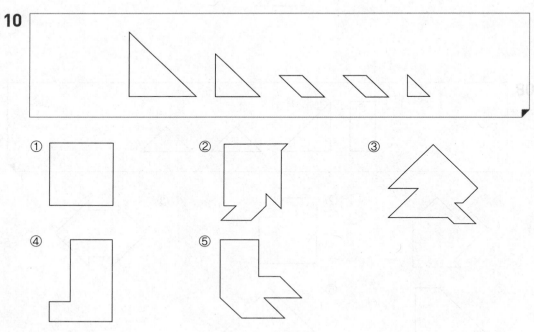

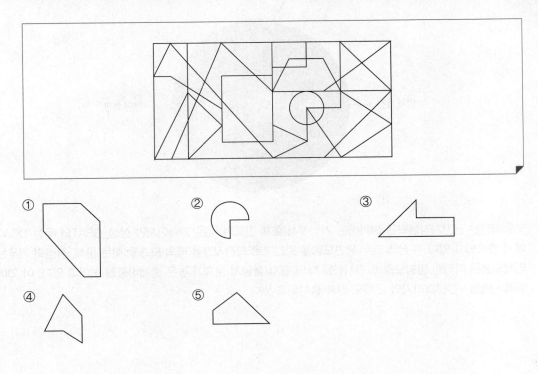

11

①
②
③
④
⑤

12 다음 그림에 나타나 있지 않은 조각은? (단, 조각을 뒤집거나 회전하지 않는다)

①
②
③
④
⑤

권두부록

파트 1
언어능력

파트 2
수리능력

파트 3
추리능력

파트 4
공간지각능력

파트 5
사무지각능력

파트 6
인성검사

평면도형이나 입체도형을 여러 각도로 돌렸을 때의 형태와, 도형을 회전시켰을 때 도형의 어느 한 지점이 그리는 궤적 등을 추리하는 능력이다.

유형분석

- 주어진 평면이나 입체도형을 여러 가지 방향으로 회전시켰을 때의 모양을 유추하거나 비교하는 문제가 출제된다.
- 도형이 회전하면서 그리는 궤적을 찾거나 궤적을 보고 도형을 찾는 문제가 출제된다.

주요 출제기업

삼성_GSAT · 두산_DCAT

유형별 출제비중

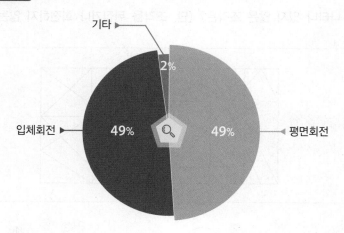

도형회전은 공간지각능력을 평가하는 기업에서 출제 빈도가 낮은 영역이지만 삼성_GSAT와 두산_DCAT 에서 출제되고 있다. 두산의 경우 평면도형을 조건대로 회전시켰을 때의 모습을 찾는 문제, 삼성의 경우는 입체도형을 다양한 방향으로 회전시켰을 때의 일치/불일치 문제가 높은 출제비중을 보이고 있다. 이 외에 궤적·매듭·한붓그리기의 문제도 간혹 출제되고 있다.

권두부록

파트 1
언어능력

파트 2
수리능력

파트 3
추리능력

파트 4
공간지각능력

파트 5
사무지각능력

파트 6
인성검사

🔆 최신 출제 경향

평면도형회전 문제는 매 시험마다 출제되지는 않지만 최근에는 변형된 문제가 출제되고 있다. 높은 난도로 인해 시험장에서 당황하지 않도록 다양한 유형의 문제를 많이 풀어 직관력을 기르는 것이 필요하다. 입체도형회전 문제는 새로운 유형보다는 이전에 출제된 유형이 꾸준히 출제되고 있어 수험생의 체감 난이도는 낮은 편이지만 복잡한 입체도형으로 구성된 문제가 출제되었으므로 평소 학습 시 특징적인 부분을 찾는 연습이 필요하다.

🔆 빈출되는 세부 유형

• 주어진 평면도형을 조건대로 회전시키고 특정 위치에 해당하는 그림을 고르는 유형
• 주어진 입체도형을 다른 방향으로 회전시켰을 때 나머지와 다른 것을 고르는 유형
• 주어진 궤적을 보고 그것에 맞는 도형을 찾는 유형

🔆 학습방법

• 평면회전은 무늬 하나를 기준으로 정하여 특정한 각도로 회전할 때 어디에 위치하는지만 정확히 파악하면 문제를 해결하기 수월하다.
• 특정한 각도로 도형을 회전시켰을 때의 변화 공식을 미리 암기해 두면 시간을 단축할 수 있다.
• 대칭 방향을 헷갈리지 않도록 주의하며 학습한다.
• 입체회전은 전체적인 모양을 고려하지 말고 특징적인 부분만을 먼저 확인한 후 이를 기준으로 삼아 선택지들을 비교하고 소거한다.
• 일부 기업에서는 시험지를 돌리거나 찢는 행위, 특히 온라인에서는 필기를 하는 행위 등이 제한되므로 머릿속으로 그려나갈 수 있도록 끊임없이 연습하여 노하우를 터득하는 것이 좋다.

✅ 06 도형회전

유형 1 ## 평면회전

💡 문제분석

1. 주어진 평면도형을 조건대로 회전시킨 다음, 특정 위치에 해당하는 그림을 고르는 유형의 문제이다.

💡 학습 전략

1. 무늬 하나를 기준으로 삼아서 특정한 각도로 회전할 때 어디에 위치하는지만 정확히 파악하면 해결하기 쉽다.
2. 특정 각도로 시계 방향이나 반시계 방향으로 도형을 회전시켰을 때의 변화를 미리 암기하도록 한다.
3. 대칭 방향을 헷갈리지 않도록 하며, 차분하게 순서대로 도형의 변화 과정을 파악한다.
4. 아래로 뒤집으면 뒷면의 모양에서 180° 회전한 상태가 된다.

💡 주요 기업 빈출키워드

나머지와 다른 도형, Y축 대칭 이동 후 시계 방향으로 180° 회전시킨 것, 조건에 따라 회전한 후 정면에서 바라보았을 때의 이미지, 아래로 뒤집었을 때의 도형 등

대표예제

01 다음 제시된 도형이 시계 방향으로 90° 회전했을 때의 모양으로 옳은 것은?

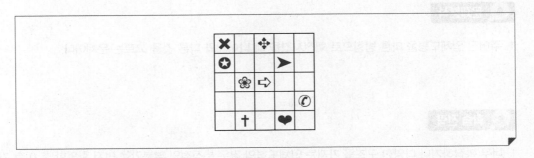

권두부록

파트 1
언어능력

파트 2
수리능력

파트 3
추리능력

파트 4
공간지각능력

파트 5
사무지각능력

파트 6
인성검사

| 정답 | ①

| 해설 | 시계 방향으로 90° 회전한 모양은 다음과 같다.

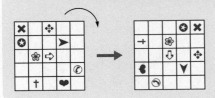

○ 06 도형회전

유형 2

입체회전

문제분석

1. 주어진 입체도형을 다른 방향으로 회전시켰을 때 나머지와 다른 것을 고르는 문제이다.

학습 전략

1. 너무 복잡하거나 다양한 구조를 가지는 입체도형의 경우 특징적인 부분만을 먼저 확인한 후 이를 기준으로 선택지들을 비교한다.
2. 구조적으로 잘 드러나지 않는 가려진 부분은 정답을 골라내는 데 유의미한 기준이 되기 어려우므로 이를 제외한 명확한 구조들 위주로 비교하여 정답을 찾아낸다.

주요 기업 빈출키워드

입체도형 중 나머지와 다른 하나 등

대표예제

01 다음 중 나머지 네 개의 입체도형과 모양이 다른 하나는?

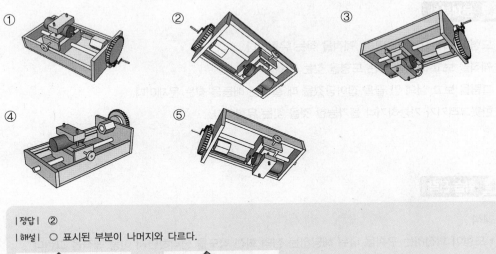

①   ②   ③

④   ⑤

| 정답 | ②

| 해설 | ○ 표시된 부분이 나머지와 다르다.

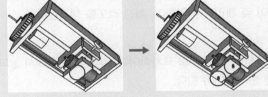

권두부록

파트 1
언어능력

파트 2
수리능력

파트 3
추리능력

파트 4
공간지각능력

파트 5
사무지각능력

파트 6
인성검사

유형 3 궤적 · 매듭 · 한붓그리기

✓ 06 도형회전

문제분석

1. 도형이 회전하면서 그리는 궤적을 찾는 유형이다.
2. 궤적을 보고 그것에 맞는 도형을 찾는 문제이다.
3. 그림을 보고 실의 양 끝을 잡아당겼을 때 풀리는 매듭을 찾는 문제이다.
4. 한붓그리기가 가능하거나 불가능한 것을 찾는 유형이다.

학습 전략

1. 궤적
   - 도형이 회전하는 구획을 나눠 해당하는 점의 회전 각도를 생각하면서 이동 궤적을 그린다.
   - 호를 그리고 있는 궤적의 반경(회전 중심)이 몇 개인지 파악한다. 회전 각도를 생각한다.

2. 매듭
   - 매듭이 풀리지 않으려면 고리 부분을 지나면서 두 실이 서로 교차하여야 하며, 한쪽 끝에서 살펴볼 때 교차 지점에서 위 → 아래 → 위 → 아래를 반복하여야 한다.

3. 한붓그리기
   - 한 점에 모이는 선의 수를 세어 홀수점을 체크한다. 한붓그리기가 가능한 조건은 홀수점의 수가 0개 또는 2개일 때이다. 선분이 만나거나 교차하는 부분에 한 점을 찍는다고 가정할때, 그 점에 모인 선분의 개수가 짝수이면 짝수점, 홀수이면 홀수점이라 한다.

주요 기업 빈출키워드

다음과 같은 궤적을 그렸을 때 회전시킨 도형, 부채꼴이 수평선상을 미끄러지지 않고 1회전할 때 점 A가 그리는 궤적, 정사각형의 한 변을 2배 늘린 점 C의 궤적, 양 끝을 잡아당겼을 때 풀리는 매듭, 한붓그리기가 가능한 도형, 한붓그리기가 불가능한 도형 등

권두부록

파트 1
언어능력

파트 2
수리능력

파트 3
추리능력

파트 4
공간지각능력

파트 5
사무지각능력

파트 6
인성검사

대표예제

01 어느 도형을 수평선상으로 미끄러지지 않게 1회전 시켰더니 꼭짓점 A가 다음과 같은 궤적을 그렸다. 이때 회전시킨 도형은?

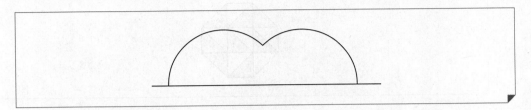

①   ② ③

④ ⑤

| 정답 | ②
| 해설 |

궤적이 2개의 호를 그리고 있으므로 꼭짓점이 3개인 삼각형이 회전한 것이다. 또한, 첫 번째 호의 중심각이 135°이므로 삼각형 중에서도 회전각이 135°인 것을 고르면 된다.

①과 ② 중 회전각이 135°인 것은 ②이다.

📝 **학습 TIP**

도형의 한 꼭짓점에 대한 궤적
1. 도형의 한 꼭짓점 A가 궤적을 그릴 때 점 A를 제외한 꼭짓점이 회전의 중심이 된다.
2. 궤적에 나타나는 호의 수는 회전 중심의 개수와 같다.
3. 회전한 도형의 꼭짓점 수 = 회전 반경에 따른 호의 수 + 1

실전문제연습

도형회전

01 다음 제시된 도형을 아래로 뒤집었을 때 나올 수 있는 도형은?

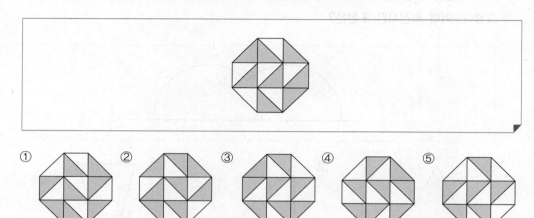

[02 ~ 04] 다음 제시된 도형이 시계 방향으로 90° 회전했을 때의 모양으로 옳은 것을 고르시오.

02

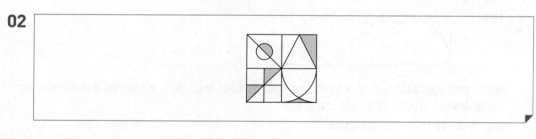

03

① 　② 　③

④ 　⑤

04

① 　② 　③

④ 　⑤

권두부록

파트 1
언어능력

파트 2
수리능력

파트 3
추리능력

파트 4
공간지각능력

파트 5
사무지각능력

파트 6
인성검사

05 다음 제시된 도형을 시계 방향으로 180° 회전했을 때의 모양은?

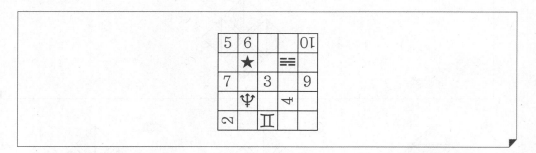

06 다음 제시된 도형을 시계 방향으로 90° 돌리고, 위로 뒤집은 후 다시 반시계 방향으로 90° 돌렸을 때 나올 수 있는 모양은?

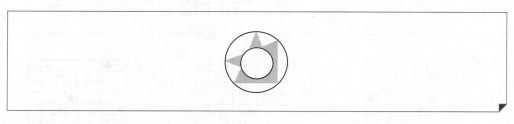

①   ②   ③   ④   ⑤

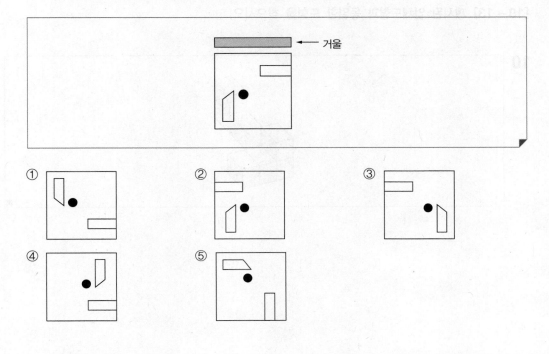

07 다음 제시된 도형을 오른쪽으로 뒤집고 시계 방향으로 90° 회전 후 위로 뒤집었을 때의 모양은?

① ② ③

④ ⑤

08 거울에 비친 도형을 180° 회전시켰을 때의 모양은?

← 거울

① ② ③

④ ⑤

권두부록

파트 1
언어능력

파트 2
수리능력

파트 3
추리능력

파트 4
공간지각능력

파트 5
사무지각능력

파트 6
인성검사

09 다음 제시된 도형을 시계 방향으로 180° 회전했을 때의 모양은?

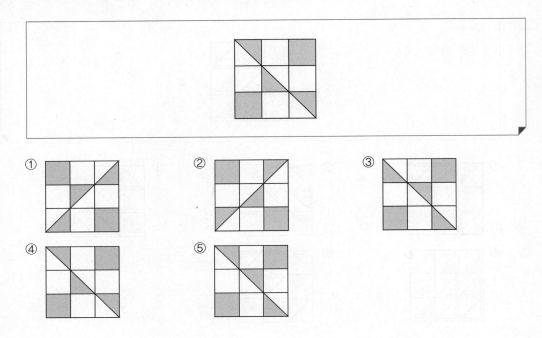

[10 ~ 13] 제시된 입체도형과 동일한 도형을 찾으시오.

10

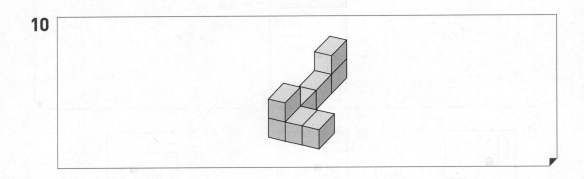

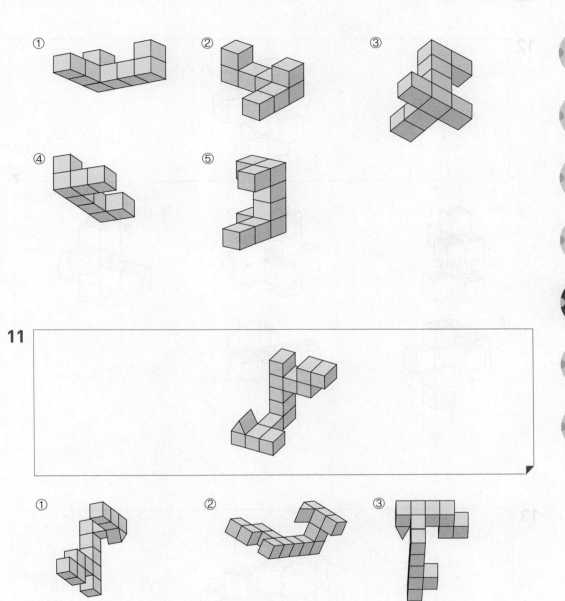

11

권두부록

파트 1
언어능력

파트 2
수리능력

파트 3
추리능력

파트 4
공간지각능력

파트 5
사무지각능력

파트 6
인성검사

12

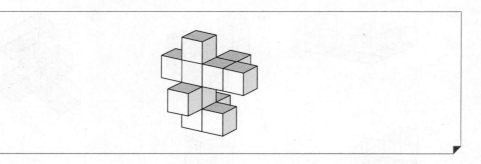

①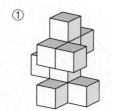

②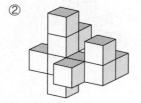

③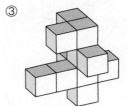

④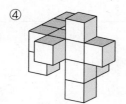

⑤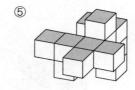

13

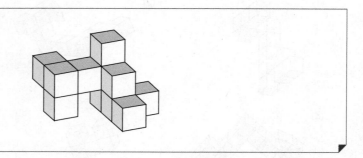

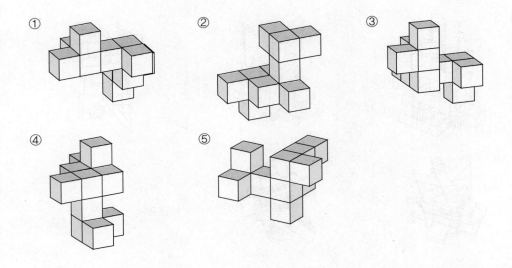

권두부록

파트 1
언어능력

파트 2
수리능력

파트 3
추리능력

파트 4
공간지각능력

파트 5
사무지각능력

파트 6
인성검사

[14 ~ 18] 다음 중 나머지 네 개의 입체도형과 모양이 다른 하나를 고르시오.

14

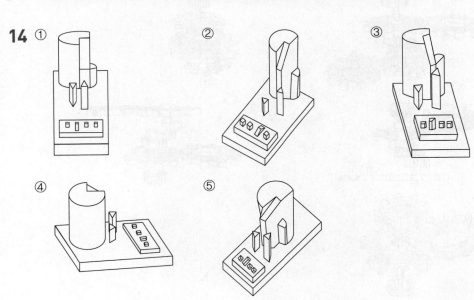

15 ① 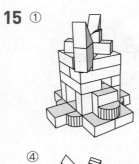 ② 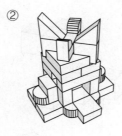 ③

④ 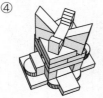 ⑤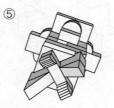

16 ① ②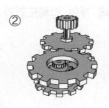

③ ④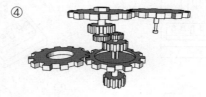

⑤

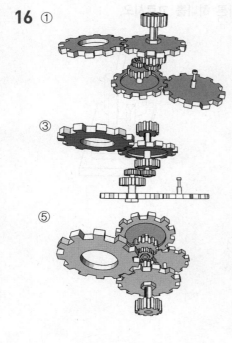

17

①

②

③

④

⑤

18

①

②

③

④

⑤

권두부록

파트 1
언어능력

파트 2
수리능력

파트 3
추리능력

파트 4
공간지각능력

파트 5
사무지각능력

파트 6
인성검사

19 다음 도형을 화살표 방향으로 1회전 시켰을 때, 점 O_1, O_2가 그리는 궤적으로 옳은 것은?

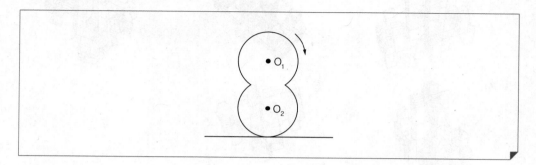

①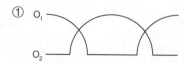

②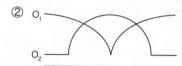

③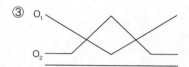

④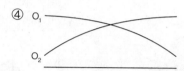

⑤

20 1개의 끈으로 만든 다음 그림과 같은 매듭이 있다. 이 매듭을 자르는 것 없이 팽팽히 피거나, 오므리거나, 잡아당기고 비틀었을 때, 변형되는 모양으로 옳은 것은?

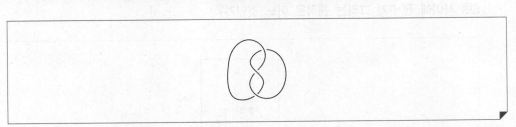

①

②

③

④

⑤

21 다음 도면의 굵은 선 부분을 한 번에 그리고 싶은데 이 상태로는 불가능하므로 굵은 선의 일부분을 지우려 한다. 최소 몇 cm를 지우면 한붓그리기가 가능하게 되는가? (단, 점선의 1눈금은 1cm로 한다)

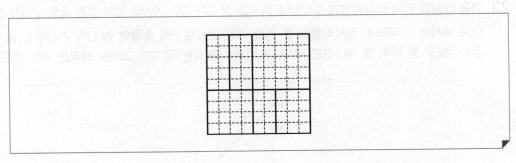

① 5cm

② 6cm

③ 7cm

④ 8cm

⑤ 9cm

22 다음 그림과 같이 한 변의 길이가 $3a$인 정사각형의 안쪽을 한 변의 길이가 a인 정사각형이 화살표 방향으로 미끄러지는 일 없이 매초 1회전할 때, 그림의 위치에서 회전을 시작하여, 5초에서 6초 사이에 점 P가 그리는 궤적은 어느 것인가?

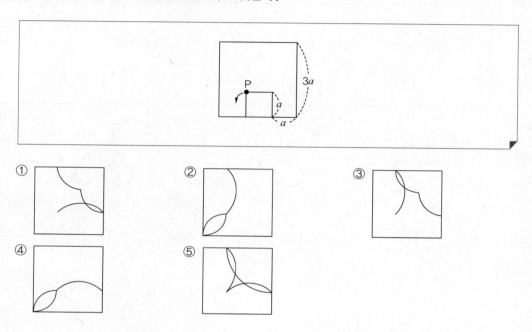

23 다음 그림과 같이 정사각형의 꼭짓점에 점 P와 점 Q가 있다. 이 두 점이 그림 속의 화살표 방향으로 동시에 움직이며, 정사각형의 변 위를 이동하는 점 P의 속력이 점 Q의 2배이다. 점 Q가 정사각형을 한 바퀴 돌 때, 선분 PQ를 2 : 1로 내분하는 점 T가 그리는 궤적은 어느 것인가?

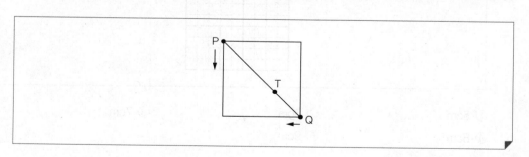

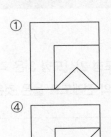 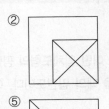 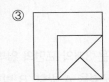

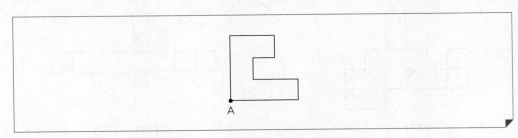

24 다음 도형을 점 A를 중심으로 반시계 방향으로 45° 회전시킨 후 왼쪽으로 뒤집은 것은?

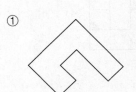 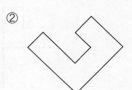 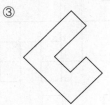

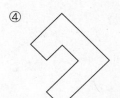 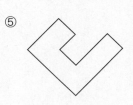

01 [도형 1]은 3개의 표면의 일부가 착색된 어떤 입체도형의 평면도이며, [도형 2], [도형 3]은 각각 이 입체도형을 A 방향, B 방향에서 봤을 때의 입면도이다. 이 입체도형의 전개도로 옳은 것은?

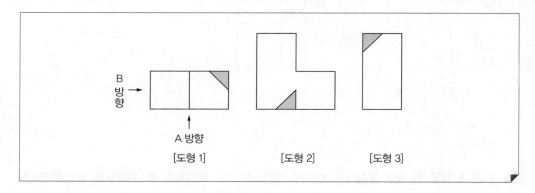

①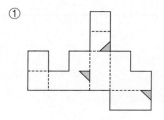

②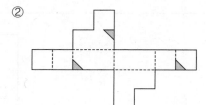

③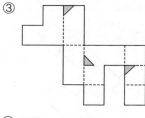

④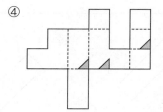

⑤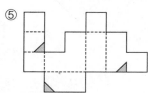

02 다음 제시된 입체도형을 보고 그림이 바깥쪽으로 나오도록 펼쳤을 때 나타날 수 있는 전개도는?

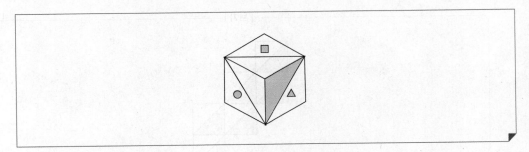

①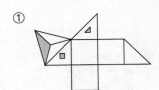

②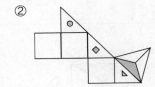

③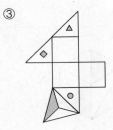

④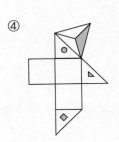

⑤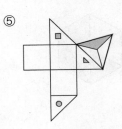

권두부록

파트 1
언어능력

파트 2
수리능력

파트 3
추리능력

파트 4
공간지각능력

파트 5
사무지각능력

파트 6
인성검사

03 〈보기〉에 제시된 전개도를 조립해서 육면체를 만들었을 경우, 나올 수 없는 것은?

| 보기 |

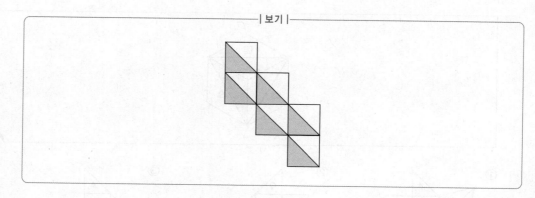

① 　　② 　　③

④ 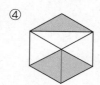　　⑤

04 다음과 같이 전개도를 접어 A는 x축으로 90°, B는 y축으로 180° 회전시킨 후 A, B 순으로 나란히 결합하게 하여 이를 위에서 내려다보았을 때의 모양으로 알맞은 것은?

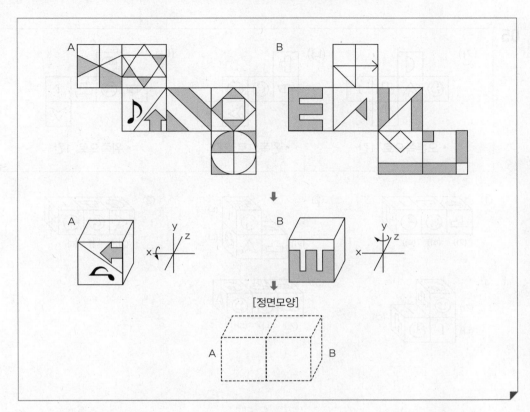

①

②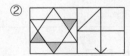

③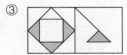

④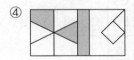

⑤

권두부록

파트 1
언어능력

파트 2
수리능력

파트 3
추리능력

파트 4
공간지각능력

파트 5
사무지각능력

파트 6
인성검사

[05 ~ 06] 다음 세 개의 전개도를 1 면이 앞면에 오도록 접고 주어진 방향과 횟수대로 회전한 후 이어 붙인 모양으로 올바른 것을 고르시오.

05

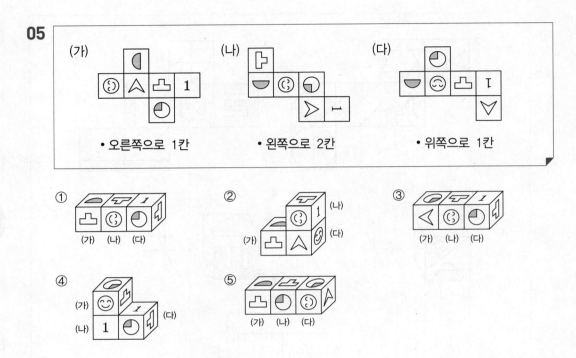

06

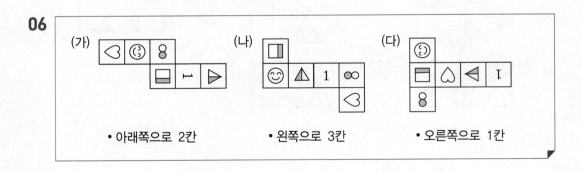

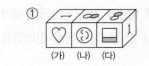

① (가) (나) (다)

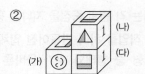

② (가) (나) (다)

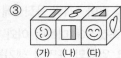

③ (가) (나) (다)

④ (가) (나) (다)

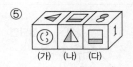

⑤ (가) (나) (다)

07 〈보기〉에서 왼쪽 전개도를 접어 오른쪽 주사위 모형을 만들었을 때, 다음 방향에서 바라본 면의 모습으로 올바른 것은?

| 보기 |

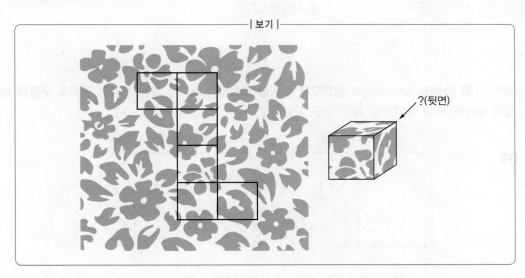

①

②

③

④

⑤

파트 4
공간지각능력

08 그림과 같이 1개의 꼭짓점에 모이는 각 변의 중점을 지나는 평면으로 입체를 자른다. 정팔면체의 모든 꼭짓점에 대하여 이와 같은 작업을 하여 만들어진 입체에 다시 한 번 그 작업을 진행했을 때, 그 입체의 표면에 생기는 도형 중 형태와 수가 올바른 것은?

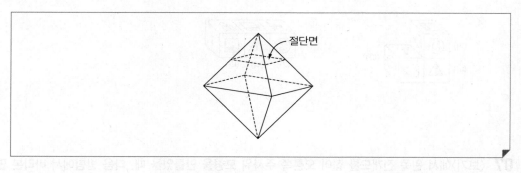

① 삼각형 12개   ② 삼각형 18개   ③ 사각형 14개

④ 사각형 18개   ⑤ 사각형 26개

[09 ~ 10] 다음과 같이 화살표 방향으로 종이를 접은 후, 마지막 그림과 같이 펀치로 구멍을 뚫고 다시 펼쳤을 때의 모양으로 옳은 것을 고르시오.

09

10

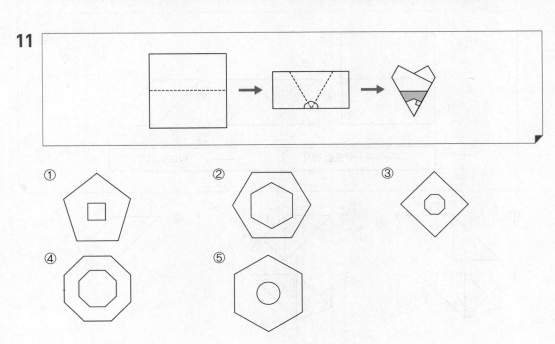

권두부록

파트 1
언어능력

파트 2
수리능력

파트 3
추리능력

파트 4
공간지각능력

파트 5
사무지각능력

파트 6
인성검사

[11 ~ 12] 다음 종이를 점선을 따라 접은 후, 색칠된 부분을 잘랐을 때 펼친 모양을 고르시오.

11

12

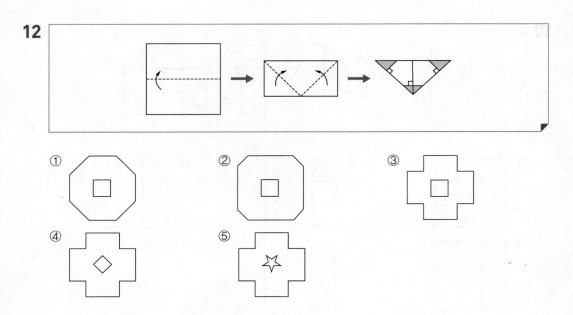

① ② ③

④ ⑤

13 다음과 같이 접은 후 뒤에서 본 모양으로 알맞은 것은?

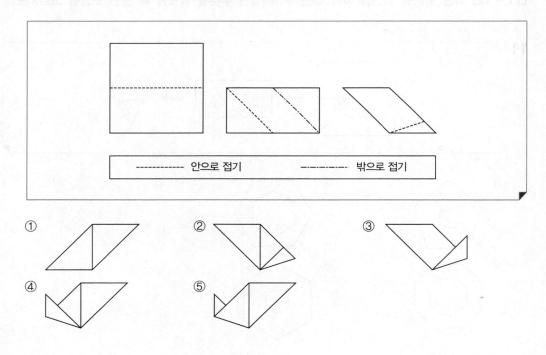

```
-------------- 안으로 접기          ----·----·---- 밖으로 접기
```

① ② ③

④ ⑤

14 다음과 같이 종이를 접은 후 볼 수 있는 앞 또는 뒷모습으로 옳지 않은 것은?

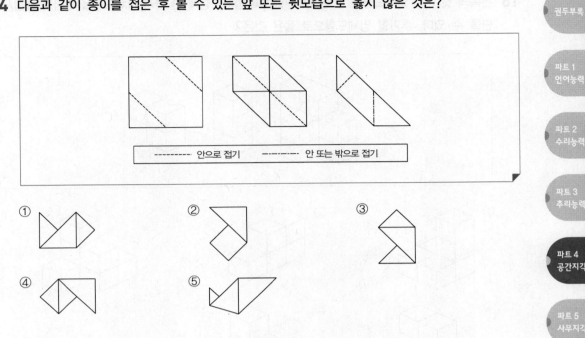

15 다음 세 개의 블록을 결합했을 때 만들 수 있는 형태는?

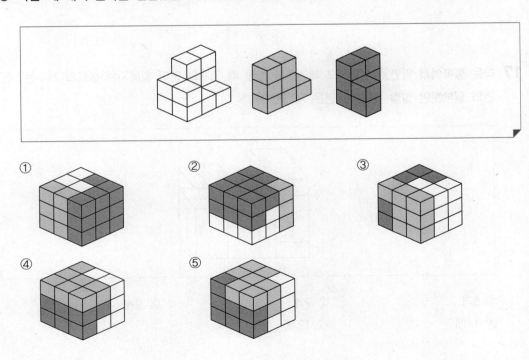

온 · 오프라인 인적성검사 통합기본서

16 왼쪽의 첫 번째 입체도형은 두 번째와 세 번째 입체도형에 한 가지 입체도형을 추가로 결합시켜 만들 수 있다. 추가할 입체도형으로 옳은 것은?

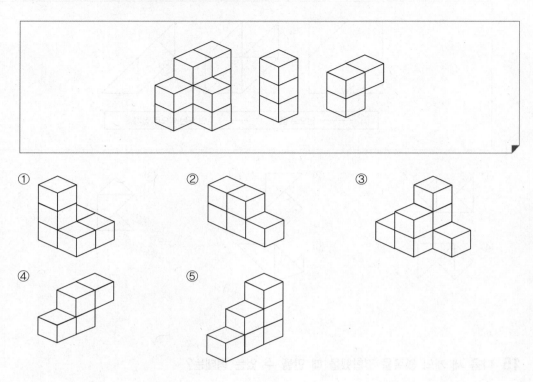

17 다음 블록에서 밑면을 제외하고 페인트를 칠할 때, 3개의 면이 칠해지는 블록의 개수는? (단, 면의 일부분만 칠할 수 있는 면은 제외한다)

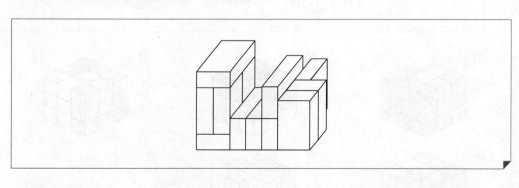

① 5개   ② 7개   ③ 9개

④ 11개   ⑤ 12개

www.gosinet.co.kr gosinet

권두부록

파트 1
언어능력

파트 2
수리능력

파트 3
추리능력

파트 4
공간지각능력

파트 5
사무지각능력

파트 6
인성검사

18 블록을 다음 그림과 같은 방법으로 위로 계속 쌓을 때 56층에 놓일 블록의 개수는?

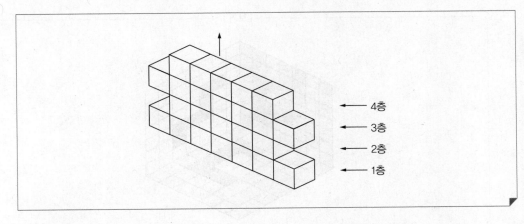

4층
3층
2층
1층

① 5개   ② 6개   ③ 7개

④ 8개   ⑤ 9개

19 다음 블록에서 밑면을 제외하고 페인트를 칠할 때, 칠할 수 있는 블록 면의 개수로 옳은 것은? (단, 면의 일부분만 칠할 수 있는 면은 제외한다)

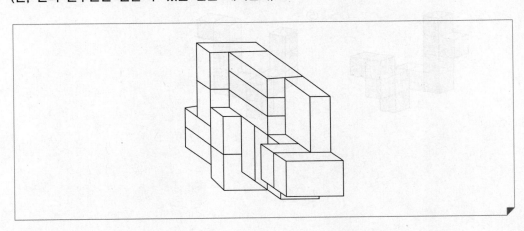

① 36개   ② 38개   ③ 40개

④ 42개   ⑤ 43개

20 다음 〈보기〉의 3차원 공간에서 세 면에 비친 그림자를 보고 이에 해당하는 도형을 고르면?

| 보기 |

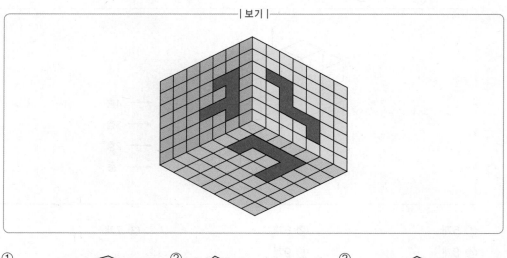

①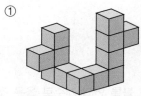

②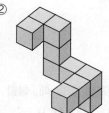

③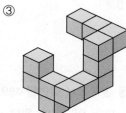

④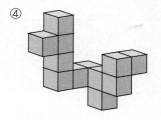

⑤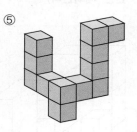

[21 ~ 22] 제시된 투상도에 해당하는 입체도형을 고르시오.

21

① ② ③

④ ⑤

22

① ② ③

④ ⑤

권두부록

파트 1
언어능력

파트 2
수리능력

파트 3
추리능력

파트 4
공간지각능력

파트 5
사무지각능력

파트 6
인성검사

[23 ~ 24] 제시된 그림은 같은 크기의 블록을 쌓아 만든 입체도형을 가지고 앞에서 본 정면도, 위에서 본 평면도, 오른쪽에서 본 우측면도이다. 이에 해당하는 입체도형으로 알맞은 것을 고르시오(단, 화살표 방향은 정면을 의미한다).

23

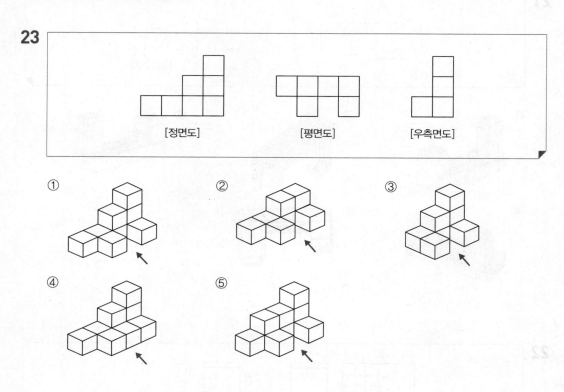

24

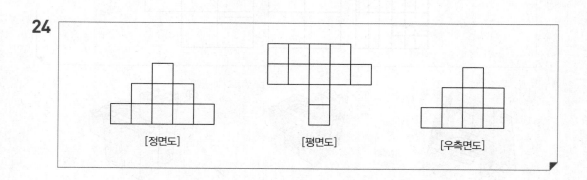

①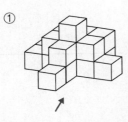

②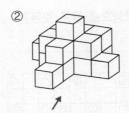

③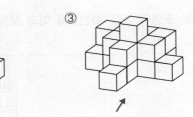

④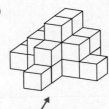

⑤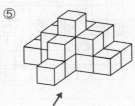

권두부록

파트 1
언어능력

파트 2
수리능력

파트 3
추리능력

파트 4
공간지각능력

파트 5
사무지각능력

파트 6
인성검사

25 다음 그림에 나타나 있지 않은 조각은?

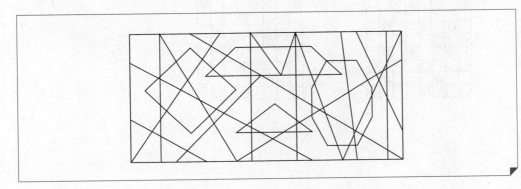

①

②

③

④

⑤

26 다음 도형이 180° 회전했을 때의 모양으로 옳은 것은?

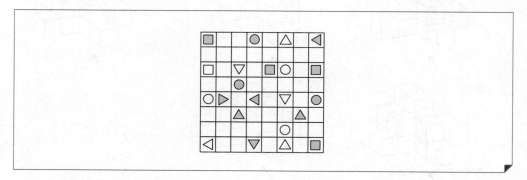

①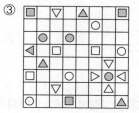

② ③ ④ ⑤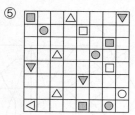

27 다음 도형을 차례로 3차원의 x축을 중심으로 180° 회전, y축을 중심으로 180° 회전, z축을 중심으로 180° 회전한 것은?

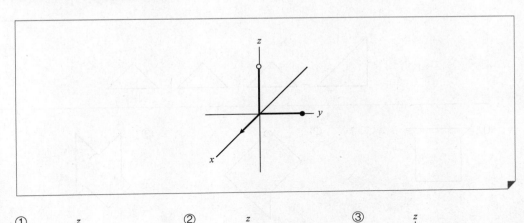

①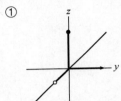

②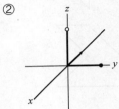

③

④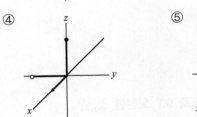

⑤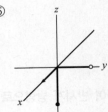

28 다음에 주어진 도형을 이용하여 만들 수 없는 것은? (단, 제시된 도형이 모두 들어가야 하며, 한 번씩 이용해야 한다)

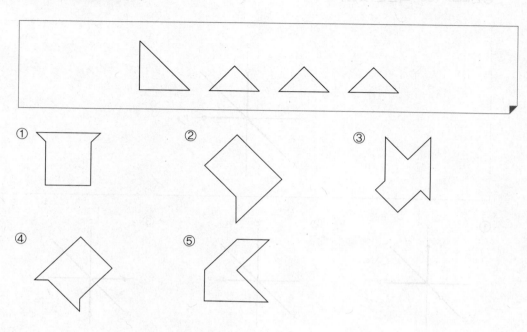

29 다음 입체도형이 z축을 중심으로 하여 반시계 방향으로 90° 회전한 것은?

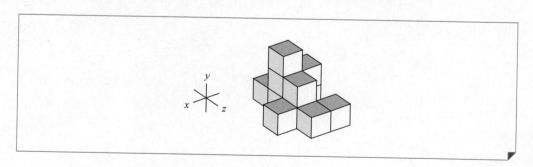

www.gosinet.co.kr gosinet

권두부록

파트1
언어능력

파트2
수리능력

파트3
추리능력

파트4
공간지각능력

파트5
사무지각능력

파트6
인성검사

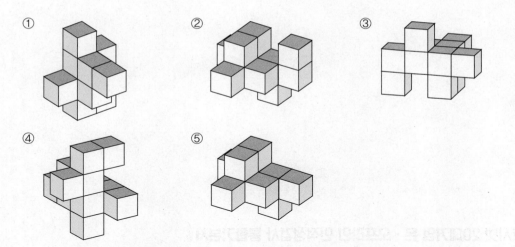

30 그림과 같이 정삼각형이 원의 안쪽에서 미끄러지지 않고 움직일 때, 정삼각형 1개의 꼭짓점 P가 그리는 궤적은? (단, 원의 안쪽의 정삼각형 한 변은 원주를 12등분 할 수 있다)

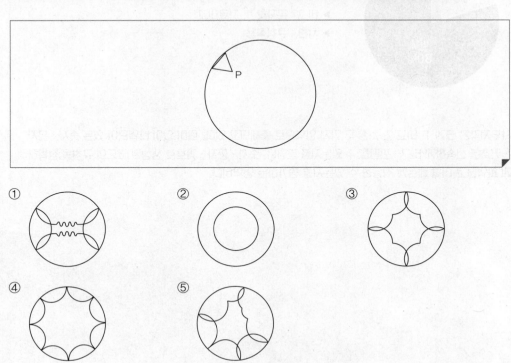

고시넷 20대기업 온 · 오프라인 인적성검사 통합기본서

영역별 출제비중

▶ 비교 : 문자찾기, 자료비교
▶ 치환 : 규칙적용

사무지각은 크게 1. 비교 2. 치환 두 가지 영역으로 출제되고 있다. 의미 없이 나열되어 있는 숫자 · 문자 · 기호를 신속하게 비교 · 판단할 수 있는지를 묻거나, 숫자 · 문자 · 기호로 생성된 코드의 규칙을 정확하게 파악하고 이를 빠르게 적용할 수 있는지를 평가하는 영역이다.

파트 5 사무지각능력

업무 상황에서 필요한 정보를 자료에서 신속 · 정확하게 찾아 적절한 판단을 내리고, 정확하게 문서를 작성하며, 자료상의 오류 사항을 찾아 점검하는 능력이다.

유형분석

- 비슷한 모양으로 구성된 숫자, 문자, 기호의 나열 중에서 조건에 맞는 숫자, 문자, 기호를 파악하는 문제가 출제된다.
- 주어진 두 개의 자료를 비교하여 판단력을 가지고 있는지를 평가한다.
- 난이도는 높지 않지만 한 문제를 푸는 데 주어지는 시간이 10초 이내로 짧기 때문에 충분한 연습을 통해 정확성과 신속성을 향상시켜야 한다.

주요 출제기업

GS · KT · LS_LSAT · 효성 · 아모레퍼시픽_APAT · 대림 · 금호아시아나 등

유형별 출제비중

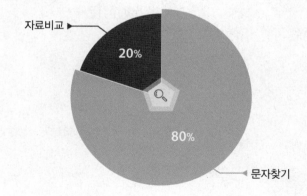

자료비교 ▶ 20%

80%

◀ 문자찾기

비교 영역은 문자찾기 유형의 문제가 가장 높은 출제비중을 보이고 있으며 그다음으로 두 개의 자료를 비교하는 유형의 문제가 출제되고 있다. 문자찾기 유형의 경우 사무지각능력을 평가하고 있는 대부분의 기업에서 출제되고 있기 때문에 해당 기업을 준비하는 수험생들이라면 미리 연습해야 한다.

권두부록

파트 1
언어능력

파트 2
수리능력

파트 3
추리능력

파트 4
공간지각능력

파트 5
사무지각능력

파트 6
인성검사

🔆 최신 출제 경향

최근에는 자료비교 유형보다 문자찾기 유형을 출제하는 기업이 많아지고 있는 추세이다. 겉보기에 비슷한 숫자, 문자, 기호의 조합 또는 숙박 시설 예약 현황, 보고서, 운송장 등 다양한 종류의 자료가 제시되었으며, 한글뿐만 아니라 영어, 한자어, 아랍어, 일본어 등 여러 나라 언어가 자주 등장하고 있다. 외국어의 경우 무심코 비슷한 글자를 잘못 고를 수 있기 때문에 평소 학습 시 집중력과 인내력을 바탕으로 속도를 내는 연습이 필요하다.

🔆 빈출되는 세부 유형

- 유사한 모양으로 구성된 숫자, 문자, 기호를 연속하여 나열한 후 다르게 쓰인 일부 텍스트를 직관적으로 파악하는 유형
- 내용이 복잡하거나 정보가 많은 자료를 위아래 두 번 배치한 후 서로 다른 부분을 찾는 유형

🔆 학습방법

- 매우 짧은 시간에 문제를 풀어야 하므로 평상시 스톱워치로 시간을 정해두고 문제를 푼다.
- 모양이 비슷해 언뜻 보면 혼동하기 쉬운 숫자, 문자, 기호를 정확히 구분하는 훈련을 한다.
- 틀린 선택지는 헷갈리지 않게 바로바로 소거하는 것이 좋다.
- 주어진 자료의 길이가 길고 내용이 많으면 적당히 끊어 읽으며 부분별로 같은지를 확인한다.

01 비교

유형 1 문자찾기

💡 문제분석

1. 유사한 모양으로 구성된 숫자, 문자, 기호의 나열 중에서 조건에 맞는 숫자, 문자, 기호를 파악하는 유형이다.
2. 주어진 자료에서 조건에 맞는 것을 빠르게 파악하여 답을 골라내는 유형이다.
3. 간단한 서류 작성 시 문서의 기입과 분류, 정리에 필요한 정확성을 가지고 있는지를 평가한다.

💡 학습 전략

1. 비슷한 글자들과 헷갈리지 않도록 주의한다. 빠르게 풀어나가다 보면 무심코 비슷한 글자를 잘못 고를 수 있다. 같은 문자이지만 크기가 다른 경우가 있다는 점에도 주의한다. 한번에 해결해야 하므로 주의 깊게 짚어내야 한다.
2. 자신에게 맞는 풀이 방법을 찾는다. 가로로 확인하다가 미처 못보고 지나칠 것 같으면 길이가 짧은 세로로 푸는 것도 빨리 풀 수 있는 방법이다. 다양한 문제를 풀어봄으로써 자신에게 맞는 방법을 찾도록 한다.
3. 적절하지 않은 선택지는 바로바로 소거한다. 답이 아닌 문자가 쉽게 파악되는 선택지는 헷갈리지 않도록 바로 소거하고, 나머지 선택지 중에서 신중하게 골라낸다.
4. 시험 시간이 짧으므로 처음에는 정확성에 중점을 두어 연습하고, 점차 시간을 단축해 나가도록 한다.

💡 주요 기업 빈출키워드

좌우 문자의 배열을 비교하여 서로 다른 부분의 개수 찾기, 기호의 배열에서 없는 것, 문자의 배열에서 없는 것, 숫자의 배열에서 없는 것, 제시된 기호의 개수 찾기, 분류표에서 어느 범위에 해당하는지 찾기, 특수문자 개수 찾기, 알파벳 개수 찾기, 한글 개수 찾기, 숫자 개수 찾기, 아랍어 개수 찾기 등

대표예제

01 다음 제시된 문자군에서 찾을 수 없는 것은?

> ぺ ぁ し ぃ ね ぅ ぉ ず か き く び ぷ ぴ ぽ け べ え げ こ さ
> ご ざ じ い す ば せ う ど が で ぜ ぞ ぇ た ぢ っ て ぱ と な
> あ ぼ ち ぐ づ だ に ぬ ほ の は ひ ふ そ ぶ へ ま み ぎ お つ

① ぉ　　　　　　　② に　　　　　　　③ ぜ
④ な　　　　　　　⑤ わ

| 정답 | ⑤

| 해설 |

ぺ ぁ し ぃ ね ぅ ぉ ず か き く び ぷ ぴ ぽ け べ え げ こ さ
ご ざ じ い す ば せ う ど が で ぜ ぞ ぇ た ぢ っ て ぱ と な
あ ぼ ち ぐ づ だ に ぬ ほ の は ひ ふ そ ぶ へ ま み ぎ お つ

가나더+

비슷한 글자들과 헷갈리지 않도록 주의한다. 특히 이런 외국어의 경우는 무심코 비슷한 글자를 잘못 고를 수 있다. 빠르게 해결해야 하므로 주의 깊게 신중히 봐야 하며, あ ぁ お ぉ う ぅ 등과 같이 같은 '히라가나'이지만 크기가 다른 경우가 있다는 점에도 주의한다.

02 다음 〈보기〉에서 왼쪽에 제시된 문자의 개수를 모두 고르면?

| 3 |

| 보기 |

℃ Ɛ Я ɦ ʝ ɯ M Ȝ Ⴀ Ꞙ ⊐ Ⴎ ɠ Ⴘ Ω ξ Ȝ
Ⴁ М Ȝ ₶ Ɋ Ж Ф ₦ № Ꞧ Ͷ Я Ю Ⴣ У ₰ Ȝ
℧ Ȝ Ⴉ Ϗ ⋉ Ȝ ↄ Ѵ Ƶ ɦ Я Ɛ Ⴈ Ⱶ Ɫ ı
⊐ Ȝ Ȝ ʯ Ȧ ⅄ Ⴗ Ρ ⋉ ₶ Ꞧ ɦ Ȝ ℧ Ⴑ Ɛ Ϧ Ǝ

① 2개　　　　　　② 3개　　　　　　③ 4개
④ 5개　　　　　　⑤ 6개

| 정답 | ③

| 해설 |

℃ Ɛ Я ɦ ʝ ɯ M Ȝ Ⴀ Ꞙ ⊐ Ⴎ ɠ Ⴘ Ω ξ Ȝ
Ⴁ М Ȝ ₶ Ɋ Ж Ф ₦ № Ꞧ Ͷ Я Ю Ⴣ У ₰ Ȝ
℧ Ȝ Ⴉ Ϗ ⋉ Ȝ ↄ Ѵ Ƶ ɦ Я Ɛ Ⴈ Ⱶ Ɫ ı
⊐ Ȝ Ȝ ʯ Ȧ ⅄ Ⴗ Ρ ⋉ ₶ Ꞧ ɦ Ȝ ℧ Ⴑ Ɛ Ϧ Ǝ

권두부록

파트 1
언어능력

파트 2
수리능력

파트 3
추리능력

파트 4
공간지각능력

파트 5
사무지각능력

파트 6
인성검사

유형 2

자료비교

✓ 01 비교

💡 문제분석

1. 여러 문서에 사용되는 기호, 문자, 숫자 등을 비교하거나 오탈자를 골라내는 유형이다.
2. 제시된 두 개의 자료를 비교하여 정해진 시간 내에 질문에 대한 답을 빠르게 찾아내는 판단력을 가지고 있는지를 평가한다.

💡 학습 전략

1. 질문에 제시된 조건을 먼저 파악한 후 선택지를 통해 정답 범위를 한정한다. 해당 조건의 목록과 대조만 정확하게 하면 된다.
2. 제시된 자료의 길이가 길고 많은 내용이 포함되어 있다면 어절이나 문장 단위로 적당히 끊어 읽으며 부분 별로 동일성 여부를 확인한다.
3. 제한 시간이 매우 짧아 두 번 대조할 수 없으므로 학습 시 시간을 정해 두고 신속 · 정확하게 한번에 짚어 내는 연습을 한다.

💡 주요 기업 빈출키워드

주어진 두 자료를 비교하여 서로 다른 부분의 개수 고르기, 호텔 예약 현황과 보기를 비교하여 일치하지 않는 것 고르기, 택배 운송장 번호와 비교하여 다른 것 고르기, 제시된 자료와 보기를 비교하여 서로 다른 칸의 개수 고르기 등

권두부록

파트 1
언어능력

파트 2
수리능력

파트 3
추리능력

파트 4
공간지각능력

파트 5
사무지각능력

파트 6
인성검사

대표예제

01 다음은 어느 택배회사 지역영업소의 고객 목록이다. 고객 목록과 〈보기〉의 내용이 일치하지 않는 사람은?

배송지	우편번호	이름	배송 요일	연락처
서울시 은평구 백련산로 100	122-913	윤병길	화	010-1111-5678
서울시 은평구 백련산로 179	122-906	송삼태	화	010-2245-8999
서울시 은평구 연서로 59	122-900	권상식	수	010-1818-2666
서울시 은평구 연서로20길 24-3	122-838	김지윤	화	02-555-6278
서울시 은평구 연서로27길 31-6	122-814	김미자	화	018-444-1222
서울시 은평구 갈현로17길 10	122-820	이미정	목	010-9111-3333
서울시 은평구 은평로 195	122-702	박준이	화	02-345-6789
서울시 은평구 은평로2길 2	122-882	하병민	수	02-257-2577
서울시 은평구 은평터널로 27	122-874	오다해	화	010-7777-5656
서울시 은평구 진관2로 31	122-200	김지연	목	018-311-3110

| 보기 |

배송지	우편번호	이름	배송 요일	연락처
서울시 은평구 백련산로 100	122-913	윤병길	화	010-1111-5678
서울시 은평구 백련산로 179	122-906	송삼태	화	010-2245-8899
서울시 은평구 연서로 59	122-900	권상식	수	010-1818-2666
서울시 은평구 연서로20길 24-3	122-838	김지윤	화	02-555-6278

① 윤병길　　　　　　② 송삼태　　　　　　③ 권상식
④ 김지윤　　　　　　⑤ 모두 일치한다.

|정답| ②

|해설| 송삼태의 연락처가 일치하지 않는다.

010-2245-8899 → 010-2245-8999

01 실전문제연습

비교

01 다음 A, B를 비교할 때, 내용이 서로 다른 것을 고르면?

	A	B
①	http : //www.president.go.kr/kr/index.php	http : //www.president.go.kr/kr/index.php
②	http : //www.korcham.net/	http : //www.korcham.net/
③	http : //www.whitehouse.gov/	http ; //www.whitehouse.gov/
④	http : //www.gscaltex.com/index.aspx	http : //www.gscaltex.com/index.aspx
⑤	http : //www.knoc.co.kr/	http : //www.knoc.co.kr/

02 다음 A와 B를 비교할 때, 서로 일치하는 단어의 개수는?

A.

해안	해미	해서
해파	해물	해지
해주	해설	해동

B.

해서	해치	해진
해복	해녀	해실
해탈	해파	해피

① 1개   ② 2개   ③ 3개

④ 4개   ⑤ 5개

권두부록

파트 1
언어능력

파트 2
수리능력

파트 3
추리능력

파트 4
공간지각능력

파트 5
사무지각능력

파트 6
인성검사

[03 ~ 07] 다음 제시된 문자·기호·숫자군 중에서 찾을 수 없는 문자, 기호, 숫자를 고르시오.

03

꼿 끝 끎 끕 낄 꼿 꼭 끝 꽂 끔 끈 꿍 끌 뀰 끅 끌 끎 끒 꼈 끔
끈 꿍 끌 뀰 끅 꽂 끒 뀰 꿍 끕 꽂 끈 끅 꼿 끔 끈 꿍 끌 뀰
끅 끝 꼈 끒 뀰 끕 꼿 꼭 꼈 뀨 끝 끔 끈 꿍 끌 뀰 끅 끝 꽂
끔 끈 끕 꼿 끈 꼭 뀰 끅 꽂 꼭 꼈 뀨 뀰 끔 끈 꿍 끌 뀰 끅
끎 꼿 끒 꼈 끔 끈 꿍 끌 뀰 끝 끅 꽂 뀰 끕 꽂 끈 끅 꼿 끔
끔 꼭 꼈 끔 끈 꿍 끌 뀰 끝 끅 꽂 뀰 끕 꽂 끈 끅 꼿 끔

① 끔   ② 뀨   ③ 끌
④ 꼿   ⑤ 꽂

04

♧ ☆ ◑ Σ ∮ ▦ £ ♪ ♡ ■ ▒ £ ¥ ◈ ♥ ▨ ℃ ☎ ♣
♤ ◐ ▩ ▶ ✉ ✳ ◁ ♀ ▧ ▶ ♫ ▤ ♭ ◉ ⇒ Ⅷ ◎ ¢
♂ ★ ∮ ⊡ ✺ ▲ ♫ ☮ ↖ ◖ ◪ Ⓚ ◔ ∋ ⊖ ⇔ ⁉ @

① ∮   ② £   ③ ‰
④ ♭   ⑤ ♫

05

gho xuh vie zim oer znb ydv nbd ons etr bhz oey iyq
hbu mxe gfz eht vcx jfs edp guy sgf mte uwo wgf ryv
cjs wru bmn fuh bzo ytg plw gie one tbq pbg acu ghf
auf egl rwi uds lkf blk dhr wqa eoi hrl uga ski rhe

① oms   ② wqa   ③ mte
④ zim   ⑤ fuh

06

545	258	844	169	847	561	432	184	864	730
158	132	564	583	454	235	655	445	256	397
542	341	889	478	468	897	899	156	651	138
498	784	184	279	920	384	713	398	520	473

① 478 　　　　　② 398 　　　　　③ 781

④ 156 　　　　　⑤ 655

07

伽	儺	多	喇	摩	乍	亞	仔	且	他	坡	下
佳	娜	茶	懶	瑪	事	俄	刺	侘	咤	婆	何
假	懦	癩	痳	些	兒	咎	借	唾	巴	廈	亞
仔	且	他	瑪	事	俄	娜	茶	懶	瑪	些	兒

① 伽 　　　　　② 侘 　　　　　③ 假

④ 價 　　　　　⑤ 咎

[08 ~ 12] 다음 문자·기호·숫자군 중에서 각 문제의 왼쪽에 제시된 문자, 기호, 숫자의 개수를 고르시오.

08

東

海技術火庚申壬癸水今土日方畜儀之國大民畜東西韓
南北甲美丁木伍月西仔武禮畜印東苗士伍申諭今乙技
仔韓社姻海乙進丙美妙川地運棟進相念快親文現太産

① 1개 　　　　　② 2개 　　　　　③ 3개

④ 4개 　　　　　⑤ 5개

09

$\mathcal{L}$

$\mathcal{N\ B\ Z\ A\ Q\ W\ D\ R\ U\ O\ E\ F\ L\ F\ I\ R\ B\ K\ U\ N\ O}$
$\mathcal{L\ G\ V\ H\ J\ I\ E\ W\ G\ E\ Y\ H\ A\ C\ E\ P\ J\ Z\ C\ E\ P}$
$\mathcal{I\ I\ Y\ E\ Q\ K\ M\ S\ E\ M\ V\ D\ S\ B\ M\ U\ W\ N\ V\ M\ S}$

① 1개 ② 2개 ③ 3개
④ 4개 ⑤ 5개

10

217

211	231	212	210	275	276	257	297	291	217	227
214	247	279	216	211	217	231	271	251	237	291
277	237	255	218	274	267	211	217	285	216	271

① 1개 ② 2개 ③ 3개
④ 4개 ⑤ 5개

11

$x+y+z^4$

$x+y+z$	$x+y^2-z$	$x \div y-z$	$x^2 \times y-z$
$x-y^2 \div z$	$x \times y^4 \div z$	$x+y+z^4$	$x \times y \times z$
$x+y^2-z$	$x \div y-z$	$x-y^2-z^3$	$x^5 \div y+z$

① 1개 ② 2개 ③ 3개
④ 4개 ⑤ 5개

권두부록

파트 1
언어능력

파트 2
수리능력

파트 3
추리능력

파트 4
공간지각능력

파트 5
사무지각능력

파트 6
인성검사

12

ㄱ

자연과 인간에 대한 아시아의 깊은 지혜를 바탕으로, 누구도 밟아 보지 못한 혁신적인 미(美)의 영역에 도전한다.

① 5개   ② 6개   ③ 7개
④ 8개   ⑤ 9개

13 다음 글에서 쉼표(,) 부호가 몇 번 나오는가?

영화에 제시되는 시각적 정보는 이미지 트랙에, 청각적 정보는 사운드 트랙에 실려 있다. 이 중 사운드 트랙에 담긴 영화 속 소리를 통틀어 영화 음향이라고 한다. 음향은 다양한 유형으로 존재하면서 영화의 장면을 적절히 표현하는 효과를 발휘한다.
음향은 소리의 출처가 어디에 있는지에 따라 몇 가지 유형으로 나뉜다. 화면 안에 음원이 있는 소리로서 주로 현장감을 높이는 소리를 '동시 음향', 화면 밖에서 발생하여 보이지 않는 장면을 표현하는 소리를 '비동시 음향'이라고 한다. 한편 영화 속 현실에서는 발생할 수 없는 소리, 즉 배경 음악처럼 영화 밖에서 조작되어 들어온 소리를 '외재 음향'이라고 한다. 이와 달리 영화 속 현실에서 발생한 소리는 모두 '내재 음향'이다. 이러한 음향들은 감독의 표현 의도에 맞게 단독으로, 혹은 적절히 합쳐져 활용된다.

① 3번   ② 4번   ③ 5번
④ 6번   ⑤ 7번

14 A와 B를 비교할 때 서로 다른 부분의 개수는?

A : 독일에서 ‘Fräulein’은 원래 미혼 여성을 뜻하는 말이었는데 제2차 세계대전 이후 미군과 결혼한 여성을 가리키는 말이 되면서 부정적인 색채를 띠게 되었다. 그러자 미혼 여성들은 자신들을 ‘Frau’(영어의 ‘Mrs.’와 같다)로 불러달라고 공식적으로 요청하기 시작했다. 이런 요구를 하는 여성들이 갑자기 늘어나자 언론은 ‘부인으로 불러달라는 여자들이라니’라는 제목 아래 여자들이 별 희한한 요구를 다 한다는 식으로 보도했다. ‘Fräulein’과 ‘Frau’는 한동안 함께 사용되다가 점차 ‘Frau’의 사용이 늘자 1984년에는 공문서상 미혼 여성도 ‘Frau’로 표기한다고 법으로 규정했다. 이유는 ‘Fräulein’이라는 말이 여성들의 의식이 달라진 이 시대에 뒤떨어졌다는 것이었다.

B : 독일에서 ‘Fräulein’은 원래 미혼 여성을 뜻하는 말이었는데 제2차 세계대전 이후 미군과 결혼한 여성을 가리키는 말이 되면서 부정적인 색채를 띠게 되었다. 그러자 미혼 여성들은 자신들을 ‘Fräu’(영어의 ‘Mrs.’와 같다)로 불러달라고 공식적으로 요청하기 시작했다. 이런 요구를 하는 여성들이 갑자기 늘어나자 언론은 ‘부인으로 불러달라는 여자들이라니’라는 제목 아래 여자들이 별 희한한 요구를 다 한다는 식으로 보도했다. ‘Fräulein’과 ‘Frau’는 한동안 함께 사용되다가 점차 ‘Frau’의 사용이 늘자 1884년에는 공문서상 기혼 여성도 ‘Frau’로 표기한다고 법으로 정했다. 이유는 ‘Fräulein’이라는 말이 여성들의 의식이 달라진 이 시대에 뒤떨어졌다는 것이었다.

① 1개   ② 2개   ③ 3개
④ 4개   ⑤ 5개

권두부록

파트 1 언어능력

파트 2 수리능력

파트 3 추리능력

파트 4 공간지각능력

파트 5 사무지각능력

파트 6 인성검사

온·오프라인 인적성검사 통합기본서

[15 ~ 16] 다음은 어느 대학교의 회계원리 수업을 수강하는 학생 목록이다. 목록의 내용과 문항별 표의 내용을 비교하여 일치하지 않는 셀(칸)의 개수를 고르시오.

번호	이름	학번	성적	결석일수
1	김민지	201005134	B+	2
2	이아름	201124562	A	0
3	진해수	201015442	B	1
4	이종민	200941579	D	4
5	송두원	201134335	B+	3
6	임재영	201321574	A+	0
7	강민희	201222458	A	0
8	우희진	201131952	B	1
9	강인호	201052367	C	2
10	장윤수	201215362	B+	0
11	이소리	201165374	B	1
12	박현빈	201315492	C+	3
13	강민주	201042316	C+	1
14	전진서	201375118	B	2
15	서예주	201264291	C	1
16	권샘	201047325	B	0

15

번호	이름	학번	성적	결석일수
1	김민지	201005134	B+	2
2	이아름	201214562	A	0
3	진해수	201015442	B	1
4	이종민	200941579	D	4
5	송우원	201134335	B+	3

① 1개   ② 2개   ③ 3개
④ 4개   ⑤ 5개

16

번호	이름	학번	성적	결석일수
6	임재영	201321574	A+	0
7	강민희	201222458	A	0
8	우희진	201131952	B	1
9	강인호	201052367	C	2
10	장윤수	201215862	B+	0

① 1개   ② 2개   ③ 3개
④ 4개   ⑤ 5개

권두부록

파트 1
언어능력

파트 2
수리능력

파트 3
추리능력

파트 4
공간지각능력

파트 5
사무지각능력

파트 6
인성검사

17 A와 B를 비교할 때 서로 다른 부분의 개수는?

A :

헌혈보류기간 (치료종료 후)	질병명
영구배제	리슈만편모충증, 바베스열원충증, 샤가스병, 큐열(Q열), 크로이츠펠트야콥병(CJD) 및 변종크로이츠펠트야콥병(vCJD), 한센병, 후천성면역결핍증(AIDS), C형간염
3년	말라리아
2년	브루셀라증
1년	성병(매독, 성기 단순포진, 연성하감, 임질, 첨규콘딜롬, 클라미디아)
6개월	웨스트나일열(증상 발현 또는 진단 후 6개월), 톡소포자충증(급성 : 6개월, 만성 : 영구), B형간염(확인검사 필요, 만성 : 영구)
5개월	포충증
4개월	사상충증
3개월	악구충증, 중증급성호흡기증후군(SARS)
2개월	광동주혈선충증
1개월	결핵, 공수병, 뎅기열, 두창, 디프테리아, 라싸열, 라임병, 레지오넬라증, 렙토스피라증, 마버그열, 바이러스성 출혈열, 발진열, 발진티푸스, 백일해, 보툴리눔독소증, 비브리오패혈증, 성홍열, 세균성이질, 수두, 수막구균성수막염, 수족구병, 신종인플루엔자, 신증후군출혈열(유행성 출혈열), 아프리카수면병, 에볼라열, 엔테로바이러스 감염증, 야토병(툴라레미아), 유비저, 유행성이하선염(볼거리), 인플루엔자, 일본뇌염, 장출혈성 대장균감염증, 장티푸스, 조류인플루엔자 인체감염증, 주혈흡충증, 진드기매개뇌염, 쯔쯔가무시병, 치쿤구니야열, 콜레라, 탄저, 파라티푸스, 파상풍, 페스트, 폴리오, 풍진, 홍역, 황열, A형간염
치료종료 시 까지	간흡충증, 급성호흡기감염증, 다제내성녹농균(MRPA) 감염증, 다제내성아시네토박터바우마니균(MRAB) 감염증, 메디나선충증, 메티실린내성황색포도알균(MRSA) 감염증, 반코마이신내성장알균(VRE) 감염증, 반코마이신내성황색포도알균(VRSA) 감염증, 요충증, 장관감염증, 장흡충증, 카바페넴내성장내세균속균종(CRE) 감염증, 편충증, 폐흡충증, 회충증

B :

헌혈보류기간 (치료종료 후)	질병명
영구배제	리슈만편모충증, 바베스열원충증, 샤카스병, 큐열(Q열), 크로이츠펠트야콥병(CJD) 및 변종크로이츠펠트야콥병(vCJD), 한센병, 후천성면역결핍증(AIDS), C형간염
3년	말라리아
2년	브루셀라증
1년	성병(매독, 성기 단순포진, 연성하감, 임질, 첨규콘딜롬, 클라미디아)
6개월	웨스트나일열(증상 발현 또는 진단 후 6개월), 톡소포자충증(급성 : 6개월, 만성 : 영구), B형간염(확인검사 필요, 만성 : 영구)
5개월	포충증
4개월	사상충증
3개월	악구충증, 중증급성호흡기증후군(SARS)
2개월	광동주혈선충증
1개월	결핵, 공수병, 뎅기열, 두창, 디프테리아, 라싸열, 라임병, 레지오넬라증, 렙토스피라증, 마버그열, 바이러스성 출혈열, 발진열, 발진티푸스, 백일해, 보툴리눔독소증, 비브리오패혈증, 성홍열, 세균성이질, 수두, 수막구균성수막염, 수족구병, 신종인플루엔자, 신증후군출혈렬(유행성 출혈열), 아프리카수면병, 에볼라열, 엔테로바이러스 감염증, 야토병(툴라레미아), 유비저, 유행성이하선염(볼거리), 인플루엔자, 일본뇌염, 장출혈성 대장균감염증, 장티푸스, 조류인플루엔자 인체감염증, 주혈흡충증, 진드기매개뇌염, 쯔쯔가무시병, 치쿤구니야열, 콜레라, 탄저, 파라티푸스, 파상풍, 페스트, 폴리오, 풍진, 홍역, 황열, A형간염
치료종료 시 까지	간흡충증, 급성호흡기감염증, 다제내성녹농균(MRPA) 감염증, 다제내성아시네토박터바우마니균(MRAB) 감염증, 메디나선충증, 메타실린내성황색포도알균(MRSA) 감염증, 반코마이신내성장알균(VRE) 감염증, 반코마이신내성황색포도알균(VRSA) 감염증, 요충증, 장관감염증, 장흡충증, 카바페넴내성장내세균속균종(CRE) 감염증, 편충증, 폐흡충증, 회충증

① 4개   ② 5개   ③ 6개

④ 7개   ⑤ 8개

UNIT 2

치환

업무 상황에서 접하는 다양한 문서를 분석하여 조건과 규칙을 파악하고, 이를 실무에 적용하여 자원, 고객, 데이터 등을 관리하는 능력이다.

유형분석

- 실무에서 빈번하게 접하는 각종 규칙을 이해하여 올바르게 치환하거나 치환된 코드나 일련번호 등의 의미를 파악하는 문제가 출제된다.
- 난도는 높지 않지만 한 문제당 10 ~ 20초 이내로 풀어야 하는 문제이기 때문에 질문에 대한 정보를 빠르게 찾아내야 한다.

주요 출제기업

SK_ SKCT(직무 P타입) · GS · LS_LSAT · SPC · 대림

유형별 출제비중

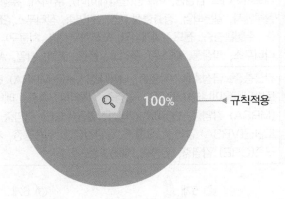

100% ◀── 규칙적용

치환 영역은 사무지각능력을 평가하는 기업에서 자주 출제되는 영역은 아니다. 최근에는 제품코드 생성과 관련된 규칙이 자료로 제시되고 이를 적용하여 2 ~ 3개 이상의 문제를 푸는 규칙적용 유형이 대표적으로 출제되고 있다.

권두부록

파트1
언어능력

파트2
수리능력

파트3
추리능력

파트4
공간지각능력

파트5
사무지각능력

파트6
인성검사

최신 출제 경향

규칙적용은 주어진 규칙을 빠르고 정확하게 파악하여 실전에 적용할 수 있는지를 평가하는 기존 유형이 꾸준히 출제되고 있다. 복잡해 보이지만 들여다보면 단순한 규칙들로 구성되어 있기 때문에 기출 문제를 최대한 많이 풀어보며 판별력을 기르는 것이 필요하다. 신속성도 중요하지만 정확성이 더 요구되므로 평소 학습 시 정확성에 중점을 두어 연습하고 점차 시간을 단축해 나가는 연습이 필요하다.

빈출되는 세부 유형

• 4 ∼ 5가지 이상의 특정 조건에 따라 일련번호를 부여하는 규칙을 제시하고, 주어진 내용을 토대로 완성된 제품의 일련번호로 적절한 것을 고르는 유형

• 4 ∼ 5가지 이상의 특정 조건에 따라 규칙적으로 부여된 일련번호들 중 특정 조건이 동일한 제품끼리 연결된 것을 고르는 유형

• 4 ∼ 5가지 이상의 특정 조건에 따라 일련번호를 부여하는 규칙을 제시하고, 완성된 제품의 일련번호를 설명한 내용에 대해 옳고 그름을 파악하는 유형

학습방법

• 규칙이 어떤 방식으로 적용되는지 꼼꼼하게 읽은 후 선택지가 요구하는 특정 조건끼리 끊어 필요한 부분만 확인하면 답을 찾는 것이 수월하다.

• 신속성과 더불어 정확성도 요구되는 문제라는 것을 명심해야 한다. 규칙을 적용할 때 빠뜨리거나 잘못 해석하는 일이 없도록 차근차근 대입해 가며 학습한다.

유형 1 규칙적용

02 치환

문제분석

1. 실무에서 접하는 각종 문서와 자료를 분석해 낼 수 있는지 확인하는 유형이다.
2. 다양한 숫자, 기호 등으로 구성된 자료의 특정 조건이나 상황을 빠르게 인지하고 그것을 실제에 적용할 수 있는지를 평가한다.

학습 전략

1. 먼저 주어진 예시를 참고해 규칙이 어떤 방식으로 적용되는지 빠르게 파악한다.
2. 코드 번호가 복잡해 보이지만 연도, 성별 등 특정 조건끼리 끊어 필요한 부분만 확인하면 쉽게 답을 찾을 수 있다.
3. 한 가지 규칙에 2 ~ 3개의 문항이 제시되기도 한다. 단시간에 빠르게 답을 골라냈어도 조건이나 규칙을 잘못 파악했을 경우 모두 맞히지 못하는 상황이 발생할 수 있다. 빠른 풀이도 중요하지만 규칙을 꼼꼼하게 읽고 정확하게 파악하여 풀이의 정확도를 높이는 연습이 아주 중요하다.

주요 기업 빈출키워드

여행사의 고객 목록을 참고하여 주어진 조건에 맞는 고객 찾기, 바코드 규칙을 토대로 생산 지역 찾기, 한국 도서번호와 관련된 정보를 참고하여 조건에 해당하는 도서 수 구하기, 일련번호를 참고하여 같은 해에 생산된 제품끼리 연결된 것 고르기 등

권두부록

파트1
언어능력

파트2
수리능력

파트3
추리능력

파트4
공간지각능력

파트5
사무지각능력

파트6
인성검사

대표예제

01 다음은 ○○회사의 인사관리 번호 생성표와 특별관리 대상 직원들의 관리번호이다. 고용형태, 성별, 근무 지사, 근무 부서, 직급 순서로 각각의 코드를 연결하여 관리번호를 부여한다고 할 때 이어지는 질문에 답하시오.

입사연도	고용형태		성별		근무 지사		근무 부서		직급	
	코드	형태	코드	성별	코드	지사	코드	부서	코드	직급
입사연도를 YYYY 형식으로 나타낸다.	A	정규직	M	남성	S	서울	MA	관리부	11	사원
	B	계약직	F	여성	K	경기	SA	영업부	12	대리
	C	파견직			W	원주	RE	연구부	13	과장
					D	대구	XX	감찰부	14	차장
					J	제주			21	부장
					Z	기타			22	본부장
									23	임원

예 2012년에 정규직으로 입사한 서울지사 관리부의 남성 사원 : 2012-A-M-S-MA-11

성명	관리번호	성명	관리번호
구민우	2014AMSMA11	온준호	2014BMJXX13
감은솔	2008AFJSA14	유세린	2012AFSMA11
강근수	2011AMKMA12	윤성민	2015BMKMA12
방태준	2011BMKMA12	은승현	2015AMDRE12
배경민	2006BMZRE14	이원진	2010AFKSA23
송희섭	2010AMDSA12	임진명	2011AMKSE12
심혜승	2001AFWRE21	장기혁	1998AMZMA21
안희승	2011BMJMA11	정은별	1999AFDMA14
예슬비	2014CFSXX11	차호용	2012BMKSA22

① 은승현과 윤성민의 직급은 대리이다.

② 정은별은 장기혁이 입사한 다음 해에 입사하였다.

③ 심혜승은 원주지사 연구부 부장이다.

④ 구민우, 유세린, 감은솔은 같은 지사에서 근무한다.

⑤ 예슬비와 온준호는 같은 해에 입사하였다.

|정답| ④

|해설| 구민우와 유세린은 7번째 코드가 S이므로 서울지사, 감은솔은 J이므로 제주지사에 근무한다.

02 실전문제연습 치환

[01 ~ 06] 다음은 국제표준 바코드에 대한 설명이다. 이어지는 질문에 답하시오.

1. 기본구조

8 801234 567893

국가표시 | 제조업체 코드 | 자체 상품 코드 | 검증 코드

※ 제조업체 코드가 5자리면 자체 상품 코드는 4자리, 제조업체 코드가 4자리면 자체 상품 코드는 5자리이다.

2. 국가표시

국가	코드	국가	코드	국가	코드
미국, 캐나다	000 ~ 139	일본	450 ~ 459	덴마크	570 ~ 579
불가리아	380	러시아	460 ~ 469	한국	880
독일	400 ~ 440	필리핀	480	뉴질랜드	940 ~ 949

3. 제조업체 및 자체 상품 코드

제조업체 코드		상품 코드					
우리산업	0023	A	01235	B	21736		
대한물산	0124	A	17345	B	28533	C	36912
대태	0007	A	08812	B	00182		
국제물산	1527	A	70623	B	30219		
나라산업	3012	A	23910	B	34771		
태양	12430	A	3012	B	3328		
한길	34127	A	8810	B	0023		
전대사	10120	A	0021	B	8010		
학물산	12789	A	0182	B	1734		
정식품	25788	A	8810	B	1234		

〈G 제품군 상품 바코드〉

1	8 800124 173459 >	12	8 800023 217360 >	23	4 510007 088544 >
2	8 800124 369128 >	13	8 803012 347710 >	24	8 800007 001824 >
3	8 800124 285336 >	14	4 501512 047874 >	25	4 802578 854896 >
4	8 801012 080101 >	15	4 401012 080107 >	26	8 800007 088122 >
5	4 151012 080101 >	16	8 801012 000215 >	27	4 800007 082452 >
6	4 411012 080106 >	17	8 801243 030128 >	28	8 800124 369128 >
7	8 803412 700238 >	18	4 802578 854872 >	29	8 801527 706237 >
8	8 801243 033280 >	19	4 510007 088124 >	30	4 802578 954893 >
9	4 181012 080108 >	20	8 800023 012354 >	31	8 801527 302194 >
10	4 501012 047718 >	21	8 803412 788106 >	32	4 510007 088544 >
11	4 805697 082454 >	22	4 251012 080108 >	33	8 803012 239107 >

권두부록

파트 1
언어능력

파트 2
수리능력

파트 3
추리능력

파트 4
공간지각능력

파트 5
사무지각능력

파트 6
인성검사

01 G 제품군 상품 중 대태에서 제조하고 일본에서 생산된 제품의 수는?

① 2개   ② 3개   ③ 4개
④ 5개   ⑤ 6개

02 G 제품군 상품 중 한국에서 생산된 제품 수와 독일에서 생산된 제품 수의 합은?

① 18개   ② 19개   ③ 21개
④ 22개   ⑤ 23개

03 G 제품군 상품 중 한국에서 생산된 B 상품의 개수는?

① 7개   ② 8개   ③ 9개
④ 10개   ⑤ 11개

04 G 제품군 상품 중 필리핀에 있는 정식품에서 제조한 제품의 수는?

① 2개   ② 3개   ③ 4개
④ 5개   ⑤ 6개

05 G 제품군 상품 중 검증 코드가 5 이상인 바코드의 검증 코드를 모두 더한 값은?

① 108   ② 110   ③ 115
④ 118   ⑤ 121

06 G 제품군 상품 중 제조업체 코드가 4자리인 제품의 수는?

① 12개   ② 13개   ③ 14개

④ 15개   ⑤ 16개

권두부록

파트 1
언어능력

파트 2
수리능력

파트 3
추리능력

파트 4
공간지각능력

파트 5
사무지각능력

파트 6
인성검사

[07 ~ 11] 다음은 R 컴퓨터 회사의 PC 코드이다. 이어지는 질문에 답하시오.

예) 2013년 2월에 완성된 코어2 듀오 울프데일 DDR1 1기가 17,895대의 코드 : 1302-1A-01002-17895

$$\underline{1302} - \underline{1A} - \underline{01002} - \underline{17895}$$

완성 연월	본체				램(RAM)			완성품 수량
	제품 코드		코드명		분류 코드		용량 번호	
• 2011년 2월 -1102 • 2012년 8월 -1208 • 2013년 2월 -1302 • 2013년 8월 -1308	1	코어2 듀오	A	울프데일	01	DDR1	001	512MB	00001부터 시작하여 완성품 수량만큼 5자리의 번호가 매겨짐.
			B	콘로			002	1기가	
	2	코어2 익스트림	C	요크필드			003	2기가	
			D	켄츠필드	02	DDR2	004	1기가	
			E	콘로			005	2기가	
	3	펜티엄 듀얼코어	F	노스울드	03	씽크 RAM	006	512MB	
			G	울프데일			007	1기가	
	4	코어i3	H	스미스 필드			008	2기가	
			I	프레스캇	04	DDR3	009	1기가	
	5	코어i5	J	프레슬러			010	2기가	
			K	시더밀	05	씽크 RAM2	011	512MB	
	6	코어i7	L	블룸필드			012	1기가	
			M	린필드			013	2기가	
			N	프레스캇	06	씽크 RAM3	014	512MB	
	7	애슬론 X-2	O	레고르			015	1기가	
			P	쿠마			016	2기가	

07 2012년 8월에 완성된 펜티엄 듀얼코어 울프데일 DDR2 2기가 25,600대의 PC 코드로 알맞은 것은?

① 12083G0200425600
② 12083G0100225600
③ 12083G0200525600
④ 12041A0200525600
⑤ 12083F0200525600

08 2013년 2월에 완성된 코어i3 스미스필드 씽크 RAM2 1기가 14,578대의 PC 코드로 알맞은 것은?

① 13084H0300614578
② 13024H0501214578
③ 13024H0300714578
④ 13024I0300714578
⑤ 13024I0501314578

09 PC 코드 12085J0400994885에 대한 설명으로 옳지 않은 것은?

① 9만 대 이상 완성되었다.
② 2012년 8월에 완성되었다.
③ 코어i5 프레슬러가 부착되어 있다.
④ DDR3 2기가가 PC에 장착되어 있다.
⑤ 완성품 수량은 94,885대이다.

10 PC 코드 11027P0200535469에 대한 설명으로 옳은 것은?

① 4만 대 이상 완성되었다.

② 2012년 2월에 완성되었다.

③ 애슬론 X-2 쿠마가 부착되어 있다.

④ DDR2 1기가가 PC에 장착되어 있다.

⑤ 완성품 수량은 5,469대이다.

11 PC 코드가 13085K0601555302로 기입되었다. 이 코드를 읽고 잘못 해석한 정보는?

① 완성품의 개수는 50,302개이다.

② 2013년 2월 이후에 완성되었다.

③ 코어i5 시더밀이 포함되어 있다.

④ 씽크 RAM3 1기가가 PC에 장착되어 있다.

⑤ 5만 대 이상 완성되었다.

파트 1 언어능력

파트 2 수리능력

파트 3 추리능력

파트 4 공간지각능력

파트 5 사무지각능력

파트 6 인성검사

권두부록

[12 ~ 14] 다음은 한국도서번호와 관련된 설명이다. 이어지는 질문에 답하시오.

1. 기본구조

   한국도서번호는 국제표준도서번호(ISBN)에 부가기호를 덧붙여 구성한다.

   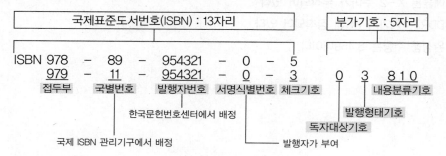

2. ISBN 국별 번호

분류 기호	국가	분류 기호	국가
0, 1	영어권 오스트레일리아, 캐나다, 아일랜드, 뉴질랜드, 영국, 미국	80	체코, 슬로바키아
		81	인도
		87	덴마크
2	불어권 벨기에, 캐나다, 프랑스, 스위스	89, 11	한국
		90	벨기에(플라망어권), 네덜란드
3	독어권 오스트리아, 독일, 스위스	950	아르헨티나
		960	그리스
4	일본	961	슬로베니아
5	러시아어권 아르메니아, 아제르바이잔, 벨라루스, 조지아, 카자흐스탄, 리투아니아	962	홍콩
		963	헝가리
		970	멕시코
6	중국	975	터키

   ※ 우리나라의 국별번호는 접두부가 '978'일 때는 '89'이며, '979'일 때는 '11'임.

3. 발행자번호

발행처번호	발행처명	발행처번호	발행처명	발행처번호	발행처명
00	A 사	04	E 사	250	I 사
01	B 사	05	F 사	251	J 사
02	C 사	10	G 사	255	K 사
03	D 사	11	H 사	258	L 사

   ※ 발행처번호는 발행자번호에서 앞의 두 자리 또는 세 자리를 의미한다.

4. 독자대상기호(제1행)

기호	내용	설명
0	교양	일반 독자층을 대상으로 한 것으로, 주로 전문적인 내용을 비전공 일반 독자들이 쉽게 알아볼 수 있도록 풀어 쓴 교양 도서
1	실용	• 주로 실무에 관계된 실용적인 내용의 도서 • 실생활에서 활용할 수 있는 도서 • 일반인을 대상으로 한 어떤 목적을 가진 수험 서적
2	여성	여성을 대상으로 한 도서
3	(예비)	
4	청소년	"교 · 지 · 학 · 참1"에 해당되지 않는 것으로 중 · 고등학생을 대상으로 한 도서
5	교 · 지 · 학 · 참1 (중 · 고교용)	중학생, 고등학생을 대상으로 한 교과서, 지도서, 학습서, 참고서
6	교 · 지 · 학 · 참2 (초등용)	초등학생을 대상으로 한 교과서, 지도서, 학습서, 참고서
7	아동	"교 · 지 · 학 · 참2"에 해당되지 않는 것으로 초등학생까지의 아동을 대상으로 한 도서
8	(예비)	
9	전문	학술 · 전문적인 내용의 도서

※ 기호가 2개 이상 중복될 때는 발행처가 선택할 수 있다.

※ 교 · 지 · 학 · 참(교과서, 지도서, 학습서, 참고서)

5. 발행형태기호(제2행)

기호	내용	설명
0	문고본	A6판(국반판)
1	사전	辭典 · 事典類(책 크기에 관계 없음)
2	신서판	B40판(3 · 6판), B6신(신4 · 6판)
3	단행본	'문고본'과 '신서판'에 해당되지 않는 도서
4	전집 · 총서 · 다권본	전집 · 총서 · 다권본
5	전자출판물	E-Book(PDF, EPUB, XML), CD, DVD, CD-ROM 등
6	도감	도감류
7	그림책 · 만화	그림책 · 만화
8	혼합 자료 · 점자 자료 · 마이크로 자료	혼합 자료 · 점자 자료 · 마이크로 자료
9	(예비)	

※ 예비 기호인 9는 발행처 임의로 사용할 수 없다.

※ 기호가 2개 이상 중복될 때는 뒤 기호를 선택한다.

권두부록

파트 1
언어능력

파트 2
수리능력

파트 3
추리능력

파트 4
공간지각능력

파트 5
사무지각능력

파트 6
인성검사

〈도서목록〉

	도서번호(ISBN)		
1	9788900000013/11020	16	9788730282510/58050
2	9783238192023/40180	17	9789001273101/47170
3	9788905002510/22080	18	9788900432013/22630
4	9789028310122/47010	19	9791103368511/14550
5	9788925088011/03730	20	9791125077830/44720
6	9788737921106/52130	21	9781343103322/06200
7	9789753102378/56050	22	9781452117164/48380
8	9791111779262/42710	23	9788710243314/51010
9	9788925112012/03840	24	9788910110125/00130
10	9791125065147/14610	25	9781748025121/06420
11	9791102287713/44490	26	9781342109210/13340
12	9783103265107/40200	27	9788799213092/65830
13	9788911314106/30040	28	9788925831008/01920
14	9791104486315/44070	29	9788925814486/03820
15	9781472325235/08440	30	9788901102480/03690

12 〈도서목록〉에서 한국의 교양 도서는 몇 권인가?

① 2권   ② 3권   ③ 5권   ④ 6권   ⑤ 7권

13 〈도서목록〉에서 체크기호가 홀수인 도서는 몇 권인가?

① 10권   ② 11권   ③ 12권   ④ 13권   ⑤ 14권

14 〈도서목록〉에서 단행본과 전집을 합하면 모두 몇 권인가?

① 6권   ② 7권   ③ 8권   ④ 9권   ⑤ 10권

권두부록

파트 1
언어능력

파트 2
수리능력

파트 3
추리능력

파트 4
공간지각능력

파트 5
사무지각능력

파트 6
인성검사

[15 ~ 16] 다음은 ○○여행사의 고객 목록이다. 고객 각각에 코드를 부여하고 있으며, 코드가 의미하는 것은 아래와 같다. 이어지는 질문에 답하시오.

구분	코드 번호	이름	구분	코드 번호	이름
1	0112543772142	김보경	10	0112553873441	이신자
2	5322543873441	고은주	11	5322553973441	정동학
3	5322553973441	박상철	12	5322543873441	구현민
4	5322543873442	최소희	13	5322543872141	박은혜
5	6952553973441	민철수	14	6952553973442	안철규
6	0112553772141	주희숙	15	0112543873441	독고민석
7	0112543872142	사현진	16	5322543873442	김남철
8	6952553772141	박동규	17	5322543873441	이혜자
9	5322543873441	한홍주	18	0112543772142	한지수

※ 코드 번호는 총 13자리의 숫자로 이루어지며, 각 숫자들이 의미하는 바는 다음과 같다.

ㄱㄴㄷ－ㄹㅁㅂ－ㅅㅇ－ㅈㅊㅋ－ㅌㅍ

ㄱㄴㄷ		ㄹㅁㅂ		ㅅㅇ		ㅈㅊㅋ		ㅌㅍ	
숙소 종류		비행기 표 포함 여부		비행기 좌석		여행자 보험		가이드 동반 여부	
호텔	011	포함	254	퍼스트	37	고급	721	동반	42
콘도	532	미포함	255	비즈니스	38	일반	734	미동반	41
펜션	695			이코노미	39				

15 콘도에서 묵고 비즈니스 클래스의 비행기 표를 포함하며, 일반 보험에 가입하고 가이드를 동반하지 않는 고객의 수는?

① 2명   ② 3명   ③ 4명

④ 5명   ⑤ 6명

16 가이드를 동반하지 않은 고객 중 고급 보험에 가입하고 퍼스트 클래스의 비행기 표를 포함하는 고객의 수는?

① 1명   ② 2명   ③ 3명

④ 4명   ⑤ 5명

[17 ~ 21] 다음은 여행용 가방 제작 회사의 제품코드 생성방식에 대한 설명이다. 이어지는 질문에 답하시오.

용도		구분		크기(in)		재질		바퀴 수(개)	
코드	종류	코드	종류	코드	종류	코드	종류	코드	개수
IAC	기내용	hc	하드	L20	20	eth	EVA	002	2
COP	수하물	sc	소프트	L24	24	acr	ABS	004	4
				L28	28	pol	PC	006	6

※ 제품코드 : 용도 코드-구분 코드-크기 코드-재질 코드-바퀴 수 코드

〈재고목록〉

구분	제품코드	색상	무게(kg)
1	IAChcL20acr002	RED	2.8
2	COPscL24eth004	RED	4.0
3	COPhcL24acr002	SILVER	4.0
4	IACscL20eth004	BLACK	3.0
5	COPscL28eth006	SILVER	4.5
6	COPscL24eth004	BLACK	3.8
7	IAChcL20acr002	MINT	3.0
8	COPscL24eth004	BLACK	3.5
9	IAChcL20acr006	SILVER	2.8
10	COPscL24eth004	MINT	3.6
11	IACscL20eth004	MINT	2.5
12	COPhcL24pol006	RED	4.0
13	IAChcL20pol004	BLACK	2.6
14	COPscL28eth006	BLACK	4.5
15	COPhcL24eth004	MINT	4.3
16	IAChcL20pol002	MINT	3.0
17	COPhcL24pol006	SILVER	4.5
18	COPhcL28acr004	BLACK	4.8
19	COPhcL24acr004	SILVER	3.8
20	IACscL20eth004	RED	2.8

17 〈재고목록〉에서 소프트 여행 가방의 개수는?

① 7개   ② 8개   ③ 9개   ④ 10개   ⑤ 11개

18 〈재고목록〉에서 PC 재질의 수하물 여행 가방의 개수는?

① 2개   ② 3개   ③ 4개   ④ 5개   ⑤ 6개

19 〈재고목록〉에서 바퀴 4개짜리 24인치 여행 가방의 개수는?

① 5개   ② 6개   ③ 7개   ④ 8개   ⑤ 9개

20 〈재고목록〉에서 가장 가벼운 여행 가방과 가장 무거운 여행 가방의 바퀴 수의 합은?

① 4개   ② 6개   ③ 8개   ④ 10개   ⑤ 11개

21 〈재고목록〉에서 재질이 ABS인 여행 가방 중 크기가 가장 큰 가방의 색상은?

① RED   ② SILVER   ③ BLACK   ④ MINT   ⑤ GREEN

www.gosinet.co.kr gosinet

권두부록

파트 1
언어능력

파트 2
수리능력

파트 3
추리능력

파트 4
공간지각능력

파트 5
사무지각능력

파트 6
인성검사

[01 ~ 03] 다음의 문자 · 숫자군 중에서 각 문제의 왼쪽에 제시된 문자, 숫자와 일치하는 것의 개수를 고르시오.

01

6

1851344795148764782674814271042274688149536368517218268
2651254163705292068797239311288153813858152324674315783

① 8개   ② 9개   ③ 10개
④ 11개   ⑤ 13개

02

勤

動 瞳 置 重 觀 動 陲 動 觀 觀 重 瞳 陲 瞳 動
勤 重 觀 動 陲 動 觀 觀 瞳 陲 瞳 重 動 動 瞳
觀 瞳 觀 重 勤 動 陲 瞳 陲 重 重 勤 動 觀 瞳

① 3개   ② 4개   ③ 5개
④ 6개   ⑤ 7개

03

얠

옐 앰 엡 옐 엘 앨 앰 얩 얠 얍 열 염 얄 엘 얩
앨 옐 엽 얕 엽 앱 열 엘 얄 얕 앨 염 얍 알 염
압 옐 엽 얕 얠 엽 얠 얄 얠 엘 앱 얍 옐 예 얠

① 1개   ② 2개   ③ 3개
④ 4개   ⑤ 5개

[04 ~ 06] 다음 제시된 문자·기호군 중에서 찾을 수 없는 문자, 기호를 고르시오.

04

① ⠿ ② ⠿ ③ ⠿
④ ⠿ ⑤ ⠿

05

WE	IU	FE	GE	SG	YK	QD	JC	NJ	KG	KM	GM
VO	EI	KL	LO	OW	IE	UN	KJ	MQ	LP	DN	FJ
RO	IL	EN	MH	DS	KM	KO	FK	FJ	SL	HG	NC
MF	CE	CA	HI	EK	UF	YF	GF	KJ	CB	NJ	HE

① EK ② SD ③ HG
④ KL ⑤ MQ

06

panoqpgwkgushdfkbufrwejfpwqodkshuv
ehrdjsknjdhehrfsnauynfkscjfbskautbfhsk

① t ② v ③ y
④ i ⑤ c

07 〈보기〉의 그림과 같은 모양이 되도록 아래의 조각난 그림을 바르게 조합한 것은?

| 보기 |

1   2

3   4

① 1   2   ② 1   2   ③ 2   1
   3   4   4   3   3   4

④ 3   4   ⑤ 4   2
   1   2   1   3

08 다음의 검게 칠하거나 컬러로 칠한 바둑판을 〈보기〉의 분류표에 따라 숫자로 변환시켜, 검게 칠한 부분은 그 숫자를 모두 합하고, 컬러로 칠한 부분은 가장 큰 수와 가장 작은 수의 차를 구한다. 구한 각각의 수를 주어진 식에 대입해, 사칙연산에 따라 계산한 값의 일의 자리 숫자는?

| 보기 |

3	8	12	9
14	5	2	27
1	10	7	15
24	6	20	4

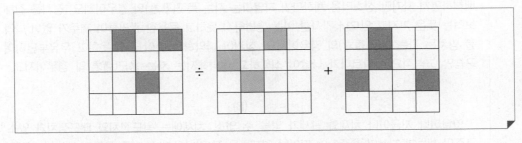

① 1   ② 2   ③ 3

④ 4   ⑤ 5

[09 ~ 11] (A)와 (B)를 비교하였을 때 서로 다른 부분의 개수를 고르시오.

09

(A)

옛날이나 지금이나 치세와 난세가 없을 수 없소. 치세에는 왕도정치와 패도정치가 있소. 군주의 재능과 지혜가 출중하여 뛰어난 영재들을 잘 임용하거나, 비록 군주의 재능과 지혜가 모자라더라도 현자를 임용하여, 인의의 도를 실천하고 백성을 교화하는 것은 왕도(王道)정치입니다. 군주의 지혜와 재능이 출중하더라도 자신의 총명만을 믿고 신하를 불신하며, 인의의 이름만 빌려 권모술수의 정치를 행하여 백성들로 하여금 자신의 사익만 챙기고 도덕적 교화를 이루게 하지 못하는 것은 패도(覇道)정치라오.

나아가 난세에는 세 가지 경우가 있소. 속으로는 욕심 때문에 마음이 흔들리고 밖으로는 유혹에 빠져서 백성들의 힘을 모두 박탈하여 자기 일신만을 받들고 신하의 진실한 충고를 배척하면서 자기만 성스러운 체하다가 자멸하는 자는 폭군(暴君)의 경우이지요. 정치를 잘해보려는 뜻은 가지고 있으나 간사한 이를 분별하지 못하고 등용한 관리들이 재주가 없어 나라를 망치는 자는 혼군(昏君)의 경우이지요. 심지어 나약하여 뜻이 굳지 못하고 우유부단하며 구습만 고식적으로 따르다가 나날이 쇠퇴하고 미약해지는 자는 용군(庸君)의 경우이지요.

(B)

옛날이나 지금이나 치세와 난세가 없을 수 없소. 치세에는 왕도정치와 패도정치가 있소. 군주의 재능과 지혜가 출중하여 뛰어난 영재들을 잘 임용하거나, 비록 군주의 재능과 지혜가 모자라더라도 현자를 임용하여, 인의의 도를 실천하고 백성을 교화하는 것은 왕도(王道)정치입니다. 군주의 지혜와 재능이 출중하더라도 자신의 총명만을 믿고 신하를 불신하며, 인의의 이름만 빌려 권모술수의 정치를 행하여 백성들로 하여금 자신의 사익만 챙기고 도덕적 교화를 이루게 하지 못하는 것은 패도(覇道)정치라오.

나아가 난세에는 세 가지 경우가 있소. 속으로는 욕심 때문에 마음이 흔들리고 밖으로는 미혹에 빠져서 백성들의 힘을 모두 박탈하여 자기 일신만을 받들고 신하의 진실한 충고를 배척하면서 자기만 성스러운 체하다가 자멸하는 자는 폭군(暴君)의 경우이지요. 정치를 잘해보려는 뜻은 가지고 있으나 간사한 이를 분별하지 못하고 등용한 관리들이 재주가 없어 나라를 망치는 자는 혼군(昏君)의 경우이지요. 심지어 나약하여 뜻이 굳지 못하고 우유부단하며 구습만 고식적으로 따르다가 나날이 쇠퇴하고 미약해지는 자는 용군(庸君)의 경우이지요.

① 없음.　　　　　　② 1곳　　　　　　③ 2곳
④ 3곳　　　　　　⑤ 4곳

10

권두부록

파트 1
언어능력

파트 2
수리능력

파트 3
추리능력

파트 4
공간지각능력

**파트 5
사무지각능력**

파트 6
인성검사

(A)

　　통계에 의하면 1억 명이 넘는 미국 여성 가운데 400만 명이 남편의 가정 폭력에 시달리고 있습니다. 그런데 FBI의 범죄통계에 따르면, 본 살인사건이 일어난 2006년에 살인사건으로 살해된 여성은 모두 3,000명이었습니다. 이 가운데 평소 가정 폭력을 일삼던 남편에게 살해된 여성은 1,200명이었습니다. 저는 피고가 평소에 가정 폭력을 일삼았다는 점을 인정합니다. 저는 평소에 가정 폭력에 시달렸으면서 누군가에 의해 살해된 여성들 가운데 남편에게 살해된 여성의 비율이 중요하다고 생각합니다. 이와 더불어 남편에게 가정 폭력을 당하고 있는 여성은 무려 400만 명에 이르지만, 가정 폭력을 휘두르는 남편에 의해 살해된 여성의 수는 2006년 한 해 1,200명에 불과합니다. 따라서 검사 측에서 피고가 평소에 가정 폭력을 일삼았다는 것을 유력한 정황 증거로 삼아, 피고가 바로 이 살인 사건의 범인이라는 주장은 근거가 없어 보입니다.

(B)

　　통계에 의하면 1억 명이 넘는 미국 여성 가운데 400만 명이 남편의 가정 폭력에 시달리고 있습니다. 그런데 FBI의 범죄통계에 따르면, 본 살인사건이 일어난 2006년에 살인사건으로 살해된 여성은 모두 30,000명이었습니다. 이 가운데 평소 가정 폭력을 일삼던 남편에게 살해된 여성은 1,200명이었습니다. 저는 피고가 평소에 가정 폭력을 일삼았다는 점을 인정합니다. 저는 평소에 가정 폭력에 시달렸으면서 누군가에 의해 살해된 여성들 가운데 남편에게 살해된 여성의 비율이 중요하다고 생각합니다. 이와 더불어 남편에게 가정 폭력을 당하고 있는 여성은 대략 400만 명에 이르지만, 가정 폭력을 휘두르는 남편에 의해 살해된 여성의 수는 2006년 한 해 1,200명에 불과합니다. 따라서 검사 측에서 피고가 평소에 가정 폭력을 일삼았다는 것을 유력한 정황 증거로 삼아, 피고가 바로 이 살인 사건의 범인이라는 주장은 근거가 없어 보입니다.

① 없음.　　　　　② 1곳　　　　　③ 2곳
④ 3곳　　　　　⑤ 4곳

11

(A)

제○○조(여비의 종류) 여비는 운임 · 일비 · 숙박비 · 식비 · 이전비 · 가족여비 및 준비금 등으로 구분한다.

제○○조(여행일수의 계산) 여행일수는 여행에 실제로 소요되는 일수에 의한다. 국외여행의 경우에는 국내 출발일은 목적지를, 국내 도착일은 출발지를 여행하는 것으로 본다.

제○○조(여비의 구분계산) ① 여비 각 항목은 구분하여 계산한다.

  ② 같은 날에 여비액을 달리하여야 할 경우에는 많은 액을 기준으로 지급한다. 다만 숙박비는 숙박지를 기준으로 한다.

제○○조(일비 · 숙박비 · 식비의 지급) ① 국외여행자의 경우는 〈국외여비정액표〉에서 정하는 바에 따라 지급한다.

  ② 일비는 여행일수에 따라 지급한다.

  ③ 숙박비는 숙박하는 밤의 수에 따라 지급한다. 다만 항공편 이동 중에는 따로 숙박비를 지급하지 아니한다.

  ④ 식비는 여행일수에 따라 이를 지급한다. 다만 항공편 이동 중 당일의 식사 기준시간이 모두 포함되어 있는 경우는 식비를 제공하지 않는다

  ⑤ 식사 시간은 현지 시각 08시(조식), 12시(중식), 18시(석식)를 기준으로 한다.

(B)

제○○조(여비의 종류) 여비는 운임 · 일비 · 숙박비 · 식비 · 이전비 · 가족여비 및 준비금 등으로 구분한다.

제○○조(여행일수의 계산) 여행일수는 여행에 실제로 소요되는 일수에 의한다. 국외여행의 경우에는 국내 출발일은 목적지를, 국내 도착일은 출발지를 여행하는 것으로 본다.

제○○조(여비의 구분계산) ① 여비 각 항목은 구분하여 계산한다.

  ② 같은 날에 여비액을 달리하여야 할 경우에는 많은 액을 기준으로 지급한다. 다만 숙박비는 숙박지를 기준으로 한다.

제○○조(일비 · 숙박비 · 식비의 지급) ① 국외여행자의 경우는 〈국외여비정액표〉에서 정하는 바에 따라 지급한다.

  ② 일비는 여행일수에 따라 지급한다.

  ③ 숙박비는 숙박하는 밤의 수에 따라 지급한다. 다만 항공편 이동 중에는 따로 숙박비를 지급하지 아니한다.

  ④ 식비는 여행일수에 따라 이를 지급한다. 다만 항공편 이동 중 당일의 식사 기준시간이 모두 포함되어 있는 경우는 식비를 제공하지 않는다.

  ⑤ 식사 시간은 현지 시각 08시(조식), 12시(중식), 18시(석식)를 기준으로 한다.

① 없음. ② 1곳 ③ 2곳
④ 3곳 ⑤ 4곳

12 다음은 가전제품 매장의 제품 현황이다. 이와 〈보기〉를 비교하였을 때 일치하지 않는 것의 개수는 몇 개인가?

(단위 : 원, 개)

상품코드	상품명	판매단가	판매수량	입고단가	입고수량	전월재고수량
PB0001	가스레인지	880,000	11	800,000	15	10
PB0057	가습기	27,900	26	18,900	10	30
PB0088	김치냉장고	2,246,000	15	2,000,000	10	10
PB0135	냉장고	3,680,000	9	3,000,000	2	15
PB0257	녹음기	30,000	28	10,000	25	25
PB0272	세탁기	970,000	10	800,000	10	5
PB0334	에어컨	2,458,000	23	2,400,000	15	25
PB0386	전자레인지	143,000	31	100,000	40	20
PB0555	카세트	99,000	13	70,000	20	10
PB0589	텔레비전	2,854,000	8	2,820,000	10	10

─┤ 보기 ├─

(단위 : 원, 개)

상품코드	상품명	판매단가	판매수량	입고단가	입고수량	전월재고수량
PB0088	김치냉장고	2,246,000	15	2,000,000	10	10
PB0135	냉장고	3,880,000	9	3,000,000	5	15
PB0272	세탁기	970,000	10	800,000	10	5
PB0334	에어컨	2,458,000	33	2,400,000	15	25
PB0386	전자레인지	143,000	31	100,000	40	20

① 1개 ② 2개 ③ 3개
④ 4개 ⑤ 5개

권두부록

파트 1 언어능력

파트 2 수리능력

파트 3 추리능력

파트 4 공간지각능력

파트 5 사무지각능력

파트 6 인성검사

[13 ~ 14] 다음은 어느 회사 마케팅부서의 사원번호와 이름의 목록이다. 〈보기〉의 내용과 문항별 표의 내용을 비교하여 일치하지 않은 셀(칸)의 최소 개수를 고르시오.

| 보기 |

마케팅부서 사원 목록				
구분	A	B	C	D
1	사번	이름	직급	입사일
2	H2003001	김정인	부장	2003-02-26
3	D2005001	한태주	차장	2005-05-15
4	S2007001	차현석	과장	2007-03-15
5	2009001	최현용	대리	2009-07-08
6	2010001	오설아	대리	2010-07-08
7	2010002	박근태	사원	2010-07-27
8	2010003	김귀주	사원	2010-07-27
9	2010004	이은혜	사원	2010-11-27
10	2010005	박사랑	사원	2010-11-27
11	2011001	최선이	사원	2011-12-05
12	2011002	하진만	사원	2011-12-05
13	2011003	백선진	사원	2011-12-05
14	2011004	강호준	사원	2011-12-05
15	2011005	이슬기	사원	2011-12-05
	총인원수(명)	14		

13

구분	A	B	C	D
1	사번	이름	직급	입사일
2	G2003001	김정인	부장	2003－02－26
3	D2005001	한태주	차장	2005－05－15
4	S2007001	차현석	과장	2007－03－15
5	2009001	최현용	대리	2010－07－08
6	2010001	오설아	사원	2010－07－08

① 1개   ② 2개   ③ 3개
④ 4개   ⑤ 5개

14

구분	A	B	C	D
1	사번	이름	직급	입사일
7	2010002	박근태	사원	2010－07－27
8	2010003	김귀주	사원	2010－11－27
9	2010004	이은혜	사원	2010－11－27
10	2010005	김자람	사원	2010－11－27
11	2011001	최선이	사원	2011－12－05
12	2011002	하진만	사원	2011－12－05
13	2011003	백선진	사원	2011－12－05
14	2011004	강호준	사원	2011－12－05
15	2011005	이슬기	사원	2011－12－05

① 1개   ② 2개   ③ 3개
④ 4개   ⑤ 5개

권두부록

파트 1
언어능력

파트 2
수리능력

파트 3
추리능력

파트 4
공간지각능력

파트 5
사무지각능력

파트 6
인성검사

[15 ~ 19] 다음은 L 대학교의 학번부여 방식에 대한 설명이다. 이어지는 질문에 답하시오.

1. 기본구조

06	1	2	75	11	001
입학년도	성별	출신지	대학	학과	인원

2. 입학년도

- 2000년 이후 입학생은 끝 2자리를 사용
- 2010년 이후 입학생은 4자리 전체 사용

3. 성별코드

- 남성은 1, 여성은 2 사용

4. 출신지 코드

서울	인천	대전	광주	부산	원주	세종
2	3	4	5	6	7	8

5. 대학 및 학과 코드

대학 코드	
문과대	73
의과대	74
공과대	75
상경대	76
미대	77
자연과학대	78
사회과학대	79

학과 코드					
국어국문학	11	영어영문학	12	철학	13
간호학	21	마취학	22		
기계공학	31	컴퓨터공학	32	정보통신학	33
경제학	41	통계학	42	경영학	43
시각디자인학	51	웹디자인학	52	산업디자인학	53
물리학	61	화학	62	응용수학	63
사회복지학	71	심리학	72	사회학	73

〈L 대학교 학생 50명의 학번〉

1	2014137421081	18	2011257421021	35	2014237753040
2	2011137312003	19	2014257971019	36	09127973012
3	2010177313083	20	09247641004	37	2014157643017
4	2014177863010	21	2014187643001	38	2010287971011
5	2014147312002	22	08127642060	39	2014277313025

6	09247863065	23	07167641070	40	07167422052
7	2014277422008	24	2012157531025	41	2012257533042
8	2014147861021	25	2011147863017	42	07227752054
9	08137752040	26	2011267421057	43	2011287421030
10	2012267312013	27	08127422013	44	07267531007
11	07147421039	28	2014287422091	45	2012287752009
12	2012147972077	29	07237313061	46	08227642047
13	2014137973017	30	2012277863011	47	08237972082
14	2010287971011	31	2014137421023	48	09237863087
15	2011147312041	32	07147311033	49	2014287641028
16	2014157862018	33	2014277532001	50	09237751023
17	2014277311033	34	2010187531010		

15 L 대학교 학생 명단에서 2014년 신입생 중 여학생의 수는?

① 6명   ② 7명   ③ 8명   ④ 9명   ⑤ 10명

16 L 대학교 학생 명단에서 서울 출신 상경대 학생의 수는?

① 0명   ② 1명   ③ 2명   ④ 3명   ⑤ 4명

17 L 대학교 학생 명단에서 남성인 문과대 학생의 수는?

① 5명   ② 6명   ③ 7명   ④ 8명   ⑤ 9명

18 L 대학교 학생 명단에서 세종 출신 마취학과 학생의 수는?

① 0명   ② 1명   ③ 2명   ④ 3명   ⑤ 4명

19 L 대학교 학생 명단에서 2009년 입학생 중 남학생 수와 2012년 기계공학과 학생의 수를 더한 값은?

① 0명   ② 1명   ③ 2명   ④ 3명   ⑤ 4명

20 다음의 택배회사 운송장과 배송상황의 내용에서 옳지 않은 것은?

운송장 번호		5684159723	
상품명	고급 칫솔 살균기 YD4198Z	수량	1
송화주	하하 시스템	주소	서울시 마포구 마포동
수화주	강지효	주소	대구광역시 달서구 호림동

〈배송상황〉

날짜	상태	배송처	연락처
20X2-10-08 18 : 07	마포구 지점에서 물품을 접수함.	마포구 지점	–
20X2-10-09 01 : 49	수도권 터미널에서 물품이 출발함	소분류 센터	15669999
20X2-10-09 06 : 45	대구 센터에서 출발함.	대구 센터	15669999

① 송화주 : 하하 시스템
② 운송장 번호 : 5684159723
③ 대구 센터 연락처 : 15669999
④ 수화주 주소 : 서울시 마포구 마포동
⑤ 상품명 : 고급 칫솔 살균기 YD4198Z

[21 ~ 25] 다음 물류 창고 책임자와 각 창고 내 재고 상품의 코드 목록을 보고 이어지는 질문에 답하시오.

권두부록

파트 1
언어능력

파트 2
수리능력

파트 3
추리능력

파트 4
공간지각능력

파트 5
사무지각능력

파트 6
인성검사

※ 재고 상품 코드 번호 예시 ※

2016년 3월에 경기도 제2공장에서 15,000번째로 생산된 생활가전의 코드

1603 - 2D - 04011 - 15000

생산 연월	생산 공장		제품 종류		생산 순서

생산 연월	지역 코드		고유 번호	분류 코드		고유 번호		생산 순서
	1	서울	A 제1공장					
			B 제2공장					
	2	경기도	C 제1공장	분류 코드		고유 번호		
			D 제2공장	01	신선식품	001	정육	
			E 제3공장			002	과일	
• 1503	3	충청북도	F 제1공장			003	채소	
– 2015년 3월			G 제2공장			004	생선	00001부터
• 1509	4	충청남도	H 제1공장	02	가공식품	005	음료	시작하여
– 2015년 9월			I 제2공장			006	과자	생산순서대로
• 1603	5	경상북도	J 제1공장			007	양념	5자리의
– 2016년 3월			K 제2공장			008	김치	번호가 매겨짐.
• 1609	6	경상남도	L 제1공장	03	주방&생활	009	주방용품	
– 2016년 9월			M 제2공장			010	청소용품	
	7	전라북도	N 제1공장	04	가전	011	생활가전	
			O 제2공장			012	주방가전	
			P 제3공장			013	침실가구	
	8	전라남도	Q 제1공장	05	가구&침구	014	수납가구	
			R 제2공장			015	침구	
	9	강원도	S 제1공장					
			T 제2공장					
			U 제3공장					

책임자	재고 상품 코드 번호	책임자	재고 상품 코드 번호
김철수	15091B0200700258	강동원	15039T0100214784
김민영	15094H0100300057	장동건	15091B0200711380
서지윤	16037N0301053678	남주혁	15097P0501509301
황민지	15039T0200623579	이성경	16094H0200800900
홍은희	16095J0300936340	신민아	16039S0401247570
김준수	16034H0401147570	김보라	16098Q0501317815
박나래	15033F0501530144	이천수	15091B0200502745
최성국	15094H0501330174	박시연	15095K0501313080
박형식	16037N0501420564	최성종	15039U0501500501
김우빈	16032E0501520018	허민용	15094H0501345768

21 다음 중 2015년 9월에 서울 제2공장에서 생산된 가공식품을 보관하는 물류 창고의 책임자는 총 몇 명인가?

① 1명 ② 2명 ③ 3명 ④ 4명 ⑤ 5명

22 재고 상품 중 2016년 3월에 경상남도 제2공장에서 생산된 음료의 상품 코드로 알맞은 것은?

① 15036L0200614561 ② 15033F0100311560

③ 15096M0200609140 ④ 16036L0200521056

⑤ 16036M0200507892

www.gosinet.co.kr gosinet

권두부록

파트1
언어능력

파트2
수리능력

파트3
추리능력

파트4
공간지각능력

파트5
사무지각능력

파트6
인성검사

23 다음 중 생산 연월과 생산 순서가 동일한 제품을 보관하는 물류 창고의 책임자들로 바르게 짝지어진 것은?

① 김준수 – 박나래
② 서지윤 – 황민지
③ 박형식 – 최성종
④ 김준수 – 신민아
⑤ 김우빈 – 박형식

24 제3공장에서 생산된 침구를 보관하고 있는 물류창고의 책임자는 총 몇 명인가?

① 1명
② 2명
③ 3명
④ 4명
⑤ 5명

25 물류 창고의 총 책임자인 김 부장은 2015년도에 생산된 침실가구와 수납가구를 전량 처분하기로 결정하였다. 2015년에 생산된 침실가구와 수납가구를 보관하는 물류 창고의 책임자는 총 몇 명인가?

① 2명
② 3명
③ 4명
④ 5명
⑤ 6명

[26 ~ 30] 다음 물류 창고 책임자와 창고 내 재고 상품의 코드 목록을 보고 이어지는 질문에 답하시오.

책임자	재고 상품 코드 번호	책임자	재고 상품 코드 번호
김주리	08022E0100212471	유지수	09027R0601553288
정희열	09088T0100113112	김빛나	08023G0200453238
김수연	08086M0501200705	장주희	08028S0400909272
송의진	08085L0200500040	최재필	09085K0200512489
강진주	09083H0200407240	박준후	08083H0601508254
윤보라	08086O0100100735	김만지	09084I0501233728
김만성	09023H0100303054	이의진	09027R0100152398
박준호	08027Q0100153238	박하연	09021C0601657086
박병주	08025L0400943561	김경민	09088S0501122320

〈예시〉 재고 상품의 코드

2008년 2월에 강원도 제2공장에서 26540번째로 생산된 냉/난방용 에어컨의 코드

0802 – 2E – 03006 – 26540

생산 연월	생산 공장			제품 종류			생산 순서
	지역 코드		고유 번호	분류 코드		고유 번호	
• 0802 – 2008년 2월 • 0808 – 2008년 8월 • 0902 – 2009년 2월 • 0908 – 2009년 8월	1	경기도	A 제1공장	01	조리용	001 전자레인지	• 00001부터 시작하여 완성품 수량만큼 5자리의 번호가 매겨짐. • 생산 연월에 따라 번호가 갱신됨.
			B 제2공장			002 가스오븐	
			C 제3공장			003 믹서기	
	2	강원도	D 제1공장	02	저장용	004 일반냉장고	
			E 제2공장			005 김치냉장고	
	3	충청북도	F 제1공장	03	냉/ 난방용	006 에어컨	
			G 제2공장			007 전기장판	
			H 제3공장			008 전기히터	
	4	충청남도	I 제1공장	04	청소기구	009 청소기	
			J 제2공장			010 식기세척기	
	5	경상북도	K 제1공장	05	영상/ 음향기기	011 스피커	
			L 제2공장			012 오디오	
	6	경상남도	M 제1공장			013 텔레비전	
			N 제2공장	06	컴퓨터 및 주변기기	014 컴퓨터	
			O 제3공장			015 스캐너	
	7	전라북도	P 제1공장			016 프린터	
			Q 제2공장				
			R 제3공장				

www.gosinet.co.kr gosinet

권두부록

파트 1
언어능력

파트 2
수리능력

파트 3
추리능력

파트 4
공간지각능력

파트 5
사무지각능력

파트 6
인성검사

26 재고 상품 중 2008년도에 경상북도 제2공장에서 생산된 오디오의 코드로 알맞은 것은?

① 08024J0501224580   ② 08085L0200500040
③ 09084I0501233728   ④ 08085L0501209245
⑤ 09088T0100113112

27 다음 중 생산 연월과 생산 순서가 동일한 제품을 보관하는 물류 창고의 책임자들로 짝지어진 것은?

① 이의진-유지수   ② 김수연-윤보라   ③ 박준호-김빛나
④ 유지수-김빛나   ⑤ 박준호-장주희

28 2009년 8월에 생산된 제품들 중 물류 창고에서 보관 중인 일반냉장고는 모두 몇 대인가?

① 1대   ② 2대   ③ 3대   ④ 4대   ⑤ 5대

29 제3공장들에서 생산된 전자레인지를 보관하고 있는 창고는 모두 몇 곳인가?

① 1곳   ② 2곳   ③ 3곳   ④ 4곳   ⑤ 5곳

30 물류 창고 총 책임자인 나미 씨는 2008년도에 생산된 청소기와 스캐너를 전량 처분하기로 결정하였다. 위의 재고 상품 목록에서 처분 대상인 제품은 모두 몇 대인가?

① 1대   ② 2대   ③ 3대   ④ 4대   ⑤ 5대

파트 6 인성검사

01 인성검사의 이해

1 인성검사, 왜 필요한가?

채용기업은 지원자가 '직무적합성'을 지닌 사람인지를 인성검사와 직무적성검사를 통해 판단한다. 인성검사에서 말하는 인성(人性)이란 그 사람의 성품, 즉 각 개인이 가지는 사고와 태도 및 행동 특성을 의미한다. 인성은 사람의 생김새처럼 사람마다 다르기 때문에 몇 가지 유형으로 분류하고 이에 맞추어 판단한다는 것 자체가 억지스럽고 어불성설일지 모른다. 그럼에도 불구하고 기업들의 입장에서는 입사를 희망하는 사람이 어떤 성품을 가졌는지 정보가 필요하다. 그래야 해당 기업의 인재상에 적합하고 담당할 업무에 적격한 인재를 채용할 수 있기 때문이다.

지원자의 성격이 외향적인지 아니면 내향적인지, 어떤 직무와 어울리는지, 조직에서 다른 사람과 원만하게 생활할 수 있는지, 업무 수행 중 문제가 생겼을 때 어떻게 대처하고 해결할 수 있는지에 대한 전반적인 개성은 자기소개서를 통해서나 면접을 통해서도 어느 정도 파악할 수 있다. 그러나 이것들만으로 인성을 충분히 파악할 수 없기 때문에 객관화되고 정형화된 인성검사로 지원자의 성격을 판단하고 있다.

채용기업은 필기시험을 높은 점수로 통과한 지원자라 하더라도 해당 기업과 거리가 있는 성품을 가졌다면 탈락시키게 된다. 일반적으로 필기시험 통과자 중 인성검사로 탈락하는 비율이 10% 내외가 된다고 알려져 있다. 물론 인성검사를 탈락하였다 하더라도 특별히 인성에 문제가 있는 사람이 아니라면 절망할 필요는 없다. 자신을 되돌아보고 다음 기회를 대비하면 되기 때문이다. 탈락한 기업이 원하는 인재상이 아니었다면 맞는 기업을 찾으면 되고, 경쟁자가 많았기 때문이라면 자신을 다듬어 경쟁력을 높이면 될 것이다.

2 인성검사의 특징

우리나라 대다수의 채용기업은 인재개발 및 인적자원을 연구하는 한국행동과학연구소(KIRBS), 에스에이치알(SHR), 한국사회적성개발원(KSAD), 한국인재개발진흥원(KPDI) 등 전문기관에 인성검사를 의뢰하고 있다.

이 기관들의 인성검사 개발 목적은 비슷하지만 기관마다 검사 유형이나 평가 척도는 약간의 차이가 있다. 또 지원하는 기업이 어느 기관에서 개발한 검사지로 인성검사를 시행하는지는 사전에 알 수 없다. 그렇지만 공통으로 적용하는 척도와 기준에 따라 구성된 여러 형태의 인성검사지로 사전 테스트를 해 보고 자신의 인성이 어떻게 평가되는가를 미리 알아보는 것은 가능하다.

인성검사는 필기시험 당일 직무능력평가와 함께 실시하는 경우와 직무능력평가 합격자에 한하여 면접과 함께 실시하는 경우가 있다. 인성검사의 문항은 100문항 내외에서부터 최대 500문항까지 다양하다. 인성검사에 주어지는 시간은 문항 수에 비례하여 30 ~ 100분 정도가 된다.

문항 자체는 단순한 질문으로 어려울 것은 없지만 제시된 상황에서 본인의 행동을 정하는 것이 쉽지만은 않다. 문항 수가 많을 경우 이에 비례하여 시간도 길게 주어지지만 단순하고 유사하며 반복되는 질문에 방심하여 집중하지 못하고 실수하는 경우가 있으므로 컨디션 관리와 집중력 유지에 노력하여야 한다. 특히 같거나 유사한 물음에 다른 답을 하는 경우가 가장 위험하다.

3 인성검사 척도 및 구성

1 미네소타 다면적 인성검사(MMPI)

MMPI(Minnesota Multiphasic Personality Inventory)는 1943년 미국 미네소타 대학교수인 해서웨이와 매킨리가 개발한 대표적인 자기 보고형 성향 검사로서 오늘날 가장 대표적으로 사용되는 객관적 심리검사 중 하나이다. MMPI는 약 550여 개의 문항으로 구성되며 각 문항을 읽고 '예(YES)' 또는 '아니오(NO)'로 대답하게 되어 있다.

MMPI는 4개의 타당도 척도와 10개의 임상척도로 구분된다. 500개가 넘는 문항들 중 중복되는 문항들이 포함되어 있는데 내용이 똑같은 문항도 10문항 이상 포함되어 있다. 이 반복 문항들은 응시자가 얼마나 일관성 있게 검사에 임했는지를 판단하는 지표로 사용된다.

구분	척도명	약자	주요 내용
타당도 척도 (바른 태도로 임했는지, 신뢰할 수 있는 결론인지 등을 판단)	무응답 척도 (Can not say)	?	응답하지 않은 문항과 복수로 답한 문항들의 총합으로 빠진 문항을 최소한으로 줄이는 것이 중요하다.
	허구 척도 (Lie)	L	자신을 좋은 사람으로 보이게 하려고 고의적으로 정직하지 못한 답을 판단하는 척도이다. 허구 척도가 높으면 장점까지 인정받지 못하는 결과가 발생한다.
	신뢰 척도 (Frequency)	F	검사 문항에 빗나간 답을 한 경향을 평가하는 척도로 정상적인 집단의 10% 이하의 응답을 기준으로 일반적인 경향과 다른 정도를 측정한다.
	교정 척도 (Defensiveness)	K	정신적 장애가 있음에도 다른 척도에서 정상적인 면을 보이는 사람을 구별하는 척도로 허구 척도보다 높은 고차원으로 거짓 응답을 하는 경향이 나타난다.
임상척도 (정상적 행동과 그렇지 않은 행동의 종류를 구분하는 척도로, 척도마다 다른 기준으로 점수가 매겨짐)	건강염려증 (Hypochondriasis)	Hs	신체에 대한 지나친 집착이나 신경질적 혹은 병적 불안을 측정하는 척도로 이러한 건강염려증이 타인에게 어떤 영향을 미치는지도 측정한다.
	우울증 (Depression)	D	슬픔·비관 정도를 측정하는 척도로 타인과의 관계 또는 본인 상태에 대한 주관적 감정을 나타낸다.
	히스테리 (Hysteria)	Hy	갈등을 부정하는 정도를 측정하는 척도로 신체 증상을 호소하는 경우와 적대감을 부인하며 우회적인 방식으로 드러내는 경우 등이 있다.
	반사회성 (Psychopathic Deviate)	Pd	가정 및 사회에 대한 불신과 불만을 측정하는 척도로 비도덕적 혹은 반사회적 성향 등을 판단한다.
	남성-여성특성 (Masculinity-Feminity)	Mf	남녀가 보이는 흥미와 취향, 적극성과 수동성 등을 측정하는 척도로 성에 따른 유연한 사고와 융통성 등을 평가한다.

편집증 (Paranoia)	Pa	과대 망상, 피해 망상, 의심 등 편집증에 대한 정도를 측정하는 척도로 열등감, 비사교적 행동, 타인에 대한 불만과 같은 내용을 질문한다.
강박증 (Psychasthenia)	Pt	과대 근심, 강박관념, 죄책감, 공포, 불안감, 정리정돈 등을 측정하는 척도로 만성 불안 등을 나타낸다.
정신분열증 (Schizophrenia)	Sc	정신적 혼란을 측정하는 척도로 자폐적 성향이나 타인과의 감정 교류, 충동 억제불능, 성적 관심, 사회적 고립 등을 평가한다.
경조증 (Hypomania)	Ma	정신적 에너지를 측정하는 척도로 생각의 다양성 및 과장성, 행동의 불안정성, 흥분성 등을 나타낸다.
사회적 내향성 (Social introversion)	Si	대인관계 기피, 사회적 접촉 회피, 비사회성 등의 요인을 측정하는 척도로 외향성 및 내향성을 구분한다.

2 캘리포니아 성격검사(CPI)

CPI(California Psychological Inventory)는 캘리포니아 대학의 연구팀이 개발한 성격사로 MMPI와 함께 세계에서 가장 널리 사용되고 있는 인성검사 툴이다. CPI는 다양한 인성 요인을 통해 지원자가 답변한 응답 왜곡 가능성, 조직 역량 등을 측정한다. MMPI가 주로 정서적 측면을 진단하는 특징을 보인다면, CPI는 정상적인 사람의 심리적 특성을 주로 진단한다.

CPI는 약 480개 문항으로 구성되어 있으며 다음과 같은 18개의 척도로 구분된다.

구분	척도명	주요 내용
제1군 척도 (대인관계 적절성 측정)	지배성(Do)	리더십, 통솔력, 대인관계에서의 주도권을 측정한다.
	지위능력성(Cs)	내부에 잠재되어 있는 내적 포부, 자기 확신 등을 측정한다.
	사교성(Sy)	참여 기질이 활달한 사람과 그렇지 않은 사람을 구분한다.
	사회적 자발성(Sp)	사회 안에서의 안정감, 자발성, 사교성 등을 측정한다.
	자기 수용성(Sa)	개인적 가치관, 자기 확신, 자기 수용력 등을 측정한다.
	행복감(Wb)	생활의 만족감, 행복감을 측정하며 긍정적인 사람으로 보이고자 거짓 응답하는 사람을 구분하는 용도로도 사용된다.
제2군 척도 (성격과 사회화, 책임감 측정)	책임감(Re)	법과 질서에 대한 양심, 책임감, 신뢰성 등을 측정한다.
	사회성(So)	가치 내면화 정도, 사회 이탈 행동 가능성 등을 측정한다.
	자기 통제성(Sc)	자기조절, 자기통제의 적절성, 충동 억제력 등을 측정한다.
	관용성(To)	사회적 신념, 편견과 고정관념 등에 대한 태도를 측정한다.
	호감성(Gi)	타인이 자신을 어떻게 보는지에 대한 민감도를 측정하며, 좋은 사람으로 보이고자 거짓 응답하는 사람을 구분한다.
	임의성(Cm)	사회에 보수적 태도를 보이고 생각 없이 적당히 응답한 사람을 판단하는 척도로 사용된다.

제3군 척도 (인지적, 학업적 특성 측정)	순응적 성취(Ac)	성취동기, 내면의 인식, 조직 내 성취 욕구 등을 측정한다.
	독립적 성취(Ai)	독립적 사고, 창의성, 자기실현을 위한 능력 등을 측정한다.
	지적 효율성(Le)	지적 능률, 지능과 연관이 있는 성격 특성 등을 측정한다.
제4군 척도 (제1~3군과 무관한 척도의 혼합)	심리적 예민성(Py)	타인의 감정 및 경험에 대해 공감하는 정도를 측정한다.
	융통성(Fx)	개인적 사고와 사회적 행동에 대한 유연성을 측정한다.
	여향성(Fe)	남녀 비교에 따른 흥미의 남향성 및 여향성을 측정한다.

3 SHL 직업성격검사(OPQ)

OPQ(Occupational Personality Questionnaire)는 세계적으로 많은 외국 기업에서 널리 사용하는 CEB 사의 SHL 직무능력검사에 포함된 직업성격검사이다. 4개의 질문이 한 세트로 되어 있고 총 68세트 정도 출제되고 있다. 4개의 질문 안에서 '자기에게 가장 잘 맞는 것'과 '자기에게 가장 맞지 않는 것'을 1개씩 골라 '예', '아니오'로 체크하는 방식이다. 단순하게 모든 척도가 높다고 좋은 것은 아니며, 척도가 낮은 편이 좋은 경우도 있다.

기업에 따라 척도의 평가 기준은 다르다. 희망하는 기업의 특성을 연구하고, 채용 기준을 예측하는 것이 중요하다.

척도	내용	질문 예
설득력	사람을 설득하는 것을 좋아하는 경향	- 새로운 것을 사람에게 권하는 것을 잘한다. - 교섭하는 것에 걱정이 없다. - 기획하고 판매하는 것에 자신이 있다.
지도력	사람을 지도하는 것을 좋아하는 경향	- 사람을 다루는 것을 잘한다. - 팀을 아우르는 것을 잘한다. - 사람에게 지시하는 것을 잘한다.
독자성	다른 사람의 영향을 받지 않고, 스스로 생각해서 행동하는 것을 좋아하는 경향	- 모든 것을 자신의 생각대로 하는 편이다. - 주변의 평가는 신경 쓰지 않는다. - 유혹에 강한 편이다.
외향성	외향적이고 사교적인 경향	- 다른 사람의 주목을 끄는 것을 좋아한다. - 사람들이 모인 곳에서 중심이 되는 편이다. - 담소를 나눌 때 주변을 즐겁게 해 준다.
우호성	친구가 많고, 대세의 사람이 되는 것을 좋아하는 경향	- 친구와 함께 있는 것을 좋아한다. - 무엇이라도 얘기할 수 있는 친구가 많다. - 친구와 함께 무언가를 하는 것이 많다.
사회성	세상 물정에 밝고 사람 앞에서도 낯을 가리지 않는 성격	- 자신감이 있고 유쾌하게 발표할 수 있다. - 공적인 곳에서 인사하는 것을 잘한다. - 사람들 앞에서 발표하는 것이 어렵지 않다.

권두부록

파트 1
언어능력

파트 2
수리능력

파트 3
추리능력

파트 4
공간지각능력

파트 5
사무지각능력

파트 6
인성검사

겸손성	사람에 대해서 겸손하게 행동하고 누구라도 똑같이 사귀는 경향	– 자신의 성과를 그다지 내세우지 않는다. – 절제를 잘하는 편이다. – 사회적인 지위에 무관심하다.
협의성	사람들에게 의견을 물으면서 일을 진행하는 경향	– 사람들의 의견을 구하며 일하는 편이다. – 타인의 의견을 묻고 일을 진행시킨다. – 친구와 상담해서 계획을 세운다.
돌봄	측은해 하는 마음이 있고, 사람을 돌봐 주는 것을 좋아하는 경향	– 개인적인 상담에 친절하게 답해 준다. – 다른 사람의 상담을 진행하는 경우가 많다. – 후배의 어려움을 돌보는 것을 좋아한다.
구체적인 사물에 대한 관심	물건을 고치거나 만드는 것을 좋아하는 경향	– 고장 난 물건을 수리하는 것이 재미있다. – 상태가 안 좋은 기계도 잘 사용한다. – 말하기보다는 행동하기를 좋아한다.
데이터에 대한 관심	데이터를 정리해서 생각하는 것을 좋아하는 경향	– 통계 등의 데이터를 분석하는 것을 좋아한다. – 표를 만들거나 정리하는 것을 좋아한다. – 숫자를 다루는 것을 좋아한다.
미적가치에 대한 관심	미적인 것이나 예술적인 것을 좋아하는 경향	– 디자인에 관심이 있다. – 미술이나 음악을 좋아한다. – 미적인 감각에 자신이 있다.
인간에 대한 관심	사람의 행동에 동기나 배경을 분석하는 것을 좋아하는 경향	– 다른 사람을 분석하는 편이다. – 타인의 행동을 보면 동기를 알 수 있다. – 다른 사람의 행동을 잘 관찰한다.
정통성	이미 있는 가치관을 소중히 여기고, 익숙한 방법으로 사물을 대하는 것을 좋아하는 경향	– 실적이 보장되는 확실한 방법을 취한다. – 낡은 가치관을 존중하는 편이다. – 보수적인 편이다.
변화 지향	변화를 추구하고, 변화를 받아들이는 것을 좋아하는 경향	– 새로운 것을 하는 것을 좋아한다. – 해외여행을 좋아한다. – 경험이 없더라도 시도해 보는 것을 좋아한다.
개념성	지식에 대한 욕구가 있고, 논리적으로 생각하는 것을 좋아하는 경향	– 개념적인 사고가 가능하다. – 분석적인 사고를 좋아한다. – 순서를 만들고 단계에 따라 생각한다.
창조성	새로운 분야에 대한 공부를 하는 것을 좋아하는 경향	– 새로운 것을 추구한다. – 독창성이 있다. – 신선한 아이디어를 낸다.
계획성	앞을 생각해서 사물을 예상하고, 계획적으로 실행하는 것을 좋아하는 경향	– 과거를 돌이켜보며 계획을 세운다. – 앞날을 예상하며 행동한다. – 실수를 돌아보며 대책을 강구하는 편이다.

치밀함	정확한 순서를 세워 진행하는 것을 좋아하는 경향	– 사소한 실수는 거의 하지 않는다. – 정확하게 요구되는 것을 좋아한다. – 사소한 것에도 주의하는 편이다.
꼼꼼함	어떤 일이든 마지막까지 꼼꼼하게 마무리 짓는 경향	– 맡은 일을 마지막까지 해결한다. – 마감 시한은 반드시 지킨다. – 시작한 일은 중간에 그만두지 않는다.
여유	평소에 릴랙스하고, 스트레스에 잘 대처하는 경향	– 감정의 회복이 빠르다. – 분별없이 함부로 행동하지 않는다. – 스트레스에 잘 대처한다.
근심 · 걱정	어떤 일이 잘 진행되지 않으면 불안을 느끼고, 중요한 일을 앞두면 긴장하는 경향	– 예정대로 잘되지 않으면 근심 · 걱정이 많다. – 신경 쓰이는 일이 있으면 불안하다. – 중요한 만남 전에는 기분이 편하지 않다.
호방함	사람들이 자신을 어떻게 생각하는지를 신경 쓰지 않는 경향	– 사람들이 자신을 어떻게 생각하는지 그다지 신경 쓰지 않는다. – 상처받아도 동요하지 않고 아무렇지 않은 태도를 취한다. – 사람들의 비판에 크게 영향받지 않는다.
억제력	감정을 표현하지 않는 경향	– 쉽게 감정적으로 되지 않는다. – 분노를 억누른다. – 격분하지 않는다.
낙관적	사물을 낙관적으로 보는 경향	– 낙관적으로 생각하고 일을 진행시킨다. – 문제가 일어나도 낙관적으로 생각한다.
비판적	비판적으로 사물을 생각하고, 이론 · 문장 등의 오류에 신경 쓰는 경향	– 이론의 모순을 찾아낸다. – 계획이 갖춰지지 않은 것이 신경 쓰인다. – 누구도 신경 쓰지 않는 오류를 찾아낸다.
행동력	운동을 좋아하고, 민첩하게 행동하는 경향	– 동작이 날렵하다. – 여가를 활동적으로 보낸다. – 몸을 움직이는 것을 좋아한다.
경쟁성	지는 것을 싫어하는 경향	– 승부를 겨루게 되면 지는 것을 싫어한다. – 상대를 이기는 것을 좋아한다. – 싸워 보지 않고 포기하는 것을 싫어한다.
출세 지향	출세하는 것을 중요하게 생각하고, 야심적인 목표를 향해 노력하는 경향	– 출세 지향적인 성격이다. – 곤란한 목표도 달성할 수 있다. – 실력으로 평가받는 사회가 좋다.
결단력	빠르게 판단하는 경향	– 답을 빠르게 찾아낸다. – 문제에 대한 빠른 상황 파악이 가능하다. – 위험을 감수하고도 결단을 내리는 편이다.

권두부록

파트 1
언어능력

파트 2
수리능력

파트 3
추리능력

파트 4
공간지각능력

파트 5
사무지각능력

파트 6
인성검사

🔍 4 인성검사 합격 전략

1 포장하지 않은 솔직한 답변

"다른 사람을 험담한 적이 한 번도 없다.", "물건을 훔치고 싶다고 생각해 본 적이 없다."

이 질문에 당신은 '그렇다', '아니다' 중 무엇을 선택할 것인가? 채용기업이 인성검사를 실시하는 가장 큰 이유는 '이 사람이 어떤 성향을 가진 사람인가'를 효율적으로 파악하기 위해서이다.

인성검사는 도덕적 가치가 빼어나게 높은 사람을 판별하려는 것도 아니고, 성인군자를 가려내기 위함도 아니다. 인간의 보편적 성향과 상식적 사고를 고려할 때, 도덕적 질문에 지나치게 겸손한 답변을 체크하면 오히려 솔직하지 못한 것으로 간주되거나 인성을 제대로 판단하지 못해 무효 처리가 되기도 한다. 자신의 성격을 포장하여 작위적인 답변을 하지 않도록 솔직하게 임하는 것이 예기치 않은 결과를 피하는 첫 번째 전략이 된다.

2 필터링 함정을 피하고 일관성 유지

앞서 강조한 솔직함은 일관성과 연결된다. 인성검사를 구성하는 많은 척도는 여러 형태의 문장 속에 동일한 요소를 적용해 반복되기도 한다. 예컨대 '나는 매우 활동적인 사람이다'와 '나는 운동을 매우 좋아한다'라는 질문에 '그렇다'고 체크한 사람이 '휴일에는 집에서 조용히 쉬며 독서하는 것이 좋다'에도 '그렇다'고 체크한다면 일관성이 없다고 평가될 수 있다.

그러나 일관성 있는 답변에만 매달리면 '이 사람이 같은 답변만 체크하기 위해 이 부분만 신경 썼구나'하는 필터링 함정에 빠질 수도 있다. 비슷하게 보이는 문장이 무조건 같은 내용이라고 판단하여 똑같이 답하는 것도 주의해야 한다. 일관성보다 중요한 것은 솔직함이다. 솔직함이 전제되지 않은 일관성은 허위 척도 필터링에서 드러나게 되어 있다. 유사한 질문의 응답이 터무니없이 다르거나 양극단에 치우치지 않는 정도라면 약간의 차이는 크게 문제되지 않는다. 중요한 것은 솔직함과 일관성이 하나의 연장선에 있다는 점을 명심하자.

3 지원한 직무와 연관성을 고려

다양한 분야의 많은 계열사와 큰 조직을 통솔하는 대기업은 여러 사람이 조직적으로 움직이는 만큼 각 직무에 걸맞은 능력을 갖춘 인재가 필요하다. 그래서 기업은 매년 신규채용으로 입사한 신입사원들의 젊은 패기와 참신한 능력을 성장 동력으로 활용한다.

기업은 사교성 있고 활달한 사람만을 원하지 않는다. 해당 직군과 직무에 따라 필요로 하는 사원의 능력과 개성이 다르기 때문에, 지원자가 희망하는 계열사나 부서의 직무가 무엇인지 제대로 파악하여 자신의 성향과 맞는지에 대한 고민은 반드시 필요하다. 같은 질문이라도 기업이 원하는 인재상이나 부서의 직무에 따라 판단 척도가 달라질 수 있다.

4 평상심 유지와 컨디션 관리

역시 솔직함과 연결된 내용이다. 한 질문에 오래 고민하고 신경 쓰면 불필요한 생각이 개입될 소지가 크다. 이는 직관을 떠나 이성적 판단에 따라 포장할 위험이 높아진다는 뜻이기도 하다. 긴 시간 생각하지 말고 자신의 평상시 생각과 감정대로 답하는 것이 중요하며, 가능한 건너뛰지 말고 모든 질문에 답하도록 한다. 300 ~ 400개 정도 문항을 출제하는 기업이 많기 때문에, 끝까지 집중하여 임하는 것이 중요하다.

특히 적성검사와 같은 날 실시하는 경우, 적성검사를 마친 후 연이어 보기 때문에 신체적·정신적으로 피로한 상태에서 자세가 흐트러질 수도 있다. 따라서 컨디션을 유지하면서 문항당 7 ~ 10초 이상 쓰지 않도록 하고, 문항 수가 많을 때는 답안지에 바로바로 표기하자.

02 인성검사 모의연습

권두부록

파트 1
언어능력

파트 2
수리능력

파트 3
추리능력

파트 4
공간지각능력

파트 5
사무지각능력

파트 6
인성검사

인성검사 Tip

1. 응시 전 스스로를 돌아보며 나는 어떤 사람인가를 생각하는 시간을 가진다.
2. 지원한 분야의 직무에 적합한 요소에 대해 생각해 본다.
3. 많이 고민하기보다는 직관적으로 풀어 나간다.
4. 일관성을 유지하기 위해 노력한다.
5. 누가 보아도 비상식적인 답안을 선택하지 않도록 주의한다.

유형 A 예 / 아니오 선택 유형

제시된 질문을 읽고 'Yes' 또는 'No'에 자신의 성향에 더 가까운 것을 고르는 유형이다.

경우에 따라 적성검사에서 평균보다 높은 점수를 얻었음에도 불구하고 인성검사에서 불합격 처리되어 탈락한 지원자도 있으므로 성실하게 임하도록 한다. Yes/No 선택형이기 때문에 5점 척도 혹은 6점 척도 유형으로 실시하는 기업에 비해 시간이 오래 걸리지는 않지만 같은 문항이 여러 번 반복된다는 평이 있었던 만큼 일관성을 유지할 수 있도록 유의한다. 다만 회사 인재상에만 초점을 맞추면 자칫 신뢰도가 하락할 수 있으므로 솔직하게 답할 수 있도록 한다

| 001~000 | 주어진 문항의 내용이 본인에게 해당되는 경우에는 "Y", 해당되지 않는 경우에는 "N"에 응답하는 형식입니다. 문항을 읽으면서 빠른 속도로 솔직하게 응답하는 것이 중요하며, 솔직하게 응답하지 않을 경우 검사가 무효 처리될 수 있습니다.

번호	질문	응답	
		예	아니오
001	어두운 곳을 무서워하는 편이다.	Ⓨ	Ⓝ
002	국회의원이 되고 싶다.	Ⓨ	Ⓝ
003	작은 일에는 별로 관심을 갖지 않는다.	Ⓨ	Ⓝ
004	규칙이나 환경이 바뀌는 것을 싫어한다.	Ⓨ	Ⓝ
005	수리영역보다 언어영역이 더 좋다.	Ⓨ	Ⓝ
006	상대가 약속을 어겨도 이해하는 편이다.	Ⓨ	Ⓝ
007	지나간 일을 쉽게 잊어버리지 못한다.	Ⓨ	Ⓝ
008	주변 사람들에게 배려심이 많다는 말을 자주 듣는다.	Ⓨ	Ⓝ
009	모든 상황을 긍정적으로 인식한다.	Ⓨ	Ⓝ
010	분위기에 쉽게 동화된다.	Ⓨ	Ⓝ
011	남의 의견에 좌우되어서 쉽게 의견이 바뀐다.	Ⓨ	Ⓝ

012	허세를 부린 적이 한 번도 없다.	Ⓨ	Ⓝ
013	모든 일을 계획적으로 처리한다.	Ⓨ	Ⓝ
014	질서보다는 자유를 존중한다.	Ⓨ	Ⓝ
015	스포츠를 매우 좋아한다.	Ⓨ	Ⓝ
016	사람들과 만나면 이야기를 주도하는 편이다.	Ⓨ	Ⓝ
017	화가 나면 마음에 오래 담아 두는 편이다.	Ⓨ	Ⓝ
018	주변 사람들의 생일이나 경조사를 잘 챙긴다.	Ⓨ	Ⓝ
019	한 번도 법을 위반한 적이 없다.	Ⓨ	Ⓝ
020	법도 사회의 변화에 따라 달라져야 한다고 생각한다.	Ⓨ	Ⓝ
021	가끔 색다른 음식을 의도적으로 먹는다.	Ⓨ	Ⓝ
022	복잡한 곳보다 조용한 곳이 좋다.	Ⓨ	Ⓝ
023	친구가 많지 않다.	Ⓨ	Ⓝ
024	다른 사람을 가르치는 일을 좋아한다.	Ⓨ	Ⓝ
025	술을 자주 마시는 편이다.	Ⓨ	Ⓝ
026	자신감이 없는 편이다.	Ⓨ	Ⓝ
027	창의성을 발휘하는 업무가 적성에 맞는다.	Ⓨ	Ⓝ
028	어떤 일을 결심하기까지 시간이 걸리는 편이다.	Ⓨ	Ⓝ
029	쉬운 문제보다 어려운 문제를 더 좋아한다.	Ⓨ	Ⓝ
030	쉽게 좌절하거나 의기소침해지지 않는다.	Ⓨ	Ⓝ
031	짜여진 틀에 얽매이는 것을 싫어한다.	Ⓨ	Ⓝ
032	일을 주도하는 것보다 따르는 것이 좋다.	Ⓨ	Ⓝ
033	다른 사람의 마음을 잘 읽는 편이다.	Ⓨ	Ⓝ
034	신중하다는 말을 자주 듣는다.	Ⓨ	Ⓝ
035	맡은 일은 무슨 일이 생겨도 끝까지 완수한다.	Ⓨ	Ⓝ
036	계산 문제를 다루는 것이 좋다.	Ⓨ	Ⓝ
037	우리 가족은 항상 화목하다.	Ⓨ	Ⓝ
⋮	⋮	⋮	⋮
196	해야 하는 일을 했을 뿐인데, 선물을 받는 경우가 종종 있다.	Ⓨ	Ⓝ
197	이유 없는 호의나 선물은 없다고 생각한다.	Ⓨ	Ⓝ
198	매일 아침 그날의 할 일을 정리해 본다.	Ⓨ	Ⓝ
199	운동, 공부 등 자기관리를 위해 6개월 이상 꾸준히 해 본 활동이 있다.	Ⓨ	Ⓝ
200	목표가 없으면 열심히 하지 않는다.	Ⓨ	Ⓝ

유형 B 가까운 항목 선택 유형

각 문항에 제시된 (가), (나) 2개 문장을 읽고 본인이 상대적으로 동의하는 정도에 따라 (가)에 가까울수록 ①에 가깝게, (나)에 가까울수록 ④에 가깝게 선택하는 유형이다.

문항 군 예시

000

(가) 일에 대한 욕심이 많은 편이다.	(나) 나는 일보다 나의 생활이 더 중요하다.
①　　　　　　②	③　　　　　　④

← (가)에 가까울수록　　　　　　　　　(나)에 가까울수록 →

| 001~000 | 다음 문항을 읽고 본인이 상대적으로 동의하는 정도에 따라 (가)에 가까울수록 ①에 가깝게, (나)에 가까울수록 ④에 가깝게 응답하시오.

001

(가) 외향적인 성격이라는 말을 듣는다.	(나) 내성적인 편이라는 말을 듣는다.
①　　　　　　②	③　　　　　　④

← (가)에 가까울수록　　　　　　　　　(나)에 가까울수록 →

002

(가) 의견을 자주 표현하는 편이다.	(나) 주로 남의 의견을 듣는 편이다.
①　　　　　　②	③　　　　　　④

← (가)에 가까울수록　　　　　　　　　(나)에 가까울수록 →

003

(가) 정해진 틀이 있는 환경에서 주어진 과제를 수행하는 일을 좋아한다.	(나) 새로운 아이디어를 활용하여 변화를 추구하는 일을 하고 싶다.
①　　　　　　②	③　　　　　　④

← (가)에 가까울수록　　　　　　　　　(나)에 가까울수록 →

004

(가) 실제적인 정보를 수집하고 이를 체계적으로 적용하는 일을 하고 싶다.	(나) 새로운 아이디어를 활용하여 변화를 추구하는 일을 하고 싶다.
①　　　　　　②	③　　　　　　④

← (가)에 가까울수록　　　　　　　　　(나)에 가까울수록 →

005

(가) 냉철한 사고력이 요구되는 일이 편하다.	(나) 섬세한 감성이 요구되는 일이 편하다.
①　　　　　　②	③　　　　　　④

← (가)에 가까울수록　　　　　　　　　(나)에 가까울수록 →

유형 C 문항군 개별 항목 체크형 선택 유형

자신의 성향과 동의 정도에 따라 '전혀 그렇지 않다', '그렇지 않다', '그렇다', '매우 그렇다' 중 해당되는 것 하나를 선택하는 유형이다.

문항 군 예시

번호	문항 예시	응답			
		전혀 그렇지 않다	그렇지 않다	그렇다	매우 그렇다
001	나는 항상 새로운 방식으로 일하는 것이 좋다.	①	②	③	④
⋮	⋮	⋮	⋮	⋮	⋮

| 001~000 | 다음 문항을 읽고 자신의 성격, 가치관, 태도 등에 비추어보았을 때 동의하는 정도에 따라 '전혀 그렇지 않다', '그렇지 않다', '그렇다', '매우 그렇다' 중에 표시하여 주십시오.

번호	문항	응답			
		전혀 그렇지 않다	그렇지 않다	그렇다	매우 그렇다
001	고객을 만족시키기 위해서 거짓말을 할 수 있다.	①	②	③	④
002	일을 통해 나의 지식과 기술로 후대에 기여하고 싶다.	①	②	③	④
003	내 의견을 이해하지 못하는 사람은 상대하지 않는다.	①	②	③	④
004	사회에서 인정받을 수 있는 사람이 되고 싶다.	①	②	③	④
005	착한 사람은 항상 손해를 보게 되어 있다.	①	②	③	④
006	내가 잘한 일은 남들이 꼭 알아줬으면 한다.	①	②	③	④
007	나와 다른 의견도 끝까지 듣는다.	①	②	③	④
008	어떤 말을 들을 때 다른 생각이 자꾸 떠오른다.	①	②	③	④
009	조직에서 될 수 있으면 비중 있는 일을 담당하려 노력한다.	①	②	③	④
010	싸운 후 다시 화해하는 데까지 시간이 많이 걸린다.	①	②	③	④
011	인정에 이끌려 내 생각을 변경한 적이 많다.	①	②	③	④
012	상처를 잘 받지 않고 실패나 실수를 두려워하지 않는다.	①	②	③	④
013	나만의 공간에 다른 사람이 침범하는 것을 싫어한다.	①	②	③	④
014	약속을 잊어버려 당황할 때가 종종 있다.	①	②	③	④
015	정해진 내용과 범위에 따라 일하는 것을 좋아한다.	①	②	③	④
016	지시를 받기 전에 먼저 일을 찾아서 하는 성향이다.	①	②	③	④

017	내 뜻에 맞지 않으면 조목조목 따진다.	①	②	③	④
018	하고 싶은 말이 있으면 꼭 해야만 마음이 편하다.	①	②	③	④
019	일 때문에 다른 것을 포기할 때가 많다.	①	②	③	④
020	상대방을 격려하고 고무시키는 일을 잘 못한다.	①	②	③	④
021	잘못을 저질렀을 때 요령 있게 상황을 잘 넘긴다.	①	②	③	④
022	문제를 많이 가지고 있는 사람일수록 덜 행복할 것이다.	①	②	③	④
023	현실에서 벗어나고 싶다는 생각이 들 때가 많다.	①	②	③	④
024	주변에는 감사할 일들이 별로 없다.	①	②	③	④
025	어떤 경우라도 남을 미워하지 않는다.	①	②	③	④
⋮		⋮	⋮	⋮	⋮
100	부담을 주는 상대는 되도록 피한다.	①	②	③	④
101	일의 성사를 위해 연고(지연, 학연, 혈연 등)관계를 적극 활용할 필요가 있다.	①	②	③	④
102	어떤 일에 집중하느라 약속을 잊어버릴 때가 가끔 있다.	①	②	③	④
103	자진해서 발언하는 일이 별로 없다.	①	②	③	④
104	쓸데없는 잔걱정이 끊이질 않는다.	①	②	③	④
105	공정과 정의보다 사랑과 용서가 더 중요하다.	①	②	③	④
106	의사결정을 할 때 주도적 역할을 한다.	①	②	③	④
107	다툼을 피하기 위해 상대에게 져주는 편이다.	①	②	③	④
108	갈등이나 마찰을 피하기 위해 대부분 양보하는 편이다.	①	②	③	④
109	무엇이든 직선적으로 대응하는 방식을 선호한다.	①	②	③	④
110	자료를 분석하고 예측하는 일을 잘한다.	①	②	③	④
111	행운이 없이는 능력 있는 지도자가 될 수 없다.	①	②	③	④
112	뜻을 정하면 좀처럼 흔들리지 않는다.	①	②	③	④
113	혁신적이고 급진적인 사고방식에 거부감이 있다.	①	②	③	④
114	완벽한 능력이 있고, 성공을 해야만 내 가치를 인정받을 수 있다.	①	②	③	④
115	세상일은 절대로 내 뜻대로 되지 않는다.	①	②	③	④
116	조금은 엉뚱하게 생각하곤 한다.	①	②	③	④
117	불편한 상황은 그대로 넘기지 않고 시시비비를 따지는 편이다.	①	②	③	④
118	아무 목적 없이 여행하고 방랑했던 기억이 몇 차례 있다.	①	②	③	④
119	남들이 생각하지 못한 독특한 의견을 개진하곤 한다.	①	②	③	④
120	사람들과 헤어질 때 불안을 느낀다.	①	②	③	④

권두부록

파트 1
언어능력

파트 2
수리능력

파트 3
추리능력

파트 4
공간지각능력

파트 5
사무지각능력

파트 6
인성검사

유형 D 복합형

'멀다' 또는 '가깝다'선택형+개별 항목 체크형으로 3개 내외의 A 문항 군으로 구성된 검사지에 자신이 동의하는 정도에 따라 '전혀 아님 ~ 매우 그러함' 중 해당되는 것을 표시한 후 체크한 문항들 중 자신과 가장 가까운 것과 가장 먼 것 하나를 선택하는 유형이다.

응답예시

• 1(전혀 아님) ~ 7(매우 그러함) : 오른쪽 '답안체크 예시'를 참조해 주세요.

번호		문항 예시	응답 1							응답 2	
			전혀 아님 《《 보통 》》 매우 그러함							멀다	가깝다
01	A	나는 운동화를 좋아한다.	①	②	③	④	⑤	⑥	⑦	○	○
	B	나는 꽃을 좋아한다.	①	②	③	④	⑤	⑥	⑦	○	○
	C	나는 비를 좋아한다.	①	②	③	④	⑤	⑥	⑦	○	○

[답안체크 예시]

응답 1							응답 2	
전혀 아님 《《 보통 》》 매우 그러함							멀다	가깝다
①	②	③	④	⑤	⑥	❼	○	●
①	②	③	④	⑤	❻	⑦	○	○
①	❷	③	④	⑤	⑥	⑦	●	○

|01~000| 다음 문항을 읽고 자신과 가까운 정도를 '전혀 아님' 1점부터 '매우 그러함' 7점까지 표시하여 주십시오. 또한 자신의 모습과 '멀다'고 생각되는 문항과 '가깝다'고 생각되는 문항을 각각 1개씩 표시하여 주십시오.

문항군_000문항   시험시간_00분

번호		문항 예시	응답 1							응답 2	
			전혀 아님 《《 보통 》》 매우 그러함							멀다	가깝다
01	A	나는 활동적인 것을 좋아한다.	①	②	③	④	⑤	⑥	⑦	○	○
	B	나는 예술을 좋아한다.	①	②	③	④	⑤	⑥	⑦	○	○
	C	숫자를 잘 못 외우는 편이다.	①	②	③	④	⑤	⑥	⑦	○	○
02	A	음악 감상을 즐긴다.	①	②	③	④	⑤	⑥	⑦	○	○
	B	미술관을 자주 찾는 편이다.	①	②	③	④	⑤	⑥	⑦	○	○
	C	정적인 활동보다는 몸을 움직이는 것을 좋아한다.	①	②	③	④	⑤	⑥	⑦	○	○
03	A	평소 이미지 관리에 신경을 많이 쓴다.	①	②	③	④	⑤	⑥	⑦	○	○
	B	내가 세운 공은 남에게 절대 넘길 수 없다.	①	②	③	④	⑤	⑥	⑦	○	○
	C	해야 할 일을 나중으로 미루지 않는다.	①	②	③	④	⑤	⑥	⑦	○	○

04	A	논리적으로 자신의 의견을 말할 수 있다.	①	②	③	④	⑤	⑥	⑦	○	○
	B	남의 눈치를 보며 나의 성격을 포장할 때가 있다.	①	②	③	④	⑤	⑥	⑦	○	○
	C	사람들 앞에 나서는 것을 좋아하지 않는다.	①	②	③	④	⑤	⑥	⑦	○	○
05	A	나의 이득을 위해서라면 부정행위도 할 수 있다.	①	②	③	④	⑤	⑥	⑦	○	○
	B	조원들의 과오를 감싸 줄 수 있다.	①	②	③	④	⑤	⑥	⑦	○	○
	C	개인의 목표보다는 공동체의 목표가 더 중요하다.	①	②	③	④	⑤	⑥	⑦	○	○
06	A	손해 보는 일은 하지 않는다.	①	②	③	④	⑤	⑥	⑦	○	○
	B	자유롭게 행동하는 것이 좋다.	①	②	③	④	⑤	⑥	⑦	○	○
	C	기분 변화가 심하다.	①	②	③	④	⑤	⑥	⑦	○	○
07	A	나는 타인의 의견을 존중한다.	①	②	③	④	⑤	⑥	⑦	○	○
	B	리더십이 있다.	①	②	③	④	⑤	⑥	⑦	○	○
	C	팀 활동을 좋아한다.	①	②	③	④	⑤	⑥	⑦	○	○
08	A	수치로 나타내는 것을 좋아한다.	①	②	③	④	⑤	⑥	⑦	○	○
	B	준법정신이 뛰어나다.	①	②	③	④	⑤	⑥	⑦	○	○
	C	현재보다 미래가 중요하다.	①	②	③	④	⑤	⑥	⑦	○	○
09	A	나는 어떤 일을 할 때 항상 계획해서 행동한다.	①	②	③	④	⑤	⑥	⑦	○	○
	B	나는 그릇된 일을 한 번도 한 적이 없다.	①	②	③	④	⑤	⑥	⑦	○	○
	C	의사결정을 할 때에는 사람들과 의논한다.	①	②	③	④	⑤	⑥	⑦	○	○
10	A	나는 모임을 좋아한다.	①	②	③	④	⑤	⑥	⑦	○	○
	B	다른 사람의 충고를 기분 좋게 받아들이는 편이다.	①	②	③	④	⑤	⑥	⑦	○	○
	C	팀에서 사람들과의 화합이 중요하다고 생각한다.	①	②	③	④	⑤	⑥	⑦	○	○
⋮		⋮	⋮	⋮	⋮	⋮	⋮	⋮	⋮	⋮	
55	A	다른 사람이 한 행동의 이유를 잘 파악하는 편이다.	①	②	③	④	⑤	⑥	⑦	○	○
	B	일상생활에서 새로운 것을 즐긴다.	①	②	③	④	⑤	⑥	⑦	○	○
	C	책임감이 강하다는 말을 자주 듣는다.	①	②	③	④	⑤	⑥	⑦	○	○
56	A	나는 질문을 체계적으로 잘하는 사람이다.	①	②	③	④	⑤	⑥	⑦	○	○
	B	조용하고 차분하다는 말을 자주 듣는다.	①	②	③	④	⑤	⑥	⑦	○	○
	C	빨리 결정하고 과감히 행동하는 사람이다.	①	②	③	④	⑤	⑥	⑦	○	○
57	A	나는 신속하게 의사결정을 한다.	①	②	③	④	⑤	⑥	⑦	○	○
	B	나는 회의에서 리더역할을 잘한다.	①	②	③	④	⑤	⑥	⑦	○	○
	C	기발한 아이디어를 많이 생각하고 제안한다.	①	②	③	④	⑤	⑥	⑦	○	○
58	A	다른 사람들보다 체계적으로 일을 처리하는 편이다.	①	②	③	④	⑤	⑥	⑦	○	○
	B	남들이 나를 비난해도 쉽게 동요하지 않는다.	①	②	③	④	⑤	⑥	⑦	○	○
	C	다른 사람들의 기분과 느낌을 잘 파악한다.	①	②	③	④	⑤	⑥	⑦	○	○

권두부록

파트 1
언어능력

파트 2
수리능력

파트 3
추리능력

파트 4
공간지각능력

파트 5
사무지각능력

파트 6
인성검사

Memo

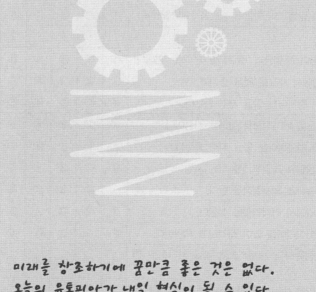

미래를 창조하기에 꿈만큼 좋은 것은 없다.
오늘의 유토피아가 내일 현실이 될 수 있다.

There is nothing like dream to create the future.
Utopia today, flesh and blood tomorrow.

빅토르 위고 Victor Hugo

20대기업 인적성검사

출제예상문제

성명표기란

수험번호

(주민등록 앞자리 생년제외) 월일

수험생 유의사항

※ 답안은 반드시 컴퓨터용 수성사인펜으로 보기와 같이 바르게 표기해야 합니다.
〈보기〉 ① ② ③ ❹ ⑤
※ 성명표기란 위 칸에는 성명을 한글로 쓰고 아래 칸에는 성명을 정확하게 표기하십시오.
※ 수험번호 표기란 위 칸에는 아라비아 숫자로 쓰고 아래 칸에는 숫자와 일치하게 ● 표기하십시오.
(단, 성과 이름은 붙여 씁니다)
※ 출생월일은 반드시 본인 주민등록번호의 생년월일 제외한 월 두 자리, 일 두 자리를 표기하십시오.
(예) 1994년 1월 12일 → 0112

문번	언어능력 답란
1	① ② ③ ④ ⑤
2	① ② ③ ④ ⑤
3	① ② ③ ④ ⑤
4	① ② ③ ④ ⑤
5	① ② ③ ④ ⑤
6	① ② ③ ④ ⑤
7	① ② ③ ④ ⑤
8	① ② ③ ④ ⑤
9	① ② ③ ④ ⑤
10	① ② ③ ④ ⑤
11	① ② ③ ④ ⑤
12	① ② ③ ④ ⑤
13	① ② ③ ④ ⑤
14	① ② ③ ④ ⑤
15	① ② ③ ④ ⑤
16	① ② ③ ④ ⑤
17	① ② ③ ④ ⑤
18	① ② ③ ④ ⑤
19	① ② ③ ④ ⑤
20	① ② ③ ④ ⑤
21	① ② ③ ④ ⑤
22	① ② ③ ④ ⑤
23	① ② ③ ④ ⑤
24	① ② ③ ④ ⑤
25	① ② ③ ④ ⑤
26	① ② ③ ④ ⑤
27	① ② ③ ④ ⑤
28	① ② ③ ④ ⑤
29	① ② ③ ④ ⑤
30	① ② ③ ④ ⑤

문번	수리능력 답란
1	① ② ③ ④ ⑤
2	① ② ③ ④ ⑤
3	① ② ③ ④ ⑤
4	① ② ③ ④ ⑤
5	① ② ③ ④ ⑤
6	① ② ③ ④ ⑤
7	① ② ③ ④ ⑤
8	① ② ③ ④ ⑤
9	① ② ③ ④ ⑤
10	① ② ③ ④ ⑤
11	① ② ③ ④ ⑤
12	① ② ③ ④ ⑤
13	① ② ③ ④ ⑤
14	① ② ③ ④ ⑤
15	① ② ③ ④ ⑤
16	① ② ③ ④ ⑤
17	① ② ③ ④ ⑤
18	① ② ③ ④ ⑤
19	① ② ③ ④ ⑤
20	① ② ③ ④ ⑤
21	① ② ③ ④ ⑤
22	① ② ③ ④ ⑤
23	① ② ③ ④ ⑤
24	① ② ③ ④ ⑤
25	① ② ③ ④ ⑤
26	① ② ③ ④ ⑤
27	① ② ③ ④ ⑤
28	① ② ③ ④ ⑤
29	① ② ③ ④ ⑤
30	① ② ③ ④ ⑤

문번	추리능력 답란
1	① ② ③ ④ ⑤
2	① ② ③ ④ ⑤
3	① ② ③ ④ ⑤
4	① ② ③ ④ ⑤
5	① ② ③ ④ ⑤
6	① ② ③ ④ ⑤
7	① ② ③ ④ ⑤
8	① ② ③ ④ ⑤
9	① ② ③ ④ ⑤
10	① ② ③ ④ ⑤
11	① ② ③ ④ ⑤
12	① ② ③ ④ ⑤ ⑥ ⑦ ⑧
13 (1)	① ② ③ ④ ⑤ ⑥ ⑦ ⑧
13 (2)	① ② ③ ④ ⑤ ⑥ ⑦ ⑧
13 (3)	① ② ③ ④ ⑤ ⑥ ⑦ ⑧
14	① ② ③ ④ ⑤
15	① ② ③ ④ ⑤
16	① ② ③ ④ ⑤
17	① ② ③ ④ ⑤
18	① ② ③ ④ ⑤
19	① ② ③ ④ ⑤
20	① ② ③ ④ ⑤
21	① ② ③ ④ ⑤
22	① ② ③ ④ ⑤
23	① ② ③ ④ ⑤
24	① ② ③ ④ ⑤
25	① ② ③ ④ ⑤
26	① ② ③ ④ ⑤
27	① ② ③ ④ ⑤
28	① ② ③ ④ ⑤
29	① ② ③ ④ ⑤
30	① ② ③ ④ ⑤

gosinet (주)고시넷

공간지각능력

문번	답란				
1	①	②	③	④	⑤
2	①	②	③	④	⑤
3	①	②	③	④	⑤
4	①	②	③	④	⑤
5	①	②	③	④	⑤
6	①	②	③	④	⑤
7	①	②	③	④	⑤
8	①	②	③	④	⑤
9	①	②	③	④	⑤
10	①	②	③	④	⑤
11	①	②	③	④	⑤
12	①	②	③	④	⑤
13	①	②	③	④	⑤
14	①	②	③	④	⑤
15	①	②	③	④	⑤
16	①	②	③	④	⑤
17	①	②	③	④	⑤
18	①	②	③	④	⑤
19	①	②	③	④	⑤
20	①	②	③	④	⑤
21	①	②	③	④	⑤
22	①	②	③	④	⑤
23	①	②	③	④	⑤
24	①	②	③	④	⑤
25	①	②	③	④	⑤
26	①	②	③	④	⑤
27	①	②	③	④	⑤
28	①	②	③	④	⑤
29	①	②	③	④	⑤
30	①	②	③	④	⑤

사무지각능력

문번	답란				
1	①	②	③	④	⑤
2	①	②	③	④	⑤
3	①	②	③	④	⑤
4	①	②	③	④	⑤
5	①	②	③	④	⑤
6	①	②	③	④	⑤
7	①	②	③	④	⑤
8	①	②	③	④	⑤
9	①	②	③	④	⑤
10	①	②	③	④	⑤
11	①	②	③	④	⑤
12	①	②	③	④	⑤
13	①	②	③	④	⑤
14	①	②	③	④	⑤
15	①	②	③	④	⑤
16	①	②	③	④	⑤
17	①	②	③	④	⑤
18	①	②	③	④	⑤
19	①	②	③	④	⑤
20	①	②	③	④	⑤
21	①	②	③	④	⑤
22	①	②	③	④	⑤
23	①	②	③	④	⑤
24	①	②	③	④	⑤
25	①	②	③	④	⑤
26	①	②	③	④	⑤
27	①	②	③	④	⑤
28	①	②	③	④	⑤
29	①	②	③	④	⑤
30	①	②	③	④	⑤

대기업 적성검사

금융_직무평가

저마다의 일생에는,

특히 그 일생이 동터 오르는 여명기에는

모든 것을 결정짓는 한 순간이 있다.

그 순간을 다시 찾아내는 것은 어렵다.

그것은 다른 수많은 순간들의 퇴적 속에

깊이 묻혀있다.

 - 장 그르니에, 섬 LES ILES

2024 | 직무적성검사 | 최신판

고시넷 대기업

20대기업
인적성검사 온·오프라인
통합 기본서

핸드북

영역별 빈출 학습 이론
언어능력/수리능력/추리능력/공간지각능력

gosinet
(주)고시넷

고시넷 금융권 직무평가 최신판

금융상식 경제상식 경영상식

지역농협 6급
인적성&직무능력평가

NH농협은행 6급
온라인 필기시험

MG 새마을금고
기출예상모의고사

지역신협 인적성검사
최신 기출유형 모의고사

지역수협 인적성검사
최신 기출유형 모의고사

2024 | 직무적성검사 | 최신판

고시넷 대기업

20대기업
인적성검사 온·오프라인
통합 기본서

핸드북

gosinet (주)고시넷

핵심 01 어휘관계

유의관계	두 단어가 가지는 의미가 서로 비슷한 단어의 관계	¶ 고갱이≒핵심, 기아≒기근, 돈독하다≒두텁다, 두둔≒비호 등
반대관계	내포하는 속성 중에서 하나의 요소가 대립되는 관계	¶ 가결 ↔ 부결, 간헐 ↔ 지속, 경감 ↔ 가중, 곰살 궂다 ↔ 무뚝뚝하다, 노련 ↔ 미숙, 둔탁 ↔ 예리, 무르다 ↔ 단단하다, 미덥다 ↔ 의심스럽다, 밀집 ↔ 산재, 명석 ↔ 우둔 등
포함관계	한 단어는 상위어이고 다른 단어는 그에 속하는 하위어의 관계	¶ 나무-느티나무, 계절-여름, 한복-마고자, 꽃-개나리, 행성-천왕성 등
동위관계	하나의 상위개념에 속하는 서로 대등한 하위 개념의 관계	¶ 사자-호랑이, 소나기-이슬비, 제우스-비너스, 기독교-불교, 바나나-코코넛
인과관계	두 단어가 서로 원인과 결과를 나타내는 관계	¶ 가을-단풍
직업-장소관계	직업과 장소가 정해져 있는 관계	¶ 병원-의사, 도서관-사서
재료-결과물관계	두 단어 중 한 단어는 재료에 해당하고 다른 하나는 재료로 만든 결과물인 관계	¶ 카카오-초콜렛, 무-단무지, 쌀-한과
동종관계	같은 종류의 직업군이나 같은 범주에 속하는 단어의 관계	¶ 양계-양돈, 립스틱-매니큐어
작가-작품관계	예술작품과 작가의 연결 관계	¶ 고흐-별이 빛나는 밤, 피카소-게르니카, 모차르트-레퀴엠
존칭관계	존칭의 의미를 나타내는 말로, 가리키는 대상의 범주는 같으나 성별에 따라 용어에 차이가 나는 단어의 관계	¶ 영식-영애, 선친-현비, 가친-자친, 춘부장-자당
도구-용도관계	두 단어 중 한 단어는 도구이고 다른 단어는 그 도구를 사용하는 용도에 해당하는 관계	¶ 붓-그림, 펜-글씨, 온도계-측정
장치-동력원관계	두 단어 중 한 단어는 장치이고 다른 단어는 그 장치를 사용할 수 있는 힘이 되는 관계	¶ 자동차-휘발유
제작-사용관계	한 단어는 제품이나 서비스 등을 제작하는 전문가이고 한 단어는 전문가가 만든 것을 나타내며 나머지 하나는 이용하는 사람을 나타내는 관계	¶ 대장장이-가위-엿장수, 기술자-경운기-농부
순서관계	위치나 시간의 흐름에 따라 이어지는 단어의 관계	¶ 봄-여름-가을-겨울, 할아버지-아버지-아들, 뿌리-줄기-잎
고유어와 한자어의 관계	같은 뜻을 나타내는 고유어와 한자어의 관계	¶ 곰살궂다-다정하다

핵심 02 다의어 · 동음이의어

다의어는 두 가지 이상의 뜻을 가진 단어이며 동음이의어는 소리는 같지만 뜻이 서로 다른 두 개 이상의 단어를 말한다. 다의어는 하나의 낱말에 여러 의미가 있고, 이를 중심의미와 주변의미로 나눌 수 있으며 사전에서 다의어는 한 표제어 아래 묶여 있다. 반면 동음이의어는 소리는 같으나 다른 뜻을 지닌 낱말이므로 사전에도 각각 다른 표제어로 등재되어 있다.

긋다	어떤 특정한 부분을 강조하거나 드러나게 하기 위하여 금이나 줄을 그리다. ¶ 바닥에 금을 긋다.
	성냥이나 끝이 뾰족한 물건을 평면에 댄 채로 어느 방향으로 약간 힘을 주어 움직이다. ¶ 짓궂은 친구 하나가 그의 뺨에 색연필을 그어 놓았다.
	물건 값 따위를 바로 내지 않고 외상으로 처리하다. ¶ 외상값이 밀려서 이제 그을 곳도 없다.
	일의 경계나 한계 따위를 분명하게 짓다. ¶ 나는 무의식 속에서 그녀와 선을 긋고 있었다.
	시험 채점에서 빗금을 표시하여 답이 틀림을 나타낸다. ¶ 틀린 답에는 줄을 그어 버려라.

깨다¹	술기운 따위가 사라지고 온전한 정신 상태로 돌아오다. ¶ 그 말을 들으니 술이 확 깨더라. 생각이나 지혜 따위가 사리를 가릴 수 있게 되다. ¶ 시대의 요구에 맞게 의식이 깨어 있어야 한다. 잠, 꿈 따위에서 벗어나다. 또는 벗어나게 하다. ¶ 아침에 잠이 깨자마자 그에게 달려갔다.
나오다 (기출)	안에서 밖으로 오다. ¶ 어머니는 길에 나오셔서 기다리셨다. 처리나 결과로 이루어지거나 생기다. ¶ 맑은 날보다 흐린 날에 사진이 잘 나온다. 어떤 곳을 벗어나다, 소속된 단체나 직장따위에서 물러나다. ¶ 과장님은 곧 회사에 나오실 겁니다. 어떠한 물건이 발견되다. ¶ 하루 종일 찾던 지갑이 책상 서랍에서 나왔다. 감정 표현이나 생리 작용이 나타나다. ¶ 자꾸 울음이 나와서 혼났다.
나타나다 (기출)	보이지 아니하던 어떤 대상의 모습이 드러나다. ¶ 다시 내게 나타나면 가만두지 않겠다. 어떤 일의 결과나 그 징후가 겉으로 드러나다. ¶ 열심히 공부한 결과가 시험 성적에 나타나기 시작했다. 생각이나 느낌 따위가 글, 그림, 음악 따위로 드러나다. ¶ 그의 주장은 이 글에 잘 나타나 있다. 내면적인 심리 현상이 얼굴, 몸, 행동 따위로 드러나다. ¶ 그의 얼굴에는 굳은 의지가 나타나 있다. 어떤 새로운 현상이나 사물이 발생하거나 생겨나다. ¶ 약을 먹었더니 효과가 나타나는 듯하다.

눈	눈¹	1. 빛의 자극을 받아 물체를 볼 수 있는 감각 기관 ¶ 그는 눈이 가장 예쁘다. 2. 시력(視力)(물체의 존재나 형상을 인식하는 눈의 능력) ¶ 핸드폰 때문에 눈이 나빠졌다. 3. 사물이나 상황을 보고 판단하는 능력 ¶ 그녀가 보는 눈이 정확할 거야.
	눈²	눈금(자·저울·온도계 따위에 표시하여 길이·양(量)·도수(度數) 따위를 나타내는 금)
	눈³	그물 따위에서 코와 코를 이어 이룬 구멍
	눈⁴	대기 중의 수증기가 찬 기운을 만나 얼어서 땅 위로 떨어지는 얼음의 결정체 ¶ 하얀 눈이 내리다.
	눈⁵	초목의 싹. 꽃눈, 잎눈 따위 ¶ 입춘이 지나자 눈이 트기 시작했다.

다루다 (기출)	일거리를 처리하다. ¶ 무역 업무를 다루다. 어떤 물건을 사고파는 일을 하다. ¶ 중고품을 다루다. 기계나 기구 따위를 사용하다. ¶ 악기를 다루다. 가죽 따위를 매만져서 부드럽게 하다. ¶ 가죽을 다루다. 어떤 물건이나 일거리 따위를 어떤 성격을 가진 대상 혹은 방법으로 취급하다. ¶ 그는 외과 수술을 전문으로 다룬다. 사람이나 짐승 따위를 상대하다. ¶ 여자아이를 남자아이처럼 다루었다. 어떤 것을 소재나 대상으로 삼다. ¶ 모든 신문에서 남북 회담을 특집으로 다루고 있다.

다리	다리¹	1. 사람이나 동물의 몸통 아래에 있는 신체의 일부분 ¶ 그는 다리가 튼튼하다. 2. 물체의 아래쪽에 붙어서 그 물체를 받치거나 직접 땅에 닿지 아니하게 하거나 높이 있도록 버티어 놓은 부분 ¶ 의자 다리가 삐그덕거린다.
	다리²	1. 물을 건너거나 또는 높은 곳에서 다른 편의 높은 곳으로 건너다닐 수 있도록 만든 시설물 ¶ 강에 다리를 보수하였다. 2. 둘 사이의 관계를 이어 주는 사람이나 사물을 비유적으로 이르는 말 ¶ 그는 나에게 바깥세상을 이어주는 다리로서의 역할을 다했다.
대다		1. 정해진 시간에 도착하거나 맞추다. ¶ 나는 약속 시간에 대서 나왔는데 아무도 없었다. 2. 어떤 것을 목표로 삼거나 향하다. ¶ 하늘에 대고 하소연을 했다. 3. 무엇을 어디에 닿게 하다. ¶ 수화기를 귀에 대다. 4. 탈것을 멈추어 서게 하다. ¶ 집 앞에 차를 대다가 접촉 사고를 냈다. 5. 무엇을 덧대거나 받치다. ¶ 공책에 책받침을 대고 쓰다. 6. 물 따위를 끌어 들이다. ¶ 봇물을 대는 개울 7. 다른 사람과 신체 일부를 닿게 하다. ¶ 나는 그와 서로 등을 대고 앉아 먼 산을 바라보았다. 8. 서로 견주어 비교하다. ¶ 그에게 대면 네 키는 작은 것이 아니다. 9. 이유나 구실을 들다. ¶ 어머니에게 구실을 대다.

돌다	1. 물체가 일정한 축을 중심으로 원을 그리면서 움직이다. ¶ 물레방아가 돌고 있다. 2. 일정한 범위 안에서 차례로 거쳐 가다. ¶ 술잔이 벌써 한 바퀴 돌고 있다. 3. 기능이나 체제가 제대로 작용하다. ¶ 기계가 잘 돈다. 4. 돈이나 물품 등이 유통되다. ¶ 불경기로 자금이 안돈다. 5. 기억이나 생각이 얼른 떠오르지 아니하다. ¶ 정답이 머릿속에서 뱅뱅 돌 뿐입니다. 6. 빛이나 기운 등이 겉으로 나타나다. ¶ 입가에 웃음이 돌다. 7. 눈물이나 침이 생기다. ¶ 그의 두 눈에는 감격의 눈물이 핑 돌았다. 8. 소문이나 전염병 따위가 널리 퍼지다. ¶ 그 지역에서는 괴질이 돌기 시작했다. 9. 방향을 바꾸다. ¶ 왼쪽으로 돌면 우체국이 보일 것이다. 10. 생각이나 노선을 바꾸다. ¶ 좌파로 돌았다. 11. 주위를 원을 그리며 움직이다. ¶ 인공위성이 지구의 상공을 돌고 있다.

떼다	붙어 있거나 잇닿은 것을 떨어지게 하다. ¶ 벽에 붙은 전단지를 떼다.	
	전체에서 한 부분을 덜어내다. ¶ 세금을 뗀 나머지 금액을 받는다.	
	어떤 것에서 마음이 돌아서다. ¶ 이런 일에는 관심을 떼지 않을 수가 없다.	
	눈여겨 지켜보는 것을 그만 두다. ¶ 그 아이에게서 눈을 떼면 언제 사라질지 모른다.	
	장사를 하기 위해 한꺼번에 많은 물건을 사다. ¶ 도매상에서 물건을 떼다가 장사를 한다.	
	함께 있던 것을 홀로 남기다. ¶ 친구를 떼고 혼자 오다.	
	봉한 것을 뜯어서 열다. ¶ 편지 봉투를 떼어 보다.	
	걸음을 옮기어 놓다. ¶ 발걸음을 떼다.	
	배우던 것을 끝내다. ¶ 그 나이에 벌써 구구단을 뗐다.	
	성장의 초기 단계로서 일상적으로 하던 일을 그치다. ¶ 이제 막 젖을 뗀 강아지	
	수표나 어음, 증명서 따위의 문서를 만들어 주거나 받다. ¶ 서류와 함께 제출할 등본을 떼러 갔다.	
	남에게서 빌려온 돈 따위를 돌려주지 않다. ¶ 주변 사람들로부터 돈을 떼고 도망쳤다.	
띠다 ^{기출}	감정이나 기운 따위를 나타내다. ¶ 얼굴에 미소를 띠다.	
	빛깔이나 색채 따위를 가지다. ¶ 붉은빛을 띤 장미	
	용무나 직책, 사명 따위를 지니다. ¶ 중대한 임무를 띠다.	
	물건을 몸에 지니다. ¶ 추천서를 띠고 회사를 찾아가라.	
	띠나 끈 따위를 두르다. ¶ 흘러내리지 않게 허리에 띠를 띠다.	

만들다 ^{기출}	노력이나 기술 따위를 들여 목적하는 사물을 이루다. ¶ 음식을 만들다.	
	책을 저술하거나 편찬하다. ¶ 학습지, 수험서를 만들다.	
	새로운 상태를 이루어 내다. ¶ 새 분위기를 만들다.	
	글이나 노래를 짓거나 문서 같은 것을 짜다. ¶ 노래를 만들다.	
	규칙이나 법, 제도 따위를 정하다. ¶ 회칙을 만들다.	
	기관이나 단체 따위를 결성하다. ¶ 동아리를 만들다.	
	돈이나 일 따위를 마련하다. ¶ 여행 경비를 만들다.	
	틈, 시간 따위를 짜내다. ¶ 짬을 만들다.	
	허물이나 상처 따위를 생기게 하다. ¶ 얼굴에 상처를 만들다.	
	말썽이나 일 따위를 일으키거나 꾸며 내다. ¶ 괜한 일을 만들어서 힘이 든다.	
	영화나 드라마 따위를 제작하다. ¶ 그녀는 드라마를 만드는 감독이다.	
	무엇이 되게 하다. ¶ 이웃 나라를 속국으로 만들다.	
	그렇게 되게 하다. ¶ 혈압을 올라가게 만들다.	
말다	말다¹	1. 넓적한 물건을 돌돌 감아 동그랗게 겹치게 하다. ¶ 발을 말아 올리다. 2. 종이나 천 따위의 얇고 넓적한 것에 물건을 넣고 돌돌 감아 싸다. ¶ 단비를 비단 천에 말아 전달하였다.
	말다²	밥이나 국수 따위를 물이나 국물에 넣다. ¶ 열무 국물에 국수를 말아서 먹다.
	말다³	어떤 일이나 행동을 그만두다. ¶ 걱정 마세요.
	말다⁴	행동이나 말을 하지 못하게 함. ¶ 이곳에서 야영을 하지 마시오.

맡다	맡다¹	1. 어떤 일을 담당하다. ¶ 임 계장이 개막식 내빈 관리를 맡는다. 2. 어떤 물건을 받아 보관하다. ¶ 짐을 맡다. 3. 자리나 물건 따위를 차지하다. ¶ 자리 좀 맡아 줘. 4. 면허나 허가, 승인 따위를 얻다. ¶ 지차제의 승인을 맡아야 공사할 수 있다.
	맡다²	1. 코로 냄새를 느끼다. ¶ 가스 냄새를 맡다. 2. 어떤 낌새를 눈치 채다. ¶ 그의 손등에 긁힌 자국을 보고 그가 범인이라는 냄새를 맡았다.
맵다		성미가 사납고 독하다. ¶ 어머니는 매운 시집살이를 하셨다. 고추나 겨자와 같이 맛이 알알하다. ¶ 찌개가 맵다. 날씨가 몹시 춥다. ¶ 겨울바람이 맵고 싸늘하게 불었다.
물다	물다¹	윗니나 아랫니 또는 양 입술 사이에 끼운 상태로 떨어지거나 빠져나가지 않도록 다소 세게 누르다. ¶ 입술을 물다.
	물다²	남에게 입힌 손해를 돈으로 갚아 주거나 본래의 상태로 해 주다. ¶ 차 주인에게 손해를 물다.
발	발¹	1. 사람이나 동물의 다리 맨 끝 부분 ¶ 오래 걸었더니 발이 아프다. 2. 가구 따위의 밑을 받쳐 균형을 잡고 있는, 짧게 도드라진 부분 ¶ 이 탁자의 발이 짧다. 3. '걸음'을 비유적으로 이르는 말 ¶ 발이 재다.
	발²	가늘고 긴 대를 줄로 엮거나, 줄 따위를 여러 개 나란히 늘어뜨려 만든 물건 ¶ 오후가 되자 발을 내려 햇볕을 가렸다.
	발³	실이나 국수 따위의 가늘고 긴 물체의 가락 ¶ 국수의 면발이 가늘수록 맛있다.

번지다		액체가 묻어서 차차 넓게 젖어 퍼지다. ¶ 종이에 잉크가 번지다. 병이나 불, 전쟁 따위가 넓게 옮아가다. ¶ 전염병이 온 마을에 번지다. 말이나 소리 따위가 널리 옮아 퍼지다. ¶ 나쁜 소문이 마을 곳곳에 번지다. 빛, 기미, 냄새 따위가 바탕에서 차차 넓게 나타나거나 퍼지다. ¶ 엷은 웃음이 입가에 번지다. 풍습, 풍조, 불만, 의구심 따위가 어떤 사회 전반에 차차 퍼지다. ¶ 사회 전반에 보신주의 풍조가 유행처럼 번지고 있다.
벌어지다	벌어지다¹	1. 갈라져서 사이가 뜨다. ¶ 출입구의 벌어진 틈새로 연기가 올라왔다. 2. 가슴이나 어깨, 등 따위가 옆으로 퍼지다. ¶ 그는 가슴팍이 떡 벌어진 다부진 몸매를 가지고 있다. 3. 식물의 잎이나 가지 따위가 넓게 퍼져서 활짝 열리다. ¶ 가지가 벌어지다. 4. 음식 따위를 번듯하게 차리다. ¶ 안주를 떡 벌어지게 차리다. 5. 차이가 커지다. ¶ 두 학생의 성적이 벌어졌다.
	벌어지다²	어떤 일이 일어나거나 진행되다. ¶ 그 문제는 논란이 벌어지고 있다.

부치다	부치다[1]	모자라거나 미치지 못하다. ¶ 그 일은 힘에 부친다.
	부치다[2]	1. 물건이나 서신 따위를 일정한 수단이나 방법을 써서 상대에게로 보내다. ¶ 편지를 부치다. 2. 어떤 안건을 다른 곳이나 다음 기회로 넘기거나 맡기다. ¶ 안건을 회의에 부치다. 3. 먹고 자는 일을 제집이 아닌 다른 곳에서 하다. ¶ 당분간만 밥은 주인집에다 부쳐 먹기로 하였다. 4. 어떤 행사나 특별한 날에 맞춰 어떤 의견을 드러내다. ¶ 젊은 세대에 부치는 글
	부치다[3]	농사를 짓다. ¶ 남의 땅을 부치다.
	부치다[4]	프라이팬 따위에 기름을 두르고 빈대떡이나 전병(煎餅) 따위의 음식을 익혀서 만들다. ¶ 빈대떡을 부쳐 먹자.
	부치다[5]	채 따위를 흔들어서 바람을 일으키다. ¶ 부채를 부치니 엄청 시원하다.

| 빠지다 | 빠지다[1] | 1. 박힌 물건이 제자리에서 나오다.
¶ 책상 다리에서 못이 빠지다.
2. 어느 정도 이익이 남다.
¶ 이번 장사에서는 이자 돈 정도는 빠질 것 같다.
3. 원래 있어야 할 것에서 모자라다.
¶ 구백 원만 있다면 천 원에서 백 원이 빠지는 셈이구나.
4. 속에 있는 액체나 기체 또는 냄새 따위가 밖으로 새어 나가거나 흘러 나가다.
¶ 방에 냄새가 빠지다.
5. 때, 빛깔 따위가 씻기거나 없어지다.
¶ 옷에 때가 쑥 빠지다.
6. 정신이나 기운이 줄거나 없어지다.
¶ 그는 넋이 빠진 채 멍하니 앉아 있었다.
7. 살이 여위다.
¶ 얼굴의 살이 쪽 빠졌다.
8. 일정한 곳에서 다른 데로 벗어나다.
¶ 그놈은 쥐도 새도 모르게 뒷길로 빠져 달아났다. |
| | 빠지다[2] | 1. 물이나 구덩이 따위 속으로 떨어져 잠기거나 잠겨 들어가다.
¶ 개울에 빠지다.
2. 곤란한 처지에 놓이다.
¶ 도탄에 빠지다.
3. 그럴듯한 말이나 꾐에 속아 넘어가다.
¶ 유혹에 빠지다.
4. 잠이나 혼수상태에 들게 되다.
¶ 혼수상태에 빠졌던 환자가 일어났다.
5. 무엇에 정신이 아주 쏠리어 헤어나지 못하다.
¶ 사랑에 빠지다. |

사람 🔵기출		생각을 하고 언어를 사용하며, 도구를 만들어 쓰고 사회를 이루어 사는 동물≒인간 ¶ 사람은 만물의 영장이다.
		어떤 지역이나 시기에 태어나거나 살고 있거나 살았던 자 ¶ 동양 사람
		일정한 자격이나 품격 등을 갖춘 이≒인간/인격에서 드러나는 됨됨이나 성질 ¶ 사람을 기르다.
		상대편에게 자기 자신을 엄연한 인격체로서 가리키는 말 ¶ 돈 좀 있다고 사람 무시하지 마라.
		친근한 상대편을 가리키거나 부를 때 사용하는 말 ¶ 이 사람아, 이게 얼마 만인가?
		자기 외의 남을 막연하게 이르는 말 ¶ 사람들이 뭐라 해도 할 수 없다.
		뛰어난 인재나 인물 ¶ 이곳은 사람이 많이 난 고장이다.
		어떤 일을 시키거나 심부름을 할 일꾼이나 인원 ¶ 그 일은 사람이 많이 필요하다.
세다	세다¹	머리카락이나 수염 따위의 털이 희어지다. ¶ 머리가 허옇게 세다.
	세다²	사물의 수효를 헤아리거나 꼽다. ¶ 돈을 세다.
	세다³	1. 힘이 많다. ¶ 기운이 세다. 2. 행동하거나 밀고 나가는 기세 따위가 강하다. ¶ 고집이 세다. 3. 물, 불, 바람 따위의 기세가 크거나 빠르다. ¶ 불길이 세다. 4. 능력이나 수준 따위의 정도가 높거나 심하다. ¶ 술이 세다. 5. 운수나 터 따위가 나쁘다. ¶ 팔자가 세다.

손	손¹	1. 사람의 팔목 끝에 달린 부분 ¶ 그가 그녀의 손을 잡았다. 2. 일손(일을 하는 사람) ¶ 손이 부족하여 그 일이 오래 걸렸다. 3. 어떤 일을 하는 데 드는 사람의 힘이나 노력, 기술 ¶ 그 일은 손이 많이 간다. 4. 어떤 사람의 영향력이나 권한이 미치는 범위 ¶ 그 일은 선배의 손에 떨어졌다.
	손²	1. 다른 곳에서 찾아온 사람 ¶ 우리 집에는 늘 자고 가는 손이 많다. 2. 여관이나 음식점 따위의 영업하는 장소에 찾아온 사람 ¶ 그 가게는 손이 많다.
	손³	한 손에 잡을 만한 분량을 세는 단위 ¶ 가자미 한 손 주세요.
심다 🔵기출		마음속에 확고하게 자리 잡게 하다. ¶ 타인에게 나쁜 인상을 심다.
		초목의 뿌리나 씨앗 따위를 흙 속에 묻다. ¶ 정원에 나무를 심다.
		어떤 사회에 새로운 사상이나 문화를 뿌리박게 하다. ¶ 유럽인들은 그들의 문화를 다른 나라에 옮겨 심었다.
		앞으로의 일을 위하여 자기편 사람을 상대편 집단에 미리 넣다. ¶ 경쟁 회사에 사람을 심다.

싸다	싸다[1]	1. 물건을 안에 넣고 보이지 않게 씌워 가리거나 둘러 말다. ¶ 철 지난 옷을 보자기에 싸서 다락에 넣어 두었다. 2. 어떤 물체의 주위를 가리거나 막다. ¶ 하인들이 안채와 사랑채를 겹겹이 싸고 있습니다. 3. 어떤 물건을 다른 곳으로 옮기기 좋게 상자나 가방 따위에 넣거나 종이나 천, 끈 따위를 이용해서 꾸리다. ¶ 도시락을 싸다.
	싸다[2]	똥이나 오줌을 참지 못하고 함부로 누다. ¶ 아이가 잠을 자다가 이불에 오줌을 쌌다.
	싸다[3]	1. 걸음이 재빠르다. ¶ 그녀는 참 걸음이 싸다. 2. 불기운이 세다. ¶ 싼 불에 찌개를 끓였다.
	싸다[4]	1. 물건 값이나 사람 또는 물건을 쓰는 데 드는 비용이 보통보다 낮다. ¶ 물건을 싸게 팔다. 2. 저지른 일 따위에 비추어서 받는 벌이 마땅하거나 오히려 적다. ¶ 지은 죄로 보면 그는 맞아 죽어도 싸다.
이르다	이르다[1]	1. 어떤 장소나 시간에 닿다. ¶ 목적지에 이르다. 2. 어떤 정도나 범위에 미치다. ¶ 결론에 이르다.
	이르다[2]	1. 무엇이라고 말하다. ¶ 나는 아이들에게 내가 알고 있는 것을 모두 일러 주었다. 2. 타이르다. ¶ 그는 동생에게 다시는 늦지 말 것을 단단히 일렀다. 3. 미리 알려 주다. ¶ 네 주인에게 손님이 한 시간 후에 도착한다고 일러라. 4. 책이나 속담 따위에 예부터 말하여지다. ¶ 옛말에 이르기를 부자는 망해도 삼 년은 간다고 했다.
	이르다[3]	대중이나 기준을 잡은 때보다 앞서거나 빠르다. ¶ 그는 여느 때보다 이르게 학교에 도착했다.

재다	재다[1]	잘난 척하며 으스대거나 뽐내다. ¶ 그는 좀 잘했다 싶으면 주위 사람들에게 너무 재서 탈이다.
	재다[2]	1. 자, 저울 따위의 계기를 이용하여 길이, 너비, 높이, 깊이, 무게, 온도, 속도 따위의 정도를 알아보다. ¶ 길이를 재다. 2. 여러모로 따져 보고 헤아리다. ¶ 일을 너무 재다가는 아무것도 못한다.
	재다[3]	1. 물건을 차곡차곡 포개어 쌓아 두다. ¶ 어머니는 철 지난 옷들을 옷장에 차곡차곡 재어 놓았다. 2. 고기 따위의 음식을 양념하여 그릇에 차곡차곡 담아 두다. ¶ 인삼을 꿀에 쟀다.
	재다[4]	총, 포 따위에 화약이나 탄환을 넣어 끼우다. ¶ 총에 실탄을 재 놓아라.
	재다[5]	1. 동작이 재빠르다. ¶ 손놀림이 재다. 2. 참을성이 모자라 입놀림이 가볍다. ¶ 입을 재게 놀리면 될 일도 안 된다.
정하다		여럿 가운데 판단하여 결정하다. ¶ 약속 장소를 서울역 1번 출구로 정하다.
		규칙이나 법의 적용 범위를 결정하다. ¶ 오랜 의논 끝에 몇 가지 규칙을 정하다.
		뜻을 세워 굳히다. ¶ 그는 다시는 담배를 피우지 않겠다고 마음을 정했다.

주다		물건 따위를 건네어 가지게 하다. ¶ 친구의 생일을 기념하여 선물을 주다.
		시간 따위를 허락하여 가지거나 누리게 하다. ¶ 마감까지 앞으로 이틀의 시간이 주어졌다.
		자격이나 권리, 점수 따위를 가지게 하다. ¶ 인권은 태어날 때부터 당연히 주어지는 권리이다.
		역할 따위를 가지게 하다. ¶ 그들에게는 중대한 임무가 주어졌다.
		감정을 겪게 하거나 느끼게 하다. ¶ 그 분의 연설이 내게 큰 용기를 주었다.
		시선이나 관심을 어떤 곳으로 향하다. ¶ 시민들이 길거리 공연에 눈길을 주다.
		속력이나 힘 따위를 내다. ¶ 손에 힘을 주고 강하게 밀어야 한다.
		정이나 마음을 베풀거나 터놓다. ¶ 정은 주지 않을 것이다.
짜다	짜다¹	1. 사개를 맞추어 가구나 상자 따위를 만들다. ¶ 시집을 가기 위해 장롱을 짜다. 2. 실이나 끈 따위를 씨와 날로 걸어서 천 따위를 만들다. ¶ 가마니를 짜다. 3. 사람을 모아 무리를 만들다. ¶ 편을 짜다. 4. 계획이나 일정 따위를 세우다. ¶ 생활 계획표를 짜다.
	짜다²	1. 누르거나 비틀어서 물기나 기름 따위를 빼내다. ¶ 여드름을 짜다. 2. 어떤 새로운 것을 생각해 내기 위해 온 힘과 정신을 기울이다. ¶ 지혜를 짜다.
	짜다³	1. 소금과 같은 맛이 있다. ¶ 옆집 김치는 짜다. 2. 인색하다. ¶ 그 회사는 월급이 짜다.

타다	타다¹	1. 불씨나 높은 열로 불이 붙어 번지거나 불꽃이 일어나다. ¶ 벽난로에서 장작이 활활 타고 있었다. 2. 피부가 햇볕을 오래 쬐어 검은색으로 변하다. ¶ 땡볕에 얼굴이 새까맣게 탔다. 3. 뜨거운 열을 받아 검은색으로 변할 정도로 지나치게 익다. ¶ 딴 일을 하는 사이 고기가 타 버렸다. 4. 마음이 몹시 달다. ¶ 시험을 앞두고 긴장으로 입술이 마르고 심장이 탔다.
	타다²	1. 탈것이나 짐승의 등 따위에 몸을 얹다. ¶ 비행기를 타고 제주도에 갔다. 2. 도로, 줄, 산, 나무, 바위 따위를 밟고 오르거나 그것을 따라 지나가다. ¶ 바위를 타는 솜씨로 보아 저 사람은 암벽 등반가인가 보다. 3. 조건이나 시간, 기회 등을 이용하다. ¶ 부동산 경기를 타고 건축 붐이 일었다.
	타다³	다량의 액체에 소량의 액체나 가루 따위를 넣어 섞다. ¶ 그는 매일 아침 커피를 타 마신다.
	타다⁴	1. 몫으로 주는 돈이나 물건 따위를 받다. ¶ 회사에서 월급을 타다. 2. 복이나 재주, 운명 따위를 선천적으로 지니다. ¶ 복을 타다.
	타다⁵	1. 먼지나 때 따위가 쉽게 달라붙는 성질을 가지다. ¶ 먼지가 타다. 2. 몸에 독한 기운 따위의 자극을 쉽게 받다. ¶ 옻을 타다. 3. 부끄러움이나 노여움 따위의 감정이나 간지럼 따위의 육체적 느낌을 쉽게 느끼다. ¶ 노여움을 타다. 4. 계절이나 기후의 영향을 쉽게 받다. ¶ 그녀는 봄, 가을을 탔다.

| 트다 | 트다¹ | 1. 너무 마르거나 춥거나 하여 틈이 생겨서 갈라지다.
¶ 가뭄으로 논바닥이 텄다.
2. 식물의 싹, 움, 순 따위가 벌어지다.
¶ 사과나무가 물이 오르고 싹이 텄다.
3. 날이 새면서 동쪽 하늘이 훤해지다.
¶ 바다가 보이는 창 너머로 동이 트는 것이 보였다. |
| | 트다² | 1. 막혀 있던 것을 치우고 통하게 하다.
¶ 길을 트니 교통 체증이 없어졌다.
2. 서로 스스럼없이 사귀는 관계가 되다.
¶ 우리 팀 선수들은 서로 마음을 활짝 트고 지낸다.
3. 서로 거래하는 관계를 맺다.
¶ 그들은 거래를 튼 이후로 서로에게 큰 도움이 되었다. |

풀다	금지되거나 제한된 것을 할 수 있도록 터 놓다. ¶ 구금을 풀다.
	모르거나 복잡한 문제 따위를 알아내거나 해결하다. ¶ 궁금증을 풀다.
	춥던 날씨가 누그러지다. ¶ 날씨가 풀렸다.
	사람을 동원하다. ¶ 사람을 풀어 수소문을 하다.
	묶이거나 감기거나 얽히거나 합쳐진 것 따위를 그렇지 아니한 상태로 되게 하다. ¶ 보따리를 풀다.

핵심 03 유의어

| 돌파구 | 부닥친 장애나 어려움 따위를 해결하는 실마리
¶ 그들은 서로 협력하여 사태 해결의 새 돌파구를 마련하였다. |
| 타개하다 | 매우 어렵거나 막힌 일을 잘 처리하여 해결의 길을 열다.
¶ 정부는 수출 부진을 타개하기 위해 새로운 경기 부양책을 내놓았다. |

해결하다	제기된 문제를 해명하거나 얽힌 일을 잘 처리하다. ¶ 노조는 사장단과의 직접 협상으로 모든 것을 해결하겠다는 태도를 취하고 있다.
극복하다	악조건이나 고생 따위를 이겨 내다. ¶ 국민의 신뢰와 협조가 없이는 경제난을 극복하기 어려울 것이다.
답파하다	험한 길이나 먼 길을 끝까지 걸어서 돌파하다. ¶ 그는 자신의 의지를 시험하기 위해 지리산을 답파하는 것을 계획했다.
아우르다	여럿을 모아 한 덩어리가 되게 하다. ¶ 이번 문제는 시민들의 의견을 아울러서 해결하겠다는 것이 시장의 방침이다.
포괄하다	일정한 대상이나 현상 따위를 어떤 범위나 한계 안에 모두 끌어 넣다. ¶ 구체적인 사례까지 모두 포괄하기 힘든 법 조문의 특성을 파고들어 악용하는 사례가 있다.
망라하다	널리 받아들여 모두 포함하다. ¶ 그의 작품 역시 그의 사랑과 그의 정부들과 그의 아이들에 관한 이야기로 그의 생애를 망라한 하나의 자서전인 것이다.
일괄하다	개별적인 여러 가지 것을 한데 묶다. ¶ 그는 제시된 안건을 일괄하여 검토하고, 공통된 문제점을 찾아보았다.
불러일으키다	어떤 마음, 행동, 상태를 일어나게 하다. ¶ 젊은이들에게 과학 기술에 대한 관심을 불러일으키다.
야기하다	일이나 사건 따위를 끌어 일으키다. ¶ 오해를 야기하는 행동을 하다.
썩	보통의 정도보다 훨씬 뛰어나게 ¶ 품질이 썩 좋아졌다.
매우	¶ 그는 해외로 출장을 매우 자주 다닌다.
맨	다른 것은 섞이지 아니하고 온통 ¶ 이곳에는 맨 책뿐이다.
온통	전부 다 ¶ 하늘은 온통 검은 구름에 휩싸였다.
정	굳이 그러고자 하는 마음이 일어나는 모양. 정말로 굳이 ¶ 정 싫으면 하지 않아도 된다.

도무지	아무리 해도 ¶ 그녀를 어디서 만났는지 도무지 생각이 안 난다.
거두다	고아, 식구 따위를 보살피다. ¶ 그 아주머니는 남의 자식을 친자식처럼 거두었다.
양육하다 ^{기출}	아이를 보살펴서 자라게 하다. ¶ 자녀를 양육하다.
결속 ^{기출}	한 덩어리가 되게 묶음. ¶ 의견을 종합하여 결속을 지었다.
결합	둘 이상의 사물이나 사람이 서로 관계를 맺어 하나가 됨. ¶ 물은 산소와 수소의 결합으로 이루어진다.
막연히	갈피를 잡을 수 없을 정도로 아득하게 ¶ 그는 사업이 부도가 나자 앞으로 살길이 막연히 느껴졌다.
어렴풋이 ^{기출}	기억이나 생각 따위가 뚜렷하지 아니하고 흐릿하게 ¶ 옛일을 어렴풋이 기억해 내다.
가깝다	성질이나 특성이 기준이 되는 것과 비슷하다. ¶ 이 그림은 거의 사실에 가까운 세밀한 묘사가 돋보인다.
유사하다 ^{기출}	서로 비슷하다. ¶ 그는 식성이 아버지와 유사하다.
따르다 ^{기출}	관례, 유행이나 명령, 의견 따위를 그대로 실행하다. ¶ 의회의 결정을 따르겠습니다.
준수하다	전례나 규칙, 명령 따위를 그대로 좇아서 지키다. ¶ 모든 국민은 헌법을 준수해야 할 의무를 지닌다.
쓰다	어떤 일을 하는 데에 재료나 도구, 수단을 이용하다. ¶ 마음의 병에는 쓸 약도 없다.
투여하다 ^{기출}	약을 환자에게 복용시키거나 주사하다. ¶ 그 약은 임산부나 허약자에게 투여하면 위험하다.
돌다	일정 범위 안을 이리저리 왔다 갔다 하다. ¶ 경비를 돌다.
순찰하다 ^{기출}	여러 곳을 돌아다니며 사정을 살피다. ¶ 사건 발생 지역 주변을 순찰하다.

힘쓰다 ^{기출}	힘을 들여 일을 하다. ¶ 학업에 힘쓰다.
매진하다	어떤 일을 전심전력을 다하여 해 나가다. ¶ 선생님은 오로지 후학들을 가르치는 일에만 매진해 왔습니다.
생각	사물을 헤아리고 판단하는 작용 ¶ 좋은 글이란, 글쓴이의 생각과 느낌이 효과적으로 표현·전달될 수 있는 글이다.
고찰 ^{기출}	어떤 것을 깊이 생각하고 연구함. ¶ 문화에 대한 고찰 없이 인간의 삶을 이해하는 것은 불가능하다.
거절	상대편의 요구, 제안, 선물, 부탁 따위를 받아들이지 않고 물리침. ¶ 친구의 부탁이라 거절도 못 했다.
고사 ^{기출}	제의나 권유 따위를 굳이 사양함. ¶ 수차례의 고사 끝에 결국에는 그 제의를 받아들이게 되었다.
사양	겸손하여 받지 아니하거나 응하지 아니함. 또는 남에게 양보함. ¶ 사양 말고 많이 드세요.
묵과	잘못을 알고도 그대로 넘김. ¶ 그들의 독재적인 행위를 이대로 묵과했다가는 앞으로 큰일이 날 것이다.
용인 ^{기출}	너그러운 마음으로 참고 용서함. ¶ 구시대의 악습을 용인할 수는 없다.
살다	어느 곳에 거주하거나 거처하다. ¶ 삼대가 한집에서 산다.
기거하다 ^{기출}	일정한 곳에서 먹고 자고 하는 따위의 일상적인 생활을 하다. ¶ 사랑채에 손님이 기거한다.
흔들리지 않다 ^{기출}	의지나 기상이 굳세고 건전하다. ¶ 그는 어떠한 난관에도 흔들리지 않았다.
강건하다	¶ 아무리 힘들고 어려운 역경이 닥칠지라도 강건한 정신으로 이겨나가야 한다.
갈등(葛藤)	두 가지 이상의 상반되는 요구나 욕구, 기회 또는 목표에 직면하였을 때, 선택을 하지 못하고 괴로워함. 또는 그런 상태 ¶ 노사 간의 갈등이 파업으로 발전되었다.

알력(軋轢)	서로 의견이 맞지 아니하여 사이가 안 좋거나 충돌하는 것을 이르는 말 ¶ 파벌 간의 알력이 끊일 날이 없다.
강등(降等)	등급이나 계급 따위가 낮아짐. ¶ 지난번 사고 이후 책임자는 대령에서 중령으로 강등되었다.
좌천(左遷)	낮은 관직이나 지위로 떨어지거나 외직으로 전근됨을 이르는 말 ¶ 중앙 부서의 기관장에서 하부 기관의 부서장으로 좌천하다.
고갱이	사물의 중심이 되는 부분을 비유적으로 이르는 말 ¶ 그의 삶 속에는 민족자존이라는 고갱이가 자리 잡고 있었다.
핵심(核心)	사물의 가장 중심이 되는 부분 ¶ 문제의 핵심을 집어내다.
기아(飢餓)	먹을 것이 없어 배를 곯는 것 ¶ 전쟁으로 수많은 사람이 기아와 궁핍에 떨고 있다.
기근(飢饉)	흉년으로 먹을 양식이 모자라 굶주림. ¶ 흉년이 들어 기근이 생기다.
남새	밭에서 기르는 농작물 ¶ 봄남새를 가꾸다.
푸성귀	사람이 가꾼 채소나 저절로 난 나물 따위를 통틀어 이르는 말 ¶ 집 근처 밭에 푸성귀를 심어 먹었다.
낭설(浪說)	터무니없는 헛소문 ¶ 낭설을 퍼뜨리다.
유언비어	아무 근거 없이 널리 퍼진 소문 ¶ 선거철에는 종종 상대 후보를 비방하는 유언비어가 떠돈다.
누대	누각과 대사와 같이 높은 건물 ¶ 산허리에 있는 누대에 오르니 성안이 잘 보인다.
타워	탑처럼 높게 만든 구조물 ¶ 승강기를 타고 타워의 꼭대기에 있는 전망대에 올라갔다.
당연(當然)	일의 앞뒤 사정을 놓고 볼 때 마땅히 그러함. 또는 그런 일 ¶ 누구나 죽는 건 지극히 당연한 일이다.

응당(應當)	그렇게 하거나 되는 것이 이치에 옳게 ¶ 응당 해야 할 일을 했을 뿐이다.
된바람 높바람	매섭게 부는 바람 ¶ 갑자기 된바람이 불어와 담벼락을 무너뜨렸다. ¶ 나는 높바람이 불어오는 뒷산에 올라가 분한 마음을 다스렸다.
돈독하다	도탑고 성실하다. ¶ 우애가 돈독하다.
두텁다	신의, 믿음, 관계, 인정 따위가 굳고 깊다. ¶ 친분이 두텁다.
대가	전문 분야에서 뛰어남을 인정받는 사람 ¶ 그의 시를 추천해 준 소위 대가 시인의 추천사가 걸작이었다.
장인	손으로 물건을 만드는 일을 직업으로 하는 사람 ¶ 그 미술가는 생명이 있는 듯한 조각품을 창조해 내는 장인이었다.
두둔 비호	편들어 감싸 주거나 역성을 들어 줌. ¶ 잘못해도 두둔만 하니 아이가 버릇이 없어진다. ¶ 그와 같은 엄청난 사건은 권력의 비호를 받지 않고서는 일어날 수 없다.
미궁	사건, 문제 따위가 얽혀서 쉽게 해결하지 못하게 된 상태 ¶ 미궁에 빠진 사건
오리무중	무슨 일에 대하여 방향이나 갈피를 잡을 수 없음을 이르는 말 ¶ 범인의 행방이 오리무중이다.
문외한	어떤 일에 전문적인 지식이 없는 사람 ¶ 이 창고의 창주는 창고업에 문외한이다.
아마추어	예술이나 스포츠, 기술 따위를 취미로 삼아 즐겨 하는 사람 ¶ 그의 바둑 실력은 대단하지만, 아직은 아마추어에 불과하다.
빌미	재앙이나 탈 따위가 생기는 원인 ¶ 독재자는 이를 탄압의 빌미로 삼았다.
도화선	사건이 일어나게 된 직접적인 원인 ¶ 사소한 오해가 싸움의 도화선이 되었다.
서거	'사거'의 높임말 참고 사거 : 죽어서 세상을 떠남. ¶ 조모의 서거가 못 견디게 슬프진 않았다.

타계	인간계를 떠나서 다른 세계로 간다는 뜻으로, 사람의 죽음 특히 귀인(貴人)의 죽음을 이르는 말 ¶ 정정하시던 선생님의 갑작스러운 타계로 우리들은 큰 충격을 받았다.	탄로	숨긴 일을 드러냄. ¶ 범인들은 범행이 탄로 나자마자 바로 도주해 버렸다.
작고	고인이 되었다는 뜻으로, 사람의 죽음을 높여 이르는 말 ¶ 장례식장에는 김 선생님의 작고를 슬퍼하는 조문객들로 가득했다.	누설	비밀이 새어 나감. 또는 그렇게 함. ¶ 암호의 누설은 조직의 동맥을 끊는 것이나 다름없었다.
별세	윗사람이 세상을 떠남. ¶ 조부모님의 별세를 알리는 전보가 왔다.	품격	사람 된 바탕과 타고난 성품 ¶ 품격이 있는 행동
얼개	어떤 사물이나 조직의 전체를 이루는 짜임새나 구조 ¶ 그의 머릿속에 사건의 얼개가 어렴풋이 드러나기 시작했다.	기품	인격이나 작품 따위에서 드러나는 고상한 품격 ¶ 기품이 있는 귀부인
짜임새	1. 짜인 모양새 ¶ 이 스웨터는 짜임새가 거칠다. 2. 글, 이론 따위의 내용이 앞뒤의 연관과 체계를 제대로 갖춘 상태 ¶ 이 글은 논문으로서의 짜임새를 제대로 갖추고 있다.	허다하다	수효가 매우 많다. ¶ 부정부패와 부조리의 사례는 우리 주위에 허다하게 널려 있다.
		수두룩하다	매우 많고 흔하다. ¶ 시장 어귀 좌판에는 제철을 만난 귤이 수두룩하게 쌓여 있었다.
조악(粗惡)	거칠고 나쁘다. ¶ 투박하고 조악한 싸구려 옷장	화두	이야기의 첫머리 ¶ 영철이는 또 이데올로기 문제를 가지고 화두를 꺼냈다.
조잡(粗雜)	말이나 행동, 솜씨 따위가 거칠고 잡스러워 품위가 없다. ¶ 주위의 풍경은 천연색 사진처럼 선명하고 울긋불긋하고 조잡하다.	말머리	이야기를 시작할 때의 말의 첫마디 ¶ 건 대장은 유달리 말머리에 '에헴' 소리를 삽입하는 습성을 갖고 있다.
초석(礎石)	기둥 밑에 기초로 받쳐 놓은 돌 ¶ 흔히 빌딩의 초석은 육중한 건물을 떠받들고 있지만 사람들은 거기다가 오줌을 깔기기가 일쑤다.	튼실하다	튼튼하고 실하다. ¶ 튼실하게 자란 나무
주춧돌	¶ 이 산을 조금만 더 올라가면 주춧돌만이 여러 개 남아 있는 절터가 있다.	견고하다	굳고 단단하다. ¶ 아무리 견고한 참나무라도 연단 도끼질에는 쓰러지게 마련이다.
차치하다	내버려 두고 문제 삼지 아니하다. ¶ 스스로 책임져야 할 모든 요소를 차치하고, 오로지 환경의 죄로 돌리는 것은 찬성할 수 없는 태도다.	된서리	늦가을에 아주 되게 내리는 서리 ¶ 된서리 때문에 벼 수확에 지장이 생겼다.
		무서리	늦가을에 처음 내리는 묽은 서리 ¶ 여름이 극성스럽게 덥더니 추위도 그럴 징조인지 예년보다 무서리가 일찍 내리었다.
		공경하다	공손히 받들어 모시다. ¶ 어른을 공경하다.
덮다	어떤 사실이나 내용 따위를 따져 드러내지 않고 그대로 두거나 숨기다. ¶ 지난 일을 덮어 두다.	받들다	공경하여 모시다. 또는 소중히 대하다. ¶ 그 부부는 외동딸을 금지옥엽으로 받들고 있다.
		수긍(首肯)	옳다고 인정함. ¶ 그는 어머니의 이야기를 듣더니 수긍이 가는 듯 고개를 끄덕인다.

납득(納得)	다른 사람의 말이나 행동, 형편 따위를 잘 알아서 긍정하고 이해함. ¶ 그는 간혹 납득이 안 가는 행동을 한다.	맞닥뜨리다	좋지 않은 일 따위에 직면하다. ¶ 막상 이런 일에 맞닥뜨리고 보니 아무 정신이 없었다.
사양(斜陽)	새로운 것에 밀려 점점 몰락해 감을 비유적으로 이르는 말 ¶ 사양의 길로 접어들다.	준비하다	미리 마련하여 갖추다. ¶ 그는 시험을 철저하게 준비하였다.
몰락(沒落)	1. 재물이나 세력 따위가 쇠하여 보잘것없이 됨. 2. 멸망하여 모조리 없어짐. ¶ 궁예의 몰락과 왕건의 건국	대비하다	앞으로 일어날지도 모르는 어떠한 일에 대응하기 위하여 미리 준비하다. ¶ 만일의 사태에 대비하다.
강파르다	몸이 야위고 파리하다. ¶ 그 사나이는 몸이 너무 강팔라서 불쌍해 보였다.	범연하다	차근차근한 맛이 없이 데면데면하다. ¶ 강실이를 마주할 때는 일부러 더 무심하고 범연한 척했던 것이다.
파리하다	몸이 마르고 낯빛이나 살색이 핏기가 전혀 없다. ¶ 파리하게 시든 병약한 청년이 불안한 눈동자로 나를 관찰하고 있었다.	데면데면하다	사람을 대하는 태도가 친밀감이 없이 예사롭다. ¶ 그들의 시선은 서로 전혀 모르는 사이처럼 데면데면하다.
월봉(越俸) 감봉(減俸)	봉급을 줄임. ¶ 고종의 엄한 영에 따라 조병갑은 파직을 하고 김문현에게는 월봉 3개월의 처분이 내려졌으며…. ¶ 그는 무단결근으로 감봉 처분을 당했다.	잠잠하다	1. 분위기나 활동 따위가 소란하지 않고 조용하다. ¶ 마루와 건넌방 사이에서 남매가 주거니 받거니 하다가 잠깐 잠잠하다. 2. 말없이 가만히 있다. ¶ 아이가 잠잠하게 있다.
도출하다	판단이나 결론 따위를 이끌어 내다. ¶ 노사는 계속 협상을 벌였으나 협상이 거듭되는 과정에서 합의를 도출하는 데 실패하였다.	고요하다	조용하고 잠잠하다. ¶ 텅 빈 방 안이 고요하고 쓸쓸하다.
귀납하다	개별적인 특수한 사실이나 원리로부터 일반적이고 보편적인 명제 및 법칙을 유도해 내다. 추리하고 사고하는 방식의 하나로, 개연적인 확실성만을 가진다. ¶ 독자적인 현상처럼 보이는 다음 몇 가지 것을 면밀히 분석해서 귀납해 보면, 우리는 하나의 결론을 얻을 수 있다.	조용하다	1. 아무런 소리도 들리지 않고 고요하다. ¶ 새벽 거리는 조용하다 못해 적막했다. 2. 말이나 행동, 성격 따위가 수선스럽지 않고 매우 얌전하다. ¶ 그녀는 말 한마디 없이 조용하게 밥을 먹고 있었다.
발현하다 현발하다	속에 있거나 숨은 것이 밖으로 나타나다. 또는 나타나게 하다. ¶ 의병 활동은 민중의 애국 애족 의식이 발현한 것으로 독립운동의 모태가 되었다. ¶ 도적이 현발하는 대로 잡고 만일 혹 도적을 심상히 하면 그 죄로서 죄를 주고….	묵묵하다	말없이 잠잠하다. ¶ 어려운 여건에서도 아내는 묵묵하게 살림을 꾸려 나갔다.
		소원(所願)	일이 이루어지기를 바람. 또는 그런 일 ¶ 여동생은 따로 방을 쓰는 게 소원이었다.
		염원(念願)	마음에 간절히 생각하고 기원함. 또는 그런 것 ¶ 염원이 이루어지다.
		희망(希望)	어떤 일을 이루거나 하기를 바람. ¶ 젊은이들에게 희망과 용기를 불어넣다.
봉착하다	어떤 처지나 상태에 부닥치다. ¶ 미순을 데리고 사는 덴 그다지 불편을 느끼지 않았지만 커다란 문제에 봉착하고야 말았다.	숙원(宿願)	오래전부터 품어 온 염원이나 소망 ¶ 숙원을 이루다.

배타(排他)	남을 배척함. ¶ 지나친 배타는 사회관계를 파괴한다.
배척(排斥)	따돌리거나 거부하여 밀어 내침. ¶ 반대파에게 배척을 당하다.
산수(山水)	산과 물이라는 뜻으로, 경치를 이르는 말 ¶ 옛 선비들은 우리나라의 산수를 화폭에 즐겨 담았다.
경물(景物)	계절에 따라 달라지는 경치 ¶ 이러한 중에 깊은 가을의 소슬한 경물이 마음을 더욱 설레어 움직이게 하였다.
산재(散在)	여기저기 흩어져 있음. ¶ 중국 대륙에 산재하여 독립운동에 참여하던 수많은 청년들
낭자(狼藉)	여기저기 흩어져 어지럽다. ¶ 신발짝들이 사방에 낭자하게 흩어져 있다.
구금(拘禁)	형이 확정되지 않은 피고인 또는 피의자를 구치소나 교도소 따위에 가두어 신체의 자유를 구속하는 강제 처분. 형이 확정되면 구금 일수를 계산하여 형을 집행한 것과 동일하게 취급한다. ¶ 그는 지금 그리 명예스럽지도 못한 일로 구금이 되어 있다.
구류(句留)	¶ 경찰서에서 난동을 부리던 사내는 결국 공무 집행 방해로 구류를 당했다.
무시(無視)	1. 사물의 존재 의의나 가치를 알아주지 아니함. 2. 사람을 깔보거나 업신여김. ¶ 내가 자네보다 못 배웠다고 무시 말게.
묵살(默殺)	의견이나 제안 따위를 못 들은 척함. ¶ 아무리 주의를 쏟고 들어도 인민 공화국에 관한 언급은 없다. 완전한 묵살이다.
완결(完結)	완전하게 끝을 맺음. ¶ 완결 짓고 보니 아무래도 만족스럽지 못한 작품이 되고 말았다.
종료(終了)	어떤 행동이나 일 따위가 끝남. 또는 행동이나 일 따위를 끝마침. ¶ 경기 종료 1분 전에 우리 팀 선수가 역전골을 넣었다.
인식(認識)	사물을 분별하고 판단하여 앎. ¶ 청소년에게 올바른 인식을 심어 주다.
인지(認知)	어떤 사실을 인정하여 앎. ¶ 그는 환자의 상태를 매우 위급한 상황이라고 인지하고, 급히 응급 처치를 하였다.

실정(實情)	실제의 사정이나 정세 ¶ 국내의 실정에 밝다.
실상(實相)	실제 모양이나 상태 ¶ 사물의 실상
대책(對策)	어떤 일에 대처할 계획이나 수단 ¶ 뾰족한 대책이 떠오르지 않는다.
방책(方策)	방법과 꾀를 아울러 이르는 말 ¶ 이번 사건을 수습할 방책이 묘연했다.
방해(妨害)	남의 일을 간섭하고 막아 해를 끼침. ¶ 그는 공무 집행 방해로 구속되었다.
훼방(毀謗)	남의 일을 방해함. ¶ 경쟁 회사의 훼방으로 이번 행사는 취소되었다.
기대(期待)	어떤 일이 원하는 대로 이루어지기를 바라면서 기다림. ¶ 이번 승리는 정말 기대 밖의 일이었다.
예기(豫期)	앞으로 닥쳐올 일에 대하여 미리 생각하고 기다림. ¶ 예기하지 않았던 뜻밖의 사태가 벌어져서 무척 당황스럽다.
소식(素食)	고기반찬이 없는 밥 ¶ 이 집에 찾아왔던 손님들이 마침 끼니때가 되어 함께 상을 받으면 그 소반에 우선 놀라 버린다.
소반(素飯)	
전제(前提)	어떠한 사물이나 현상을 이루기 위하여 먼저 내세우는 것 ¶ 그들은 결혼을 전제로 사귀고 있다.
선행(先行)	어떠한 것보다 앞서가거나 앞에 있음 ¶ 내 앞에 선행하는 사람이 몇 명 있기는 했다.
협잡(挾雜)	옳지 아니한 방법으로 남을 속임. ¶ 혹시 변호사가 중간에서 돈이나 먹으려고 협잡을 치는 것이나 아닌가.
사기(詐欺)	나쁜 꾀로 남을 속임. ¶ 그는 아무것도 모르는 아이들을 상대로 사기를 쳤다.
하리놀다	남을 헐뜯어 윗사람에게 일러바치다. ¶ 만약에 그런 속내평을 했다가 누가 하리노는 놈이라도 있으면 그대로 소작이 날아가고 말기 때문이었다.

참소하다	남을 헐뜯어서 죄가 있는 것처럼 꾸며 윗사람에게 고하여 바치다. ¶ 간신들은 저마다 임금에게 세자를 참소하기 시작했다.
잡도리하다	1. 단단히 준비하거나 대책을 세우다. 2. 잘못되지 않도록 엄하게 단속하다. ¶ 자식을 엄하게 잡도리하다.
다잡다	1. 다그쳐 단단히 잡다. ¶ 동생은 며칠 남지 않은 시험을 위해 마음을 다잡고 공부를 시작했다. 2. 단단히 다스리거나 잡도리하다. ¶ 반 아이들이 잠시라도 한눈을 팔면 말썽을 피우니 소풍을 가면 아이들을 어지간히 다잡지 않고서는 안 될 것 같습니다.
간과하다	큰 관심 없이 대강 보아 넘기다. ¶ 새로운 시대의 새로운 교육의 요구를 충족시켜 준 점도 간과할 수 없는 것이다.
방과하다	그대로 지나치다. ¶ 부득불 획일적인 규율을 적용하여 일찍이 방과한 적이 없었더니 지금에야 그 보람이 나타나게 되었다.
저어하다	염려하거나 두려워하다. ¶ 그는 남의 귀를 저어하기는 커녕 오히려 다들들으란 듯이 큰 목소리로 말했다.
두려워하다	꺼려 하거나 무서워하는 마음을 갖다. ¶ 외부의 적만 두려워해서는 안 되고 내부를 잘 정비해야 한다.

 핵심 04 혼동하기 쉬운 단어

가늠	사물을 어림잡아 헤아림. ¶ 그 건물의 높이가 가늠이 안 된다.
가름	쪼개거나 나누어 따로따로 되게 하는 일 ¶ 둘로 가름
갈음	다른 것으로 바꾸어 대신함. ¶ 새 책상으로 갈음하였다.
가없다	끝이 없다. ¶ 나의 가없는 의문들
가엾다	마음이 아플 만큼 안 되고 처연하다. ≒가엽다. ¶ 소년 가장이 된 그 애가 보기에 너무 가엾었다.
간가	1. 집의 칸살의 얽이 ¶ 간가의 높은 마루를 돌아 한 방에 모였다. 2. 시문이나 필획의 짜임새
간극	사물·시간·두 가지 사건 및 현상 사이의 틈 ¶ 이론과 현실 사이의 간극
간간이	시각적인 사이를 두고서 가끔씩 ≒간간 ¶ 간간이 들려오는 기적 소리
간간히	입맛 당기게 약간 짠 듯이 ¶ 간간히 조리다.
갹출	각각 내놓음. ¶ 재벌 기업마다 수재 의연금의 갹출을 약속하였다.
각출	같은 목적을 위하여 여러 사람이 돈을 나누어 냄 ≒갹출 ¶ 행사 비용 각출
갑절	어떤 수나 양을 두 번 합한 만큼, 두 배일 때만 쓰임. ¶ 너는 나보다 갑절 일했다.
곱절	일정한 수나 양이 그 수만큼 거듭됨을 이르는 말, 세 배 이상일 때 쓰임. ¶ 수입이 세 곱절 늘었다.
값	물건을 사고팔 때 주고받는 돈 ¶ 값을 주다.
삯	어떤 물건이나 시설을 이용하고 주는 돈 ¶ 물건을 빌린 삯을 지불하다.

거름	식물이 잘 자라도록 땅을 기름지게 하기 위하여 주는 물질 ¶ 풀을 썩힌 거름	깔보다	얕잡아 보다. ¶ 어리다고 그 아이를 무시하고 깔보다가는 큰코 다친다.
걸음	두 발을 번갈아 옮겨 놓는 동작 ¶ 빠른 걸음	껍데기	달걀이나 조개 따위의 겉을 싸고 있는 단단한 물질 ¶ 달걀 껍데기를 깨뜨리다.
거치다	오가는 도중에 어디를 지나거나 들르다. ¶ 영월을 거쳐 왔다.	껍질	물체의 겉을 싸고 있는 단단하지 않은 물질 ¶ 귤의 껍질을 까다.
걷히다	'걷다('거두다'의 준말)'의 피동사 ¶ 외상값이 잘 걷힌다.	그러므로 (그러니까)	¶ 그는 부지런하다. 그러므로 잘 산다.
걷잡다	한 방향으로 치우쳐 흘러가는 형세 따위를 붙들어 잡다. ¶ 걷잡을 수 없는 상태	그럼으로써(그렇게 하는 것으로)	¶ 그는 열심히 공부한다. 그럼으로(써) 은혜에 보답한다.
겉잡다	겉으로 보고 대강 짐작하여 헤아리다. ¶ 겉잡아서 이틀 걸릴 일	낟알	껍질을 벗기지 아니한 곡식의 알 ¶ 낟알을 줍다.
결재	결정할 권한이 있는 상관이 부하가 제출한 안건을 검토하여 허가하거나 승인함. ¶ 결재가 나다.	낱알	하나하나 따로따로인 알
결제	증권 또는 대금을 주고받아 매매 당사자 사이의 거래 관계를 끝맺는 일 ¶ 어음의 결제	낫잡다	금액, 나이, 수량, 수효 따위를 계산할 때에 조금 넉넉하게 치다. ¶ 손님이 더 올지 모르니 음식을 낫잡아 준비해라.
곤욕	심한 모욕, 또는 참기 힘든 일 ¶ 곤욕을 치르다.	낮잡다	실제로 지닌 값보다 낮게 치다. ¶ 물건 값을 낮잡아 부르다.
곤혹	곤란한 일을 당하여 어찌할 바를 모름. ¶ 예기치 못한 질문에 곤혹을 느끼다.	너머	높이나 경계로 가로막은 사물의 저쪽. 또는 그 공간 ¶ 고개 너머, 산 너머
골다	잠잘 때 거친 숨결이 콧구멍을 울려 드르렁거리는 소리를 내다. ¶ 그 사람 코를 고는 소리가 요란해서 나는 한숨도 자지 못했다.	넘어	일정한 시간, 시기, 범위 따위에서 벗어나 지나다. ¶ 그 일이 끝난지 한 달이 넘었다.
곯다	속이 물크러져 상하다. ¶ 참외가 속으로 곯아서 만져 보면 물컹거린다.	너비	평면이나 넓은 물체의 가로로 건너지른 거리 ▶길이 ¶ 강의 너비, 도로의 너비
그슬다	불에 겉만 약간 타게 하다. ¶ 장작불에 털을 그슬다.	넓이	일정한 평면에 걸쳐 있는 공간이나 범위의 크기 ▶면적 ¶ 책상 넓이만한 책
그을다	햇볕이나 불, 연기 따위를 오래 쬐어 검게 되다. ¶ 햇볕에 얼굴이 검게 그을었다.	노름	돈이나 재물 따위를 걸고 주사위, 골패, 마작, 화투, 트럼프 따위를 써서 서로 내기를 하는 일 ¶ 노름판이 벌어졌다.
깐보다	어떤 형편이나 기회에 대하여 마음속으로 가늠하다. 또는 속을 떠보다. ¶ 일을 깐보고 시작하다.	놀음(놀이)	여러 사람이 모여서 즐겁게 노는 일. 또는 그런 활동 ¶ 즐거운 놀음

느리다	어떤 동작을 하는 데 걸리는 시간이 길다. ¶ 진도가 너무 느리다.	띠다	빛깔이나 색채 따위를 가지다. ¶ 그녀의 반지가 붉은색을 띠었다.
늘이다	본디보다 더 길어지게 하다. ¶ 고무줄을 늘인다.	띄다	'뜨이다(눈에 보이다)'의 준말 ¶ 원고에 오탈자가 눈에 띈다.
늘리다	물체의 넓이, 부피 따위를 본디보다 커지게 하다. ¶ 수출량을 더 늘린다.	-ㄹ는지	뒤 절이 나타내는 일과 상관이 있는 어떤 일의 실현 가능성에 대한 의문을 나타내는 연결 어미 ¶ 비가 올는지 바람이 몹시 강하다.
다리다	옷이나 천 따위의 주름이나 구김을 펴고 줄을 세우기 위하여 다리미나 인두로 문지르다. ¶ 옷을 다린다.	-ㄹ런지	'-ㄹ는지'의 잘못
달이다	액체 따위를 끓여서 진하게 만들다. ¶ 약을 달인다.	마치다	어떤 일이나 과정, 절차 따위가 끝나다. 또는 그렇게 하다. ¶ 벌써 일을 마쳤다.
다치다	부딪치거나 맞거나 하여 신체에 상처가 생기다. ¶ 부주의로 손을 다쳤다.	맞히다	문제에 대한 답을 틀리지 않게 하다. ¶ 여러 문제를 더 맞혔다.
닫히다	열린 문짝, 뚜껑, 서랍 따위가 도로 제자리로 가 막히다. ¶ 문이 저절로 닫혔다.	마파람	뱃사람들의 은어로, '남풍'을 이르는 말 ¶ 마파람에 게 눈 감추듯
닫치다	열린 문짝, 뚜껑, 서랍 따위를 꼭꼭 또는 세게 닫다. ¶ 문을 힘껏 닫쳤다.	맞바람	사람이나 물체의 진행 방향과 반대 방향으로 부는 바람 ¶ 맞바람 속을 뚫고 걸어가면서 생각하였다.
단근질	불에 달군 쇠로 몸을 지지는 일 ≒낙형 ¶ 그는 모진 단근질까지 당하고도 말문을 끝까지 열지 않았다.	막역하다	허물이 없이 아주 친하다. ¶ 막역한 친구
담금질	고온으로 열처리한 금속 재료를 물이나 기름 속에 담가 식히는 일 ¶ 쇠를 단단하게 하려면 담금질을 해야 한다.	막연하다	갈피를 잡을 수 없게 아득하다. ¶ 앞으로 살아갈 길이 막연하다.
돋구다	안경의 도수 따위를 더 높게 하다. ¶ 눈이 침침한 걸 보니 안경의 도수를 돋굴 때가 되었나 보다.	매다	끈이나 줄 따위의 두 끝을 엇걸고 잡아당기어 풀어지지 아니하게 마디를 만들다. ¶ 신발 끈을 매다.
돋우다	위로 끌어 올려 도드라지거나 높아지게 하다. ¶ 호롱불의 심지를 돋우다.	메다	어깨에 걸치거나 올려놓다. ¶ 어깨에 배낭을 메다.
-데	'곳'이나 '장소'의 뜻을 나타내는 말 ¶ 의지할 데 없는 나, 그녀가 사는 데가 어디인가	면면이	저마다 따로따로, 또는 여러 면에 있어서 ¶ 그는 모인 사람 모두에게 면면이 찾아다니며 인사를 하였다.
-대	다른 사람에게 들은 어떤 사실을 상대방에게 옮겨 전하는 말 ¶ 그 남자가 그녀를 떠났대.	면면히	끊어지지 않고 죽 잇따라 ¶ 우리 단일 민족은 면면히 이어 왔습니다.
또	어떤 일이 거듭하여 ¶ 또 일이 생겼다.	목매다	높은 곳에 목을 걸어 매달다, 일이나 사람에게 전적으로 의지하다. ¶ 이 정도까지 사사로운 건에 목매어 있으면 안 된다.
또한	어떤 것을 전제로 하고 그것과 같게 ¶ 너가 그 일을 하면 나 또한 그 일을 하겠다.	목메다	기쁨이나 설움 따위의 감정이 북받쳐 기운이 목에 엉기어 막히다. ¶ 설움에 목메어 하염없이 울었다.

묵다	일정한 때를 지나서 오래된 상태가 되다. ¶ 묵은 때를 벗기다.	부딪히다	무엇과 무엇이 힘 있게 마주 닿게 되거나 마주 대게 되다. 또는 닿게 되거나 대게 되다. '부딪 다'의 피동사 ¶ 마차가 화물차에 부딪혔다.
묶다	끈, 줄 따위를 매듭으로 만들다. ¶ 신발 끈을 묶다.	부치다	모자라거나 미치지 못하다. ¶ 힘이 부치는 일이다.
목거리	목이 붓고 아픈 병 ¶ 목거리가 덧났다.	붙이다	맞닿아 떨어지지 않게 하다. '붙다'의 사동사 ¶ 우표를 붙인다.
목걸이	목에 거는 물건을 통틀어 이르는 말 ¶ 금목걸이, 은목걸이	불고하다	돌아보지 아니하다. ¶ 체면을 불고하다.
바치다	신이나 웃어른에게 정중하게 드리다. ¶ 나라를 위해 목숨을 바쳤다.	불구하다	얽매여 거리끼지 아니하다. ≒물구하다 ¶ 몸살에도 불구하고 출근하다.
받치다	물건의 밑이나 옆에 다른 물체를 대다. ¶ 우산을 받치고 간다.	불다	바람이 일어나서 어느 방향으로 움직이다. ¶ 동풍이 부는 날
받히다	머리나 뿔 따위에 세차게 부딪히다. '받다'의 피동사 ¶ 쇠뿔에 받혔다.	붇다	물에 젖어서 부피가 커지다. ¶ 콩이 붇다.
밭치다	'밭다'를 강조하여 이르는 말 ¶ 술을 체에 밭친다.	비스듬하다	수평이나 수직이 되지 아니하고 한쪽으로 기운 듯하다. ¶ 책들이 비스듬하게 꽂혀 있다.
반드시	틀림없이 꼭 ¶ 약속은 반드시 지켜라.	비스름하다	거의 비슷하다. ¶ 그는 아버지와 겉모양은 비스름했지만 성격은 아주 딴판이다.
반듯이	작은 물체, 또는 생각이나 행동 따위가 비뚤어지거나 기울거나 굽지 않고 바르게 ¶ 고개를 반듯이 들어라.	살찌다	몸에 살이 필요 이상으로 많아지다(동사). ¶ 그는 너무 살쪘다.
반증	어떤 사실이나 주장이 옳지 아니함을 그에 반대 되는 근거를 들어 증명함. 또는 그런 증거 ¶ 우리에겐 그 사실을 뒤집을 만한 반증이 없다.	살지다	살이 많고 튼실하다(형용사). ¶ 살진 송아지
방증	사실을 직접 증명할 수 있는 증거가 되지는 않지만, 주변의 상황을 밝힘으로써 간접적으로 증명에 도움을 줌. 또는 그 증거 ¶ 방증 자료	새다	기체, 액체 따위가 틈이나 구멍으로 조금씩 빠져 나가거나 나오다. ¶ 지붕에서 비가 샌다.
부수다	단단한 물체를 여러 조각이 나게 두드려 깨뜨리다. ¶ 돌을 잘게 부수다.	세다	머리카락이나 수염 따위의 털이 희어지다. ¶ 머리가 허옇게 세다.
부시다	그릇 따위를 씻어 깨끗하게 하다. ¶ 솥을 부시다.	새우다	한숨도 자지 아니하고 밤을 지내다. ≒패다 ¶ 밤을 새워 공부하다.
부딪치다	'부딪다'를 강조하여 이르는 말(능동의 의미가 있음) ¶ 차와 차가 마주 부딪쳤다.	세우다	몸이나 몸의 일부를 곧게 펴게 하거나 일어서게 하다. ¶ 머리를 꼿꼿이 세우다.
		쇠락	쇠약하여 말라서 떨어짐. ¶ 척신하지 않는 기업은 쇠락의 길을 걷기 마련 이다.

쇄락	기분이나 몸이 상쾌하고 깨끗함. ¶ 심신이 맑아지는 상태에 영문 모를 쇄락을 지니기도 하였다.
시간	어떤 시각에서 어떤 시각까지의 사이 ¶ 기다리는 시간은 지루하다.
시각	시간의 어느 한 시점 ¶ 해가 지는 시각
시키다	어떤 일이나 행동을 하게 하다. ¶ 일을 시킨다.
식히다	더운 기를 없애다. '식다'의 사동사 ¶ 끓인 물을 식힌다.
실랑이	이러니저러니, 옳으니 그르니 하며 남을 못살게 굴거나 괴롭히는 일 ¶ 사채업자들에게 실랑이를 당하다.
승강이	자기 주장을 고집하며 옥신각신하는 일 ¶ 가벼운 접촉사고로 인해 운전자들 사이에 승강이가 벌어졌다.
실재	실제로 존재함. ¶ 실재의 인물
실제	사실의 경우나 형편 ¶ 실제 모습
썩이다	'썩다(걱정이나 근심 따위로 마음이 몹시 괴로운 상태가 되다)'의 사동사 ¶ 그 애는 부모 속을 썩였다.
썩히다	'썩다(유기물이 부패 세균에 의하여 분해됨으로써 원래의 성질을 잃어 나쁜 냄새가 나고 형체가 뭉개지는 상태가 되다)'의 사동사 ¶ 음식을 썩혔다.
아름	두 팔을 둥글게 모아서 만든 둘레 ¶ 세 아름 되는 둘레
알음	사람끼리 서로 아는 일 ¶ 전부터 알음이 있는 사이
앎	아는 일 ¶ 앎이 힘이다.
안치다	밥, 떡, 찌개 따위를 만들기 위하여 그 재료를 솥이나 냄비 따위에 넣고 불 위에 올리다. ¶ 밥을 안친다.

앉히다	사람이나 동물이 윗몸을 바로 한 상태에서 엉덩이에 몸무게를 실어 다른 물건이나 바닥에 몸을 올려놓게 하다. ¶ 윗자리에 앉힌다.
알맞은	일정한 기준, 조건, 정도 따위에 넘치거나 모자라지 아니한 데가 있다. ¶ 키에 알맞게 의자 높이를 조절하였다.
알맞는	'맞는'의 잘못된 표현
얼음	물이 얼어서 굳어진 물질 ¶ 커피에 얼음을 넣어 마셨다.
어름	두 사물의 끝이 맞닿은 자리 ¶ 눈두덩과 광대뼈 어름에 멍이 들었다.
여위다	몸의 살이 빠져 파리하게 되다. ¶ 여윈 손
여의다	부모나 사랑하는 사람이 죽어서 이별하다. ¶ 그는 일찍이 부모를 여의고 고아로 자랐다.
옷거리	옷을 입은 모양새 ¶ 그는 옷거리가 좋다.
옷걸이	옷을 걸어 두도록 만든 물건 ¶ 그는 집에 돌아오자마자 외투를 벗어 옷걸이에 걸었다.
유래	사물이나 일이 생겨남. 또는 그 사물이나 일이 생겨난 바 ¶ 한식의 유래
유례	같거나 비슷한 예 ¶ 세계에서 유례를 찾기 힘든 것이다.
유의하다	마음에 새겨 두어 조심하며 관심을 가지다. ¶ 건강에 유의하다.
유이하다	살이 찌고 기름기가 돌아 번지르르하다. ¶ 몸에 좋은 것을 먹어서인지 그는 유이한 모습이 되었다.
이따가	조금 지난 뒤에 ¶ 이따가 오너라.
있다가	사람, 동물, 물체 따위가 실제로 존재하는 상태이다. ¶ 돈은 있다가도 없다.
일절	아주, 전혀, 절대로의 뜻으로, 흔히 행위를 그치게 하거나 어떤 일을 하지 않을 때에 쓰는 말 ¶ 출입을 일절 금하다.

일체	모든 것 ¶ 도난에 대한 일체의 책임을 지다.
작다	길이, 넓이, 부피 따위가 비교 대상이나 보통보 다 덜하다. ¶ 키가 작은 어린 나무
적다	수효나 분량, 정도가 일정한 기준에 미치지 못 하다. ¶ 월급이 적다.
저리다	뼈마디나 몸의 일부가 오래 눌려서 피가 잘 통 하지 못하여 감각이 둔하고 아리다. ¶ 다친 다리가 저린다.
절이다	무성귀나 생선 따위를 소금기나 식초, 설탕 따위 에 담가 간이 배어들게 하다. '절다'의 사동사 ¶ 김장 배추를 절인다.
재고	어떤 일이나 문제 따위에 대하여 다시 생각함. ¶ 그 일의 결과는 너무나 뻔하므로 재고의 여지도 없다.
제고	쳐들어 높임. ¶ 생산성의 제고
좇다	목표, 이상, 행복 따위를 추구하다. ¶ 명예를 좇는 젊은이
쫓다	어떤 대상을 잡거나 만나기 위하여 뒤를 급히 따르다. ¶ 쫓고 쫓기는 숨 막히는 추격적을 벌이다.
조리다	양념을 한 고기나 생선, 채소 따위를 국물에 넣 고 바짝 끓여서 양념이 배어들게 하다. ¶ 생선을 조린다.
졸이다	(주로 '마음', '가슴' 따위와 함께 쓰여)속을 태 우다시피 초조해하다. ¶ 마음을 졸인다.
주리다	제대로 먹지 못하여 배를 곯다. ¶ 여러 날을 주렸다.
줄이다	물체의 길이나 넓이, 부피 따위를 본디보다 작 게 하다. '줄다'의 사동사 ¶ 비용을 줄인다.
지양	더 높은 단계로 오르기 위하여 어떠한 것을 하 지 아니함.
지향	어떤 목표로 뜻이 쏠리어 향함. 또는 그 방향이 나 그쪽으로 쏠리는 의지 ¶ 평화 통일 지향

지피다	아궁이나 화덕 따위에 땔나무를 넣어 불을 붙 이다. ¶ 군불을 지피다.
짚이다	헤아려 본 결과 어떠할 것으로 짐작이 가다. ¶ 아무리 생각해 보아도 짚이는 바가 없다.
째	'그대로' 또는 '전부'의 뜻을 더하는 접미사 ¶ 비바람에 나무가 뿌리째 뽑혔다.
채	이미 있는 상태 그대로 있다는 뜻을 나타내 는 말 ¶ 옷을 입은 채로 욕조에 들어갔다.
첫째, 둘째	사물이나 물건의 차례 또는 그런 차례의 ¶ 시리즈물의 첫째 권
첫 번째, 두 번째	반복하는 일의 횟수의 차례 ¶ 첫 번째 경기, 두 번째 경기
틀리다	셈이나 사실 따위가 그르게 되거나 어긋나다. ¶ 시험문제의 답이 틀렸다.
다르다	비교가 되는 두 대상이 서로 같지 아니하다. ¶ 아들과 아버지가 서로 다르다.
편재	한 곳에 치우쳐 있음. ¶ 부의 편재
편제	어떤 조직이나 기구를 편성하여 체제를 조직함 또는 그 기구나 체제 ¶ 조직의 편제
푼푼이	한 푼씩 한 푼씩 ¶ 푼푼이 번 돈
푼푼히	모자람이 없이 넉넉하게 ¶ 용돈을 푼푼히 주다.
하노라고	¶ 하노라고 한 것이 이 모양이다.
하느라고	¶ 공부하느라고 밤을 새웠다.
한나절	하룻낮의 반(半) ¶ 한나절이 걸리는 거리
반나절	한나절의 반 ¶ 반나절만에 끝났다.
한참	시간이 상당히 지나는 동안 ¶ 한참 뒤
한창	어떤 일이 가장 활기 있고 왕성하게 일어나는 때, 또는 어떤 상태가 가장 무르익은 때 ¶ 공사가 한창인 아파트

해어지다 (해지다)	닳아서 떨어지다. ¶ 옷소매가 너덜너덜하게 해져 있었다.
헤어지다	모여 있던 사람들이 따로따로 흩어지다. 정을 끊고 갈라서다. ¶ 다시 만남을 기약하고 헤어지다.
느니보다(어미)	¶ 나를 찾아오느니보다 집에 있거라.
는 이보다 (의존 명사)	¶ 오는 이가 가는 이보다 많다.
(으)리만큼(어미)	¶ 나를 미워하리만큼 그에게 잘못한 일이 없다.
(으)ㄹ 이만큼 (의존 명사)	¶ 찬성할 이도 반대할 이만큼이나 많을 것이다.
(으)러(목적)	¶ 공부하러 간다.
(으)려(의도)	¶ 서울 가려 한다.
(으)로서(자격)	¶ 사람으로서 그럴 수는 없다.
(으)로써(수단)	¶ 닭으로써 꿩을 대신했다.
(으)므로(어미)	¶ 그가 나를 믿으므로 나도 그를 믿는다.
(-ㅁ, -음) 으로(써)(조사)	¶ 그는 믿음으로(써) 산 보람을 느꼈다.

핵심 05 · 한글 맞춤법

▶ 1. 된소리 [5항] ◀

한 단어 안에서 뚜렷한 까닭 없이 나는 된소리는 다음 음절의 첫소리를 된소리로 적는다.
1. 두 모음 사이에서 나는 된소리 예 소쩍새, 어깨, 오빠
2. 'ㄴ, ㄹ, ㅁ, ㅇ' 받침 뒤에서 나는 된소리
 예 산뜻하다, 잔뜩, 살짝
다만, 'ㄱ, ㅂ' 받침 뒤에서 나는 된소리는, 같은 음절이나 비슷한 음절이 겹쳐 나는 경우가 아니면 된소리로 적지 아니한다.
예 국수, 깍두기, 딱지, 색시

▶ 2. 구개음화 [6항] ◀

'ㄷ, ㅌ' 받침 뒤에 종속적 관계를 가진 '-이(-)'나 '-히-'가 올 적에는 그 'ㄷ, ㅌ'이 'ㅈ, ㅊ'으로 소리 나더라도 'ㄷ, ㅌ'으로 적는다. 예 맏이, 해돋이, 굳이, 같이

▶ 3. 'ㄷ' 소리 받침 [7항] ◀

'ㄷ' 소리로 나는 받침 중에서 'ㄷ'으로 적을 근거가 없는 것은 'ㅅ'으로 적는다. 예 덧저고리, 돗자리, 엇셈

▶ 4. 모음 [9항] ◀

'의'나, 자음을 첫소리로 가지고 있는 음절의 'ㅢ'는 'ㅣ'로 소리 나는 경우가 있더라도 'ㅢ'로 적는다.
예 의의, 본의, 무늬, 늴리리

▶ 5. 두음 법칙 [10항], [11항], [12항] ◀

[10항]
한자음 '녀, 뇨, 뉴, 니'가 단어 첫머리에 올 적에는, 두음 법칙에 따라 '여, 요, 유, 이'로 적는다. 예 여자, 유대, 익명
다만, 다음과 같은 의존 명사에서는 '냐, 녀' 음을 인정한다.
예 냥(兩), 년(年)
[붙임 1] 단어의 첫머리 이외의 경우에는 본음대로 적는다.
 예 남녀(男女), 당뇨(糖尿)
[붙임 2] 접두사처럼 쓰이는 한자가 붙어서 된 말이나 합성어에서 뒷말의 첫소리가 'ㄴ' 소리로 나더라도 두음 법칙에 따라 적는다. 예 신여성(新女性), 공염불(空念佛)

[11항]

한자음 '랴, 려, 례, 료, 류, 리'가 단어의 첫머리에 올 적에는, 두음 법칙에 따라 '야, 여, 예, 요, 유, 이'로 적는다.
📖 양심(良心), 유행(流行), 역사(歷史)

다만, 다음과 같은 의존 명사는 본음대로 적는다.
📖 리(里), 리(理)

[붙임 1] 단어의 첫머리 이외의 경우에는 본음대로 적는다.
📖 개량(改良), 수력(水力), 협력(協力)

다만, 모음이나 'ㄴ' 받침 뒤에 이어지는 '렬, 률'은 '열, 율'로 적는다. 📖 규율(規律), 비율(比率), 전율(戰慄), 선율(旋律)

[붙임 2] 외자로 된 이름을 성에 붙여 쓸 경우에도 본음대로 적을 수 있다. 📖 신립, 최린, 채륜

[붙임 3] 준말에서 본음으로 소리 나는 것은 본음대로 적는다.
📖 국련(국제 연합)

[붙임 4] 접두사처럼 쓰이는 한자가 붙어서 된 말이나 합성어에서 뒷말의 첫소리가 'ㄴ' 또는 'ㄹ' 소리로 나더라도 두음 법칙에 따라 적는다.
📖 역이용(逆利用), 연이율(年利率)

[12항]

한자음 '라, 래, 로, 뢰, 루, 르'가 단어의 첫머리에 올 적에는 두음 법칙에 따라 '나, 내, 노, 뇌, 누, 느'로 적는다.
📖 낙원, 뇌성, 누각, 능묘

[붙임 1] 단어의 첫머리 이외의 경우에는 본음대로 적는다.
📖 쾌락(快樂), 극락(極樂)

[붙임 2] 접두사처럼 쓰이는 한자가 붙어서 된 단어는 뒷말을 두음 법칙에 따라 적는다. 📖 상노인, 중노동, 비논리적

● ▶ 6. 접미사가 붙어서 된 말 [19항] [20항] [21항] ◀ ● ─

[19항]

어간에 '-이'나 '-음/-ㅁ'이 붙어서 명사로 된 것과 '-이'나 '-히'가 붙어서 부사로 된 것은 그 어간의 원형을 밝히어 적는다.

1. '-이'가 붙어서 명사로 된 것
   📖 길이, 깊이, 높이, 다듬이, 땀받이, 달맞이
2. '음/-ㅁ'이 붙어서 명사로 된 것 📖 걸음, 묶음, 믿음, 얼음
3. '-이'가 붙어서 부사로 된 것 📖 같이, 굳이, 길이, 높이
4. '-히'가 붙어서 부사로 된 것 📖 밝히, 익히

다만, 어간에 '-이'나 '-음'이 붙어서 명사로 바뀐 것이라도 그 어간의 뜻과 멀어진 것은 원형을 밝히어 적지 아니한다.
📖 굽도리, 코끼리, 거름, 고름, 노름

[붙임] 어간에 '-이'나 '-음' 이외의 모음으로 시작된 접미사가 붙어서 다른 품사로 바뀐 것은 그 어간의 원형을 밝히어 적지 아니한다.

(1) 명사로 바뀐 것 : 귀머거리, 까마귀, 너머
(2) 부사로 바뀐 것 : 거뭇거뭇, 너무, 도로, 뜨덤뜨덤
(3) 조사로 바뀌어 뜻이 달라진 것 : 나마, 부터, 조차

[20항]

명사 뒤에 '-이'가 붙어서 된 말은 그 명사의 원형을 밝히어 적는다.

1. 부사로 된 것 : 곳곳이, 낱낱이, 몫몫이, 샅샅이
2. 명사로 된 것 : 곰배팔이, 바둑이, 삼발이

[붙임] '-이' 이외의 모음으로 시작된 접미사가 붙어서 된 말은 그 명사의 원형을 밝히어 적지 아니한다. 📖 꼬락서니, 끄트머리, 모가치, 바가지

[21항]

명사나 혹은 용언의 어간 뒤에 자음으로 시작된 접미사가 붙어서 된 말은 그 명사나 어간의 원형을 밝히어 적는다.
📖 값지다, 홑지다, 낚시, 늙정이

다만, 다음과 같은 말은 소리대로 적는다.

(1) 겹받침의 끝소리가 드러나지 아니하는 것 : 할짝거리다, 널따랗다, 널찍하다
(2) 어원이 분명하지 아니하거나 본뜻에서 멀어진 것 : 넙치, 올무, 납작하다

● ▶ 7. 합성어 및 접두사가 붙은 말 [27항] ◀ ● ─
[28항 : 'ㄹ' 탈락] [29항] [30항 : 사이시옷] [31항]

[27항]

둘 이상의 단어가 어울리거나 접두사가 붙어서 이루어진 말은 각각 그 원형을 밝히어 적는다. 📖 국말이, 꺾꽂이, 꽃잎, 끝장

[붙임 1] 어원은 분명하나 소리만 특이하게 변한 것은 변한 대로 적는다. 📖 할아버지, 할아범

[붙임 2] 어원이 분명하지 아니한 것은 원형을 밝히어 적지 아니한다. 📖 골병, 골탕, 끌탕, 며칠, 아재비

[붙임 3] '이[齒, 虱]'가 합성어나 이에 준하는 말에서 '니' 또는 '리'로 소리 날 때에는 '니'로 적는다.
📖 간니, 덧니, 사랑니, 송곳니, 앞니, 어금니

[28항 : 'ㄹ' 탈락]

끝소리가 'ㄹ'인 말과 딴 말이 어울릴 적에 'ㄹ' 소리가 나지 아니하는 것은 아니 나는 대로 적는다.
📖 다달이, 따님, 바느질, 화살, 싸전, 우짖다

[29항]

끝소리가 'ㄹ'인 말과 딴 말이 어울릴 적에 'ㄹ' 소리가 'ㄷ' 소리로 나는 것은 'ㄷ'으로 적는다.

예 반짇고리, 사흗날, 섣부르다, 잗다랗다

[30항 : 사이시옷]

1. 순우리말로 된 합성어로서 앞말이 모음으로 끝난 경우
(1) 뒷말의 첫소리가 된소리로 나는 것 : 고랫재, 못자리, 바닷가, 아랫집, 우렁잇속, 잇자국, 킷값, 쳇바퀴, 찻집
(2) 뒷말의 첫소리 'ㄴ, ㅁ' 앞에서 'ㄴ' 소리가 덧나는 것 : 멧나물, 아랫니, 텃마당, 아랫마을, 뒷머리, 잇몸
(3) 뒷말의 첫소리 모음 앞에서 'ㄴㄴ' 소리가 덧나는 것 : 도리깻열, 뒷윷, 두렛일, 뒷일, 뒷입맛, 베갯잇, 욧잇, 깻잎

2. 순우리말과 한자어로 된 합성어로서 앞말이 모음으로 끝난 경우
(1) 뒷말의 첫소리가 된소리로 나는 것 : 귓병, 머릿방, 뱃병, 봇독, 아랫방, 자릿세, 전셋집, 찻잔
(2) 뒷말의 첫소리 'ㄴ, ㅁ' 앞에서 'ㄴ' 소리가 덧나는 것 : 곗날, 제삿날, 훗날, 툇마루
(3) 뒷말의 첫소리 모음 앞에서 'ㄴㄴ' 소리가 덧나는 것 : 가욋일, 사삿일, 예삿일

3. 두 음절로 된 다음 한자어 예 곳간(庫間), 셋방(貰房), 숫자(數字), 찻간(車間), 툇간(退間), 횟수(回數)

[31항]

두 말이 어울릴 적에 'ㅂ' 소리나 'ㅎ' 소리가 덧나는 것은 소리대로 적는다.

1. 'ㅂ' 소리가 덧나는 것 : 좁쌀, 햅쌀, 볍씨
2. 'ㅎ' 소리가 덧나는 것 : 머리카락, 수탉, 암컷, 수캐, 암탉

8. 준말 [39항] [40항]

[39항]

어미 '-지' 뒤에 '않-'이 어울려 '-잖-'이 될 적과 '-하지' 뒤에 '않-'이 어울려 '-찮-'이 될 적에는 준 대로 적는다.

예 그렇잖은, 만만찮다, 적잖은, 변변찮다

[40항]

어간의 끝음절 '하'의 'ㅏ'가 줄고 'ㅎ'이 다음 음절의 첫소리와 어울려 거센소리로 될 적에는 거센소리로 적는다.

예 다정타, 흔타, 정결타, 간편케

[붙임 1] 'ㅎ'이 어간의 끝소리로 굳어진 것은 받침으로 적는다.

예 않다, 않고, 그렇지, 어떻지, 아무렇지

[붙임 2] 어간의 끝음절 '하'가 아주 줄 적에는 준 대로 적는다.

예 거북지, 넉넉지, 생각건대, 못지않다, 깨끗지, 익숙지

[붙임 3] 다음과 같은 부사는 소리대로 적는다.

예 결단코, 결코, 기필코, 무심코, 아무튼, 요컨대

9. 띄어쓰기 _ 단위를 나타내는 명사 및 열거하는 말 등 [43항] [44항] [45항] [46항]

[43항]

단위를 나타내는 명사는 띄어 쓴다.

예 한 개, 차 한 대, 금 서 돈, 소 한 마리

다만, 순서를 나타내는 경우나 숫자와 어울리어 쓰이는 경우에는 붙여 쓸 수 있다.

예 두시 삼십분 오초, 제일과, 육층, 2대대, 80원

[44항]

수를 적을 적에는 '만(萬)' 단위로 띄어 쓴다.

예 십이억 삼천사백오십육만 칠천팔백구십팔

[45항]

두 말을 이어 주거나 열거할 적에 쓰이는 다음의 말들은 띄어 쓴다. 예 국장 겸 과장, 열 내지 스물, 청군 대 백군

[46항]

단음절로 된 단어가 연이어 나타날 적에는 붙여 쓸 수 있다.

예 좀더 큰 것, 이말 저말

● ➤ 10. 띄어쓰기 _ 보조 용언 [47항] ◀ ●

보조 용언은 띄어 씀을 원칙으로 하되, 경우에 따라 붙여 씀도 허용한다. **예** 내 힘으로 막아 낸다/내 힘으로 막아낸다, 불이 꺼져 간다/불이 꺼져간다, 어머니를 도와 드린다/어머니를 도와드린다.

다만, 앞말에 조사가 붙거나 앞말이 합성 용언인 경우, 그리고 중간에 조사가 들어갈 적에는 그 뒤에 오는 보조 용언은 띄어 쓴다. **예** 잘도 놀아만 나는구나!, 네가 덤벼들어 보아라, 잘난 체를 한다. 그가 올 듯도 하다.

● ➤ 11. 띄어쓰기 _ 고유 명사 및 전문 용어 [48항] ◀ ●

성과 이름, 성과 호 등은 붙여 쓰고, 이에 덧붙는 호칭어, 관직명 등은 띄어 쓴다. **예** 김양수, 서화담, 충무공 이순신 장군

다만, 성과 이름, 성과 호를 분명히 구분할 필요가 있을 경우에는 띄어 쓸 수 있다. **예** 남궁억/남궁 억, 독고준/독고 준

● ➤ 12. 그 밖의 것 [54항] ◀ ●

다음과 같은 접미사는 된소리로 적는다. **예** 심부름꾼, 귀때기, 익살꾼, 볼때기, 뒤꿈치, 이마빼기, 객쩍다, 겸연쩍다, 빛깔, 성깔, 때깔

● ➤ 13. 문장 부호 ◀ ●

1. 마침표

(1) 서술, 명령, 청유 등을 나타내는 문장의 끝에 쓴다.
　　　예 젊은이는 나라의 기둥입니다.

[붙임 1] 직접 인용한 문장의 끝에는 쓰는 것을 원칙으로 하되, 쓰지 않는 것을 허용한다(ㄱ을 원칙으로 하고, ㄴ을 허용함).

예 ㄱ. 그는 "지금 바로 떠나자."라고 말하며 서둘러 짐을 챙겼다.
　　ㄴ. 그는 "지금 바로 떠나자"라고 말하며 서둘러 짐을 챙겼다.

[붙임 2] 용언의 명사형이나 명사로 끝나는 문장에는 쓰는 것을 원칙으로 하되, 쓰지 않는 것을 허용한다(ㄱ을 원칙으로 하고, ㄴ을 허용함).

예 ㄱ. 목적을 이루기 위하여 몸과 마음을 다하여 애를 씀.
　　ㄴ. 목적을 이루기 위하여 몸과 마음을 다하여 애를 씀

다만, 제목이나 표어에는 쓰지 않음을 원칙으로 한다.

예 압록강은 흐른다, 꺼진 불도 다시 보자, 건강한 몸 만들기

(2) 아라비아 숫자만으로 연월일을 표시할 때 쓴다.
　　　예 1919. 3. 1.
　　　예 10. 1.~10. 12.

[해설] 글자 대신 마침표로 연월일을 나타낼 수 있다. 즉, '1919년 3월 1일'에서 한글로 쓰인 '년, 월, 일'을 각각 마침표로 대신하여 '1919. 3. 1.'과 같이 쓸 수 있다. '일'을 나타내는 마침표를 생략하는 경우가 많은데, 이는 글자로 치면 '일'을 쓰지 않는 것과 같다. 즉, '1919. 3. 1'은 '1919년 3월 1'처럼 쓰다 만 것이 되므로 잘못된 표기이다. 또한 마지막에 마침표를 찍지 않으면 다른 숫자를 덧붙여 변조할 우려도 있다. 따라서 '일'을 나타내는 마침표는 생략해서는 안 된다.

연과 월 또는 월과 일만 보일 때에도 글자 대신 마침표를 쓸 수 있다.

예 2008년 5월 → 2008. 5.
예 7월 22일 → 7. 22.

2. 쉼표

(1) 같은 자격의 어구를 열거할 때 그 사이에 쓴다.
　　　예 근면, 검소, 협동은 우리 겨레의 미덕이다.
　　　예 충청도의 계룡산, 전라도의 내장산, 강원도의 설악산은 모두 국립공원이다.

다만, (가) 쉼표 없이도 열거되는 사항임이 쉽게 드러날 때는 쓰지 않을 수 있다. **예** 아버지 어머니께서 함께 오셨어요.
(나) 열거할 어구들을 생략할 때 사용하는 줄임표 앞에는 쉼표를 쓰지 않는다. **예** 광역시 : 광주, 대구, 대전……

(2) 짝을 지어 구별할 때 쓴다.
　　　예 닭과 지네, 개와 고양이는 상극이다.

(3) 이웃하는 수를 개략적으로 나타낼 때 쓴다.
　　　예 5, 6세기　　**예** 6, 7, 8개

(4) 열거의 순서를 나타내는 어구 다음에 쓴다.
　　　예 첫째, 몸이 튼튼해야 한다.
　　　예 마지막으로, 무엇보다 마음이 편해야 한다.

(5) 문장의 연결 관계를 분명히 하고자 할 때 절과 절 사이에 쓴다.
　　　예 콩 심은 데 콩 나고, 팥 심은 데 팥 난다.

(6) 같은 말이 되풀이되는 것을 피하기 위하여 일정한 부분을 줄여서 열거할 때 쓴다.
　　　예 여름에는 바다에서, 겨울에는 산에서 휴가를 즐겼다.

(7) 부르거나 대답하는 말 뒤에 쓴다.
　　　예 지은아, 이리 좀 와 봐.
　　　예 네, 지금 가겠습니다.

(8) 한 문장 안에서 앞말을 '곧', '다시 말해' 등과 같은 어구로 다시 설명할 때 앞말 다음에 쓴다.
예 책의 서문, 곧 머리말에는 책을 지은 목적이 드러나 있다

핵심 06 표준어 규정

1. 자음 [3항] [4항] [5항] [7항]

[3항]
다음 단어들은 거센소리를 가진 형태를 표준어로 삼는다.

예	표준어	비표준어	표준어	비표준어
	끄나풀	끄나불	녘	녁
	나팔-꽃	나발-꽃	부엌	부억

[4항]
다음 단어들은 거센소리로 나지 않는 형태를 표준어로 삼는다.
예 가을갈이, 거시기, 분침

[5항]
어원에서 멀어진 형태로 굳어져서 널리 쓰이는 것은, 그것을 표준어로 삼는다.

예	표준어	비표준어	표준어	비표준어
	강낭-콩	강남-콩	사글-세	삭월-세
	고삿	고샅	울력-성당	위력-성당

다만, 어원적으로 원형에 더 가까운 형태가 아직 쓰이고 있는 경우에는, 그것을 표준어로 삼는다.

예	표준어	비표준어	표준어	비표준어
	갈비	가리	휴지	수지

[7항]
수컷을 이르는 접두사는 '수-'로 통일한다.

예	표준어	비표준어	표준어	비표준어
	수-꿩	수-꿩, 숫-꿩	수-놈	숫-놈

다만 1. 다음 단어에서는 접두사 다음에서 나는 거센소리를 인정한다. 접두사 '암-'이 결합되는 경우에도 이에 준한다.

예	표준어	비표준어	표준어	비표준어
	수-캉아지	숫-강아지	수-탉	숫-닭
	수-캐	숫-개	수-탕나귀	숫-당나귀
	수-키와	숫-기와	수-톨쩌귀	숫-돌쩌귀

다만 2. 다음 단어의 접두사는 '숫-'으로 한다.
예 숫양, 숫염소, 숫쥐

2. 모음 [9항] [10항] [12항] [13항]

[9항]
'ㅣ' 역행 동화 현상에 의한 발음은 원칙적으로 표준 발음으로 인정하지 아니하되, 다만 다음 단어들은 그러한 동화가 적용된 형태를 표준어로 삼는다. 예 -내기, 냄비, 동댕이치다
[붙임 1] 다음 단어는 'ㅣ' 역행 동화가 일어나지 아니한 형태를 표준어로 삼는다. 예 아지랑이
[붙임 2] 기술자에게는 '-장이', 그 외에는 '-쟁이'가 붙는 형태를 표준어로 삼는다.

예	표준어	비표준어	표준어	비표준어
	미장이	미쟁이	멋쟁이	멋장이
	유기장이	유기쟁이	소금쟁이	소금장이

[10항]
다음 단어는 모음이 단순화한 형태를 표준어로 삼는다.

예	표준어	비표준어	표준어	비표준어
	괴팍-하다	괴팍-하다/괴팩-하다	미루-나무	미류-나무
	-구먼	-구면	미륵	미력

[12항]
'웃-' 및 '윗-'은 명사 '위'에 맞추어 '윗-'으로 통일한다. 예 윗넓이, 윗눈썹, 윗니, 윗덧줄, 윗도리, 윗동아리
다만 1. 된소리나 거센소리 앞에서는 '위-'로 한다. 예 위짝, 위쪽, 위층, 위턱, 위팔
다만 2. '아래, 위'의 대립이 없는 단어는 '웃-'으로 발음되는 형태를 표준어로 삼는다. 예 웃국, 웃기, 웃돈, 웃비, 웃어른

[13항]
한자 '구(句)'가 붙어서 이루어진 단어는 '귀'로 읽는 것을 인정하지 아니하고, '구'로 통일한다.
예 구법, 구절, 구점, 결구, 경구

다만, 다음 단어는 '귀'로 발음되는 형태를 표준어로 삼는다.
예 귀글, 글귀

3. 준말 [14항] [15항] [16항]

[14항]
준말이 널리 쓰이고 본말이 잘 쓰이지 않는 경우에는, 준말만을 표준어로 삼는다.

예
표준어	비표준어	표준어	비표준어
귀찮다	귀치않다	생쥐	새앙쥐
똬리	또아리	장사치	장사아치

[15항]
준말이 쓰이고 있더라도, 본말이 널리 쓰이고 있으면 본말을 표준어로 삼는다.

예
표준어	비표준어	표준어	비표준어
경황없다	경없다	귀이개	귀개
궁상떨다	궁떨다	낌새	낌
낙인찍다	낙하다	내왕꾼	냉꾼
돗자리	돗	뒤웅박	뒝박
아래로	알로	죽살이	죽살

[16항]
준말과 본말이 다 같이 널리 쓰이면서 준말의 효용이 뚜렷이 인정되는 것은, 두 가지를 다 표준어로 삼는다.

예
본말	준말	본말	준말
거짓부리	거짓불	시누이	시누
노을	놀	외우다	외다
막대기	막대	이기죽거리다	이죽거리다
망태기	망태	찌꺼기	찌끼

4. 단수 표준어(비슷한 발음) [17항]

비슷한 발음의 몇 형태가 쓰일 경우, 그 의미에 아무런 차이가 없고, 그중 하나가 더 널리 쓰이면, 그 한 형태만을 표준어로 삼는다. 예 귀고리, 까딱하면, 내색, 봉숭아, 상판대기, 설령, 시름시름, 천장

5. 복수 표준어(비슷한 발음) [18항]

비슷한 발음을 가진 두 형태가 모두 널리 쓰이거나 국어의 일반적인 음운 현상에 따라 한쪽의 발음을 설명할 수 있는 경우, 두 형태를 모두 표준어로 삼는다.

예
원칙	허용	원칙	허용
네	예	꾀다	꼬이다
쇠-	소-	쐬다	쏘이다
괴다	고이다	죄다	조이다

6. 한자어[어휘] 선택의 변화에 따른 표준어 규정
[21항]
고유어 계열의 단어가 널리 쓰이고 그에 대응되는 한자어 계열의 단어가 용도를 잃게 된 것은, 고유어 계열의 단어만을 표준어로 삼는다.

예
표준어	비표준어	표준어	비표준어
가루-약	말-약	늙-다리	노닥다리
구들-장	방-돌	두껍-닫이	두껍-창
길품-삯	보행-삯	마른-빨래	건-빨래
까막-눈	맹-눈	성냥	화곽
꼭지-미역	총각-미역	외-지다	벽-지다
나뭇-갓	시장-갓	흰-죽	백-죽

7. 단수표준어(비슷한 의미) [25항]

의미가 똑같은 형태가 몇 가지 있을 경우, 그중 어느 하나가 압도적으로 널리 쓰이면, 그 단어만을 표준어로 삼는다.

예
표준어	비표준어	표준어	비표준어
고구마	참-감자	부각	다시마-자반
고치다	낫우다	부지깽이	부지팽이
광주리	광우리	나룻-배	나루
까막-눈	맹-눈	살-풀이	살-막이
며느리-발톱	뒷-발톱	샛-별	새벽-별
반-나절	나절-가웃	주책-없다	주책-이다

8. 복수표준어(한 가지 의미의 여러 형태) [26항]

한 가지 의미를 나타내는 형태 몇 가지가 널리 쓰이며 표준어 규정에 맞으면, 그 모두를 표준어로 삼는다.

예 가는-허리/잔-허리, 가락-엿/가래-엿, 가뭄/가물, 갱-엿/검은-엿, 깃-저고리/배내-옷/배냇-저고리, 넝쿨/덩굴, 눈-대중/눈-어림/눈-짐작, 다박-나룻/다박-수염, 보통-내기/여간-내기/예사-내기, 뾰두라지/뾰루지, 서럽다/섧다, 수수-깡/수숫-대, 씁쓰레-하다/씁쓰름-하다, 알은-척/알은-체, 옥수수/강냉이, 자물-쇠/자물-통

9. 현재 표준어와 같은 뜻을 지닌 단어

현재 표준어	추가된 표준어
간질이다	간지럽히다
남우세스럽다	남사스럽다
목물	등물
만날	맨날
묏자리	묫자리
복사뼈	복숭아뼈
세간	세간살이
쌉싸래하다	쌉싸름하다
고운대	토란대
허섭스레기	허접쓰레기
토담	흙담

10. 현재 표준어와 뜻·어감이 다른 단어

현재 표준어	추가된 표준어
~기에	~길래
괴발개발	개발새발
날개	나래
냄새	내음
눈초리	눈꼬리
떨어뜨리다	떨구다
뜰	뜨락
먹을거리	먹거리
메우다	메꾸다

손자	손주
어수룩하다	어리숙하다
연방	연신
휭허케	휭하니
끼적거리다	끄적거리다
두루뭉술하다	두리뭉실하다
맨송맨송	맨숭맨숭 · 맹숭맹숭
바동바동	바둥바둥
새치름하다	새초롬하다
아옹다옹	아웅다웅
야멸치다	야멸차다
오순도순	오손도손
찌뿌듯하다	찌뿌둥하다
치근거리다	추근거리다

11. 현재 표준어와 표기 형태가 다른 단어

현재 표준어	추가된 표준어
자장면	짜장면
태견	택견
품세	품새

12. 표준발음법

(1) 음절의 끝소리 규칙

국어에서 음절의 끝소리로 발음될 수 있는 자음은 'ㄱ, ㄴ, ㄷ, ㄹ, ㅁ, ㅂ, ㅇ'의 일곱 소리뿐으로, 이 일곱 소리 밖의 자음이 음절 끝에 오면 일곱 자음 중의 하나로 바뀌게 된다.

• ㅍ → ㅂ / ㅅ, ㅆ, ㅈ, ㅊ, ㅌ, ㅎ → ㄷ / ㄲ, ㅋ → ㄱ

예 잎 → [입] / 옷 → [옫], 바깥 → [바깓], 히읗 → [히읃] / 부엌 → [부억]

〈표준어 규정〉 표준발음법 : 제4장 받침의 발음

제8항 받침소리로는 'ㄱ, ㄴ, ㄷ, ㄹ, ㅁ, ㅂ, ㅇ'의 7개 자음만 발음한다.

제9항 받침 'ㄲ, ㅋ', 'ㅅ, ㅆ, ㅈ, ㅊ, ㅌ', 'ㅍ'은 어말 또는 자음 앞에서 각각 대표음 [ㄱ, ㄷ, ㅂ]으로 발음한다.

제10항 겹받침 'ㄳ', 'ㄵ', 'ㄼ, ㄽ, ㄾ', 'ㅄ'은 어말 또는 자음

앞에서 각각 [ㄱ, ㄴ, ㄹ, ㅂ]으로 발음한다. 다만, '밟-'은 자음 앞에서 [밥]으로 발음하고, '넓-'은 '넓죽하다'와 '넓둥글다'의 경우에 [넙]으로 발음한다.

제11항 겹받침 'ㄺ, ㄻ, ㄿ'은 어말 또는 자음 앞에서 각각 [ㄱ, ㅁ, ㅂ]으로 발음한다. 다만, 용언의 어간 말음 'ㄺ'은 'ㄱ' 앞에서 [ㄹ]로 발음한다.

(2) 동화

① 자음 동화 : 음절 끝 자음이 그 뒤에 오는 자음과 만날 때, 어느 한쪽이 다른 쪽 자음을 닮아서 그와 비슷한 성질을 가진 자음이나 같은 소리로 바뀌기도 하고, 두 소리가 다 바뀌기도 하는 현상

- 파열음 'ㅂ, ㄷ, ㄱ'이 비음 'ㅁ, ㄴ' 앞에서 각각 'ㅁ, ㄴ, ㅇ'이 된다.
  예 밥물 → [밤물]
- 비음 'ㅁ, ㅇ'과 유음 'ㄹ'이 만나면 'ㄹ'이 비음 'ㄴ'이 된다.
  예 종로 → [종노]
- 파열음 'ㅂ, ㄷ, ㄱ'과 유음 'ㄹ'이 만나면 'ㄹ'이 비음 'ㄴ'이 되고, 이렇게 변해서 된 'ㄴ'을 닮아서 파열음 'ㅂ, ㄷ, ㄱ'이 각각 비음 'ㅁ, ㄴ, ㅇ'이 된다.
  예 섭리 → [섭니] → [섬니], 국립 → [국닙] → [궁닙]
- 비음 'ㄴ'이 유음 'ㄹ' 앞에 오거나 뒤에 오면 'ㄴ'이 'ㄹ'로 변한다.
  예 신라 → [실라]
- 'ㄶ, ㅀ'과 같은 겹자음들도 뒤에 'ㄴ'이 오면 'ㄴ'이 'ㄹ'로 변한다.
  예 앓+는 → [알른]

<표준어 규정> 표준발음법 : 제5장 음의 동화

제18항 받침 'ㄱ(ㄲ, ㅋ, ㄳ, ㄺ), ㄷ(ㅅ, ㅆ, ㅈ, ㅊ, ㅌ, ㅎ), ㅂ(ㅍ, ㄼ, ㄿ, ㅄ)'은 'ㄴ, ㅁ' 앞에서 [ㅇ, ㄴ, ㅁ]으로 발음한다.

제19항 받침 'ㅁ, ㅇ' 뒤에 연결되는 'ㄹ'은 [ㄴ]으로 발음한다.

제20항 'ㄴ'은 'ㄹ'의 앞이나 뒤에서 [ㄹ]로 발음한다.

제21항 위에서 지적한 이외의 자음 동화는 인정하지 않는다.

② 구개음화

- 끝소리가 'ㄷ, ㅌ'인 형태소가 모음 'ㅣ'나 반모음 'ㅣ'로 시작되는 형식 형태소와 만나면 'ㄷ, ㅌ'이 구개음인 'ㅈ, ㅊ'으로 변하는 현상으로 역행 동화에 해당한다.
  예 굳+이 → [구디] → [구지], 밭+이 → [바티] → [바치]
- 'ㄷ' 뒤에 형식 형태소 'ㅎ'가 오면, 먼저 'ㄷ'과 'ㅎ'이 결합하여 'ㅌ'이 된 다음 'ㅌ'이 구개음화하여 'ㅊ'이 된다.

예 닫+히+어 → 닫혀 → [다텨] → [다쳐] → [다처]

<표준어 규정> 표준발음법 : 제5장 음의 동화

제17항 받침 'ㄷ, ㅌ(ㄾ)'이 조사나 접미사의 모음 'ㅣ'와 결합되는 경우에는, [ㅈ, ㅊ]으로 바뀌어서 뒤 음절 첫소리로 옮겨 발음한다.

[붙임] 'ㄷ' 뒤에 접미사 '히'가 결합되어 '티'를 이루는 것은 [치]로 발음한다.

(3) 음운의 축약과 탈락

① 음운의 축약 : 두 개의 음운이 합쳐져 하나의 음운으로 줄어드는 현상

- 자음의 축약 : 'ㅂ, ㄷ, ㅈ, ㄱ'이 'ㅎ'과 만나면 'ㅍ, ㅌ, ㅊ, ㅋ'가 된다.
  예 좋고 → [조코]
- 모음의 축약 : 두 개의 형태소가 서로 만날 때 앞뒤 형태소의 두 음절이 한 음절로 축약된다.
  예 오+아서 → 와서, 뜨+이다 → 띄다

② 음운의 탈락 : 두 음운이 만나 한 음운이 사라져 소리가 나지 않는 현상

- 동음 탈락
  예 가+아서 → 가서, 간난 → 가난, 목과 → 모과
- 'ㄹ' 탈락
  예 바늘+질 → 바느질, 딸+님 → 따님
- '으' 탈락
  예 뜨+어 → 떠, 쓰+어 → 써
- 'ㅎ' 탈락
  예 낳은[나은], 쌓이다[싸이다]

(4) 사잇소리 현상

① 두 개의 형태소 또는 단어가 합쳐져서 합성 명사를 이룰 때, 앞말의 끝소리가 울림소리이고 뒷말의 첫소리가 안울림 예사소리일 경우 뒤의 예사소리가 된소리로 바뀌는 현상
  예 초+불(촛불) → [초뿔] / 배+사공(뱃사공) → [배싸공] / 밤+길 → [밤낄]

② 앞말이 모음으로 끝나고 뒷말이 'ㅁ, ㄴ'으로 시작될 때 'ㄴ' 소리가 덧나는 현상
  예 이+몸(잇몸) → [인몸], 코+날(콧날) → [콘날]

③ 뒷말이 모음 'ㅣ, ㅑ, ㅕ, ㅛ, ㅠ' 등이 올 때 'ㄴ'이 첨가되거나 덧나는 현상
  예 꽃+잎 → [꼰닙]

(5) 된소리되기(경음화)

① 안울림소리 뒤에 안울림 예사소리가 오면 그 예사소리가 된소리로 발음되는 현상

예 입+고 → [입꼬], 젖+소 → [젇소] → [젇쏘]

② 끝소리가 'ㄴ, ㅁ'인 용언 어간에 예사소리로 시작되는 활용 어미가 이어지면 그 소리가 된소리로 발음되는 현상

예 넘+고 → [넘꼬], 넘+더라 → [넘떠라]

〈표준어 규정〉표준발음법 : 제5장 경음화

제23항 받침 'ㄱ(ㄲ, ㅋ, ㄳ, ㄺ), ㄷ(ㅅ, ㅆ, ㅈ, ㅊ, ㅌ), ㅂ (ㅍ, ㄼ, ㄿ,ㅄ)' 뒤에 연결되는 'ㄱ, ㄷ, ㅂ, ㅅ, ㅈ'은 된소리로 발음한다.

제24항 어간 받침 'ㄴ(ㄵ), ㅁ(ㄻ)' 뒤에 결합되는 어미의 첫소리 'ㄱ, ㄷ, ㅅ, ㅈ'은 된소리로 발음한다. 다만, 피동, 사동의 접미사 '-기-'는 된소리로 발음하지 않는다.

제25항 어간 받침 'ㄼ, ㄾ' 뒤에 결합되는 어미의 첫소리 'ㄱ, ㄷ, ㅅ, ㅈ'은 된소리로 발음한다.

제26항 한자어에서 'ㄹ' 받침 뒤에 연결되는 'ㄷ, ㅅ, ㅈ'은 된소리로 발음한다. 다만, 같은 한자가 겹쳐진 단어의 경우에는 된소리로 발음하지 않는다.

제27항 관형사형 '-(으)ㄹ' 뒤에 연결되는 'ㄱ, ㄷ, ㅂ, ㅅ, ㅈ'은 된소리로 발음한다. 다만, 끊어서 말할 적에는 예사소리로 발음한다.

제28항 표기상으로는 사이시옷이 없더라도 관형격 기능을 지니는 사이시옷이 있어야 할(휴지가 성립되는) 합성어의 경우에는 뒤 단어의 첫소리 'ㄱ, ㄷ, ㅂ, ㅅ, ㅈ'을 된소리로 발음한다.

핵심 07 국어의 로마자 표기법

1. 표기 일람 [1항] [2항]

[1항]

모음은 다음 각호와 같이 적는다.

1. 단모음

ㅏ	ㅓ	ㅗ	ㅜ	ㅡ	ㅣ	ㅐ	ㅔ	ㅚ	ㅟ
a	eo	o	u	eu	i	ae	e	oe	wi

2. 이중모음

ㅑ	ㅕ	ㅛ	ㅠ	ㅒ	ㅖ	ㅘ	ㅙ	ㅝ	ㅞ	ㅢ
ya	yeo	yo	yu	yae	ye	wa	wae	wo	we	ui

[붙임 1] 'ㅢ'는 'ㅣ'로 소리 나더라도 ui로 적는다.

예 광희문 Gwanghuimun

[2항]

자음은 다음 각호와 같이 적는다.

1. 파열음

ㄱ	ㄲ	ㅋ	ㄷ	ㄸ	ㅌ	ㅂ	ㅃ	ㅍ
g, k	kk	k	d, t	tt	t	b, p	pp	p

2. 파찰음 · 마찰음

ㅈ	ㅉ	ㅊ	ㅅ	ㅆ	ㅎ
j	jj	ch	s	ss	h

3. 비음 · 유음

ㄴ	ㅁ	ㅇ	ㄹ
n	m	ng	r, l

[붙임 1] 'ㄱ, ㄷ, ㅂ'은 모음 앞에서는 'g, d, b'로, 자음 앞이나 어말에서는 'k, t, p'로 적는다.

예 구미 Gumi, 합덕 Hapdeok, 한밭[한받] Hanbat

[붙임 2] 'ㄹ'은 모음 앞에서는 'r'로, 자음 앞이나 어말에서는 'l'로 적는다. 단, 'ㄹㄹ'은 'll'로 적는다.

예 칠곡 Chilgok, 대관령[대괄령] Daegwallyeong

● ▶ 2. 표기상의 유의점 [1항] [4항] [5항] [6항] ◀ ●

[1항]

음운 변화가 일어날 때에는 변화의 결과에 따라 다음 각호와 같이 적는다.

1. 자음 사이에서 동화 작용이 일어나는 경우 : 백마[뱅마] Baengma, 왕십리[왕심니] Wangsimni
2. 'ㄴ, ㄹ'이 덧나는 경우 : 학여울[항녀울] Hangnyeoul
3. 구개음화가 되는 경우 : 해돋이[해도지] haedoji
4. 'ㄱ, ㄷ, ㅂ, ㅈ'이 'ㅎ'과 합하여 거센소리로 소리 나는 경우 : 좋고[조코] joko, 잡혀[자펴] japyeo, 낳지[나치] nachi, 다만, 체언에서 'ㄱ, ㄷ, ㅂ' 뒤에 'ㅎ'이 따를 때에는 'ㅎ'을 밝혀 적는다. 예 묵호(Mukho)

[붙임] 된소리되기는 표기에 반영하지 않는다.
　　　예 압구정 Apgujeong, 낙성대 Nakseongdae, 합정 Hapjeong

[4항]

인명은 성과 이름의 순서로 띄어 쓴다. 이름은 붙여 쓰는 것을 원칙으로 하되 음절 사이에 붙임표(-)를 쓰는 것을 허용한다.
예 민용하 Min Yongha (Min Yong-ha)

(1) 이름에서 일어나는 음운 변화는 표기에 반영하지 않는다.
　　예 한복남 Han Boknam (Han Bok-nam)
(2) 성의 표기는 따로 정한다.

[5항]

'도, 시, 군, 구, 읍, 면, 리, 동'의 행정 구역 단위와 '가'는 각각 'do, si, gun, gu, eup, myeon, ri, dong, ga'로 적고, 그 앞에는 붙임표(-)를 넣는다. 붙임표(-) 앞뒤에서 일어나는 음운 변화는 표기에 반영 하지 않는다.
예 충청북도 Chungcheongbuk-do, 삼죽면 Samjuk-myeon, 종로 2가 Jongno 2(i)-ga

[붙임] '시, 군, 읍'의 행정 구역 단위는 생략할 수 있다.
　　　예 청주시 Cheongju, 순창읍 Sunchang

[6항]

자연 지물명, 문화재명, 인공 축조물명은 붙임표(-) 없이 붙여 쓴다.
예 남산 Namsan, 안압지 Anapji, 독립문 Dongnimmun

● ▶ 3. 외래어 표기 바로 알기 ◀ ●

원어 표기	잘못된 표기	바른 표기
gossip	고십, 까십, 가쉽	가십
croquette	고로케, 크로케트	크로켓
gradation	그라데이션	그러데이션
Gips	집스	깁스
narration	나레이션, 나래숀, 네레이션, 나래션	내레이션
nonsense	넌센스, 넌쎈스	난센스
nonfiction	넌픽션	논픽션
dynamic	다이나믹, 다이내미크, 다이내미크	다이내믹
début	데뷰, 디부트	데뷔
desktop	데스크탑	데스크톱
doughnut	도너스, 도우넛	도넛
rendez-vous	랑데뷰	랑데부
running	런닝	러닝
lemonade	레몬에이드	레모네이드
rainbow	레인보우	레인보
recreation	레크레이션	레크리에이션
report	레포트	리포트
rent-a-car	렌트카	렌터카
robot	로보트	로봇
robotology	로보털로지	로보톨로지
lobster	롭스터	로브스터, 랍스터
remote control	리모콘	리모컨
ringer	닝겔, 링게르, 링겔	링거
mania	매니아	마니아
mail	매일, 맬	메일
melon	메론	멜론
message	메세지	메시지
mechanism	매커니즘, 메카니즘	메커니즘
membership	멤버쉽	멤버십
mineral	미네럴, 미너럴	미네랄

body lotion	바디로션, 보디로숀, 바디로숀	보디로션
badge	뱃지, 뺏지	배지
bonnet	보네트, 보넷, 본네트, 본넷	보닛
bourgeois	부르조아, 부르지아	부르주아
buffet	부펫, 부페	뷔페
pierrot	삐에로	피에로
Santa Claus	산타크로스, 산타클로즈, 산타크로즈	산타클로스
sausage	소세지, 쏘시지, 쏘세지	소시지
sofa	쇼파	소파
shrimp	쉬림프	슈림프
snack	스넥	스낵
snowboard	스노우보드, 스노보오드, 스노우보오드	스노보드
step	스텦, 스텦프, 스텝프	스텝
stainless	스텐리스, 스텐레스	스테인리스
sponge	스폰지	스펀지
mattress	마트리스	매트리스
sprinkler	스프링쿨러	스프링클러
Singapore	싱가폴	싱가포르
Arab Emirates	아랍 에미레이트	아랍 에미리트
eye shadow	아이섀도우	아이섀도
outlet	아울렛	아웃렛
accessory	악세사리, 액세사리, 악세서리	액세서리
coordinator	커디네이터	코디네이터
allergie	알레지, 알러지	알레르기
encore	앵코르, 앙콜, 앵콜	앙코르
endorphin	엔돌핀	엔도르핀
ad lib	애드립, 에드립	애드리브
application	어플리케이션	애플리케이션
accent	액센트	악센트
air conditioner	에어콘	에어컨, 에어컨디셔너

ambulence	엠뷸런스, 엠블란스, 엠블런스	앰뷸런스
yellow	옐로우	옐로
offside	오프싸이드, 옵사이드	오프사이드
oxford	옥스포드	옥스퍼드
workshop	워크샵	워크숍
window	윈도우	윈도
jumper	잠퍼	점퍼, 잠바
junior	쥬니어	주니어
chart	챠트	차트
chocolate	초코렛	초콜릿
chimpanzee	킴팬지	침팬지
color	칼라, 콜로르	컬러
carol	캐롤, 카럴, 카롤	캐럴
coordinator	커디네이터	코디네이터
coffee shop	커피샵	커피숍
cunning	컨닝	커닝
contest	컨테스트	콘테스트
column	칼름, 콜럼	칼럼
container	콘테이너	컨테이너
control	콘트롤	컨트롤
collection	콜렉션, 콜렉티온, 컬렉티온	컬렉션
concours	콩쿨, 콩쿠로스	콩쿠르
coup d'etat	쿠테타	쿠데타
crystal	크리스탈	크리스털
Christian	크리스찬, 크리스티언	크리스천
klaxon	크락션, 크랙슨, 클락션	클랙슨
panel	패날, 판넬	패널
fanfare	빵빠르, 팽팡르	팡파르
presentation	프리젠테이션	프레젠테이션
flute	플롯, 플룻, 프루트	플루트
highlight	하일라이트	하이라이트
foundation	화운데이션	파운데이션
file	화일	파일

핵심 08 한자성어

- 街談巷說(가담항설) : 길거리에 떠도는 소문
- 苛斂誅求(가렴주구) : 세금 같은 것을 가혹하게 받고 국민을 못살게 구는 일
- 佳人薄命(가인박명) : 아름다운 사람은 운명이 기박함.
- 刻骨難忘(각골난망) : 은덕을 입은 고마움이 마음깊이 새겨져 잊혀지지 아니함.
- 刻骨銘心(각골명심) : 뼈에 새기고 마음에 새긴다. 어떤 것을 마음속 깊이 새겨둠.
- 各人各色(각인각색) : 각 사람이 제각기 다름
- 各自圖生(각자도생) : 제각기 살길을 도모함.
- 角者無齒(각자무치) : 사람은 제각기 살아갈 방법을 모색함.
- 刻舟求劍(각주구검) : 어리석고 융통성이 없음.
- 艱難辛苦(간난신고) : 갖은 고초를 다 겪으며 고생함.
- 肝腦塗地(간뇌도지) : 창살을 당해 간과 뇌가 땅에 으깨어졌다는 뜻으로 여지없이 패함을 이르는 말
- 肝膽相照(간담상조) : 서로의 마음을 터놓고 사귐.
- 肝膽楚越(간담초월) : 간담처럼 가까운 사이에도 서로 멀리 떨어져 관계가 없음을 일컬음.
- 竿頭之勢(간두지세) : 대나무 가지 꼭대기에 서 있게 된 형세. 어려움이 극도에 달하여 아주 위태로운 상황을 말함.
- 乾木水生(간목수생) : 마른 나무에서 물을 달라는 격으로 아무 것도 없는 사람에게 무리한 요구를 함.
- 干城之材(간성지재) : 나라를 지키는 믿음직한 인재를 이르는 말
- 間於齊楚(간어제초) : 중국 주나라 때에 약소국 등나라가 제·초의 두 큰 나라 사이에 끼여 괴로움을 당함.
- 看雲步月(간운보월) : 객지에서 잡생각을 하고 달밤에 멀리 구름을 바라보며 거닒.
- 渴而穿井(갈이천정) : 목이 말라서야 우물을 팜. 미리 준비하여 두지 않고 임박하여 급히 하면 이미 때가 늦는다.
- 渴者易飮(갈자이음) : 목이 마른 자는 탁한 물도 만족함.
- 感慨無量(감개무량) : 아무 말도 못할 정도로 가슴 가득히 절실히 느끼는 것(사물에 대한 회포의 느낌이 한이 없음)
- 敢不生心(감불생심) : 감히 엄두를 내지 못함.
- 甘言利說(감언이설) : 남의 비유에 맞도록 꾸민 달콤한 말과 이로운 조건을 붙여 꾀는 말
- 敢言之地(감언지지) : 거리낌 없이 말할 만한 자리나 처지
- 甘井先竭(감정선갈) : 물이 좋은 샘은 이용하는 사람이 많아서 빨리 마름(유능한 사람은 많이 쓰이어 빨리 쇠퇴한다).
- 甲論乙駁(갑론을박) : 자기의 주장을 세우고 남의 주장을 반박함.
- 剛木水生(강목수생) : 마른 나무에서 물을 내게 한다. 어려운 사람에게 없는 것을 내라고 강요하는 것을 비유함.
- 强顔女子(강안여자) : 강안(强顔)은 철면피(鐵面皮)와 같은 말로, 수치심을 모르는 여자라는 뜻
- 改過遷善(개과천선) : 지나간 허물을 고치고 착하게 됨.
- 去頭截尾(거두절미) : 머리와 꼬리를 자른다는 뜻으로, 앞뒤의 잔사설을 빼고 요점만을 말함.
- 居安思危(거안사위) : 편안히 살 때 닥쳐올 위태로움을 생각함.
- 擧一反三(거일반삼) : 한 일을 미루어 모든 일을 헤아림.
- 車載斗量(거재두량) : 물건이나 인재 등이 많아 귀 하지 않음을 일컬음.
- 乾坤一色(건곤일색) : 눈이 내린 뒤에 온 세상이 한 가지 빛깔로 뒤덮인 듯함.
- 乾坤一擲(건곤일척) : 흥망 성패를 걸고 단판 싸움을 함.
- 乾木水生(건목수생) : 마른 나무에서 물을 짜 내려함(엉뚱한 곳에서 불가능한 일을 이루려 한다).
- 格物致知(격물치지) : 만물을 관찰하고 탐구하여 각각의 다름과 같음을 깨달아 밝게 하고 확고한 지식으로 이르게 함.
- 隔世之感(격세지감) : 세월이 많이 지난 것 같은 느낌.
- 牽强附會(견강부회) : 이치에도 닿지 않는 것을 억지로 끌어다 붙임.
- 見利忘義(견리망의) : 이익을 보면 의리를 잊음.
- 見利思義(견리사의) : 눈앞에 이익보다 의리를 생각함.
- 犬馬之勞(견마지로) : 개와 말의 노력, 임금이나 나라에 충성을 다하는 노력
- 見聞覺知(견문각지) : 보고 듣고 깨달아서 앎.
- 見蚊拔劍(견문발검) : 모기를 보고 칼을 뺌. 조그만 일에도 성을 내는 소견 좁은 행동
- 見物生心(견물생심) : 물건을 보고 욕심이 생김.
- 犬牙相制(견아상제) : 국경선이 볼록 나오고 오목 들어가 서로 견제하려는 형세를 말함.
- 堅如金石(견여금석) : 굳기가 금이나 돌 같음.

- 見危致命(견위치명) : 나라의 위태로움을 보고 목숨을 버림.
- 犬兔之爭(견토지쟁) : 개와 토끼가 쫓고 쫓기다가 둘 다 지쳐 죽어 제삼자가 이익을 보게 됨.
- 結者解之(결자해지) : 자기가 저지른 일은 자기가 해결하여야 함.
- 謙讓之德(겸양지덕) : 겸손하고 사양하는 미덕
- 兼人之勇(겸인지용) : 몇 사람을 능히 당해낼 만한 용기
- 輕擧妄動(경거망동) : 경솔하고 망령된 행동
- 經國濟世(경국제세) : 나라 일을 경륜하고 세상을 구제함. ≒經濟
- 耕當問奴(경당문노) : 농사일은 머슴에게 물어야 함.
- 耕山釣水(경산조수) : 산에서 밭을 갈고 물에서 고기를 낚음 (속세를 떠나 산중에서 농사짓고 사는 것).
- 輕施好奪(경시호탈) : 제 것을 남에게 가볍게 주는 사람은 무턱대고 남의 것을 탐낸다는 말
- 輕佻浮薄(경조부박) : 마음이 침착하지 못하고 행동이 신중하지 못함을 말함.
- 磬竹書難(경죽서난) : 대나무가 종이 역할을 했는데 오나라와 월나라가 나쁜 일을 많이 해 기록하는 데 어려움이 많음.
- 驚天動地(경천동지) : 하늘이 놀라고 땅이 흔들린다는 뜻으로, 세상을 깜짝 놀라게 함.
- 鏡花水月(경화수월) : 거울에 비친 꽃과 물에 비친 달(볼 수만 있고 가질 수 없는 것)
- 鷄口牛後(계구우후) : 큰 집단의 말석보다 작은 집단의 우두머리가 나음.
- 鷄豚同社(계돈동사) : 닭과 돼지가 함께 모인다는 뜻(일향 사람이 계를 이룸)
- 鷄卵有骨(계란유골) : 달걀에도 뼈가 있다는 뜻(일이 방해됨을 이르는 말)
- 鷄鳴狗盜(계명구도) : 작은 재주가 뜻밖에 큰 구실을 함.
- 啓寵納侮(계총납모) : 사람 사랑하기를 본분에 지나치면 도리어 업신여김을 받음.
- 顧曲周郞(고곡주랑) : 음악에 조예가 깊었던 주유의 관련 고사. 고곡이란 음악을 감상하는 것을 말함.
- 高官大爵(고관대작) : 지위가 높은 큰 벼슬자리 또는 그 직위에 있는 사람
- 股肱之臣(고굉지신) : 임금이 가장 믿고 중히 여기는 신하
- 孤軍奮鬪(고군분투) : 수가 적고 후원 없는 외로운 군대가 힘겨운 적과 싸움. 또는 홀로 여럿과 싸움.

- 膏粱珍味(고량진미) : 기름진 고기와 좋은 곡식으로 만든 맛있는 음식
- 孤立無援(고립무원) : 고립되어 도움을 받을 데가 없음.
- 叩盆之痛(고분지통) : 물동이를 두드리는 슬픔으로, 아내가 죽은 슬픔을 말함.
- 古色蒼然(고색창연) : 오래되어 옛날의 풍치가 저절로 들어나 보이는 모양
- 孤城落日(고성낙일) : 외로운 성에 지는 해란 뜻으로, 세력이 다하여 의지할 데가 없는 외로운 처지를 비유한 말
- 姑息之計(고식지계) : 당장의 편안함만을 꾀하는 일시적인 방편
- 孤臣寃淚(고신원루) : 외로운 신하의 원통한 눈물
- 枯魚之肆(고어지사) : 목마른 고기의 어물전이라는 말로, 매우 곤궁한 처지를 비유함.
- 苦肉之計(고육지계) : 어려운 사태를 벗어나기 위한 수단으로 제 몸을 괴롭혀 가면서까지 짜내는 계책
- 孤掌難鳴(고장난명) : 손뼉도 마주쳐야 된다. 혼자서 할 수 없고 협력해야 일이 이루어짐.
- 苦盡甘來(고진감래) : 괴로움이 다하면 즐거움이 옴.
- 高枕安眠(고침안면) : 근심 없이 편안히 잠, 안심할 수 있는 상태
- 膏肓之疾(고황지질) : 고칠 수 없이 깊이 든 병
- 曲肱之樂(곡굉지락) : 팔을 베개 삼아 누워 사는 가난한 생활이라도 도에 살면 그 속에 즐거움이 있다는 말
- 曲學阿世(곡학아세) : 학문을 왜곡하여 세속에 아부함.
- 骨肉相殘(골육상잔) : 부자나 형제 또는 같은 민족 간에 서로 싸움.
- 空理空論(공리공론) : 헛된 이치와 논의란 뜻으로, 사실에 맞지 않는 이론과 실제와 동떨어진 논의
- 空言無施(공언무시) : 빈말만 하고 실천이 따르지 아니함.
- 孔子穿珠(공자천주) : 자기보다 못한 사람에게 모르는 것을 묻는 것이 부끄러운 일이 아님.
- 空前絶後(공전절후) : 비교할 만한 것이 이전에도 없고 이후에도 없음.
- 空中樓閣(공중누각) : 공중에 세워진 누각. 근거가 없는 가공의 사물, 내용이 없는 문장이나 쓸데없는 의론
- 過恭非禮(과공비례) : 지나친 공손은 오히려 예의에 벗어남.
- 過而不改(과이불개) : 잘못하고서 고치지 않는 것

- 關公三約(관공삼약) : 관우가 하비에서 조조에게 포위되고는 그의 투항 제의를 승낙하면서 내세운 세 가지 조건
- 寬仁大度(관인대도) : 마음이 너그럽고 어질며 도량이 큼.
- 管中窺豹(관중규표) : 대롱 속으로 표범을 엿본다는 말로, 시야가 매우 좁음을 뜻함.
- 管中之天(관중지천) : 대롱 구멍으로 하늘을 보다. 소견이 좁은 것
- 管鮑之交(관포지교) : 관중과 포숙의 사귐과 같은 친구 사이의 허물없는 교재
- 寬弘磊落(관홍뇌락) : 마음이 너그럽고 활달하여 작은 일에 구애되지 아니함.
- 曠日彌久(광일미구) : 오랫동안 쓸데없이 세월만 보냄.
- 光陰如流(광음여류) : 세월이 흐르는 물과 같이 빠름.
- 光風霽月(광풍제월) : 맑은 날의 바람과 갠 날의 달이라는 말로, 사람의 심성이 맑고 깨끗하거나 그런 사람을 비유
- 驕兵必敗(교병필패) : 자기 군대의 힘만 믿고 교만하여 적에게 위엄을 보이려는 병정은 적의 군대에게 반드시 패한다는 것
- 巧言令色(교언영색) : 교묘한 말과 아첨하는 얼굴빛
- 矯枉過正(교왕과정) : 잘못을 바로 고치려다 지나쳐 오히려 나쁜 결과를 가져옴(＝矯枉過直).
- 敎外別傳(교외별전) : 마음에서 마음으로 전함(＝以心傳心).
- 膠柱鼓瑟(교주고슬) : 거문고 기둥을 아교로 붙여놓고 거문고를 연주함. 즉, 고지식하여 융통성이 없다는 뜻
- 膠漆之交(교칠지교) : 아교와 칠의 사귐이니 퍽 사이가 친하고 두터움(＝膠漆之心).
- 敎學相長(교학상장) : 가르치고 배우면 서로가 성장한다는 뜻
- 九曲肝腸(구곡간장) : 굽이굽이 사무친 마음속
- 劬勞之恩(구로지은) : 자기를 낳아 길러준 부모의 은혜
- 狗猛酒酸(구맹주산) : 한 나라에 간신배가 있으면 어진 신하가 모이지 않음.
- 苟命徒生(구명도생) : 구차스럽게 목숨만 보전함.
- 狗尾續貂(구미속초) : 담비의 꼬리가 모자라 개의 꼬리로 잇는다. 훌륭한 것 뒤에 보잘것없는 것이 잇따름.
- 口腹寃讐(구복원수) : 목구멍이 포도청. 살아가기 위해서 아니꼬운, 괴로운 일을 당할 때
- 求不得苦(구부득고) : 불교에서 말하는 팔고(八苦)의 하나로 구하려 해도 얻지 못하는 고통(苦痛)
- 救死不瞻(구사불첨) : 곤란이 극심하여 다른 일을 돌볼 겨를이 없음.
- 口尙乳臭(구상유취) : 입에서 아직 젖내가 난다는 뜻으로, 언어와 행동이 매우 유치함을 일컬음.
- 九十春光(구십춘광) : 노인의 마음이 청년같이 젊음을 이름.
- 苟安偸生(구안투생) : 한때의 편안을 꾀하여 헛되이 살아감.
- 口若懸河(구약현하) : 입에서 나오는 말이 경사가 급하여 쏜살같이 흐르는 강과 같다는 말로, 말을 끊지 않음.
- 九牛一毛(구우일모) : 아주 큰 물건 속의 아주 작은 물건
- 救仁得仁(구인득인) : 인을 구하여 인을 얻었다는 말로, 자신이 원하거나 갈망하던 것을 얻었음을 뜻함.
- 口禍之門(구화지문) : 입은 재앙을 불러들이는 문
- 群盲撫象(군맹무상) : 보통사람의 식견이 좁음을 비유
- 群雄割據(군웅할거) : 많은 영웅들이 각지에 자리 잡고 서로 세력을 다툼.
- 窮鼠嚙猫(궁서설묘) : 궁지에 몰린 쥐가 고양이를 문다는 뜻 (＝困獸猶鬪)
- 窮餘一策(궁여일책) : 막다른 처지에서 짜낸 한 가지 계책
- 窮餘之策(궁여지책) : 막다른 골목에서 그 국면을 타개하려고 생각다 못해 짜낸 꾀
- 窮鳥入懷(궁조입회) : 쫓기던 새가 사람의 품 안으로 날아든다는 뜻으로, 사람이 궁하면 적에게도 의지한다는 말
- 權不十年(권불십년) : 권세는 십 년을 못 간다는 말. 권세가 오래 가지 못함을 이르는 말
- 勸上搖木(권상요목) : 나무 위에 오르라 권하고는 오르자마자 아래서 흔들어 댐.
- 捲土重來(권토중래) : 한 번 패한 자가 힘을 돌이켜 전력을 다하여 다시 쳐들어옴.
- 隙駒光陰(극구광음) : 달리는 말을 문틈으로 보는 것과 같다는 뜻으로, 세월이 빨리 흐름을 뜻함.
- 極盛則敗(극성즉패) : 너무 성하면 얼마가지 못해 패망한다는 뜻
- 根苗花實(근묘화실) : 조상은 뿌리요, 자손은 그 열매
- 近墨者黑(근묵자흑) : 악한 사람을 가까이 하면 그 버릇에 물들기 쉬움.
- 勤將補拙(근장보졸) : 서투른 것을 보충하는 데에는 부지런함이 으뜸임을 뜻함.
- 金石盟約(금석맹약) : 금과 돌같이 굳게 맹세해 맺은 약속

- 今昔之感(금석지감) : 지금과 옛날을 비교할 때 차이가 매우 심하여 느껴지는 감정
- 金石之交(금석지교) : 쇠와 돌처럼 변함없는 굳은 사귐.
- 金石之典(금석지전) : 쇠나 돌처럼 굳고 변함없는 가치를 지닌 법전
- 金聲玉振(금성옥진) : 사물을 집대성함. 지덕을 완비한 상태
- 金城鐵壁(금성철벽) : 금으로 만든 성, 철로 된 벽. 매우 굳고 든든한 성
- 琴瑟友之(금슬우지) : 부부간의 금슬이 좋아 마치 친구처럼 지내는 것
- 今時發福(금시발복) : 어떤 일을 한 결과로 당장에 복이 트이어 부귀를 누리게 됨.
- 今時初聞(금시초문) : 이제야 처음으로 들음.
- 琴瑟相和(금실상화) : 거문고와 비파의 소리가 화합하듯, 부부 사이가 썩 좋음의 비유
- 琴瑟之樂(금실지락) : 부부사이의 다정하고 화목한 즐거움
- 金烏玉兔(금오옥토) : 금 까마귀와 옥토끼란 뜻으로, 해와 달을 가리키는 말
- 錦衣夜行(금의야행) : 비단옷을 입고 밤에 감. 아무 보람이 없는 행동
- 箕山之節(기산지절) : 기산의 절개라는 말로, 굳은 절개나 자신의 신념에 충실한 것을 비유함.
- 技成眼昏(기성안혼) : 재주를 다 배우고 나니 눈이 어두워졌다. 늙어서 좋은 기술이 쓸모가 없게 됨.
- 旣壽永昌(기수영창) : 오래 가고 멀리 뻗으리라는 뜻
- 氣盡脈盡(기진맥진) : 기운이 없어지고 맥이 풀림. 온몸의 힘이 다 빠져버림.
- 騎虎之勢(기호지세) : 중도에서 그만둘 수 없는 형세
- 吉祥善事(길상선사) : 매우 기쁘고 좋은 일
- 樂極哀生(낙극애생) : 즐거움이 극에 달하면 슬픔이 생김.
- 落眉之厄(낙미지액) : 눈썹에 떨어진 액, 즉 갑자기 들이닥친 재앙이라는 뜻
- 樂生於憂(낙생어우) : 즐거움은 근심하는 가운데에서 생긴다는 말
- 洛陽紙價(낙양지가) : 책이 널리 세상에 퍼져 애독됨(＝洛陽紙貴).
- 落穽下石(낙정하석) : 우물에 빠진 자에게 돌을 던진다. 남의 환란(患亂)에 다시 위해(危害)를 준다는 말

- 難攻不落(난공불락) : 학소가 지키는 진창성이 쉽사리 빼앗기지 않자, 제갈량이 한 말, 공격하기가 어려워 쉽사리 함락되지 아니함.
- 卵上加卵(난상가란) : 알 위에 알을 포갠다. 정성이 지극하면 감천한다.
- 爛商公論(난상공론) : 여러 사람들이 충분히 의논함(＝爛商討論).
- 爛商討議(난상토의) : 낱낱이 들어 잘 토의함.
- 亂臣賊子(난신적자) : 나라를 어지럽게 하는 신하와 부모에게 불효하는 못된 자식
- 暖衣飽食(난의포식) : 따뜻하게 입고, 배불리 식사하는 만족한 살림살이. 물질적인 욕구가 충족된 생활
- 難化之民(난화지민) : 교화시키기 어려운 백성
- 南柯一夢(남가일몽) : 한 때의 헛된 부귀
- 南面之位(남면지위) : 임금이 앉는 자리의 방향이 남향이었다는 데서 유래한 것으로 임금의 자리를 가리키는 말
- 藍田生玉(남전생옥) : 남전에서 예로부터 아름다운 옥이 산출되듯이 명문에서 훌륭한 인물이 나온다는 뜻
- 囊中之錐(낭중지추) : 뛰어난 재주는 숨기려 해도 저절로 드러남.
- 內省不疚(내성불구) : 마음속에 조금도 부끄러울 것이 없음. 즉, 마음이 결백함을 뜻함.
- 內助之功(내조지공) : 안에서 돕는 공. 아내가 집안일을 잘 다스려 남편을 돕는 일을 말함.
- 怒氣衝天(노기충천) : 화난 기색이 하늘을 찌를 듯이 극도로 달한 것
- 老當益壯(노당익장) : 사람은 늙을수록 더욱 기운을 내어야 하고 뜻을 굳게 해야 한다는 뜻
- 勞力移轉(노력이전) : 나이가 많고 품삯이 높은 일꾼을 해고하고 대신 품삯이 낮은 일꾼을 써서 지불을 경감하는 일
- 駑馬十駕(노마십가) : 둔한 말이 열흘 동안 수레를 끌고 다닌다는 뜻으로, 열심히 하면 된다는 의미
- 老馬之智(노마지지) : 늙은 말의 지혜. 아무리 하찮은 것도 장기나 장점을 가지고 있음.
- 老生常譚(노생상담) : 늙은 서생이 하는 이야기. 언제나 똑같은 상투적인 이야기를 할 때 사용함.
- 勞心焦思(노심초사) : 애를 써 속을 태움.
- 怒蠅拔劍(노승발검) : 작은 일을 갖고 수선스럽게 화내는 것을 비유함.

- 老牛舐犢(노우지독) : 늙은 소가 어린 송아지를 핥는다는 뜻으로, 자식에 대한 부모의 깊은 사랑을 의미
- 綠葉成陰(녹엽성음) : 여자가 결혼하여 자녀가 많은 것을 비유적으로 나타냄.
- 綠陰芳草(녹음방초) : 푸른 나무 그늘과 꽃다운 풀, 곧 여름의 아름다운 자연 경치
- 綠衣使者(녹의사자) : 푸른 옷을 입은 사자라는 말로, 앵무새의 다른 명칭
- 論功行賞(논공행상) : 세운 공을 논하여 상을 줌.
- 累卵之危(누란지위) : 알을 쌓아 놓은 것처럼 아주 위태로운 형세
- 累世通家(누세통가) : 수 세대에 걸쳐서 집안끼리 알았던 사이라는 뜻
- 能見難思(능견난사) : 보통 이치로는 아무리 생각해도 모를 일이라는 뜻
- 能大能小(능대능소) : 큰 일이나 작은 일이나 임기응변으로 잘 처리해 냄.
- 能言鸚鵡(능언앵무) : 말은 잘하나 실제 학문은 없는 사람을 이르는 말
- 多岐亡羊(다기망양) : 여러 갈래의 길에서 양을 잃음(학문의 길이 여러 갈래라 진리를 찾기 어려움).
- 多事多難(다사다난) : 여러 가지 일이 많은데다 어려운 일도 많음(＝內憂外患).
- 多才多病(다재다병) : 재주가 많은 사람은 흔히 몸이 약하며 잔병이 많음.
- 多錢善賈(다전선고) : 재물이 많으면 장사를 잘 한다는 뜻으로 조건이 좋은 사람이 성공하기도 쉽다는 말의 비유
- 斷金之契(단금지계) : 무쇠를 자를 수 있을 정도의 굳은 사귐
- 單騎千里(단기천리) : 말 하나를 타고 천리를 내달린다는 뜻
- 單刀赴會(단도부회) : 칼 한 자루만을 들고 위험한 자리에 나간다는 뜻
- 斷頭將軍(단두장군) : 죽어도 항복하지 않는 장군
- 簞食瓢飮(단사표음) : 도시락밥과 표주박 물. 변변치 못한 살림을 가리키는 뜻으로 청빈한 생활을 말함.
- 簞食壺漿(단사호장) : 도시락에 담은 밥과 병에 넣은 마실 것(백성들이 소박한 정성으로 군대를 환영함을 이르는 말)
- 簞瓢陋巷(단표누항) : 누추한 거리라는 뜻으로 소박한 시골 살림살이를 가리킴.

- 膽大心小(담대심소) : 담력은 커야 하지만 마음을 쓰는 데는 조심해야 한다는 말
- 談笑自若(담소자약) : 위험이나 곤란에 직면해 걱정과 근심이 있을 때라도 변함없이 평상시와 같은 태도를 가짐(＝泰然自若).
- 談人人至(담인인지) : 자리에 없는 사람의 말을 하면 공교롭게도 그 사람이 옴.
- 談何容易(담하용이) : 입으로 말하는 것은 쉽지만, 실제로 해 보면 쉽지 않으므로 쉽게 입을 여는 짓은 삼가라는 뜻
- 堂狗風月(당구풍월) : 서당 개가 풍월을 읊음. 무식한 자도 유식한 자와 같이 있으면 다소 유식해진다는 뜻
- 螳螂拒轍(당랑거철) : 제 분수도 모르고 강적에게 반항함.
- 螳螂在後(당랑재후) : 사마귀가 화를 내며 발로 수레의 가는 길을 막음. 제 분수도 모르고 강적에게 대항함.
- 螳螂之斧(당랑지부) : 사마귀가 앞발을 들어 수레를 막는다는 뜻으로 분수도 모르고 강한 적에 반항하여 덤벼듦을 비유한 말
- 大姦似忠(대간사충) : 악한 사람이 본성을 숨기고 충신처럼 보임.
- 大喝一聲(대갈일성) : 분별이 없음을 주위하기 위해 큰소리로 한방 꾸짖는 것
- 大經大法(대경대법) : 공명정대한 원리와 법칙
- 大器晩成(대기만성) : 크게 될 인물은 오랜 공적을 쌓아 늦게 이루어짐.
- 大言壯語(대언장어) : 제 주제에 당치 아니한 말을 희떱게 지껄임. 또는 그러한 말
- 大義滅親(대의멸친) : 국가의 대의를 위해서는 사적인 감정은 돌보지 않음.
- 大慈大悲(대자대비) : 넓고 커서 가없는 자비. 부처의 광대무변한 자비
- 戴天之讐(대천지수) : 임금이나 어버이에 대한 원수는 하늘을 함께 하고 살지 않음.
- 道見桑婦(도견상부) : 길에서 뽕잎 따는 여자를 보고 사통한다는 말로 눈앞의 일시적인 이익을 좇다 기존에 가지고 있던 것까지 잃는다는 뜻
- 徒勞無功(도로무공) : 노력에도 불구하고 아무런 보람이나 이익이 없음.
- 徒勞無益(도로무익) : 애만 쓰고 이로움이 없음.

- 倒履相迎(도리상영) : 신을 거꾸로 신고 손님을 맞이하는 것을 말함.
- 道不拾遺(도불습유) : 길에 물건이 떨어져 있어도 주워가지 않는다. 나라가 잘 다스려져 태평하고 풍부한 세상을 형용하는 말
- 陶朱之富(도주지부) : 도주공의 부란 뜻으로 큰 부를 일컫는 말
- 途中曳尾(도중예미) : 거북이 진흙에서 꼬리를 끌며 오래산다는 뜻(선비가 벼슬하지 않고 고향에서 가난하게 지냄)
- 盜憎主人(도증주인) : 자기와 반대되는 입장에 있는 사람이 미워지는 것
- 到處春風(도처춘풍) : 이르는 곳마다 봄바람. 즉, 좋은 얼굴로 남을 대하여 사람들에게 호감을 사려고 처신하는 사람
- 盜泉之水(도천지수) : 아무리 목이 말라도 도(盜)가 들어있는 이름의 샘물은 마시지 않음. 부정한 짓은 할 수 없다는 뜻
- 道聽塗說(도청도설) : 길거리에 떠돌아다니는 뜬소문
- 倒行逆施(도행역시) : 거꾸로 행하고 거슬러 시행함. 곧 도리(道理)에 순종하지 않고 일을 행하며 상도(常道)를 벗어나서 일을 억지로 함.
- 獨不將軍(독불장군) : 혼자서 장군이 될 수 없다. 혼자 잘난 체하다가 남에게 핀잔을 받고 고립된 처지에 있는 사람
- 讀書亡羊(독서망양) : 책을 읽다가 양을 잃어버림. 즉, 다른 일에 정신이 팔림.
- 讀書三到(독서삼도) : 독서할 때 눈으로 보고, 입으로 읽고, 마음으로 깨우쳐야 한다는 뜻
- 讀書三昧(독서삼매) : 아무 생각 없이 오직 책읽기에만 골몰하고 있는 상태
- 讀書三餘(독서삼여) : 책 읽기 좋은 세 가지 시기인 겨울철, 밤, 비 오는 날
- 讀書尙友(독서상우) : 책을 읽어서 옛날의 현인을 벗 삼는다는 말
- 獨掌不鳴(독장불명) : 한 손바닥으로는 소리가 나지 않는 않음. 혼자서는 일하기도 어렵고 둘이 협력하여야 함.
- 獨學孤陋(독학고루) : 혼자 공부한 사람은 견문이 좁아서 정도(正道)에 들어가기 어렵다는 말
- 頓首再拜(돈수재배) : 머리가 땅에 닿도록 두 번 절함.
- 豚蹄一酒(돈제일주) : 돼지 발굽과 술 한 잔이라는 말로, 작은 물건으로도 많은 물건을 구하려고 하는 것을 비유함.
- 豚柵鷄栖(돈책계서) : 돼지우리와 닭의 홰. 즉, 촌락의 풍경을 이름.

- 咄咄逼人(돌돌핍인) : 돌돌은 놀라서 이상히 여기는 소리 또는 모양. 기예 등이 뛰어난 것을 보고 경탄함을 이름.
- 東家之丘(동가지구) : 남의 진가를 알지 못함, 사람 보는 눈이 없음.
- 同價紅裳(동가홍상) : 같은 값이면 다홍치마
- 同苦同樂(동고동락) : 괴로움과 즐거움을 함께 함.
- 棟梁之材(동량지재) : 집의 들보가 될 나무와 같이 한 사회, 한 나라의 중심인물이 될 사람
- 同門修學(동문수학) : 같은 스승 밑에서 같이 학문을 닦고 배움.
- 同病相憐(동병상련) : 처지가 서로 비슷한 사람끼리 동정함.
- 東奔西走(동분서주) : 부산하게 이리저리 돌아다님.
- 凍氷寒雪(동빙한설) : 얼음이 얼고 눈보라가 치는 추위
- 東山高臥(동산고와) : 동산의 높은 곳에 누워 있다는 말로, 동산에 은거하며 자유로운 생활을 하는 것을 비유함.
- 同床異夢(동상이몽) : 같은 잠자리에서 다른 꿈을 꿈. 곧 겉으로는 같이 행동하면서 속으로는 딴생각을 가짐.
- 東西不辨(동서불변) : 동과 서를 분별하지 못할 정도로 아무 것도 모름.
- 冬扇夏爐(동선하로) : 겨울의 부채와 여름의 화로. 아무 소용 없는 물건을 말함.
- 同聲相應(동성상응) : 같은 소리는 서로 응하여 어울린다. 의견을 같이 하면 자연히 서로 합치게 된다는 의미
- 同性異俗(동성이속) : 사람의 성질은 본래는 같으나 습관에 따라 변함을 뜻함.
- 同業相仇(동업상구) : 같은 업을 경영하는 사람은 서로 배척함을 이름.
- 冬溫夏淸(동온하청) : 부모를 섬김에 있어, 겨울에는 따뜻하게 여름에는 시원하게 해 드린다는 뜻
- 童牛角馬(동우각마) : 뿔이 없는 송아지와 뿔이 있는 말이라는 뜻으로 도리에 어긋남을 비유한 말
- 同而不和(동이불화) : 겉으로는 동의를 표시하면서도 내심은 그렇지 않음.
- 棟折榱崩(동절최붕) : 대들보가 무너지면 서까래도 무너지듯이, 상하관계에서 윗사람이 망하면 아랫사람도 온전치 못하다는 의미
- 東征西伐(동정서벌) : 여러 나라를 이리 저리로 쳐서 없앰.
- 同舟相救(동주상구) : 사람은 알건 모르건 친하건 미워하건 상관없이 위급한 경우를 함께 만나면 서로 도와주게 된다는 의미

- 同舟濟江(동주제강) : 원수끼리도 한 가지 일을 위해서는 같은 배를 타고 서로 구함(＝吳越同舟).
- 董狐之筆(동호지필) : 권세를 두려워하지 않는 정직한 기록
- 斗酒不辭(두주불사) : 말술도 사양하지 않는다는 뜻으로 주량이 대단한 것을 일컫는 말
- 得隴望蜀(득롱망촉) : 인간의 욕심은 끝이 없음.
- 得斧喪斧(득부상부) : 얻은 도끼나 잃은 도끼나 같다. 득실이 같아서 손해 본 것이 없음을 뜻함.
- 得魚忘筌(득어망전) : 물고기를 잡고 통발을 잊어버림.
- 得意滿面(득의만면) : 뜻한 바를 이루어 기쁜 표정이 얼굴에 가득함.
- 得意洋洋(득의양양) : 만족스런 듯 기뻐하는 모습
- 登高自卑(등고자비) : 무슨 일이든 순서가 있음.
- 燈下不明(등하불명) : 가까이 있는 것을 모름.
- 燈火可親(등화가친) : 등잔불을 가까이 할 수 있다는 말로, 학문을 탐구하기에 좋다는 뜻
- 馬脚露出(마각노출) : 간사하게 숨기고 있던 일을 드러냄.
- 磨斧作針(마부작침) : 어려운 일이라도 꾸준히 계속하면 언젠가는 이룰 수 있음.
- 馬耳東風(마이동풍) : 남의 말을 귀담아 듣지 아니하고 지나쳐 흘려버림.
- 麻中之蓬(마중지봉) : 삼 가운데 자라는 쑥. 좋은 환경의 감화를 받아 자연히 품행이 바르고 곧게 된다는 비유
- 莫上莫下(막상막하) : 서로 실력에 있어 낫고 못함이 없이 비슷함.
- 莫逆之交(막역지교) : 뜻이 서로 맞아 지내는 사이가 썩 가까운 벗
- 莫逆之友(막역지우) : 거역할 수 없는 친한 벗
- 幕天席地(막천석지) : 하늘을 장막으로 삼고 땅을 자리를 삼는다는 뜻으로 지기가 웅대함을 비유
- 萬里同風(만리동풍) : 온 천하에 같은 바람이 분다는 뜻, 천하가 통일되어 풍속이 같고 태평하다는 말
- 滿面愁色(만면수색) : 얼굴에 가득 찬 수심
- 晩時之嘆(만시지탄) : 기회를 놓쳐버린 한탄이란 말
- 萬乘之國(만승지국) : 승(乘)은 군사용 수레. 일만 대의 승(乘)을 낼 수 있는 나라. 큰 나라의 제후나 천자를 뜻함.
- 萬全之策(만전지책) : 조금의 허술함도 없는 완전한 계책
- 晩秋佳景(만추가경) : 늦가을의 아름다운 경치
- 萬壑千峰(만학천봉) : 많은 골짜기와 산봉우리

- 萬化方暢(만화방창) : 봄날이 되어 만물이 나서 자람
- 萬彙群象(만휘군상) : 우주의 수많은 현상
- 秣馬利兵(말마이병) : 말에 먹이를 먹이고 칼을 갈아 출병 준비를 함.
- 亡國之音(망국지음) : 정치가 혼란하고 백성들의 마음이 게으르고, 풍기와 기강이 문란하여, 멸망하는 나라의 음악
- 罔極之恩(망극지은) : 다함이 없는 임금이나 부모의 큰 은혜와 고마움
- 忘年之交(망년지교) : 나이의 차이를 잊고 사귀는 친한 벗. 늘그막에 얻은 어린 친구와의 사귐.
- 忘年之友(망년지우) : 나이 차이를 생각하지 않고, 재주와 학문만으로 사귀는 친구
- 亡羊補牢(망양보뢰) : 양을 잃고서 그 우리를 고침, 실패한 후에 일을 대비함.
- 亡羊之歎(망양지탄) : 잃은 양을 여러 갈래의 길에서 찾지 못하듯, 학문의 길이 여러 갈래여서 못 미침을 탄식
- 望雲之情(망운지정) : 자식이 타향에서 부모를 그리는 정
- 亡天之時(망천지시) : 하늘이 망하려는 것
- 忘形之交(망형지교) : 신분의 형식에 구애되지 않은 친한 친구
- 買死馬骨(매사마골) : 죽은 말의 뼈를 산다는 뜻으로, 귀중한 것을 손에 넣기 위해 먼저 공을 들이는 것을 말함.
- 梅妻鶴子(매처학자) : 매화를 아내로 삼고 학을 자식으로 삼음. 속세를 떠나 유유자적하게 생활하는 것을 비유함.
- 麥秀之嘆(맥수지탄) : 나라를 잃음에 대한 탄식
- 盲龜遇木(맹귀우목) : 눈먼 거북이가 다행히 물에 뜬 나무를 붙잡게 되었다. 매우 힘든 행운
- 孟母斷機(맹모단기) : 학문을 중도에 그만두는 것은 짜고 있는 베를 끊는 것과 같음.
- 盲玩丹靑(맹완단청) : 장님의 단청 구경, 보이지 않는 눈으로 단청을 구경해 봤자 아무런 분별이 있을 수 없음.
- 盲人摸象(맹인모상) : 장님 코끼리 만지기, 일부만 보고 결론을 내리는 좁은 견해
- 猛虎伏草(맹호복초) : 영웅은 일시적으로 숨어 있지만 언젠가는 세상에 드러나게 된다는 말
- 猛虎爲鼠(맹호위서) : 범도 위엄을 잃게 되면 쥐와 같음.
- 面從腹背(면종복배) : 앞에서는 순종하는 체하고 돌아서서 딴 마음을 먹음.
- 滅私奉公(멸사봉공) : 사를 버리고 공을 위하여 힘써 일함.
- 銘心不忘(명심불망) : 마음에 새기어 잊지 않음.

- 名實相符(명실상부) : 이름과 실상이 서로 들어맞음.
- 明若觀火(명약관화) : 불을 보듯이 환함.
- 命在頃刻(명재경각) : 거의 죽게 되어서 목숨이 곧 넘어갈 지경에 이름
- 明哲保身(명철보신) : 사리에 따라 나옴과 물러남을 어긋나지 않게 함. 요령 있게 처세를 잘하는 것
- 矛盾撞着(모순당착) : 앞뒤의 이치가 서로 맞지 않음(＝自家撞着).
- 木梗之患(목경지환) : 나무인형의 근심이라는 말로, 타향에서 객사하여 돌아오는 것을 뜻함.
- 目不識丁(목불식정) : 낫 놓고 기역자도 모름.
- 目不忍見(목불인견) : 눈앞에 벌어진 상황 따위를 누 뜨고는 차마 볼 수 없음.
- 目食耳視(목식이시) : 음식물을 보기 좋게 차려서 맛은 상관 없이 눈에만 들게 함. 실속보다 겉치장을 함.
- 沐猴而冠(목후이관) : 의관은 갖추었으나 사람답지 못한 것
- 夢寐難忘(몽매난망) : 꿈에도 그리워 잊기가 어려움.
- 夢寐之間(몽매지간) : 자는 동안, 꿈을 꾸는 동안. 즉, 자나 깨나
- 猫頭縣鈴(묘두현령) : 고양이 목에 방울 달기라는 뜻으로 실행할 수 없는 헛 이론을 일컬음.
- 猫視跛履(묘시파리) : 애꾸가 보려 하고 절름발이가 걸으려 함(분수에 맞지 않은 일을 하면 화가 미친다는 말).
- 描虎類犬(묘호류견) : 호랑이를 그리려다 실패하여 개와 비슷하게 됨. 높은 뜻을 갖고 어떤 일을 성취하려다가 중도에 그침.
- 無面渡江(무면도강) : 실패하고 고향에 돌아갈 면목이 없음.
- 無不干涉(무불간섭) : 함부로 남의 일에 간섭함.
- 無我之境(무아지경) : 정신이 한쪽에 통일되어 나를 잊고 있는 경지
- 無爲自然(무위자연) : 자연에 맡겨 부질없는 행위를 하지 않음, 사람의 힘이 더해지지 않은 본디 그대로의 자연
- 無腸公子(무장공자) : 담력이나 기개가 없는 사람을 비웃어 하는 말. 게의 별칭
- 無知蒙昧(무지몽매) : 아는 것이 없이 어리석음.
- 黙黙不答(묵묵부답) : 입을 다문 채 아무 대답도 하지 않음.
- 刎頸之交(문경지교) : 대신 목을 내주어도 좋을 정도로 친한 친구의 사귐

- 文過飾非(문과식비) : 허물도 꾸미고 잘못도 꾸민다. 잘못이 있음에도 불구하고 뉘우침도 없이 숨길 뿐 아니라 도리어 외면하고 도리어 잘난 체함.
- 文武崇尙(문무숭상) : 학문과 무예를 다같이 높이어 숭상함.
- 文房四友(문방사우) : 종이, 붓, 먹, 벼루
- 聞一知十(문일지십) : 하나를 듣고 열을 미루어 앎. 곧 지극히 총명함.
- 門前乞食(문전걸식) : 집집이 돌아다니며 밥을 구걸함.
- 門前成市(문전성시) : 찾아오는 이가 많아 집 앞이 시장을 이루다시피 함.
- 門前沃畓(문전옥답) : 집 앞 가까이에 있는 좋은 논, 곧 많은 재산을 일컫는 말
- 勿輕小事(물경소사) : 조그만 일을 가볍게 여기지 말라. 작은 일에도 정성을 다함.
- 勿頸之交(물경지교) : 목이 잘리는 한이 있어도 마음을 변치 않고 사귀는 친한 사이
- 物心兩面(물심양면) : 물질적인 면과 정신적인 면
- 物心一如(물심일여) : 마음과 형체가 구분됨이 없이 하나로 일치한 상태
- 物我一體(물아일체) : 물건과 내가 일치함. 물(物)과 아(我), 즉, 물계(物界) 심계(心界)가 한데 어울려 한 덩어리가 됨을 일컬음.
- 物外閒人(물외한인) : 세상의 시끄러움에서 벗어나 한가하게 지내는 사람
- 迷道不遠(미도불원) : 그리 멀지 않은 곳에서 길을 헤맨다. 멀지 않다는 뜻. 즉, 곧 본 길을 찾게 됨을 의미
- 未來指向(미래지향) : 장차 올 체험에 주목하여 이것을 직관적으로 장차 올 것으로서 의식함.
- 美辭麗句(미사여구) : 아름다운 말로 꾸민 듣기 좋은 글귀. 외관만을 꾸민 성의 없는 말의 의미
- 尾生之信(미생지신) : 약속을 굳게 지킴, 고지식하여 융통성이 없음.
- 迷信打破(미신타파) : 미신을 믿는 일을 깨뜨려 버림.
- 未然之前(미연지전) : 아직 그렇게 되지 아니함.
- 美人薄命(미인박명) : 미인은 흔히 불행하거나 병약하여 요절하는 일이 많다는 말
- 美風良俗(미풍양속) : 아름답고 좋은 풍속
- 密雲不雨(밀운불우) : 구름이 끼어 있으나 비가 오지 않음. 어떤 일의 징조만 있고 그 일은 이루어지지 않음.

- 博物君子(박물군자) : 온갖 사물에 대하여 견문이 썩 넓은 사람
- 拍掌大笑(박장대소) : 손바닥을 치면서 크게 웃음.
- 薄酒山菜(박주산채) : 맛이 변변치 않은 술과 산나물. 자기가 내는 술과 안주의 겸칭
- 薄志弱行(박지약행) : 뜻과 행실이 약하여 어려운 일을 견디지 못함.
- 博學多識(박학다식) : 학문이 넓고 식견이 많음.
- 盤溪曲徑(반계곡경) : 정당하고 평탄한 방법으로 하지 아니하고 그릇되고 억지스럽게 함을 이르는 말
- 盤根錯節(반근착절) : 굽은 뿌리와 엉클어진 마디라는 뜻으로, 뒤얽혀 처리하기 어려운 일을 의미
- 反面教師(반면교사) : 다른 사람이나 사물의 부정적인 측면에서 가르침을 얻음을 이르는 말
- 半面之交(반면지교) : 일면짜리도 못되는 교분(겨우 알기만 함 아직 교제가 긴밀하지 못함)
- 反哺之孝(반포지효) : 자식이 자라서 부모를 봉양함.
- 拔山蓋世(발산개세) : 산을 뽑고 세상을 덮음. 곧, 기개가 웅대함(= 力拔山兮起蓋世).
- 拔萃抄錄(발췌초록) : 여럿 가운데 뛰어난 것을 뽑아 간단히 적어 둔 것
- 跋扈將軍(발호장군) : 양호가 통발을 뛰어넘어 도망친 큰 물고기처럼 방자함을 비유(폭풍을 의미한다)
- 方長不折(방장부절) : 한창 자라는 나무는 꺾지 않음. 잘 되어 가는 일을 방해하지 말라는 의미
- 方寸已亂(방촌이란) : 마음이 이미 혼란스러워졌다는 말로, 마음이 흔들린 상태에서는 어떠한 일도 계속할 수 없음.
- 杯中蛇影(배중사영) : 쓸데없는 의심을 품고 스스로 고민함.
- 徘徊顧眄(배회고면) : 목적 없이 이리저리 거닐면서 여기저기 기웃거림.
- 百家爭鳴(백가쟁명) : 여러 사람이 서로 자기주장을 내세우는 일
- 白骨難忘(백골난망) : 백골이 되더라도 잊기 어려움을 뜻하는 말로, 입은 은혜가 커 결코 잊지 않겠다는 의미
- 百年之計(백년지계) : 백 년 동안의 계획. 곧, 오랜 세월을 위한 계획
- 百年河淸(백년하청) : 아무리 기다려도 가망 없는 사태가 바로 잡히기 어려움.

- 白頭如新(백두여신) : 오랫동안 사귀어도 서로의 마음을 깊이 알지 못하면 새로 사귄 벗과 다를 바가 없음.
- 百里之才(백리지재) : 재능이 뛰어난 사람을 일컫는 말. 노숙이 방통을 유비에게 추천하면서 방통을 이에 비유함.
- 伯牙絶絃(백아절현) : 친한 벗을 잃음.
- 百藥之長(백약지장) : 백 가지 약 중에 으뜸이라는 뜻, 술을 좋게 이르는 말
- 百花齊放(백화제방) : 온갖 꽃이 일시에 핀다는 뜻. 갖가지 학문이나 예술이 함께 성함을 비유
- 兵不厭詐(병불염사) : 전쟁에서는 모든 방법으로, 적군을 속여서라도 적을 이겨야 함.
- 兵死之也(병사지야) : 전쟁이란 사람이 죽는 것이라는 말로, 전쟁은 목숨을 던질 각오를 하고 해야 된다는 뜻
- 病入膏肓(병입고황) : 몸 깊은 곳에 병이 들었으니 침이 미치지 못하므로, 병을 고칠 수 없다는 뜻
- 覆水不收(복수불수) : 한 번 저지른 일은 다시 어찌 할 수 없음을 이름. 엎질러진 물(= 覆水不返盆)
- 複雜多端(복잡다단) : 일이 얽히고설키어 갈피를 잡기 어려움.
- 伏地流涕(복지유체) : 땅에 엎드려 눈물을 흘림.
- 覆車之戒(복차지계) : 먼저 간 수레가 엎어졌음을 보고 경계함. 앞 사람의 실패를 뒷사람이 교훈으로 삼는 것
- 本末顚倒(본말전도) : 일의 원줄기를 잊고 사소한 부분에만 사로잡힘.
- 本然之性(본연지성) : 사람이 본디부터 가지고 있는 심성. 지극히 착하고 조금도 사리사욕이 없는 천부자연의 심성
- 本第入納(본제입납) : 자기 집에 편지할 때에 겉봉 표면에 자기 이름을 쓰고 그 밑에 쓰는 말
- 封庫罷職(봉고파직) : 부정을 저지른 관리를 파면(罷免)시키고 관고(官庫)를 봉하여 잠그는 일
- 夫婦有別(부부유별) : 남편과 아내는 분별이 있어야 함.
- 婦言是用(부언시용) : 여자의 말을 무조건 옳게 씀. 줏대 없이 여자의 말을 잘 들음.
- 父爲子綱(부위자강) : 아들은 아버지를 섬겨야 함.
- 父子有親(부자유친) : 부자간에는 친애함이 있어야 함.
- 父傳子傳(부전자전) : 아버지의 것이 아들에게 전해짐.
- 釜中生魚(부중생어) : 솥 안에서 헤엄치는 물고기란 뜻으로 오래 계속되지 못할 일을 비유함.
- 不知所云(부지소운) : 제갈량의 전출사표에 나오며, 무슨 말을 했는지 알 수가 없다는 뜻

- 附和雷同(부화뇌동) : 주관이 없이 남들의 언행에 덩달아 쫓음.
- 北邙山川(북망산천) : 묘지가 있는 곳. 사람이 죽어서 가는 곳을 일컫는 말
- 北門之歎(북문지탄) : 벼슬은 하였으나 뜻대로 성공하지 못하여 살림이 곤궁함을 한탄하는 말(北門은 궁궐의 상징어)
- 北窓三友(북창삼우) : 북쪽 창가의 세 친구. 거문고와 시와 술을 일컬음.
- 不可知論(불가지론) : 의식에 주어지는 감각적 경험만이 인식되고, 그 배후에 있는 객관적인 실재는 인식할 수 없다는 이론
- 不可抗力(불가항력) : 힘으로 대항할 수 없음.
- 不刊之書(불간지서) : 길이길이 전할 불후(不朽)의 양서(良書)
- 不顧廉恥(불고염치) : 체면과 염치를 돌아보지 않음.
- 不俱戴天(불구대천) : 하늘 아래 같이 살 수 없는 원수. 반드시 죽여 없애야 할 원수
- 不立文字(불립문자) : 마음에서 마음으로 전함. 이심전심
- 不毛之地(불모지지) : 초목이 나지 않는 메마른 땅
- 不問可知(불문가지) : 묻지 않아도 능히 알 수 있음.
- 不問曲直(불문곡직) : 옳고 그르고를 묻지 않고 다짜고짜로
- 不蜚不鳴(불비불명) : 날지도 않고 울지도 않는다는 말로, 큰 일을 하기 위해 오랫동안 조용히 때를 기다린다는 뜻
- 不世之才(불세지재) : 대대로 드문 큰 재주, 세상에 드문 큰 재주
- 不識泰山(불식태산) : 태산(泰山)을 몰랐다는 뜻으로 인재를 알아보지 못한다는 말
- 不撓不屈(불요불굴) : 한번 결심한 마음이 흔들거리거나 굽힘이 없이 억셈.
- 不遠千里(불원천리) : 천리도 멀지 않게 생각함.
- 不恥下問(불치하문) : 아랫사람에게 묻기를 부끄러워하지 않음.
- 悲憤慷慨(비분강개) : 슬프고 분한 느낌이 마음속에 가득차 있음.
- 貧而無怨(빈이무원) : 가난하면서도 남을 원망하지 않음.
- 貧者一燈(빈자일등) : 물질이 많고 적음보다도 소중함을 일컬음.
- 貧賤之交(빈천지교) : 가난하고 천한 지위에 있을 때의 사귐 (=貧賤之交不可忘)

- 氷姿玉質(빙자옥질) : 얼음같이 투명한 모습과 옥과 같이 뛰어난 바탕. 용모와 재주가 모두 뛰어남을 비유(=仙姿玉質)
- 氷淸玉潤(빙청옥윤) : 얼음처럼 맑고 구슬처럼 윤이 난다. 장인과 사위의 인물이 다 같이 뛰어남을 말함.
- 氷炭不容(빙탄불용) : 서로 용납할 수 없는 얼음과 숯. 두 사물이 서로 화합할 수 없음(=氷炭不相容).
- 氷炭之間(빙탄지간) : 서로 화합할 수 없는 사이
- 氷壺之心(빙호지심) : 백옥으로 만든 항아리에 얼음 한 조각을 넣은 것 같은 마음(지극히 청렴결백한 마음)
- 四顧無親(사고무친) : 사방을 둘러보아도 친한 사람이 없음. 곧 의지할 사람이 없음.
- 事君以忠(사군이충) : 충성으로 임금을 섬김.
- 舍己從人(사기종인) : 자기의 이전 행위를 버리고 타인의 선행을 본떠 행함.
- 士農工商(사농공상) : 선비·농부·장인·상인의 네 가지 신분을 아울러 일컫는 말
- 思慮分別(사려분별) : 사려는 여러 가지로 생각을 짜내고 신중하게 판단하는 것
- 駟馬難追(사마난추) : 사마(駟馬)는 말 네 필이 끄는 수레로써 엄청나게 빠른 것을 비유한다. 입조심을 하라는 뜻
- 四面楚歌(사면초가) : 사방이 다 적에게 싸여 도움이 없이 고립됨.
- 四面春風(사면춘풍) : 모든 방면에 봄바람이 붐. 항상 좋은 얼굴로 남을 대하여 누구에게나 호감을 삼.
- 事不如意(사불여의) : 일이 뜻대로 되지 않음.
- 捨生取義(사생취의) : 목숨을 버리고 의리를 쫓음.
- 射石爲虎(사석위호) : 돌을 범인 줄 알고 쏘았더니 돌에 화살이 꽂혔다는 말, 성심을 다하면 아니 될 일도 이룰 수 있다는 의미
- 事實無根(사실무근) : 뿌리도 잎도 없는 것. 전혀 사실에 근거 하고 있지 않은 것
- 辭讓之心(사양지심) : 겸손히 마다하며 받지 않거나 남에게 양보하는 마음
- 死而後已(사이후이) : 어떤 사업을 함에 있어서 죽음에 이르러서야 그만둠. 그만큼 뜻이 굳음을 말함.
- 事親以孝(사친이효) : 효도로 부모를 섬김.
- 四通八達(사통팔달) : 도로가 사방팔방으로 통해 있어 교통이 편리한 것. 도로나 지하철 등 교통망이 발달된 모습

- 死灰復燃(사회부연) : 다 탄 재가 다시 불이 붙었다. 혹은 곤경에 처해 있던 사람이 훌륭하게 됨을 비유
- 山林處士(산림처사) : 관직이나 세속을 떠나 산 속에 파묻혀 글이나 읽고 지내는 사람
- 三顧草廬(삼고초려) : 유비가 제갈명을 세 번이나 찾아가 군사로 초빙한 데서 유래한 말(임금의 두터운 사랑을 입다)
- 三人成虎(삼인성호) : 거짓말이라도 여러 사람이 하면 곧이 듣는다는 말
- 三遷之敎(삼천지교) : 맹자의 어머니가 아들의 교육을 위하여 세 번 거처를 옮김(＝孟母三遷之敎).
- 三寒四溫(삼한사온) : 사흘 추운 날씨가 계속되다가, 나흘 따뜻한 날씨가 계속하는 주기적인 기후 현상
- 傷弓之鳥(상궁지조) : 화살에 상처를 입은 새란 뜻으로, 화살에 놀란 새는 구부러진 나무만 봐도 놀란다는 뜻
- 桑馬之交(상마지교) : 뽕나무와 삼나무를 벗 삼아 지낸다. 즉, 전원에 은거하여 농군들과 사귀어 지낸다는 말
- 上山求魚(상산구어) : 산 위에서 물고기를 찾음. 당치 않은 데 가서 되지도 않는 것을 원한다는 말
- 上壽如水(상수여수) : 건강하게 오래 살려면, 흐르는 물처럼 도리에 따라서 살아야 한다는 뜻
- 桑田碧海(상전벽해) : 뽕나무밭이 푸른 바다가 됨. 세상의 일이 덧없이 바뀜.
- 霜風高節(상풍고절) : 어떠한 난관이나 어려움에 처해도 결코 굽히지 않는 높은 절개
- 上下撑石(상하탱석) : 윗돌 빼서 아랫돌 괴기. 곧 일이 몹시 꼬이는데 임시변통으로 견디어 나감을 이르는 말
- 塞翁之馬(새옹지마) : 변방(邊方)에 사는 노인(老人)의 말이라는 뜻. 세상만사(世上萬事)는 변화(變化)가 많아 어느 것이 화(禍)가 되고, 어느 것이 복(福)이 될지 예측(豫測)하기 어려워 재앙(災殃)도 슬퍼할 게 못되고 복도 기뻐할 것이 아님을 이르는 말
- 生口不網(생구불망) : 산 사람의 목구멍에 거미줄 치지 않는다는 말
- 生不如死(생불여사) : 삶이 죽음만 못 하다는 뜻으로, 아주 곤란한 처지에 있음을 말함.
- 黍離之歎(서리지탄) : 나라가 망하여 옛 대궐 터에 기장이 익어 늘어진 것을 보고 탄식함(영고성쇠가 무상함).
- 鼠竊狗偸(서절구투) : 쥐가 물건을 훔치고 개가 남의 눈을 속이는 것. 남모르게 숨어서 부당한 물건을 취하는 좀도둑을 말함.

- 石佛反面(석불반면) : 돌부처가 얼굴을 돌린다는 뜻으로, 아주 미워하고 싫어함을 비유하여 이르는 말
- 先始於隗(선시어외) : 가까이 있는 너부터 또는 말한 사람부터 시작하라는 말
- 善游者溺(선유자익) : 헤엄을 잘 치는 사람은 물에 빠져 죽기 쉽다. 자기의 재능을 과신하면 화를 입게 됨을 의미함.
- 先義後利(선의후리) : 먼저 의를 따지고 나중에 이익을 추구함.
- 仙姿玉質(선자옥질) : 용모가 아름답고 재질도 뛰어남.
- 先則制人(선즉제인) : 선수를 쓰면 남을 제압할 수 있음.
- 舌芒於劍(설망어검) : 혀는 칼보다 날카로움.
- 雪中松柏(설중송백) : 송백은 눈 속에서도 그 색이 변하지 않는다 하여 사람의 절개가 굳은 데 비유하는 말
- 聲東擊西(성동격서) : 병법의 하나로 동쪽을 친다고 소리질러 놓고 실제로는 서쪽을 침
- 歲寒孤節(세한고절) : 추운 계절에도 혼자 푸르른 대나무. 겨울을 의미함.
- 歲寒松柏(세한송백) : 임금 옆에 있는 간사한 신하를 말함.
- 小貪大失(소탐대실) : 작은 것을 탐하다가 큰 것을 잃음.
- 損者三友(손자삼우) : 사귀면 손해를 보는 벗. 편벽한 사람, 착하지만 줏대 없는 사람, 말만 앞세우고 성실하지 못한 사람
- 首丘初心(수구초심) : 여우가 죽을 때 고향 쪽으로 머리를 둔다는 데서 고향을 생각하는 마음을 말함.
- 水到魚行(수도어행) : 물이 이르면 고기가 그 물 속을 가게 된다. 무슨 일이건 때가 되면 이루어진다는 의미
- 壽福康寧(수복강녕) : 오래살고 복되며, 몸이 건강하고 편안함.
- 手不釋卷(수불석권) : 손에서 책을 놓지 않음의 뜻. 즉, 열심히 공부함을 일컬음.
- 首鼠兩端(수서양단) : 진퇴를 정하지 못하고 망설임, 두 마음을 가지고 기회를 봄.
- 水泄不通(수세불통) : 물이 샐 틈이 없다. 단속이 엄하여 비밀이 새어 나가지 못함.
- 水魚之交(수어지교) : 고기와 물과의 사이처럼 떨어질 수 없는 특별한 친분
- 羞惡之心(수오지심) : 자신의 그릇됨을 부끄러워하고 남의 바르지 못함을 미워하는 마음. 의(義)의 근본
- 誰怨誰咎(수원수구) : 누굴 원망하며 누굴 탓할 것인가. 남을 원망하거나 책망할 것이 없음을 이르는 말

- 水滴穿石(수적천석) : 떨어지는 물방울이 돌을 뚫는다는 뜻으로, 작은 노력이라도 끈기 있게 하면 큰일을 이룰 수 있다는 뜻
- 手足之愛(수족지애) : 형제 사이의 우애를 일컫는 말
- 守株待兎(수주대토) : 어리석게 한 가지만 기다려 융통성이 없음. 노력 없이 성공을 바람.
- 壽則多辱(수즉다욕) : 오래 살수록 망신스러운 일을 많이 겪게 됨.
- 宿習難防(숙습난방) : 몸에 밴 습관은 고치기가 어려움.
- 宿虎衝鼻(숙호충비) : 자는 범의 코를 찌르다의 뜻으로, 가만히 있는 사람을 건드려서 화를 스스로 불러들이는 일
- 脣亡齒寒(순망치한) : 가까운 사람이 망하면 다른 사람도 영향을 받음.
- 述而不作(술이불작) : 참된 창작은 옛것을 토대로 자연스럽게 태어난다.
- 是非之心(시비지심) : 시비를 가릴 줄 아는 마음.
- 始終如一(시종여일) : 처음이나 나중이 변함없이 한결같음.
- 深思熟考(심사숙고) : 깊이 생각하고 곧 신중을 기하여 곰곰이 생각함.
- 心心相印(심심상인) : 마음에서 마음으로 전함. 이심전심
- 十目所視(십목소시) : 열개(여러 개)의 눈이 보는 바와 같음이라는 뜻으로, 여러 사람이 다같이 보고 있는 것
- 十伐之木(십벌지목) : 열 번 찍어 안 넘어가는 나무가 없다는 뜻
- 十步芳草(십보방초) : 열 걸음 안에 아름다운 꽃과 풀이 있다. 도처에 인재(人才)가 있음.
- 十常八九(십상팔구) : 열이면 여덟이나 아홉은 그러함.
- 十匙一飯(십시일반) : 여러 사람의 한 사람 구제는 쉬움.
- 十日之菊(십일지국) : 십일 날의 국화라는 뜻으로, 국화의 절정기(9월 9일)가 지난 국화를 의미, 즉 한창 때가 지나 늦은 것을 비유함.
- 十中八九(십중팔구) : 열 가운데 여덟이나 아홉. 거의 예외 없이 그러할 것이라는 추측
- 愚公移山(우공이산) : 쉬지 않고 꾸준하게 한 가지 일만 열심히 하면 마침내 큰일을 이룰 수 있음을 비유
- 知斧斫足(지부작족) : 믿는 도끼에 발등 찍힌다는 말로, 믿는 사람에게 배신당함을 비유
- 下石上臺(하석상대) : 임기응변으로 어려운 일을 처리함.

핵심 09 순우리말

- 가납사니 : 되잖은 소리로 자꾸 지껄이는 수다스러운 사람
- 가년스럽다 : 몹시 궁상스러워 보이다.
- 가늠보다 : 겨냥하다.
- 가멸다 : 재산이 많고 살림이 넉넉하다.
- 가뭇없다 : (사라져서) 찾을 길이 없다.
- 가웃 : 되, 말, 자의 수를 셀 때 그 단위의 약 반에 해당하는 분량
- 가이없다 : 끝이 없다. 한이 없다.
- 가탈 : ① 일이 수월하게 되지 않도록 방해하는 일 ② 억지 트집을 잡아 까다롭게 구는 일
- 간대로 : 그리 쉽사리
- 갈마들다 : 서로 번갈아 들다.
- 갈무리 : ① 물건을 잘 정돈하여 간수함. ② 일을 처리하여 마무리함.
- 갈바람 : 서풍 또는 서남풍
- 갈붙이다 : 남을 헐뜯어 이간 붙이다.
- 갈음하다 : 본디 것 대신에 다른 것으로 갈다.
- 갈피 : ① 일이나 물건의 부분과 부분이 구별되는 어름 ② 겹쳐졌거나 포개어진 물건의 한 장 한 장 사이
- 감바리 : 이익을 노리고 남보다 먼저 약삭빠르게 달라붙는 사람 본 감발저뀌
- 감사납다 : 휘어잡기 힘들게 억세고 사납다.
- 갓밝이 : 막 밝을 무렵 유 어둑새벽, 여명
- 강동거리다 : 체신없이 경솔하게 행동하다.
- 갖바치 : 지난날 가죽신 만드는 일을 업으로 삼던 사람
- 개암 : 개암나무의 열매
- 개호주 : 범의 새끼
- 거들뜨다 : 눈을 위로 치켜뜨다.
- 거레 : 까닭없이 어정거려 몹시 느리게 움직이는 것
- 거칫하다 : 여위고 기름기가 없어 모양이 거칠어 보이다.
- 거탈 : 겉으로 드러난 태도
- 겯고틀다 : 비슷한 능력의 사람이 서로 힘을 겨루다.
- 결곡하다 : 얼굴의 생김새나 마음씨가 깨끗하게 야무져서 빈틈이 없다.
- 결기(-氣) : 성이 나서 내어지르는 기운

• 겯두리 : 농부나 일꾼들이 끼니 밖에 참참이 먹는 음식 유 사이참, 샛밥
• 고깝다 : 섭섭하고 야속하다.
• 고두쇠 : 두 짝의 장식을 맞추어 끼는 쇠
• 고삭부리 : 음식을 많이 먹지 못하는 사람을 이르는 말
• 고샅 : 마을의 좁은 골목길
• 고수레 : ① 들에서 음식을 먹을 때나 무당이 굿을 할 때, 귀신에게 먼저 바친다고 하여 음식을 조금 떼어 던지면서 하는 소리 ② 흰떡을 만들 때에 쌀가루에 끓는 물을 훌훌 뿌려 섞어서 물이 골고루 퍼지게 하는 일
• 곰비임비 : 연거푸, 자꾸자꾸
• 곰살궂다 : 성질이 부드럽고 다정스럽다.
• 곰상스럽다 : 성질이나 행동이 잘고 좀스럽다.
• 곱새기다 : ① 되풀이하여 곰곰이 생각하다. ② 곡해(曲解)하다.
• 구드러지다 : 말라 뻣뻣하게 굳어지다.
• 구들 : 밑으로 고래를 켜서 방을 덥게 만든 방바닥
• 군드러지다 : 술에 취하거나 몹시 피곤하여 정신 없이 쓰러져 자다. 작은말 곤드라지다.
• 굽죄이다 : 떳떳하지 못하여 기를 펴지 못하다.
• 귀틀집 : 굵은 통나무를 '井'자 모양으로 귀를 맞추어 얹고 틈을 흙으로 메워 지은 집
• 그루앉히다 : 앞으로 할 일에 바로 나갈 터전을 잡아주다.
• 금나다 : 물건 값이 정해져 매매할 수 있게 되다.
• 깃 : 새의 날개에 달린 털
• 깃저고리 : 깃섶을 달지 아니하고 지은 갓난애의 저고리 유 배내옷, 배냇저고리
• 까치놀 : 석양에 멀리 바라다보이는 바다의 수평선에서 희번덕거리는 물결 유 백두파(白頭波)
• 깝살리다 : ① 찾아온 사람을 따돌리어 보내다. ② 재물을 흐지부지 다 없애다. 반 여투다. 유 탕진하다.
• 깨단하다 : 오래 생각나지 않다가 어떤 실마리로 말미암아 환하게 깨닫다.
• 꺽지다 : 억세고 꿋꿋하여 과단성이 있다.
• 꼬투리 : 사건이나 이야기 따위의 실마리
• 꼭뒤(를) 지르다 : 어떤 세력이나 힘이 위에서 누르다.
• 끌밥 : 끌로 구멍을 팔 때 나오는 나무 부스러기
• 나래 : 논, 밭을 골라 반반하게 고르는 데 쓰는 농구(農具)

• 나우 : 좀 많게, 정도가 좀 낫게
• 난달 : 길이 여러 갈래로 통한 곳
• 날밤 : ① 부질없이 새우는 밤 ② 생밤[生栗]
• 날포 : 하루 남짓한 동안
• 내박치다 : 힘차게 집어 내던지다.
• 너름새 : ① 말이나 일을 떠벌리어서 주선하는 솜씨 ② 판소리에서 광대의 연기 유 발림
• 노느다 : 물건을 여러 몫으로 나누다.
• 노가리 : 씨를 흩어 뿌리는 것
• 느껍다 : 어떤 느낌이 사무치게 일어나다.
• 느즈러지다 : 마음이 풀려 느릿해지다.
• 능갈치다 : 능청스럽게 잘 둘러대는 재주가 있다.
• 능을 두다 : 넉넉하게 여유를 두다.
• 늦사리 : 철늦게 거두어 들이는 농작물
• 다붓하다 : 떨어진 사이가 멀지 않다.
• 다랍다 : ① 아니꼬울 만큼 잘고 인색하다. ② 때가 묻어 깨끗하지 못하다.
• 다락같다 : (물건 값이) 매우 비싸다.
• 다리품 : 길을 걷는 노력
• 다림방(－房) : 고깃간
• 다직해야 : 기껏 한다고 해야
• 닦달 : 몰아대서 닦아세움.
• 단거리(單－) : ① 오직 하나뿐인 재료 ② 단벌
• 달구질 : 달구로 집 지을 터를 다지는 일
• 달보드레하다 : 연하고 달큼하다.
• 달포 : 한 달쯤 된 동안
• 당차다 : 야물고 오달지다.
• 대두리 : ① 큰 다툼 ② 일이 크게 벌어진 판
• 대중 : 대강의 짐작
• 더께 : 물건에 앉은 거친 때
• 더끔더끔 : 그 위에 더하고 또 더하는 모양
• 더펄이 : 성미가 침착하지 못하고 덜렁대는 사람
• 덜퍽지다 : 푸지고 탐스럽다.
• 덧거리 : 사실보다 지나치게 보태서 하는 말
• 덧게비 : 다른 것 위에 다시 덧엎어 대는 것
• 데밀다 : 들이밀다.

- 도거리(都-) : 따로따로 나누지 아니하고 한데 합쳐서 몰아 치는 일
- 도닐다 : 가장자리를 빙빙 돌아다니다.
- 도다녀오다 : 갔다가 지체 않고 빨리 오다.
- 도담도담 : 어린애가 탈없이 자라는 모양
- 도리암직하다 : 나부죽한 얼굴에 키가 작고 몸매가 있다.
- 도린곁 : 사람이 별로 가지 않는 외진 곳
- 동난지이 : 방게를 간장에 넣어 담근 젓
- 동아리 : ① 긴 물건의 한 부분 옛 아랫 동아리, ② 패를 이룬 무리, 그룹
- 동티 : 건드리지 말아야 할 것을 잘못 건드려서 생긴 걱정이 나 불행 어원 동토(動土)
- 되모시 : 이혼하고 처녀 행세를 하는 여자
- 두남두다 : 편들다.
- 두둥지다 : 앞뒤가 서로 모순이 되어 맞지 아니하다.
- 두럭 : 노름이나 놀이로 여러 사람이 모인 때, 여러 집들이 한데 모인 집단
- 두레 : 농촌에서 농번기에 서로 협력하여 공동 작업을 하기 위해 만든 조직
- 두루치기 : 한 가지 물건을 이리저리 둘러 쓰는 것
- 두름 : 물고기 스무 마리를 열 마리씩 두 줄로 엮은 것을 단위 로 이르는 말
- 두매한짝 : 다섯 손가락을 가리키는 말
- 뒤스르다 : 사물을 정리하느라고 뒤적거리다.
- 드난살이 : 드나들며 고용살이하는 일
- 드레 : 사람 됨됨이로서의 점잖음과 무게
- 드티다 : 자리가 옮겨져 틈이 생기거나 날짜, 기한 등이 조금 씩 연기되다.
- 드팀전 : 온갖 피륙을 파는 가게
- 뜬벌이 : 일정하게 정해진 벌이가 아니고 닥치는 대로 버는 벌이
- 띠앗 : 형제 자매 사이의 우애심
- 마뜩하다 : 마음에 마땅하다.
- 마른일 : 바느질, 길쌈 등 물에 손을 넣지 않고 하는 일
- 마름 : 지주의 위임을 받아 소작지를 관리하던 사람
- 마수걸이 : 그날 처음으로 물건을 파는 일
- 마전 : 피륙을 바래는 일
- 마지기 : 논밭의 넓이의 단위(논 150 ～ 300평, 밭 100평)

- 마파람 : 남풍
- 만무방 : 막되어 먹은 사람, 예의와 염치가 없는 사람
- 맏배 : 짐승이 낳은 첫 새끼
- 말미 : 일정한 직업이나 일 따위에 매인 사람이 다른 일로 말 미암아 얻는 겨를
- 맨드리 : 옷을 입고 매만진 맵시
- 머흘다 : 험하다.
- 먼지잼하다 : 비가 겨우 먼지나 날리지 않을 만큼 오다.
- 멍에 : 마소의 목에 얹어 수레나 쟁기를 끌게 하는 둥그렇게 구부러진 막대
- 메떨어지다 : (모양이나 몸짓이) 어울리지 않고 촌스럽다.
- 모꼬지 : 여러 사람이 놀이나 잔치 따위로 모이는 일
- 모도리 : 조금도 빈틈이 없는 야무진 사람
- 모래톱 : 강이나 바다를 낀 모래밭
- 모집다 : 허물을 명백하게 지적하다.
- 목침돌림(木枕-) : 목침을 돌리며 그 차례에 당한 사람이 노 래나 춤을 추는 놀이
- 몰강스럽다 : 모지락스럽게 못할 짓을 예사로 할 만큼 억세거 나 야비하다.
- 몽구리 : 바짝 깎은 머리
- 몽니 : 심술궂은 성질
- 몽따다 : 알고 있으면서 모른 체하다.
- 무꾸리 : 무당이나 판수에게 길흉을 점치게 하는 일
- 무녀리 : 짐승의 맨 먼저 낳은 새끼
- 무논 : 물이 있는 논
- 무람없다 : 스스럼 없고 버릇이 없다. 예의가 없다.
- 무릎맞춤 : 두 사람의 말이 서로 어긋날 때, 제삼자를 앞에 두 고 전에 한 말을 되풀이하여 옳고 그름을 따짐.
- 무자맥질 : 물속에 들어가서 떴다 잠겼다 하며 팔다리를 놀리 는 것
- 무자위 : 양수기, 물을 퍼올리는 기계
- 무지러지다 : 물건의 끝이 몹시 닳거나 잘라져 없어지다.
- 묵정이 : 오래 묵은 물건
- 물마루 : 물결의 높은 곳
- 물맞이 : 부녀자들이 유두 또는 여름철 약수나 폭포에 가물을 맞는 일
- 물매 : 비탈이 진 정도
- 뭇 : 묶음을 세는 단위

- 뭇가름 : 묶음으로 된 물건을 늘리려고 다시 갈라 묶는 것
- 미늘 : 낚시의 끝 안쪽에 있는 가시랭이 모양의 갈고리
- 미리내 : 은하수 어원 미리[龍]+내[川]
- 미립 : 경험에서 얻은 묘한 이치 유 요령
- 미쁘다 : 믿음직하다. 미덥다.
- 미어지다 : 구멍이 나다.
- 미욱하다 : 어리석고 둔하다.
- 미주알고주알 : 아주 사소한 일까지 속속들이 유 밑두리, 콧두리, 낱낱이
- 미투리 : 삼으로 삼은 신 유 망혜(芒鞋)
- 민낯 : 화장이나 단장하지 않은 여자의 얼굴
- 민둥산(-山) : 벌거숭이산
- 밍밍하다 : 음식 맛이 몹시 싱겁다.
- 바리 : 짐을 세는 단위
- 바지게 : 발채를 얹은 지게
- 바지선(-船) : 통나무나 대로 엮어 만들어 강에 띄우는 것
- 바치다 : 정도 이상으로 즐기다.
- 바투 : 거리가 썩 가깝게
- 반거들충이 : 무엇을 배우다가 그만두어 다 이루지 못한 사람 준 반거충이
- 발등걸이 : 남이 하려는 일을 먼저 앞질러서 하려는 행동
- 발리다 : 속의 알맹이를 집어내게 하다.
- 밭다 : 액체가 바짝 졸아서 말라붙다.
- 배내 : 일부 명사의 어근에 붙어 '배 안에 있을 때부터'의 뜻으로 쓰임.
- 버겁다 : 힘에 겨워 다루거나 치러내기에 벅차다.
- 버금 : 다음가는 차례
- 베잠방이 : 베로 만든 옷 유 포의한사(布衣寒士)
- 변죽(邊-) : 그릇 따위의 가장자리
- 변죽을 울리다 : 바로 집어 말하지 않고 상대가 알아챌 수 있을 정도로 에둘러서 말하다.
- 보니다 : 옛말 자세히 보다.
- 보름치 : 음력 보름께 눈이나 비가 오는 것
- 보습 : 쟁기의 술바닥에 맞추는 삽모양의 쇳조각
- 볼가지다 : 속에 든 것이 둥글게 거죽으로 톡 나오다.
- 부럼 : 정월 보름날에 까서 먹는 밤, 잣, 호두, 땅콩 따위를 이르는 말
- 부리다 : 짐을 내려놓다.

- 북돋우다 : ① 식물의 뿌리를 흙으로 덮어주다. ② 용기나 의욕이 일어나도록 자극을 주다.
- 북새 : 많은 사람들이 아주 야단스럽게 부산떠는 일
- 붙박이다 : 한 곳에 박혀 있어 움직이지 아니하다.
- 비다듬다 : 곱게 매만져서 다듬다.
- 비대다 : 남의 이름을 빌어서 대다.
- 빈지 : 한 짝씩 떼었다 붙였다 하는 문 본 널빈지
- 빗대다 : ① 바로 대지 아니하고 비뚤게 대다. ② 곧바로 지적하지 않고 넌지시 빙 둘러 지적하다.
- 빚 두루마기 : 빚에 싸이어서 헤어날 수가 없게 된 사람 유 빚꾸러기
- 빚물이 : 남이 진 빚을 대신으로 물어주는 일
- 빨래말미 : 장마 중에 날이 잠깐 든 사이
- 사레 : 침이나 음식을 잘못 삼키어 숨구멍 쪽으로 들어가게 된 때, 갑자기 재채기처럼 뿜어 나오는 기운
- 사로자다 : 자는 둥 마는 둥하게 자다.
- 사로잠그다 : 자물쇠나 빗장 따위를 반쯤 걸다.
- 사리 : 국수나 새끼 따위를 사려서 감은 뭉치
- 사뭇 : ① 내내 끝까지 ② 사무칠 정도로 몹시
- 사북 : ① 쥘 부채 아랫머리, 또는 가위다리의 어긋 매겨지는 곳에 못과 같이 꽂아서 돌쩌귀처럼 쓰이는 물건 ② '가장 중요한 부분'의 비유
- 사분사분하다 : 마음씨가 부드럽고 상냥하다.
- 사붓 : 발을 가볍게 얼른 내디디는 모양
- 사위다 : 사그라져 재가 되다.
- 사위스럽다 : 어쩐지 불길하고 꺼림칙하다.
- 삯메기 : 농촌에서 끼니를 먹지 않고 품삯만 받고 하는 일
- 살갑다 : ① 겉으로 보기보다는 속이 너르다. ② 부드럽고 상냥스럽다.
- 살(을) 맞다(煞-) : 초상집이나 혼인집 또는 제삿집에 갔다가 갑자기 탈이 났을 경우에 '악귀의 침범을 받다'의 뜻으로 이르는 말
- 살바람 : ① 좁은 틈으로 새어드는 찬바람 ② 이른 봄에 부는 찬바람
- 살품 : 옷과 가슴 사이에 생기는 빈틈
- 살피 : ① 두 땅의 경계선을 간단히 나타낸 표 ② 물건과 물건의 틈새나 그 사이를 구별지은 표
- 상길(上-) : 여럿 중에 제일 나은 품질

- 새때 : 끼니와 끼니 사이가 되는 때
- 새롱거리다 : 점잖지 못하게 시시덕거리며 까불거리다.
- 새암바리 : '샘이 많아서 몹시 안달하는 성질이 있는 사람'을 놀림조로 이르는 말 **준** 샘바리
- 샛바람 : '동풍(東風)'을 뱃사람들이 이르는 말
- 생화 : 먹고 살아가는 데 도움이 되도록 벌이를 하는 일
- 서리 : ① 떼를 지어서 주인 모르게 훔쳐다 먹는 장난 ② 무엇이 많이 모여 있는 무더기
- 서리꽃 : 유리창 등에 수증기가 꽃처럼 엉겨서 이룬 무늬
- 서슴거리다 : 머뭇거리다.
- 선득하다 : 살갗이나 몸에 갑자기 서느런 느낌이 드는 모양 **센말** 선뜩하다
- 선뜻 : 동작이 가볍고 시원스럽게 빠른 모양
- 선술집 : 술청 앞에 서서 술을 마실 수 있도록 마련한 집
- 설듣다 : 불충분하게 듣다.
- 설레다 : 마음이 가라앉지 않고 두근거리고 들뜨다.
- 설면하다 : ① 자주 못 만나서 좀 설다. ② (사귀는 사이가) 정답지 아니하다.
- 설피다 : 거칠고 성기다.
- 섬거적 : 섬을 엮어서 만들거나 또는 섬을 뜯어낸 거죽
- 섬돌 : 집채의 앞뒤에 오르내리기 위하여 만든 돌층계
- 섬지기 : 볍씨 한 섬의 모를 심을 만한 논의 넓이(2,000~3,000평 정도의 넓이)
- 섯돌다 : **옛말** 섞어 돌다. 마구 돌다.
- 성금 : (말하거나 일을 한 것에 대한) 보람이나 효력
- 성깃하다 : 꽤 성기다.
- 센둥이 : 흰둥이
- 셈평 : ① (어떻게 하여야 한다는) 타산적 생각, 셈수 ② 생활의 형편
- 소도리 : (금·은 세공 따위에 쓰이는) 조그만 장도리
- 소소리바람 : 이른 봄의 맵고 스산한 바람
- 소태 : 소태 껍질, 소태나무의 준말, 맛이 몹시 쓰다.
- 스스럽다 : (서로 사귀는 정분이) 그리 두텁지 않아 조심하는 마음이 있다.
- 슴베 : (칼, 팽이, 호미, 낫 따위의) 날의 한 끝이 자루 속에 들어간 부분
- 습습하다 : (마음이나 하는 짓이) 대장부답고 활발하고 너그럽다.

- 시쁘다 : 마음에 차지 않아 시들하다. 대수롭지 아니하다.
- 시시덕이 : 시시덕거리기를 잘하는 사람
- 시앗 : 남편의 첩
- 시침바느질 : (양복 따위 옷을 끝손질하기 전에) 맞나 안 맞나 몸에 맞추어 보려고 임시로 시침질을 하여 보는 바느질, 또는 그것을 바로잡는 일 **유** 가봉(假縫)
- 실미지근하다 : ① 조금 더운 기운이 있는 듯하다. ② 게을러서 열성이 적다.
- 실실 : 실없이 까불며 웃거나 쓸데없이 지껄이는 모양
- 실터 : 집과 집 사이에 남은 기름하고 좁은 빈 터
- 실팍하다 : (사람이나 물건이) 보기에 옹골차고 다부지다.
- 심드렁하다 : 관심이 없거나 탐탁하지 않아 서두르고 싶지 않다.
- 심마니 : 산삼 캐는 사람
- 쌩이질 : 뜻밖에 생기는 방해 **본** 씨양이질
- 써레 : 갈아놓은 논바닥을 판판하게 고르거나 흙덩이를 깨뜨리는 데 쓰는 농기구의 한 가지
- 어둑시니 : 어둠의 귀신
- 아람 : 밤 등이 저절로 충분히 익은 상태
- 아리잠직하다 : 키가 작고 얌전하며, 어린 티가 있다.
- 아스라하다 : ① 아슬아슬하게 높거나 까마득히 멀다. ② (기억 따위가) 희미하고 어렴풋하다.
- 아스러지다 : 작고 단단한 물체가 센 힘에 짓눌려 부서지다.
- 아우르다 : 여럿으로 한 덩어리나 한 판을 이루다.
- 아퀴(를) 짓다 : 일의 끝마리를 하다. 일의 가부를 결정하다.
- 악지(가) 세다 : 무리한 고집이 대단하다.
- 안잠자기 : 남의 집에서 잠을 자며 일을 도와주는 여자
- 알심 : ① 은근히 실속 있게 동정하는 마음이나 정성 ② 보기보다 야무진 힘
- 앙바틈하다 : 짤막하고 딱 바라지다.
- 앙세다 : (몸이 약해 보이나) 보기보다 다부지다.
- 애동대동하다 : 매우 젊다.
- 애면글면 : 힘에 겨운 일을 이루려고 온 힘을 다하는 모양
- 애벌 : 첫 번째 차례
- 애살스럽다 : 군색하고 애바른 데가 있다.
- 애오라지 : 좀 부족하나마 겨우, 한갓, 오직
- 앵돌아지다 : ① 틀려서 홱 돌아가다. ② 마음이 노여워서 토라지다.

- 야바위 : ① 속임수로 돈을 따먹는 중국 노름의 하나 ② 협잡의 수단으로 그럴듯하게 꾸미는 일
- 얄개 : 되바라지고 얄망궂은 언동
- 얄망궂다 : 야릇하고 밉다.
- 양지머리 : 소의 가슴에 붙은 뼈와 살을 통틀어 일컬음.
- 어귀차다 : 뜻이 굳고 하는 일이 여무지다.
- 어깃장 : 짐짓 어기대는 행동
- 어름 : 두 물건이 맞닿은 자리
- 어스러지다 : 말이나 행동이 정상에서 벗어나다. 옷의 솔기가 어슷하게 되다.
- 어이딸 : 어머니와 딸
- 어줍다 : 말이나 짓이 둔해 보이고 자유롭지 못하다.
- 얼 : 밖에 드러난 흠
- 엉구다 : 여러 가지를 모아 일이 되도록 하다.
- 에끼다 : 서로 주고 받을 물건이나 일을 비겨 없애다. 유 상쇄(相殺)하다.
- 에누리 : 값을 깎는 일
- 에다 : 칼로 도려내다.
- 에두르다 : ① 둘러막다. ② 바로 말하지 않고 짐작하여 알 수 있도록 둘러서 말하다.
- 에우다 : 사방을 둘러싸다.
- 여리꾼 : 상점 앞에 섰다가 손님을 끌어들여 흥정을 붙여주고 상점 주인으로부터 얼마의 수수료를 받는 사람
- 여울 : 강이나 바다에 바닥이 얕거나 너비가 좁아서 물살이 세게 흐르는 곳
- 여투다 : 물건이나 돈을 아껴쓰고 나머지를 모아두다. 반 깝살리다.
- 영절하다 : 말로는 그럴듯하다.
- 예제없이 : 여기와 저기의 구별 없이
- 오달지다 : 야무지고 실속이 있다.
- 오되다 : 올되다.
- 오라지다 : 오랏줄로 묶이다.
- 오래 : 한 동네 몇 집이 한 골목으로, 또는 한 이웃으로 되어 사는 구역 안
- 오롯이 : 옛말 ① 고요하고 쓸쓸하게, 호젓하게 ② 오로지, 온전히
- 오롱이조롱이 : 오롱조롱하게 생긴 여럿을 이르는 말
- 오붓하다 : 허물없이 흐뭇하게 필요한 것만 있다.
- 오소리감투 : 오소리의 털가죽으로 만든 벙거지
- 오지다 : 조금도 허술한 데가 없이 실속이 있다. 본 오달지다.
- 오지랖 : 웃옷의 앞자락
- 오지랖(이) 넓다 : 아무 일에나 쓸데없이 참견하다.
- 옥셈 : 잘못하여 자기에게 불리하게 계산하는 셈
- 옥죄다 : 바싹 옥이어 죄다. 큰말 욱죄다.
- 올되다 : ① (곡식 따위가) 제철보다 일찍 익다. ② 나이보다 일찍 철이 들다. 준 오되다.
- 올무 : 보통의 품종보다 일찍 자라는 무
- 올차다 : 오달지고 기운차다.
- 옴츠리다 : 몸을 오그리어 작게 하다.
- 옹이 : 나무에 박힌 가지의 그루터기, 또는 그것이 난 자리
- 용수 : ① 술이나 장을 거르는 데 쓰는 싸리나 대로 만든 둥글고 긴 기구 ② 지난날 죄수를 밖으로 데리고 다닐 때 얼굴에 푹 씌우는 물건
- 용트림(龍-) : 거드름으로 꾸며서 하는 트림
- 우렁쉥이 : 멍게
- 우세스럽다 : 남에게 비웃음을 받을 만하다. 유 남우세
- 운두 : 그릇이나 신 따위의 둘레의 높이
- 울그다 : 억지로 내놓게 하다.
- 울력 : 여러 사람이 힘을 합하여 기세 좋게 하는 일, 또는 그 힘
- 울림장 : 말이나 행동으로 남을 위협하는 일 유 으름장
- 움큼 : 손으로 한 줌 움켜쥔 물건의 분량 작은말 옴큼
- 웃비 : 아직 우기(雨氣)는 있는데 내리다가 잠깐 그친 비
- 웅숭그리다 : 춥거나 두려워서 몸을 몹시 웅그리다.
- 으늑하다 : 둘레가 푹 싸여 조용한 느낌이 있다.
- 으츠러지다 : 연한 채소 따위가 마구 문질러지거나 눌리어 부스러지다.
- 윽박지르다 : 윽박아 기를 못 펴게 하다.
- 을씨년스럽다 : 보기에 쓸쓸하다.
- 을러메다 : 우격다짐으로 으르다. 유 을러대다.
- 의뭉하다 : 겉으로는 어리석은 것 같으나 속은 엉큼하다.
- 이물 : 뱃머리 반 고물
- 이슥하다 : 밤이 꽤 깊다.
- 이악하다 : ① (하려고 한 일을 어떻게든지 끝내기 위하여) 기를 쓰고 달라붙는 기세가 굳세고 끈덕지다. ② 자기 이욕

(利慾)에 지나치게 아득바득하다.
- 이지러지다 : (물건의) 한 귀퉁이가 떨어져 없어지다.
- 인성만성 : ① 많은 사람이 모여 혼잡스러운 모양 ② 걷잡을 수 없게 정신이 흐릿하고 어지러운 모양
- 입길 : 남을 흉보는 입놀림
- 입성 : '옷'의 속된 말
- 입쌀 : 멥쌀
- 자리끼 : 잘 때 마시려고 머리맡에 준비해두는 물
- 자반뒤집기(佐飯-) : 몹시 아파서 엎치락뒤치락거리다.
- 자투리 : 팔거나 쓰거나 하다가 남은 피륙의 조각
- 잔득하다 : 몸가짐이 제법 차분하고 참을성이 있다.
- 잠투세 : 어린애가 잠을 자려고 할 때나 잠이 깨었을 때에 떼를 쓰고 우는 것 유 잠투정
- 잡도리 : (잘못되지 않도록) 엄중하게 단속함.
- 장지문 : 지게문에 장지를 덧들인 문 어원 장자문(障子門)
- 재우치다 : 빨리 하여 몰아치거나 재촉하다.
- 잼처 : 다시, 거듭, 되짚어
- 저자 : 시장을 예스럽게 이르는 말
- 적바림 : (뒤에 들추어 보려고 글로) 간단히 적어두는 일, 또는 적어놓은 간단한 기록
- 제겨디디다 : 발 끝이나 발꿈치만 땅에 닿게 디디다.
- 제물땜 : 깨어진 쇠붙이가 그릇에 덧조각을 대지 아니하고 같은 쇠붙이를 녹여서 붙이는 땜
- 종요롭다 : 몹시 긴요하다.
- 주전거리다 : 걸음발타는 어린아이가 제멋대로 걷다.
- 주접(이) 들다 : 몸치레나 옷이 추저분하다.
- 중절대다 : 수다스럽게 중얼거리다.
- 지돌이 : 험한 산길에서 바위 따위에 등을 대고 가까스로 돌아가게 된 곳 반 안돌이
- 지레 : 미리
- 지정거리다 : 곧장 나아가지 않고 한 자리에서 지체하다.
- 지질리다 : 기가 꺾이고 압도되다.
- 지청구 : 아무 까닭없이 남을 탓하며 원망하는 짓
- 진양조(-調) : 판소리 및 산조 장단의 한 가지로 느린 가락, 애연조(哀然調)
- 짐짓 : 일부러
- 짜장 : 참, 과연, 정말로
- 짬짜미 : 남몰래 둘이서 짜는 약속 유 밀약(密約)

- 책상물림(冊床-) : 세상 물정에 어두운 사람
- 천둥벌거숭이(天動-) : 두려운 줄 모르고 철없이 함부로 덤벙거리며 날뛰기만 하는 사람을 이르는 말
- 초들다 : (어떤 사물만을) 입에 올려서 말하다.
- 추다 : 남을 일부러 칭찬하다.
- 추레하다 : 허술하여 보잘것없고 궁상스럽다.
- 추스르다 : ① 물건을 가볍게 들썩이며 흔들다. ② 물건을 위로 추켜올리다.
- 추임새 : 판소리에서 창의 사이사이에 고수가 흥을 돋우기 위하여 넣는 소리
- 츱츱하다 : 너절하고 염치가 없다.
- 치레 : 잘 매만져서 모양을 내는 일
- 치받이 : 비탈진 곳의 올라가게 된 방향 반 내리받이
- 치살리다 : 지나치게 추어주다.
- 토막말 : 긴 내용을 간추려 한마디로 표현하는 말, 아주 짤막한 말
- 투미하다 : 어리석고 둔하다.
- 트레바리 : 까닭없이 남의 말에 반대하기를 좋아하는 성미, 또는 그런 성미를 가진 사람을 놀림조로 이르는 말
- 튼실하다 : 튼튼하고 실하다.
- 파란 : 광물을 원료로 하여 만든 유약
- 팍팍하다 : 가루 따위가 물기가 없이 몹시 메마르고 보슬보슬하다.
- 푸념 : 넋두리
- 푸새 : 산과 들에 저절로 나서 자라는 풀
- 푸서리 : 잡초가 무성한 거친 땅
- 푼더분하다 : 얼굴이 투실투실하여 복성스럽다.
- 푼푼하다 : 여유가 있을 정도로 넉넉하다.
- 품앗이 : 힘드는 일을 서로 거들어 주면서 품을 지고 갚고 하는 일
- 하늬바람 : 서풍
- 하릴없이 : 어찌할 도리 없이
- 한데 : 하늘을 가리지 아니한 곳, 바깥
- 한둔 : 한데에서 밤을 지냄, 노숙
- 함초롬하다 : 가지런하고 곱다.
- 핫아비 : 아내가 있는 남자 반 홀아비
- 핫어미 : 남편이 있는 여자 반 홀어미
- 해감 : 물 속에 흙과 유기물이 썩어 생기는 찌꺼기

- 해거름 : 해가 질 무렵 **준** 해름
- 해끔무레하다 : 반반하게 생기고 빛깔이 해끔한 듯하다.
- 해사하다 : 얼굴이 희고 맑다.
- 해작이다 : 조금씩 들추거나 파서 헤치다.
- 해포 : 1년이 넘는 동안
- 허방다리 : 함정
- 혈떡이다 : ① 얼굴에 핏기가 없다. ② 몹시 지쳐 눈이 껄떡하다.
- 헙헙하다 : ① 대범하고 활발하다. ② 가진 것을 함부로 써 버리는 버릇이 있다. **반** 조리차하다.
- 헤살 : 짓궂게 훼방함.
- 호도깝스럽다 : 경망하고 조급하다.
- 홀앗이 : (살림살이를 거둘어 줄 사람이 없이) 혼자서 맡아 처리하는 처지
- 홉뜨다 : 눈알을 굴려 눈시울을 치뜨다.
- 화수분 : 재물이 자꾸 생겨서 아무리 써도 줄지 않음 **유래** 보배의 그릇으로, 그 안에 온갖 물건을 넣어두면 새끼를 쳐서 끝이 없이 나온다는 데서 생긴 말
- 황아장수(荒-) : 지난날 온갖 잡화(雜貨)를 등에 지고 팔러 다니던 장수 **본** 황화(荒貨)장수
- 홰 : (새나 닭이 올라앉도록) 새장이나 닭장 속에 가로질러 놓은 나무 막대기
- 후줄근하다 : ① 옷이나 피륙 따위가 젖어서 풀기가 없어 추레하다. ② 몸이 지쳐 기운이 없다.
- 휘갑치다 : 뒷일이 다시 없도록 잘 마감하다. 또다시 말하지 못하도록 막음하다.
- 흐드러지다 : 썩 탐스럽다.
- 희나리 : 덜 마른 장작
- 희떱다 : 속은 비어 있어도 겉으로는 호화롭다.

관용적 어휘

- 가슴에 불붙다 : 감정이 격해지다.
  예 꼭 성공하겠다는 생각이 가슴에 불을 붙였다.
- 가슴이 미어지다 : 슬픔, 고통 때문에 마음이 괴롭다.
  예 엄마 생각에 가슴이 미어진다.
- 간을 꺼내어 주다 : 비위를 맞추기 위해 중요한 것을 아낌없이 주다.
  예 그는 승진을 위해 상사에게 간을 꺼내어 주는 시늉까지 한다.
- 귀가 가렵다 : 남이 제 말을 한다고 느끼다.
  예 어쩐지 귀가 가렵더라니, 너희가 내 얘기를 하고 있었구나.
- 귀가 번쩍 뜨이다 : 들리는 말에 선뜻 마음이 끌리다.
  예 형이 산 복권이 당첨되었다는 말에 귀가 번쩍 뜨였다.
- 눈에 차다 : 마음에 들어 만족스럽다.
  예 언니의 눈에 차는 남자는 별로 없다.
- 눈이 뒤집히다 : 충격적인 일을 당하거나 어떤 일에 집착하여 이성을 잃다.
  예 그 꼴을 보는 순간 눈이 뒤집혔다.
- 머리를 깨다 : 뒤떨어진 생각에서 벗어나다.
  예 할아버지는 머리가 깬 분이셔서, 그 시절에 어머니를 유학까지 보내셨다.
- 목에 힘을 주다 : 거드름을 피우거나 남을 깔보는 듯한 태도를 취하다.
  예 반장이 되자 목에 힘을 주고 다녔다.
- 목구멍에 풀칠하다 : 겨우 생계를 유지하다.
  예 목구멍에 풀칠할 방도가 없다.
- 손톱도 안 들어가다 : 사람됨이 몹시 야무지고 인색하다.
  예 그는 손톱도 안 들어가는 영감이다.
- 숨이 턱에 닿다 : 몹시 숨이 차다.
  예 완주를 했더니 숨이 턱에 닿아 죽을 것 같아.
- 어깨가 가볍다 : 책임에서 벗어나 마음이 가뿐하다.
  예 숙제를 마치니 어깨가 가볍다.
- 어깨가 처지다 : 낙심하여 풀이 죽다.
  예 경기에 져서 어깨가 처진 채 돌아왔다.
- 얼굴만 쳐다보다 : 대책 없이 서로에게 기대기만 하다.
  예 그 소식을 듣고, 부부는 서로 얼굴만 쳐다보고 있었다.
- 얼굴을 내밀다 : 모임이나 자리에 잠깐 들르다.
  예 잠깐 얼굴이나 내밀고 가라.
- 입이 천 근 같다 : 과묵해서 말을 쉽게 안 하다.
  예 내 친구는 입이 천 근 같다.
- 입에 달고 다니다 : 입만 떼면 그 말을 하다.
  예 그는 아프다는 말을 입에 달고 다닌다.
- 코가 꿰이다 : 약점이 잡히다.
  예 아마도 코가 꿰여서 어쩔 수 없이 만나는 것 같다.

• 코가 비뚤어지게 : 몹시 취할 정도로
  예 코가 비뚤어지게 술을 마셨다.
• 피가 끓다 : 기분이나 감정 따위가 북받쳐 오른다. 젊고 혈기가 왕성하다.
  예 피 끓는 청춘의 열기를 식혀 다오.
• 피를 빨다 : 재산이나 노동력 따위를 앗아가다.
  예 이제 내 피 좀 그만 빨아라.
• 잔뼈가 굵다 : 어떤 일을 계속하여 그 일에 익숙하다.
  예 그는 공사판에서 잔뼈가 굵다 보니, 다른 일꾼들보다 솜씨가 좋다.
• 입술을 깨물다 : 분하거나 고통스럽다. 무언가를 결심하다.
  예 다신 연락하지 않으리라 다짐하며 입술을 깨물었다.
• 악머구리 끓듯 : 많은 사람이 모여서 시끄럽게 떠드는 모양
  예 그의 호통에 악머구리 끓듯 하던 아이들도 조용해졌다.
• 씨알머니가 없다 : 별다른 실속이 없거나 하찮다.
  예 씨알머니 없는 이야기는 이제 그만두고 어서 일을 해라.
• 귀가 여리다 : 남의 말을 그대로 믿어 버리다.
  예 그는 귀가 여려서 아무 말이나 믿는다.
• 손을 벌리다 : 무엇을 달라고 요구하거나 구걸하다.
  예 그녀에게 손 벌리는 짓은 이제 그만 해라.
• 손이 뜨다 : 일하는 동작이 몹시 굼뜨다.
  예 그렇게 손이 떠서야 언제 일을 마치냐
• 입을 닦다 : 이익 같은 것을 혼자 챙기고 아닌 체하다.
  예 혼자 먹고 입을 닦아버리네.
• 김이 식다 : 재미나 의욕이 없어지다.
  예 나는 그 일에 대한 감이 식어 버렸다.
• 가락이 나다 : 일하는 기운이나 능률이 오르다.
  예 재미있게 일하기로 마음먹고 나니 절로 가락이 났다.
• 수가 익다 : 일 따위가 손에 익거나 익숙하여지다.
  예 돈 계산을 많이 하더니 이제 수가 익었다.
• 난장을 치다 : 함부로 마구 떠들다.
  예 네 일이 아니라고 그렇게 난장을 쳐서야 되겠니.
• 변죽을 울리다 : 직설적으로 말하지 않고 에둘러서 말하다.
  예 이제 변죽은 그만 울리고 하고 싶은 말을 해 봐.
• 개나발을 불다 : 사리에 맞지 아니하는 헛소리를 하다.
  예 취객은 개나발을 불다가 결국 가게에서 쫓겨났다.

• 개가를 올리다 : 큰 성과를 거두다.
  예 대원들은 탐사 1년 만에 개가를 올리고 돌아왔다.
• 바람이 들다 : 다 되어 가는 일에 탈이 생기다.
  예 이번 일에 바람이 들지 않도록 조심해야 한다.
• 바람을 넣다 : 남을 부추겨서 행동을 하려는 마음이 들도록 하다.
  예 놀러 가자고 옆에서 바람을 넣었다.
• 바람을 쐬다 : 기분 전환을 위해 다른 곳을 다니다.
  예 공부를 하다 잠시 바람을 쐬러 나갔다.
• 모골이 송연하다 : 무엇을 보거나 어떤 일을 당하여 털이 곤두서고 온몸이 오싹해지다.
  예 귀신이 튀어나오는 장면에 모골이 송연해졌다.
• 입추의 여지가 없다 : 송곳 하나 세울 자리가 없을 만큼 매우 비좁다.
  예 광장은 청중들로 이미 입추의 여지가 없었다.
• 난탕을 치다 : 무질서하고 난잡스럽게 마구 행동하다.
  예 젊은 시절에 난탕을 치다가는 늙어서 후회한다.
• 건몸이 달다 : 이유 없이 혼자서만 애쓰며 안달하다.
  예 사정을 잘 알면서도 어머니는 공연히 건몸이 달았다.
• 꼭지를 따다 : 처음 시작하다.
  예 오랜 창업 준비 끝에 꼭지를 따게 됐다.
• 배에 기름이 오르다 : 넉넉해져 먹고 살 만하다.
  예 배에 기름이 오르니 딴 생각을 한다.
• 마각을 드러내다 : 숨기고 있던 일이나 정체를 드러내다.
  예 그들은 차츰 흉악한 마각을 드러내기 시작했다.
• 발꿈치를 물리다 : 믿었던 사람에게 배신을 당하다.
  예 아끼던 후배에게서 발꿈치를 물렸다.
• 엉덩이가 구리다 : 잘못을 저질러 떳떳하지 못하다.
  예 좋은 말로 할 때 엉덩이가 구린 녀석들은 다 나와라!

 틀리기 쉬운 표준어

• 여름이라 더워서 머리를 싹둑(O) / 싹뚝(X) 잘랐다.
  → 'ㄱ, ㅂ' 받침 뒤에 나는 된소리는 비슷한 음절이 겹쳐 나는 경우가 아니면 된소리로 적지 않는다.

- 어릴 적 할머니의 반짇고리(O) / 반짓고리(X)는 보물 상자였다.
  → 끝소리가 'ㄹ'인 말과 딴 말이 어울릴 적에 'ㄹ'이 'ㄷ' 소리로 나는 것은 'ㄷ'으로 적는다.
- 이 일은 며칠이나(O) / 몇 일이나(X) 걸리겠니
  → '몇 일'은 몇+일에서 온 말이 아니다. 어원이 불분명한 말이므로 소리 나는 대로 '며칠'로 적는다.
- 대답도 넙죽(O) / 넓죽(X) 잘 한다.
  → '넓죽'은 '길쭉하고 넓다'는 뜻의 '넓죽하다'의 어근이다.
- 궂은(O) / 궃은(X) 날씨가 계속되었다.
  → 국어에 'ㅊ' 받침의 '궃다'는 표현은 존재하지 않는다. '비나 눈이 내려 날씨가 나쁘다'는 뜻의 표현은 'ㅈ' 받침의 '궂다'이다.
- 일을 어벌쩡하게(O) / 어물쩡하게(X) 넘어가려고 해서는 안 된다.
  → '어물쩡하다'는 '어벌쩡하다'의 비표준어이다.
- 소문이 금세(O) / 금새(X) 퍼졌다.
  → '금새'는 '금시(今時)에'를 줄인 표현인 '금세'의 비표준어이다.
- 나는 이 집에 눈곱(O) / 눈꼽(X)만큼의 미련도 없다.
  → '눈'과 '곱' 두 단어가 어울려 이루어진 말이므로 각각 그 원형을 밝히어 적는다.
- 축낸 돈을 빨리 메워(O) / 메꿔(O) 넣으십시오.
  → '메우다'의 비표준어였던 '메꾸다'는 '부족하거나 모자란 것을 채우다'는 뜻으로 2011년 표준어로 인정되었다.
- 남의 일에 함부로 알은체(O) / 알은척(O) / 아는척(X) / 아는체(X)하지 마라.
  → '알은체'와 '알은척'은 모두 '어떤 일에 관심을 가지는 듯한 태도를 보임'이라는 뜻의 표준어이며, '아는척'과 '아는체'는 한 단어가 아니므로 각각 '아는 척'과 '아는 체'와 같이 띄어 써야 한다.
- 그는 야멸치게(O) / 야멸차게(O) 따지는 법이 없었다.
  → '야멸치다'의 비표준어였던 '야멸차다'는 두 표현의 어감의 차이가 있음이 인정되어 2011년 표준어로 인정되었다.
- 베개(O) / 배개(X) / 배게(X) / 베게(X) / 벼게(X)를 베고 누워 있는 한 경주마의 영상이 화제가 되었다.
  → '잠을 자거나 누울 때 머리를 괴는 물건'을 의미하는 단어는 '누울 때 머리 아래에 받치다'는 표현의 동사 '베다'에 접미사 '-개'가 붙어 이루어진 '베개'가 올바른 표현이다.

- 방 한편(O) / 한쪽(O) / 한켠(X) / 한 켠(X)에 물건들이 쌓여 있었다.
  → 어느 한 방향을 가리키는 표현으로 '켠'은 '편(便)'의 잘못된 표현이며 '한편'의 의미로 '한켠'을 쓰는 경우가 있으나 '한편'만 표준으로 삼는다. '한편'과 '한쪽'은 모두 두루 쓰이므로 모두 표준어로 삼는다.
- 공연이 끝나자 우레(O) / 우뢰(X)와 같은 박수가 쏟아졌다.
  → '우레'의 의미로 '우뢰(雨雷)'를 쓰는 경우가 있으나 이는 순우리말인 우레를 한자어로 잘못 인식한 것으로 잘못된 표현이다.
- 우리나라(O) / 저희 나라(X)에서는 설날에 떡국을 먹습니다.
  → 자기의 나라나 민족을 나타낼 때에는 '우리'의 낮춤말인 '저희'로 표현하지 않는다.
- 임산부의 배 속(O) / 뱃속(X)에 아이가 잠들어 있다.
  → '뱃속'은 '마음'을 속되게 이른 말로, '배의 안쪽'을 의미하는 표현은 '배 속'이 올바르다.
- 여기까지 오는 길에 뱃멀미(O) / 배멀미(X)로 고생했다.
  → '배멀미'는 '배를 탔을 때 어지럽고 메스꺼워 구역질이 나는 증세'의 의미인 '뱃멀미'의 비표준어이다.
- 회사 쪽의 책임이 확인되는 대로 법적 조치(O) / 조처(O) / 조취(X)를 취할 계획이다.
  → '문제나 일을 처리함'을 의미하는 표현으로 조치(措置), 조처(措處)를 사용할 수 있으며, 조취는 잘못된 표현이다.
- 가방에 짐들을 욱여넣다(O) / 우겨넣다(X).
  → '우겨넣다'는 '주위에서 중심으로 함부로 밀어 넣다'는 의미의 표현인 '욱여넣다'의 비표준어이다.
- 정부의 늑장(O) / 늦장(O) 대처가 큰 비판을 받았다.
  → '늑장'과 '늦장'은 모두 '느릿느릿 꾸물거리는 태도'의 표준어로 '늑장 부리다', '늦장 부리다'로 표현할 수 있다.
- 아직 미련을 버리지 못한 그가 가엽게(O) / 가엾게(O) 느껴지기도 했다.
  → '마음이 아플 만큼 안되고 처연하다'는 의미의 '가엽다'와 '가엾다'는 모두 표준어이다.
- 그는 담배 한 개비(O) / 개피(X) / 가치(X) / 까치(X) / 가피(X)를 입에 물었다.
  → 가늘고 짤막하게 쪼갠 토막을 세는 단위의 표현은 '개비'이며, '개피', '가치', '까치', '가피' 모두 틀린 표기이다.
- 담벼락에 낙서가 괴발개발(O) / 개발새발(O) / 괴발새발(X) 그려져 있었다.

→ 글씨를 되는 대로 아무렇게나 써 놓은 모양을 고양이(괴)의 발과 개의 발을 비유한 '괴발개발' 외에 개의 발과 새의 발을 비유한 '개발새발'이 2011년에 추가로 표준어로 인정되었으며, '괴발새발'은 잘못된 표현이다.

• 나뭇잎을 본떠(○) / 본따(X) 무늬를 새겨 넣었다.
  → '본보기로 삼아 그대로 좇아 하다'는 의미의 표현은 '본뜨다', 버선이나 옷 따위를 만들 때 쓰기 위해 본보기로 만든 실물 크기의 물건'인 본(本)을 만든다는 의미로 '본을 뜨다'는 표현을 사용할 수 있다. '본을 따다', '본따다'는 잘못된 표현이다.

• 이 세상에는 별의별(○) / 별별(○) / 별에별(X) / 별의 별(X) 사람들이 다 있다.
  → '별의별'과 '별별'은 모두 '보통과 다른 갖가지의'라는 의미의 관형사로, '별에별'은 잘못된 표현이다. 또한 '별의별' 자체가 하나의 단어이므로 '별의 별'과 같이 띄어 쓰지 않는다.

• 병상에 누워있는 그의 얼굴이 해쓱하다(○) / 핼쑥하다(○) / 핼쓱하다(X).
  → '얼굴에 핏기나 생기가 없어 파리하다'는 표현으로 '해쓱하다', '핼쑥하다'를 사용할 수 있으며, '핼쓱하다'는 잘못된 표현이다.

• 바닥에 부서진(○) / 부숴진(X) 조각들이 가득하다.
  → '부서지다'는 '단단한 물체를 깨뜨려 여러 조각을 내다'의 의미인 '부수다'의 피동의 의미이므로, 여기에 피동의 표현을 만들기 위해 '−어지다'를 붙여 '부수어지다', '부숴지다'로 표현하는 것은 잘못된 표기이다.

• 그는 동료를 두고 먼저 떠나기가 영 꺼림칙했다(○) / 꺼림직했다(○) / 께름칙했다(○) / 께름직했다(○).
  → '꺼림칙하다', '께름칙하다' 외에 '꺼림직하다'와 '께름직하다'까지 모두 2018년부터 표준어로 인정되었다.

• 그 사람도 가끔 어리바리(○) / 어리버리(X)할 때가 있더라.
  → '어리버리'는 '정신이 또렷하지 못하거나 기운이 없어 몸을 제대로 가누지 못하는 모양'이라는 뜻의 '어리바리'의 비표준어이다.

• 아무리 그래도 생때같은(○) / 생떼같은(X) 자식들을 굶길 수는 없었다.
  → '아무 탈 없이 멀쩡하다', '공을 많이 들여 소중하다'는 뜻의 표현은 '생때같다'이며, '생떼같다'는 비표준어이다. '생떼'는 '떼'에 '억지스러운'이라는 뜻의 접두사 '생−'을 붙여 '억지로 쓰는 떼'를 의미한다.

• 공공기관에서 큰 소리로 트림(○) / 트름(X)을 하는 것은 예의에 어긋난다.
  → '먹은 음식이 위에서 잘 소화되지 않아 생긴 가스가 입에서 복받쳐 나옴. 또는 그 가스'라는 뜻의 단어는 '트림'으로, '트름'은 비표준어이다.

• 여름에 메밀(○) / 모밀(X)가루로 국수를 만들어 먹었다.
  → '모밀'은 마디풀과의 한해살이풀인 '메밀'의 옛말로, 현재는 '메밀'을 표준어로, '모밀'을 비표준어로 규정하고 있다.

• 그런 옷은 남우세스러워서(○) / 남세스러워서(○) / 남사스러워서(○) 어떻게 입고 다녀요?
  → '남에게 놀림과 비웃음을 받을 듯하다'는 뜻의 '남우세스럽다'와 그 준말인 '남세스럽다' 외에 '남사스럽다'도 같은 의미로 2011년 표준어로 인정되었다.

• 언덕배기에 앉아 해질녘(○) / 해질녁(X) 노을을 바라봤다.
  → 해질녘의 '녘'은 '방향, 어떤 때의 무렵'이라는 뜻이다.

• 오늘은 끗발(○) / 끝발(X)이 서는 날이 아니라고 중얼거리며 노름판을 나왔다.
  → '노름 따위에서 좋은 끗수가 잇달아 나오는 기세나, 아주 당당한 권세'라는 뜻의 단어는 '끗발'로, '끝발'은 비표준어이다.

• 그때 그 아이는 짓궂은(○) / 짖궂은(X) / 짓꿎은(X) 장난을 치다 크게 혼쭐이 났다.
  → '장난스럽게 남을 괴롭고 귀찮게 하다'는 의미의 단어는 '짓궂다'로, '짖궂다', '짓꿎다', '지꿎다'는 모두 잘못된 표기이다.

• 사람들이 그 사람의 옷을 희한하게(○) / 희안하게(X) 쳐다보며 지나갔다.
  → '매우 드물거나 신기하다'는 뜻의 단어는 '희한(稀罕)하다'로, '희안하다'는 비표준어이다.

• 그녀는 조금만 추어올리면(○) / 추켜올리면(○) / 치켜올리면(○) / 치켜세우면(○) / 추켜세우면(○) 기고만장해진다.
  → '누군가를 높게 칭찬하다'는 뜻으로 '추어올리다', '치켜세우다' 외에 '치켜올리다', '추켜세우다', '추켜올리다'까지 모두 2018년부터 표준어로 인정되었다.

• 이번 여행은 세 명만 단출하게(○) / 단촐하게(X) 떠날 작정이야.
  → '단출하다'는 '식구나 구성원이 많지 않아서 홀가분하다', '일이나 차림차림이 간편하다'는 의미의 '단출하다'의 비표준어이다.

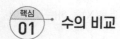
핵심 01 수의 비교

1 덧셈의 비교

1. 숫자 각각의 대소를 비교한다.

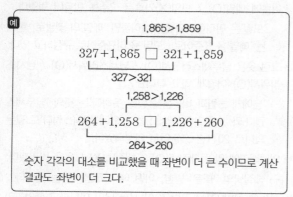

예

$$1,865 > 1,859$$
$$327 + 1,865 \ \square\ 321 + 1,859$$
$$327 > 321$$

$$1,258 > 1,226$$
$$264 + 1,258 \ \square\ 1,226 + 260$$
$$264 > 260$$

숫자 각각의 대소를 비교했을 때 좌변이 더 큰 수이므로 계산 결과도 좌변이 더 크다.

2. 숫자 각각의 증감을 비교한다.

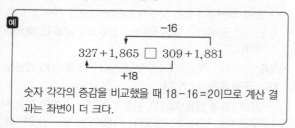

예

$$-16$$
$$327 + 1,865 \ \square\ 309 + 1,881$$
$$+18$$

숫자 각각의 증감을 비교했을 때 18 - 16 = 2이므로 계산 결과는 좌변이 더 크다.

2 뺄셈의 비교

1. 빼어지는 수와 빼는 수의 증감을 파악한다.

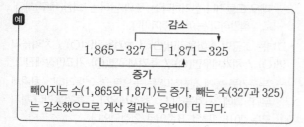

예

$$감소$$
$$1,865 - 327 \ \square\ 1,871 - 325$$
$$증가$$

빼어지는 수(1,865와 1,871)는 증가, 빼는 수(327과 325)는 감소했으므로 계산 결과는 우변이 더 크다.

2. 숫자 각각의 증감을 비교한다.

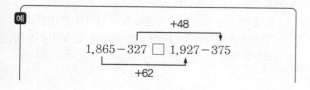

예

$$+48$$
$$1,865 - 327 \ \square\ 1,927 - 375$$
$$+62$$

숫자 각각의 증감을 비교했을 때 62 - 48 = 14이므로 계산 결과는 우변이 더 크다.

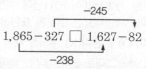

$$-245$$
$$1,865 - 327 \ \square\ 1,627 - 82$$
$$-238$$

숫자 각각의 증감을 비교했을 때 -238 - (-245) = 7이므로 계산 결과는 우변이 더 크다.

3 곱셈의 비교

1. 숫자 각각의 대소를 비교한다.

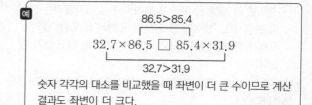

예

$$86.5 > 85.4$$
$$32.7 \times 86.5 \ \square\ 85.4 \times 31.9$$
$$32.7 > 31.9$$

숫자 각각의 대소를 비교했을 때 좌변이 더 큰 수이므로 계산 결과도 좌변이 더 크다.

2. 비교하기 쉽게 숫자를 조정한다.

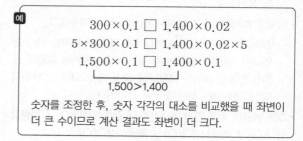

예

$$300 \times 0.1 \ \square\ 1,400 \times 0.02$$
$$5 \times 300 \times 0.1 \ \square\ 1,400 \times 0.02 \times 5$$
$$1,500 \times 0.1 \ \square\ 1,400 \times 0.1$$
$$1,500 > 1,400$$

숫자를 조정한 후, 숫자 각각의 대소를 비교했을 때 좌변이 더 큰 수이므로 계산 결과도 좌변이 더 크다.

3. 숫자 각각의 증가율을 비교한다.

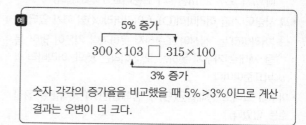

예

$$5\% \ 증가$$
$$300 \times 103 \ \square\ 315 \times 100$$
$$3\% \ 증가$$

숫자 각각의 증가율을 비교했을 때 5% > 3%이므로 계산 결과는 우변이 더 크다.

4 분수의 비교

1. 곱셈을 사용한다.

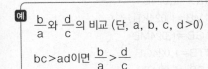

예 $\dfrac{b}{a}$와 $\dfrac{d}{c}$의 비교 (단, a, b, c, d>0)

$bc>ad$이면 $\dfrac{b}{a}>\dfrac{d}{c}$

2. 어림셈과 곱셈을 사용한다.

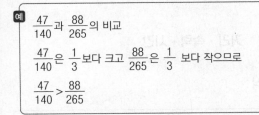

예 $\dfrac{47}{140}$과 $\dfrac{88}{265}$의 비교

$\dfrac{47}{140}$은 $\dfrac{1}{3}$보다 크고 $\dfrac{88}{265}$은 $\dfrac{1}{3}$보다 작으므로

$\dfrac{47}{140}>\dfrac{88}{265}$

3. 분모와 분자의 배율을 비교한다.

예 $\dfrac{351}{127}$과 $\dfrac{3,429}{1,301}$의 비교

3,429는 351의 10배보다 작고 1,301은 127의 10배보다

크므로 $\dfrac{351}{127}>\dfrac{3,429}{1,301}$

4. 분모와 분자의 차이를 파악한다.

예 $\dfrac{b}{a}$와 $\dfrac{b+d}{a+c}$의 비교 (단, a, b, c, d>0)

$\dfrac{b}{a}>\dfrac{d}{c}$이면 $\dfrac{b}{a}>\dfrac{b+d}{a+c}$

$\dfrac{b}{a}<\dfrac{d}{c}$이면 $\dfrac{b}{a}<\dfrac{b+d}{a+c}$

핵심 02 속산법

1 곱셈 속산법

1. %의 계산 : 10%, 5%, 1%를 유효하게 조합하여 간단히 한다.

• 10%는 끝 수 1자릿수를 제한 수

• 1%는 끝 수 2자릿수를 제한 수

• 5%는 10%의 절반

예 230,640의 15%는 다음과 같이 구할 수 있다.
230,640의 10%는 23,064
230,640의 5%는 10%의 절반이므로 11,532
따라서 230,640의 15%는 23,064＋11,532＝34,596

2. 배수의 계산

• 25배는 100배를 4로 나눈다.

예 3,624의 25배는 다음과 같이 구할 수 있다.
3,624의 100배는 362,400이므로 362,400÷4＝90,600

• 125배는 1,000배를 8로 나눈다.

• 75배는 300배를 4로 나눈다.

2 나눗셈 속산법

1. 근사치를 사용하여 계산한다.

2. 나눗셈의 성질에 착안하여 곱셈으로 다시 계산한다.

3. 공약수로 두 수를 나눠 숫자의 크기를 줄여 계산한다.

4. 나눗수에 가까운 숫자로 나누어 보정하면서 계산한다.

예 ▶ $54,027÷162$
↓ 두 수의 공약수인 9로 나눔
$6,003÷18$
↓ 두 수의 공약수인 9로 나눔
$667÷2＝333.5$

▶ $421÷1.25$

$125×8＝1,000$이므로 $1.25＝\dfrac{10}{8}$이다.

따라서 $421÷1.25＝421÷\dfrac{10}{8}＝421×\dfrac{8}{10}＝336.8$

핵심 03 근사법

1. X의 절댓값이 1보다 충분히 작을 때($|X|\le0.05$ 정도), $(1+X)^n≒1+nX$

예 $1.025^4＝(1+0.025)^4≒1+4×0.025＝1.1$

2. X_1, X_2, …의 절댓값이 각각 1보다 충분히 작을 때

$$\left(\frac{|X_1 + X_2 + ... + X_n|}{n} \leq -0.005 \text{ 정도} \right),$$

$$(1+X_1) \times (1+X_2) \times \cdots \times (1+X_n) \fallingdotseq 1 + (X_1 + X_2 + \cdots + X_n)$$

예 $1.015 \times 0.983 \times 0.952 \times 1.084$
$= (1+0.015) \times (1-0.017) \times (1-0.048) \times (1+0.084)$
$\fallingdotseq 1 + (0.015 - 0.017 - 0.048 + 0.084)$
$= 1 + 0.034 = 1.034$

3. X, Y의 절댓값이 1보다 충분히 작을 때

$$\frac{1}{1+X} \fallingdotseq 1 - X$$

$$\frac{1+X}{1+Y} \fallingdotseq 1 + X - Y$$

할푼리	• 1푼=0.1할 • 1리=0.01할
데이터 용량	• 1KB=1,024B • 1MB=1,024KB • 1GB=1,024MB • 1TB=1,024GB • 1PB=1,024TB • 1EB=1,024PB

핵심 04 · 단위환산

단위	단위환산
길이	• 1cm=10mm • 1m=100cm • 1km=1,000m
넓이	• $1cm^2 = 100mm^2$ • $1m^2 = 10,000cm^2$ • $1km^2 = 1,000,000m^2$
부피	• $1cm^3 = 1,000mm^3$ • $1m^3 = 1,000,000cm^3$ • $1km^3 = 1,000,000,000m^3$
들이	• $1ml = 1cm^3$ • $1dl = 100cm^3 = 100ml$ • $1L = 1,000cm^3 = 10dl$
무게	• 1kg=1,000g • 1t=1,000kg=1,000,000g
시간	• 1분=60초 • 1시간=60분=3,600초

핵심 05 · 거리 · 속력 · 시간

1 공식

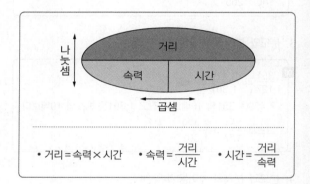

• 거리=속력×시간 • 속력=$\dfrac{거리}{시간}$ • 시간=$\dfrac{거리}{속력}$

2 풀이 방법

거리, 속력, 시간 중 무엇을 구하는 것인지를 파악하여
공식을 적용하고 방정식을 세운다.

• 단위 변환에 주의한다.
• 1m=$\dfrac{1}{1,000}$km
• 1분=$\dfrac{1}{60}$시간
• 1km=1,000m
• 1시간=60분

농도

1 공식

$$농도(\%) = \frac{용질(소금)의\ 질량}{용질(소금물)의\ 질량} \times 100$$

$$= \frac{용질의\ 질량}{용매의\ 질량 + 용질의\ 질량} \times 100$$

2 풀이 방법

두 소금물 A, B를 하나로 섞었을 때

↓

(1) (A+B) 소금의 양 = A 소금의 양 + B 소금의 양
(2) (A+B) 소금물의 양 = A 소금물의 양 + B 소금물의 양
(3) (A+B) 농도 = $\dfrac{(A+B)\ 소금의\ 양}{(A+B)\ 소금물의\ 양} \times 100$

 **일의 양**

1 공식

$$• 일률 = \frac{일량}{시간} \quad • 일량 = 시간 \times 일률 \quad • 시간 = \frac{일량}{일률}$$

2 풀이 방법

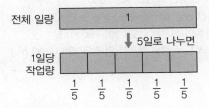

전체 일량 | 1

↓ 5일로 나누면

1일당 작업량 | $\frac{1}{5}$ | $\frac{1}{5}$ | $\frac{1}{5}$ | $\frac{1}{5}$ | $\frac{1}{5}$

1. 전체 일을 1로 둔다.
2. 일을 하는 데 5일이 걸리므로 하루 동안 하는 일의 양, 즉 일률은 $1 \div 5 = \dfrac{1}{5}$ 이다.

 금액

1 공식

• 정가 = 원가 $\times \left(1 + \dfrac{이익률}{100}\right)$

• 정가 = 원가 + 이익

• 할인율(%) = $\dfrac{정가 - 할인가(판매가)}{정가} \times 100$

• 할인가 = 정가 $\times \left(1 - \dfrac{할인율}{100}\right) =$ 정가 - 할인액

• 이익 = 원가 $\times \dfrac{이익률}{100}$

• 단리 : 원리합계 = 원금 $\times (1 + 이율 \times 기간)$

• 복리 : 원리합계 = 원금 $\times (1 + 이율)^{기간}$

2 풀이 방법

• 정가가 원가보다 a원 비싸다. → 정가 = 원가 + a

• 정가가 원가보다 b% 비싸다. → 정가 = 원가 $\times \left(1 + \dfrac{b}{100}\right)$

• 판매가가 정가보다 c원 싸다. → 판매가 = 정가 - c

• 판매가가 정가보다 d% 싸다. → 판매가 = 정가 $\times \left(1 - \dfrac{d}{100}\right)$

약수와 배수

1. 공약수란 두 정수의 공통 약수가 되는 정수, 즉 두 정수를 모두 나누어떨어뜨리는 정수를 말한다.
2. 최대공약수는 공약수 중에서 가장 큰 수이다. → 공약수는 그 최대공약수의 약수이다.
3. 서로소란 공약수가 1뿐인 두 자연수이다.
4. 공배수란 두 정수의 공통 배수가 되는 정수를 말한다.
5. 최소공배수는 공배수 중에서 가장 작은 수이다. → 공배수는 그 최소공배수의 배수이다.
6. 두 자연수 A, B의 최대공약수가 G이고 최소공배수가 L일 때 $A = a \times G$, $B = b \times G(a,\ b$는 서로소)라 하면 $L = a \times b \times G$가 성립한다.

$$G) \frac{A \quad B}{a \quad b}$$

7. 자연수 n이 $a^x \times b^y \times c^z$으로 소인수분해될 때, n의 약수의 개수는 $(x+1)(y+1)(z+1)$개이다.

핵심 10 간격

1 직선상에 심는 경우

구분	양쪽 끝에도 심는 경우	양쪽 끝에는 심지 않는 경우	한쪽 끝에만 심는 경우
필요한 나무 수	$\dfrac{\text{직선 길이}}{\text{간격 길이}}+1$ =간격의 수+1	$\dfrac{\text{직선 길이}}{\text{간격 길이}}-1$ =간격의 수-1	$\dfrac{\text{직선 길이}}{\text{간격 길이}}$ =간격의 수
직선 길이	간격 길이× (나무 수-1)	간격 길이× (나무 수+1)	간격 길이× 나무 수

2 원 둘레상에 심는 경우

1. 공식

- 필요한 나무 수 : $\dfrac{\text{둘레 길이}}{\text{간격 길이}}$ =간격의 수
- 둘레 길이 : 간격 길이× 나무 수

2. 원형에 나무를 심을 때 특징

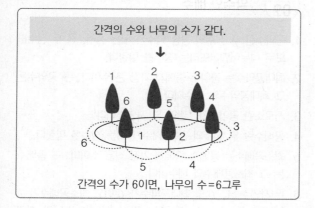

간격의 수와 나무의 수가 같다.
↓
간격의 수가 6이면, 나무의 수=6그루

3. 풀이 순서
(1) 일직선상에 심는 경우인지 원형상에 심는 경우인지 구분한다.
(2) 공식을 적용하여 풀이한다.

핵심 11 나이

1. 나이 문제의 포인트는 x년이 흐른 뒤에는 모든 사람이 x살씩 나이를 먹는다는 것이다.
2. 시간이 흘러도 객체 간의 나이 차이는 동일하다.
3. 구하고자 하는 값을 x로 두고 방정식을 세운다.

핵심 12 시계각도

1 시침의 각도

예

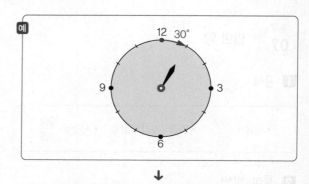

↓

- 12시간 동안 회전한 각도 : 360°
- 1시간 동안 회전한 각도 : 360°÷12=30°
- 1분 동안 회전한 각도 : 30°÷60=0.5°
  ↳ X시 Y분일 때 시침의 각도 : $30°X+0.5°Y$

2 분침의 각도

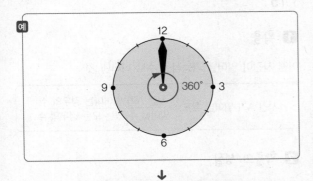

→

- 1시간 동안 회전한 각도 : 360°
- 1분 동안 회전한 각도 : 360°÷60=6°
  ↳ X시 Y분일 때 분침의 각도 : 6°Y

3 시침과 분침이 이루는 각도

 X시 Y분일 때 시침과 분침이 이루는 각도

↓

$|(30°X+0.5°Y)-6°Y|=|30°X-5.5°Y|$
(단, 각도 A가 180°보다 클 경우 360°−A를 한다)

핵심 13 곱셈공식

- $(a\pm b)^2=a^2\pm 2ab+b^2$
- $(a+b)(a-b)=a^2-b^2$
- $(a\pm b)^3=a^3\pm 3a^2b+3ab^2\pm b^3$
- $(x+a)(x+b)=x^2+(a+b)x+ab$
- $(ax+b)(cx+d)=acx^2+(ad+bc)x+bd$
- $(a\pm b)^2=(a\mp b)^2\pm 4ab$
- $(a+b+c)^2=a^2+b^2+c^2+2ab+2bc+2ca$
- $(a\pm b)(a^2\mp ab+b^2)=a^3\pm b^3$
- $a^2+b^2=(a\pm b)^2\mp 2ab$
- $a^2+\dfrac{1}{a^2}=\left(a\pm\dfrac{1}{a}\right)^2\mp 2$ (단, $a\neq 0$)

핵심 14 경우의 수

1 합의 법칙

두 사건 A, B가 동시에 일어나지 않을 때, 사건 A, B가 일어날 경우의 수를 각각 m, n이라고 하면, 사건 A 또는 B가 일어날 경우의 수는 $(m+n)$가지이다.

2 곱의 법칙

사건 A, B가 일어날 경우의 수를 각각 m, n이라고 하면, 사건 A, B가 동시에 일어날 경우의 수는 $(m\times n)$가지이다.

3 순열

서로 다른 n개에서 중복을 허용하지 않고
r개를 골라 순서를 고려해 나열하는 경우의 수

↓

 $${}_n\mathrm{P}_r=n(n-1)(n-2)\cdots(n-r+1)$$
$$=\frac{n!}{(n-r)!}\ (\text{단},\ r\leq n)$$

4 조합

서로 다른 n개에서 순서를 고려하지 않고
r개를 택하는 경우의 수

↓

 $${}_n\mathrm{C}_r=\frac{n(n-1)(n-2)\cdots(n-r+1)}{r!}$$
$$=\frac{n!}{r!(n-r)!}\ (\text{단},\ r\leq n)$$

5 중복순열

서로 다른 n개에서 중복을 허용하여
r개를 골라 순서를 고려해 나열하는 경우의 수

↓

 $${}_n\Pi_r=n^r$$

6 중복조합

서로 다른 n개에서 순서를 고려하지 않고
중복을 허용하여 r개를 택하는 경우의 수

↓

 $${}_n\mathrm{H}_r = {}_{n+r-1}\mathrm{C}_r$$

7 같은 것이 있는 순열

n개 중에 같은 것이 각각 p개, q개, r개일 때
n개의 원소를 모두 택하여 만든 순열의 수

↓

 $$\frac{n!}{p!q!r!} \;(\text{단, } p+q+r=n)$$

a, a, a, b, b, c를 일렬로 나열하는

경우의 수는 $\dfrac{6!}{3!2!}=60(\text{가지})$이다.

8 원순열

서로 다른 n개를 원형으로 배열하는 경우

↓

예 $$\frac{{}_n\mathrm{P}_n}{n}=(n-1)!$$

1 확률

어떤 사건이 일어날 가능성을 수로 나타낸 것

$$\text{사건 A가 일어날 확률}=\frac{\text{사건 A가 일어나는 경우의 수}}{\text{일어날 수 있는 모든 경우의 수}}$$

2 확률의 성질

어떤 사건이 일어날 확률을 p라고 하면

1. $0 \le p \le 1$
2. $p=0$: 절대로 일어나지 않는 사건의 확률
3. $p=1$: 반드시 일어나는 사건의 확률

3 확률의 계산

1. 두 사건 A, B가 배반사건일 경우

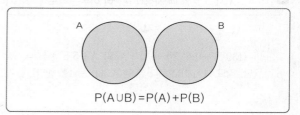

P(A∪B) = P(A)+P(B)

2. 두 사건 A, B가 독립일 경우

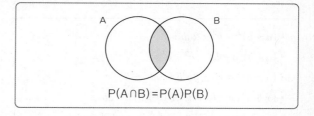

P(A∩B) = P(A)P(B)

4 조건부 확률

1. 확률이 0이 아닌 두 사건 A, B에 대하여 사건 A가 일어 났다고 가정할 때, 사건 B가 일어날 확률
2. '~일 때, ~일 확률'이라는 표현이 있으면 조건부확률을 활용하는 문제이다.
3. 사건 A가 일어났을 때 사건 B가 일어날 확률

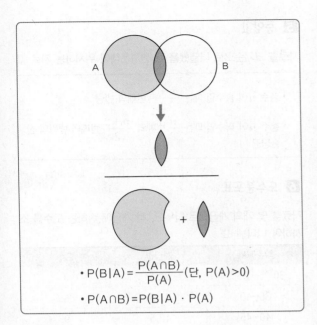

- $P(B|A) = \dfrac{P(A \cap B)}{P(A)}$ (단, $P(A) > 0$)
- $P(A \cap B) = P(B|A) \cdot P(A)$

5 여사건

1. 어떤 사건이 일어나지 않는 사건을 여사건이라 한다.
2. 사건 A가 일어나지 않을 확률

| 사건 A가 일어나지 않을 확률 = 1 - 사건 A가 일어날 확률 |

3. 적어도 하나는 A일 확률

| 적어도 하나는 A일 확률 = 1 - 모두 A가 아닐 확률 |

핵심 16 집합

1 집합

주어진 조건에 의하여 그 대상을 명확하게 구분할 수 있는 모임이다.

2 부분집합

두 집합 A, B에 대하여 집합 A의 모든 원소가 집합 B에 속할 때, 집합 A는 집합 B의 부분집합($A \subset B$)이라 한다.

3 집합의 포함 관계에 대한 성질

임의의 집합 A, B, C에 대하여
- $\varnothing \subset A$, $A \subset A$
- $A \subset B$이고 $B \subset A$이면 $A = B$
- $A \subset B$이고 $B \subset C$이면 $A \subset C$

4 부분집합의 개수

원소의 개수가 n개인 집합 A에 대하여
- 집합 A의 부분집합의 개수는 2^n개
- 집합 A의 부분집합 중 특정한 원소 m개를 반드시 포함하는 (또는 포함하지 않는) 부분집합의 개수는 2^{n-m}개

5 합집합, 교집합, 여집합, 차집합

합집합	교집합
$A \cup B = \{x \mid x \in A$ 또는 $x \in B\}$	$A \cap B = \{x \mid x \in A$이고 $x \in B\}$
여집합	차집합
$A^c = \{x \mid x \in U$이고 $x \notin A\}$	$A - B = \{x \mid x \in A$이고 $x \notin B\}$

6 집합의 연산법칙

• 교환법칙	$A \cup B = B \cup A$, $A \cap B = B \cap A$
• 결합법칙	$(A \cup B) \cup C = A \cup (B \cup C)$, $(A \cap B) \cap C = A \cap (B \cap C)$
• 분배법칙	$A \cup (B \cap C) = (A \cup B) \cap (A \cup C)$, $A \cap (B \cup C) = (A \cap B) \cup (A \cap C)$
• 드모르간의 법칙	$(A \cup B)^c = A^c \cap B^c$, $(A \cap B)^c = A^c \cup B^c$
• 차집합의 성질	$A - B = A \cap B^c$
• 여집합의 성질	$A \cup A^c = U$, $A \cap A^c = \varnothing$

7 유한집합의 원소의 개수

전체집합 U와 그 부분집합 A, B가 유한집합일 때
- $n(A \cup B) = n(A) + n(B) - n(A \cap B)$
- $n(A \cup B \cup C) = n(A) + n(B) + n(C) - n(A \cap B) - n(B \cap C) - n(C \cap A) + n(A \cap B \cap C)$

핵심 17 통계

1 평균

여러 수나 같은 종류의 양의 중간 값을 갖는 수

$$평균 = \frac{자료의\ 총합}{자료의\ 총\ 개수}$$

2 분산

변량이 평균으로부터 떨어져있는 정도를 나타내는 값

$$분산 = \frac{(편차)^2의\ 총합}{변량의\ 개수}$$

※ 편차 = 변량 - 평균

3 표준편차

자료가 평균을 중심으로 얼마나 퍼져 있는 지를 나타내는 대표적인 수치

$$표준편차 = \sqrt{분산} = \sqrt{\frac{(편차)^2의\ 총합}{변량의\ 개수}}$$

4 최빈값

자료 중 빈도수가 가장 높은 자료 값

5 중앙값

자료를 크기순으로 나열했을 때 한가운데에 위치하는 자료 값

- 총수 n이 홀수일 때는 $\frac{n+1}{2}$ 번째의 변량
- 총수 n이 짝수일 때는 $\frac{n}{2}$ 번째와 $\frac{n+2}{2}$ 번째의 변량의 산술평균

6 도수분포표

자료를 몇 개의 계급으로 나누고, 각 계급에 속하는 도수를 조사하여 나타낸 표

몸무게(kg)	계급값	도수
30^{이상} ~ 35^{미만}	32.5	3
35~40	37.5	5
40~45	42.5	9
45~50	47.5	13
50~55	52.5	7
55~60	57.5	3

- 변량 : 자료를 수량으로 나타낸 것
- 계급 : 변량을 나눈 구간
- 계급의 크기 : 구간의 너비
- 계급값 : 계급을 대표하는 값으로 계급의 중앙값
- 도수 : 각 계급에 속하는 자료의 개수

- 평균 = $\dfrac{\{(계급값) \times (도수)\}의\ 총합}{(도수)의\ 총합}$
- 분산 = $\dfrac{\{(편차)^2 \times (도수)\}의\ 총합}{(도수)의\ 총합}$
- 표준편차 = $\sqrt{분산} = \sqrt{\dfrac{\{(편차)^2 \times (도수)\}의\ 총합}{(도수)의\ 총합}}$

핵심 18 · 지수와 로그법칙

1 지수법칙

> **$a > 0,\ b > 0$이고 $m,\ n$이 임의의 실수일 때**
>
> - $a^m \times a^n = a^{m+n}$
> - $a^m \div a^n = a^{m-n}$
> - $(a^m)^n = a^{mn}$
> - $(ab)^m = a^m b^m$
> - $\left(\dfrac{a}{b}\right)^m = \dfrac{a^m}{b^m}$ (단, $b \neq 0$)
> - $a^0 = 1$
> - $a^{-n} = \dfrac{1}{a^n}$ (단, $a \neq 0$)

2 로그법칙

- 로그의 정의 : $b = a^x \Leftrightarrow \log_a b = x$
  (단, $a > 0,\ a \neq 1,\ b > 0$)

> **$a > 0,\ a \neq 1,\ x > 0,\ y > 0$일 때**
>
> - $\log_a xy = \log_a x + \log_a y$
> - $\log_a \dfrac{x}{y} = \log_a x - \log_a y$
> - $\log_a x^p = p \log_a x$
> - $\log_a \sqrt[p]{x} = \dfrac{\log_a x}{p}$
> - $\log_a x = \dfrac{\log_b x}{\log_b a}$ (단, $b > 0,\ b \neq 1$)

핵심 19 · 제곱근

1 제곱근

> 어떤 수 x를 제곱하여 a가 되었을 때,
> x를 a의 제곱근이라 한다.

↓

예
$x^2 = a \Leftrightarrow x = \pm\sqrt{a}$ (단, $a \geq 0$)

2 제곱근의 연산

> **$a > 0,\ b > 0$일 때**
>
> - $m\sqrt{a} + n\sqrt{a} = (m+n)\sqrt{a}$
> - $m\sqrt{a} - n\sqrt{a} = (m-n)\sqrt{a}$
> - $\sqrt{a}\,\sqrt{b} = \sqrt{ab}$
> - $\sqrt{a^2 b} = a\sqrt{b}$
> - $\dfrac{\sqrt{a}}{\sqrt{b}} = \sqrt{\dfrac{a}{b}}$

3 분모의 유리화

분수의 분모가 근호를 포함한 무리수일 때 분모, 분자에 0이 아닌 같은 수를 곱하여 분모를 유리수로 고치는 것이다.

> **$a > 0,\ b > 0$일 때**
>
> - $\dfrac{a}{\sqrt{b}} = \dfrac{a\sqrt{b}}{\sqrt{b}\,\sqrt{b}} = \dfrac{a\sqrt{b}}{b}$
> - $\dfrac{\sqrt{a}}{\sqrt{b}} = \dfrac{\sqrt{a}\,\sqrt{b}}{\sqrt{b}\,\sqrt{b}} = \dfrac{\sqrt{ab}}{b}$
> - $\dfrac{1}{\sqrt{a} + \sqrt{b}} = \dfrac{\sqrt{a} - \sqrt{b}}{(\sqrt{a} + \sqrt{b})(\sqrt{a} - \sqrt{b})}$
> $= \dfrac{\sqrt{a} - \sqrt{b}}{a - b}$ (단, $a \neq b$)
> - $\dfrac{1}{\sqrt{a} - \sqrt{b}} = \dfrac{\sqrt{a} + \sqrt{b}}{(\sqrt{a} - \sqrt{b})(\sqrt{a} + \sqrt{b})}$
> $= \dfrac{\sqrt{a} + \sqrt{b}}{a - b}$ (단, $a \neq b$)

핵심 20 방정식

1 성질

등식(A=B)의 성질

· 양변에 같은 수 m을 더해도 등식은 성립한다.

$$A+m=B+m$$

· 양변에 같은 수 m을 빼도 등식은 성립한다.

$$A-m=B-m$$

· 양변에 같은 수 m을 곱해도 등식은 성립한다.

$$A \times m = B \times m$$

· 양변에 0이 아닌 같은 수 m을 나누어도 등식은 성립한다.

$$A \div m = B \div m \ (단, \ m \neq 0)$$

2 공식

· 이차방정식의 근의 공식

$ax^2 + bx + c = 0$일 때 (단, $a \neq 0$)

$$x = \frac{-b \pm \sqrt{b^2 - 4ac}}{2a}$$

$b^2 - 4ac > 0 \rightarrow$ 서로 다른 두 실근을 갖는다.

$b^2 - 4ac = 0 \rightarrow$ 실근인 중근을 갖는다.

$b^2 - 4ac < 0 \rightarrow$ 서로 다른 두 허근을 갖는다.

· 이차방정식의 근과 계수와의 관계 공식

① $ax^2 + bx + c = 0 \ (a=0)$의 두 근이 α, β일 때

$$\alpha + \beta = -\frac{b}{a} \qquad \alpha\beta = \frac{c}{a}$$

② $x = \alpha$, $x = \beta$를 두 근으로 하는 이차방정식

$$a(x - \alpha)(x - \beta) = 0$$

풀이순서

· 일차방정식의 풀이 순서

① 계수가 분수나 소수로 되어 있을 때에는 정수가 되도록 고치고, 괄호가 있으면 푼다.

② 미지수 x를 포함한 항은 좌변으로, 상수항은 우변으로 이항한다.

③ 양변을 정리하여 $ax = b(a \neq 0)$의 꼴로 만든다.

④ 양변을 x의 계수 a로 나눈다.

· 일차방정식의 응용문제 풀이 순서

① 구하려는 양을 x로 한다.

② 문제에서 제시하고 있는 양을 미지수 x를 사용하여 나타낸다.

③ 양 사이의 관계를 찾아 방정식을 만든다.

④ 방정식을 풀어 해를 구한다.

⑤ 구한 해가 문제의 답이 맞는지를 확인한다.

· 연립일차방정식의 풀이 방법

① 계수가 소수인 경우 : 양변에 10, 100, …을 곱하여 계수가 모두 정수가 되도록 한다.

② 계수가 분수인 경우 : 양변에 분모의 최소공배수를 곱하여 계수가 모두 정수가 되도록 한다.

③ 괄호가 있는 경우 : 괄호를 풀고 동류항을 간단히 한다.

④ A=B=C의 꼴인 경우 : {A=B, A=C}, {B=A, B=C}, {C=A, C=B}의 3가지 중 어느 하나를 택하여 푼다.

· 연립방정식의 응용문제 풀이 순서

① 무엇을 x, y로 나타낼 것인가를 정한다.

② x, y를 사용하여 문제의 뜻에 맞게 연립방정식을 세운다.

③ 세운 연립방정식을 푼다.

④ 구한 해가 문제의 뜻에 맞는가를 확인한다.

· 이차방정식의 풀이 방법

① AB=0의 성질을 이용한 풀이

AB=0이면 A=0 또는 B=0

$(x-a)(x-b)=0$이면 $x=a$ 또는 $x=b$

② 인수분해를 이용한 풀이

주어진 방정식을 (일차식)×(일차식)=0의 꼴로 인수분해하여 푼다.

$$ax^2 + bx + c = 0$$
$$a(x-p)(x-q) = 0$$
$$x = p \ 또는 \ x = q$$

③ 제곱근을 이용한 풀이

· $x^2 = a(a>0)$이면 $x = \pm\sqrt{a}$

· $ax^2 = b\left(\frac{b}{a} \geq 0\right)$이면 $x = \pm\sqrt{\frac{b}{a}}$

· $(x-a)^2 = b(b>0)$이면 $x - a = \pm\sqrt{b}$에서

$x = a \pm \sqrt{b}$

④ 완전제곱식을 이용한 풀이

이차방정식 $ax^2 + bx + c = 0(a, \ b, \ c$는 상수, $a = 0)$의 해는

다음과 같이 고쳐서 구할 수 있다.

- $a = 1$일 때, $x^2 + bx + c = 0$
  $\Rightarrow (x+p)^2 = q$의 꼴로 변형
- $a \neq 1$일 때, $ax^2 + bx + c = 0$
  $\Rightarrow x^2 + \dfrac{b}{a}x + \dfrac{c}{a} = 0$
  $\Rightarrow (x+p)^2 = q$의 꼴로 변형

- **이차방정식의 응용문제 풀이 순서**
  ① 문제를 읽고 구하고자 하는 것, 중요한 조건 등을 파악한다.
  ② 구하고자 하는 것을 x로 놓고 방정식을 세운다.
  ③ 방정식을 푼다.
  ④ 구한 근 중에서 문제의 뜻에 맞는 것만을 답으로 한다.

- **연속한 수에 관한 문제**
  ① 연속한 두 정수 : x, $x+1$
  ② 연속한 세 정수 : $x-1$, x, $x+1$
  ③ 연속한 두 홀수 : $2x-1$, $2x+1$
  ④ 연속한 세 홀수(짝수) : $x-2$, x, $x+2$

핵심 21 부등식

1 성질

- $a < b$일 때, $a+c < b+c$, $a-c < b-c$
- $a < b$, $c > 0$일 때, $ac < bc$, $\dfrac{a}{c} < \dfrac{b}{c}$
- $a < b$, $c < 0$일 때, $ac > bc$, $\dfrac{a}{c} > \dfrac{b}{c}$

풀이순서

- **일차부등식**
  ① 미지수 x를 포함한 항은 좌변으로, 상수항은 우변으로 이항한다.
  ② $ax > b$, $ax < b$, $ax > b$, $ax < b$의 꼴로 정리한다($a \neq 0$).
  ③ 양변을 x의 계수 a로 나눈다.

- **일차부등식의 응용문제**
  ① 문제의 뜻을 파악하고 구하고자 하는 수를 x로 놓는다.
  ② 수량의 대소 관계에 주목하여 부등식을 세운다.
  ③ 세운 부등식을 푼다.

④ 구한 해가 문제의 뜻에 맞는가를 확인한다.

- **연립부등식**
  ① 2개 이상의 부등식을 각각 푼다.
  ② 2개 이상의 해의 공통부분을 구한다.

- **연립일차부등식의 응용문제**
  ① 무엇을 미지수로 나타낼 것인가를 정한다.
  ② 미지수를 사용하여 연립부등식을 세운다.
  ③ 연립부등식을 푼다.
  ④ 해를 검토한다.

핵심 22 비와 비율

1 비

비례식에서 외항의 곱과 내항의 곱은 항상 같다.

↓

$$A : B = C : D \text{일 때, } A \times D = B \times C$$

2 비율

비교하는 양이 원래의 양(기준량)의 얼마만큼에 해당하는지를 나타낸 것

- 비율 $= \dfrac{\text{비교하는 양}}{\text{기준량}}$
- 비교하는 양 $=$ 비율 $\times$ 기준량
- 기준량 $=$ 비교하는 양 $\div$ 비율

소수	분수	백분율	할푼리
0.1	$\dfrac{1}{10}$	10%	1할
0.01	$\dfrac{1}{100}$	1%	1푼
0.25	$\dfrac{25}{100} = \dfrac{1}{4}$	25%	2할 5푼
0.375	$\dfrac{375}{1,000} = \dfrac{3}{8}$	37.5%	3할 7푼 5리

* 백분율(%) : 기준량이 100일 때의 비율
* 할푼리 : 비율을 소수로 나타내었을 때 소수 첫째 자리, 소수 둘째 자리, 소수 셋째 자리를 이르는 말

핵심 23 도형

1 둘레

원의 둘레(원주)	부채꼴의 둘레
$l=2\pi r$	$l=2\pi r\times\dfrac{x}{360}+2r$

2 사각형의 넓이

정사각형의 넓이	직사각형의 넓이	마름모의 넓이
$S=a^2$	$S=ab$	$S=\dfrac{1}{2}ab$

사다리꼴의 넓이	평행사변형의 넓이
$S=\dfrac{1}{2}(a+b)h$	$S=ah$

3 삼각형의 넓이

삼각형의 넓이	정삼각형의 넓이
$S=\dfrac{1}{2}bh$	$S=\dfrac{\sqrt{3}}{4}a^2$

직각삼각형의 넓이	이등변삼각형의 넓이
$S=\dfrac{1}{2}ab$	$S=\dfrac{a}{4}\sqrt{4b^2-a^2}$

4 원과 부채꼴의 넓이

원의 넓이	부채꼴의 넓이
$S=\pi r^2$	$S=\dfrac{1}{2}r^2\theta=\dfrac{1}{2}rl$ (θ는 중심각(라디안))

5 특수한 직각삼각형의 세 변의 길이의 비

직각이등변삼각형	세 각의 크기가 30°, 60°, 90°인 삼각형
$\overline{AB}:\overline{BC}:\overline{AC}$ $=1:1:\sqrt{2}$	$\overline{AB}:\overline{BC}:\overline{AC}$ $=1:\sqrt{3}:2$

6 피타고라스의 정리

직각삼각형에서 직각을 끼고 있는 두 변의 길이의 제곱을 합하면 빗변의 길이의 제곱과 같다.

$$a^2+b^2=c^2$$

7 입체도형의 겉넓이와 부피

구	원기둥	원뿔
$S = 4\pi r^2$ $V = \dfrac{4}{3}\pi r^3$	$S = 2\pi rh + 2\pi r^2$ $V = \pi r^2 h$	$S = \pi r\sqrt{r^2 + h^2}$ $+ \pi r^2$ $V = \dfrac{1}{3}\pi r^2 h$
정육면체	직육면체	정사면체
$S = 6a^2$ $V = a^3$	$S = 2(ab + bc + ca)$ $V = abc$	$S = \sqrt{3}\,a^2$ $V = \dfrac{\sqrt{2}}{12}a^3$

정사각뿔
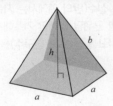 $S = a\sqrt{4b^2 - a^2} + a^2 = a\sqrt{a^2 + 4h^2} + a^2$ $V = \dfrac{1}{3}a^2 h = \dfrac{1}{3}a^2\sqrt{b^2 - \dfrac{a^2}{2}}$

핵심 24 자료해석의 특징과 대처법

1. 자료해석에서 요구하는 것은 주어진 자료에서만 논리적으로 도출해낼 수 있는 사항을 올바르게 판단하는 능력이다. 선택지의 내용이 상식적으로는 옳다고 여겨지는 경우에도 자료를 통해 논리적으로 이끌어낼 수 없다면 정답이라고 할 수 없다.

2. 비율, 증가율, 지수 등을 올바르게 이해해야 한다.

3. 계산 테크닉을 익혀서 쓸데없는 계산을 하지 않도록 한다. 또한 간단한 계산은 암산으로 끝낼 수 있도록 훈련하는 것이 좋다.

4. 선택지를 검토할 때에는 옳고 그름의 판단이 쉬운 것부터 순서대로 확인한다.

5. 자료의 단위, 각주 등을 놓치지 않도록 주의한다.

핵심 25 변동률(증감률)

1 공식

> • 변동률 또는 증감률(%)
>
> $= \dfrac{\text{비교시점 수치} - \text{기준시점 수치}}{\text{기준시점 수치}} \times 100$
>
> • 기준시점 수치를 X, 비교시점 수치를 Y, 변동률(증감률)을 $g\%$라 하면
>
> $g = \dfrac{Y - X}{X} \times 100$
>
> $Y - X = \dfrac{g}{100} \times X$
>
> $Y = \left(1 + \dfrac{g}{100}\right)X$

2 계산 방법

값이 a에서 b로 변화하였을 때 $\dfrac{b - a}{a} \times 100$ 또는 $\left(\dfrac{b}{a} - 1\right)$ $\times 100$으로 계산한다.

> 예
> 값이 256에서 312로 변화하였을 때 증감률은 $\dfrac{312 - 256}{256}$ $\times 100 \fallingdotseq 22(\%)$이다. 이와 같이 계산을 해도 되지만 번거로운 계산을 해야 한다. 312는 256의 약 1.22배인데 이는 256을 1로 하면 312는 약 1.22라는 의미이다. 따라서 0.22만 늘어났으므로 증감률은 22%임을 알 수 있다.

핵심 26 · 증가율과 구성비의 관계

전체량을 A, 부분량을 B라고 하면 부분량의 구성비는 $\dfrac{B}{A}$ 이다. 만약 어느 기간에 전체량이 a, 부분량이 b 증가했다고 하면 증가 후의 구성비는 $\dfrac{B(1+b)}{A(1+a)}$ 이다(단, a, b는 증가율이다). 여기서 $a > b$이면 $\dfrac{B}{A} > \dfrac{B(1+b)}{A(1+a)}$, $a < b$이면 $\dfrac{B}{A} < \dfrac{B(1+b)}{A(1+a)}$ 가 된다.

- 전체량의 증가율 > 부분량의 증가율 ⇨ 구성비 감소
- 전체량의 증가율 < 부분량의 증가율 ⇨ 구성비 증가

핵심 27 · 지수

지수란 구체적인 숫자 자체의 크기보다는 시간의 흐름에 따라 수량이나 가격 등 해당 수치가 어떻게 변화되었는지를 쉽게 파악할 수 있도록 만든 것으로 통상 비교의 기준이 되는 시점(기준시점)을 100으로 하여 산출한다.

- 기준 데이터를 X, 비교 데이터를 Y라 하면,

$$지수 = \frac{Y}{X} \times 100$$

- 데이터 1의 실수를 X, 데이터 2의 실수를 Y, 데이터 1의 지수를 k, 데이터 2의 지수를 g라 하면 다음과 같은 비례식이 성립한다. $X : Y = k : g$

- 비례식에서 외항의 곱과 내항의 곱은 같으므로 $Xg = Yk$이다. 따라서 $Y = \dfrac{g}{k} \times X$, $X = \dfrac{k}{g} \times Y$

핵심 28 · 퍼센트(%)와 퍼센트포인트(%p)

퍼센트는 백분비라고도 하는데 전체의 수량을 100으로 하여 해당 수량이 그중 몇이 되는가를 가리키는 수로 나타낸다. 퍼센트포인트는 이러한 퍼센트 간의 차이를 표현한 것으로 실업률이나 이자율 등의 변화가 여기에 해당된다.

> 예 실업률이 작년 3%에서 올해 6%로 상승하였다.
> ➡ 실업률이 작년에 비해 100% 상승 또는 3%p 상승했다.
>
> 여기서 퍼센트는 $\dfrac{\text{현재 실업률} - \text{기존 실업률}}{\text{기존 실업률}} \times 100$을 하여
> '100'으로 산출됐고, 퍼센트포인트는 퍼센트의 차이이므로 $6 - 3 = 3$이란 수치가 나온 것이다.

핵심 29 · 단위당 양

자동차 천 대당 교통사고 발생건수, 단위면적당 인구수 등과 같이 정해진 단위량에 대한 상대치이다. 따라서 기준이 되는 단위량에 대응하는 실수(앞의 예에서는 자동차 대수, 면적)가 주어져 있지 않으면 단위당 양에만 기초해서 실수 그 자체(앞의 예에서는 교통사고 발생건수, 인구수)를 비교하는 것은 불가능하다.

핵심 30 · 가중평균

- 중요도나 영향도에 해당하는 각각의 가중치를 곱하여 구한 평균값을 가중평균이라 한다.
- 주어진 값 x_1, x_2, $\cdots$, x_n 에 대한 가중치가 각각 w_1, w_2, $\cdots$, w_n이라 하면

$$가중평균 = \frac{x_1 w_1 + x_2 w_2 + \cdots + x_n w_n}{w_1 + w_2 + \cdots + w_n}$$

핵심 31 그래프의 종류

꺾은선 그래프

· 시계열 변화를 표시하는 데 적합한 그래프
· 세로축에 양, 가로축에 시계열을 표시한다.
· 예 〈월별 고객불만 건수〉

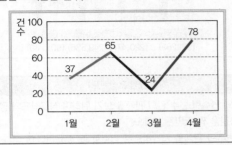

막대 그래프

· 비교하고자 하는 수량을 막대의 길이로 나타냄으로써 각 수량 간의 대소 비교가 가능한 그래프
· 가로축에 시계열을 표시할 경우 꺾은선 그래프와 동일한 효과를 가진다.
· 예 〈지방 중소병원 고객의 주거지역 분포〉

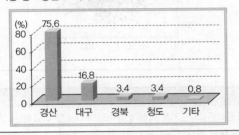

히스토그램

· 도수분포를 나타내는 그래프
· 막대의 사이에 간격이 없다.
· 예 〈볼링 동호회 회원들의 볼링 점수〉

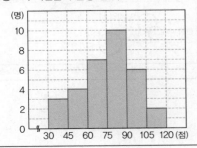

원 그래프

· 원을 분할하여 내역이나 내용의 구성비를 작성하는 그래프
· 전체에 대한 구성비를 표현할 때 적합하다.
· 각 항목의 구성비에 따라 중심각이 정해지고 중심각 360°가 100%에 대응한다.

$$구성비(\%) = \frac{중심각}{360°} \times 100$$

· 예 〈비용 지출내역〉

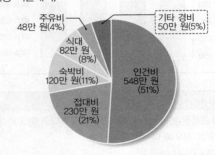

레이더차트(방사형 그래프, 거미줄 그래프)

· 항목의 수만큼 레이더 형상으로 축을 뻗어 값을 선으로 연결함으로써 합계나 비율의 차이를 비교하는 그래프
· 예 〈식품 A, B의 영양성분〉

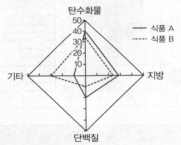

띠 그래프

· 각 요소의 구성비를 띠 모양으로 나타낸 그래프
· 막대 전체를 100%로 두고 각 항목의 구성비에 따라 막대의 내용을 구별하여 구성비를 시각적으로 표현한다.
· 예 〈건설시장의 부문별 시장규모 구성비〉

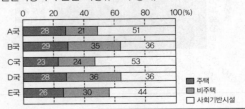

층별 그래프

- 합계와 각 부분의 크기를 백분율로 나타내고 시간적 변화를 보고
자 할 때, 합계와 각 부분의 크기를 실수로 나타내고 시간적 변화
를 보고자 할 때 활용할 수 있는 그래프

예 〈상품별 매출액 추이〉

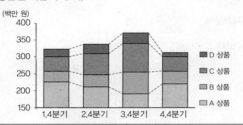

피라미드도

- 두 개의 그룹을 대상으로 할 때 사용되며, 하나의 항목에 대한 히
스토그램을 좌우에 나누어 표시한다.

예 〈2030년 인구피라미드〉

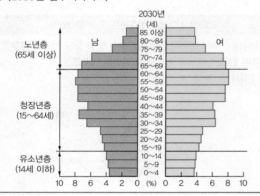

영역 그래프

- 데이터의 총량과 그 구성비의 추이를 층으로 나타내어 층의 폭의
변화로 경향을 볼 수 있는 그래프

예 〈범죄유형별 시간대별 발생 비율〉

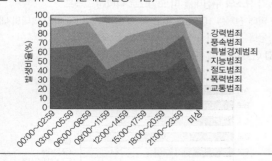

그림 그래프

- 수를 그림으로 나타내 한눈에 보이도록 만든 그래프

예 〈성남시 인구수〉

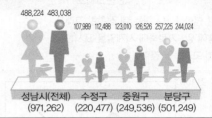

산점도(상관도)

- 2개의 연속형 변수 간의 관계를 보기 위하여 직교좌표의 평면에
관측점을 찍어 만든 그래프
- 두 변수의 관계를 시각적으로 검토할 때 유용하다.

예 〈A 중학교 학생들의 키와 몸무게〉

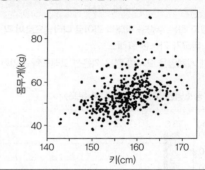

물방울차트

- 원(물방울)의 크기에 의하여 데이터의 대소를 비교하는 그래프

예 〈은행별 총자산, 당기순이익, 총자산 이익률〉

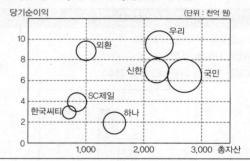

상자그림

- 다섯숫자요약(중앙값, 제1사분위수, 제3사분위수, 최댓값, 최솟값)을 시각적으로 표현한 그림
- 이상점이 포함되어 있는지를 쉽게 판단할 수 있다.

예 〈국어, 영어, 수학 성적〉

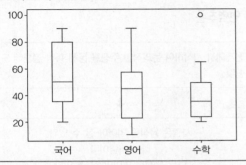

삼각도표(삼각좌표)

- 3가지 항목의 전체에 대한 구성비를 정삼각형 내부에 점으로 표현한 그래프
- 자료가 세 가지의 요소로 분류 가능할 때 사용한다.

예 〈'의료', '연금', '기타 복지'가 사회보험 비용 전체에서 차지하는 비율〉

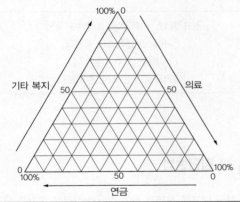

<table>
<tr><td>

핵심 01 명제

1 명제

'P이면 Q이다(P → Q)'라고 나타내는 문장을 명제라 부르며 P는 가정, Q는 결론이다.

> **예** 삼각형 세 변의 길이가 같다면 세 개의 각은 모두 60°이다.
> P(가정) : 삼각형 세 변의 길이가 같다.
> ⇓
> Q(결론) : 세 개의 각은 모두 60°이다.

1. 명제의 역

   원 명제의 가정과 결론을 바꾼 명제 'Q이면 P이다'를 말한다(Q → P).

   예 세 개의 각이 모두 60°이면 삼각형 세 변의 길이는 같다.

2. 명제의 이

   원 명제의 가정과 결론을 둘 다 부정한 명제 'P가 아니면 Q가 아니다'를 말한다(~P → ~Q).

   예 삼각형 세 변의 길이가 같지 않다면 세 개의 각은 모두 60°가 아니다.

3. 명제의 대우

   원 명제의 역의 이, 즉 'Q가 아니면 P가 아니다'를 말한다(~Q → ~P).

   예 세 개의 각이 모두 60°가 아니면 삼각형 세 변의 길이는 같지 않다.

4. 역 · 이 · 대우의 관계

   원 명제가 옳을(참) 때 그 역과 이도 반드시 옳다고 할 수 없으나 그 대우는 반드시 참이다. 즉 원 명제와 대우의 진위는 반드시 일치한다.

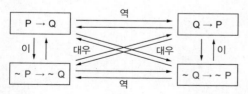

</td><td>

핵심 02 논증

하나 이상의 명제들로 하여 어떤 판단의 이유를 분명하게 하는 것을 말한다.

1 연역추론

> 전제에서 시작하여 논리적인 주장을 통해 특정 결론에 도달한다.

⬇

> **예** 사람은 음식을 먹어야 살 수 있다.
> 나는 사람이다.
> 나는 음식을 먹어야 살 수 있다.

2 귀납추론

> 관찰이나 경험에서 시작하여 일반적인 결론에 도달한다.

⬇

> **예** 소크라테스는 죽었다. 플라톤도 죽었다.
> 아리스토텔레스도 죽었다.
> 이들은 모두 사람이다.
> 그러므로 모든 사람은 죽는다.

핵심 03 삼단논법

1. 두 개의 명제를 전제로 하여 하나의 새로운 명제를 도출해 내는 것을 말한다.

> **예** [명제 1] P이면 Q이다(P → Q).
> [명제 2] Q이면 R이다(Q → R).
> ⇓
> P이면 R이다(P → R).

</td></tr>
</table>

2. 여기서 'P → Q'가 참이고 'Q → R'이 참일 경우, 'P → R' 또한 참이다.

 예
> 테니스를 좋아하는 사람은 축구를 좋아한다.
> 축구를 좋아하는 사람은 야구를 싫어한다.
> ⇓
> 테니스를 좋아하는 사람은 야구를 싫어한다.

핵심 04 논리오류

타당해 보이지만 분석하면 옳지 않은 것으로 증명되는 논증의 유형을 가리킨다. 크게 형식적 오류와 비형식적 오류로 나누어진다.

1 형식적 오류

추리 과정에서 논리적 규칙을 범하여 생기는 오류

📄 **타당한 논증형식**
- 순환 논증의 오류(선결문제 요구의 오류) : 증명해야 할 논제를 전제로 삼거나 증명되지 않은 전제에서 결론을 도출함으로써 전제와 결론이 순환적으로 서로의.논거가 될 때의 오류
  - 예 그의 말은 곧 진리이다. 왜냐하면 그가 지은 책에 그렇게 적혀 있기 때문이다.
- 자가당착의 오류(비정합성의 오류) : 모순이 내포된 전제를 바탕으로 결론을 도출해내는 오류
  - 예 무엇이든 녹이는 물질이 존재합니다. 그것은 지금 이 호리병 안에 있습니다.

💬 **부당한 논증형식**
- 선언지 긍정의 오류 : 배타성이 없는 두 개념 외에는 다른 가능성이 없을 것으로 생각하여 생긴 오류
  - 예 인간은 폭력적인 종족이거나 자만적인 종족이다. 인간은 폭력적인 종족이다. 그러므로 인간은 자만적인 종족이 아니다.
- 전건 부정의 오류 : 전건을 부정하여 후건을 부정한 것을 결론으로 도출해내는 오류
  - 예 바람이 부는 곳에는(전건) 잎이 있다(후건). 그 숲에서는 바람이 불지 않았다(전건 부정). 그러므로 그 숲에는 잎이 없다(후건 부정).

- 후건 긍정의 오류 : 후건을 긍정하여 전건을 긍정한 것을 결론으로 도출해내는 오류
  - 예 눈이 오면(전건) 신발이 젖는다(후건). 신발이 젖었다(후건 긍정). 그러므로 눈이 왔다(전건 긍정).

2 비형식적 오류

논리적 규칙은 준수하였지만 논증의 전개 과정에서 생기는 오류

📄 **심리적 오류**
- 공포(협박)에 호소하는 오류 : 공포나 위협, 힘 등을 동원하여 자신의 주장을 받아들이게 하는 오류
  - 예 제 뜻에 따르지 않는다면 앞으로 발생하는 모든 일의 책임은 당신에게 있음을 분명히 알아두십시오.
- 대중(여론)에 호소하는 오류 : 많은 사람의 선호나 인기를 이용하여 자신의 주장을 정당화하려는 오류
  - 예 대다수가 이 의견에 찬성하므로 이 의견은 옳은 주장이다.
- 동정(연민)에 호소하는 오류 : 연민이나 동정에 호소하여 자신의 주장을 받아들이게 하는 오류
  - 예 재판관님, 피고가 구속되면 그 자식들을 돌볼 사람이 없습니다. 재판관님의 선처를 부탁드립니다.
- 부적합한 권위에 호소하는 오류 : 논지와 직접적인 관련이 없는 권위(자)의 견해를 근거로 내세워 자기주장에 정당성을 부여하는 오류
  - 예 환자에게 수혈을 하는 것은 환자 자신에게 좋지 않아. 경전에 그렇게 쓰여 있어.
- 원천 봉쇄의 오류(우물에 독 뿌리기) : 자신의 주장에 반론 가능성이 있는 요소를 나쁜 것으로 단정함으로써 상대방의 반론을 원천적으로 봉쇄하는 오류
  - 예 나의 주장에 대하여 이의를 제기하는 사람이 있습니까? 공산주의자라면 몰라도 그렇지 않으면 나의 주장에 반대하지 않겠지요.
- 인신공격의 오류 : 주장하는 논리와는 관계없이 상대방의 인품, 과거의 행적 등을 트집 잡아 인격을 손상하면서 주장이 틀렸다고 비판하는 오류
  - 예 넌 내 의견에 반박만 하고 있는데, 넌 이만한 의견이라도 낼 실력이 되니?
- 정황에 호소하는 오류 : 주장하는 사람이 처한 개인적인 정황 등을 근거로 하여 자신의 주장에 타당성을 부여하거나 다른 사람의 주장을 비판하는 오류
  - 예 아이를 낳아보지도 않은 사람이 주장하는 육아정책은 절대 신뢰할 수 없습니다.

- 역공격의 오류(피장파장의 오류) : 비판받은 내용이 상대방에게도 동일하게 적용될 수 있음을 근거로 비판을 모면하고자 할 때 발생하는 오류
  예 나한테 과소비한다고 지적하는 너는 평소에 얼마나 검소했다고?

자료적 오류

- 무지에 호소하는 오류 : 증명할 수 없거나 반대되는 증거가 없음을 증거로 제시하여 자신의 주장이 옳다고 정당화하려는 오류
  예 진품이 아니라는 증거가 없기 때문에 이 도자기는 진품으로 봐야 해.
- 발생학적 오류 : 대상의 기원이 갖는 특성을 그 대상도 그대로 지니고 있다고 추리할 때 발생하는 오류
  예 제훈이의 아버지가 공부를 잘했으니 제훈이도 틀림없이 공부를 잘할 거다.
- 성급한 일반화의 오류 : 부적합한 사례나 제한된 정보를 근거로 주장을 일반화할 때 생기는 오류
  예 그녀는 이틀 동안 술을 마신 걸로 보아 알코올 중독자임이 틀림없다.
- 우연의 오류 : 일반적인 사실이나 법칙을 예외적인 상황에 무차별로 적용하여 발생하는 오류
  예 모든 사람은 표현의 자유를 가지고 있다. 그러므로 판사는 법정에서 자신의 주관적 의견을 표현해도 된다.
- 원인 오판의 오류(잘못된 인과관계의 오류) : 두 사건이 동시에 발생하여 우연히 일치하는 것인데도 한 사건이 다른 사건의 원인이라고 주장한다거나 한 사건이 다른 사건보다 먼저 발생했다고 해서 전작 후자의 원인이라고 잘못 추론할 때 범하는 오류
  예 어젯밤에 돼지꿈을 꾸고 복권에 당첨되었다.
- 의도 확대의 오류 : 의도하지 않은 결과에 대해 의도가 있다고 판단하여 생기는 오류
  예 난간에 기대면 추락의 위험이 있다고 적혀 있다. 그러므로 이 난간에 기댄 사람은 모두 추락하고 싶은 것이다.
- 복합 질문의 오류 : 한 번에 둘 이상의 질문을 하여 답변자가 어떠한 대답을 하더라도 질문자의 생각대로 끌려가 한 개의 질문에는 긍정하게 되는 오류
  예 어제 당신이 때린 사람이 두 사람이지요? / 아니오. / 음, 그러니까 당신은 어제 사람들을 때렸다는 것을 인정하는군요.
- 분할 및 합성의 오류 : 전체가 참인 것을 부분에 대해서도 참이라고 단정하여 발생하는 분할의 오류와 부분이 참인 것을

전체에 대해서도 참이라고 단정하여 발생하는 합성의 오류
  예 분할의 오류 : 스페인은 남아공 월드컵의 우승국이다. 그러므로 스페인의 축구선수는 모두 훌륭하다.
  예 합성의 오류 : 축구대표팀의 구성원은 각각 최고의 선수들이다. 그러므로 이 팀은 단연 최고이다.
- 허수아비 공격의 오류 : 상대방의 주장을 반박하기 쉬운 다른 논점(허수아비)으로 변형, 왜곡하여 비약된 반론을 하는 오류
  예 방사능 피폭으로 인간은 각종 암과 기형아 출산 등의 큰 피해를 입었다. 그러므로 이 지역에 원자력 발전소를 세우는 것에 반대하는 바이다.
- 흑백 논리의 오류 : 모든 문제를 양극단으로만 구분하여 추론할 때 생기는 오류
  예 민주주의자가 아니라면 모두 공산주의자이다.
- 논점 일탈의 오류 : 어떤 논점에 대하여 주장하는 사람이 그 논점에서 빗나가 다른 방향으로 주장하는 경우에 범하는 오류
  예 너희들 왜 먹을 것을 가지고 싸우니? 빨리 들어가서 공부나 해!
- 잘못된 유추의 오류(기계적 유비 추리) : 서로 다른 사물의 우연적이며 비본질적인 속성을 비교하여 결론을 이끌어 냄으로써 생기는 오류
  예 컴퓨터와 사람은 비슷한 점이 많아. 그렇기 때문에 틀림없이 컴퓨터도 사람처럼 감정을 지녔을 거야.
- 오도된 생생함의 오류 : 직접 대면한 개인에게 전해 들은 지나치게 인상적인 정보에 쏠려 합리적 귀납을 거부할 때 나타나는 오류이다.
  예 거시적 경제 지표만 좋으면 뭐 해, 주위 사람들은 다 경제적으로 힘들다는데…
- 공통원인 무시의 오류 : 여러 원인 중 하나가 원인의 전부라고 오해하여 발생하는 오류
  예 영화 〈알라딘〉이 흥행한 이유는 4D 영화이기 때문이다.

언어적 오류

- 강조의 오류 : 문장의 어떤 부분을 부당하게 강조함으로써 범하는 오류
  예 친구를 헐뜯으면 안 되느니라. / 그럼 친구 아닌 다른 사람은 헐뜯어도 되겠죠.
- 애매문의 오류 : 구나 문장의 구조가 애매하여 발생하는 오류
  예 아내는 나보다 고양이를 더 좋아해(아내가 고양이를 좋아하는 정도가 내가 고양이를 좋아하는 정도보다 크다는

의미일 수도 있고 아내가 나를 좋아하는 정도보다 고양이를 좋아하는 정도가 더 크다는 의미일 수도 있다).

• 은밀한 재정의의 오류 : 어떤 용어의 사전적 의미에 자의적 의미를 덧붙여 사용함으로써 발생하는 오류

예 그런 완벽한 남자의 청혼을 거절하다니 제정신이니? 나와 정신 병원에 한번 가보자.

• 범주의 오류 : 단어의 범주를 잘못 인식한 데서 생기는 오류

예 저는 과학자가 되기보다는 물리학자가 되고 싶습니다(물리학자가 과학자의 하나라는 점에서 보면 단어의 범주를 잘못 인식하고 있다).

순위변동

마라톤과 같은 경기에서 경기 도중의 순위와 최종 순위로 요구하는 답을 추론하는 문제이다.

해결방법

1. 조건으로 주어진 항목을 도식화한다.
2. 도식화한 조건을 분석한다.
3. 2.를 바탕으로 요구하는 결과를 도출한다.

포인트

1. 문제 안에서 가장 많은 조건이 주어진 것을 고정한 후 분석한다.
2. '어느 지점을 먼저 통과했다' 등으로 순위를 확실하게 알 수 있는 경우에는 부등호를 사용한다.

> **예**
> A는 B보다 먼저 신호를 통과했다.
> A > B

3. 순위를 알 수 없는 부분은 ○, □ 등을 사용하여 사이 수를 표시한다.

> **예**
> B와 D 사이에는 2대가 통과하고 있다.
> B○○D D○○B

4. 생각할 수 있는 경우의 수를 전부 쓴다.

> **예**
> A의 양옆에는 B와 D가 있다.
> BAD, DAB

5. 'B와 C 사이에 2명이 있다', 'B와 C는 붙어있지 않다' 등 떨어져 있는 조건에 주목하여 추론한다. 선택지에서 구체적인 값을 넣어보는 것이 답을 쉽게 찾는 방법이다.

기간 추론

회사 중역의 재직 기간이나 취임 순서 또는 잡지의 발행기간 등에 관한 문제이다.

▪ 해결방법

1. 문제에서 나타나 있는 조건을 파악한다.
2. 이해한 조건을 선분도에 표시하며 정리한다.
3. 2.의 결과를 분석하여 답을 찾는다.

▪ 포인트

1. 선분도는 다음과 같이 시간 순으로 나타내고 대입해보면 이해하기 쉽다.

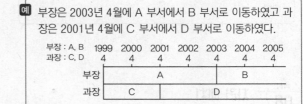

2. 조건에서 재직과 이동한 기간을 명확하게 알아본다.
3. '○○와 함께 ○○년 근무했다'라는 조건에 주의한다.

시간 오차

도착한 순서나 작업시간을 계산할 때, 시계에 오차가 있을 때와 관련된 문제이다.

1 해결방법

1. 문제를 이해한다.
2. 각각의 시계와 시간의 관계를 표로 만든다.
3. 기준으로 삼을 시계를 정하고 오차를 파악한다.
4. 조건을 보고 표에 표시할 부분을 정리해나간다.

2 포인트

1. 다음과 같이 표로 각 시계별 시간을 정리하면 파악하기 쉽다.

> 예 A 시계가 정확한 시간을 표시하고 있다고 가정한다.
> • A의 도착시각은 A의 시계로 10시 10분, B의 시계로는 10시 8분, C의 시계로는 10시 13분이다.
> • B의 도착시각은 B의 시계로 10시 5분이다.
> • C의 도착시각은 C의 시계로 10시 4분이다.
>
> | 구분 | A 도착 | B 도착 | C 도착 | 오차 |
> |---|---|---|---|---|
> | A의 시계 | 10 : 10 | | | ±0 |
> | B의 시계 | 10 : 08 | 10 : 05 | | -2 |
> | C의 시계 | 10 : 13 | | 10 : 04 | +3 |

2. 기준으로 설정한 시간과 차이를 다음과 같이 명확하게 표기한다.

> 예 B 시계가 A 시계보다 x분 빠르면 $-x$분, 느리면 $+x$분이 된다.

핵심
08 자리 배치

1 평면적 자리 배치

교실에서 자리 위치나 버스의 좌석 순서 등 평면적 위치 관계를 묻는 문제이다.

1. 해결방법
   (1) 위치와 관련 내용을 파악한다.
   (2) 파악한 조건을 기호화 또는 도식화한다.
   (3) 정리된 조건을 분석하여 결과를 도출한다.

> 예 [조건 1] A는 B의 옆에 있다.
> [조건 2] D는 B의 바로 앞에 있다.
>
>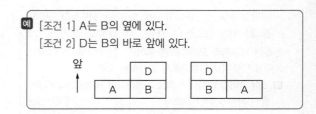

2. 포인트
   (1) 모든 위치가 확정되지 않는 문제도 많다.
   (2) 선택지가 가정형이라 선택지를 살펴볼 때 경우에 따라 분석해야 하는 문제도 많다.
   (3) 평면 위치 관계의 경우, 도식화하는 시간도 걸리므로 되도록 분석을 최소화한다.

2 원탁 자리 배치

원형 테이블에 동일한 간격으로 앉는 좌석의 위치 관계를 묻는 문제이다.

1. 해결방법
   (1) 주어진 조건을 기호화 또는 도식화한다.
   (2) 기준이 되는 사람을 찾아 고정한 후 위치 관계를 파악한다.

2. 포인트
   (1) 다른 것과의 위치 관계 정보가 많은 최다 기출자를 주목한다.
   (2) 정면에 앉은 것, 바로 왼쪽 혹은 오른쪽에 앉은 경우는 고정한다.
   (3) 떨어져 있는 것의 위치 관계를 먼저 정한다.
   (4) 좌우의 위치에 주의한다.

> 예 1) A의 정면에는 D가 있다.
>
>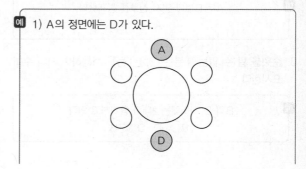

2) A의 오른쪽에 B가 앉아있고, 왼쪽에 C가 앉아있다.

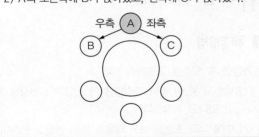

3 공간적 자리 배치

맨션 입주나 호텔 방 배정 등에서 상하, 전후, 좌우를 생각하여 3차원적으로 위치 관계를 묻는 문제이다.

1. 해결방법

(1) 주어진 3차원적 위치 관계를 확실히 이해한다.

(2) 각 층·동마다 배치도를 그려본다.

(3) 조건을 정리하여 배치도에 표시한다.

(4) 아는 곳을 배치도에 표시한다.

예 왼쪽 맨션을 평면도로 나타내면 오른쪽과 같다.

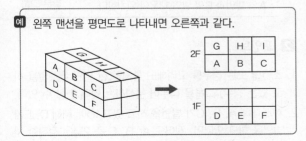

2. 포인트

(1) 다른 것과의 위치 관계 정보가 많은 최다 기출자를 주목한다.

(2) 떨어져 있는 것끼리의 위치 관계를 먼저 정한다.

(3) 제약 조건이 강한 것을 주목한다.

(4) 맨션이나 호텔의 방 배정과 같이 수직으로 구조를 생각하는 문제라 해도 평면적으로 파악할 수 있는 케이스가 많다. 평면적으로 파악할 수 있는 경우는 되도록 평면으로 생각한다.

(5) 전체적으로 어디에서 봤을 때 왼쪽, 오른쪽인지를 확인한다. 공간적 위치 관계 문제에서 주의할 점은 모든 방의 위치가 확정되지 않을 수 있다는 것이다.

핵심 09 · 방위 추론

건물과 건물, 인물과 건물 간의 위치 관계를 묻는 문제이다.

1 해결방법

1. 문제에 제시된 조건을 파악한다.

2. 주어진 조건에 맞춰 방위와 거리의 관계를 그림으로 표시한다. 이때, 조건에서 여러 패턴의 그림을 그리는 경우도 많다.

3. 조건을 정리하고 확인할 수 있는 것을 먼저 표시해 나간다.

예 학교는 A의 집 동쪽에 있다.

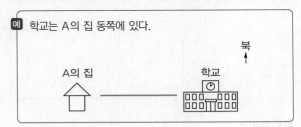

2 포인트

예 방위는 다음과 같은 8방위를 기본으로 한다.

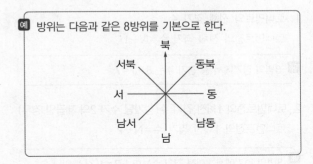

핵심 10 · 토너먼트

승자나 순위를 정하는 방식의 하나이며, '상대를 이겨서 살아남는' 경기를 말한다.

1 해결방법

1. 대전표는 상위부터 작성한다.

2. 대전표에 선수를 대입할 때 상위 진출자와 중도 참가자부터 고려한다.

3. 이긴 쪽의 선을 굵게 표시하거나 이긴 팀 이름 등을 적는다.

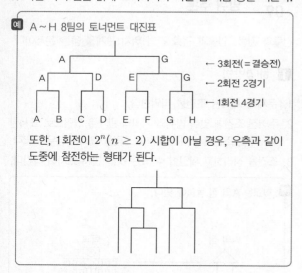

예 A ~ H 8팀의 토너먼트 대진표

← 3회전(= 결승전)
← 2회전 2경기
← 1회전 4경기

또한, 1회전이 $2^n (n \geq 2)$ 시합이 아닐 경우, 우측과 같이 도중에 참전하는 형태가 된다.

2 포인트

참가자 수를 N이라고 할 때

1. 토너먼트의 전체 경기 수
   토너먼트전의 전체 경기 수=N−1

예 8명의 경기에서 총 경기 수는 8−1=7

2. 토너먼트전의 1회전 경기 수(참가팀 수가 2의 제곱일 경우)
   토너먼트전의 1회전 경기 수=N÷2

예 8명의 경기에서 1회전 경기 수는 8÷2=4(경기)이다.

3. 토너먼트전의 1회전 부전승팀 수
   (1) 참가팀 수가 2의 제곱수일 경우 부전승팀 없음
   (2) 참가팀 수가 2의 제곱수가 아닐 경우 참가팀 수 바로 위인 2의 제곱수−참가팀 수

예 9팀일 경우, 9 바로 위인 2의 제곱수 16−9=7(팀)이다.

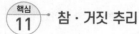

핵심 11 · 참 · 거짓 추리

1 해결방법

1. 가정한 후 모순을 고려하는 방법
   (1) 발언자 중 한 명이 거짓말을 하고 있거나 진실을 말하고 있다고 가정한다.
   (2) 이에 따라 조건을 보고 대응표 등을 만들고 모순이 없는지 검토한다.

2. 그룹을 나누는 방법
   (1) 발언 내용으로 그룹을 나눈다.
   (2) 그것에 따라 조건을 보고 대응표 등을 만들고 모순이 없는지 검토한다.

• A의 발언 중에 'B는 거짓말을 하고 있다'라는 것이 있다.	A와 B는 다른 그룹
• A의 발언과 B의 발언 내용이 대립한다.	
• A의 발언 중에 'B는 옳다'라는 것이 있다.	A와 B는 같은 그룹
• A의 발언과 B의 발언 내용이 일치한다.	

2 포인트

1. 조건의 모든 경우를 고려해도 좋지만(한 명만 거짓말을 하고 있는 경우) 그룹을 나누어 분석하는 것이 편할 수 있다.
2. A에 대해 A, B, C가 발언을 하고 있고, D에 대해 D, E가 발언을 하고 있다면, 적어도 A, B, C 중 2명은 정직한 사람이므로 A와 B, B와 C, C와 A를 각각 정직한 사람이라고 가정하여 발언의 모순을 살핀다.

3 참 · 거짓 응용

1. 일부는 진실이고 나머지는 거짓일 경우

• 특정 발언만 진실이거나 거짓이라고 가정한다.
• 가정한 조건과 주어진 조건들을 대응표로 정리한다.
• 모순이 없는지 검토한다.
• 답이 도출될 때까지 반복하여 결론을 찾는다.

2. 순서 관계와 혼합문제로 출제되는 경우

- 주어진 조건들을 잘 파악한다.
- 거짓말을 하는 사람(진실을 말하는 사람)을 가정하거나 발언 내용을 그룹으로 나눈다.
- 그것에 따라 조건을 기호 등으로 표시하여 정리한다.
- 모순이 없는지 검토한다.

3. 대응 관계와 혼합문제로 출제되는 경우

- 문제를 파악한다.
- 거짓말을 하는 사람(진실을 말하는 사람)을 가정하거나 발언 내용을 그룹으로 나눈다.
- 그것에 따라 대응표를 만들고 조건을 정리한다.
- 모순이 없는지 검토한다.

 12 발언

1 해결방법

1. 발언을 가지고 판단할 경우
   (1) 한 사람의 발언이 다른 사람의 발언과 어떤 관계인지 파악한다.
   (2) 관계에 따라 대응표를 정리한다.
   (3) 대응표에 문제를 적용하여 결과를 찾는다.

2. 앞 사람의 발언이 전제인 경우
   (1) 'A의 의견을 듣고 B는 ○○라고 판단한다'와 같은 형식이므로 앞 사람의 발언을 정확히 이해한다.
   (2) 앞 사람의 발언으로 유추하여 다음 사람의 발언을 판단한다.

 13 수열

1 등차수열

차례로 일정한 수를 더하여 만들어진 수열

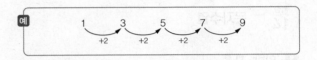

2 등비수열

차례로 일정한 수를 곱하여 만들어진 수열

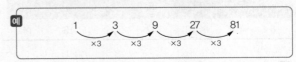

3 등차계차수열

앞 항과의 차이가 등차를 이루는 수열

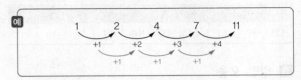

4 등비계차수열

앞 항과의 차이가 등비를 이루는 수열

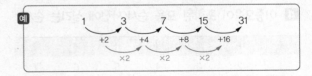

5 피보나치수열

앞의 두 항의 합이 그다음 항이 되는 수열

예   1, 1, 2, 3, 5, 8, 13, 21, 34, …

6 반복수열(교대수열)

두 개 이상의 연산기호가 반복되는 수열

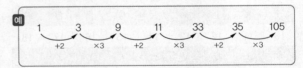

문자수열

1 일반 자음

ㄱ	ㄴ	ㄷ	ㄹ	ㅁ	ㅂ	ㅅ
1	2	3	4	5	6	7
ㅇ	ㅈ	ㅊ	ㅋ	ㅌ	ㅍ	ㅎ
8	9	10	11	12	13	14

2 쌍자음이 포함된 자음(사전에 실리는 순서)

ㄱ	ㄲ	ㄴ	ㄷ	ㄸ	ㄹ	ㅁ	ㅂ	ㅃ	ㅅ
1	2	3	4	5	6	7	8	9	10
ㅆ	ㅇ	ㅈ	ㅉ	ㅊ	ㅋ	ㅌ	ㅍ	ㅎ	
11	12	13	14	15	16	17	18	19	

3 일반 모음

ㅏ	ㅑ	ㅓ	ㅕ	ㅗ	ㅛ	ㅜ	ㅠ	ㅡ	ㅣ
1	2	3	4	5	6	7	8	9	10

4 이중모음이 포함된 모음 순서(사전에 실리는 순서)

ㅏ	ㅐ	ㅑ	ㅒ	ㅓ	ㅔ	ㅕ
1	2	3	4	5	6	7
ㅖ	ㅗ	ㅘ	ㅙ	ㅚ	ㅛ	ㅜ
8	9	10	11	12	13	14
ㅝ	ㅞ	ㅟ	ㅠ	ㅡ	ㅢ	ㅣ
15	16	17	18	19	20	21

5 알파벳

A	B	C	D	E	F	G	H	I
1	2	3	4	5	6	7	8	9
J	K	L	M	N	O	P	Q	R
10	11	12	13	14	15	16	17	18
S	T	U	V	W	X	Y	Z	
19	20	21	22	23	24	25	26	

핵심 15 도형의 규칙성

도형들의 규칙성을 찾아 이어지는 도형의 모양을 고르는 문제이다.

1 해결방법

1. 도형에서 발견되는 움직임을 파악하여 정리한다.
2. 정리한 조건으로 시뮬레이션을 해보고 도형을 도출한다.

2 규칙성의 종류

1. 오른쪽 아래 □는 고정, 위의 □가 반시계 방향으로 회전한다.

2. ●가 시계 방향으로 회전하고 선은 90도씩 회전한다.

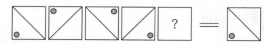

3. 직선의 수가 1 → 2 → 3 → 4 → 5로 증가한다.

4. 화살표가 45도씩 시계 방향으로 회전하고, ○의 색이 번갈아 가면서 바뀐다.

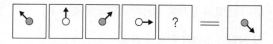

5. ○가 반시계 방향으로 회전, △가 시계 방향으로 회전한다.

6. 색칠된 부분이 왼쪽부터 첫 번째, 두 번째로 이동하고 네 번째 이후 왼쪽으로 돌아온다.

7. 가운데 세로선이 위, 아래로 이동을 반복하고, ●가 반시계 방향으로 회전한다.

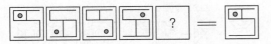

8. ☆이 반시계방향으로 90도씩 회전하고 꼭짓점의 색은 번 갈아 가면서 바뀐다.

9. □가 오른쪽 위 → 왼쪽 아래 → 오른쪽 아래 → 왼쪽 위로 이동하며 색이 번갈아 바뀐다. 이러한 경우 다섯 번째부터 처음으로 돌아온다고 유추할 수 있다.

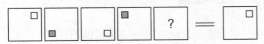

10. 홀수 번째 도형에 ⌐ 를 제외한 선의 개수 변화를 주목한 다. 선의 개수는 2 → 1 → 0으로 줄어든다.

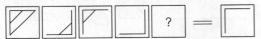

11. 사분원이 반시계 방향으로 회전하고, 색이 번갈아 가면서 바뀐다.

12. 선의 수가 상단은 1 → 2 → 3 → 2 → 1로, 하단은 3 → 2 → 1 → 2 → 3으로 변화한다.

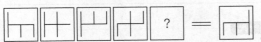

13. ▶가 오른쪽 방향으로 2회, 왼쪽 방향으로 2회로 변화하 고 색은 2번씩 번갈아 바뀐다. 답을 찾을 때 예상할 수 있 는 변화로부터 선택지에 있는 것을 고른다.

14. 4시간 후와 2시간 전 순서로 반복된다.

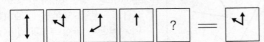

15. □는 반시계 방향으로 회전하고, ○는 색이 번갈아 가면 서 바뀐다.

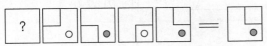

16. 같은 도형 2개가 모이면 다음 상자에서 1개가 된다. 따라 서 □가 1개인 것으로 유추할 수 있다.

17. 오른쪽 선의 수가 1 → 2 → 3 → 2이고, 왼쪽 선의 수는 0 → 1 → 2 → 3으로 변화하고 있다.

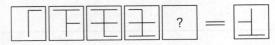

18. △는 반시계 방향이고, 직사각형은 시계 방향이다. 번갈 아 가면서 색이 바뀐다.

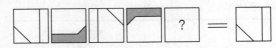

19. 같은 도형 3개가 모인 도형은 다음 상자에서 없어진다. 그 러므로 □를 포함하지 않는 것을 유추할 수 있다. 도형의 색이나 형태에 헷갈리지 않도록 한다.

20. 세로선의 수가 3 → 2 → 1 → 0이고, 가로선의 수가 0 → 1 → 2 → 3으로 변화하고 있어 세로선 1개, 가로선 2 개로 예상할 수 있다.

21. 반원이 홀수 번째 상자에서는 반시계 방향으로 45도 회전, 짝수 번째 상자에서는 90도 회전을 한다.

22. △이 반시계 방향으로 90도씩 회전한다. 색이 꼭짓점에 향하여 번갈아 가면서 바뀐다.

23. 선이 45도씩 회전하고 화살표가 양쪽 번갈아 붙는다.

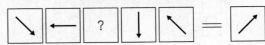

핵심 01 종이접기

• 종이를 점선에 따라 접고 빗금 친 부분을 잘라내어, 펼쳤을 때 모양 구하기

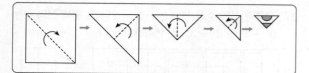

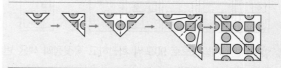

위의 그림처럼 보조선을 그리면서 잘려나간 부분이 일치하는지를 파악한다. 이와 같은 방법으로 답을 찾으면 3번임을 알 수 있다.

풀이방법

위와 같은 패턴의 문제는 제일 마지막 그림이 처음 종이의 어느 위치에 해당하는지를 보는 것으로 간단히 풀 수 있다.

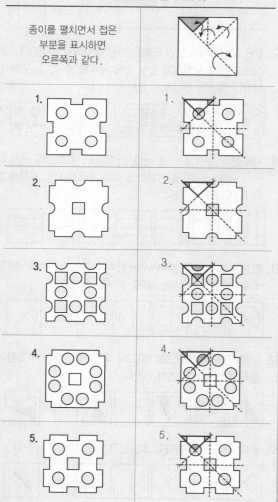

핵심 02 조각모음

• 주어진 도형을 완성할 수 있는 조각 고르기

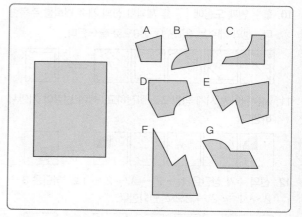

풀이방법

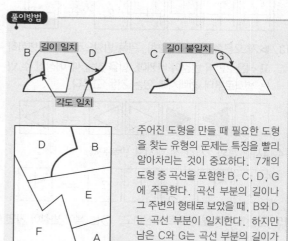

주어진 도형을 만들 때 필요한 도형을 찾는 유형의 문제는 특징을 빨리 알아차리는 것이 중요하다. 7개의 도형 중 곡선을 포함한 B, C, D, G에 주목한다. 곡선 부분의 길이나 그 주변의 형태로 보았을 때, B와 D는 곡선 부분이 일치한다. 하지만 남은 C와 G는 곡선 부분의 길이가 일치하지 않는다.

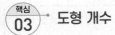

도형 개수

• 정사각형의 개수 구하기

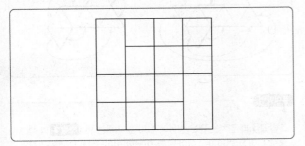

풀이방법

평면도형의 정사각형 개수를 구하는 유형의 문제는 작은 정사각형의 개수부터 구한다.

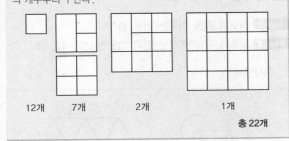

12개   7개   2개   1개

총 22개

04 궤적

• 궤적을 통해 회전시킨 도형 구하기

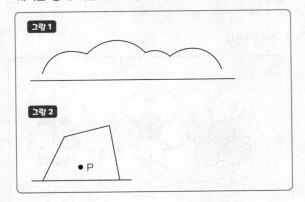

그림1

그림2

• P

풀이방법

그림1 처럼 미끄러지지 않게 도형을 1회전 시켰을 때의 궤적모양을 통해 회전시킨 도형을 찾는 유형의 문제는 회전의 중심, 외각, 반지름에 주목하는 것이 핵심이다. 하나씩 순서대로 앞으로 나아가며 정확하게 도형이 미끄러지는 과정을 부채꼴 모양을 활용하여 그리면 **그림2** 와 같은 도형이 된다.

05 전개도

• 전개도 구하기

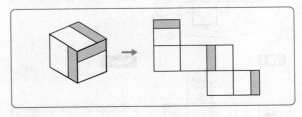

풀이방법

정육면체의 전개도를 고르는 유형의 문제는 특징이 되는 면을 찾아서 문제를 푼다.

1 정육면체의 전개도

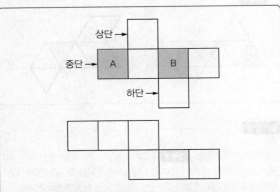

상단 →

중단 → A   B

하단 →

정육면체의 전개도는 총 11종류의 모양이 존재한다. 하지만 대개 상단 1면, 중단 4면, 하단 1면의 구조가 되면 정육면체의 전개도가 성립한다고 암기하면 된다.
조립했을 때 서로 마주 보는 면, 그림의 A와 B는 한 면을 가운데에 끼운 위치관계가 된다.

풀이방법

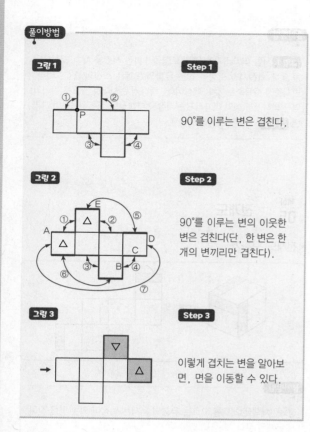

그림 1 · **Step 1**

90°를 이루는 변은 겹친다.

그림 2 · **Step 2**

90°를 이루는 변의 이웃한 변은 겹친다(단, 한 변은 한 개의 변끼리만 겹친다).

그림 3 · **Step 3**

이렇게 겹치는 변을 알아보면, 면을 이동할 수 있다.

2 정팔면체의 전개도

그림 1

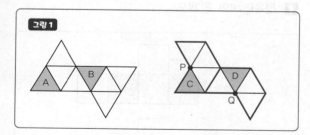

풀이방법

정팔면체의 전개도는 **그림 1**과 같다. 상단 1면, 중단 6면(△과 ▽을 번갈아 배열), 하단 1면이 되거나, 오른쪽처럼 한 꼭짓점(P, Q) 주변에 4장의 정삼각형이 모이는 그림이 되면 정팔면체의 전개도이다. 조립했을 때 서로 마주 보는 면은 A와 B, C와 D이다.

그림 2

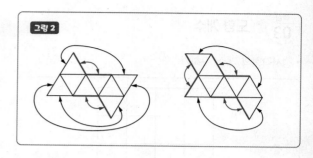

풀이방법

조립했을 때 겹치는 면은 처음에 120°를 이루는 변(**그림 2**의 색선으로 이어진 변)이며, 이어서 그 이웃한 변이 겹친다. 정육면체와 마찬가지로 면을 이동시켜 전개도를 변형할 수 있다.

3 정다면체의 전개도

Step 1 최소의 각을 이루는 변은 겹친다.

Step 2 최소의 각을 이루는 변과 이웃한 변은 겹친다.

1. 정사면체

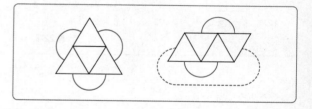

풀이방법

정사면체의 전개도는 두 가지뿐이다. 평행 관계에 위치한 면은 없다.

2. 정십이면체

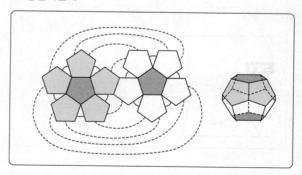

1개의 면을 5개의 면이 감싸며, 꽃이 핀 듯한 그림 두 개로 구성되어 있다. 각각 오른쪽 입체도형의 위쪽과 아래쪽의 절반에 해당한다.

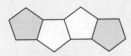

서로 마주 보는 면(평행한 면)의 위치는 정오각형을 똑바로 세운 것과 뒤집은 것을 교대로 4개 배열했을 때, 양 끝의 두 면이다.

3. 정이십면체

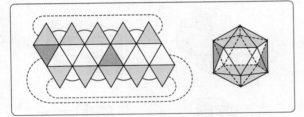

전개도와 입체도형을 각각 그림처럼 상단, 중단, 하단으로 나누어 보면 이해하기 쉽다.

마주 보는 면(평행한 면)의 위치는 정삼각형 △와 ▽를 교대로 6개 배열했을 때, 양 끝의 두 면이다.

• 전개도를 접었을 때의 입체도형 구하기

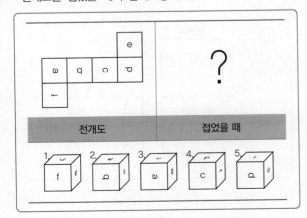

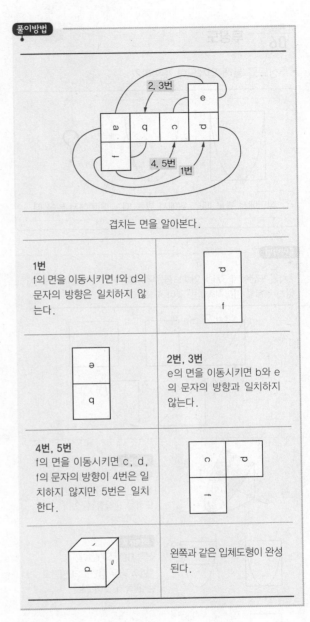

겹치는 면을 알아본다.

1번
f의 면을 이동시키면 f와 d의 문자의 방향은 일치하지 않는다.

2번, 3번
e의 면을 이동시키면 b와 e의 문자의 방향과 일치하지 않는다.

4번, 5번
f의 면을 이동시키면 c, d, f의 문자의 방향이 4번은 일치하지 않지만 5번은 일치한다.

왼쪽과 같은 입체도형이 완성된다.

투상도

• 투상도를 통해 입체도형 추측하기

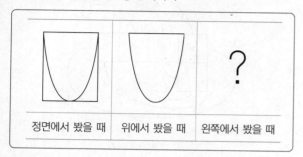

| 정면에서 봤을 때 | 위에서 봤을 때 | 왼쪽에서 봤을 때 |

풀이방법

2차원 도면에서 3차원 입체도형을 추측할 수 있어야 한다. 보이지 않는 부분을 이미지화하는 것이 중요하다.

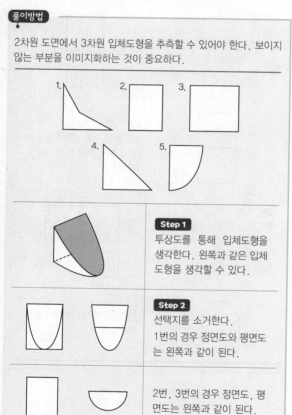

Step 1
투상도를 통해 입체도형을 생각한다. 왼쪽과 같은 입체도형을 생각할 수 있다.

Step 2
선택지를 소거한다.
1번의 경우 정면도와 평면도는 왼쪽과 같이 된다.

2번, 3번의 경우 정면도, 평면도는 왼쪽과 같이 된다.

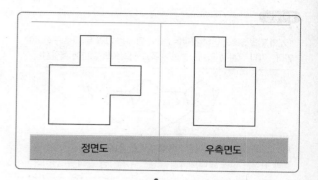

| 정면도 | 우측면도 |

↓

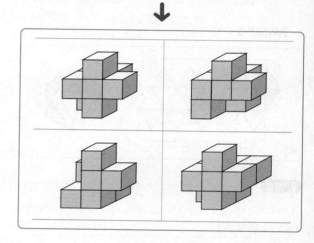

예

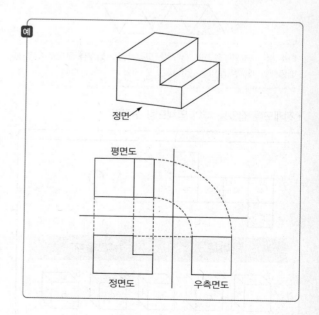

• 절단면 그리기

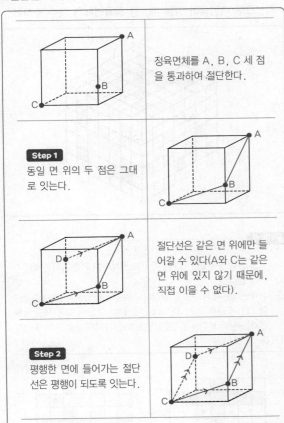

정육면체를 A, B, C 세 점을 통과하여 절단한다.

Step 1
동일 면 위의 두 점은 그대로 잇는다.

절단선은 같은 면 위에만 들어갈 수 있다(A와 C는 같은 면 위에 있지 않기 때문에, 직접 이을 수 없다).

Step 2
평행한 면에 들어가는 절단선은 평행이 되도록 잇는다.

• 투상도를 통해 최소한의 정육면체의 개수 구하기

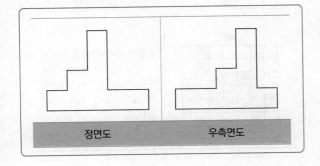

| 정면도 | 우측면도 |

풀이방법

1	1	1	1	1	1단 ①
1	2	4	1	1	4단 ②
1	2	2	1	1	2단 ③
1	1	1	1	1	1단 ④
1	1	1	1	1	1단 ⑤

우측면

1단	2단	4단	1단	1단
1	2	3	4	5

정면

Step 1
정육면체를 최대한 쌓으면 왼쪽 표 안의 숫자가 된다. 3 - ②가 교차하는 곳에서만 4단이다.

Step 2
2단인 곳은 정면에서도 측면에서도 보이는 2 - ③이 교차하는 곳이다.

Step 3
정면에서도 측면에서도 1단이 되는 곳을 고른다. 다른 1단인 곳은 정육면체가 없어도 괜찮기 때문에, 4+2+1+1+1=9개이다.

핵심 07 **정육면체의 개수**

• 수직으로 구멍을 뚫었을 때, 구멍이 뚫리지 않은 정육면체의 개수 구하기

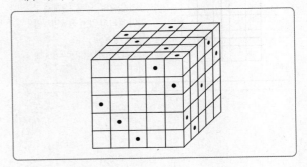

1단 슬라이스 방법을 사용한다.

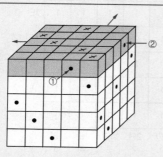

큰 정육면체를 위에서부터 1단씩 5단으로 슬라이스하여, 각 단마다 위에서 본 평면도에 구멍이 뚫린 모습을 그린다.
윗면의 5개의 점에서는 바닥까지 구멍이 뚫려 5단 모두 구멍이 생기기 때문에, 모든 평면도에 X자를 적어 넣는다.

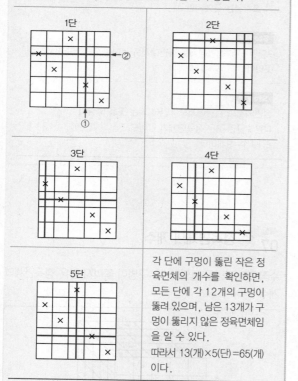

1단	2단

3단	4단

각 단에 구멍이 뚫린 작은 정육면체의 개수를 확인하면, 모든 단에 각 12개의 구멍이 뚫려 있으며, 남은 13개가 구멍이 뚫리지 않은 정육면체임을 알 수 있다.
따라서 13(개)×5(단)=65(개)이다.

5단

• 작은 색깔 정육면체가 정육면체의 한 면에서 반대편까지 일직선으로 배열되어 있을 때, 흰 정육면체의 개수 구하기

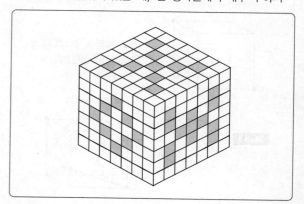

1. 색깔 정육면체가 더 세기 쉬우므로 전체에서 색깔 정육면체의 수만큼 뺀다.
2. 정육면체는 대칭 구조로 뒤집어도 똑같은 모양이기 때문에, 1단과 7단, 2단과 6단, 3단과 5단은 같다. 1단의 작은 색깔 정육면체는 눈에 보이는 9개뿐(7단도 마찬가지)이므로 굳이 평면도를 그리지 않아도 된다.

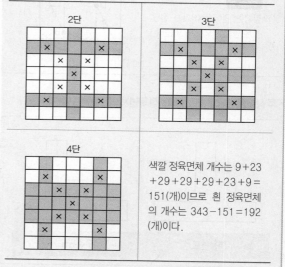

2단	3단

4단

색깔 정육면체 개수는 9+23 +29+29+29+23+9= 151(개)이므로 흰 정육면체의 개수는 343−151=192 (개)이다.

핵심 08 정다면체의 성격

1 정다면체의 의미와 특징

1. 정다면체 : 모든 면이 같은 정다각형으로 되어 있으며 각 꼭 짓점에 모이는 면의 수가 모두 같은 다면체를 의미한다.

2. 특징 : 모든 꼭짓점, 변, 면이 같은 조건으로 구성되어 있으 므로 한 꼭짓점에 적용되는 사항은 다른 모든 꼭짓점에도 똑같이 적용된다.

2 정다면체의 종류

변과 꼭짓점의 수는 계산으로 구할 수 있으므로 굳이 외울 필 요는 없다. 면의 형태와 한 꼭짓점에 모이는 면의 수를 외우고 입체도형을 이해하는 것이 중요하다.

1. 정사면체

- 면의 형태 : 정삼각형
- 한 꼭짓점에 모이는 면의 수 : 3
- 면의 수 : 4
- 변의 수 : 6
- 꼭짓점의 수 : 4

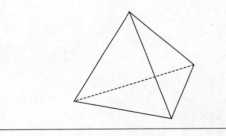

2. 정육면체

- 면의 형태 : 정사각형
- 한 꼭짓점에 모이는 면의 수 : 3
- 면의 수 : 6
- 변의 수 : 12
- 꼭짓점의 수 : 8

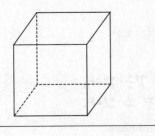

3. 정팔면체

- 면의 형태 : 정삼각형
- 한 꼭짓점에 모이는 면의 수 : 4
- 면의 수 : 8
- 변의 수 : 12
- 꼭짓점의 수 : 6

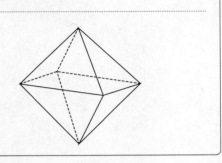

4. 정십이면체

- 면의 형태 : 정오각형
- 한 꼭짓점에 모이는 면의 수 : 3
- 면의 수 : 12
- 변의 수 : 30
- 꼭짓점의 수 : 20

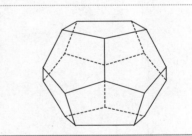

5. 정이십면체

- 면의 형태 : 정삼각형
- 한 꼭짓점에 모이는 면의 수 : 5
- 면의 수 : 20
- 변의 수 : 30
- 꼭짓점의 수 : 12

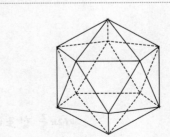

Memo

미래를 창조하기에 꿈만큼 좋은 것은 없다.
오늘의 유토피아가 내일 현실이 될 수 있다.

There is nothing like dream to create the future.
Utopia today, flesh and blood tomorrow.

빅토르 위고 Victor Hugo

공기업_NCS

대기업 적성검사

금융_직무평가

저마다의 일생에는,

특히 그 일생이 동터 오르는 여명기에는

모든 것을 결정짓는 한 순간이 있다.

그 순간을 다시 찾아내는 것은 어렵다.

그것은 다른 수많은 순간들의 퇴적 속에

깊이 묻혀있다.

- 장 그르니에, 섬 LES ILES

2024 | 직무적성검사 | **최신판**

고시넷
대기업

20대기업
인적성검사 온·오프라인
통합 기본서

정답과 해설

gosinet
(주)고시넷

고시넷 공기업

모듈형/피듈형
NCS 베스트셀러

350여 공공기관
및 출제사
최신 출제유형

NCS 완전정복 초록이 시리즈

산인공 모듈형 + 응용모듈형
필수이론, 기출문제 유형

고시넷 NCS
초록이 ① 통합기본서

고시넷 NCS
초록이 ② 통합문제집

2024 | 직무적성검사 | 최신판

|고시넷|
대기업

20대기업
인적성검사 [온·오프라인]
통합 기본서

정답과 해설

gosinet
(주)고시넷

정답과 해설

부록 권두부록

▶ 문제 30쪽

01	④	02	④	03	③	04	④	05	③
06	③	07	③	08	①	09	③	10	②
11	③	12	②	13	②	14	②	15	①
16	①	17	③	18	③	19	③	20	②
21	④	22	③	23	②	24	②	25	②
26	③	27	③	28	②	29	④	30	①
31	②	32	③	33	③	34	④	35	③
36	②	37	①	38	④	39	④	40	③
41	④	42	③	43	③	44	⑤	45	②
46	④								

01 내용 이해 글의 주제 파악하기

| 정답 | ④

| 해설 | 제시된 글은 마을에 화재가 발생했다는 소식이 자신들과는 상관없을 것이라고 판단한 물고기는 모두 죽게 되었고 같은 소식을 듣고 다른 연못으로 터전을 옮긴 물고기는 살게 되었다는 이야기를 통해서 정보와 지식의 차이를 설명하고 있다. 따라서 글의 주제로는 ④가 적절하다.

02 내용 이해 글의 중심 내용 이해하기

| 정답 | ④

| 해설 | 제시된 글은 컴퓨터가 공식과 논리에 따르는 수렴적 사고만을 가지고 있는 것과 달리 인간은 과학, 문학, 예술, 철학 등을 위한 종합적 사고인 발산적 사고를 가지고 있다는 점에서 차이가 있음을 주로 설명하고 있다.

03 내용 추론 내용을 바탕으로 추론하기

| 정답 | ③

| 해설 | 마지막 문단을 통해 도성이 세월의 흐름에 따라

자연의 일부가 되고 그 이후에 문화적·예술적 대상이 된 것을 알 수 있다. 오랫동안 도성의 기능을 수행해서 문화적 가치가 높아진 것이라고 볼 수 없다.

| 오답풀이 |

① 첫 번째 문단을 통해 도성이 도읍의 경계를 표시하고 있었음을 알 수 있다.

② 세 번째와 네 번째 문단을 통해 시간이 지나면서 도성 축조 기술이 달라졌고 성벽을 보면 이를 알 수 있다고 언급하고 있다.

④ 첫 번째 문단을 통해 한양도성이 한양 주위 4개의 산 능선을 따라 지어진 것을 알 수 있다.

04 내용 추론 빈칸에 들어갈 알맞은 접속어 추론하기

| 정답 | ④

| 해설 | 제시된 글은 인간이 어떻게 진리를 알지 못하면서도 진리에 대해 질문할 수 있는가에 대한 소크라테스와 하이데거의 대답을 설명하고 있다. ⓓ의 앞 문장은 그 질문에 대한 소크라테스의 해답이 사실이 아님을 시사하고 있다. 한편 ⓓ의 뒤 문장은 의문문을 통해 진리를 알지 못하면서 어떻게 해서 질문할 수 있는가에 대한 새로운 해답을 시사하며 화제를 전환하고 있다. 따라서 ⓓ에는 '그렇다면'이 들어가는 것이 적절하다.

| 오답풀이 |

① ⓐ에는 '그러나'가 들어가는 것이 적절하다.

② ⓑ에는 '그렇다면'이 들어가는 것이 적절하다.

③ ⓒ에는 '그럼에도'가 들어가는 것이 적절하다.

05 문서작성능력 글의 흐름에 맞게 문단 배열하기

| 정답 | ③

| 해설 | 모든 선택지가 (다)와 (라)로 시작하므로 이 두 문단을 살펴봐야 한다. (다)의 경우 '지금은 또 상황이 달라졌다'와 같이 앞의 내용과는 상반되는 내용이 이어지는 문장으로 시작된다. (라)는 산업혁명을 통해 생활이 바뀌었다는 내용으로 글을 개괄하므로 처음에 (라)가 오는 것이 적절하다.

(라)에서는 산업혁명을 통해 동력으로 많은 양의 물건이 사회에 쏟아져 나왔다고 했으므로, 이어서 대량 공급으로 기계가 사람들의 일자리를 빼앗았다는 내용의 (가)가 적절하다. 그다음으로 대량 공급의 불균형 속에서도 사람들이 안정을 되찾았다는 내용의 (나)가 오고, 또 기계가 서비스마저 대체하게 된 현 상황을 설명하는 (다)가 온다. 따라서 (라)-(가)-(나)-(다) 순이 적절하다.

06 내용 파악 글의 흐름에 맞게 문단 배열하기

| 정답 | ③

| 해설 | 우선 우리나라가 선진국의 문턱으로 들어서게 한 교육에 대해 학생, 기업, 학부모, 대학 등이 불평을 제기하기 시작하였다는 내용의 (가)에서 시작하여, 이러한 내용이 단순히 불평으로 끝나는 것이 아닌 국가의 주요 문제가 되고 있다는 내용인 (라) 다음으로 이어진다. (라)에서 교육비 부담, 교육기회의 불균형, 지나친 경쟁 유도로 인한 청소년 자살률 증가 등 우리나라 교육의 문제를 제시하면서, 이러한 우리나라 교육의 문제는 단편적인 처방으로 해결될 일이 아니라는 내용의 (나) 다음으로 이어진다. (나)에서는 교육의 틀을 근본적으로 바꾸는 사회적 대전환의 필요성을 주장하면서, 이러한 교육개혁에는 이해관계와 이념적 대립 등의 상당한 저항이 있을 것이라는 예측으로 (다)가 마지막으로 이어진다. 따라서 (가)-(라)-(나)-(다) 순이 적절하다.

07 내용 이해 문장의 진위여부 판단하기

| 정답 | ③

| 해설 | 집단이 개인에 비해 도덕성이 열등할 뿐 개인과 집단의 도덕적 입장이 배타적인지는 알 수 없다.

08 내용 이해 문장의 진위여부 판단하기

| 정답 | ①

| 해설 | 첫 문단에서 교육적 훈련을 통해 개인의 정의감을 연마해 이기주의적 요소를 정화시킬 수 있다고 했다. 따라서 개인의 이기심은 교육적 훈련을 통해 완화될 수 있다.

09 내용 이해 문장의 진위여부 판단하기

| 정답 | ③

| 해설 | 제시된 글에 언급되지 않은 내용이므로 알 수 없다.

10 내용 이해 세부내용 이해하기

| 정답 | ②

| 해설 | 세 번째 문단을 통해 전향력 효과가 약한 남북위 5° 이내에서는 태풍이 거의 발생하지 않는 것을 알 수 있다. 그리고 적도는 위도 0°(남북위 0°)에 해당하기 때문에 적도보다 우리나라에서 태풍이 발생할 확률이 더 높다.

| 오답풀이 |

① 우리나라에서 태풍과 관련한 피해 기록 중 가장 오래된 기록이 고구려 모본왕 시절의 기록일 뿐, 그 이전에는 태풍이 발생한 적이 없는지는 알 수 없다.

③ 세계기상기구에서는 중심 부근의 평균풍속이 아니라 최대풍속이 25 ~ 32m/s인 경우를 강한 열대폭풍으로 분류했다.

④ 마지막 문단을 통해 태풍을 칭하는 용어는 지역에 따라 다르다는 것을 알 수 있다.

11 한자어 사자성어 이해하기

| 정답 | ③

| 해설 | 전화위복(轉禍爲福)은 재난이 오히려 복이 된다는 의미로, 위기가 기회로 바뀌어 돌아옴을 의미한다. (가)는 팬데믹 기간 동안 인력 감축으로 인한 여성의 해고 증가가 여성 창업의 증가로 이어진 사례이며, (나)는 러시아-우크라이나 전쟁으로 인한 천연가스 공급 위기가 재생에너지 사업 확대의 계기가 된 사례이다.

| 오답풀이 |

① 과유불급(過猶不及)은 지나침은 적음과 같다는 의미로, 너무 과하지도 않고 너무 적지도 않은 중용(中庸)이 중요함을 의미한다.

② 건곤일척(乾坤一擲)은 흥망을 걸고 단판으로 승부를 겨루는 것을 의미한다.

④ 절치부심(切齒腐心)은 분한 마음에 이를 갈며 속을 썩이다는 의미이다.

권두부록 파트1 파트2 파트3 파트4 파트5

12 비례식 | 비례식 활용하기

|정답| ②

|해설| A6는 A8의 4배이고 A4는 A6의 4배이므로 A4 : A8=16 : 1이 된다.

13 평균 | 평균과 분산 응용하기

|정답| ②

|해설| 5개 변량의 평균이 6이므로 $\dfrac{5+x+y+10+4}{5}=6$ 이고, $x+y=6\times5-(5+10+4)=11$이다. 주어진 변량과 평균의 값 그리고 $x+y$의 값을 가지고 분산을 구하는 식을 세우면 다음과 같다.

$$\dfrac{(-1)^2+(x-6)^2+(y-6)^2+4^2+(-2)^2}{5}=4.4$$

$x^2+y^2-12(x+y)+93=22$

$x^2+y^2-12\times11+93=22$

$\therefore\ x^2+y^2=61$

$x+y$와 x^2+y^2의 값을 가지고 $(x+y)^2$의 계산식을 세우면 xy의 값을 구할 수 있다.

$(x+y)^2=x^2+2xy+y^2=11^2$

$2xy=121-61$　　$\therefore\ xy=30$

따라서 xy의 값은 30이다.

14 경로 | 길의 경로 계산하기

|정답| ②

|해설| 우회로를 제외하고 (가)에서 (나)로 최단거리로 이동하는 경우의 수와 (나)에서 (다)로 이동하는 최단거리의 경우의 수를 각각 구하면 다음과 같다.

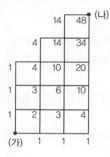
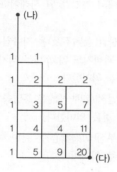

따라서 (가)에서 (나)를 거쳐 (다)까지 최단거리로 이동하는 경우의 수는 $48\times20=960$(가지)이다.

15 자료계산 | 자료의 수치 분석하기

|정답| ①

|해설| '의사수$=\dfrac{\text{인구 1,000명당 의사수}\times\text{총인구}}{1,000}$'이므로 20X3 ~ 20X4년 대도시의 의사수를 구하면 다음과 같다.

구분	20X3년	20X4년
서울	$\dfrac{1,002\times3.3}{1,000}\fallingdotseq3.3$(만 명)	$\dfrac{1,000\times3.4}{1,000}=3.4$(만 명)
부산	$\dfrac{353\times2.5}{1,000}\fallingdotseq0.88$(만 명)	$\dfrac{352\times2.6}{1,000}\fallingdotseq0.92$(만 명)
대구	$\dfrac{250\times2.7}{1,000}\fallingdotseq0.68$(만 명)	$\dfrac{250\times2.7}{1,000}\fallingdotseq0.68$(만 명)
인천	$\dfrac{284\times1.8}{1,000}\fallingdotseq0.51$(만 명)	$\dfrac{288\times1.7}{1,000}\fallingdotseq0.49$(만 명)
광주	$\dfrac{147\times2.8}{1,000}\fallingdotseq0.41$(만 명)	$\dfrac{147\times2.8}{1,000}\fallingdotseq0.41$(만 명)
대전	$\dfrac{152\times2.8}{1,000}\fallingdotseq0.43$(만 명)	$\dfrac{150\times2.8}{1,000}=0.42$(만 명)
울산	$\dfrac{114\times1.9}{1,000}\fallingdotseq0.22$(만 명)	$\dfrac{110\times1.8}{1,000}\fallingdotseq0.20$(만 명)

전년 대비 20X4년의 의사 수가 증가한 도시는 서울과 부산이다. 의사 수 증가율이 서울은 $\dfrac{3.4-3.3}{3.3}\times100\fallingdotseq3.03$(%),

부산은 $\dfrac{0.92-0.88}{0.88}\times100\fallingdotseq4.55$(%)이므로, 의사 수 증가율이 가장 큰 도시는 부산이다.

|오답풀이|

② 인천과 울산의 인구 1,000명당 의사 수가 감소하였으므로 의사의 비율이 감소한 것이나, 인천의 경우 인구수는 증가하였다.

③ 인천만 인구수가 증가하였는데, 인천의 인구 1,000명당 의사 수는 1.8명에서 1.7명으로 감소하였으므로, 의사의 비율은 감소하였다.

④ 20X4년 인구 1,000명당 의사 수가 가장 적은 도시는 1.7명인 인천이지만, 의사 수가 가장 적은 도시는 약 0.20만 명인 울산이다.

www.gosinet.co.kr **gosi**net

권두
부록

파트 1

파트 2

파트 3

파트 4

파트 5

16 | 자료이해 | 자료의 수치 분석하기

| 정답 | ①

| 해설 | 중국을 제외한 국가들의 특허출원 수의 합은 597,172＋288,472＋226,759＋62,105＋56,771＋34,565＋24,338＝1,290,182(건)으로, 중국의 특허출원 수인 1,497,159건에 미치지 못한다.

| 오답풀이 |

② 일본의 특허출원 수의 2배는 288,472×2＝576,944(건)으로 미국의 특허출원 수인 597,172건보다 적다. 반면, 특허등록 수는 일본의 2배가 179,383×2＝358,766(건)으로 미국의 351,993건보다 많다.

③ 특허등록 수가 여섯 번째로 많은 국가는 21,284건인 캐나다이고, 특허출원 수는 34,565건으로 50,000건보다 적다.

④ 특허등록 수가 특허출원 수의 절반보다 큰 국가는 미국, 일본, 대한민국, 캐나다, 브라질 5개국으로, 이들이 특허출원 수 대비 특허등록 수 비율이 50% 이상인 국가이다. 따라서 나머지 3개국은 50% 이하인 국가로, 그 수가 50% 이상인 국가보다 적다.

17 | 자료계산 | 자료의 수치 계산하기

| 정답 | ③

| 해설 | 전체 정규직 직원 수가 전년 대비 증가한 2020 ～ 2023년의 증가율을 구하면 다음과 같다.

• 2020년 : $\dfrac{108,110-98,041}{98,041} \times 100 ≒ 10.3(\%)$

• 2021년 : $\dfrac{121,656-108,110}{108,110} \times 100 ≒ 12.5(\%)$

• 2022년 : $\dfrac{125,623-121,656}{121,656} \times 100 ≒ 3.3(\%)$

• 2023년 : $\dfrac{137,114-125,623}{125,623} \times 100 ≒ 9.1(\%)$

또한 전체 비정규직 직원 수가 전년 대비 증가한 2021 ～ 2023년의 증가율을 구하면 다음과 같다.

• 2021년 : $\dfrac{15,890-15,315}{15,315} \times 100 ≒ 3.8(\%)$

• 2022년 : $\dfrac{16,759-15,890}{15,890} \times 100 ≒ 5.5(\%)$

• 2023년 : $\dfrac{17,201-16,759}{16,759} \times 100 ≒ 2.6(\%)$

전체 정규직의 증가율이 가장 높은 해는 2021년이지만 전체 비정규직의 증가율이 가장 높은 해는 2022년이므로 옳지 않은 설명이다.

| 오답풀이 |

① 2019 ～ 2023년의 전체 직원 대비 정규직 직원의 비율은 모두 80%대이다.

② 동호회에 가입한 전체 직원 수가 전년 대비 감소한 2020년과 2022년 모두 동호회에 가입한 정규직 직원 수도 전년 대비 감소하였다.

④ 동호회에 가입한 직원 수 대비 동호회에 가입한 정규직 직원 수의 비중이 가장 큰 해는 $\dfrac{22,860}{24,284} \times 100 ≒ 94.1$(%)를 기록한 2021년이다.

18 | 자료이해 | 자료 해석하기

| 정답 | ③

| 해설 | 노르웨이와 한국을 비교해 보면 한국이 노르웨이보다 아빠전속 육아휴직 기간이 5배 이상 길지만 노르웨이의 소득대체율이 더 높은 것을 알 수 있다. 따라서 육아휴직 기간이 길수록 소득대체율이 높은 것은 아니다.

| 오답풀이 |

① 육아휴직 사용자 중 남성의 비중이 가장 큰 국가는 아이슬란드로 45.6%이고, 가장 작은 국가는 일본으로 2.3%이다. 두 국가의 차이는 45.6－2.3＝43.3(%p)이다.

② 아이슬란드 남성의 육아휴직 사용 비중은 45.6%로 가장 높지만 아빠전속 육아휴직 기간은 13주로 일본, 포르투갈, 한국 등에 비해 짧다.

④ 일본의 아빠전속 육아휴직 기간은 52주로 포르투갈의 17.3주보다 3배 이상 길다.

19 | 자료계산 | 자료의 수치 분석하기

| 정답 | ②

| 해설 | 〈그림 1〉에서는 2024년의 전체 스트레스 인지율과 2022년 대비 증감률을 통해 2022년의 스트레스 인지율을

확인할 수 있으나, 그 이전인 2020년의 전체 스트레스 인지율은 제시된 그래프만으로는 확인할 수 없다.

| 오답풀이 |

① 2022년의 전체 스트레스 인지율은 〈그림 1〉에 제시된 2024년 전체 스트레스 인지율과 2022년 대비 증감률을 통해 확인할 수 있다.

③ 〈그림 2〉에서 직접 제시하고 있다.

④, ⑤ 2022년 연령대별 스트레스 인지율은 〈그림 1〉에 제시된 2024년 연령대별 스트레스 인지율과 2022년 대비 증감률을 통해 확인할 수 있다.

20 자료계산 자료의 수치 계산하기

| 정답 | ②

| 해설 | 2024년 60세 이상의 스트레스 인지율인 38.1%는 2022년 60세 이상 스트레스 인지율 대비 16.1%가 감소한 수치이다. 따라서 2022년 60세 이상 스트레스 인지율은 $\frac{38.1}{(1-0.161)} ≒ 45.4(\%)$이다.

21 자료이해 도표를 그래프로 변환하기

| 정답 | ④

| 해설 | 20X3년 35 ~ 39세의 출산율은 46.2명이고, 30 ~ 34세의 출산율은 89.3명이다.

22 언어추리 단어의 규칙 찾기

| 정답 | ③

| 해설 | 제시된 단어 배열에서 위 단어와 아래 두 단어는 상위어와 그에 속하는 하위어의 관계인 상하관계를 이루고 있다. 따라서 '?'에는 언어의 하위어인 '중국어'가 들어가는 것이 적절하다.

23 언어추리 어휘추리 이해하기

| 정답 | ①

| 해설 | 디마케팅은 마케팅 전략의 한 종류로, 상위어와 그

에 속하는 하위어의 관계인 상하관계를 이루고 있다. 이와 같이 상하관계를 이루는 것으로 문학과 희곡이 적절하다.

| 오답풀이 |

② 반의관계에 해당한다.

③ 상호관계에 해당한다.

④ 전체와 부분의 관계에 해당한다.

24 수열추리 수의 규칙 찾기

| 정답 | ②

| 해설 | 밑변의 두 수는 직각삼각형의 위 꼭지점에 있는 수를 제곱근한 값을 각각 ×12, +12한 값이다. 따라서 빈칸에 들어갈 숫자는 64의 제곱근인 8에 12를 곱한 값인 96이다.

25 수열추리 수의 규칙 찾기

| 정답 | ②

| 해설 | 한 사각형을 기준으로 보았을 때, 그 사각형 속 숫자는 아래쪽 두 사각형의 숫자를 더한 값이다.

$30 = 14 + 16$

$14 = 5 + 9$

$16 = 9 + 7$

이 규칙을 이용하면 $1+4=5$, $4+5=9$, $5+2=7$이므로 맨 아래에 들어갈 숫자는 (1, 4, 5, 2)가 된다.

26 명제추리 명제 판단하기

| 정답 | ③

| 해설 | ㄱ. 학생들의 인성교육이 학원폭력의 근절 방안이 될 수 있다는 전제를 제시하여 학원폭력에 대한 경찰청의 개입보다 인성교육이 우선되어야 한다는 주장을 제기할 수 있다.

ㄴ. 학원폭력의 원인이 학생들의 묵인과 학교 측의 미온적 대응에 있다는 전제에서 이를 개선하기 위해 각각 학생들의 인성교육과 학원폭력에 대한 선생님들의 대응방법 교육에 투자하여 대응해야 한다는 주장을 제기할 수 있다.

www.gosinet.co.kr gosinet

권두부록

파트1

파트2

파트3

파트4

파트5

| 오답풀이 |

ㄷ. 경찰청의 개입은 학원폭력 방지의 최선의 방안이며 효과적이었다는 주장은 학원폭력 근절을 위해 경찰청의 개입을 옹호하는 입장에 해당한다.

ㄹ. 학원폭력을 행사하는 아이들이 경찰을 무서워한다는 내용은 경찰이 학원폭력 근절에 영향을 미칠 수 있다는 전제이므로 경찰청의 개입을 옹호하는 입장에 해당한다.

27 [명제추리] 글의 논증 이해하기

| 정답 | ③

| 해설 | 제시된 글의 논증을 정리하면 다음과 같다.
• 전제 1 : 김○○ 씨는 비건 단계의 채식주의자이다.
• 숨은 전제 : 비건 단계의 채식주의자는 어떠한 음식이든 동물을 재료로 한 음식을 먹어서는 안 된다.
• 결론 : 김○○ 씨는 어떠한 음식이든 동물을 재료로 한 음식을 먹어서는 안 된다.
따라서 제시된 글은 논리적 오류가 없다.

| 오답풀이 |

① 제시된 글을 통해 거짓임을 알 수 있다.

②, ④ 제시된 글의 논증을 통해서는 알 수 없다.

28 [명제추리] 글의 논증 이해하기

| 정답 | ②

| 해설 | 제시된 글은 인터넷 마케팅이 판매자들에게 다양한 이점을 제공한다고 주장한다. 스마트폰의 사용이 증가해 인터넷 접속률이 상승할 경우 더 많은 사람들에게 인터넷 마케팅을 할 수 있어 판매자들에게 이득이 되므로 ②가 주장을 강화시킬 수 있는 문장으로 적절하다.

29 [도식추리] 규칙에 따라 변환하는 모양 추리하기

| 정답 | ④

| 해설 | '?'에 들어갈 버튼을 알기 위해서 ◎의 결과와 ◑을 누르기 이전 모양을 비교한다. ◎을 누르면 왼쪽 모양에서 3번만 켜진 모양이 된다. ◑은 1번과 2번 스위치를 반대로

바꾸는 버튼이므로 ◑을 누르기 이전 모양은 1, 5번이 켜지고 2, 3, 4번이 꺼진 모양이 된다. ◎의 결과와 ◑을 누르기 이전 모양을 비교하였을 때, 1, 3, 5번 스위치가 반대로 바뀌었음을 알 수 있다. 따라서 '?'에는 1, 3, 5번 스위치를 반대로 바꾸는 ▣이 들어가야 한다.

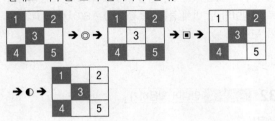

30 [도식추리] 규칙에 따라 변환하는 모양 추리하기

| 정답 | ①

| 해설 | '?'에 들어갈 버튼을 알기 위해서 ▣의 결과와 ◑을 누르기 이전 모양을 비교한다. ▣을 누르면 왼쪽 모양에서 1, 3, 5번이 꺼진 모양이 된다. ◑은 4, 5번 스위치를 반대로 바꾸는 버튼이므로 ◑을 누르기 이전 모양은 2, 3, 5번이 꺼진 모양이 된다. ▣의 결과와 ◑을 누르기 이전 모양을 비교하였을 때, 1, 2번 스위치가 반대로 바뀌었음을 알 수 있다. 따라서 '?'에는 1, 2번 스위치를 반대로 바꾸는 ◑이 들어가야 한다.

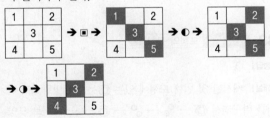

31 [응용추리] 명령어 활용하기

| 정답 | ②

| 해설 | 명령어의 첫 번째 줄인 L : 에서의 좌표는 그래프의 Y축(H)과 X축(W)의 숫자 표기의 범위를 정의하고, 두 번째 줄인 C : 에서의 좌표는 해당 그래프에 들어가는 동그라미(C), 사각형(S), 삼각형(T)의 위치를 표시하는 좌표(가로, 세로)에 해당한다.

제시된 그래프는 그래프의 Y축은 0에서 4까지를 표시하므로

이에 해당하는 명령어는 H(0, 4), X축은 0에서 3까지를 표시하므로 이에 해당하는 명령어는 W(0, 3)이므로 명령어의 첫 번째 줄은 L : H(0, 4) / W(0, 3)이 된다.

또한 해당 그래프에서 동그라미의 위치좌표는 (1, 1), 사각형의 위치좌표는 (0, 0), 삼각형의 위치좌표는 (2, 3)이므로 명령어의 두 번째 줄은 C : C(1, 1) / S(0, 0) / T(2, 3)이 된다.

32 응용수리 명령어 활용하기

|정답| ②

|해설| 그래프의 X축은 −1부터 3까지를 표시하고 있으나, 제시된 명령문에는 W(−1, 2)로 표시되어 있다. 출력된 그래프를 기준으로 해당 부분은 W(−1, 3)이 되는 것이 적절하다.

|오답풀이|

① 그래프의 Y축은 −3부터 2까지를 표시하고 있으므로 명령문으로 H(−3, 2)가 적절하다.

③ 그래프에서 사각형의 위치좌표는 (1, −1)이므로 명령문으로 S(1, −1)이 적절하다.

④ 그래프에서 삼각형의 위치좌표는 (−1, −2)이므로 명령문으로 T(−1, −2)가 적절하다.

33 도식추리 도형의 규칙 찾기

|정답| ③

|해설| 제시된 첫 번째 도형에 있는 ◎는 시계방향으로 위치를 바꾸면서 ◎ → °₀ → ₀° → ◎ → … 순서로 모양이 바뀌고, 첫 번째 도형에 있는 ◯는 시계방향으로 위치를 바꾸면서 ◯ → ◎ → ◎ → ◯ → … 순서로 모양이 바뀐다. 이러한 규칙에 따라 '?'에 올 수 있는 도형을 나타내면 다음과 같다.

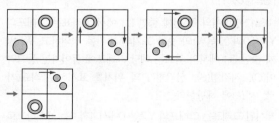

34 도식추리 도형의 규칙 찾기

|정답| ④

|해설| 제시된 도형에서 가운데에 있는 ★이 다음과 같이 시계방향으로 돌면서 기존에 있는 도형과 위치를 바꾸고 있다.

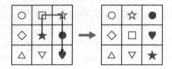

35 도식추리 도형의 규칙 찾기

|정답| ③

|해설| 가로줄에 ◇, □, ◯ 도형이 하나씩 있고, 도형 안에는 가로줄 왼쪽부터 순서대로 +, ×가 반복되어 나타나 있다. 따라서 '?'에 들어갈 도형은 가로줄 마지막 줄에 없는 □ 모양과 × 다음으로 오는 +이 합쳐진 도형이 적절하다.

36 평면회전 도형 회전하기

|정답| ②

|해설| ②는 〈보기〉의 도형을 시계방향으로 135° 회전한 모습이다.

37 펀칭 펼친 모양 찾기

|정답| ①

|해설| 종이를 접은 순서의 반대로 펼치면 다음과 같다.

38 투상도 입체도형 만들기

|정답| ④

|해설| 〈그림〉의 직육면체는 정면에서 4개, 측면에서 4개의 블록이 보이는 직육면체이다. 따라서 A ~ C 블록은

다음과 같이 배치하면 〈그림〉과 같은 직육면체를 쌓을 수 있다.

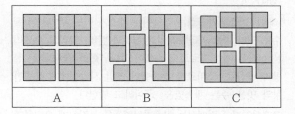

| A | B | C |

---

39 투상도 투상도로 입체도형 추론하기

|정답| ④

|해설| 제시된 그림은 왼쪽부터 각각 ④의 우측면도, 정면도, 평면도이다.

|오답풀이|

① 정면도인 두 번째 그림이 다음과 같아야 한다.

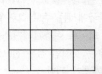

② 우측면도와 정면도인 첫 번째 그림과 두 번째 그림이 다음과 같아야 한다.

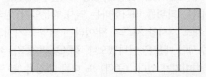

③ 정면도와 평면도인 두 번째 그림과 세 번째 그림이 다음과 같아야 한다.

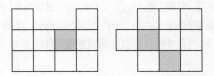

---

40 전개도 일반 동일한 입체도형 찾기

|정답| ③

|해설| ③의 전개도가 다른 선택지와 같은 정육면체가 되기 위해서는 다음과 같은 형태이어야 한다.

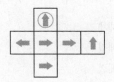

41 전개도 응용 전개도 파악하기

|정답| ④

|해설| 전개도를 정육면체로 접을 때, 앞면을 ●, 오른쪽 옆면을 ☎으로 하면 ①, ②, ③은 다음과 같다.

이와 달리 ④는 다음과 같다.

---

42 자료비교 일치하는 부분 찾기

|정답| ③

|해설| ③은 좌우의 숫자가 모두 7642986782로 같다.

|오답풀이|

① 왼쪽은 오른쪽에서 두 번째 자리와 세 번째 자리 숫자가 59, 오른쪽은 95이다.

② 왼쪽은 오른쪽에서 네 번째 자리 숫자가 1, 오른쪽은 2이다.

④ 왼쪽은 왼쪽에서 첫 번째 자리 숫자가 8, 오른쪽은 5이다.

---

43 자료비교 일치하는 문자 찾기

|정답| ③

|해설| 완전히 일치하는 것은 ③이다.

| 오답풀이 |

① 다국<u>적</u>기업다각적통화상태협정체<u>체</u>
② 다국적<u>개</u>업다각적통<u>확</u>상태협정체결
④ 다국적기업<u>단</u>각적통화상태협정체결
⑤ 다국적기업다각적통<u>홰</u>상태협정체결

---

44 문자찾기 | 일치하는 기호의 개수 구하기

| 정답 | ⑤

| 해설 | 다음와 같이 첫 번째 줄에는 4개, 두 번째 줄에는 2개, 세 번째 줄에는 5개, 네 번째 줄에는 2개, 다섯 번째 줄에는 4개, 여섯 번째 줄에는 1개로 총 18개가 있다.

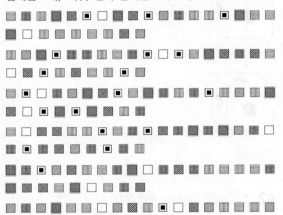

---

45 자료비교 | 도형의 모양 비교하기

| 정답 | ②

| 해설 | 모양이 같은 열쇠를 그림에 표시하면 다음과 같다.

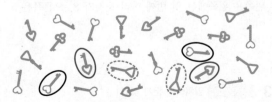

따라서 모양이 같은 열쇠는 3쌍이다.

---

46 문자찾기 | 일치하는 문자의 개수 구하기

| 정답 | ④

| 해설 | 아스파라거스는 곁들이는 채소가 아닌 주인공이 될 수도 있다. 아스파라거스의 감칠맛과 단맛, 그리고 부드러운 식감은 메인 재료로도 손색이 없다. "아스파라거스는 설탕과 향신료, 조미료가 부족했던 옛날 사람들에게 특별한 향과 맛을 주는 채소였을 것"이라고 말한다.

그래서인지 유럽에서는 아스파라거스를 복잡하게 요리하지 않는다. 17세기 프랑스의 궁중 요리사 프랑수아 피에르 드 라 바렌이 쓴 요리책에서 '세련된 채소 요리'로 익힌 아스파라거스 위에 달걀 노른자와 버터로 만든 소스를 올리는 요리를 소개하고 있다. (중략)

커다란 아스파라거스의 밑동을 긁고 씻은 다음, 물에 넣고 익히고 나서 소금을 뿌린 다음, 적당히 익은 아스파라거스의 물기를 빼고 생버터, 식초, 소금, 육두구를 함께 넣은 소스와 달걀 노른자, 아스파라거스에 고명을 올려 식탁에 올렸다. 이 '세련된 채소 요리'에 쓰인 아스파라거스는 화이트 아스파라거스일 가능성이 높다. 한국에서는 주로 그린 아스파라거스를 먹지만, 유럽에서는 화이트 아스파라거스를 주로 먹는다. 콩나물을 노랗게 키우는 것처럼 검은 천으로 햇빛을 차단하면 화이트 아스파라거스가 된다.

아스파라거스를 부르는 별명도 품위가 넘친다. 루이 14세가 베르사유 궁전에 전용 온실을 만들고 아스파라거스에 '식품의 왕'이라는 작위를 하사했다는 역사 때문인지 '왕의 채소', '귀족 채소', '서양 채소의 왕'이라는 별명을 가지고 있다. 이런 수식어 때문은 아니겠으나, 아스파라거스는 비싼 채소라는 이미지가 있다. (중략) 또 다른 별칭은 '봄 채소의 황제'이다. 4월부터 길게는 6월까지가 제철인 아스파라거스는 겨울 동안 지친 몸에 활력을 불어넣는 봄 채소다. 냉이, 두릅, 달래, 풋마늘을 먹듯이 유럽인들이 이 시기에 아스파라거스를 먹는다. 물론 한국은 하우스 재배가 대부분이므로 가을까지도 맛있는 아스파라거스를 먹을 수 있다.

영양도 뛰어나다. 비타민A, B1, B2, C가 균형 있게 들어가 있고, 아미노산과 단백질이 풍부하다. 아미노산의 일종인 아스파라긴산은 아스파라거스의 액즙에서 최초로 분리된 것으로 피로와 숙취 회복에 도움을 준다. 그린 아스파라거스의 줄기 끝의 뾰족한 부분에는 활성산소 발생을 억제하여 혈관 건강에 기여하는 루틴이 많이 함유되어 있다.

✒ 파트1 언어능력

👤 1장 어휘

▸문제 82쪽

01	③	02	③	03	⑤	04	⑤	05	③
06	④	07	④	08	⑤	09	②	10	③
11	④	12	③	13	①	14	⑤	15	②
16	③	17	⑦	18	④	19	②	20	⑤
21	①	22	④	23	⑤	24	③	25	①

01 유의어 유사한 한자어 찾기

| 정답 | ③

| 해설 | '쓰면'의 유의어는 약을 환자에게 복용시키거나 주사하다는 의미의 '投與－(투여하다)'가 적절하다.

• 投射(투사)하다 : 창이나 포탄 따위를 내던지거나 쏨, 어떤 상황이나 자극에 대한 해석, 판단, 표현 따위에 심리 상태나 성격이 반영되는 일

| 오답풀이 |

① 類似(유사)하다 : 서로 비슷하다.

② 遵守(준수)하다 : 전례나 규칙, 명령 따위를 그대로 좇아서 지키다.

④ 巡察(순찰)하다 : 여러 곳을 돌아다니며 사정을 살피다.

⑤ 邁進(매진)하다 : 어떤 일을 전심전력을 다하여 해 나가다.

02 유의어 어휘 바꿔 쓰기

| 정답 | ③

| 해설 | 접촉(接觸) : 서로 맞닿음.

| 오답풀이 |

① 접선(接線) : 어떤 목적을 위하여 비밀리에 만남.

② 접착(接着) : 두 물체의 표면이 접촉하여 떨어지지 아니하게 됨.

④ 접합(接合) : 한데 대어 붙임.

⑤ 접목(接木) : 둘 이상의 다른 현상 등을 알맞게 조화하게 함.

03 유의어 단어의 문맥적 의미 파악하기

| 정답 | ⑤

| 해설 | 부사 '영'은 주로 부정하는 말과 함께 쓰여 '전혀' 또는 '도무지', '아주' 또는 '대단히'의 뜻을 나타내므로, '처음부터 끝까지 계속해서'를 뜻하는 부사 '내내'와 의미상 차이가 있다.

| 오답풀이 |

① '썩'은 '보통의 정도보다 훨씬 뛰어나게'라는 의미로 '매우'와 유사하다.

② '맨'은 '다른 것은 섞이지 아니하고 온통'이라는 의미로 쓰였다.

③ '통'은 주로 부정하는 말과 어울려 쓰거나 반문하는 문장에 쓰여 '전혀', '도무지'의 뜻을 나타낸다.

④ '정'은 '굳이 그러고자 하는 마음이 일어나는 모양'을 의미한다. '도무지'로 대체해서 쓸 수 있다.

04 다의어 단어의 의미 파악하기

| 정답 | ⑤

| 해설 | 어떤 단어와 함께 하나의 표제어 아래 수록된다는 것은 다의어인 것을 의미한다. ⑤의 '쓰다'는 〈보기 2〉와 소리는 같고 뜻이 다른 동음이의어이므로 하나의 표제어 아래 수록될 수 없다.

05 유의어 어휘 바꿔 쓰기

| 정답 | ③

| 해설 | '불러일으키다'는 '사건을 일어나게 하다'라는 의미이므로 '야기(惹起)하다'와 의미가 유사하다.

| 오답풀이 |

① 상기(想起)하다 : 지난 일을 돌이켜 생각하여 내다.

② 봉기(蜂起)하다 : 벌 떼처럼 떼 지어 세차게 일어나다.

④ 분기(奮起)하다 : 분발하여 일어나다.

⑤ 궐기(蹶起)하다 : 벌떡 일어나다. 어떤 목적을 이루기 위하여 마음을 돋우고 기운을 내서 힘차게 일어나다.

권두 부록 / 파트1 / 파트2 / 파트3 / 파트4 / 파트5

06 유의어 단어의 문맥적 의미 파악하기

| 정답 | ④

| 해설 | 결지(決志)＝결의(決意) : 뜻을 정하여 굳게 마음을 먹음.

| 오답풀이 |

① 결기(−氣) : 못마땅한 것을 참지 못하고 성을 내거나 왈칵 행동하는 성미

② 결사(決死) : 죽기를 각오하고 있는 힘을 다할 것을 결심함.

③ 결손(缺損) : 어느 부분이 없거나 잘못되어서 불완전함.

⑤ 결원(缺員) : 사람이 빠져 정원에 차지 않고 빔. 또는 그런 인원

07 유의어 단어의 문맥적 의미 파악하기

| 정답 | ④

| 해설 | • 청렴(淸廉) : 성품과 행실이 높고 맑으며 탐욕이 없음.

• 강직(剛直) : 마음이 꼿꼿하고 곧다.

| 오답풀이 |

① 고상(高尙) : 품위나 몸가짐의 수준이 높고 훌륭함.

② 숭고(崇高) : 뜻이 높고 고상함.

③ 소박(素朴) : 꾸밈이나 거짓이 없고 수수함.

⑤ 숭앙(崇仰) : 공경하여 우러러봄.

08 반의어 단어의 문맥적 의미 파악하기

| 정답 | ⑤

| 해설 | '달변'은 '능숙하여 막힘이 없는 말'을 의미하고, '눌변'은 '더듬거리는 서툰 말솜씨'를 의미하므로 두 단어는 반의어이다.

| 오답풀이 |

① 능변(能辯) : 말을 능숙하게 잘함. 또는 그 말

② 배변(排便) : 대변을 몸 밖으로 내보냄.

③ 강변(强辯) : 이치에 닿지 아니한 것을 끝까지 굽히지 않고 주장하거나 변명함.

④ 언변(言辯) : 말을 잘하는 재주나 솜씨

09 반의어 단어의 문맥적 의미 파악하기

| 정답 | ②

| 해설 | '길조'는 '좋은 일이 있을 조짐'을 의미하고, '흉조'는 '불길한 징조'를 의미하므로 두 단어는 반의어이다.

| 오답풀이 |

① 길흉(吉凶) : 운이 좋고 나쁨.

③ 관조(觀照) : 고요한 마음으로 사물이나 현상을 관찰하거나 비추어 봄.

④ 흉길(凶吉) : 운이 나쁘고 좋음.

⑤ 경조(慶兆) : 기쁜 일이 있을 조짐

10 반의어 단어의 문맥적 의미 파악하기

| 정답 | ③

| 해설 | • 호젓하다 : 후미져서 무서움을 느낄 만큼 고요하다.

• 부산스럽다 : 보기에 급하게 서두르거나 시끄럽게 떠들어 어수선하다.

| 오답풀이 |

① 유장하다 : 서두르거나 급하지 않고 느긋함. 또는 여유가 있다.

② 의연하다 : 의지가 강하고 굳세어 태도에 변화가 없다.

④ 비굴하다 : 용기나 줏대가 없고 성품이 비겁하다.

⑤ 미미하다 : 보잘것없이 작고 희미하다.

11 반의어 단어의 문맥적 의미 파악하기

| 정답 | ④

| 해설 | • 성마르다 : 참을성이 없고 성질이 조급하다.

• 느긋하다 : 마음에 흡족하여 여유가 있고 넉넉하다.

| 오답풀이 |

① 복잡하다 : 일이나 감정 등이 갈피를 잡기 어려울 만큼 여러 가지가 얽혀 있다.

② 비상하다 : 평범하지 않고 뛰어나다. 정도가 심하고 예사롭지 않다.

③ 옹졸하다 : 성품이 너그럽지 못하고 생각이 좁다.

⑤ 소슬하다 : 으스스하고 쓸쓸하다.

12 다의어 유사한 쓰임 찾기

|정답| ③

|해설| 제시된 문장과 ③의 '걸다'는 '기계 등이 작동하도록 준비하여 놓다'는 의미로 쓰였다.

|오답풀이|

① 어느 단체에 속한다고 이름을 내세우다.

② 자물쇠, 문고리를 채우거나 빗장을 지르다.

④ 돈 등을 계약이나 내기의 담보로 삼다.

⑤ 벽이나 못 등에 어떤 물체를 떨어지지 않도록 매달아 올려놓다.

13 다의어 유사한 쓰임 찾기

|정답| ①

|해설| 제시된 문장에서 '고치다'가 잘못된 버릇을 바로잡는 의미로 사용되었다. ①의 '고치다'도 잘못된 행동인 '고지식한 태도'를 바로 잡는다는 의미로 쓰였다.

|오답풀이|

② 병 등을 낫게 하다.

③ 모양이나 내용 등을 바꾸다.

④ 이름, 제도 등을 바꾸다.

⑤ 고장이 나거나 못 쓰게 된 물건을 손질하여 제대로 되게 하다.

14 다의어 어휘의 다양한 의미 파악하기

|정답| ⑤

|해설| ① 헤아리다 : 수량을 재다. 짐작하여 가늠하거나 미루어 생각하다.

② 뽐내다 : 잘난 척하면서 으스대거나 뽐내다.

③ 재빠르다 : 몸동작이 재빠르다.

④ 쌓아두다 : 사물 등을 차곡차곡 포개어 쌓아 두다.

15 다의어 어휘의 다양한 의미 파악하기

|정답| ②

|해설| '바꾸다'와 '갈다'의 경우, '커튼을 바꾸다'를 '커튼을

갈다'로 바꿀 수 있다. 하지만 '바꾸다'와 '문지르다'의 경우, '커튼을 바꾸다'를 '커튼을 문지르다'로 바꿀 수 없으므로 ①과 ③은 답이 아니다. 또한, '으깨다'와 '뒤집다'도 마찬가지로 '감자를 으깨다'를 '감자를 뒤집다'로 바꾸면 의미가 변하기 때문에 답이 될 수 없다. 따라서 ②가 정답이 된다.

16 다의어 유사한 쓰임 찾기

|정답| ③

|해설| ㉠의 '번지던'은 새마을 운동이 퍼지는 것을 나타내므로, '풍습, 풍조, 불만, 의구심 따위가 어떤 사회 전반에 차차 퍼지다'의 의미이다. 그러므로 ③과 같은 의미라고 볼 수 있다.

|오답풀이|

① 책장 따위를 한 장씩 넘기다.

② 병이나 불, 전쟁 따위가 차차 넓게 옮아가다.

④ 빛, 기미, 냄새 따위가 바탕에서 차차 넓게 나타나거나 퍼지다.

⑤ 물건을 갈라서 젖히거나 뒤집으며 옮기다.

17 단어 의미 관계 단어 의미 관계 파악하기

|정답| ⑤

|해설| '기업'의 목적은 '이익' 추구에 있다. 마찬가지로 '정당'의 목적 역시 '정권 획득'에 있으므로 가장 유사한 관계라고 할 수 있다.

18 단어 의미 관계 단어 의미 관계 파악하기

|정답| ③

|해설| '성김'은 공간적으로 사이가 뜬 것을 의미하고, '빽빽함'은 사이가 비좁고 촘촘한 것을 가리킨다. 따라서 이 두 단어의 관계는 반의관계이다. 그러나 '넉넉하다-푼푼하다'는 두 단어 모두 '여유가 있고 넉넉하다'의 뜻으로 유의관계이다.

19 문장 완성 맥락에 맞는 단어 선택하기

| 정답 | ②

| 해설 | ㉠ 자원(資源) : 인간 생활 및 경제 생산에 이용되는 원료로서의 광물, 산림, 수산물 따위를 통틀어 이르는 말

㉡ 개선(改善) : 잘못된 것이나 부족한 것, 나쁜 것 등을 고쳐 더 좋게 만듦.

㉢ 규제(規制) : 규칙이나 규정에 의하여 일정한 한도를 정하거나 정한 한도를 넘지 못하게 막음.

㉣ 진행(進行) : 일 등을 처리하여 나감.

20 문장 완성 맥락에 맞는 단어 선택하기

| 정답 | ⑤

| 해설 | ㉠ 합류(合流) : 둘 이상의 흐름이 한데 합하여 흐르다.

㉡ 유지(維持) : 어떤 상태나 상황을 그대로 보존하거나 변함없이 계속하여 지탱하다.

| 오답풀이 |

• 정착(定着) : 일정한 곳에 자리를 잡아 붙박이로 있거나 머물러 살다.

• 전파(傳播) : 전하여 널리 퍼뜨리다.

• 전래(傳來) : 예로부터 전하여 내려오다.

21 문장 완성 맥락에 맞는 단어 선택하기

| 정답 | ①

| 해설 | ㉠ '부분'은 '전체를 이루는 부위, 범위, 요소'를 말하며 '부문'은 '기준에 따라 나누어 놓은 낱낱의 영역'의 의미를 가지므로 '부문'이 들어가야 한다.

㉡ '운영'은 '조직이나 기구, 사업체 따위를 운용하고 경영함'의 의미를 가지며 주로 '학교, 당, 기업' 등과 어울려 사용된다. 반면 '운용'은 '무엇을 움직이게 하거나 부리어 씀'의 의미를 가지며 주로 '기금, 예산, 물품' 등과 어울려 사용되므로 '운용'이 들어가야 한다.

㉢ '보전'은 '온전하게 보호하여 유지함'의 의미를 가지며 '보존'은 '잘 보호하고 간수하여 남김'의 의미를 가지므로 '보존'이 들어가야 한다.

22 문장 완성 맥락에 맞는 단어 선택하기

| 정답 | ④

| 해설 | ⓑ 지속(持續) : 어떤 상태가 오래 계속됨. 또는 어떤 상태를 오래 계속함.

ⓓ 주장(主張) : 자기의 의견이나 주의를 굳게 내세움. 또는 그런 의견이나 주의

ⓔ 발견(發見) : 미처 찾아내지 못하였거나 아직 알려지지 아니한 사물이나 현상, 사실 등을 찾아냄.

ⓖ 관측(觀測) : 육안이나 기계로 자연 현상 특히 천체나 기상의 상태, 추이, 변화 등을 관찰하여 측정하는 일

단어의 의미를 토대로 빈칸에 들어갈 알맞은 말을 순서대로 나열하면 ㉠ 관측, ㉡ 발견, ㉢ 주장, ㉣ 지속이 적절하다.

23 한자어 올바른 한자어 찾기

| 정답 | ⑤

| 해설 | 사물의 정당한 조리 또는 도리에 맞는 취지를 뜻하는 '이치'의 한자는 '理致(다스릴 이, 이를 치)'이다.

| 오답풀이 |

① 映像(비칠 영, 모양 상) : 빛의 굴절이나 반사 등에 의하여 이루어진 물체의 상

② 視線(볼 시, 줄 선) : 눈이 가는 길. 또는 눈의 방향

③ 體驗(몸 체, 시험 험) : 자기 스스로 몸소 경험함.

④ 投影(던질 투, 그림자 영) : 물체의 그림자를 어떤 물체 위에 비추는 일. 또는 그 비친 그림자

24 한자어 올바른 한자어 찾기

| 정답 | ③

| 해설 | ㉠ 파손 : '깨어져 못 쓰게 됨'의 의미로 '破損'이 올바른 표기이다.

㉡ 추세 : '어떤 현상이 일정한 방향으로 나아가는 경향'의 의미로 '趨勢'가 올바른 표기이다.

25 한자어 | 내용과 다른 한자성어 찾기

| 정답 | ①

| 해설 | 창해일속(滄海一粟) : 넓고 큰 바닷속의 좁쌀 한 알이라는 뜻으로, 아주 많거나 넓은 것 가운데 있는 매우 하찮고 작은 것을 이르는 말

| 오답풀이 |

② 물아일체(物我一體) : 외물(外物)과 자아, 객관과 주관, 또는 물질계와 정신계가 어울려 하나가 됨.

③ 물심일여(物心一如) : 사물과 마음이 구분 없이 하나의 근본으로 통합됨.

④ 주객일체(主客一體) : 주체와 객체가 하나가 됨.

⑤ 장주지몽(莊周之夢) : 나와 외물(外物)은 본디 하나이던 것이 현실에서 갈라진 것에 불과하다는 이치를 비유적으로 설명하는 말

2장 독해

▶ 문제 114쪽

01	②	02	⑤	03	③	04	④	05	③
06	④	07	④	08	①	09	⑤	10	④
11	②	12	⑤	13	④	14	⑤	15	④
16	④	17	②	18	④	19	④	20	⑤
21	⑤	22	④	23	⑤	24	②	25	③

01 내용 확인 | 우대 대상자 파악하기

| 정답 | ②

| 해설 | 우대용 교통카드의 장애인 대상자는 「장애인복지법」 제2조에서 정한 장애인(지체, 청각, 언어, 정신지체 장애 등으로 신분확인 가능한 증명서를 발급받은 사람)과 장애등급 1~3급의 동승보호자 1인이다. 따라서 장애등급 1급의 동승보호자에 해당되므로 적용대상자이다.

02 내용 확인 | 세미나 자료 이해하기

| 정답 | ⑤

| 해설 | 청년일자리에서 드러나는 문제들에 비추어 우리나라의 인력양성, 기업성장에 관련된 제도들의 개선 방향이 무엇인지를 검토하여야 할 시점이라고 주장하는 것은 청년실업 문제와 인력양성, 기업성장 관련 제도들이 밀접한 관련이 있기 때문이다.

| 오답풀이 |

① 청년실업 문제에 대응하는 정책은 20년 전과 비교해 크게 달라진 것이 없다고 주장하고 있다.

② 청년일자리 고용의 질이 20년 전과 비교해 임금과 안정성 측면에서 크게 개선되었다고 주장하고 있다.

③ 미스매치 이론은 청년들이 어떻게 대응하여야 하는지를 알려주는 가이드라인이 될 수는 있지만 청년실업 문제의 해결을 위해서 정부가 무엇을 해야 하는지 정책방향에 대한 시사점을 제시하기에는 부족하다고 주장하고 있다.

④ 청년들이 생산직을 기피하는 이유가 의중임금이 충족되지 않기 때문이라면 충분한 조정을 거친 후에는 생산직에 취업을 해야 하는데 그렇게 되고 있지 않다고 언급하고 있으므로, 결국 의중임금이 근본 문제가 아니라는 점을 시사하고 있다.

03 내용 확인 | 글의 세부 내용 이해하기

| 정답 | ③

| 해설 | 후지필름은 필름을 만들던 기술을 활용하여 노화방지 화장품을 만들었고, 필름 개발 과정에서 얻은 화학 합성 물질 데이터베이스와 노하우를 활용하여 '아비간'을 만들어냈다. 또한 3M은 광산업에서 익힌 고유 역량을 활용하여 스카치테이프와 포스트잇을 개발함으로써 사업다각화를 이루었다. 따라서 이 두 회사는 고유역량의 잠재적 가능성을 재해석하여 사업다각화로 혁신에 성공하였음을 알 수 있다.

| 오답풀이 |

① 후지필름은 국가의 적극적인 지원을 통해 의료 분야에 진출하지 않았다.

② 3M이 다른 회사와의 합병을 통해 위기를 극복했다는 내용은 제시되어 있지 않다.

권두 부록 / 파트 1 / 파트 2 / 파트 3 / 파트 4 / 파트 5

④ 두 회사는 기존 주력 사업을 통해 얻은 기술과 경험을 활용할 수 있는 분야로 진출한 것이지, 각기 다른 분야의 기술융합을 시도한 것이 아니다.

⑤ 두 회사는 자신이 가진 기술을 활용하여 새로운 분야에서 성공을 거두었으므로 실패한 분야를 포기했다는 설명은 적절하지 않다.

04 내용 추론 주제에 맞게 분류하기

|정답| ④

|해설| ㉡ 노화방지 화장품, ㉢ 아비간은 후지필름이 필름을 만들던 기술과 노하우를 활용하여 새롭게 개발한 제품을 말하는 것이며, ㉣ 포스트잇은 3M이 광산업에서 쌓은 기술을 바탕으로 스카치테이프를 만들고 그 후 접착제에 대한 연구를 바탕으로 개발한 것이다. 따라서 ㉡, ㉢, ㉣은 모두 기존의 기술을 바탕으로 새롭게 개발된 제품을 나타내는 것이므로 성격이 같다고 볼 수 있다.

05 내용 이해 글의 중심 내용 파악하기

|정답| ③

|해설| 제시된 글은 지속가능한 노동시장의 경쟁력과 고용가능성을 갖추는 것은 개인뿐 아니라 국가 차원에서도 중요한 문제로 대두되고 있다고 설명하면서, 이를 위해 국가 차원에서 체계적인 정책 수립이 필요하다고 언급하고 있다. 또한 전 생애에 걸쳐 지속가능한 경력개발과 고용가능성 함양을 위해 정책적 지원이 요구되고 있다고 주장하고 있으므로 '생애경력개발을 위한 정책 지원의 필요성'이 글의 중심 내용으로 가장 적절하다.

|오답풀이|

① 거시적 관점에서의 노동시장 변화에 대해 언급한 내용이 없으므로 중심 내용으로 적절하지 않다.

② 지속가능 성장을 위해 국가 차원에서 체계적으로 정책을 수립해야 한다고 하였으므로 적절하지 않다.

④ 청소년의 경우 4차 산업혁명에 따른 변화에 대비할 수 있는 방안을 마련해야 한다는 내용이 제시되어 있지만 4차 산업혁명으로 인한 고용시장의 변화와 전망에 대해서는 언급하지 않았다.

⑤ 생산가능인구 감소 시대의 경제성장과 노동시장에 대한 내용은 언급되지 않았다.

06 내용 이해 각 문단의 중심 내용 파악하기

|정답| ④

|해설| (라)는 패러다임의 성립과 이에 의지해 문제를 해결하려는 과학자들의 태도를 설명한 것으로 패러다임의 이론적 근거는 제시되어 있지 않다.

07 내용 파악 글의 주제 파악하기

|정답| ④

|해설| 제시된 글은 뇌 속 신경세포와 자폐증과 관련된 CHD8 유전자 발현에 있어서의 성별의 차이에 주목하고 있다.

08 내용 파악 글의 제목 파악하기

|정답| ①

|해설| 제시된 글은 넓은 의미와 좁은 의미의 매체를 정리하고 이 매체들에서 사용된 텍스트는 매체 언어라고 정의한다. 더불어 매체와 매체 언어 사이의 경계는 명확하지 않고 말과 글자는 매체이면서 매체 언어라고 말하고 있다. 따라서 '매체와 매체 언어'가 제목으로 적절하다.

09 내용 파악 핵심 문제 파악하기

|정답| ⑤

|해설| 인간의 호흡 기관이 질식사의 위험이 있는 불합리한 구조를 갖게 된 원인을 진화 과정에서 찾아 해명하고 있다. 즉, 처음에는 호흡기가 필요하지 않았는데 몸집이 커지면서 호흡기가 생기게 되고 다시 허파가 생기는 식으로 진화가 이루어지다 보니 이상적이고 완벽한 구조와는 거리가 멀어졌다는 것이다.

|오답풀이|

③ 시작은 이러한 내용을 토대로 접근하고 있지만, 이 글에서 핵심화제 중 하나는 진화론적 해명이므로 이러한 내용을 포함하고 있어야 한다.

④ 인간의 호흡기는 진화의 결과 질식사의 위험이 있는 구조를 띠고 있으므로 이를 해소시킬 근본적인 방안은 없다.

10 내용 파악 제시된 정보를 바탕으로 추론하기

| 정답 | ④

| 해설 | 네 번째 문단에서 뇌전증을 비롯한 정신질환자의 경우 6개월 이상 병원에 입원한 경우 수시적성검사 대상자로 분류된다고 하였다.

| 오답풀이 |

① 네 번째 문단에서 보건복지부나 지자체, 병무청 등의 기관은 운전면허 결격사유 해당자 정보를 도로교통공단에 보내 수시적성검사를 하지만 대상자는 극히 제한적이며 뇌전증을 비롯한 정신질환자의 경우 6개월 이상 병원에 입원한 경우에만 수시적성검사 대상자로 분류된다고 언급하였다.

② 세 번째 문단에서 2종 면허 운전자는 신체검사를 받지 않고 면허를 갱신하고 있다고 언급하였다.

③ 두 번째 문단에서 운전면허 취득 시 1장짜리 질병신고서를 작성해야 함과 동시에, 시력과 색맹, 청력, 팔·다리 운동 등의 신체검사를 실시한다고 하였다.

⑤ 세 번째 문단에서 1종 면허 소지자 대상으로 시력검사를 실시하고 있다고 하였으나 청력검사는 1종 대형, 특수 면허 소지자에 한정된다고 하였다.

11 내용 이해 필자의 견해 파악하기

| 정답 | ②

| 해설 | 근대 약학은 유익한 균과 해로운 균을 분리하고 병균의 존재를 용인하지 못하는 불관용의 사상을 근거로 하나, 이는 존재하는 모든 것에는 존재의 이유와 권리가 있다는 우주의 이치에 맞지 않으며 이로 인해 병에 걸리지 않기 위한 항구적인 해결책을 제시하지 못한다는 근원적인 한계점이 있다고 설명한다.

| 오답풀이 |

③ 역증 용법 이외에 다른 대안이 없다는 인식이 작용한 가장 큰 이유는 근대 약학의 문제보다는 타사보다 먼저 출시하고자 하는 제약 회사들의 상업주의적 경쟁 결과로 설명한다.

⑤ 기술적 차원의 문제 보완도 중요하지만 이를 실행하기 위해서는 부작용 없는 약제 출현을 억압하는 현상을 막는 국가, 사회단체의 대처와 기업가들의 자성을 필요로 한다.

12 내용 확인 글의 내용과 일치 여부 파악하기

| 정답 | ⑤

| 해설 | 선택지의 설명은 작물재배와 가축사육의 순환고리를 의미하고 있다. 따라서 이것은 재래 농업의 방식에서 찾아볼 수 있는 현상이며, 현대 농업에서는 이러한 순환고리가 더 이상 존재하지 않는다는 것이 필자의 견해이다.

| 오답풀이 |

① 매일 소를 두세 시간씩 마사지하면 쇠고기의 육질이 부드러워지는 고베 소고기가 생산된다고 언급되어 있다.

④ 선택지의 농업은 재래 농업 방식을 설명하고 있으므로 거짓이다.

13 내용 확인 글의 내용과 일치 여부 파악하기

| 정답 | ④

| 해설 | 농업이 더 이상 가족의 먹을거리만을 생산하는 가족 단위의 일이 아닌 상품을 생산하는 산업으로 인식되면서 다른 산업들과 마찬가지로 국제간의 무역협정에 민감해질 수밖에 없다는 점을 언급하였다.

| 오답풀이 |

① 한국 축산업은 1960년대까지도 손익계산을 하지 않을 만큼 '산업'으로 인식되지 않았다.

② 에너지 집중적이고 에너지 면에서 비효율적인 것은 에너지 투입이 많은 현대 농업의 특징이다.

⑤ 한 사람이 수십만 평의 경지를 몇 명의 농업노동자를 고용해서 경작하는 대규모 방식의 농업은 미국 농업의 특징이다.

14 내용 이해 논지 반박하기

| 정답 | ⑤

| 해설 | 제시된 글의 논지는 기후 변화의 이유는 인간이 발생시키는 온실가스 때문이 아니라 태양의 활동 때문이라는 것이다. 따라서 온실가스 배출을 낮추기 위한 인간의 노력은 사실상 도움이 되지 않는 낭비라는 주장이다. 이러한 논지를 반박하기 위한 근거는 대기오염을 줄이기 위한 인간의 노력이 지구 온난화를 막는 데 효과가 있었다는 내용이 적절하다.

15 내용 이해 문맥에 맞게 빈칸 채우기

| 정답 | ④

| 해설 | 두 번째 문장은 첫 번째 문장의 부연에 해당하므로 첫 번째 빈칸에는 '즉', '다시 말하면' 등의 접속사가 어울린다. 다섯 번째 문장은 이론의 구체적인 설명을 위한 사례가 시작되는 문장이기 때문에 '예를 들어', '이를테면', '만약' 등의 접속사를 서두로 삼는 것이 자연스럽다.

16 내용 이해 문맥에 맞게 빈칸 채우기

| 정답 | ④

| 해설 | 제시된 글의 앞부분에서는 노동시장에서의 남성과 여성의 구별은 기본적으로 여성의 생애사적인 면에서 기인한다고 분석하고 있으며, 뒷부분에서는 반전된 의견을 제시하며 여성이 직면하는 '공통의 위험'에만 집중하는 정책의 문제점을 지적한다. 따라서 빈칸에는 '여성 각자가 처한 상이한 상황과 경험의 간과'를 언급하여 '또 다른 배제'라는 문제점을 일으키게 된다는 내용이 들어가야 한다.

17 내용 이해 문맥에 맞게 빈칸 채우기

| 정답 | ②

| 해설 | ㉠의 앞 내용을 보면 일본과 조선의 연대론자들은 유럽의 백인종 국가들이 세계를 장악하고, 아시아 황인종 국가들을 멸시의 대상으로 삼는 것에 위기감을 느끼고 있음을 알 수 있다. 또한 ㉠의 뒤 내용을 보면 동아시아 동종의 나라가 힘을 합쳐 백인종을 막아야 한다는 주장이 제기되었음을 알 수 있으므로, ㉠에는 동아시아의 연대론자들이 서구에 대항하기 위해 연대를 결심하였다는 내용이 들어가야 한다.

18 내용 이해 서술 방식 파악하기

| 정답 | ④

| 해설 | (가)와 (나)는 각 세 문장으로 구성되어 있다. 즉, (가)는 '일반적 진술－구체적 진술(예시)－전망'으로 구성되었고, (나)는 '일반적 진술－구체적 진술(상세화)－전망'으로 구성되었다.

19 내용 파악 글의 흐름에 맞게 문단 배열하기

| 정답 | ④

| 해설 | 시간 순으로 먼저 일제강점기에 대한 설명인 (라)로 시작하고 이어서 1980～90년대에 대한 설명인 (가)로 이어진 후 최근 경향을 언급하는 (나)와 (다)로 이어지는 흐름이 자연스럽다. 이때 (다)가 서두에서 '그러나 무엇보다도'로 앞선 내용을 보완하는 문단 형식으로 시작하고 있으므로, 먼저 (나)가 서술된 이후 이와 연결되는 (다)의 흐름으로 순서를 배치하는 것이 가장 적절하다.

20 내용 이해 서술 방식 파악하기

| 정답 | ⑤

| 해설 | 첫 번째와 두 번째 문단에서 시간의 기준점이 통일되지 않은 점에 따른 문제점들을 언급하며 표준시의 필요성을 설명하였고 세 번째와 네 번째 문단에서 도입과정을 설명하였다. 다섯 번째 문단에서 세계의 모든 인구가 하나의 표준시에 맞춰 일상을 살고 국가마다 다른 철도와 선박, 항공 시간을 체계적으로 정리할 수 있게 되어 지구 곳곳에 파편처럼 흩어져 살아가던 인류가 하나의 세계로 통합될 수 있었다는 것을 언급하며 그 의의를 설명하고 있다.

21 내용 파악 서술 방식 파악하기

| 정답 | ⑤

| 해설 | 제시된 글은 사랑에 대한 여러 철학자들의 견해를 제시하면서 논지를 전개하고 있으며, 구애와 관련되어 출간된 책과 같은 예시를 다양하게 들어 설명하였다. 또한 과거와 현대의 사랑의 의미를 비교하며 글을 전개하고 있으며 현대의 사랑을 '자존감을 얻기 위해 협상을 벌이는 무대이자 전장'에 빗대어 표현하여 독자의 이해를 돕고 있다. 마지막으로 과거와 현재의 시간에 따른 '사랑'의 의미 변화 과정을 순차적으로 제시하였지만 그것의 시간에 따른 변화 과정과 역사적 가치를 찾고 있지는 않으므로 ⑤는 제시된 글의 설명 방식으로 적절하지 않다.

22 개요·보고서·실용문 작성·수정 | 개요 수정·보완하기

| 정답 | ④

| 해설 | 'Ⅱ-1-다'의 내용은 무분별한 영업망 확장에 따른 마케팅 전략 실패이므로 '원가 절감을 위한 생산성 향상'보다는 마케팅 효과를 향상시킬 수 있는 방안이 제시되어야 한다.

23 개요·보고서·실용문 작성·수정 | 개요 수정·보완하기

| 정답 | ⑤

| 해설 | 행사의 목적과 행사 방침은 서로 다른 항목이고 각각 필요한 내용이므로 삭제하지 말아야 한다.

24 개요·보고서·실용문 작성·수정 | 어법에 맞게 문장 쓰기

| 정답 | ②

| 해설 | '협력 회의 관련'은 국어 어법과 공문서 작성 요령상의 문제가 없는 표현이다.

| 오답풀이 |
각 선택지의 올바른 표현은 다음과 같다.
㉠ 10. 28. ~ 29.
㉢ 사본
㉣ 회의 시 참가자 직접 수령
㉤ 11. 20.(금)

25 개요·보고서·실용문 작성·수정 | 어법에 맞게 문장 쓰기

| 정답 | ③

| 해설 | 상대편이나 그 소속체를 높이는 뜻을 나타내는 '귀'는 관형사이므로 '귀 주재국'으로 띄어 쓰는 것이 맞다.

| 오답풀이 |
ⓐ 참가자앞 → 참가자 앞
ⓑ 알려왔는 바 → 알려왔는바 : 어미 '-ㄴ바'는 앞 절의 상황이 이미 이루어졌음을 나타내므로 붙여서 쓴다.
ⓓ 제 11차 → 제11 차, 제11차 : '제11 차(원칙)'나 '제11차(허용)'로 쓸 수 있다. '제-'는 접두사이므로 붙여 쓰고, '차례'를 나타내는 의존 명사 '차'는 띄어 쓰는 것이 원칙

이지만 순서를 나타내는 경우나 숫자와 어울리어 쓰는 경우에는 붙여 쓰는 것이 허용된다.
ⓔ 검토중 → 검토 중 : '무엇을 하는 동안' 또는 '어떤 상태에 있는 동안'이라는 뜻을 나타내는 의존 명사 '중'은 앞 말과 띄어 쓴다.

3장 어법

▶문제 142쪽

01	③	02	①	03	④	04	②	05	②
06	④	07	③	08	②	09	④	10	①
11	③	12	①	13	⑤	14	①	15	④
16	①	17	②	18	④	19	③	20	③

01 어법 | 표준어 발음법에 맞게 발음하기

| 정답 | ③

| 해설 | 밟지[밥찌] : 겹받침 'ㄼ, ㄳ, ㄾ'은 어말 또는 자음 앞에서 'ㄹ'로 발음한다. 다만, '밟'은 자음 앞에서 [밥]으로 발음한다.

02 어법 | 표준어 발음법에 맞게 발음하기

| 정답 | ①

| 해설 | 옷 한 벌[오탄벌] : 'ㄷ'으로 발음되는 'ㅅ, ㅈ, ㅊ, ㅌ'이 'ㅎ'과 결합되는 경우에는 'ㅌ'으로 발음된다.
㉠ 낮 한때[나탄때]

| 오답풀이 |
② 밭 아래[바다래] : '밭'의 'ㅌ'이 'ㄷ'으로 중화된 뒤에 연음된 것이다.
③ 꽃 한 송이[꼬탄송이] : 'ㅎ'이 앞의 자음과 축약되어 거센소리로 나타난 것이다.
④ 앞마당[암마당] : 'ㅂ, ㅍ'은 'ㄴ, ㅁ' 앞에서 'ㅁ'으로 발음된다.
⑤ 넓다[널따] : 겹받침 'ㄼ'은 어말 또는 자음 앞에서 'ㄹ'로 발음된다.

03 어법 어문 규정 적용하기

| 정답 | ④

| 해설 | 눈꼽 → 눈곱

04 어법 어문 규정 적용하기

| 정답 | ②

| 해설 | 통털어 → 통틀어 : 통틀다는 '있는 대로 모두 한데 묶다'는 의미이다.

05 어법 어문 규정 적용하기

| 정답 | ②

| 해설 | ㉠ '히읗'의 '읗' 받침이 'ㅎ'이므로, 음절의 끝소리 규칙에 따라 'ㅎ'이 'ㄷ'으로 바뀌어 [히읃]으로 발음된다.
㉣ '웃옷'은 '웃'의 받침 'ㅅ' 뒤에 실질적인 뜻을 지닌 '옷'이 나온 형태이므로, 음절의 끝소리 규칙을 적용한 후 다음 음절의 첫소리로 발음하여 [우돋]이 된다.

| 오답풀이 |

㉡ '빗으로'는 '빗' 뒤에 조사 '~ 으로'가 붙은 형태이므로, 받침이 온전히 발음되어 [비스로]가 된다.
㉢ '부엌'의 '엌' 받침이 'ㅋ'이므로 음절의 끝소리 규칙에 따라 'ㅋ'이 'ㄱ'으로 바뀌어 [부억]으로 발음된다.

06 어법 어문 규정 적용하기

| 정답 | ④

| 해설 | ㉢ '들렀다'는 기본형 '들르다'에 '－었－'이 결합된 것으로, 맞춤법에 맞는 표현이다.
㉣ '대가'는 '노력이나 희생을 통하여 얻게 되는 결과'를 나타내는 말로, 맞춤법에 맞는 표현이다.

| 오답풀이 |

㉠ 오랫만에 → 오랜만에
㉡ 쉴려고 → 쉬려고
㉣ 되였다 → 되었다

07 어법 어문 규정 적용하기

| 정답 | ③

| 해설 | ㉢ '드러나는'이 옳은 표현이다.
㉣ '오랫동안'이 옳은 표현이다.
㉤ '(으)로서'는 신분, 자격, 지위, 관계 따위를 나타내는 조사이며, '(으)로써'는 수단, 방법, 도구를 나타낼 때 쓰이는 조사이다. 해당 문장에서 생태자원은 방법이나 도구가 아니라 신분, 자격의 의미이므로 '생태자원으로서의'가 옳은 표현이다.

| 오답풀이 |

㉠ '개펄'은 '갯벌'과 같은 말로 표준어이다.
㉡ 어간의 끝음절 '하'의 'ㅏ'가 줄고 'ㅎ'이 다음 음절의 첫소리와 어울려 거센소리로 될 적에는 거센소리로 적는다. 따라서 '연상하게'는 '연상케'로 적을 수 있다.

08 어법 어문 규정 적용하기

| 정답 | ②

| 해설 | B : '일정한 형식이나 이론, 또는 남의 말이나 글 따위를 취하여 따르다'의 뜻을 나타내는 '빌리다'를 써서 '이 자리를 빌려'와 같이 표현하는 것이 옳다.

| 오답풀이 |

A : 사단은 '사달(사고나 탈)'의 잘못된 표현이다. 그러므로 '사달이 났다'고 표현하는 것이 옳다.
C : '불구'는 '얽매여 거리끼지 아니하다'라는 뜻을 가진다. 그러므로 불구가 아닌 '돌아보지 아니함'을 이르는 '불고(不顧)'를 쓰는 것이 옳다.
D : '－래야'의 어미는 한국어 맞춤법에 바르지 않은 표기이다. 그러므로 '잊다'를 활용하여 쓸 때 표준어 어미인 '잊으려야 잊을 수 없는'으로 쓰는 것이 옳다.

09 어법 어문 규정 적용하기

| 정답 | ④

| 해설 | 3개의 오자와 1개의 탈자가 있으며 내역은 다음과 같다.

• 신정 → 선정

- 신용평가급 → 신용평가등급
- 심사의원회 → 심사위원회
- 평반 → 평판

10 어법 어문 규정 적용하기

|정답| ①

|해설| 동적이며 힘이 있다는 뜻을 나타내는 Dynamic은 외래어 표기법에 따라 '다이나믹'이 아니라 '다이내믹[dain æmik]'으로 써야 한다.

|오답풀이|

③ '일(日)'은 '날'을 뜻하고 '자(字)'도 '날짜'를 뜻하므로 서로 의미가 중복된다. 따라서 '자'를 빼는 것이 적절하다.

④ 사동은 주어가 다른 사람이나 대상에게 동작이나 행동을 하게 하는 것을 말한다. '부각하다'는 '어떤 사물을 특징지어 두드러지게 하다'는 뜻으로 사동의 의미를 담고 있으므로 '-시키다'라는 사동 접미사를 다시 붙일 필요가 없다.

⑤ '개시(開始)'는 '행동이나 일 따위를 시작함'을 의미하므로 결과를 홈페이지를 통해 알릴 때에는 '개시'가 아니라 '게시(揭示)'로 써야 한다.

11 어법 어문 규정 적용하기

|정답| ③

|해설| '-지'가 종결어미로 쓰일 때는 어떤 사실을 긍정적으로 서술하거나 묻거나 명령하거나 제안하는 따위의 뜻을 나타낸다고 하였다. '그는 이름난 효자이지.'에서의 '-지'는 어떤 사실을 긍정적으로 서술하는 표현에 쓰인 것으로 종결어미이다.

|오답풀이|

① '언제 오시지'의 '-지'는 의문을 나타낼 때 쓰이는 종결어미이다.

② '부부 사이는 대등한 관계이지 종속 관계가 아니다'의 '-지'는 상반되는 사실을 서로 대조적으로 나타내는 연결어미이다.

④ '그를 만난 지도 꽤 오래되었다'의 '-지'는 어떤 일이 있었던 때로부터 지금까지의 동안을 나타내는 말로 의존명사이다.

⑤ '자네는 그만 떠나지'의 '-지'는 어떤 사실을 긍정적으로 서술하거나 묻거나 명령하거나 제안하는 따위의 뜻을 나타내는 종결어미이다.

12 어법 어문 규정 적용하기

|정답| ②

|해설| (나)에서 말하고자 하는 것은 잡지에 광고를 게재하면 매월 발간되는 잡지에서 광고를 계속 볼 수 있다는 의미이다. 그런데 '매월 발간되는 이 잡지를 계속 보신다는 뜻입니다'에서 계속 볼 수 있다는 것은 '잡지'가 되므로 '~ 매월 발간되는 이 잡지에서 게재한 광고를 계속 보실 수 있다는 뜻입니다'로 수정하여야 한다.

(라)에서 광고 매출의 일정 부분을 도움이 필요한 분들을 위해 쓰고 있다고 하였으므로 주어가 ○○출판사가 되어야 한다. 따라서 '특히 ○○출판사는 잡지 광고 매출의 일정 부분을 소외 계층, 장애인 단체 등 도움이 필요한 분들을 위해 쓰고 있습니다'로 수정해야 한다.

13 어법 어문 규정 적용하기

|정답| ⑤

|해설| ⑩에서 '들이닥쳐 위에서 내리누르다'의 의미로 쓰인 '덥치고'의 옳은 표기는 '덮치고'이다.

14 어법 어문 규정 적용하기

|정답| ①

|해설| 착하디 착한 → 착하디착한 : '-디'를 취하는 말은 첩어로 보고, 붙여 쓴다.

예 흔하디흔한, 예쁘디예쁜, 곱디고운, 맑디맑은

15 어법 어문 규정 적용하기

|정답| ④

|해설| ① ~ 우리말을 지키는 첫걸음이며 → ~ 우리 언어를 지키는 첫걸음이며 : '우리말'이라는 단어가 여러 번

권두 부록

파트 1

파트 2

파트 3

파트 4

파트 5

반복되고 있으므로 같은 의미의 다른 단어로 바꿔주는 것이 좋다.

② ~ 보이는 것이 → ~ 볼 수 있는 것이 : 문장 전체의 주어는 '깊은 슬픔에 빠진 사람'이므로 '보이다'라는 피동 표현이 아닌 주동 표현 '보다'를 써야 한다.

③ ~ 공모했으나 → ~ 응모했으나 : '공모'는 일반인을 공개 모집한다는 의미이다. 이 문장에서는 그 주체가 신문사이므로 주어 '내 친구'에 호응하기 위해서는 모집에 지원한다는 의미의 '응모'를 사용해야 한다.

⑤ 도움을 주어야 한다. → 그들에게 도움을 주어야 한다. : '도움을 주다'는 '~ 에게'라는 목적어가 필요하다.

16 어법 바른 문장 쓰기

|정답| ①

|해설| 우동은 가락을 굵게 뽑아 이를 삶아 맑은장국에 요리한 음식으로 '가락국수'로 고쳐 쓸 수 있다.

|오답풀이|

② 덴뿌라 → (일본식) 튀김

③ 잘못된 일본식 표현인 '다꾸앙'을 순화한 표현이 단무지 또는 노란무이다.

④ 시보리 → 물수건, 조리개, (뜨개) 조리개

⑤ 와리바시 → 나무젓가락

17 어법 바른 문장 쓰기

|정답| ②

|해설| '에리'는 '옷깃'을 속되게 이르는 말로, '옷깃' 혹은 '깃'으로 순화하는 것이 적절하다.

|오답풀이|

① 여보, 단스에 있던 내 우와기 어디 있어? → 여보, 장롱에 있던 내 웃옷 어디 있어?

③ 쓰봉도 그래. → (양복) 바지도 그래.

④ 이젠 가다까지 완전히 달라져서 안 맞아요. → 이젠 틀까지 완전히 달라져서 안 맞아요.

⑤ 여기 가봉한 데는 빵꾸까지 나 있어. → 여기 시침질한 데는 구멍까지 나 있어.

18 어법 어문 규정 적용하기

|정답| ④

|해설| '체면치레'는 '체면'에 접미사 '-치레'가 붙어 체면이 서도록 하는 겉으로 하는 행동이라는 의미로 옳은 표현이다.

|오답풀이|

① 피동의 표현이 어색하므로 '예상된' 또는 '예상한'으로 바꿔 써야한다.

② 앞뒤 문장의 연결에 어울리지 않으므로 생략하는 것이 더 자연스럽다.

③ 능률은 일정한 시간에 할 수 있는 일의 비율이므로, '발휘되다'보다는 '오르다'의 표현을 쓰는 것이 더 적당하다.

⑤ '어디서'보다는 '무엇을' 준비하는지 묻는 것이 더 자연스럽다.

19 어법 높임법 사용하기

|정답| ③

|해설| '께서'는 주격 조사이고, '의'는 관형격 조사이다. '있다, 없다'의 경우 직접 높임은 '계시다, 안 계시다'이고, 간접 높임은 '있으시다, 없으시다'이다.

20 어법 어문 규정 적용하기

|정답| ③

|해설| '그럼 다음 주 수요일에 뵈어요.' 혹은 '그럼 다음 주 수요일에 봬요.'로 고쳐야 한다. '봬'는 '뵈+어'로, '뵈어요'의 준말은 '봬요'로 쓴다.

|오답풀이|

① '-적'은 '동작이 진행되거나 그 상태가 나타나 있는 때, 또는 지나간 어떤 때'를 나타낼 때 쓰이는 의존명사이다. 따라서 앞말과 띄어서 써야 한다.

② 뒷말의 첫소리 모음 앞에서 'ㄴㄴ' 소리가 덧나는 것은 사잇소리를 적는다. 나무+잎 → 나뭇잎[나문닙]

④ '-ㄹ지'는 추측에 대한 막연한 의문이 있는 채로 그것을 뒤 절의 사실이나 판단과 관련시키는 데 쓰이는 연결 어미이다. 따라서 앞말과 붙여서 써야 한다.

⑤ '틀리다'와 '다르다'는 혼동하기 쉽지만, '틀리다'는 '셈이나 사실 따위가 어긋나다'는 뜻이고, '다르다'는 '비교가 되는 두 대상이 서로 같지 아니하다'는 의미이다. 제시된 문장에서는 두 대상을 서로 비교하고 있고, 그 둘이 같지 않다는 뜻을 나타내므로 '다르다'를 써야 한다.

파트 1 출제예상문제

▸문제 152쪽

01	③	02	⑤	03	⑤	04	④	05	①
06	③	07	①	08	②	09	④	10	③
11	③	12	④	13	②	14	⑤	15	①
16	①	17	①	18	④	19	④	20	②
21	⑤	22	②	23	⑤	24	①	25	②
26	②	27	②	28	①	29	②	30	⑤

01 어휘 유의어 파악하기

| 정답 | ③

| 해설 | ㉠의 '띠다'는 감정이나 기운 따위를 나타낸다는 의미이다. '얼굴에 미소를 띠다', '대화에 열기가 띠다' 등의 문장에서 활용 가능하다.

| 오답풀이 |

① 빛깔이나 색채 따위를 가진다는 의미이다.

② 용무나 직책, 사명 따위를 지닌다는 의미이다.

④ 물건을 몸에 지닌다는 의미이다.

⑤ 띠나 끈 따위를 두르다의 의미이다.

02 어휘 다의어 파악하기

| 정답 | ⑤

| 해설 | '눈 깜짝할 새'는 매우 짧은 순간을 의미하는 관용구이지만, 여기서 '눈'이 어떤 특정 시간이나 때를 비유하지는 않는다.

03 어휘 반의어 파악하기

| 정답 | ⑤

| 해설 | • 이울다 : 꽃이나 잎 등이 시들다.
• 번성하다 : 한참 성하게 일어나 퍼지다.

| 오답풀이 |

① 기울다 : 비스듬하게 한쪽이 낮아지거나 비뚤어지다.

② 되살다 : 죽거나 없어졌던 것이 다시 살다.

③ 시들다 : 몸이 기력이나 기운이 빠져서 생기가 없어지다.

④ 울적하다 : 마음이 답답하고 쓸쓸하다.

04 어휘 반의어 파악하기

| 정답 | ④

| 해설 | '돌파구'는 '부닥친 장애나 어려움 따위를 해결하는 실마리'라는 의미이므로 어떤 일을 해결하는 의미의 단어와 유사하다고 볼 수 있다. 그러나 '타파하다'는 '부정적인 규정, 관습, 제도 따위를 깨뜨려 버리다'는 의미이므로 '돌파구'와 의미가 유사하지 않다.

| 오답풀이 |

① 타개하다 : 매우 어렵거나 막힌 일을 잘 처리하여 해결의 길을 열다.

② 해결하다 : 제기된 문제를 해명하거나 얽힌 일을 잘 처리하다.

③ 극복하다 : 악조건이나 고생 따위를 이겨 내다.

⑤ 답파하다 : 험한 길이나 먼 길을 끝까지 걸어서 돌파하다.

05 단어관계 단어의 의미관계 파악하기

| 정답 | ①

| 해설 | 대책(對策)은 '어떤 일에 대처할 수단이나 계획', 방책(方策)은 '일을 하는 방법이나 꾀'를 뜻한다. 이 둘의 관계는 유의관계이다. 방해(妨害)는 '남의 일을 간섭하고 막아 해를 끼침', 훼방(毁謗)은 '남의 일을 방해함'을 의미한다. 이 두 단어의 의미관계 역시 유의관계이다.

| 오답풀이 |

②, ③ : 반의관계

④, ⑤ : 상하관계

06 어휘 글의 흐름에 맞는 어휘 고르기

| 정답 | ③

| 해설 | '편성'은 엮어 모아서 책, 신문, 영화 따위를 만들거나 예산, 조직, 대오 따위를 짜서 이룬다는 의미이다(⑩ 그 학교는 성적에 따라 반 편성을 한다). 제시된 문장에서는 무엇을 만들어서 이루다는 의미인 '조성'이 더 적절하다.

07 독해 중심 내용 파악하기

| 정답 | ①

| 해설 | 경제학적 관점에서의 비경제적이라는 말은 돈의 형태로 충분한 이익을 올리지 못한다는 의미이므로 현대 자본주의 사회에서 '비경제적'인 것은 존재의 가치가 없는 것으로 여겨지고 있다. 예를 들어 환경을 보호하는 일은 사적인 이윤은 창출하지 않고 비용이 발생하므로 비경제적인 것으로 간주될 수 있는 것이다. 하지만 인간은 자연계에 의존하며 살아가고 있으므로 환경 보호는 비경제적인 일이 될 수 없음을 필자는 언급하고 있다. 따라서 필자는 궁극적으로 비경제적이라는 비판을 받는 것이 실상 가장 소중한 것임을 주장하고 있다.

08 독해 세부 내용 파악하기

| 정답 | ②

| 해설 | 마지막 문단에서 '우리나라의 경우 52%의 업무활동 시간이 자동화 위험에 노출될 것으로 나타났는데, 이는 독일(59%), 일본(56%)보다는 낮고, 미국(46%), 영국(43%)보다는 높은 수준이다'라고 하였다. 이는 자동화로 대체될 업무활동 시간에 대한 서술이며 전반적인 업무활동 투입 시간에 대한 설명이 아니다.

| 오답풀이 |

① 두 번째 문단에서 'OECD는 인공지능이 직업 자체를 대체하기보다는 직업을 구성하는 과업의 일부를 대체할 것'이라고 하였으며, '미국의 경우 9%의 일자리만이 고위험군에 해당한다고 밝혔'으므로 옳은 문장이다.

③ 첫 번째 문단에서 프레이와 오스본은 '인공지능의 발전으로 대부분의 비정형화된 업무도 컴퓨터로 대체될 수 있다고 본다' 하였으므로 옳은 문장이다.

④ 세 번째 문단에서 '컨설팅 회사 PwC는 OECD의 방법론이 오히려 자동화 위험을 과소평가하고 있다고 주장하고 OECD의 연구 방법을 수정하여 다시 분석하였다. 그 결과 미국의 고위험일자리 비중이 OECD에서 분석한 9% 수준에서 38%로 다시 높아졌'고 하였으므로 옳은 문장이다.

⑤ 첫 번째 문단에서 프레이와 오스본은 '인공지능이 대체하기 힘든 업무를 ~ 3가지 '병목(Bottleneck) 업무'로 국한시키고 이를 미국 직업정보시스템 O*Net에서 조사하는 9개 직능 변수를 이용해 정량화했다. 직업별로 3가지 병목 업무의 비중에 따라 인공지능에 의한 대체 정도가 달라진다고 본 것이다'라고 하였으므로 옳은 문장이다.

09 어휘 한자어 표기 알기

| 정답 | ④

| 해설 | 밑줄 친 '부정'은 '아니라고 반대함'의 의미로 쓰였으며, '否定'으로 표기한다.

| 오답풀이 |

① 不正 : 옳지 않음.

② 不定 : 일정하지 않거나 정해지지 않음.

③ 不貞 : 행실이 좋지 않음.

⑤ 不淨 : 깨끗하지 않음.

10 독해 세부 내용 이해하기

| 정답 | ③

| 해설 | 네 번째 문단에서 '장소는 고유한 입지, 경관, 공동체에 의하여 정의되기보다는 특정 환경에 대한 경험과 의도에 초점을 두는 방식으로 정의된다'라고 하였으므로, 개인의 경험과 밀접하게 관련되어 있다고 할 수 있다.

| 오답풀이 |

① 네 번째 문단에서 '장소는 고유한 입지, 경관, 공동체에 의하여 정의되기보다는 특정 환경에 대한 경험과 의도에 초점을 두는 방식으로 정의된다'라고 하였다.

② 두 번째 문단에서 '공간과 장소 간의 관계를 명확히 하고, 그에 따라 장소를 개념적, 경험적 맥락에서 분리하지 않는 일은 중요하다'라고 하였다. 따라서 장소와 공간을 독립적으로 이해해야 한다는 설명은 다소 부적절하다.

www.gosinet.co.kr **g**osi**net**

권두부록

파트 1

파트 2

파트 3

파트 4

파트 5

④ 세 번째 문단에서 '장소는 나의 장소, 너의 장소, 거리, 동네, 시내, 시·군, 지역, 국가와 대륙 등 공간적 정체화가 가능한 모든 수준에서 나타난다. 하지만 장소가 반드시 이렇게 깔끔하게 위계적으로 분류되는 것은 아니다. 모든 장소는 서로 겹치고, 서로 섞이며, 다양하게 해석될 수 있다'라고 하였다. 따라서 거리, 동네, 시내, 시·군, 지역, 국가와 대륙으로 분류된 장소라도 서로 겹치고 섞이며 다양하게 해석될 여지가 있다고 보는 것이 더 적절하다.

⑤ 다섯 번째 문단에서 장소는 '개인과 공동체 정체성의 중요한 원천이며, 때로는 사람들이 정서적·심리적으로 깊은 유대를 느끼는 인간 실존의 심오한 중심이 된다'라고 하였다. 그러나 이것이 공간과 장소의 차이점은 아니다.

11 독해 주제와 관련 없는 문단 찾기

| 정답 | ③

| 해설 | 청정에너지로 분류되는 천연가스에 대해 서술하고 있다. 그러나 천연가스는 이산화탄소보다 더 강한 온실효과를 일으키는 메탄을 배출하며, 천연가스를 채취할 때 사용되는 수압파쇄법은 라듐을 발생시키기 때문에 청정에너지의 의미에 맞는지 의문을 제기하고 있다. 하지만 (다)는 미국의 가스관에 대한 설명으로 글의 주제와 관련이 없는 내용이다.

12 독해 세부 내용 이해하기

| 정답 | ④

| 해설 | '소비자 피해가 발생하면 소비자상담콜센터나 행복드림 열린소비자포털을 통해 거래내역, 증빙서류 등을 갖추어 상담 또는 피해구제를 신청할 수 있다'라고 하였지만, 증빙서류 등이 없이도 가능하다는 내용은 확인할 수 없다.

13 독해 세부 내용 이해하기

| 정답 | ②

| 해설 | 퇴직 1년 전 공로연수 제도 운영 부분은 추가적인 개선방안 마련이 요구되었다. 하지만 이것이 감점요인이라고 보기는 어렵다.

14 독해 적절한 제목 찾기

| 정답 | ⑤

| 해설 | 마지막 문단에서 갈등은 본질적으로 '나쁜' 것은 아니며 사실 갈등이 좋은지 나쁜지는 전적으로 그것을 어떻게 다루느냐에 달려있다고 언급하고 있다. 그리고 글 전반적으로 갈등의 부정적인 측면을 긍정적으로 바라보는 관점을 다루고 있으므로 글의 제목으로 가장 적절한 것은 ⑤이다.

| 오답풀이 |

① 인간관계에서 발생하는 여러 가지 갈등의 유형을 나열하고 있지는 않다.

② 갈등 해결을 위한 바람직한 의사소통 방법을 제시하고 있지는 않다.

④ 갈등은 발생하였을 때 지혜롭게 해결하면 관계를 발전시킬 수 있다고 하였으나, 관계 발전을 위해 갈등을 활용하라는 의미는 담고 있지 않다.

15 독해 필자의 주장 찾기

| 정답 | ①

| 해설 | (가)의 첫 문장 '독서란 장차 이치를 밝혀서 일에다 펼치려는 것이다'를 통해 주제를 알 수 있다. 책을 노정기에, 행함을 노정기에 따라 말을 몰고 달리는 것에 비유하여 말을 달리지 않고 노정기만 강론한다면 먼 길을 가려는 계획을 이룰 수 없다고 하고 있다. 즉, 책을 읽고 깨달은 바를 실행에 옮기지 않으면 아무런 의미가 없다는 것이다.

(나)의 첫 문장 '성현의 글을 읽는 것은 덕에 나아가고 행실을 닦아 부족한 점을 채우기 위한 것이다'를 통해 주제를 알 수 있다. 책을 한 권 읽었어도 읽은 바를 행실에 적용하지 못하는 것보다 한두 문장만 읽었을지라도 그것을 행실에 옮길 수 있는 것이 더욱 가치 있다고 말하고 있다.

16 독해 적절한 뒷받침 사례 파악하기

| 정답 | ①

| 해설 | 네 번째 문단에서 프랑스의 국가 사회주의의 원리가 제시되어 있는데, 노동자는 집단 공동체(부조, 금고)나 자신의 고용주에게 생명이나 노고를 바치고 국가는 고용주와 함께 노동자의 협력을 얻어서 노동자의 실업·질병·노령화

및 사명에 대한 일정한 생활보장을 노동자에게 해 주어야 한다는 것이다. 따라서 프랑스 기업가들이 가족을 책임지고 있는 노동자에게 일정한 생활보장을 해 주고 노동자는 부조, 금고 등을 통하여 노동자 스스로가 이익을 지켰다는 내용은 글을 뒷받침하는 사례로 적절하다.

17 어법 바른 문장 쓰기

|정답| ①

|해설| '지금 편의점에 가는데 뭐 사다 줄까?'의 '데'는 어떤 일을 설명하거나 묻거나 시키거나 제안하기 위하여 그 대상과 상관되는 상황을 미리 말할 때에 쓰는 연결어미이다. 따라서 붙여 쓰는 것이 적절하다.

18 독해 세부 내용 이해하기

|정답| ④

|해설| 비인기상품을 할인하여 수요를 높이는 방식은 제시된 글에 제시되지 않은 내용이다. 또한 파격할인에 집중한 마케팅 방안은 소비성향의 변화나 새로운 매체를 활용한 구매 방식의 다양화를 서술한 글의 내용과 거리가 있으므로 적절하지 않다.

|오답풀이|

① 다양한 브랜드의 메뉴를 써 볼 수 있는 쿠폰을 활용하는 방안은 'Hit and run(치고 빠지기)'에 속하는 소비 트렌드를 활용한 마케팅이다.

② SNS에 음식 사진을 업로드한 소비자에게 혜택을 주는 방안은 'Showing off everyday, in classy way(일상을 자랑하다)'를 활용한 마케팅이다.

③, ⑤ 온라인과 모바일 앱과 같은 다양한 유통채널을 활용하는 고객에게 할인 및 혜택이 주어지는 방안은 'Ultimate omni-channel wars(옴니채널 전쟁)' 트렌드를 활용한 마케팅이다.

19 독해 글의 내용에 따라 배열하기

|정답| ④

|해설| ㉠에서 '알고리즘으로 이루어진 기계적 과정이 되어 가고 있음을 보여주는 일이기 때문이다'에서 결론을 알 수 있으므로 마지막에 와야 하고, ㉢과 ㉣에서 기사 작성

과정과 분석기사에 대한 내용이 이어지는 것으로 보아 ㉢과 ㉣은 연결되어 있어야 한다. ㉡은 분석기사에 대한 내용이므로 ㉣ 다음에 와야 한다. 따라서 ㉢-㉣-㉡-㉠ 순이 적절하다.

20 독해 글의 구조 파악하기

|정답| ②

|해설| 두 번째 문단의 서두에서 '소득, 지역 등 계층 간의 비만율 격차도 눈에 띄었다'고 언급하며 이후 소득 차이에 따른 비만율 격차에 대한 자료를 제시하였다. 따라서 지역 차이에 따른 비만율 격차에 대한 자료가 이어져서 제시되는 것이 가장 자연스러운 흐름이라고 할 수 있다.

21 독해 세부 내용 이해하기

|정답| ⑤

|해설| 스마트 팩토리 수준의 중간2는 설비웨어 자동화를 통해 실시간 의사결정 및 설비 직접제어를 하는 단계이다. 사이버물리시스템, IoT, 빅데이터를 이용한 자가진단과 제어능력을 갖춘 고객맞춤 서비스 제공이 가능한 단계는 고도화이다.

|오답풀이|

① 스마트 팩토리는 원하는 바에 따라 스스로 제어되는 공장을 말한다.

② 스마트 팩토리를 도입하면 품질개선 33%, 비용절감 23%, 납기단축 27% 효과로 생산성이 약 30% 상승한다는 연구결과가 있다.

③ 독일, 미국 등도 스마트 제조 프로그램에 많은 돈을 투자하고 있다.

④ 정부는 스마트 팩토리 수준을 '기초, 중간1, 중간2, 고도화'의 4단계로 구분하여 추진하고 있다.

22 독해 이유 추론하기

|정답| ②

|해설| 실험을 통해 얻어내는 결과가 항상 동일한 것은 아니다. 대부분의 실험 결과는 외부 현상이나 과학적 사실과는 거리가 먼 것이며 이것이 의미를 가지기 위해서는 과학

자의 해석을 거쳐야 한다. 그리고 이 '해석'이 결국은 과학자의 이론적 사고에 의해서 행해지는 것이다. 따라서 동일한 실험 결과에 대해 해석이 다른 것은 실험 결과를 어떻게 설명하느냐에 달려있는 것이다.

23 독해 필자의 견해 파악하기

| 정답 | ⑤

| 해설 | 네 번째 문단에서 권력의 집중화는 컴퓨터의 내재적 특성에 기인하는 것이 아니라 컴퓨터가 차지하는 사회적 맥락에 연유하는 것으로 볼 수 있다고 하였고, 마지막 문단에서 필자는 '컴퓨터가 본질적으로 권력의 집중화로 편향된 것 같지는 않으며, 집중화가 일어나고 있다면 컴퓨터는 그러한 방향으로 이용될 것이며, 의사 결정의 권한이나 정보의 확산이 필요하다면 컴퓨터는 그러한 방식으로 이용될 것이다'라고 언급하고 있으므로 컴퓨터와 권력의 상관관계는 사회적 맥락에 따라 다르게 해석된다고 볼 수 있다.

| 오답풀이 |

① 필자는 컴퓨터가 권력의 집중화에 이용될 수 있고, 권력의 탈집중화에 이용될 수 있으며 이는 컴퓨터가 차지하는 사회적 맥락에 따라 다르게 해석될 수 있다고 하였다. 또한 컴퓨터는 궁극적으로 인간이 원하는 쪽으로 이용될 것으로 보인다고 하였다.

② 필자는 컴퓨터가 권력의 집중화와 탈집중화에 기여하는 측면을 모두 균형있게 다루고 있다.

③ 마지막 문단에서 '집중화가 증대한다는 사실에 대한 두려움이 현실적인 것이기는 하지만 컴퓨터가 적(敵)은 아니다'라고 하였다.

④ 네 번째 문단에서 '컴퓨터가 과연 집중화-탈집중화를 유발하는 원인 중 가장 중요한 요소에 해당하는'지에 대한 논의가 필요하다 하였고, '컴퓨터가 둘 중 하나를 조장하는 데 이용될 수 있는 것처럼 보이지만 사회에는 권력의 집중화를 부추기는 많은 다른 정치적, 사회적 요인들이 존재하기 마련'이라 하였다. 따라서 중요한 요인으로 간주되어야 한다는 것은 필자의 견해로 적절하지 않다.

24 어법 어문 규범 적용하기

| 정답 | ①

| 해설 | '~ 로서'는 지위나 신분, 자격을 나타낼 때, '~ 로써'는

재료나 원료, 수단이나 도구, 방법을 나타낼 때 사용한다. 제시된 글에서는 '부산은 수산물의 집산지이다'와 같이 문맥상 '부산'의 자격을 뜻하고 있으므로 격조사 '~ 로서'를 붙이는 것이 옳다.

| 오답풀이 |

② 단어가 형성될 때 'ㅂ'이나 'ㅎ' 소리가 덧나는 것은 소리 나는 대로 적는다(한글 맞춤법 제31항). 예를 들어 '벼'와 '씨'가 결합하면 [벼씨]가 [볍씨]가 된다. 이런 경우에 소리 나는 대로 '볍씨'로 적는다. 또한 '살'과 '고기'가 결합할 때 [살고기]가 아니라 [살코기]가 되는데 이때도 소리 나는 대로 '살코기'로 적는다.

③ '조리다'와 '졸이다'는 구별하여 사용해야 한다. '조리다'는 '고기, 생선 등을 양념하여 바특하게 바짝 끓이다'의 뜻이고, '졸이다'는 '물이 증발하여 분량이 적어지다' 또는 '속을 태우다시피 마음을 초조하게 먹다'의 뜻이다.

25 독해 글의 구조 파악하기

| 정답 | ③

| 해설 | 제시된 글은 가계대출 증가의 이유와 영향에 대하여 설명하면서 국가적 차원에서 가계부채를 관리할 필요성에 대하여 말하고 있다. 글의 도입부분인 (가), (나)의 (가)에서는 가계대출의 지속적인 증가가 큰 문제가 될 수 있음을 제시하고, (나)는 가계대출 규모의 증가가 문제시되는 이유를 설명하고 있다. 이어지는 (다), (라)에서는 가계부채의 지속적인 증가가 경기 침체와 같은 현상으로 이어질 수 있음을 우려하고 있고, (마), (바)는 가계대출 규모 확대의 원인을 분석하고 있다. 마지막 (사)는 앞에서 다룬 내용들을 토대로, 지속적인 가계대출 증가 상황의 심각성을 환기시키면서 국가적 차원에서 가계부채를 관리할 필요가 있음을 설명하고 있다.

26 독해 글의 구조 파악하기

| 정답 | ②

| 해설 | 먼저 '창조 도시' 개념을 소개한 (가)가 오고, 창조 도시의 주된 동력으로서 중시되는 것으로 창조 산업과 창조 계층이 있다는 점을 제시한 (라)가 와야 한다. 창조 산업에 대하여 설명한 (라)에 이어, 창조 계층을 설명하는 (나)가 들어와야 하며, 마무리로 창조 산업과 창조 계층의 바탕이

권두
부록

파트 1

파트 2

파트 3

파트 4

파트 5

되는 창조 환경의 중요성을 언급하는 (다)가 배치되어야 자연스럽다. 따라서 (가)-(라)-(나)-(다) 순이 적절하다.

27 독해 글의 구조 파악하기

|정답| ②

|해설| 호주에서 카셰어링 비즈니스가 급성장한 현상을 설명하고 이 현상의 원인을 구체적인 근거(도심으로의 인구유입, 높은 물가, IT환경 발달 등)를 들어 분석하고 있으므로 논지 전개 방식으로 ②가 가장 적절하다.

28 독해 개요 작성하기

|정답| ①

|해설| 주제는 개요의 모든 내용을 포함하고 있어야 한다. 본론 1, 2, 3, 4는 모두 실태에 해당되고, 본론 5는 그 대응 방안이므로 이를 모두 포함한 ①이 가장 적절하다.

|오답풀이|

②, ⑤ 전체적인 내용과 관련이 없다.

③ 사이버 폭력의 해결 방안에만 속하는 내용이다.

④ 개요를 작성한 사람이 주제를 나타내기 위해 제시한 소재 중 하나일 뿐이다.

29 독해 개요/보고서 작성하기

|정답| ②

|해설| 제시된 글을 보면 '어려운 전문용어보다는 가급적 쉬운 말을 사용해야 합니다'라고 명시되어 있다. 그러므로 전문용어의 활용이 부족한지 체크하는 것은 짧고 쉬운 보고서 쓰기에 적절하지 않다.

30 개요·보고서·실용문 작성·수정 문서 작성 방법 파악하기

|정답| ⑤

|해설| 보고서를 작성할 때 예상 질문에 대한 답을 준비해 보는 것은 바람직하지만 추가 질문을 할 수 있도록 작성해야 한다는 것은 보고서 작성 시 고려할 사항으로 적절하지 않다.

🖉 파트2 수리능력

👷 1장 응용계산

▶ 문제 204쪽

01	①	02	②	03	④	04	①	05	⑤
06	③	07	④	08	③	09	①	10	⑤
11	④	12	②	13	③	14	③	15	④
16	②	17	⑤	18	②	19	④	20	④
21	①	22	④	23	④	24	③	25	②
26	③	27	②	28	⑤	29	③	30	①
31	②	32	②	33	⑤	34	②	35	④
36	④	37	④							

01 시간 만나는 시간 구하기

|정답| ①

|해설| 철수가 출발한 후 x초 후 영희를 따라잡게 된다고 가정할 때, 영희는 출발한 지 $(x+20)$초가 지나게 된다. 1시간이 3,600초임을 고려하여 식을 세우면 다음과 같다.

$$6\text{km/h} \times \frac{(x+20)}{3,600}\text{h} = 10\text{km/h} \times \frac{x}{3,600}\text{h}$$

$$6(x+20) = 10x \quad \therefore \ x = 30$$

따라서 철수가 출발한 후 30초 후 영희를 따라잡게 된다.

02 집합 직원 수 구하기

|정답| ②

|해설| 내 집이 없이 대출만 있는 직원을 x명으로 두고, 제시된 조건을 벤다이어그램으로 그리면 다음과 같다.

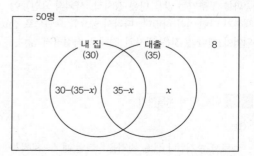

내 집이 있거나 대출이 있는 직원의 수는 42명이므로

$$42 = 30 - (35 - x) + 35 - x + x$$
$$42 = 30 + x \qquad \therefore \ x = 12$$

따라서 내 집이 없이 대출만 있는 직원의 수는 12명이다.

03 부등식 불량 제품의 개수 구하기

| 정답 | ④

| 해설 | 순이익이 나기 위해서는 문제없는 제품을 생산하였을 때의 이익이 불량 제품을 생산하였을 때의 손실보다 커야 한다.

3,500개의 제품을 생산했을 때 불량 제품의 개수를 x라 하면, 문제없는 제품의 개수는 $3,500 - x$가 되므로 다음의 식이 성립한다.

$$(3,500 - x) \times 3,000 > 1,000x$$
$$10,500,000 > 4,000x$$
$$2,625 > x$$

따라서 불량 제품의 개수는 최대 2,624개여야 한다.

04 금액 예산에 맞는 과일 개수 구하기

| 정답 | ①

| 해설 | 첫 번째 조건에 따라 각 과일을 90,000원씩 구입했음을 알 수 있다. 두 번째 조건 따라 과일 1.2kg당 가격을 구하면 사과는 15,000원, 배는 7,500원, 귤은 30,000원이다. 즉, 각 과일을 90,000원씩 사기 위해서 사과는 7.2kg, 배는 14.4kg, 귤은 3.6kg를 사야한다.

세 번째 조건에 의해 각 과일의 무게를 구하면 사과 한 개의 무게는 $60 \times 5 \div 3 = 100(g)$, 배 한 개의 무게는 $60 \times 5 \div 2 = 150(g)$, 귤은 60g이다.

(과일의 총 무게) ÷ (과일 한 개의 무게) = (과일의 개수)이므로 과일의 개수를 구하면 다음과 같다.

사과 : $7,200(g) \div 100(g) = 72$(개)

배 : $14,400(g) \div 150(g) = 96$(개)

귤 : $3,600(g) \div 60(g) = 60$(개)

따라서 사과, 배, 귤의 총개수는 $72 + 96 + 60 = 228$(개)이다.

05 평균 합격자의 평균 점수 구하기

| 정답 | ⑤

| 해설 | 합격한 사람의 평균 점수를 x점이라 하고, 불합격한 사람의 평균 점수를 y점이라 한다면 전체 50명의 평균 점수는 $\dfrac{30x + 20y}{50} = \dfrac{3x + 2y}{5}$(점)이다.

최저 합격점수를 도식화하면

$$\dfrac{3x + 2y}{5} - 5 = x - 30 = 2y - 3$$이 된다.

따라서 위 두 식을 연립하여 풀면 합격자의 평균 점수 $x = 98$(점)이다.

06 도형계산 선분 길이의 합 구하기

| 정답 | ③

| 해설 | '사다리꼴의 넓이 $= \dfrac{(윗변 + 아랫변) \times 높이}{2}$'에서 A, B, C의 높이는 동일하므로 (윗변 + 아랫변)의 길이가 같으면 넓이가 같다.

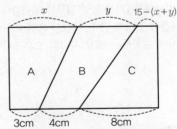

가로 총 길이가 $3 + 4 + 8 = 15$(cm)이므로 윗변을 위 그림과 같이 두고 식을 세우면 다음과 같다.

$$3 + x = 4 + y = 15 - (x + y) + 8$$

두 개씩 묶어 연립방정식을 세우면,

$$\begin{cases} 3 + x = 4 + y & x = y + 1 \quad \cdots\cdots \ \text{㉠} \\ 4 + y = 15 - (x + y) + 8 & x + 2y = 19 \quad \cdots\cdots \ \text{㉡} \end{cases}$$

㉠을 ㉡에 대입하면,

$$y + 1 + 2y = 19 \qquad 3y = 18$$
$$\therefore \ y = 6(cm), \ x = 7(cm)$$

따라서 $(x + y)^2 = (7 + 6)^2 = 169$이다.

07 | 일의 양 | 제품의 개수 구하기

|정답| ④

|해설| 기계가 여러 대 있다는 것을 염두에 두고 식을 세워 보면 다음과 같다.

- 7시간 후 생산된 제품 : $7 \times (60 \div 4) \times 6 = 630$(개)
- 7시간 후 포장된 제품 : $7 \times (60 \div 3) \times 3 = 420$(개)

따라서 7시간 후에 포장하지 못한 생산품은 어제 포장하지 못한 제품 95개를 포함하여 총 $(630 - 420) + 95 = 305$(개)이다.

08 | 시간 | 도착시간 구하기

|정답| ③

|해설| 본사에서 A 지사까지 60km/h의 속력으로 240km를 이동한다면, 이동시간은 총 4시간이 걸린다. 그리고 A 지사에서 B 지사까지 80km/h의 속력으로 남은 160km를 이동한다면 걸리는 시간은 총 2시간이다.

K 사원이 A 지사를 거쳐 B 지사에 도착하려면 6시간이 소요되고, A 지사에서 1시간 동안 업무를 처리한다고 하였으므로 총 7시간이 걸리게 된다. 따라서 오전 10시에 출발할 경우 B 지사에 도착하는 예상 시각은 오후 5시이다.

09 | 방정식 | 개수 구하기

|정답| ①

|해설| 팀의 수를 x라 하면, 팀당 3박스씩 나누어 줄 때 용지가 5박스 남으므로 용지 박스의 수는 $3x + 5$이다. 또한, 팀당 5박스씩 나누어 주면 한 팀은 못 받고 한 팀은 3박스만 받게 되므로 용지는 총 7박스 부족하게 된다. 따라서 용지 박스 수는 $5x - 7$이다.

$$3x + 5 = 5x - 7 \qquad 2x = 12$$

$$\therefore x = 6$$

팀의 수가 6팀이므로 용지 박스의 수는 $3 \times 6 + 5 = 23$(개)이다. 따라서 팀의 수와 복사용지 박스 수의 합은 $6 + 23 = 29$이다.

10 | 집합 | 차집합 구하기

|정답| ⑤

|해설| 쇼핑과 영화 관람을 모두 한 사람의 인원을 x명이라고 정한 뒤 벤다이어그램을 그리면 다음과 같다.

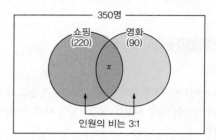

쇼핑만 한 사람은 $(220 - x)$명, 영화만 본 사람은 $(90 - x)$명이다. 쇼핑만 한 사람과 영화만 본 사람의 비가 3 : 1이므로 다음의 식이 성립한다.

$$(220 - x) : (90 - x) = 3 : 1$$
$$220 - x = (90 - x) \times 3$$
$$220 - x = 270 - 3x$$
$$2x = 50$$
$$\therefore x = 25$$

따라서 영화만 본 사람은 $90 - 25 = 65$(명)이다.

11 | 경우의 수 | 경우의 수 구하기

|정답| ④

|해설| 김 사원이 매일 설문조사에 참여하기 때문에 남은 3명 중 1명만 선발하면 된다. 따라서 5일간의 일정을 정할 수 있는 경우의 수는 $3 \times 3 \times 3 \times 3 \times 3 = 3^5 = 243$(가지)이다.

12 | 방정식 | 횟수 구하기

|정답| ②

|해설| 휴대폰 가격을 5만 원씩 x회 올렸다고 하면 하루 판매량은 $(1,600 - 80x)$대이다.

$$(80 + 5x)(1,600 - 80x) = 128,000 + 8,000x - 6,400x - 400x^2$$
$$= -400x^2 + 1,600x + 128,000$$
$$= -400(x - 2)^2 + 129,600$$

따라서 x가 2일 때 하루 판매 수입이 최대가 된다.

13 도형계산 부피 구하기

| 정답 | ③

| 해설 | 원뿔의 부피를 구하는 공식은 '$\frac{1}{3}$ × 밑넓이 × 높이' 이므로 밑넓이를 먼저 구한다.

밑넓이 : $\pi r^2 = \pi \times 2^2 = 4\pi(\text{cm}^2)$

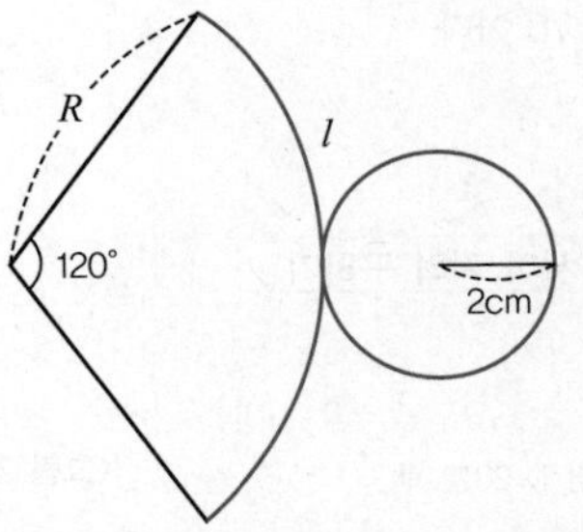

다음으로 원뿔의 높이를 알기 위해서는 모선의 길이(R)를 구해야 한다.

부채꼴의 호의 길이는 밑면인 원의 둘레 길이와 같으므로

$2\pi R \times \frac{120}{360} = 4\pi$

$\frac{2\pi R}{3} = 4\pi$

$\therefore R = 6(\text{cm})$

(높이)$^2 = 6^2 - 2^2 = 32$이므로 높이는 $4\sqrt{2}$ cm이다.

따라서 원뿔의 부피는 $\frac{1}{3} \times 4\pi \times 4\sqrt{2} = \frac{16\sqrt{2}}{3}\pi(\text{cm}^3)$ 이다.

14 확률 확률 계산하기

| 정답 | ③

| 해설 | 20X1년에 [B⁻]등급인 투자자가 20X3년에 [B⁻]등급 이상이 되는 경우와 그 확률은 다음과 같다.

구분	20X1년	20X2년	20X3년
등급	B^-	A^+	A^+ 또는 A^- 또는 B^+ 또는 B^-
		A^-	
		B^+	
		B^-	
		C	

- $B^- \rightarrow A^+ \rightarrow A^+$ 또는 A^- 또는 B^+ 또는 B^-
  $0.05 \times (0.3 + 0.2 + 0.2 + 0.2) = 0.045$
- $B^- \rightarrow A^- \rightarrow A^+$ 또는 A^- 또는 B^+ 또는 B^-
  $0.1 \times (0.2 + 0.3 + 0.3 + 0.1) = 0.09$
- $B^- \rightarrow B^+ \rightarrow A^+$ 또는 A^- 또는 B^+ 또는 B^-
  $0.4 \times (0.1 + 0.2 + 0.3 + 0.2) = 0.32$
- $B^- \rightarrow B^- \rightarrow A^+$ 또는 A^- 또는 B^+ 또는 B^-
  $0.25 \times (0.05 + 0.1 + 0.4 + 0.25) = 0.2$
- $B^- \rightarrow C \rightarrow A^+$ 또는 A^- 또는 B^+ 또는 B^-
  $0.2 \times (0.0 + 0.05 + 0.1 + 0.15) = 0.06$

따라서 20X1년에 [B⁻]등급인 투자자가 20X3년에 [B⁻]등급 이상이 될 확률은 $0.045 + 0.09 + 0.32 + 0.2 + 0.06 = 0.715$이다.

15 부등식 기간 구하기

| 정답 | ④

| 해설 | 올해 자전거로 출퇴근한 직원의 수는 $500 \times 0.1 = 50$(명)이다. 자전거를 이용하는 직원이 전체의 40%인 $500 \times 0.4 = 200$(명)이 되는 해를 n년 후라 하면, 매년 전년 대비 20%씩 증가한다고 했으므로 다음 식이 성립한다.

$50 \times 1.2^n \geq 200 \qquad 1.2^n \geq 4$

양변에 log를 붙이고 정리하면

$n\log 1.2 \geq 2\log 2 \qquad 0.08n \geq 2 \times 0.3 \qquad \therefore n \geq 7.5$

따라서 전체 직원의 40% 이상이 자전거로 출퇴근하게 되는 때는 8년 후가 된다.

16 약·배수 최대공약수 활용하기

| 정답 | ②

| 해설 | 음료수 200캔과 떡 80개를 최대한 많은 사원에게 똑같이 나누어 주어야 하므로 최대공약수를 구해야 한다.

```
2 ) 200  80
×
2 ) 100  40
×
2 )  50  20
×
5 )  25  10
||
40    5   2
```

두 수의 최대공약수는 $2 \times 2 \times 2 \times 5 = 40$이다.

따라서 음료수는 $200 \div 40 = 5$(캔), 떡은 $80 \div 40 = 2$(개)씩을 나누어 주었을 때 가장 많은 사원 40명에게 똑같이 나누어 줄 수 있다.

17 시간 소요시간 구하기

|정답| ⑤

|해설| 승선부터 하선까지 소요되는 시간은 다음과 같다.

• 하류 선착장에서 승선 : 15분

• 하류 선착장에서 상류 관광지까지 이동 : 배의 속력은 $25 - 5 = 20$(km/h)이므로, 소요 시간은 $\frac{30}{20} = 1.5$(h), 즉 1시간 30분이다.

• 상류 관광지에서 하류 선착장까지 이동 : 배의 속력은 $25 + 5 = 30$(km/h)이므로, 소요 시간은 $\frac{30}{30} = 1$(시간)이다.

• 하류 선착장에서 하선 : 15분

따라서 총 3시간이 소요된다.

18 농도 혼합 소금물의 농도 구하기

|정답| ②

|해설| • A 컵에 담긴 12% 소금물의 소금의 양 :

$$\frac{12}{100} \times 200 = 24(g)$$

• B 컵에 담긴 18% 소금물의 소금의 양 :

$$\frac{18}{100} \times 200 = 36(g)$$

우선 A 컵 소금물의 절반을 B 컵으로 옮긴다면 B 컵은 소금물 300g(=A 컵 소금물의 절반 100g+200g), 소금 48g(=A 컵 소금의 절반 12g+36g)이 된다.

그리고 B 컵 소금물의 절반을 다시 A 컵으로 옮긴다면 A 컵은 소금물 250g(=A 컵에 남아 있던 소금물 100g+B 컵 소금물의 절반 150g), 소금 36g(=A 컵에 남아 있던 소금 12g+B 컵 소금의 절반 24g)이 된다.

따라서 최종 A 컵의 소금물 농도는 $\frac{36}{250} \times 100 = 14.4$(%)이다.

19 시계 시침과 분침의 각도 구하기

|정답| ③

|해설| 1시 25분에서 15분 전 수업이 시작하였으므로 수업 시작 시간은 1시 10분이고, 수업 시간이 2시간 20분이므로 수업이 끝나는 시간은 3시 30분이다. 따라서 이때의 시침과 분침 사이의 각도는 $|30° \times 3 - 5.5° \times 30| = |90° - 165°| = |-75°| = 75°$이다.

20 거리 사이 거리 구하기

|정답| ③

|해설|

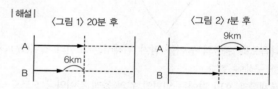

〈그림 1〉 20분 후   〈그림 2〉 t분 후

A, B 각각의 속력을 $a$km/min, $b$km/min이라 하면, 20분 후 A가 중간지점에 도착했을 때 B는 A의 6km 뒤에 있었으므로,

$$20b = 20a - 6 \quad \cdots\cdots ㉠$$

출발해서 t분 후에 B가 중간지점에 도착했다고 한다면 A는 B의 9km 앞에 있으므로,

$$at = bt + 9 \quad \cdots\cdots ㉡$$

㉠, ㉡에 의해서,

$$\begin{cases} 20b = 20a - 6 \\ at = bt + 9 \end{cases}$$

㉠에서, $20(a-b) = 6$ $a - b = \frac{3}{10}$ $\cdots\cdots ㉢$

㉡에서, $(a-b)t = 9$ $\cdots\cdots ㉣$

㉢을 ㉣에 대입하면,

$$\frac{3}{10} \times t = 9 \quad \therefore \ t = 30(\text{min})$$

또한, A는 〈그림 1〉에서 〈그림 2〉 사이의 10분간 9km를 달렸으므로,

$$a = \frac{9}{10} \ (\text{km/min})$$

A는 중간지점까지 20분 걸렸으므로, 나 지점까지는 40분 걸리는 것이 된다.

따라서 가와 나 사이의 거리 $= \frac{9}{10} \times 40 = 36$(km)이다.

21 [일의 양] 일의 양 구하기

| 정답 | ①

| 해설 | A 사원은 30장의 문서를 150분(2시간 30분)에 옮기므로 5분($=\dfrac{150}{30}$)에 1장 옮기는 것이다. 60장의 문서 중 B 사원이 36장을 옮겼으므로 A 사원은 24장 옮긴 것이 된다. 따라서 A 사원은 $24 \times 5 = 120$(분) 동안 옮기고 B 사원은 나머지 180분(3시간) 동안 36장의 문서를 옮긴 것이 된다. 즉, B 사원은 5분($=\dfrac{180}{36}$)에 1장 옮기는 것이다. 따라서 B 사원이 1시간(60분) 동안 워드로 옮길 수 있는 문서는 12장($=\dfrac{60}{5}$)이다.

22 [방정식] 지원자 수 구하기

| 정답 | ④

| 해설 | 1차 시험에 합격한 지원자 중 남자의 수를 x, 여자의 수를 y라 하면, 2차 시험에 합격한 남자의 수는 $50 \times \dfrac{3}{10} = 15$(명), 여자의 수는 $50 \times \dfrac{7}{10} = 35$(명)이므로 다음과 같은 식이 성립한다.

$x : y = 4 : 5$

$(x-15) : (y-35) = 21 : 23$

비례식에서 내항의 곱은 외항의 곱과 같으므로,

$5x - 4y = 0$ …… ㉠

$23 \times (x-15) - 21 \times (y-35) = 0$ …… ㉡

㉡을 정리하면,

$23x - 21y = -390$ …… ㉢

㉠$\times 21 -$㉢$\times 4$를 하면 $13x = 1,560$이 되어 $x = 120$, $y = 150$이 된다. 따라서 1차 시험에 합격한 지원자의 수는 $120 + 150 = 270$(명)이다.

23 [농도] 소금물 제조 시간 구하기

| 정답 | ④

| 해설 | 섞기 전의 6%와 10%의 두 소금물에 녹아 있는 소금의 양의 합은 섞은 후의 9% 소금물에 녹아 있는 소금의 양과 같다. 6%의 소금물이 9%로 되기까지 필요한 10% 소금물의 양을 xg이라 하면 다음 식이 성립한다.

$$\dfrac{6}{100} \times 300 + \dfrac{10}{100} \times x = \dfrac{9}{100} \times (300 + x)$$

$1,800 + 10x = 2,700 + 9x$

$\therefore \ x = 900$(g)

10%의 소금물이 1분에 5g씩 떨어지고 있으므로 900g이 다 더해지기까지는 $\dfrac{900}{5} = 180$(분)이 소요된다.

24 [간격] 나무의 개수 구하기

| 정답 | ③

| 해설 | 원형 공원의 둘레는 $2\pi r = 2 \times 3.14 \times 200 = 1,256$ (m)이고, 나무를 심을 수 있는 거리는 원형 공원의 둘레에서 입구의 길이를 뺀 1,253m이다. 공원 입구의 양옆에서부터 나무를 심어야 하므로 '나무의 수=간격 수+1'이다. 따라서 $1,253 \div 7 + 1 = 180$(그루)이다.

25 [일의 양] 일률 활용하기

| 정답 | ②

| 해설 | 각 부서에 공급한 볼펜의 개수를 x라 하면 하루 동안 부서별로 소비한 양은 다음과 같다.

• A 부서 : $\dfrac{x}{30}$

• B 부서 : $\dfrac{x}{60}$

• C 부서 : $\dfrac{x}{40}$

따라서 세 부서에 한꺼번에 주는 경우 소비되는 데 걸리는 시간은 $3x \div \left(\dfrac{x}{30} + \dfrac{x}{60} + \dfrac{x}{40} \right) = 40$(일)이다.

26 [확률] 확률 구하기

| 정답 | ③

| 해설 | A : 주머니 A에서 공을 꺼내는 사건

B : 주머니 B에서 공을 꺼내는 사건

C : 주머니 C에서 공을 꺼내는 사건

r : 붉은색 공을 꺼내는 사건

w : 흰색 공을 꺼내는 사건

b : 검정색 공을 꺼내는 사건이라고 할 때

$$P(B|r) = \frac{P(B \cap r)}{P(r)}$$

$$= \frac{\dfrac{1}{3} \times \dfrac{1}{6}}{\dfrac{1}{3} \times \dfrac{3}{8} + \dfrac{1}{3} \times \dfrac{1}{6} + \dfrac{1}{3} \times \dfrac{4}{9}} = \frac{12}{71}$$

따라서 붉은색 공이 B 주머니에서 꺼내졌을 확률은 $\dfrac{12}{71}$ 이다.

27 일의 양 일하는 시간 구하기

| 정답 | ②

| 해설 | 전체 일의 양을 1이라 하면 A가 1시간 동안 하는 일의 양은 $\dfrac{1}{10}$, B가 1시간 동안 하는 일의 양은 $\dfrac{1}{12}$, C가 1시간 동안 하는 일의 양은 $\dfrac{1}{15}$ 이므로, x는 다음과 같이 구할 수 있다.

$$x = 1 \div \left(\frac{1}{10} + \frac{1}{12} + \frac{1}{15} \right) = 1 \div \frac{15}{60} = 4(\text{시간})$$

B, C가 한 총 일의 양이 $\left(\dfrac{1}{12} + \dfrac{1}{15} \right) \times 6 = \dfrac{9}{10}$ 이므로 A가 일한 시간은 $\left(1 - \dfrac{9}{10} \right) \div \dfrac{1}{10} = 1(\text{시간})$이다.

따라서 A 없이 B, C가 함께 일한 시간 $y = 6 - 1 = 5(\text{시간})$이 된다.

따라서 $x + y = 4 + 5 = 9$이다.

28 거리 터널 길이 구하기

| 정답 | ⑤

| 해설 | 터널의 길이를 xm, 새마을호의 속력을 ym/s라 할 때, 열차가 터널을 통과하는 시간은 열차의 끝부분까지 터널을 모두 빠져 나오는 시간이므로 터널의 길이에 열차의 길이를 더해서 다음과 같은 식이 성립한다.

$$x + 150 = y \times 20 \quad \cdots\cdots \ \text{㉠}$$

$$x + 320 = 2y \times 11 \quad \cdots\cdots \ \text{㉡}$$

㉠, ㉡을 연립하여 풀면 $x = 1,550$, $y = 85$이다.

따라서 터널의 길이는 1,550m, 새마을호의 속력은 85m/s 이다.

29 도형계산 면적 구하기

| 정답 | ③

| 해설 | $\overline{AC}$와 $\overline{BD}$의 교차점을 G라 하고 점 G에서 $\overline{BC}$에 내린 수직선과의 교차점을 H, 점 D에서 $\overline{BC}$에 내린 수직선과의 교차점을 F라 한다.

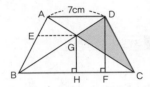

먼저 주어진 조건에 따라 각 변의 길이를 구한다.

$\overline{AD} : \overline{BC} : \overline{DC} = 1 : 2.5 : 1.25$

$\overline{AD} = 7(\text{cm})$이므로 $7 : \overline{BC} : \overline{DC} = 1 : 2.5 : 1.25$

$\overline{BC} = 7 \times 2.5 = 17.5(\text{cm})$

$\overline{DC} = 7 \times 1.25 = 8.75(\text{cm})$

두 밑각이 서로 같은 정사다리꼴이므로

$\overline{FC} = (17.5 - 7) \times \dfrac{1}{2} = 10.5 \times \dfrac{1}{2} = 5.25(\text{cm})$

피타고라스의 정리에 의해 $\overline{DF}$의 길이를 구할 수 있다.

$8.75^2 = 5.25^2 + \overline{DF}^2$

$\overline{DF} = \sqrt{8.75^2 - 5.25^2} = \sqrt{76.5625 - 27.5625}$

$\qquad = \sqrt{49} = 7(\text{cm})$

따라서 △DBC의 넓이는 $\dfrac{1}{2} \times 17.5 \times 7 = 61.25(\text{cm}^2)$이다.

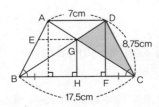

다음 △BGC의 넓이를 구하기 위해 $\overline{AE}$와 $\overline{EB}$의 비율을 이용하여 $\overline{GH}$의 길이를 구한다. 삼각형이 닮은꼴일 때는

www.gosinet.co.kr

gosinet

권두
부록

파트 1

파트 2

파트 3

파트 4

파트 5

세 쌍의 대응하는 변의 길이의 비가 일정하고, 대응하는 세 쌍의 각의 크기가 같다.

즉 $5\,\overline{AE}=2\,\overline{EB}\rightarrow\overline{AE}:\overline{EB}=2:5$이므로 $\overline{DF}$도 같은 비율로 나눌 수 있다.

$\overline{DF}:\overline{GH}=7:5=7:\overline{GH}$

$\overline{GH}=5(cm)$

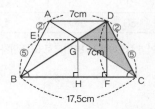

$\triangle BGC$의 넓이는 $\dfrac{1}{2}\times17.5\times5=43.75(cm^2)$이다.

따라서 $\triangle DGC$의 넓이$=\triangle DBC$의 넓이$-\triangle BGC$의 넓이이므로 $\triangle DGC=61.25-43.75=17.5(cm^2)$이다.

빠른 풀이

1. $\overline{DF}$를 구할 때 소수점이 있어 제곱을 계산하기 힘드므로 '$a^2-b^2=(a+b)(a-b)$' 공식을 이용한다.

$\begin{aligned}\overline{DF}&=\sqrt{a^2-b^2}=\sqrt{(a+b)(a-b)}\\&=\sqrt{(8.75+5.25)(8.75-5.25)}\\&=\sqrt{14\times3.5}=\sqrt{49}=7(cm)\end{aligned}$

2. $\triangle DBC$와 $\triangle BGC$의 밑변이 같으므로 각 넓이를 따로 구하지 않고 $\overline{GH}$를 구한 후 한 번에 풀면 계산 소요시간을 단축할 수 있다.

$\triangle DGC$의 넓이$=\triangle BDC$의 넓이$-\triangle BGC$의 넓이

$=\dfrac{1}{2}\times\overline{BC}\times(\overline{DF}-\overline{GH})$

$=\dfrac{1}{2}\times17.5\times(7-5)=17.5(cm^2)$

30 | 부등식 | 최솟값 구하기

| 정답 | ①

| 해설 | 포스터를 x장 인쇄한다고 하면 다음 식이 성립한다.

$\dfrac{120(x-100)+20,000}{x}\le150$

$120x+8,000\le150x$

$30x\ge8,000$

$\therefore\ x\ge266.66\cdots$

따라서 최소한 267장 인쇄를 맡겨야 한다.

31 | 금액 | 환전금액 구하기

| 정답 | ②

| 해설 | 70만 원을 달러로 환전하면 $700,000\div1,114.67=627.9\cdots$(달러)인데, 100달러 지폐로만 환전했으므로 600달러를 환전하였다. 이를 베트남에서 다시 동으로 환전하면 $600\times22,810=13,686,000$(동)이다.

32 | 속력 | 최소 속력 구하기

| 정답 | ②

| 해설 | 평소 정시에 도착하는 데 걸리는 시간은 $\left(\dfrac{4}{10}+\dfrac{10}{25}\right)\times60=48$(분)이며, 오늘은 10분 늦게 출발하였으므로 정시 전에 도착하려면 38분 이내로 가면 된다.

자전거 도로에서의 속력을 x라 하면

$\dfrac{4}{10}+\dfrac{10}{x}\le\dfrac{38}{60}$

$\dfrac{10}{x}\le\dfrac{7}{30}$

$x\ge42.85\cdots$

따라서 지각하지 않고 정시 전에 도착하려면 자전거 도로에서 최소 43km/h로 달려야 한다.

33 | 경우의 수 | 자리 배치 정하기

| 정답 | ⑤

| 해설 | 동일 회사의 직원끼리 붙어 앉는다고 하였으므로 G 회사, A 회사, B 회사 직원들을 각각 하나로 묶어 생각하면 3개의 묶음(회사)이 원형 테이블에 둘러앉는 경우의 수는 $(3-1)!$가지이고 각 회사별로 순서를 생각하여 앉는 경우의 수는 G 회사가 $4!$가지, A 회사가 $3!$가지, B 회사가 $3!$가지이다. 또한, G 회사와 외국 회사 A · B 사이에 각각 통역사 1명씩을 배치해야 하므로 이들의 위치는 다음 그림과 같으며 이 둘이 서로 바꾸어 앉는 경우의 수는 $2!$가지가 된다.

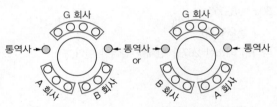

따라서 모든 경우의 수는 $(3-1)! \times 4! \times 3! \times 3! \times 2!$
$= 2 \times 24 \times 6 \times 6 \times 2 = 3,456$(가지)이다.

보충 플러스+

원순열

서로 다른 n개의 대상을 순서를 생각하여 원형으로 배열하는 것(같은 회전 방향으로 위치만 다르고 배열 순서가 같은 n가지는 같은 것으로 봄)

1. $\dfrac{_nP_n}{n} = \dfrac{n!}{n} = (n-1)!$

2. 서로 다른 n개 중에서 r개를 선택하여 원형으로 배열하는
   순열 : $\dfrac{_nP_r}{r} = \dfrac{1}{r} \cdot \dfrac{n!}{(n-r)!}$

34 간격 **간격에 따른 물체의 개수 세기**

| 정답 | ②

| 해설 | 가로와 세로의 길이가 3의 배수이므로 한 모서리를 시작점으로 잡고 3m 간격으로 일정하게 나무를 심었을 때 반드시 네 모서리에 심게 된다.

따라서 둘레의 길이 $(57 \times 2) + (42 \times 2) = 198$(m)을 3으로 나누면 66그루의 나무가 필요하다.

35 표준편차 **표준편차 계산하기**

| 정답 | ④

| 해설 | 표준편차를 구하기 위해 분산을 다음과 같이 구한다.

• 표준편차 : $\sqrt{\text{분산}}$

• 분산 : ('편차^2×도수'의 합)÷(도수의 합)

• 편차 : 계급값−평균

• 평균 : ('계급값×도수'의 합)÷(도수의 합)

계급값	도수(일)	편차	(편차)^2×도수
15	5	−15	$(-15)^2 \times 5 = 1,125$
25	22	−5	$(-5)^2 \times 22 = 550$
35	18	5	$5^2 \times 18 = 450$
45	3	15	$15^2 \times 3 = 675$
55	2	25	$25^2 \times 2 = 1,250$
합계	50		4,050

따라서 분산이 $4,050 \div 50 = 81$이므로 표준편차는 $\sqrt{81} = 9$ 이다.

36 집합 **교집합 구하기**

| 정답 | ④

| 해설 |

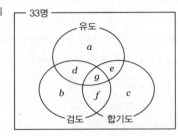

$a+b+c+d+e+f+g=33$ …… ㉠

$a+d+e+g=19$ …… ㉡

$b+d+f+g=24$ …… ㉢

$c+e+f+g=26$ …… ㉣

$d+g=15$ …… ㉤

$f+g=19$ …… ㉥

$e+g=16$ …… ㉦

(㉡+㉢+㉣)−㉠을 하면 $d+e+f+2g=36$

(㉤+㉥+㉦)−$(d+e+f+2g)$를 하면 $g=14$(명)이다.

37 금액 **연복리 계산하기**

| 정답 | ④

| 해설 | 2년 후의 만기 총액을 1.8%의 이자율로 계산하면 $10,000,000 \times (1+0.018)^2 = 10,363,240$(원)이다.

여기에서 원금 1,000만 원을 제한 이자 363,240원에 대한 이자소득세는 363,240×0.014=5,085.36≒5,085(원)이므로, 만기 총액에서 이자소득세를 공제하면 된다.

따라서 2년 후 A 씨가 받게 될 금액은 10,363,240−5,085 =10,358,155(원)이다.

2장 자료해석

▶ 문제 226쪽

01	③	02	③	03	③	04	③	05	②
06	①	07	②	08	③	09	③	10	③
11	②	12	④	13	⑤	14	④	15	⑤
16	①	17	③	18	②				

01 | 자료계산 | 통합미세먼지지수 구하기

|정답| ③

|해설| 5개 도시의 통합미세먼지지수를 구하면 다음과 같다.

- 서울 : $(86−70+63)+(3×10+60)=169$
- 부산 : $(77−70+63)+(2×22)=114$
- 광주 : $(0.9×43)+(2×27)=92.7$
- 인천 : $(0.9×63)+(2×23)=102.7$
- 대전 : $(0.9×52)+(3×8+60)=130.8$

따라서 통합미세먼지지수가 90 이상 120 미만으로 '보통' 단계인 도시는 부산, 광주, 인천 총 3곳이다.

02 | 자료계산 | 자료를 바탕으로 퍼즐 완성하기

|정답| ③

|해설| • 가로 ㉠ : 15 ~ 19세의 TV를 통한 대중음악 이용 경험 비율
    $=100−6−29.5−0.5=100−36=64(\%)$

- 가로 ㉡ : 여성의 대중음악 이용경험 사례
    =전체 이용경험 사례−남성의 이용경험 사례이다.
    따라서 여성의 이용경험 사례를 구하면
    $8,847−4,245=4,602$(명)
- 세로 ㉢ : 50대의 이용경험 사례
    $=8,847−(719+1,273+1,461+1,634+1,069+1,067)$
    $=8,847−7,223=1,624$(명)
- 세로 ㉣ : 15 ~ 19세와 20대의 휴대용 모바일 기기를 통한 대중음악 이용경험 비율=15 ~ 19세의 이용경험 비율+20대의 경험 비율=$29.5+24.9=54.4$

따라서 A=6, B=6, C=5, D=4이므로 A+B+C+D=6 +6+5+4=21이다.

03 | 자료변환 | 보고서의 내용과 맞지 않는 자료 찾기

|정답| ③

|해설| 마지막 문단에 국제결혼가정 자녀 수 역시 2021년에 비해 2022년에 두 배 이상이 되었다.'라는 부분이 있는데, 2022년에 두 배 이상이 되려면 56,612명 이상이 되어야 하므로 적절하지 않다.

|오답풀이|

① 보고서의 마지막 문장인 '2022년 국제결혼가정 자녀의 연령층별 구성을 보면 연령층이 높아질수록 그 수가 감소하고 있다.'라는 부분과 일치한다.

② 두 번째 문단의 마지막 문장인 '한국국적을 신규로 취득한 전체 외국인 수 역시 2021년에 비하여 2022년에 증가하였으며, 그중에서 동북아시아 출신 외국인 수는 900명 이상 증가하였다.'라는 부분과 일치한다.

④ 마지막 문단에서 '2022년 국제결혼 이주자 수의 경우에는 아시아 지역이 90% 이상을 차지하고 있으며(전체 123,489명 중에 아시아 지역이 118,296명이므로 약 96%를 차지한다), 그중에서도 특히 동북아시아 지역이 아시아 지역의 80% 이상을 차지하고 있다(아시아 지역 118,296명 중에 동북아시아는 98,139명이므로 약 83%를 차지한다).'는 부분과 일치한다.

⑤ 두 번째 문단에서 '2019년부터 2022년까지의 지역별 외국인 등록 인구를 보면 경기도를 제외하고는 매년 전년 대비 증가하고 있으며, 경기도 역시 2020년부터 2022년

까지 전년 대비 증가하는 추세를 보이고 있다.'라는 부분과 일치한다.

04 [자료변환] 표를 그래프로 변환하기

| 정답 | ③

| 해설 | 무용과 양악의 공연 횟수 표시가 바뀌었다.

| 오답풀이 |

④ 2019년 전시의 비중은 $\frac{13,002}{95,332} \times 100 ≒ 13.6(\%)$이고

공연의 비중은 $\frac{82,330}{95,332} \times 100 ≒ 86.4(\%)$이다.

⑤ 세부 분야별로 비율을 구해보면

연극은 $\frac{50,920}{65,220} \times 100 ≒ 78.1(\%)$,

무용은 $\frac{3,056}{65,220} \times 100 ≒ 4.7(\%)$,

양악은 $\frac{8,003}{65,220} \times 100 ≒ 12.3(\%)$,

국악은 $\frac{3,241}{65,220} \times 100 ≒ 5.0(\%)$이다.

05 [자료이해] 통계 자료 분석하기

| 정답 | ②

| 해설 | ㉠ $3,100 \times 0.2 \times \frac{18.2}{100} ≒ 113(명)$이다.

㉡ 대도시와 대도시 이외 지역의 사교육비 비율을 비교하면 사교육을 받지 않거나 30만 원 미만까지는 대도시 이외 지역이 더 높고 30만 원 이상부터는 대도시 지역이 더 높으며, 대도시 지역에서 30만 원 이상의 사교육비를 지출하는 비율은 19.7+18.4=38.1(%)로 $\frac{1}{3}$ 이상을 차지한다.

㉣ 학교 성적이 상위 10% 이내인 학생이 사교육비로 10만 원 이상을 지출하는 비율은 28.0+22.3+21.5=71.8(%)이고 성적 11~30%인 학생이 동일한 비용을 지출하는 비율은 28.5+23.4+18.2=70.1(%)이다. 따라서 상위 10% 이내의 학생들의 경우가 더 높다.

| 오답풀이 |

㉢ 초·중·고등학교로 올라갈수록, 부모님의 평균 연령대가 올라갈수록 사교육을 받지 않는 비율이 높아진다.

또한 사교육을 받지 않는 경우를 제외하면 초등학교, 부모님의 평균 연령대 모두에서 10~30만 원 미만의 범위 비율이 가장 높으나 중학교는 30~50만 원 미만이, 고등학교는 50만 원 이상이 가장 많다.

㉤ 학교 성적이 하위권으로 내려갈수록 사교육을 받지 않는 비율이 높아지며, 사교육을 받지 않는 경우를 제외하여야 모든 성적에서 지출 비용 10~30만 원 미만이 차지하는 비율이 가장 높아진다.

06 [자료계산] 비율 계산하기

| 정답 | ①

| 해설 | • 전체 참여인원 : 6,500명

• 전체 참여인원 중 정규직 근로자 수 : 4,591명

• 청년통장사업에 참여한 근로자 중 정규직 근로자의 비율 : $\frac{4,591}{6,500} \times 100 ≒ 71(\%)$

07 [자료계산] 비율 계산하기

| 정답 | ②

| 해설 | 근무연수가 2년 이상인 근로자 수에서 비정규직 근로자 수를 빼면 최소한의 정규직 근로자 중 근무연수가 2년 이상인 근로자 수가 된다.

• 청년통장사업에 참여한 정규직 근로자 수 : 4,591명

• 근무연수가 2년 이상인 근로자 수 : 2,044명

• 비정규직 근로자 수 : 1,909명

따라서 최소 2,044-1,909=135(명)은 근무연수가 2년 이상인 정규직 근로자이므로 최소 비율은 $\frac{135}{4,591} \times 100 ≒ 2.9(\%)$이다.

08 [자료이해] 설문조사 결과 해석하기

| 정답 | ③

| 해설 | 가격을 중요시하는 사람의 구매유무를 보면 20대

부터 60대 이상까지 구매할 사람의 수가 구매한 사람들보다 많다.

|오답풀이|

① 내구성에 대한 중시는 20대 $\frac{26}{200} \times 100 = 13(\%)$,

30대 $\frac{78}{400} \times 100 = 19.5(\%)$,

40대 $\frac{141}{600} \times 100 = 23.5(\%)$,

50대 $\frac{134}{400} \times 100 = 33.5(\%)$,

60대 이상 $\frac{90}{200} \times 100 = 45(\%)$로 나이가 들어가면서 꾸준히 증가하고 있다.

② 조사에 응한 30대는 200명인데 총합계는 324명이므로 124명이 두 항목을 선택하여 $\frac{124}{200} \times 100 = 62(\%)$가 된다.

④ 20대는 가격을 선택한 비율이 $\frac{86}{200} \times 100 = 43(\%)$,

50대는 $\frac{104}{400} \times 100 = 26(\%)$이므로 옳다.

⑤ 30대, 40대의 구매한 사람 모두 디자인>브랜드>색상>가격>내구성 순으로 우선순위가 같음을 확인할 수 있다.

09 자료계산 상환금 계산하기

|정답| ③

|해설| 이자는 대출한 다음 해부터 납부하며, 원금 상환은 거치 기간 이후부터 시작한다는 사실을 염두에 두고 계산한다.

〈A 기업〉 3년 거치 4년 상환

• 20X4년(이자) : $10,000 \times 0.02 = 200$(만 원)
• 20X5년(이자) : $10,000 \times 0.02 = 200$(만 원)
• 20X6년(이자) : $10,000 \times 0.02 = 200$(만 원)
• 20X7년(이자+상환) : $(10,000 \times 0.02) + (10,000 \times 0.25) = 200 + 2,500 = 2,700$(만 원)
• 20X8년(이자+상환) : $(10,000 - 2,500) \times 0.02 + (10,000 \times 0.25) = 150 + 2,500 = 2,650$(만 원)

A 기업이 20X8년까지 지급한 총 상환금은 5,950만 원이다.

〈B 기업〉 3년 거치 4년 상환

• 20X3년(이자) : $5,000 \times 0.03 = 150$(만 원)
• 20X4년(이자) : $5,000 \times 0.03 = 150$(만 원)
• 20X5년(이자) : $5,000 \times 0.03 = 150$(만 원)
• 20X6년(이자+상환) : $(5,000 \times 0.03) + (5,000 \times 0.1) = 150 + 500 = 650$(만 원)
• 20X7년(이자+상환) : $(5,000 - 500) \times 0.03 + (5,000 \times 0.2) = 135 + 1,000 = 1,135$(만 원)
• 20X8년(이자+상환) : $(5,000 - 500 - 1,000) \times 0.03 + (5,000 \times 0.2) = 105 + 1,000 = 1,105$(만 원)

B 기업이 20X8년까지 지급한 총 상환금은 3,340만 원이다.

따라서 20X8년까지 두 기업이 지급한 총 상환금은 $5,950 + 3,340 = 9,290$(만 원)이 된다.

10 자료계산 상환금 계산하기

|정답| ③

|해설| 〈C 기업〉 2년 거치 5년 상환

• 20X6년(이자) : $100,000,000 \times 0.03 = 3,000,000$(원)
• 20X7년(이자) : $100,000,000 \times 0.01 = 1,000,000$(원)
• 20X8년(이자+상환) : $(100,000,000 \times 0.03) + (100,000,000 \times 0.2) = 3,000,000 + 20,000,000 = 23,000,000$(원)
• 20X9년(이자+상환) : $(100,000,000 - 20,000,000) \times 0.05 + (100,000,000 \times 0.2) = 4,000,000 + 20,000,000 = 24,000,000$(원)

C 기업이 20X9년까지 지급한 총 상환금은 51,000,000원이다.

〈D 기업〉 2년 거치 10년 상환

• 20X8년(이자) : $200,000,000 \times 0.03 = 6,000,000$(원)
• 20X9년(이자) : $200,000,000 \times 0.05 = 10,000,000$(원)

D 기업이 20X9년까지 지급한 총 상환금은 16,000,000원이다.

권두부록 / 파트 1 / 파트 2 / 파트 3 / 파트 4 / 파트 5

따라서 20X9년까지 두 기업이 지급한 총 상환금은
51,000,000+16,000,000=67,000,000(원)이 된다.

11 | 자료계산 | 렌트카 이용 요금 구하기

|정답| ②

|해설| 오후 5시부터 오후 7시까지는 주간 대여 요금, 오후
7시부터 오후 10시까지는 야간 대여 요금이 적용된다.

• 대여 요금
  $(850×6×2)+(850×0.5×6×3)=17,850$(원)
• 주행 요금
  $160×200=32,000$(원)

따라서 이용 요금은 17,850+32,000=49,850(원)이다.

12 | 자료이해 | 렌트카 이용 요금 분석하기

|정답| ④

|해설| 대형차를 주간 요금으로 9시간 대여하면 대여 요금이
$1,050×6×9=56,700$(원)이므로 1일 대여 요금(55,000원)
이 더 싸다.

|오답풀이|

① 야간에 외제차를 5시간 빌리면 대여 요금이 $1,200×$
  $0.5×6×5=18,000$(원)이다.

② 중형차를 주간에 10시간 이상 대여한다면 대여 요금이
  $940×6×10=56,400$(원) 이상이므로 1일 대여 요금
  (53,500원)이 더 싸다.

③ SUV가 대형차보다 주간 10분 대여 요금, 1일 대여 요금
  이 더 비싸고 주행 요금은 같으므로 이용 요금은 SUV
  가 대형차보다 비싸다.

⑤ 승합차의 1일 대여 요금, 주행 요금이 가장 비싸므로 1
  일 사용 기준 외제차를 제외한 가장 비싼 차종은 승합차
  이다.

13 | 자료계산 | 과태료의 증감 계산하기

|정답| ⑤

|해설| 먼저 (가), (나), (다)에 들어갈 값을 구하면 다음과
같다.

• (가) : $1,018-79-287-123-5-116-50-53-34-$
  $224=47$(건)
• (나) : $50,000,000÷47≒1$(백만 원)
• (다) : $1,300,000,000÷37≒35$(백만 원)

따라서 2021년 장례식장 업종에 부과된 현금영수증 발급
의무 위반 과태료의 건당 금액은 2020년에 비해 35배 증가
하였다.

14 | 자료계산 | 과태료 부과 건수 계산하기

|정답| ④

|해설| 단위를 억 원으로 통일하여 식을 세워보면 다음과
같다.

• $\dfrac{B}{A}=0.12$　　　$B=0.12A$ ················· ㉠

• $249+1,019+90+53+4+A+C+70+50+295=$
  $2,042$
  $A+C+1,830=2,042$　　　$A+C=212$ ·········· ㉡

• $\dfrac{D}{C}=0.50$　　　$D=0.50C$ ················· ㉢

• $58+650+56+25+B+D+40+57+97=1,032$
  $B+D+983=1,032$　　　$B+D=49$ ················· ㉣

㉠, ㉢을 ㉣에 대입하면 $0.12A+0.50C=49$가 되고 이
를 ㉡과 연립하여 계산하면 A=150, B=18, C=62, D
=31임을 알 수 있다.

15 | 자료이해 | 연구실 사고 현황 분석하기

|정답| ⑤

|해설| ㉠ 연구실 분야별 사고 수는 생물/보건 334건, 화
  학/화공 233건, 건축/토목/자원 162건, 기계/물리 153
  건, 전기/전자 35건 순으로 많다.

㉡ 기관별 연구실 사고 발생 건수는 전체적으로 매년 증가
  하고 있으며, 그중 사고 건수가 가장 많은 기관은 대학
  이다.

㉢ 2020 ~ 2022년의 연구실 사고 유형의 전체 사고는 917
  건으로 연구장비 및 기구관련 사고만 $\dfrac{336}{917}×100≒36.6$
  (%)로 35% 이상을 차지한다.

16 자료변환 표를 그래프로 변환하기

| 정답 | ①

| 해설 | 연구실 분야별 사고 유형 백분율은 다음과 같다.

(단위 : %)

구분	기계/ 물리	생물/ 보건	전기/ 전자	화학/ 화공	건축/토목/ 자원
전기사고 (누전, 합선 등)	5.2	1.5	25.7	3.9	1.2
연구장비 및 기구관련사고	57.5	26.0	17.1	30.9	51.2
생물체 사고 (교상, 감염 등)	–	25.7	–	0.4	–
유해인자누출 및 접촉	14.4	18.0	31.4	44.6	19.8
화학물질 (폐기물 반응 및 폭발)	1.3	2.1	8.6	12.4	–
기타 부주의 (넘어짐, 부딪힘 등)	21.6	26.6	17.1	7.7	27.8

17 자료이해 국가별 근로시간 분석하기

| 정답 | ③

| 해설 | '시간당 노동생산성=(1인당 GDP)÷(연간 근로시간)'이므로 1인당 GDP가 동일하다면 연간 근로시간이 짧을수록 노동생산성이 높아진다.

| 오답풀이 |

① 2019년 연간 근로시간이 가장 짧았던 나라는 1,291시간인 독일이다. 제시된 나라들의 2019년 평균 연간 근로시간은

$$\frac{2,071+1,291+1,389+1,616+1,786+1,790}{6}$$

≒ 1,657.2(시간)이므로, 독일의 연간 근로시간이 약 366시간 더 짧다.

② 〈자료 1〉을 보면, 우리나라의 연간 근로시간은 6개 국가 중 유일하게 2,000시간 이상이고, 지속적으로 감소하다가 2021년에 2시간 증가하였다.

④ 영국과 미국의 경우 2022년 연간 근로시간이 2016년에 비해 늘어났다.

⑤ 일본의 연간 근로시간은 지속적으로 감소하다가 2019년과 2021년에 증가하였다.

18 자료계산 1인당 GDP 구하기

| 정답 | ②

| 해설 | '1인당 GDP=시간당 노동생산성×연간 근로시간'으로 구할 수 있다. 우리나라의 2016년 노동생산성은 29.3달러, 연간 근로시간은 2,120시간이므로, 1인당 GDP는 29.3×2,120=62,116(달러)이고, 2022년 노동생산성은 32.9달러, 연간 근로시간은 2,052시간이므로, 1인당 GDP는 32.9×2,052=67,510.8(달러)이다.

따라서 2022년 1인당 GDP는 2016년에 비해 67,510.8-62,116=5,394.8(달러) 증가하였다.

파트 2 출제예상문제

▶ 문제 242쪽

01	⑤	02	①	03	⑤	04	④	05	⑤
06	④	07	④	08	④	09	②	10	②
11	③	12	②	13	②	14	①	15	③
16	②	17	④	18	②	19	④	20	②
21	④	22	⑤	23	④	24	③	25	④
26	①	27	④	28	①	29	④	30	④

01 평균 국어 점수 구하기

| 정답 | ⑤

| 해설 | 국어, 사회, 과학, 수학, 영어의 점수를 각각 a, b, c, d, e라 하면,

$a+b=142$ ················· ㉠

$b+c+d=165$ ················· ㉡

$d+e=150$ ················· ㉢

$a+b+c+d+e=5c$ ················· ㉣

이를 다음과 같이 조합하고 정리하면,

$\bigcirc+\bigcirc$: $a+b+d+e=292$ ············ $\bigcirc$

$\textcircled{2}-\textcircled{1}$: $c=5c-292$ $4c=292$ $c=73$

$\textcircled{2}-\bigcirc$: $a+e=5c-165$ $a+e=5\times73-165$

        $a+e=200$

따라서 국어, 영어 점수의 합이 200점이고, 각 과목의 만점이 100점이므로 국어 점수와 영어 점수 모두 100점이다.

02   속력   범칙금 구하기

| 정답 | ①

| 해설 | 다섯 사원의 두 센서 사이에서의 평균 속력은 다음과 같다(이때 1m/s=3.6km/h임을 이용한다).

- A : $\dfrac{60\text{m}}{2.5\text{s}}$ =24m/s=86.4km/h

- B : $\dfrac{60\text{m}}{2\text{s}}$ =30m/s=108km/h

- C : $\dfrac{60\text{m}}{3\text{s}}$ =20m/s=72km/h

- D : $\dfrac{60\text{m}}{2.7\text{s}}$ ≒22.222m/s≒80km/h

- E : $\dfrac{60\text{m}}{2.4\text{s}}$ =25m/s=90km/h

제한속도보다 15% 더 높은 속력은 $80\times(1+0.15)=92$ (km/h)이므로 이를 넘긴 사람은 B 한 명뿐이다. 따라서 부담해야 할 범칙금은 총 3만 원이다.

03   확률   식사 당번에 포함될 확률 구하기

| 정답 | ⑤

| 해설 | 최 대리와 강 사원 중 어느 한 명이라도 식사 당번에 포함될 확률은 전체 확률에서 두 명 모두 식사 당번이 아닐 확률을 빼면 구할 수 있다.

두 명 모두 식사 당번이 아닐 확률은 첫 번째와 두 번째 모두 식사 당번이 아닌 종이를 꺼낼 확률이므로 $\dfrac{7}{11}\times\dfrac{6}{10}=\dfrac{21}{55}$ 이 된다. 따라서 최 대리와 강 사원 중 어느 한 명이라도 식사 당번에 포함될 확률은 $1-\dfrac{21}{55}=\dfrac{34}{55}$ 가 된다.

04   금액   정가 계산하기

| 정답 | ④

| 해설 | 그릇세트의 원가를 x라 하면

$1.4x\times0.8=x+2,520$

$1.12x=x+2,520$ $x=21,000$

따라서 그릇세트의 정가는 $21,000\times1.4=29,400$(원)이다.

05   농도   혼합 소금물의 농도 구하기

| 정답 | ⑤

| 해설 | 두 소금물을 첫 번째로 섞는 과정을 정리하면 다음과 같다.

	15% 소금물	6% 소금물
용기 A	$(100-M)g$	Mg
용기 B	Mg	$(100-M)g$

소금의 양을 기준으로 식을 세우면,

- 용기 A : $\dfrac{15}{100}\times(100-M)+\dfrac{6}{100}\times M=\dfrac{12}{100}\times100$

   $M=\dfrac{100}{3}(g)$

- 용기 B : 한 번 교환하여 섞은 B의 농도를 x라 하면,

   $\dfrac{15}{100}\times M+\dfrac{6}{100}\times(100-M)=\dfrac{x}{100}\times100$

   $\dfrac{15}{100}\times\dfrac{100}{3}+\dfrac{6}{100}\times\left(100-\dfrac{100}{3}\right)=\dfrac{x}{100}\times100$

   $x=-9(\%)$

즉, 다시 한번 두 용기의 소금물을 교환하는 것은 12% 소금물과 9% 소금물을 $\dfrac{100}{3}$ g씩 섞는 것이므로, 최종적인 용기 A의 소금의 양은 $\dfrac{12}{100}\times\left(100-\dfrac{100}{3}\right)+\dfrac{9}{100}\times\dfrac{100}{3}$ $=11(g)$이다.

따라서 100g의 물에 11g의 소금이 들어 있는 것이므로, 농도는 11%가 된다.

06 도형계산 높이 구하기

| 정답 | ④

| 해설 |

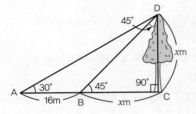

나무의 높이 $\overline{CD}=x$라 하면

$\angle DBC = \angle BDC = 45°$이므로 $\overline{CD}=\overline{BC}=x$, $\overline{AC}=16+x$이다.

$\angle DAC=30°$, $\angle ACD=90°$이고 한 변이 30°인 직각삼각형의 변의 길이는 $1:2:\sqrt{3}$의 비를 가지므로 이를 이용하면

$\overline{AC}:\overline{CD}=\sqrt{3}:1$ ＄(16+x):x=\sqrt{3}:1$

$\sqrt{3}\,x=16+x$ ＄(\sqrt{3}-1)x=16$

$x=\dfrac{16}{\sqrt{3}-1}=\dfrac{16(\sqrt{3}+1)}{(\sqrt{3}-1)(\sqrt{3}+1)}=\dfrac{16(\sqrt{3}+1)}{\sqrt{3^2}-1^2}$

$=\dfrac{16(\sqrt{3}+1)}{2}=8(\sqrt{3}+1)(\mathrm{m})$

07 경우의 수 비밀번호 경우의 수 구하기

| 정답 | ④

| 해설 | 아이디에 포함된 숫자는 비밀번호로 사용할 수 없으므로 비밀번호로 사용할 수 있는 숫자는 0, 1, 2, 4, 5, 8, 9로 총 7개이다. 7개의 숫자로 만들 수 있는 비밀번호는 $7\times7\times7=343$(가지)이고, 이 중 주민등록번호 앞 6자리 배열에서 2개 이상 연속하는 숫자가 포함된 비밀번호를 제외하면 비밀번호로 설정 가능한 경우의 수가 나온다.

따라서 $343-$(95, 50, 02, 21, 14가 포함된 비밀번호의 수)$+4$(비밀번호가 950, 502, 021, 214일 경우)$=343-(7\times2\times5)+4=277$(가지)★이다.

★ 95가 포함된 비밀번호의 수
숫자 3개를 사용하여 비밀번호를 설정하므로 95□ 또는 □95인 비밀번호의 수를 구하면 된다. □에 들어갈 수 있는 숫자는 각각 7개씩이므로 7×2이고, 95, 50, 02, 21, 14 총 5가지의 경우가 있으므로 $7\times2\times5$이다.

08 일의 양 시간 구하기

| 정답 | ④

| 해설 | 전체 일의 양을 1이라 하고, A, B, C가 1일 동안 하는 일의 양을 각각 a, b, c라 하면 다음과 같은 식이 성립한다.

$a+b=\dfrac{1}{5}$ ·················· ㉠

$b+c=\dfrac{1}{10}$ ·················· ㉡

$a+c=\dfrac{1}{8}$ ·················· ㉢

㉠＋㉡＋㉢을 하면,

$2a+2b+2c=\dfrac{17}{40}$

$a+b+c=\dfrac{17}{80}$ ·················· ㉣

㉣－㉠을 하면 $c=\dfrac{1}{80}$이다. 따라서 C 사원이 혼자 프로젝트를 진행한다면 80일이 걸린다.

09 금액 여행비 구하기

| 정답 | ②

| 해설 | 먼저 입회비와 여행비를 모은 총금액에서 입회비를 제외한 금액은 $1,840,000-(25\times30,000)-(10\times10,000)=990,000$(원)이다. 비회원 1인의 여행비를 x라 하면,

$25\times0.8x+10\times0.9x+4x=990,000$

$20x+9x+4x=990,000$

$33x=990,000$

따라서 비회원 1인의 여행비 $x=30,000$(원)이다.

10 집합 합집합 구하기

| 정답 | ②

| 해설 | 문제에 따라 벤다이어그램을 작성하고 각 영역을 a ~ h로 나누면 다음과 같다.

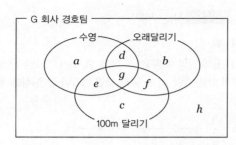

G 회사 경호팀

수영　오래달리기

a　d　b

g

e　f

c　h

100m 달리기

(가) $a+d+e+g=17$ 　 (나) $b+d+f+g=19$

(다) $c+e+f+g=23$ 　 (라) $d+g=8$

(마) $e+g=11$ 　 (바) $f+g=10$

(사) $g=5$ 　 (아) $h=4$

$\therefore$ $a \sim h$의 합

　$=$(가)$+$(나)$+$(다)$-$(라)$-$(마)$-$(바)$+$(사)$+$(아)

　$=17+19+23-8-11-10+5+4=39$(명)

11 부등식 최대 인원 구하기

|정답| ③

|해설| 사람의 수를 x명이라 하면 다음과 같은 식이 성립한다.

$(15 \times 3)+(x-15) \times 4 < 103$　 …… ㉠

$(10 \times 5)+(x-10) \times 3 > 103$　 …… ㉡

㉠을 정리하면

$4x < 118$　 $x < 29.5$

㉡을 정리하면

$3x > 83$　 $x > 27.66 \cdots$

따라서 $27.66 \cdots < x < 29.5$이다. 이를 만족하는 자연수 x는 28, 29뿐이므로 사람들은 최대 29명이 있다.

12 거리 총 이동 거리 구하기

|정답| ②

|해설|

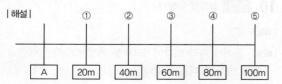

① ② ③ ④ ⑤

| A | 20m | 40m | 60m | 80m | 100m |

현수막은 모두 A 지점에 있으므로 ① ~ ⑤ 지점에 현수막을 설치하기 위해 이동해야 하는 거리는 다음과 같다.

① 지점 : 20m

② 지점 : 20(① 지점 → A 지점)$+$40(A 지점 → ② 지점)

　$=60$(m)

③ 지점 : 40(② 지점 → A 지점)$+$60(A 지점 → ③ 지점)

　$=100$(m)

④ 지점 : 60(③ 지점 → A 지점)$+$80(A 지점 → ④ 지점)

　$=140$(m)

⑤ 지점 : 80(④ 지점 → A 지점)$+$100(A 지점 → ⑤ 지점)

　$=180$(m)

따라서 총 이동 거리는 $20+60+100+140+180=500$(m)이다.

13 시간 연못을 도는 시간 구하기

|정답| ②

|해설| 우선 같은 방향으로 달리고 있는 A는 C를 12분 만에 앞질렀으므로, 12분에 A는 C와 연못 한 바퀴의 차이를 벌리고 있다. 한편, 반대 방향으로 달리고 있는 B와 C는 8분 만에 만났으므로, B와 C 두 명을 합쳐서 8분에 연못을 1바퀴 돌고 있다.

A와 B는 속력이 같으므로 이 두 명이 달리는 속도를 a, C의 달리는 속도를 c라 하면 같은 거리에 대한 속력과 시간의 관계가 반비례하는 것에 의해서

$(a-c):(a+c)=8:12$

$8(a+c)=12(a-c)$　 $-4a=-20c$　 $a=5c$

이로부터 $a:c=5:1$이 된다.

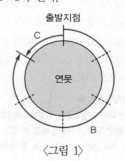

출발지점

C

연못

B

〈그림 1〉

B와 C가 만나는 상황을 생각하면 〈그림 1〉과 같이 B는 8분 동안 연못 주변의 $\frac{5}{6}$ 만 달리는 것이 되므로 B가 연못을 1바퀴 도는 데 걸리는 시간은

$8+8\times\frac{1}{5}=8+1+\frac{3}{5}=\left(9+\frac{3}{5}\right)$(분)=9분 36초가 된다.

A도 B와 속력이 같으므로, A가 연못을 1바퀴 도는 데 걸리는 시간도 9분 36초가 된다.

14 농도 첨가한 소금물의 양 구하기

|정답| ①

|해설| • 10% 농도의 소금물 350g 속에 녹아 있는 소금의 양 : $350\times\frac{10}{100}=35\,(g)$

• 7% 농도의 소금물 x g 속에 녹아 있는 소금의 양 : $\frac{7}{100}\times x\,(g)$

두 소금물을 섞고 물 30g을 증발시킨 후의 농도가 9%이므로 다음과 같은 식을 세울 수 있다.

$$\frac{35+\frac{7x}{100}}{350+x-30}\times100=9$$

$$\frac{3,500+7x}{320+x}=9$$

$$3,500+7x=9\times(320+x)$$

$$3,500+7x=2,880+9x$$

$$\therefore\ x=310\,(g)$$

15 방정식 월급 구하기

|정답| ③

|해설| 사원의 수를 x명, 각 사원의 월급을 y만 원이라 하면 다음과 같은 식을 세울 수 있다.

$(x+10)(y-100)=0.8xy$ ········ ㉠

$(x-20)y=0.6xy$ ················· ㉡

㉠을 정리하면,

$xy-100x+10y-1,000=0.8xy$

$0.2xy=100x-10y+1,000$

$xy=500x-50y+5,000$ ········· ㉢

㉡을 정리하면,

$x-20=0.6x$

$0.4x=20$

$x=50$ ······················· ㉣

㉢, ㉣에 의해 $50y=25,000-50y+5,000$

$100y=30,000$

$y=300$

따라서 사원의 수는 50명, 각 사원의 월급은 300만 원이 되어 모든 사원들에게 지급되고 있는 월급의 총액은 $50\times300=15,000$(만 원), 즉 1억 5천만 원이 된다.

16 일의 양 시간 구하기

|정답| ②

|해설| 전체 물건의 양을 1이라 하면, A 컨베이어 벨트로 1시간 동안 옮길 수 있는 양은 $\frac{1}{4}$, B 컨베이어 벨트로 옮길 수 있는 양은 $\frac{1}{10}$ 이다. B 컨베이어 벨트로 먼저 3시간 동안 물건을 옮겼으므로 $\frac{1}{10}\times3=\frac{3}{10}$ 만큼 물건을 옮긴 것이 되고, 남은 물건의 양은 $\frac{7}{10}$ 이 된다. 이것을 A, B 컨베이어 벨트로 함께 옮겼다고 하였으므로 함께 옮긴 시간을 x라고 하면,

$$\left(\frac{1}{4}+\frac{1}{10}\right)x=\frac{7}{10}$$

$$\frac{1}{4}x+\frac{1}{10}x=\frac{7}{10}$$

$$\frac{5x+2x}{20}=\frac{7}{10}$$

$$5x+2x=14$$

$$7x=14$$

$$\therefore\ x=2\,(시간)$$

따라서 처음 B 컨베이어 벨트로 옮긴 3시간과 A, B 컨베이어 벨트로 함께 옮긴 2시간을 합하면 총 5시간이 된다.

17 확률 승패가 갈리는 확률 구하기

|정답| ④

|해설| 양 팀의 마지막 키커가 승부차기를 한 후에 경기의 승패가 갈릴 확률은 프랑스의 키커가 성공하고 크로아티아의 키커가 실패할 확률과 프랑스의 키커가 실패하고 크로아티아의 키커가 성공할 확률의 합으로 구할 수 있다.

- 프랑스의 키커가 성공, 크로아티아의 키커가 실패할 확률
  $0.6 \times (1-0.3) = 0.42$
- 프랑스의 키커가 실패, 크로아티아의 키커가 성공할 확률
  $(1-0.6) \times 0.3 = 0.12$

따라서 경기의 승패가 갈릴 수 있는 확률은 $0.42 + 0.12 = 0.54$, 즉 54%이다.

18 약배수 버스가 동시에 출발하는 시간 구하기

|정답| ②

|해설| A 버스는 30분마다, B 버스는 60분마다, C 버스는 80분마다 출발한다. 따라서 7시에 동시에 출발한 후 처음으로 다시 동시에 출발하는 시간은 30, 60, 80의 최소공배수인 240분(4시간) 후로, 11시이다.

19 집합 인원 구하기

|정답| ③

|해설| 모두 불합격한 사람을 x로 놓고 벤다이어그램을 그리면 다음과 같다.

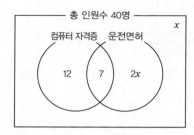

$12 + 7 + 2x + x = 40$

$3x = 21$

$\therefore x = 7$(명)

20 도형계산 부피 계산하기

|정답| ②

|해설| $\triangle ABC$를 밑면으로 할 때 변 CD는 밑면에 대해서 직각이기 때문에, 삼각뿔 ABCD의 높이는 18cm이다. 그러므로 삼각뿔 ABCD의 부피는

(밑면의 넓이)×(삼각뿔의 높이)×$\frac{1}{3}$

$= 9 \times 9 \times \frac{1}{2} \times 18 \times \frac{1}{3} = 243(\text{cm}^3)$이다.

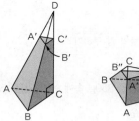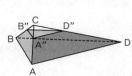

위 그림에서 삼각뿔 ABCD와 삼각뿔 A′B′C′D는 서로 닮은 입체도형이고 $\overline{C'D} = 18 - 12 = 6$이므로 닮음비는 $18 : 6 = 3 : 1$, 부피비는 $3^3 : 1^3 = 27 : 1$이 된다.

한편 $\triangle ABD$를 밑면으로 할 때도 물의 양은 바뀌지 않으므로, 오른쪽 그림에서 삼각뿔 ABDC와 삼각뿔 A″B″D″C는 서로 닮은 입체도형이기 때문에 닮음비는 $3 : 1$이 되고, 이 경우에도 $\frac{2}{3}$의 높이까지 물이 들어있다고 말할 수 있다.

$\triangle ABD$를 밑면으로 둔 삼각뿔 ABDC의 높이를 $x$cm라 하면, 부피는 $(\triangle ABD$의 넓이$) \times x \times \frac{1}{3} = \left\{18^2 - \left(18 \times 9 \times \frac{1}{2} \times 2 + 9 \times 9 \times \frac{1}{2}\right)\right\} \times x \times \frac{1}{3} = 243$

$x = 6(\text{cm})$

따라서 삼각뿔 ABDC의 물의 높이 $= 6 \times \frac{2}{3} = 4(\text{cm})$이다.

21 자료이해 혼인 코호트별 특성 이해하기

|정답| ④

|해설| ⊙ 1980 ~ 1984년 혼인 코호트의 초혼 연령은 22.9세, 2010 ~ 2015년 혼인 코호트의 초혼 연령은 29.4세이므로 차이는 $29.4 - 22.9 = 6.5$(세)이다.

ⓒ 〈그림 1〉에서 초혼 연령은 22.9 → 24.1 → 24.7 → 25.6 → 26.8 → 28.1 → 29.4(세)로 매 기간 증가하였으며, 출생아 수는 1990 ~ 1994년에 그 이전보다 조금 증가하였으나 20년간 전반적으로는 감소하는 추세를 보인다.

ⓔ 2010 ~ 2015년 자녀를 낳지 않은 혼인 코호트의 비중은 37.2%로 자녀를 2명 낳은 혼인 코호트의 비중인 18.1%의 2배를 초과하였다.

| 오답풀이 |

ⓒ 2000 ~ 2004년 자녀를 1명만 낳은 혼인 코호트의 비중은 24.9%로 20% 이상이지만, 이미 그 이전인 1990 ~ 1994년 16.3%에서 1995 ~ 1999년에 21.1%가 되었으므로 비중이 20%를 넘어선 기점은 1995년이라 할 수 있다.

---

22 | 자료이해 | 자동차 산업 동향 분석하기

| 정답 | ⑤

| 해설 | ㉠ 2023년 한국의 자동차 생산량은 세계 총 생산량의 $\frac{4,115}{98,909} \times 100 ≒ 4(\%)$이다.

ㄴ 자동차 내수량이 가장 많았던 해는 2022년으로 전년 대비 11,000대가 증가하였다.

ㄷ 모든 해에서 무역수지의 값은 양수이며 2019년에 635억 불로 가장 크다.

---

23 | 자료계산 | 일본 자동차 생산량 구하기

| 정답 | ④

| 해설 | 한국의 2023년 자동차 생산량은 전년 대비 $\frac{4,229-4,115}{4,229} \times 100 ≒ 3(\%)$ 감소했다. 이는 일본의 전년 대비 2023년의 증가율과 동일하므로 일본의 2022년 자동차 생산량은 $\frac{9,684}{1.03} ≒ 9,402(천 대)$이다.

---

24 | 자료변환 | 퍼즐 완성하기

| 정답 | ③

| 해설 | • 가로 ㉠ : $3,405 : 23.2 = x : 100$
$23.2x = 340,500$ $x ≒ 14,677(명)$

• 가로 ㉡ : $14,677 \times \frac{9.8}{100} = 1,438.346 ≒ 1,438(명)$

• 세로 ㉠ : $10.0 + 2.6 + 2.3 = 14.9(\%)$

• 세로 ㉢ : $1,728 - 1,525 = 203(명)$

• 세로 ㉣ : $3,495 + 1,525 + 1,465 + 358 + 366 = 7,209(명)$

즉, A=4, B=7, C=4, D=4이므로 모두 합한 값은 19이다.

---

25 | 자료계산 | 표에 들어갈 숫자 구하기

| 정답 | ④

| 해설 | 다른 종목들을 살펴보면, '전일잔량+금일거래−금일상환=금일잔량'임을 알 수 있다.

여기에 04-6 종목을 적용해 보면,
$27,730 + 419 - ㉠ = 27,507(억 원)$
$㉠ = 27,730 + 419 - 27,507 = 642(억 원)$
㉡은 모든 종목의 금일상환의 합계이므로,
$0 + 642 + 0 + 0 + 0 + 0 + 750 + 500 + 1,600 + 1,000 + 1,300 + 800 + 1,200 + 300 + 3,530 = 11,622(억 원)$

---

26 | 자료계산 | 잔량 증가량 구하기

| 정답 | ①

| 해설 | 전일잔량에 비해 금일잔량이 감소하거나 변함없는 종목 (04-3, 04-6, 06-5, 08-5, 10-3, 11-7, 12-3, 12-4, 기타)은 제외하고 계산한다.

• 05-4 : $36,414 - 35,592 = 822(억 원)$
• 12-2 : $20,860 - 18,160 = 2,700(억 원)$
• 12-6 : $32,010 - 30,610 = 1,400(억 원)$
• 13-1 : $28,070 - 26,370 = 1,700(억 원)$
• 13-2 : $34,920 - 33,870 = 1,050(억 원)$
• 13-3 : $11,680 - 11,080 = 600(억 원)$

27 자료이해 농가 및 어가 인구 분석하기

|정답| ④

|해설| 〈자료 2〉의 '총 가구 중 비중(%)'을 보면, 총 가구 중 어가의 비중은 계속 3% 미만이다.

|오답풀이|

① 어가당 가구원 수는 평균

$$\frac{2.5+2.5+2.4+2.4+2.3+2.4+2.3}{7}=2.4(명)이다.$$

② 〈자료 1〉의 '농가 인구'를 보면, 농가의 인구는 점점 감소하고 있다.

③ 2022년 농가 인구는 2,422천 명, 어가 인구는 121.7천 명으로, 농가 인구 대비 어가 인구의 비중은 $\frac{121.7}{2,422}\times100≒5(\%)$이다.

⑤ 〈자료 1〉과 〈자료 2〉의 '65세 이상 비중'을 비교해 보면, 농가의 65세 이상 인구의 비중이 어가의 65세 이상 인구의 비중보다 더 높음을 알 수 있다.

28 자료변환 표를 그래프로 변환하기

|정답| ①

|해설| ⓒ 2019년 농가 인구 감소량은 2,847−2,752=95 (천 명), 2020년 농가 인구 감소량은 2,752−2,569= 183(천 명)이다. 제시된 그래프는 단위가 '명'으로 잘못 되어 있다.

|오답풀이|

㉠ 2021년 농가 수는 $\frac{1,089-1,068}{1,089}\times100≒1.93(\%)$,

2022년 농가 수는 $\frac{1,068-1,042}{1,068}\times100≒2.43(\%)$ 감소했다.

ⓒ 2016년 전업어가 수는 19,300호, 2017년 전업어가 수는 18,600호이다.

㉣ 2018년 어가 인구 감소량은 153,100−147,300=5,800 (명), 2019년 어가 인구 감소량은 147,300−141,300= 6,000(명)이다.

29 자료이해 성별에 따른 지방 적정섭취 인구분율 이해하기

|정답| ④

|해설| 2010년 전체 인구가 1,800만 명일 때 AMDR 미만 인구는 $1,800\times\frac{35.6}{100}≒641(만 명)이다.$

※ 참고 : (A)=48.3, (B)=35.6, (C)=28.7, (D)=44.4, (E)= 25.5

|오답풀이|

① (A)=47×2−45.7=48.3(%)

48.3−45.7=2.6(%p)

② (D)=43.6×2−42.8=44.4(%)

47.2%에서 44.4%로 감소하였다.

③ 2010년과 2015년 각각의 여성 전체 인구를 알지 못하므로 2015년의 AMDR 초과 여성 인구의 증가율은 알 수 없다.

30 자료이해 연령별 지방 적정섭취 인구분율 추이 파악하기

|정답| ④

|해설| 조사 기간 동안 AMDR을 초과하는 인구분율이 가장 높은 연령대는 19 ~ 29세 사이로, 가정에 의하면 이 연령대에서 비만발생 가능성이 가장 높다.

🖊 파트3 추리능력

👤 1장 언어추리

▸ 문제 272쪽

01	①	02	③	03	②	04	①	05	④
06	①	07	①	08	③	09	①	10	②
11	④	12	③	13	①	14	①	15	④
16	⑤	17	②	18	①	19	②	20	③
21	④	22	(1) ①, ③, ⑩, ⑫ / (2) ②, ④, ⑤, ⑧, ⑪

22 (3) ⑥, ⑦, ⑨, ⑬

23	(1) ①, ⑥ / (2) ③, ④, ⑤ / (3) ②, ⑦, ⑧
24	(1) ③, ⑤ / (2) ①, ⑥ / (3) ②, ④, ⑦
25	(1) ④, ⑤ / (2) ②, ⑥, ⑦ / (3) ①, ③, ⑧

01 언어추리 명제추리 이해하기

| 정답 | ①

| 해설 | • P : 김 대리가 해외출장을 간다.
• Q : 최 사원은 팀을 이동한다.
• R : 하 과장이 국내출장을 간다.
• S : 근무평가 기간이다.

제시된 첫 번째 조건은 P → Q가 되고 두 번째 조건은 R → Q가 되며 세 번째 조건은 ∼ S → ∼ R이 되고 네 번째 조건은 S → P가 된다. ①은 Q → S로 나타낼 수 있는데, 이는 주어진 조건을 통해 반드시 참이라고 할 수 없는 명제이다.

| 오답풀이 |

② 세 번째 조건의 대우는 R → S이므로 반드시 참이다.

③ 네 번째 조건은 S → P이고 첫 번째 조건은 P → Q이므로 S → Q는 반드시 참이다.

④ 네 번째 조건의 대우는 ∼ P → ∼ S이므로 반드시 참이다.

⑤ 세 번째 조건의 대우는 R → S이고 네 번째 조건은 S → P이므로 삼단논법으로 도출된 R → P는 반드시 참이다.

02 언어추리 명제추리 이해하기

| 정답 | ③

| 해설 | • P : 계산기를 주로 사용한다.
• Q : 계산 능력이 높지 않다.
• R : 계산기가 없다.
• S : 불안감을 느낀다.
• T : 수리 능력이 높다.

제시된 첫 번째 조건은 P → Q가 되고 두 번째 조건은 R → S가 되며 세 번째 조건은 T → ∼ Q가 된다. ③은 P → ∼ T로 나타낼 수 있는데, 이는 첫 번째 조건인 P → Q와 세 번째 조건의 대우인 Q → ∼ T를 통해 추론할 수 있으므로 반드시 참이다.

03 언어추리 명제추리 이해하기

| 정답 | ②

| 해설 | 성빈이는 단비는 오지 않고 경준이가 오면 간다. 단비는 오지 않고 경준이는 선영이가 가지 않아 참석하므로 성빈이가 가는 것은 항상 참이 된다.

| 오답풀이 |

① 지율이가 가면 단비도 여행에 간다. 그런데 단비가 여행을 가면 혁칠이는 가지 않겠다고 하였으므로 참이 될 수 없다.

③ 단비는 지율이가 가야 여행에 가므로 참이 될 수 없다.

④ 경준이는 선영이가 안 가야 여행을 가는데 혁칠이가 가면 선영이도 가게 된다. 따라서 혁칠이가 가면 경준이는 여행에 가지 않는다.

⑤ 경준이는 선영이가 가지 않는다면 여행을 간다고 했다. 선영이가 간다면 경준이는 여행을 가지 않는다.

04 언어추리 명제추리 이해하기

| 정답 | ①

| 해설 | 제시된 명제의 대우만이 항상 참이라고 말할 수 있다. 따라서 '모두에게 칭찬을 받지 않는 사람(일부에게만 칭찬받는 사람)은 열심히 일한 사람이 아니다'가 항상 옳은 명제가 된다.

온 · 오프라인 인적성검사 통합기본서

| 오답풀이 |
나, 마. 주어진 명제에 반하는 의견이다.
다. 주어진 명제의 '역'이므로 항상 옳다고 할 수 없다.
라. 주어진 명제의 '이'이므로 항상 옳다고 할 수 없다.

05 언어추리 명제추리 이해하기

| 정답 | ④

| 해설 | '수소 전기차 시장이 성장하면 어떤 수소 연료 회사는 성장한다'는 명제가 참이면, 이 명제의 대우인 '모든 수소 연료 회사가 성장하지 않으면 수소 전기차 시장이 성장하지 않는다'도 참이 된다. 또한 '수소 전기차 시장이 성장하지 않으면 대체 에너지 시장은 성장하지 않는다'는 명제가 참이므로 '모든 수소 연료 회사가 성장하지 않으면 대체 에너지 시장은 성장하지 않는다'도 참이 된다.

06 언어추리 조건추리 이해하기

| 정답 | ①

| 해설 | 총무팀 사원은 2개 이상의 동호회 활동을 할 수 없으므로, 마라톤부원과 산악회원, 축구부원 수의 총합은 13명이다. 또한 위 정보로부터 각 동호회의 활동 인원수는 축구부>마라톤부>산악회 순으로 많으며, 활동 인원수가 각각 모두 다름을 알 수 있다. 이 조건을 만족하는 경우의 수는 축구부, 마라톤부, 산악회 순으로 (10, 2, 1), (9, 3, 1), (8, 4, 1), (8, 3, 2). (7, 5, 1), (7, 4, 2), (6, 5, 2), (6, 4, 3) 총 8가지이다. 따라서 마라톤부원이 4명이라면 축구부원은 8명이나 7명 또는 6명일 수도 있다.
| 오답풀이 |
B. 산악회원이 3명이라면 축구부원은 반드시 6명이다.
C. 축구부원이 9명이라면 산악회원은 반드시 1명이다.

07 언어추리 오류 이해하기

| 정답 | ①

| 해설 | 제시된 글과 ①은 동정, 연민, 공포, 증오 등의 감정에 호소해 논지를 수용케 하는 '감정에 호소하는 오류'이다.

| 오답풀이 |
②, ⑤ 성급한 일반화의 오류에 해당한다.
③ 논점 일탈의 오류에 해당한다.
④ 인신공격의 오류에 해당한다.

08 언어추리 오류 이해하기

| 정답 | ③

| 해설 | 제시된 글은 '아침에 안경 쓴 남자를 봄'과 '재수 없음'을 연결하여 일반적인 법칙처럼 인식하는 성급한 일반화의 오류를 범하고 있다. '소풍을 가다'와 '비가 오다'를 연결해 일반적인 법칙처럼 인식한 ③의 경우가 동일한 오류를 범하고 있다.
| 오답풀이 |
①, ⑤ 감정에 호소하는 오류를 범하고 있다.
②, ④ 흑백 논리의 오류를 범하고 있다.

09 언어추리 오류 이해하기

| 정답 | ①

| 해설 | 성급한 일반화의 오류란 한 개 또는 몇 개의 우연한 사례를 근거로 전체가 그 사례의 특성을 가지고 있다고 추론하는 오류로서, 객관성이 결여된 정보나 사례 및 불충분한 통계 자료 등 특수한 사례를 근거로 하여 일반적인 법칙을 성급하게 이끌어 내는 오류이다.

10 언어추리 참 · 거짓 추론 이해하기

| 정답 | ②

| 해설 | 사회학을 전공한 사람은 볼링 동호회에 가입하지 않았고 탁구 동호회는 영문학과 경영학을 전공한 사람이 가입하였으므로, 세 번째 조건에 따라 나머지 두 명이 모두 볼링 동호회에 가입해야 한다. 따라서 회계학, 심리학 전공은 볼링을, 사회학 전공은 등산 동호회에 가입해야 한다. 이를 표로 나타내면 다음과 같다.

구분	A	B	C	D	E
학과	경영 or 영문	회계	영문 or 경영	심리 or 사회	사회 or 심리
동호회	탁구	볼링	탁구	볼링 or 등산	등산 or 볼링

회계학을 전공한 B는 볼링 동호회를 가입할 수밖에 없으므로 'B는 등산 동호회에 가입하였다.'라는 진술은 항상 거짓이다.

11 언어추리 참·거짓 추론 이해하기

|정답| ④

|해설| 먼저, 명제 자체가 상반된 주장을 하고 있는 것들이 있는지 살펴본다.

B 사원과 C 사원은 D 사원보다 늦게 휴가를 간다고 말하고 있으나, D 사원은 반대로 주장하고 있으므로 B 사원과 C 사원 중 한 명이 거짓이라면 나머지 한 사람과 D 사원의 주장이 모순되므로 B 사원과 C 사원은 거짓일 수 없다.
D 사원의 주장이 거짓일 경우 나머지 사원들의 주장이 모두 모순이 없는지를 살펴본다. E 사원과 B 사원의 주장에 의해 1순위와 5순위는 각각 E 사원과 B 사원이 된다. 또한 A 사원은 2순위가 된다. 나머지 두 개의 순위 중 C 사원의 주장에 의하면 3순위가 D 사원, 4순위가 C 사원이 된다. 이 경우 D 사원의 주장은 거짓이 되고 D 사원이 거짓일 경우 아무런 모순 없이 E-A-D-C-B 사원 순이 된다.

12 언어추리 참·거짓 추론 이해하기

|정답| ③

|해설| 〈보기〉의 C에서 생산팀 사원이 거짓말을 한다면 나머지 사원들의 진술이 모두 참이 되므로 법무팀 사원의 진술대로 노트북의 소재는 생산팀이 된다.

|오답풀이|

A. 개발팀 사원이 거짓말을 하고 있다면 나머지 사원들의 진술이 참이 되어야 하는데, 생산팀과 법무팀 사원의 진술이 서로 상충한다.

B. 영업팀 사원이 거짓말을 하고 있다면 A의 진술이 거짓인 경우와 마찬가지로 생산팀과 법무팀 사원의 진술이 서로 상충한다.

D. 법무팀 사원이 거짓말을 하고 있다면 노트북의 소재는 개발팀이 된다.

13 언어추리 참·거짓 추론 이해하기

|정답| ①

|해설| ㉸가 거짓이라 가정하면 B는 지난주, C는 2주 전에 근무하였으며, A는 지난 2주간 휴가였기 때문에 이번 주 또는 다음 주에 근무하게 된다. 이때 ㉸가 거짓이므로 D는 이번 주가 아니라 다음 주 근무자일 것이라 추측할 수 있다.

2주 전	지난주	이번 주	다음 주
C	B	A	D

|오답풀이|

• ㉮가 거짓 : ㉮가 거짓이라면 A가 지난 2주간 한 번 이상 주말 근무를 해야 하는데 모순이 생긴다.

2주 전	지난주	이번 주	다음 주
C	B	D	

• ㉯가 거짓 : C, D가 각각 2주 전, 이번 주에 근무하고, A가 지난 2주간 근무하지 않았으므로 A는 다음 주에 근무 담당자일 것이다. 따라서 B가 지난주에 근무했어야 한다는 모순이 생긴다.

2주 전	지난주	이번 주	다음 주
C		D	A

• ㉰가 거짓 : B, D가 각각 지난주, 이번 주에 근무하였고, A가 지난 2주간 근무하지 않았으므로 A는 다음 주에 근무 담당자일 것이다. 따라서 C가 2주 전에 근무했어야 한다는 모순이 생긴다.

2주 전	지난주	이번 주	다음 주
	B	D	A

14 언어추리 명제추리 이해하기

|정답| ①

|해설| '을 직원과 병 직원 모두 직업훈련에 참가했거나 혹은 모두 직업훈련에 참가하지 않았다'라는 명제를 기준으로 하여 다음 두 가지 상황으로 나누어 볼 수 있다.

권두 부록

파트 1

파트 2

파트 3

파트 4

파트 5

1) 을과 병이 모두 참가하는 경우
- '병 직원이 직업훈련에 참가했다면 갑 직원도 직업훈련에 참가했다'에 따라 갑은 참가한다.
- '갑, 을, 병 세 직원 모두 직업훈련에 참가하는 것은 불가능하다'에 따라 갑은 참가하지 않는다.

위 상황에서 발생할 수 있는 가능성 사이에 모순이 발생하므로 1)은 성립하지 않는다.

2) 을과 병이 모두 참가하지 않는 경우
- '직원 중 한 명 이상은 반드시 직업훈련에 참가해야 한다'에 따라 갑은 참가한다.

위 상황에서 발생하는 다른 명제와의 모순이 없으므로, 2)의 상황만이 성립한다. 따라서 갑 직원만 직업훈련에 참가하는 진술이 반드시 참이다.

15 언어추리 조건추리 이해하기

| 정답 | ④

| 해설 | 다음과 같은 순서로 각 사원이 마신 음료와 그 가격을 유추할 수 있다.

- 첫 번째 조건에서 A는 가격이 4,000원인 음료를 주문했음을 알 수 있다.
- 두 번째 조건에서 C는 가격이 6,000원인 음료를 주문했음을 알 수 있다.
- 다섯 번째 조건에서 우선 B는 녹차를 주문하였음을 알 수 있다. 이때, D와 E가 주문한 음료는 금액이 동일해야 하고 위의 두 조건에서 A는 4,000원, C는 6,000원을 지불했다는 사실이 드러났으므로 B가 주문한 음료의 가격은 4,000원, D와 E가 주문한 음료는 5,000원이라 추론할 수 있다.
- 네 번째 조건에서 D는 커피 범주에 속하는 음료 중 하나를 주문하였음을 알 수 있다.
- 세 번째 조건에서 C와 E는 주스 범주에 속하는 음료를 주문하였음을 알 수 있다.
- 여섯 번째 조건에서 카페모카와 수박 주스의 가격은 5,000원으로 동일함을 알 수 있다. 이때, D는 커피 범주의 음료, E는 주스 범주의 음료를 주문하였으므로 D는 카페모카, E는 수박 주스를 주문했음을 추론할 수 있다.

모든 대응 관계를 표로 정리하면 다음과 같다.

사원	음료	가격
A	카페라테	4,000
B	녹차	4,000
C	자두 주스	6,000
D	카페모카	5,000
E	수박 주스	5,000

16 언어추리 참·거짓 추론 이해하기

| 정답 | ⑤

| 해설 | A ~ E의 발언에 따라 조건을 만족하는 표를 그려보면 다음과 같다.

구분	월	화	수	목	금
A의 발언	X	X	X	O	X
B의 발언	O	X	X	O	X
C의 발언	O	X	O	X	O
D의 발언	O	X	X	X	X
E의 발언	X	X	O	X	X

월요일에 회의가 열린다고 하면 B, C, D의 발언이 진실이 되고, 화요일에 회의가 열린다고 하면 모두 거짓을 말한 것이 되며, 수요일에 회의가 열린다고 하면 C와 E의 발언이 진실이 된다. 또한 목요일에 회의가 열린다고 하면 A와 B의 발언이 진실이 되고, 금요일에 회의가 열린다고 하면 C의 발언만이 진실이 된다. 따라서 오직 한 사람만이 진실을 말한다는 조건을 충족하는 요일은 금요일이다.

17 언어추리 조건추리 이해하기

| 정답 | ②

| 해설 | 화요일과 목요일에 외부강사가 교육을 하므로 월, 화, 금요일에는 사내강사가 교육을 한다. 또 법률 교육 이틀 후에 외부강사가 교양 강의를 하므로 교양 강의는 목요일에 진행되며, 법률 교육은 화요일에 진행된다. 남은 요일 중 경제 교육은 월, 수에 불가능하므로 금요일에 진행된다. 따라서 월요일과 수요일에 회계와 경영 교육이 진행된다.

월	화	수	목	금
회계 or 경영	법률	회계 or 경영	교양	경제
사내강사	외부강사	사내강사	외부강사	사내강사

㉠ 경제 교육과 경영 교육 모두 사내강사가 한다.

㉡ 수요일에 회계 교육을 할 수도 있다.

㉢ 목요일 교양 교육 다음에 경제 교육이 진행된다.

따라서 ㉢만 참이다.

18 언어추리 어휘추리 이해하기

| 정답 | ①

| 해설 | '오달지다'는 '허술한 데 없이 야무지다'는 뜻을 지니므로 주어진 관계는 반의관계이다. 따라서 '빈곤하다'의 반의어로는 '돈과 값나가는 물건이 매우 많고 살림이 풍족하다'는 뜻의 '가멸차다'가 적당하다.

19 언어추리 어휘추리 이해하기

| 정답 | ②

| 해설 | '용이하다'는 '어렵지 않고 아주 쉬움'을 뜻하는 말로 '쉽다'와 유의관계이다. '받들다'는 '공경하여 높이 모시거나 소중히 여김, 가르침, 뜻 등을 귀중히 여기며 따름'을 뜻하는 말로 '공경하다'와 유의관계를 이룬다.

| 오답풀이 |

'받들다'의 유의어는 '공경하다, 우러르다, 섬기다, 모시다' 등이 있고 반의어는 '경시하다, 얕잡다, 무시하다, 하대하다' 등이 있다.

20 언어추리 어휘추리 이해하기

| 정답 | ③

| 해설 | 마우스, 키보드는 컴퓨터의 입력장치이다. 모니터는 컴퓨터의 출력장치이다.

21 언어추리 어휘추리 이해하기

| 정답 | ④

| 해설 | 금관악기를 통틀어 나팔이라 일컫는다. 아랫단으로 내려가면서 통이 넓어지는 바지를 그 모양이 나팔과 유사하다 하여 나팔바지라 부른다. 군대나 기숙사 등지에서 아침에 잠자리에서 일어나게 하기 위하여 부는 나팔을 기상나팔이라 한다.

22 언어추리 어휘추리 이해하기

| 정답 | (1) ①, ③, ⑩, ⑫ / (2) ②, ④, ⑤, ⑧, ⑪ / (3) ⑥, ⑦, ⑨, ⑬

| 해설 | 제시된 단어들과 '개발'을 토대로 생각해 보면 22-(1)에는 제품 생산 과정이라는 범주로 묶을 수 있고, 마찬가지로 '등록'을 토대로 생각해 보면 22-(2)에는 선거 과정과 관련된 것끼리 묶을 수 있다. 나머지 제시어들끼리 생각해 보면 22-(3)에는 부모가 되는 과정의 범주로 묶을 수 있다.

따라서 첫 번째 박스에는 '개발, 마케팅, 영업, 생산'이, 두 번째 박스에는 '등록, 추천, 운동, 투표, 당선'이, 세 번째 박스에는 '연애, 결혼, 출산, 양육'이 들어가야 한다.

23 언어추리 어휘추리 이해하기

| 정답 | (1) ①, ⑥ / (2) ③, ④, ⑤ / (3) ②, ⑦, ⑧

| 해설 | '대전'은 광역시이고, '안동'은 경상도에 있는 도시이다. 따라서 23-(1)에는 광역시, 23-(2)에는 경상도에 속한 도시가 들어가야 하고, 남은 제시어를 고려하였을 때 23-(3)에는 전라도에 속해있는 도시가 들어가야 알맞다.

첫 번째 박스에는 '대전, 인천'이, 두 번째 박스에는 '안동, 경주, 포항'이, 세 번째 박스에는 '전주, 목포, 나주'가 들어가야 한다.

24 언어추리 문장추리 이해하기

| 정답 | (1) ③, ⑤ / (2) ①, ⑥ / (3) ②, ④, ⑦

| 해설 | 24-(2)번의 ①은 택시 해피존에 대해 찬성인 입장이고, 24-(3)번의 ②는 반대인 입장이다. 남은 24-(1)번

은 중립적인 입장임을 알 수 있다. 따라서 24−(2)에는 ⑥
이, 24−(3)에는 ④, ⑦이 들어가야 한다.

25 │ 언어추리 │ 문장추리 이해하기

| 정답 | (1) ④, ⑤ / (2) ②, ⑥, ⑦ / (3) ①, ③, ⑧

| 해설 | ④는 길이와 관련된 내용이고, ②는 무게와 관련된
내용이다. 따라서 25−(1)에는 길이에 대한 내용이, 25−(2)
에는 무게에 대한 내용이 들어가야 하며 나머지 제시 문장
을 고려하였을 때 25−(3)에는 부피에 대한 내용이 들어가
야 한다.

따라서 25−(1)에는 ④, ⑤가, 25−(2)에는 ②, ⑥, ⑦이,
25−(3)에는 ①, ③, ⑧이 들어가야 한다.

2장 수/문자추리

▸문제 292쪽

01	③	02	①	03	④	04	②	05	③
06	④	07	④	08	②	09	③	10	⑤
11	④	12	①	13	③	14	⑤	15	②
16	③	17	③	18	③	19	③	20	②
21	③	22	②	23	②				

01 │ 수열추리 │ 규칙에 맞는 숫자 찾기

| 정답 | ③

| 해설 | 앞의 두 수를 더한 값이 세 번째 수가 된다.
$8+5=13$ $9+7=16$ $7+4=11$
따라서 '?'에 들어갈 숫자는 11이다.

02 │ 수열추리 │ 규칙에 맞는 숫자 찾기

| 정답 | ①

| 해설 | 제시된 숫자는 다음과 같은 규칙으로 나열되어
있다.

$$-4 \xrightarrow{+6} 2 \xrightarrow{-4} -2 \xrightarrow{+6} 4 \xrightarrow{-4} 0 \xrightarrow{+6} 6 \xrightarrow{-4} ?$$

따라서 '?'에 들어갈 숫자는 $6-4=2$이다.

03 │ 수열추리 │ 규칙에 맞는 숫자 찾기

| 정답 | ④

| 해설 | 제시된 숫자는 다음과 같은 규칙으로 배열되어
있다.

$$205 \xrightarrow{-2^1} 203 \xrightarrow{+2^3} 211 \xrightarrow{-2^5} 179 \xrightarrow{+2^7} ?$$

따라서 '?'에 들어갈 숫자는 $179+128=307$이다.

04 │ 수열추리 │ 규칙에 맞는 숫자 찾기

| 정답 | ②

| 해설 |

4	16	36	64	100	144	196	?
↑	↑	↑	↑	↑	↑	↑	↑
2^2	4^2	6^2	8^2	10^2	12^2	14^2	16^2

따라서 '?'에 들어갈 숫자는 $16^2=256$이다.

05 │ 수열추리 │ 규칙에 맞는 숫자 찾기

| 정답 | ③

| 해설 |

$$15 \xrightarrow[+8]{+20} 35 \xrightarrow[+8]{+28} 63 \xrightarrow[+8]{+36} 99 \xrightarrow[+8]{+44} 143 \xrightarrow[+8]{+52} ?$$

따라서 '?'에 들어갈 숫자는 $143+52=195$이다.

보충 플러스+

다음 규칙으로 풀이될 수도 있다.

15	35	63	99	143	?
↑	↑	↑	↑	↑	↑
3×5	5×7	7×9	9×11	11×13	13×15

06 수열추리 규칙에 맞는 숫자 찾기

|정답| ④

|해설| 첫 번째와 두 번째 삼각형을 보면 다음과 같은 규칙이 있음을 알 수 있다.

$3 \times 5 - 1 = 14$, $4 \times 6 - 4 = 20$

그러므로 세 번째 삼각형은 $5 \times 7 - 9 = 26$

따라서 '?'에 들어갈 숫자는 26이다.

07 수열추리 규칙에 맞는 숫자 찾기

|정답| ④

|해설| $10 + 9 + 8 = 27$ / $3 + 7 + 17 = 27$ / $6 + 16 + 5 = 27$

$5 + 13 + ? = 27$

따라서 '?'에 들어갈 숫자는 $27 - 18 = 9$이다.

08 수열추리 규칙에 맞는 숫자 찾기

|정답| ②

|해설| 위·아래 칸 간의 차이는 4이고, 옆 칸 간의 차이는 2이다.

따라서 '?'에 들어갈 숫자는 21이다.

09 수열추리 규칙에 맞는 숫자 찾기

|정답| ③

|해설| 갈라지는 가지 중 위쪽 가지는 앞 숫자에 +2를 한 것이고, 아래쪽 가지는 앞 숫자에 −2를 한 값이다.

따라서 '?'에 들어갈 숫자는 $6 + 2 = 8$이다.

10 수열추리 규칙에 맞는 숫자 찾기

|정답| ⑤

|해설| A, B 두 톱니바퀴가 서로 맞물리는 부분을 살펴보면 A+1=B가 됨을 알 수 있다.

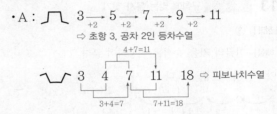

B 톱니바퀴의 '?'을 구하기 위해 먼저 A 톱니바퀴의 튀어나온 바깥쪽 부분과 들어간 안쪽 부분의 수의 규칙을 살펴본다.

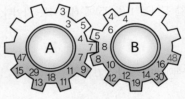

B의 튀어나온 '?'와 맞물리는 A의 수는 들어간 안쪽 부분의 피보나치수열에 해당하므로 $3 \rightarrow 4 \rightarrow 7 \rightarrow 11 \rightarrow 18 \rightarrow 29 \rightarrow 47$에 의해 47이 된다.

따라서 '?'에 들어갈 숫자는 $47 + 1 = 48$이다.

11 수열추리 규칙에 맞는 숫자 찾기

|정답| ④

|해설| 2, 4, 7, 8 중 두 수의 합이 3의 배수가 되는 것은 (2, 4), (2, 7), (4, 8), (7, 8)뿐이다. 따라서 2는 4, 7과 연결되고 8도 역시 4, 7과 연결된다. 한 숫자가 연결할 수 있는 다른 숫자는 두 개이므로 선택지 중 ①, ③, ⑤는 제외한다. ②는 위의 두 꼭짓점을 2와 8로 보면 다른 두 개의 숫자와 연결되기는 하나, 2와 8은 연결할 수 없으므로 정답이 아니다. 대각선으로 2와 8을 적고 나머지에 4와 7을 적으면 ④의 모양이 된다.

12 문자추리 규칙에 맞는 문자 찾기

|정답| ①

|해설| 나열된 각 문자의 규칙성을 찾아야 한다. 알파벳 순서를 기준으로 각 문자의 사이에는 한 개의 알파벳이 생략되어 있으므로 J 다음에 올 문자는 L이 된다.

13 문자추리 규칙에 맞는 문자 찾기

|정답| ③

|해설| 한글의 자음 순서를 이용하여 푼다.

마 → 자 → 파 → 다 → 사 → (?)
5   9   13   3(=17) 7(=21) 11(=25)
   +4   +4   +4   +4   +4

따라서 "?'에 들어갈 문자는 11(=25)에 해당하는 카이다.

14 문자추리 규칙에 맞는 문자 찾기

|정답| ⑤

|해설| ZYW는 알파벳 역순으로 첫째-둘째-넷째이고, ABD는 알파벳 순서대로 첫째-둘째-넷째이다.
마찬가지로 XUR은 역순으로 셋째-여섯째-아홉째이므로 '?'에는 셋째-여섯째-아홉째인 CFI가 들어가야 한다.

15 문자추리 규칙에 맞는 문자 찾기

|정답| ②

|해설| 로마자, 알파벳을 각각 번호순으로 추리해 보면, 로마자 IV VIII XII와 알파벳 DHL이 4, 8, 12 순임을 알 수 있다.
XI XII XIII은 11, 12, 13이므로 '?'에는 알파벳 번호 11, 12, 13인 KLM을 추리할 수 있다.

16 문자추리 규칙에 맞는 문자 찾기

|정답| ③

|해설| 알파벳과 알파벳 사이의 규칙을 살펴보면 −5, −4, −3, −2, −1임을 알 수 있다.

따라서 "?'에 들어갈 알파벳은 K이다.

17 문자추리 규칙에 맞는 문자 찾기

|정답| ③

|해설| 같은 칸에 있는 문자를 따로 보아야 하고 각 칸에서 앞 문자를 보면,

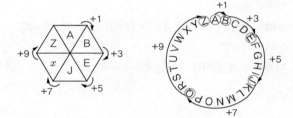

따라서 x에 들어갈 문자는 Q이다.
각 칸에 있는 문자 중 뒤의 것만 보면,

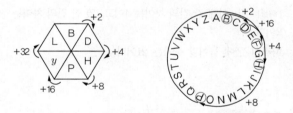

따라서 y에 들어갈 문자는 F이고, '?'에는 QF가 들어간다.

18 문자추리 규칙에 맞는 문자 찾기

|정답| ③

|해설| '자 축 인 묘 진 사 오 미 신 유 술 해(1 ~ 12)' 패턴을 이용한다.

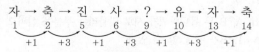

자 → 축 → 진 → 사 → ? → 유 → 자 → 축
1   2   5   6   9   10   13   14
  +1   +3   +1   +3   +1   +3   +1

따라서 '?'에 들어갈 문자는 9에 해당하는 신이다.

19 문자추리 규칙에 맞는 문자 찾기

|정답| ③

|해설| 대문자와 소문자가 같은 알파벳끼리 붙어 있으므로 대문자를 기준으로 한다.

$$G \to I \to D \to F \to A \to C \to ?$$
$$7 \quad 9 \quad 4 \quad 6 \quad 1 \quad 3 \quad ?$$
$$\underbrace{\quad}_{+2} \underbrace{\quad}_{-5} \underbrace{\quad}_{+2} \underbrace{\quad}_{-5} \underbrace{\quad}_{+2} \underbrace{\quad}_{-5}$$

따라서 '?'에 들어갈 알파벳은 24번째에 해당하는 X이다.

20 응용추리 수열 확인하기

|정답| ②

|해설| 흑을 1, 백을 0이라 했을 때 각각 조각은 원을 45°씩 자른 모양이므로 45°씩 회전하면 한 조각씩 순서대로 움직인다고 볼 수 있다. 따라서 A, B, C의 자리에서는 ②와 같은 수열이 된다.

21 응용추리 규칙에 맞는 숫자 찾기

|정답| ③

|해설| B에 들어갈 수 있는 수는 17, 21, 25이다. 이를 제외한 수가 들어갈 경우 나머지 수를 합이 같도록 2개씩 짝지을 수 없다.

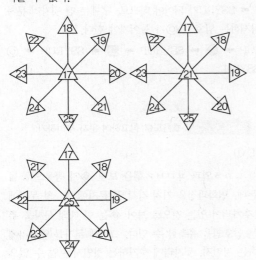

22 응용추리 규칙에 맞는 숫자 찾기

|정답| ②

|해설| R에 25가 들어갈 경우에는 한 줄에 있는 세 수의 합이 모두 같지 않게 된다.

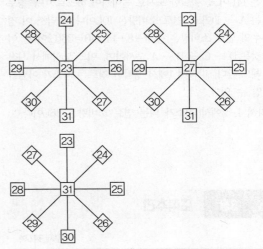

23 응용추리 응용추리

|정답| ②

|해설| 4개 도시를 돈 후에 처음 도시에 돌아오므로 '어떤 도시에서 출발할까'가 아닌 '어떤 순서로 돌까'에 따라 연료 소비량을 결정한다. 따라서 항상 최소 연료 소비량이 되도록 선택한다.

가장 연료 소비량이 적은 이동경로는 B → C, D → C의 4L이다. 거기서 먼저 다음 2가지를 생각한다.

1. B → C의 경로를 선택

다음 선택 가능 경로는 C → A의 15L, C → D의 6L이다. 그중 연료 소비량이 적은 C → D를 선택한다. 그럼 출발한 경로는 D → A밖에 없다. 이 구간 연료 소비량은 7L이고, 출발한 도시로 돌아가야 하므로 이동 경로는 A → B이고, 연료 소비량은 20L이다. 따라서 이 경우의 연료 소비량은 총 4+6+7+20=37(L)이다. 이것은 B → C → D → A 순서이며, 어느 도시에서 시작해도 같다. 또한 이 단계에서 알 수 있는 것은 연료 소비량이 최소가 되는 것은 37L 이하라는 것이다. 즉, 연료 소비량이 37L를 넘는 경로는 바로 제외시킨다.

2. D → C 경로를 선택

다음의 선택 가능 경로는 C → A의 15L, C → B의 8L이다. 그중 연료 소비량이 적은 C → B를 선택한다. 그럼 다음 경로는 B → A밖에 없다. 이 구간 연료 소비량은 14L이고, 출발한 도시로 돌아가야 하므로 이동 경로는 A → D이고, 연료 소비량은 10L이다. 따라서 이 경우의 연료 소비량은 총 4+8+14+10=36(L)이다. 이것은 D → C → B → A 순서이며, 어느 도시에서 시작해도 같다. 따라서 1에서 생각한 경로는 최소가 아님을 알 수 있다.

따라서 1, 2에서 최소가 되는 연료 소비량은 36L이다.

3장 도식추리

▶ 문제 316쪽

01	②	02	①	03	①	04	②	05	⑤
06	④	07	③	08	⑤	09	①	10	③
11	⑤	12	②	13	②	14	①	15	④
16	④	17	①	18	⑤	19	③	20	②

01 문자도식추리 흐름도를 참고하여 문자 추리하기

|정답| ②

|해설| 흐름도에서 PINE열과 FIBC행의 변화과정을 보면, ■와 ☆이 공통적으로 들어가고 각각 ●와 ◎가 들어 있는데, PINE열의 변화과정에서는 S가 추가되었고, FIBC행의 변화과정에서는 C가 삭제되어 있다. 이를 통해 가장 마지막에 적용된 ●는 맨 앞에 S를 추가하는 암호, ◎는 맨 마지막 문자를 삭제하는 암호임을 유추해 볼 수 있다. 또한 PINE열에서는 PI와 NE의 순서가 바뀌었고, FIBC행에서는 B와 FI의 순서가 바뀌어 있는 것으로 보아 ■나 ☆이 문자의 순서를 바꾸는 암호나 문자의 정렬 순서를 역순으로 바꾸는 암호라는 것을 추측해 볼 수 있다. 이를 KTLU행에서 살펴보면, KTLU ➡ ● ➡ SKTLU이고, SKTLU ➡ ■ ➡ ▽ ➡ UKSTL이 되므로, ■는 맨 앞자리 문자 2개의 위치를 바꾸는 암호, ▽는 맨 뒷자리 문자를 맨 앞으로 보내는 암호임을 알 수 있고 남은 ☆이 문자의 정렬

순서를 역순으로 바꾸는 암호라 추측할 수 있다. 마지막으로 이를 공통된 기호가 포함되어 있는 APPLE열에 적용하여 확인해 보면 APPLE ➡ ☆ ➡ ELPPA ➡ ■ ➡ LEPPA ➡ ▽ ➡ ALEPP가 되어 암호가 옳음을 확인할 수 있다. 마지막으로 ◎를 알아보기 위해 4816행의 변화과정을 확인해 보면, 4816 ➡ ◎ ➡ 481 ➡ ■ ➡ 841 ➡ ▽ ➡ 184 ➡ ☆ ➡ 481이 되어 ◎가 맨 뒷자리 문자를 삭제하는 암호임을 확인할 수 있다.

1. ● : 맨 앞에 문자 S 추가하기
2. ◎ : 맨 뒷자리 문자 삭제하기
3. ■ : 맨 앞자리 문자 2개 위치 바꾸기
4. ▽ : 맨 뒷자리 문자 맨 앞으로 보내기
5. ☆ : 문자의 정렬 순서 역순으로 바꾸기

따라서 ☆에 따라 문자의 정렬 순서를 역순으로 바꾸고, ◎에 따라 맨 뒷자리 문자인 7을 삭제한 다음, ▽에 따라 맨 뒷자리 문자인 0을 맨 앞으로 보낸 결과는 다음과 같다.

70321 ➡ ☆ ➡ 12307 ➡ ◎ ➡ 1230 ➡ ▽ ➡ 0123

02 문자도식추리 흐름도를 참고하여 도형 추리하기

|정답| ①

|해설| ●에 따라 맨 앞에 S를 추가하고, ■에 따라 맨 앞자리 문자 2개의 위치를 바꾸면 SSYRUP이다. SSYRUP ➡ ? ➡ SSYRU가 되어야 하므로, '?'에는 맨 뒷자리 문자를 삭제하는 암호인 ◎가 들어가야 한다.

SYRUP ➡ ● ➡ SSYRUP ➡ ■ ➡ SSYRUP ➡ ◎ ➡ SSYRU

03 문자도식추리 흐름도를 참고하여 문자 추리하기

|정답| ①

|해설| ㄴㅇㅎ열과 ㅍㅁㅂㅈ행을 보면 ◈가 공통으로 들어가는데, 변화과정을 거쳐 각각 끝 문자에 ㅅ, 첫 문자에 ㄱ이 추가되어 있는 것으로 보아 ◈는 한 개의 문자를 추가하는 암호임을 유추할 수 있다. 그런데 문자를 앞자리에 추가하는 것인지, 뒷자리에 추가하는 것인지는 알 수 없으므로, 우선 ◈를 맨 앞자리에 문자를 추가하는 암호라 가정하면 ㄴㅇㅎ ➡ ◈ ➡ ㅅㄴㅇㅎ ➡ ※ ➡ ㅎㄴㅇㅅ이

www.gosinet.co.kr gosinet

권두
부록

파트 1

파트 2

파트 3

파트 4

파트 5

성립되어, ◈가 맨 앞자리에 한 문자 더 추가하는 암호가 되며, ❋이 맨 앞자리 문자와 맨 뒷자리 문자의 위치를 서로 바꾸는 암호임을 추측할 수 있다. 이에 따라 ㅍㅁㅂㅈ 행에서 역으로 확인해 보면 ㅁㅂㅈㅍ ➡ ◈ ➡ ㄱㅁㅂㅈㅍ, ㅍㅁㅂㅈ ➡ ◯ ➡ ㅁㅂㅈㅍ를 통해 ◯는 맨 앞자리 문자를 맨 뒤로 보내는 암호임을 알 수 있고, ㅂㅈㅅㄷ행에서 ㅂㅈㅅㄷ ➡ ❋ ➡ ㄷㅈㅅㅂ ➡ ♡ ➡ ㅂㅅㅈㄷ를 통해 ♡는 문자의 정렬 순서를 역순으로 바꾸는 암호임을, ㄱㅁㅂㅈㅍ열에서 ㄱㅁㅂㅈㅍ ➡ ♡ ➡ ㅍㅈㅂㅁㄱ ➡ ◖ ➡ ㅈㅂㅁㄱ를 통해 ◖는 맨 앞자리 문자를 삭제하는 암호임을 알 수 있다.

- ◈ : 맨 앞자리에 한 문자 더 추가하기
- ❋ : 맨 앞자리 문자와 맨 뒷자리 문자의 위치 바꾸기
- ◯ : 맨 앞자리 문자를 맨 뒤로 보내기
- ♡ : 문자의 정렬 순서를 역순으로 바꾸기
- ◖ : 맨 앞자리 문자 삭제하기

❋에 의해 맨 앞자리 문자와 맨 뒷자리 문자의 위치를 바꾸고, ◖에 의해 맨 앞자리 문자를 삭제한 다음, ◈에 의해 맨 앞자리에 한 문자를 더 추가한다.

ㅊㄱㅅㅂㅎ ➡ ❋ ➡ ㅎㄱㅅㅂㅊ ➡ ◖ ➡ ㄱㅅㅂㅊ ➡ ◈
➡ ㅇㄱㅅㅂㅊ

04 문자도식추리 흐름도를 참고하여 문자 추리하기

|정답| ②

|해설| 변화의 결과인 ㄱㅅㅊㄹㄷ을 역으로 진행시키면 ㄷ
ㅅㅊㄹㄱ ➡ ❋ ➡ ㄱㅅㅊㄹㄷ, ㅅㅊㄹㄱ ➡ ◈ ➡ ㄷㅅ
ㅊㄹㄱ가 되므로, ㄱㅅㅊㄹ ➡ ? ➡ ㅅㅊㄹㄱ가 되기 위
해서 '?'에는 맨 앞자리 문자를 맨 뒤로 보내는 암호인 ◯
를 넣는 것이 적합하다.

ㄱㅅㅊㄹ ➡ ◯ ➡ ㅅㅊㄹㄱ ➡ ◈ ➡ ㄷㅅㅊㄹㄱ ➡
❋ ➡ ㄱㅅㅊㄹㄷ

05 문자도식추리 흐름도를 참고하여 문자 추리하기

|정답| ⑤

|해설| ㅑㅛㅡㅔㅐ열과 ㅗㅘㅐㅟㅢ행의 변화과정을 보면
☆이 공통으로 포함되어 있고, 변화과정을 거쳐 주어진 문자

에서 한 문자씩 줄어들어 있으므로 ☆은 문자 한 개가 삭제되는 암호임을 유추할 수 있다. 그런데 ㅠㅏㅛㅓ ➡ ㅏㅛㅓ의 변화과정에서 맨 앞자리 문자인 ㅠ와 맨 뒷자리 문자인 ㅓ가 삭제된 것을 통해 ♧ 또한 문자 한 개를 삭제하라는 의미를 지녔을 것이라 생각해 볼 수 있는데, ♧가 공통으로 들어간 ㅓㅠㅑㅛ ➡ ㅑㅠㅓ의 변화과정에서 맨 뒷자리 문자인 ㅛ가 삭제된 것으로 보아 ♧은 맨 뒷자리 문자, ☆은 맨 앞자리 문자를 삭제하는 암호임을 유추해 볼 수 있다.

이를 통해 다시 ㅑㅛㅡㅔㅐ ➡ ㅔㅡㅑㅛ의 변화과정을 보면, ㅔㅡㅑㅛ가 ☆을 거치기 전에는 ㅐㅔㅡㅑㅛ이므로 맨 앞의 문자 2개의 위치가 바뀐 다음에 문자의 정렬 순서가 역순으로 바뀌었다는 것을 알 수 있다. 따라서 먼저 나온 ◈가 맨 앞의 문자 2개의 위치를 바꾸는 암호, 뒤에 이어지는 ◎가 문자의 정렬 순서를 역순으로 바꾸는 암호가 된다. 그리고 마지막으로 ▽를 확인하기 위해 ㅐㅐㅔㅓㅕ 열에서 ㅐㅕㅐㅔㅓ를 역순으로 보면, ㅓㅔㅐㅕㅐ ➡ ◈ ➡ ㅐㅕㅐ ㅓㅔ이므로, ㅐㅔㅐㅕㅓ에서 ㅓㅔㅐㅕㅐ가 되기 위한 암호인 ▽는 맨 뒷자리 문자를 맨 앞으로 보내는(문자열 한 칸씩 뒤로 밀기) 암호임을 알 수 있다.

1. ♧ : 맨 뒷자리 문자 삭제하기
2. ☆ : 맨 앞자리 문자 삭제하기
3. ▽ : 맨 뒷자리 문자를 맨 앞으로 보내기(문자열 한 칸씩 뒤로 밀기)
4. ◈ : 맨 앞의 문자 2개 위치 바꾸기
5. ◎ : 문자의 정렬 순서 역순으로 바꾸기

☆에 따라 맨 앞자리의 문자를 삭제하고, ◈에 따라 맨 앞의 문자 2개의 위치를 바꾸며, ♧에 따라 맨 뒷자리의 문자를 삭제한다.

ㅑㅓㅜㅠㅔㅐ ➡ ☆ ➡ ㅓㅜㅠㅔㅐ ➡ ◈ ➡ ㅜㅓㅠㅔ
ㅐ ➡ ♧ ➡ ㅜㅓㅠㅔ

06 문자도식추리 흐름도를 참고하여 도형 추리하기

|정답| ④

|해설| ◈에 따라 맨 앞의 문자 2개 위치를 바꾸면 ㅐㅣㅗ
ㅟ가 되고, ㅐㅣㅗㅟ가 ㅐㅟㅗㅣ로 변화하는 과정에서 맨 앞자리 문자를 제외한 나머지 문자의 순서가 역순으로 바뀌었으므로 ◎가 먼저 들어가며, 맨 앞자리에는 ㅒ가 와야 하므로 맨 뒷자리 문자를 맨 앞으로 보내는 ▽가 필요하다.

| ㅐㅗㄱ ➡ ◆ ➡ ㅐ ㅣㅗㄱ ➡ ◎ ➡ ㄱㅗㅣㅐ ➡ ▽ ➡ ㅐㄱㅗㄱ ㅣ

07 그림도식추리 규칙을 적용하여 도형 도출하기

|정답| ③

|해설| 처음에 제시된 도형을 순서도에 따라 규칙을 적용하여 변환 · 비교하면 다음과 같다.

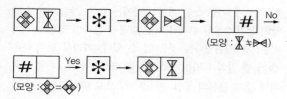

08 그림도식추리 규칙을 적용하여 도형 도출하기

|정답| ⑤

|해설| 처음에 제시된 도형을 순서도에 따라 규칙을 적용하여 변환 · 비교하면 다음과 같다.

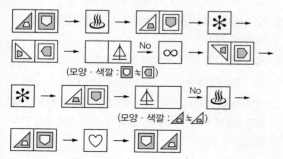

09 알고리즘 변환규칙 적용하기

|정답| ①

|해설|

$$\text{Ⓢ E} \rightarrow ♩ \rightarrow \text{Ⓔ Ⓒ} \rightarrow ■ \rightarrow \text{Ⓔ C}$$
$$\rightarrow ★ \rightarrow \text{Ⓢ} \rightarrow ♧ \rightarrow \text{S}$$

규칙 ♩에 의해 Ⓢ Ⓔ의 원료와 형태가 한 단계 높은 우선순위인 Ⓔ Ⓒ로 바뀌고, 규칙 ■에 의해 형태가 각각 △와 □로 바뀐다. 규칙 ★에 따라 Ⓔ Ⓒ를 하나로 배합하는데, 서로 다른 원료와 형태끼리 배합되므로 제3의 원료인 S와 제3의 형태인 ⬡가 결합한 Ⓢ가 된다. 마지막으로 규칙 ♧에 의해 형태 ⬡가 원료 S와 동일한 우선순위인 □로 바뀌므로 정답은 Ⓢ가 된다.

10 알고리즘 변환규칙 적용하기

|정답| ③

|해설|

$$\text{Ⓔ Ⓢ} \rightarrow ♧ \rightarrow \text{Ⓔ S} \rightarrow ■ \rightarrow \text{E S}$$
$$\rightarrow ■ \rightarrow \text{S S} \rightarrow ★ \rightarrow \text{Ⓢ}$$

규칙 ♧에 의해 Ⓔ Ⓢ의 형태가 원료와 동일한 우선순위인 △ □로 바뀌고, 규칙 ■에 의해 형태가 각각 한 단계 낮은 우선순위인 □ ○로 바뀐다. 규칙 ■에 의해 Ⓔ Ⓢ의 원료는 모두 최상위 우선순위인 Ⓢ Ⓢ로 변화하고, 규칙 ★에 따라 그 둘을 하나의 원료와 형태로 배합한다. Ⓢ Ⓢ의 원료는 서로 같으므로 그대로 S를 유지하고, 형태는 서로 다르므로 □ ○를 제외한 제3의 형태 △로 변화한다. 따라서 원료 S와 형태 △가 결합한 Ⓢ가 답이 된다.

11 알고리즘 변환규칙 적용하기

|정답| ⑤

|해설|

$$\text{Ⓔ Ⓒ} \rightarrow ♩ \rightarrow \text{Ⓒ S} \rightarrow ▽ \rightarrow \text{Ⓔ C}$$
$$\rightarrow ■ \rightarrow \text{Ⓔ Ⓒ} \rightarrow ★ \rightarrow \text{S} \rightarrow ♩ \rightarrow \text{Ⓔ}$$

www.gosinet.co.kr g**osi**net

권두
부록

파트 1

파트 2

파트 3

파트 4

파트 5

12 알고리즘 변환규칙 적용하기

| 정답 | ②

| 해설 | 오른쪽 그림으로 바뀌기 위해서는 1, 2열과 3, 4행이 바뀌어야 한다. 이를 실행하는 버튼은 B 버튼이다.

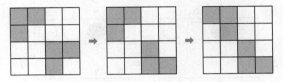

13 알고리즘 변환규칙 적용하기

| 정답 | ②

| 해설 | 처음 그림이 결과 그림으로 바뀐 것을 확인하기 위해서는 선택지의 순서를 대입해 보아야 한다. 먼저 ①을 적용해 보면 다음과 같다.

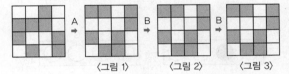

최종 그림이 다르므로 ①과 유사한 순서인 ②를 알아보면, 〈그림 2〉에서 D 버튼을 눌러야 한다. 그렇게 되면 〈그림 4〉의 결과가 나타난다. 주어진 결과와 같으므로 ②가 적절하다.

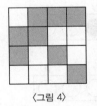

〈그림 4〉

| 오답풀이 |

③

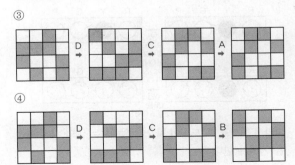

14 알고리즘 변환규칙 적용하기

| 정답 | ①

| 해설 | 각 선택지 ① ~ ⑤를 변환 조건에 따라 변환시키면 다음과 같다.

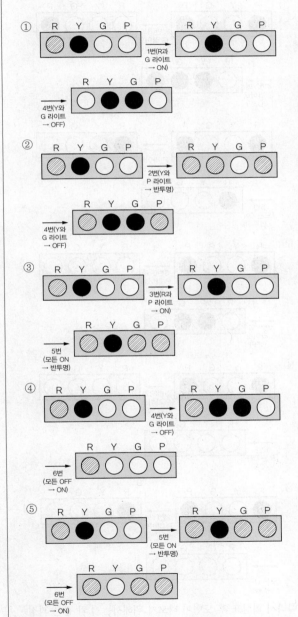

따라서 화살표 후 도형이 나오기 위해서는 ①과 같은 과정을 거쳐야 한다.

15 | 알고리즘 변환규칙 적용하기

|정답| ④

|해설| 각 선택지 ① ~ ⑤를 변환 조건에 따라 변환시키면 다음과 같다.

①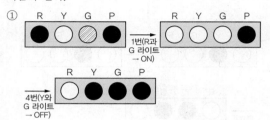

②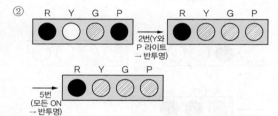

③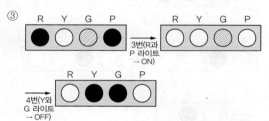

④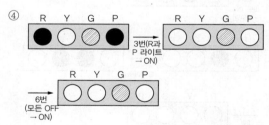

⑤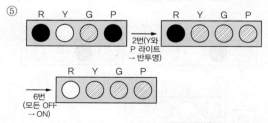

따라서 화살표 후 도형이 나오기 위해서는 ④와 같은 과정을 거쳐야 한다.

16 | 알고리즘 변환규칙 적용하기

|정답| ④

|해설| 각 선택지 ① ~ ⑤를 변환 조건에 따라 변환시키면 다음과 같다.

①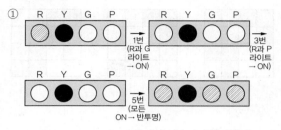

②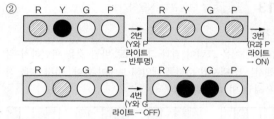

③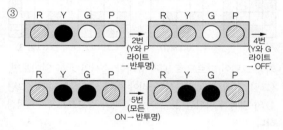

④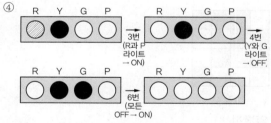

⑤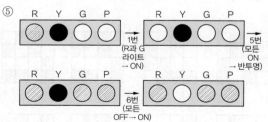

따라서 화살표 후 도형이 나오기 위해서는 ④와 같은 과정을 거쳐야 한다.

17 알고리즘 블랙박스 이해하기

|정답| ①

|해설| 다음 그림처럼 된다.

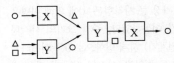

18 알고리즘 블랙박스 이해하기

|정답| ⑤

|해설| (가) ~ (라)의 기호를 각각 입력하면 다음과 같다.

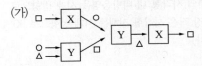

19 알고리즘 변환규칙 적용하기

|정답| ③

|해설| 〈조건 1〉에서의 각 기호가 나타내는 규칙은 다음과 같다.

• ♣ : 180° 회전
• ♤ : 오른쪽으로 두 칸 이동
• ♡ : 실선 색 반전
• ☆ : 점선을 실선으로 바꾸기

제시된 도형을 사다리를 따라 이동하면서 〈조건 1·2〉를 적용하여 변환·비교하면 다음과 같다.

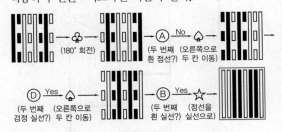

〈사다리 이동경로〉

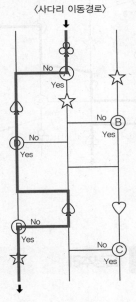

20 알고리즘 변환규칙 적용하기

|정답| ②

|해설|

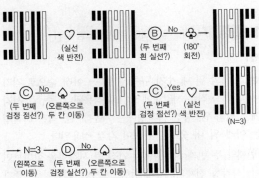

권두부록 / 파트 1 / 파트 2 / 파트 3 / 파트 4 / 파트 5

〈사다리 이동경로〉

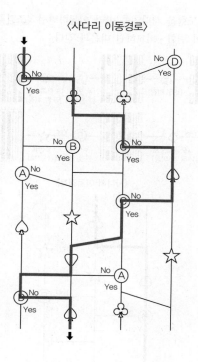

크기의 사각형을 살펴보면 ②가 (사각형 전체의) 좌우 대칭임을, 가장 작은 사각형을 살펴보면 각 도형은 변화 없이 바탕음영의 위치만 바뀌었으므로 ①은 음영이 이동하는 것임을 추측할 수 있다. 이를 확인하기 위해 두 번째와 세 번째 사각형을 살펴보면, 가장 큰 사각형은 ①에 의해 바탕음영만 시계 방향으로 2칸 이동하였고, 중간 크기의 사각형은 ③에 의해 (사각형 전체가) 시계 방향으로 90° 회전하였고, 가장 작은 사각형은 ②에 의해 (사각형 전체가) 좌우 대칭되었음을 알 수 있다.

• ① : 바탕음영 시계 방향 2칸 이동
• ② : (사각형 전체의) 좌우 대칭
• ③ : (사각형 전체의) 시계 방향 90° 회전

따라서, 세 번째 사각형의 가장 큰 사각형 전체를 좌우 대칭(②), 중간 크기의 사각형 내 바탕음영을 시계 방향으로 2칸 이동(①), 가장 작은 사각형 전체를 시계 방향으로 90° 회전(③)하면 된다.

4장   도형추리

▶ 문제 340쪽

01	③	02	④	03	①	04	③	05	④
06	③	07	④	08	①	09	②	10	④
11	①	12	②	13	⑤	14	④	15	②
16	①	17	③	18	④	19	①	20	②

01 박스형 규칙을 파악하여 알맞은 도형 찾기

| 정답 | ③

| 해설 | 3개의 원 내 숫자 규칙은 위 → 아래 순으로 각각 큰 사각형 → 작은 사각형에 1 : 1로 적용된다. 즉, 큰 사각형에는 위의 원, 중간 사각형에는 가운데 원, 작은 사각형에는 아래 원 내 숫자의 규칙이 각각 적용된다.

첫 번째와 두 번째 사각형에서 가장 큰 사각형을 살펴보면 ③이 (사각형 전체의) 시계 방향으로 90° 회전임을, 중간

02 박스형 규칙을 파악하여 알맞은 도형 찾기

| 정답 | ④

| 해설 | 첫 번째와 두 번째 사각형에서 가장 큰 사각형을 살펴보면 ②가 (사각형 전체의) 상하 대칭임을, 중간 크기의 사각형을 살펴보면 ①이 각 도형의 색 반전임을, 가장 작은 사각형을 살펴보면 각 바탕음영은 변화 없이 도형의 위치만 바뀌었으므로 ③은 도형을 이동하는 것임을 추측할 수 있다. 이를 확인하기 위해 두 번째와 세 번째 사각형을 살펴보면, 가장 큰 사각형은 ③에 의해 도형만 반시계 방향으로 1칸 이동하였고, 중간 크기의 사각형은 ②에 의해 (사각형 전체가) 상하 대칭되었고, 가장 작은 사각형은 ①에 의해 각 도형이 색 반전되었음을 알 수 있다.

• ① : 도형 색 반전
• ② : (사각형 전체의) 상하 대칭
• ③ : 도형만 반시계 방향 1칸 이동

따라서 세 번째 사각형의 가장 큰 사각형 내 각 도형을 색 반전(①), 중간 크기 사각형 내 도형만 반시계 방향으로 1칸 이동(③), 가장 작은 사각형 전체를 상하대칭(②)하면 된다.

03 박스형 규칙을 파악하여 알맞은 도형 찾기

| 정답 | ①

| 해설 | 조건에서 주어진 각 기호가 나타내는 도형의 규칙은 다음과 같다.

• ⊙ : 각 도형의 색 반전
• ♡ : 각 도형의 180° 회전(원점 대칭)
• ⋈ : 각 도형을 시계 방향으로 90° 회전
• ☆ : 각 도형의 상하 대칭(x축 대칭)

제시된 도형에 각 기호의 규칙을 순서대로 적용하면 다음과 같다.

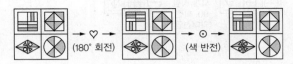

04 박스형 규칙을 파악하여 알맞은 도형 찾기

| 정답 | ③

| 해설 | 제시된 도형에 각 기호의 규칙을 순서대로 적용하면 다음과 같다.

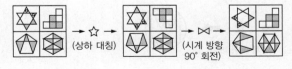

05 박스형 규칙을 파악하여 알맞은 도형 찾기

| 정답 | ④

| 해설 | 제시된 예시를 보면, 3×3으로 구성된 9칸짜리 표에는 도형이 하나씩 들어가 있고 그 도형들 상, 하, 좌, 우에는 작은 막대선이 하나씩 있는 것을 볼 수 있다. 이 3×3 표가 여러 모양의 화살표를 거치면서 어떻게 바뀌는지를 파악하여 화살표들이 의미하는 규칙을 살펴보기로 한다.

첫 번째

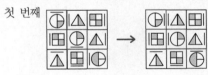

를 보면 표시된 부분의 동그라미 도형 부분을 제외하면 다른 도형은 아무 변화가 없고, 동그라미 도형 쪽의 막대선은 → 를 지나 시계 방향으로 90°씩 회전했음을 알 수 있다. 막대선 외에 다른 부분은 변화가 없다.

두 번째

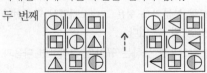

에서는 표시된 부분의 세모 도형과 막대선이 모두 반시계 방향으로 90°씩 회전하였고,

세 번째

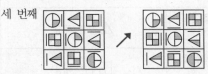

에서는 표시된 부분의 네모 도형은 그대로이면서 막대선만 180°씩 회전하였다. 네 번째에서는 --→를 거치면서 동그라미 도형 부분이 도형과 막대선 모두 반시계 방향으로 90°씩 회전하였고, 다섯 번째에서는 ↗를 거치면서 네모 도형과 막대선이 모두 반시계 방향으로 90°씩 회전하였다.

우선 여기까지 살펴본 변화로 유추해 볼 때, 화살표가 실선으로 된 것은 해당 칸 안에 있는 도형 자체에는 변화가 없이 막대선만 움직인 것을 알 수 있고, 화살표가 점선으로 된 것은 해당 칸의 도형과 막대선이 모두 반시계 방향으로 이동했음을 알 수 있으며, 화살표의 방향이 가로로 된 것은 동그라미 도형, 화살표의 방향이 세로로 된 것은 세모 도형, 화살표의 방향이 사선으로 된 것은 네모 도형 부분에 적용됐음을 알 수 있다. 여기까지 유추한 공통부분을 남은 부분에도 적용해 보면

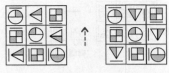

는 세모 도형과 막대선이 반시계 방향으로 90°씩 회전,

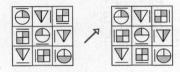

는 네모 도형 부분의 막대선이 시계 방향으로 270°씩 회전,

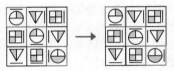

는 동그라미 도형 부분의 도형은 그대로이면서 막대선만 180°씩 회전했음을 알 수 있다.

이를 바탕으로 화살표가 뜻하는 규칙을 정리하면 다음과 같다.

가로 방향 화살표 (→, →, →)	⊕부분 해당
세로 방향 화살표 (↑, ↑, ↑)	△부분 해당
사선 방향 화살표 (↗, ↗, ↗)	⊞부분 해당
실선 화살표 (→, ↑, ↗)	해당 부분의 막대선만 시계 방향으로 회전
점선 화살표 (-->, ↑, ↗)	해당 부분의 도형과 막대선 모두 반시계 방향으로 회전
화살표 머리모양 ∧(↑, ↑, ↗)	90°씩 회전
화살표 머리모양 ▲(↑, ↑, ↗)	180°씩 회전
화살표 머리모양 △(↑, ↑, ↗)	270°씩 회전

따라서 문제에 제시된 그림을 규칙대로 변환하면,

06 박스형 규칙을 파악하여 알맞은 도형 찾기

| 정답 | ③

| 해설 |

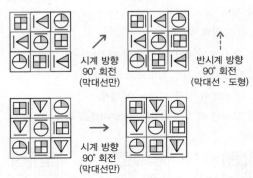

07 나열형 규칙을 파악하여 알맞은 도형 찾기

| 정답 | ④

| 해설 |

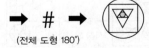

08 나열형 규칙을 파악하여 알맞은 도형 찾기

| 정답 | ①

| 해설 |

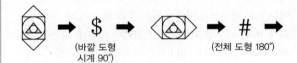

09 나열형 규칙을 파악하여 알맞은 도형 찾기

| 정답 | ②

| 해설 | 〈조건 1〉과 〈조건 2〉의 해석은 다음과 같으며, 〈조건 2〉를 먼저 도출한 후 〈조건 1〉을 적용하면 된다.

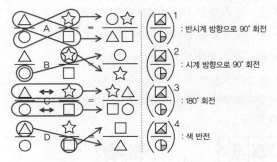

: 반시계 방향으로 90° 회전
: 시계 방향으로 90° 회전
: 180° 회전
: 색 반전

이를 문제에 적용하면 다음과 같다.

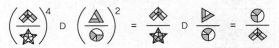

10 나열형 규칙을 파악하여 알맞은 도형 찾기

| 정답 | ④

| 해설 |

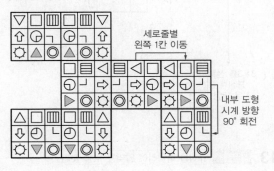

11 박스형 규칙을 파악하여 알맞은 도형 찾기

| 정답 | ①

| 해설 | 3×3 사각형별로 각각의 내부에 있는 도형들이 전체 큰 틀의 가로와 세로 방향의 일정한 규칙에 의해 변화하는 양상을 살펴본다. 가로 방향의 경우에는 각 도형의 모양은 변화하지 않고 같은 행에서의 위치만 변화하여 세로줄별로 왼쪽으로 한 칸씩 이동(가장 왼쪽의 도형은 가장 오른쪽으로 이동)하는 것임을 알 수 있다. 세로 방향의 경우는

각 도형의 위치는 변화하지 않고 동일한 칸 안에서 모양만 변화하여 각각의 내부 도형을 시계 방향으로 90° 회전하는 것임을 알 수 있다.

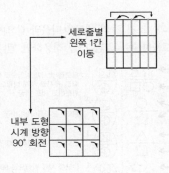

세로줄별
왼쪽 1칸 이동

내부 도형
시계 방향
90° 회전

세로줄별
왼쪽 1칸
이동

내부 도형
시계 방향
90° 회전

12 박스형 규칙을 파악하여 알맞은 도형 찾기

| 정답 | ②

| 해설 | 가로 방향의 경우에는 각 도형이 같은 열에서의 위치만 변화하여 가로줄별로 각 도형을 위쪽으로 한 칸씩 이동(가장 위쪽의 도형은 가장 아래쪽으로 이동)하는 것임을 알 수 있다. 세로 방향의 경우는 3×3 사각형별로 가운데 열에 도형의 변화가 전혀 없고 좌우 열의 도형이 서로 대칭된 형태로 뒤바뀌어 있으므로 3×3 사각형 전체의 좌우 대칭임을 알 수 있다.

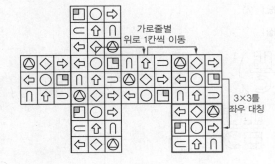

가로줄별
위로 1칸씩 이동

3×3를
좌우 대칭

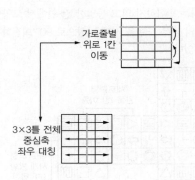

13 나열형 규칙을 파악하여 알맞은 도형 찾기

| 정답 | ⑤

| 해설 | 〈조건 1〉과 〈조건 2〉의 해석은 다음과 같으며, 〈조건 2〉를 먼저 도출한 후 〈조건 1〉을 적용하면 된다.

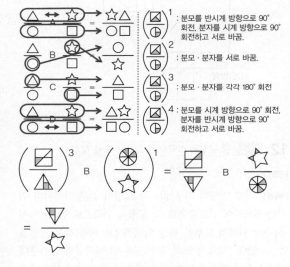

14 나열형 규칙을 파악하여 알맞은 도형 찾기

| 정답 | ④

| 해설 |

15 박스형 규칙을 파악하여 알맞은 도형 찾기

| 정답 | ②

| 해설 | 조건에서 주어진 각 기호가 나타내는 도형의 규칙은 다음과 같다.

• △ : 각 도형을 시계 방향으로 90° 회전
• ◎ : 각 도형을 반시계 방향으로 90° 회전
• ◈ : 각 도형의 180° 회전(원점 대칭)
• ▢ : 각 도형의 좌우 대칭(y축 대칭)

제시된 도형에 각 기호의 규칙을 순서대로 적용하면 다음과 같다.

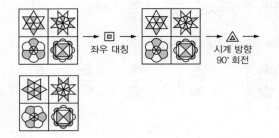

16 박스형 규칙을 파악하여 알맞은 도형 찾기

| 정답 | ①

| 해설 | 제시된 도형에 각 기호의 규칙을 순서대로 적용하면 다음과 같다.

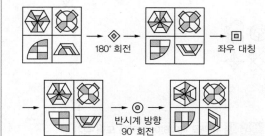

17 시각적 형상화 규칙 찾기

| 정답 | ③

| 해설 | 그림을 살펴보면 A는 ○, ●와 선분 6개로 이루어져 있다.

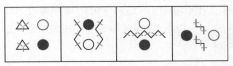

마찬가지로 규칙을 살펴보면 B는 ○, ●와 선분 8개로 이루어져 있으며, C는 ○, ●와 선분 7개로 구성되어 있다. 따라서 〈보기〉는 ○, ●와 선분 7개로 구성되어 있으므로 C에 속한다고 볼 수 있다.

18 시각적 형상화 규칙 찾기

| 정답 | ④

| 해설 | 도형의 종류를 기준으로 보았을 때 A, B, C에는 규칙성이 없다. 따라서 도형의 종류는 분류 기준으로 볼 수 없다. 또, 직선 및 도형의 배치를 기준으로 보더라도 특별한 규칙성이 없으므로 이 또한 분류 기준으로 볼 수 없다. 따라서 〈보기〉의 도형은 A, B, C 중 어느 그룹에 속한다고 말할 수 없다.

19 시각적 형상화 규칙 찾기

| 정답 | ①

| 해설 | 〈보기〉를 보면 안쪽 도형은 변의 개수가 3개이고 바깥 도형은 변의 개수가 4개이다. A, B, C의 구성을 살펴보면 A에서 바깥 도형의 변의 개수가 안쪽 도형의 변의 개수보다 1씩 늘어나고 있음을 알 수 있다. 따라서 〈보기〉는 A에 속한다.

20 시각적 형상화 규칙 찾기

| 정답 | ②

| 해설 | 각 십자 형태의 도형 배치는 1) 내부가 빈 두 도형, 2) 내부를 채운 두 도형, 그리고 3) 내부가 빈 도형 하나와 내부를 채운 도형 하나의 세 경우로 나눌 수 있다.
1) 내부가 빈 두 도형
A와 B는 두 도형이 양옆에 이웃하고 있으며, C는 두 도형이 대각선상에 위치한다.
2) 내부를 채운 두 도형
A와 B는 두 도형이 대각선상에 위치하며, C는 해당

도형이 존재하지 않는다. 그리고 A는 두 도형의 모양이 같지만, B는 두 도형의 모양이 다르다.
3) 내부가 빈 도형 하나와 내부를 채운 도형 하나
A와 B는 두 도형이 대각선상에 위치하며, C는 두 도형이 양옆에 이웃하고 있다. 그리고 A는 두 도형의 모양이 다르지만, B는 두 도형의 모양이 같다.
위 규칙에 따르면 〈보기〉는 1) 내부가 빈 두 도형이 양옆에 이웃하고 있고, 2) 내부를 채운 서로 다른 두 도형이 대각선상에 위치하며, 3) 같은 모양의 내부가 빈 도형 하나와 내부를 채운 도형 하나가 대각선상에 위치한다. 따라서 〈보기〉는 B에 속한다.

파트3 출제예상문제

▶ 문제 358쪽

01	⑤	02	③	03	④	04	②	05	⑤
06	④	07	⑤	08	②	09	④	10	③
11	④	12	③	13	(1) ①, ④ / (2) ②, ⑤, ⑥				
/ (3) ③, ⑦, ⑧				14	⑤	15	①	16	⑤
17	①	18	③	19	④	20	⑤	21	③
22	③	23	③	24	③	25	①	26	③
27	②	28	②	29	①	30	④		

01 명제추리 삼단논법 이해하기

| 정답 | ⑤

| 해설 | 각 명제의 대우는 다음과 같다.
• 칠레에 수출하지 않는다면 미국에도 수출하지 않는다.
• 일본에 수출하지 않는다면 중국에는 수출하지 않는다.
• 칠레에 수출한다면 UAE에는 수출하지 않는다.
• 일본에 수출한다면 UAE에도 수출한다.
이를 참고할 때 ⑤는 두 번째 명제의 '이'이므로 항상 참이라 할 수 없다.

| 오답풀이 |

① 두 번째 명제와 네 번째 명제의 대우를 연결하면 참임을 알 수 있다.

② 세 번째 명제의 대우와 네 번째 명제를 연결하면 참임을 알 수 있다.

③ 네 번째 명제의 대우와 세 번째 명제, 그리고 첫 번째 명제의 대우를 연결하면 참임을 알 수 있다.

④ 첫 번째 명제의 대우가 되어 참이 된다.

02 명제추리 삼단논법 이해하기

|정답| ③

|해설| 삼단논법과 명제의 역, 이, 대우 관계를 이용하여 푸는 기본 명제 추리문제이다. 명제 p, q, r 중 'p → q가 참이고 q → r이 참이면, p → r도 참이다'는 삼단논법이며 'p → q가 참이면, ~ q → ~ p도 참이다'는 어느 명제의 대우도 항상 참이 된다는 것을 의미한다. 따라서 ㉠은 두 번째 명제의 대우가 되어 참이 되며, ㉢은 첫 번째 명제의 대우가 되어 참이 된다.

|오답풀이|

㉡ 두 번째 명제의 '역'이므로 항상 참이라 할 수 없다.

㉣ 두 번째 명제의 '이'이므로 항상 참이라 할 수 없다.

03 명제추리 삼단논법 이해하기

|정답| ④

|해설| • P : 기획팀 팀장이 출장을 간다.

• Q : 회계팀 팀장이 출장을 간다.

• R : A가 업무시간에 외근을 나간다.

• S : B는 회계팀 사람들과 회의를 한다.

제시된 첫 번째 조건은 ~ P → Q가 되고, 두 번째 조건은 ~ Q → R이 되며, 세 번째 조건은 Q → S가 된다. ④는 ~ P → ~ R로 나타낼 수 있는데, 이는 주어진 조건을 통해 반드시 참이라고 할 수 없는 명제이다.

|오답풀이|

① 첫 번째 조건의 대우는 ~ Q → P이므로 반드시 참이다.

② 두 번째 조건의 대우는 ~ R → Q이고 이를 세 번째 조건(Q → S)과 연결하면 ~ R → S가 되므로 반드시 참이다.

③ 세 번째 조건의 대우는 ~ S → ~ Q이고 이를 두 번째 조건(~ Q → R)과 연결하면 ~ S → R이 되므로 반드시 참이다.

⑤ 첫 번째 조건의 대우는 ~ Q → P이고 세 번째 조건의 대우 ~ S → ~ Q과 연결하면 ~ S → P가 되므로 반드시 참이다.

04 논리 오류 논증적 오류 이해하기

|정답| ②

|해설| 유비 추리 논증은 기본 속성이나 관계, 구조, 기능 등에서 유사하거나 동형임을 들어 다른 요소들에 있어서도 유사하거나 동형일 것이라고 추리하는 방식이다. 제시된 논증은 기계와 인간의 몸이 '정교함'이라는 유사한 속성이 있으므로 이와 관련 없는 다른 요소에서도 공통점이 있을 것이라고 판단하는 논증 방식을 보여주고 있다. 따라서 '유비 추리 논증'이라고 할 수 있다.

|오답풀이|

① 연역적 논증은 보편적인 사실이나 원리를 근거로 어떠한 특수한 사실을 이끌어내는 논증 방식이다.

⑤ 귀납적 논증은 개별적인 특수한 현상이나 사실들로부터 이들을 포함하는 일반적인 결론을 이끌어내는 논증 방식이다.

05 논리 오류 논증적 오류 이해하기

|정답| ⑤

|해설| 제시된 글과 ⑤는 성급한 일반화의 오류이다.

|오답풀이|

① 무지에 호소하는 오류에 해당한다.

② 감정에 호소하는 오류에 해당한다.

③ 권위에 호소하는 오류에 해당한다.

④ 순환 논증의 오류에 해당한다.

06 참・거짓 추리 적합 판정을 받은 제품 찾기

|정답| ④

|해설| 정 사원의 말이 참이라면 을 사원의 말은 거짓이고, 따라서 나머지 사원들의 말은 모두 참이다. 이때 갑 사원과 병 사원에 의하면 B와 A는 같은 결과를 받았고, 부적합

www.gosinet.co.kr **gosi**net

권두
부록

파트 1

파트 2

파트 3

파트 4

파트 5

판정 제품은 두 개이므로 B와 A가 부적합이면 나머지 두 개는 적합, B와 A가 적합이면 나머지 두 개는 부적합 판정을 받아야 한다. 따라서 을 사원의 말이 참이 되어 모순이다. 그러므로 정 사원의 말은 거짓이고 나머지 사원들의 말은 모두 참이다. 위에서 논의한 대로 C와 D는 같은 판정을 받게 되고, 무 사원에 의해 C는 적합 판정을 받았으므로 D도 적합 판정을 받았음을 알 수 있다.

07 　참·거짓 추리　영화 개봉 일정 파악하기

| 정답 | ⑤

| 해설 | 먼저 첫 번째 조건을 통해 총 6편의 영화가 있으며, 2개의 영화관이 있음을 알 수 있고 총 4주에 걸쳐 영화가 상영되는 것을 파악할 수 있다. 세 번째 조건에서 A는 둘째 주, B는 넷째 주에 영화관 G에서 개봉한다고 하였으므로 두 번째 조건에 따라 A와 B는 영화관 H에서 개봉할 수 없음을 알 수 있다. 네 번째 조건을 통해 영화 C와 D는 둘째 주와 넷째 주에는 개봉할 수 없으므로 각 영화관의 첫째, 셋째 주에 개봉할 수 있다. 이를 두 개의 경우에 나머지 조건을 대입해 표로 정리하면 다음과 같다.

• 경우 1

구분	영화관 G	영화관 H
첫째 주	영화 C	－
둘째 주	영화 A	영화 E
셋째 주	영화 D	－
넷째 주	영화 B	영화 F

• 경우 2

구분	영화관 G	영화관 H
첫째 주	－	영화 C
둘째 주	영화 A, E	－
셋째 주	－	영화 D
넷째 주	영화 B, F	－

위의 표를 보면 두 경우 모두 영화 E가 개봉된 후에 영화 D가 개봉된 것을 알 수 있다. 따라서 '영화 E가 개봉된 후에 영화 D가 개봉된다'는 문장은 분명히 참이다.

08 　참·거짓 추리　범인 유추하기

| 정답 | ②

| 해설 | Y가 한 말을 기준으로 살펴보면 Y의 말이 참일 경우 W의 말은 거짓이 되므로 범인은 Y이다. 이때 W를 제외한 다른 사람들의 말은 참이어야 하는데, X가 범인은 W라고 하였으므로 모순이 생기게 된다. 한편 Y의 말이 거짓일 경우 Y를 제외한 다른 사람의 말은 참이므로 범인은 W가 되고, 다른 사람의 말과도 모순이 되지 않는다.

09 　조건추리　조건에 맞는 범인 유추하기

| 정답 | ④

| 해설 | A는 금품을 받지 않았으므로 B, C, D 중에서 생각한다. C가 금품을 받았다면 B, C, D 모두 금품을 수수하였다. 만약 B가 금품을 받았다면 C 또는 D도 금품을 받는데, 만약 C가 금품을 받았다면 D 역시도 금품을 받았다. 따라서 어떠한 경우에도 D는 금품을 받았다.

10 　어휘추리·범주화　단어 유추하기

| 정답 | ③

| 해설 | 증폭, 난청, 청력을 통해 보청기를 연상할 수 있다. 보청기는 난청 질환이 있는 사람을 위해 잘 들리지 않는 것을 보강하는 기구로, 소형 마이크 등으로 소리를 증폭하여 잘 들리게 한다.

11 　조건추리　조건에 맞는 비밀번호 도출하기

| 정답 | ④

| 해설 | 두 번째 조건에 따라 세 개의 숫자는 '1, 5, 9' 또는 '3, 5, 7'임을 알 수 있다. 그다음 세 번째 조건에 따라 '1, 5, 9'인 경우 1+9=5+5인데, 첫 번째 조건에서 중복되지 않는 숫자라고 하였으므로 '3, 5, 7'을 선택할 수 있다. 3을 가장 작은 수라고 가정하면 3+9=5+7이 될 수 있고, 7을 가장 큰 수라고 생각해도 1+7=3+5가 될 수 있다. 그러므로 답은 2가지의 형태가 가능하다. '1, 3, 5, 7'과 '3, 5, 7, 9' 중에서 답을 유도해 보면, '1, 3, 5, 7'인 경우에는

1과 7이 두 번 나왔으므로 ＊이 먼저 나와야 하며, '3, 5, 7, 9'인 경우에는 3과 9가 있는 열의 특수기호인 #이 먼저 나와야 한다. 다음으로 마지막 조건을 고려하면 가능한 답은 ④이다.

12 수열추리 톱니바퀴형 수열 이해하기

|정답| ③

|해설| A, B 두 톱니바퀴가 서로 맞물리는 부분을 살펴 보면 2A−1=B가 됨을 알 수 있다.

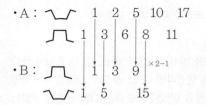

A, B 톱니바퀴의 모든 수를 알아야 하므로 B 톱니바퀴의 수를 구하기 위해 먼저 A 톱니바퀴의 튀어나온 바깥쪽 부분과 들어간 안쪽 부분의 수의 규칙을 살펴 본다.

- A : ⊓ $1 \xrightarrow{+2} 3 \xrightarrow{+3} 6 \xrightarrow{+2} 8 \xrightarrow{+3} 11$ ⇨ +2와 +3이 번갈아 나타나는 수열

⎵ $1 \xrightarrow{+1} 2 \xrightarrow{+3} 5 \xrightarrow{+5} 10 \xrightarrow{+7} 17$ ⇨ 계차수열
($+2$, $+2$, $+2$)

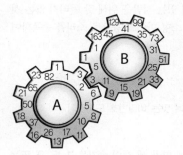

톱니의 모든 수를 구해야 하므로,

- A : ⊓

$1 \rightarrow 3 \rightarrow 6 \rightarrow 8 \rightarrow 11 \rightarrow 13 \rightarrow 16 \rightarrow 18 \rightarrow 21 \rightarrow 23$

⇨ 톱니의 합 $S_{A_1} = 120$

⎵

$1 \rightarrow 2 \rightarrow 5 \rightarrow 10 \rightarrow 17 \rightarrow 26 \rightarrow 37 \rightarrow 50 \rightarrow 65 \rightarrow 82$

⇨ 톱니의 합 $S_{A_2} = 295$

B=2A−1이므로, A 톱니바퀴와 각각 맞물리는 부분의 수는

- B : ⎵

$1 \rightarrow 5 \rightarrow 11 \rightarrow 15 \rightarrow 21 \rightarrow 25 \rightarrow 31 \rightarrow 35 \rightarrow 41 \rightarrow 45$

⇨ 톱니의 합 $S_{B_1} = 230$

⊓

$1 \rightarrow 3 \rightarrow 9 \rightarrow 19 \rightarrow 33 \rightarrow 51 \rightarrow 73 \rightarrow 99 \rightarrow 129 \rightarrow 163$

⇨ 톱니의 합 $S_{B_2} = 580$

따라서 톱니바퀴 A, B 톱니의 총합은 (120+295)+(230+580)=1,225이다.

보충 플러스+

2A−1에 의한 B 톱니바퀴의 수에도 규칙이 있으므로 이를 찾아 구할 수 있다.

- 들어간 안쪽 부분 : $1 \xrightarrow{4} 5 \xrightarrow{6} 11 \xrightarrow{4} 15 \xrightarrow{6} 21$ ⇨ +4와 +6이 번갈아 나타나는 수열

- 튀어나온 바깥쪽 부분 : $1 \xrightarrow{2} 3 \xrightarrow{6} 9 \xrightarrow{10} 19 \xrightarrow{14} 33$ ⇨ 계차수열
($+4$, $+4$, $+4$)

13 어휘추리·범주화 일정한 기준에 따라 문장 분류하기

|정답| (1) ①, ④ / (2) ②, ⑤, ⑥ / (3) ③, ⑦, ⑧

|해설| ①은 통일에 대한 긍정적 인식을 엿볼 수 있는 문장이다. ②는 통일에 대한 현실적인 관심에 관한 내용이다. 그러므로 (1)에는 통일에 대한 긍정적 인식, (2)에는 통일에 대한 현실적인 관심, (3)에는 통일에 대한 부정적 인식을 담고 있는 문장이 들어가야 한다. 따라서 첫 번째 박스에는 ①, ④가, 두 번째 박스에는 ②, ⑤, ⑥이, 세 번째 박스에는 ③, ⑦, ⑧이 들어가야 한다.

14 수열추리 규칙 파악하기

| 정답 | ⑤

| 해설 | 각 항의 분자의 합은 분모의 배수가 된다.

- $1+3+6+8=18 \rightarrow \dfrac{18}{3}=6$

- $2+5+9+14=30 \rightarrow \dfrac{30}{5}=6$

- $3+7+13+19=42 \rightarrow \dfrac{42}{7}=6$

그러므로 마지막 항의 분자의 각 자릿수 4, 9, 16, ?의 합은 분모 9의 n배수(6배수)가 된다.

$4+9+16+?=9n$

따라서 빈칸에 들어갈 수는 $9n-29=9\times6-29=25$이다.

15 응용추리 암호 이해하기

| 정답 | ①

| 해설 | 1. 영단어를 음표로 바꾼다. [MUSIC]의 5글자를 알파벳에 대응하면 음표도 5개이므로 한 글자가 1개의 음표에 대응된다는 것을 알 수 있다.

2. [MUSIC]의 악보와 ① ~ ⑤를 보면 음표는 3종류밖에 사용되지 않는다. 음계도 도레미파솔라시도의 1옥타브 안에서 이루어져 있다는 것에 주의한다. 3종류의 음표와 1옥타브 음계에서, 어떻게 알파벳에 대응하는지를 판단(또는 상상)하면 된다.

3. 알파벳은 26자이며, (음표는 3종류)×(1옥타브 음계는 8종류) 조합을 생각할 수 있다.

4. 음표와 음계를 조합하면 24종류의 암호를 만들 수 있다. 24에서 상상할 수 있는 것은 26자로 되어 있는 알파벳이며, 이것을 알파벳에 대응하면 다음 표와 같다.

구분	도	레	미	파	솔	라	시	도
♩	A	B	C	D	E	F	G	H
♪	I	J	K	L	M	N	O	P
♪	Q	R	S	T	U	V	W	X
	Y	Z						

위 표를 [MUSIC]에 대입하면 제시된 악보를 얻을 수 있다.

이에 따라 [REVEL]을 암호화하면, 다음과 같다.

보충 플러스+

모든 알파벳이 암호에 대응되지 않는 경우도 있으므로 주의해야 한다. 이 경우는 Y와 Z에 해당하는 암호는 없지만, 남은 24문자로 대응할 수 있다. 암호 문제는 순수한 숫자 문제가 아니라는 것에 유의한다.

16 문자추리 암호 이해하기

| 정답 | ⑤

| 해설 | [ZNCBQNRTLB]와 [MAPODAEGYO] 모두 10문자이므로 아래와 같이 1대1 대응하고 있음을 알 수 있다.

Z	N	C	B	Q	N	R	T	L	B
M	A	P	O	D	A	E	G	Y	O

이것을 바탕으로 대응표를 생각해 보면,

A	B	C	D	E	F	G	H	I	J	K	L	M
N	O	P	Q	R	S	T	U	V	W	X	Y	Z

N	O	P	Q	R	S	T	U	V	W	X	Y	Z
A	B	C	D	E	F	G	H	I	J	K	L	M

와 같이 알파벳 순서를 13개씩 나눈 것을 알 수 있다. 따라서 암호 [TENCR]은 [GRAPE]가 된다.

17 응용추리 최소 횟수 구하기

| 정답 | ①

| 해설 | 이 문제는 7L와 9L의 물통을 사용하여 16L의 기름을 8L씩 나누는 것이다. 단, 최종적으로는 처음 기름이 16L 들어있던 술통과 9L의 물통에 기름이 8L씩 옮겨지게 해야 한다. 예를 들어 술통에서 9L의 물통으로 기름을 옮기고, 거기서 7L의 물통에 기름을 옮기면 9L의 물통에는 2L 남는다. 4번째까지의 상태를 표로 나타내면 다음과 같다.

구분	조작	술통	9L 물통	7L 물통
1회	술통 → 9L	7	9	0
2회	9L → 7L	7	2	7
3회	7L → 술통	14	2	0
4회	9L → 7L	14	0	2

즉, 기름이 '술통 → 9L의 물통 → 7L의 물통 → 술통'과 같이 옮겨지는 것이다. 이어서 술통에서 9L의 물통으로 기름을 옮기고, 거기서 7L의 물통에 기름을 옮긴다. 7L의 물통에는 이미 2L 들어있으므로 다음에는 5L밖에 옮길 수 없다. 그럼 9L 물통에는 4L가 남는다. 이 순서에 따라 기름을 옮겨가면 된다.

단, 지금까지 조작한 순서에 같은 배분이 이미 이뤄진 경우 순서를 스킵하도록 한다. 그렇게 함으로써 중복이 생기지 않도록 하는 것이다.

예를 들어서 아래 표에서 5회째의 (5, 9, 2)의 다음에 7L의 물통에 있는 2L를 술통에 되돌리면 (7, 9, 0)이 된다. 이것은 1회째와 같다. 이렇게 되지 않도록 7L의 물통 → 술통의 과정을 스킵하고, 술통 → 9L의 물통(그러기 위해 9L의 물통에서 7L의 물통에 기름을 옮겨두지 않으면 안 된다)의 조작을 해 둔다. 표로 정리하면 다음과 같다.

구분	조작	술통	9L 물통	7L 물통
1회	술통 → 9L	7	9	0
2회	9L → 7L	7	2	7
3회	7L → 술통	14	2	0
4회	9L → 7L	14	0	2
5회	술통 → 9L	5	9	2
6회	9L → 7L	5	4	7
7회	7L → 술통	12	4	0
8회	9L → 7L	12	0	4
9회	술통 → 9L	3	9	4
10회	9L → 7L	3	6	7
11회	7L → 술통	10	6	0
12회	9L → 7L	10	0	6
13회	술통 → 9L	1	9	6
14회	9L → 7L	1	8	7
15회	7L → 술통	8	8	0

표에서 15회의 조작이 끝나면 술통과 9L의 물통에 8L씩의 기름이 남아있는 것을 알 수 있다.

18 문자도식추리 규칙을 적용하여 문자 추리하기

|정답| ③

|해설| EL80 ➡ ♡ ➡ ◯ ➡ △ ➡ 8LLE0에서는 문자 L이 하나 더 추가되었고, DHLYK ➡ ◯ ➡ ♡ ➡ ♣ ➡ UKYYLHD에서는 문자 U가 새로이 추가되고 문자 Y가 하나 더 추가되었는데, 이 두 열에는 공통적으로 ♡와 ◯가 존재한다. 문자 U의 추가·삭제에 관해서 EL80열에서는 성립되지 않으므로 ♣가 문자 U의 추가에 관련된 암호일 것인데, 그 위치가 제일 마지막에 있으므로 이것은 맨 앞에 문자 U를 추가하는 암호임을 알 수 있다. 또한 ♡와 ◯ 중 하나가 문자를 하나 더 추가하는 암호일 것인데 DHLYK열에 따라 ◯를 네 번째 문자를 하나 더 추가하는 암호로 보면 ♡는 정렬을 역순으로 바꾸는 암호가 된다. 이를 EL80열에 적용하면 변화과정이 성립되지 않는다. 또 다른 ♡가 존재하는 IRDO ➡ ♡ ➡ ■ ➡ ♣ ➡ UIDO에서도 두 번째 문자 R이 삭제되어 ■이 이와 관련된 암호일 것이므로 ♡의 암호가 일치하지 않는다. 따라서 EL80열에서 ♡의 위치가 처음에 있으므로 이것은 두 번째 문자를 하나 더 추가하는 암호, ◯는 문자의 순서를 역순으로 바꿔주는 암호가 될 것이며, EL80 ➡ ♡ ➡ ELL80 ➡ ◯ ➡ 08LLE ➡ △ ➡ 8LLE0에 의해 △은 맨 앞의 문자를 맨 뒤로 보내는 암호가 된다. 또한 MPRLE ➡ ■ ➡ ◯ ➡ ♣ ➡ UELPM에서는 세 번째 문자 R이 삭제되었으므로 ■은 위치에 관계없이 문자 R을 삭제하는 암호임을 알 수 있으며, MPRLE ➡ ■ ➡ MPLE ➡ ◯ ➡ ELPM ➡ ♣ ➡ UELPM에 의해 ◯가 문자의 정렬 순서를 역순으로 바꾸는 암호임을 다시금 확인할 수 있다.

1. ♣ : 맨 앞에 문자 U 추가하기

2. ♡ : 두 번째 문자 하나 더 추가하기

3. ◯ : 문자의 정렬 순서 역순으로 바꾸기

4. △ : 맨 앞자리 문자 맨 뒤로 보내기

5. ■ : 문자 R 삭제하기

따라서 △에 의해 맨 앞의 문자 G를 맨 뒤로 보내고, ♣에 의해 맨 앞에 문자 U를 추가한 후, ■에 의해 문자 R을 삭제한다.

GRILL ➡ △ ➡ RILLG ➡ ♣ ➡ URILLG ➡ ■ ➡ UILLG

19 문자도식추리 | 규칙을 적용하여 문자 추리하기

| 정답 | ④

| 해설 | 18의 해설을 참고하여 ♣에 의해 맨 앞에 문자 U를 추가하고, ○에 의해 문자의 정렬 순서를 역순으로 바꾼후, ♡에 의해 두 번째 숫자 8을 하나 더 추가한다.

284 ➡ ♣ ➡ U284 ➡ ○ ➡ 482U ➡ ♡ ➡ 4882U

20 알고리즘 | 조건을 참고하여 변환문자 찾기

| 정답 | ⑤

| 해설 |

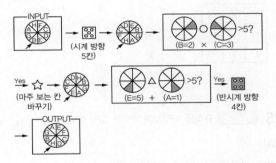

21 알고리즘 | 조건을 참고하여 변환문자 찾기

| 정답 | ②

| 해설 |

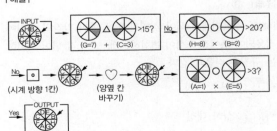

22 알고리즘 | 최종 경로 구하기

| 정답 | ③

| 해설 | START에 제시된 블록이 〈조건 2〉 체스 피스의 방향에 따라 이동하며 FINISH와 같은 블록으로 도출되는데, 피스가 이동하면서 가리키는 각 도형의 〈조건 1〉 블록을 이전 블록에 A끼리 누적하여 겹치게 쌓는다. 이때 최종적으로 도출되는 블록이 FINISH와 같도록 모양을 형성하는 경로의 피스의 순서를 찾으면 된다.

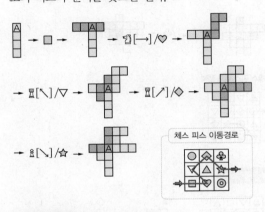

보충 플러스+

문제의 체스 보드 내 도형 중에서 input과 output 도형을 제외하고 FINISH 블록과 겹쳤을 때 일치(포함)하지 않는 도형을 체크해두고, 각 선택지의 이동경로 중 이를 지나는 것을 제외한다.

또는 각 선택지별 이동경로 중 FINISH 블록과 겹쳤을 때 일치(포함)하지 않는 도형을 포함하면 제외한다.

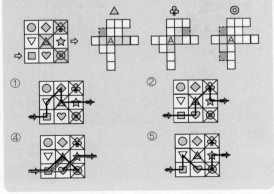

권두 부록

파트 1

파트 2

파트 3

파트 4

파트 5

23 알고리즘 최종 경로 구하기

| 정답 | ④

| 해설 |

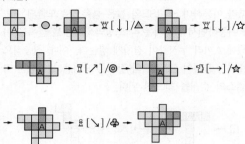

체스 피스 이동경로

보충 플러스+

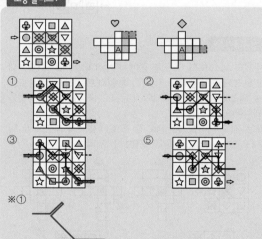

경로 : FINISH 블록의 범위를 벗어나는 도형을 포함하지는 않으나, 반드시 포함되어야 하는 △, ☆, ☆을 지나지 않았으므로 답이 될 수 없다.

24 박스형 규칙을 파악하여 알맞은 도형 찾기

| 정답 | ③

| 해설 | 알파벳을 순서대로 써 놓는다.

A B C D E F G H I J K L ⋯
1 2 3 4 5 6 7 8 9 10 11 12 ⋯

네모에 들어 있는 알파벳을 숫자로 변환하여 문제를 푼다. 가로줄을 기준으로 보면 알파벳을 숫자로 변환한 결과, 동일한 위치의 칸 안의 숫자가 1씩 증가하는 규칙을 찾을 수 있다.

따라서 '?'에 들어갈 도형은 다음과 같다.

1	3	5
6	7	8
2	4	6

→

2	4	6
7	8	9
3	5	7

→

3	5	7
8	9	10
4	6	8

=

C	E	G
H	I	J
D	F	H

25 박스형 규칙을 파악하여 알맞은 도형 찾기

| 정답 | ①

| 해설 | 가로줄에서 첫 번째 칸의 도형을 시계 방향으로 90° 회전시킨 후 좌우 대칭한 것이 두 번째 칸의 도형이고, 두 번째 칸의 도형을 반시계 방향으로 90° 회전시킨 후 좌우 대칭한 것이 세 번째 칸의 도형이다.

26 나열형 규칙을 적용하여 도형 추리하기

| 정답 | ③

| 해설 | 정육면체의 색이 칠해진 면에 따라 각각의 규칙이 적용되어 주어진 도형이 변화하는데, 먼저 각 면이 의미하는 규칙은 다음과 같다.

- 좌우 대칭

- 상하 대칭

- 시계 방향 90° 회전(90°)

- 색 반전

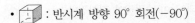 : 반시계 방향 90° 회전(−90°)

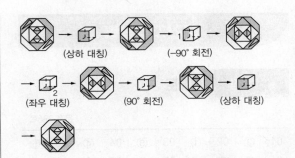

28 시각적 형상화 규칙 찾기

| 정답 | ②

| 해설 | B는 중앙 테두리 안의 도형의 변의 개수와 테두리 밖의 도형의 수가 같다. A는 테두리 안의 도형의 변의 개수가 테두리 밖의 도형의 수보다 1만큼 더 크며, C는 반대로 1만큼 적다. 〈보기〉는 테두리 안의 도형의 변의 개수와 테두리 밖의 도형의 수가 3개로 같으므로 B에 속한다.

✅ **빠른 풀이 비법**

도형추리는 복잡한 도형의 변화를 생각하며 풀어야 하므로 그 특성상 짧은 시간 동안 많은 문제를 풀기가 어렵다. 따라서 시간을 단축할 수 있는 방법을 빨리 모색하여 푸는 것이 좋다.

★시간 단축 요령

도형의 변화 순서를 살펴보면, 90° → 좌우 대칭 → 색 반전 → −90°

도형의 한 꼭짓점을 기준으로 변화되는 경로를 생각하면,

90° → 좌우 대칭 → (색 반전 →) −90° ➡ 상하 대칭 + 색 반전

∴ 주어진 도형을 상하 대칭하여 색 반전된 것을 찾으면 시간을 단축할 수 있다.

29 시각적 형상화 규칙 찾기

| 정답 | ①

| 해설 | A는 모든 도형이 삼각형이며 한 덩어리로 연결되어 있다. B는 도형 중 사각형이 하나 포함되어 있고, C는 모든 도형이 삼각형이지만 도형들의 연결은 두 덩어리로 분리된 상태이다. 〈보기〉는 모든 도형이 삼각형이고 한 덩어리로 연결되어 있으므로 A에 속한다.

27 나열형 규칙을 적용하여 도형 추리하기

| 정답 | ②

| 해설 | 정육면체의 색이 칠해진 면에 따른 규칙은 다음과 같다.

- : 색 반전

- : 반시계 방향 90° 회전(−90°)

- : 상하 대칭

- : 좌우 대칭

- : 시계 방향 90° 회전(90°)

30 시각적 형상화 규칙 찾기

| 정답 | ④

| 해설 | 색이 채워져 있는 도형을 기준으로 보았을 때 A, B, C에는 규칙성이 없다. 따라서 이는 분류 기준으로 볼 수 없다. 또 직선보다 위/아래에 위치한 도형의 배치를 기준으로 보더라도 특별한 규칙성이 없으므로 이 또한 분류 기준으로 볼 수 없다. 따라서 〈보기〉의 도형은 A, B, C 중 어느 그룹에 속한다고 말할 수 없다.

✎ 파트4 공간지각능력

👨 1장 전개도

▸ 문제 386쪽

01	③	02	①	03	⑤	04	④	05	⑤
06	②	07	②	08	②	09	②	10	⑤
11	④	12	②	13	②	14	③	15	②
16	⑤	17	④	18	②	19	①	20	②
21	②								

01 전개도 일반 | 다른 전개도 찾기

| 정답 | ③

| 해설 | ③, ④의 비행기 윗면에 오는 그림이 서로 다르므로 인접하는 부분을 표시하고 비행기를 기준으로 삼아 윗면의 모양이 다른 하나를 찾는다.

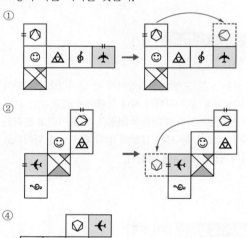

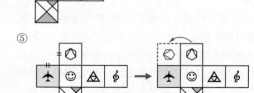

따라서 ③은 다음과 같이 수정해야 같아진다.

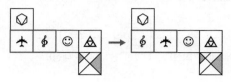

02 전개도 일반 | 다른 전개도 찾기

| 정답 | ①

| 해설 | ①, ②에서 ▲과 ♣의 붙는 모양이 서로 다르므로 ♣를 기준으로 하여 ▲의 모양이 다르게 붙는 것을 찾는다.

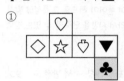

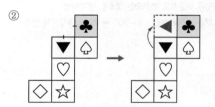

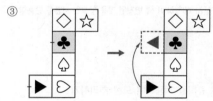

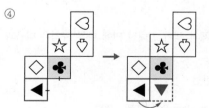

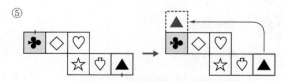

따라서 ①의 모양은 다음과 같이 수정해야 같아진다.

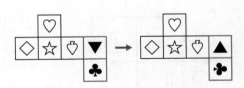

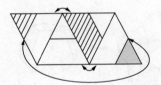

03 `전개도 일반` 전개도와 일치하지 않는 도형 고르기

| 정답 | ⑤

| 해설 | 다음과 같이 바뀌어야 한다.

04 `전개도 일반` 전개도와 일치하지 않는 도형 고르기

| 정답 | ④

| 해설 | 전개도를 접었을 때 서로 만나게 되는 모서리를 표시하면 다음과 같다.

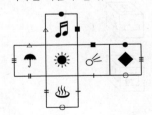

④는 윗면과 왼쪽 면의 방향이 잘못되었다. 즉,

이 으로 되어야 한다.

05 `전개도 일반` 전개도와 일치하지 않는 도형 고르기

| 정답 | ⑤

| 해설 | 전개도상에서 접었을 때 서로 인접하게 되는 면을 생각해본다. 2개 면만 살피면 되므로 쉽게 찾을 수 있다.

| 오답풀이 |

넓은 면을 기준으로 볼 때 ①, ④의 경우 왼쪽에 이

와야 하고, ②는 , ③은 이 와야 한다.

06 `전개도 응용` 입체도형의 전개도 찾기

| 정답 | ②

| 해설 | 우선 정팔면체로 만들어지는지 아닌지를 판단한다. ②의 변과 변이 만나는 것은 다음 그림과 같다.

| 오답풀이 |

①, ③은 옳지 않다.

④, ⑤는 만들어지지만 ×표 면의 모양이 맞지 않는다.

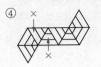

07 `전개도 응용` 전개도와 일치하는 도형 고르기

| 정답 | ②

| 해설 | 전개도를 접어 입체도형을 만들 때, 도형의 가운데 면(1면)을 중심으로 주변에 오는 도형을 잘 살펴본다.

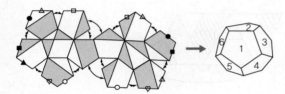

| 오답풀이 |

①은 3면과 5면이 각각 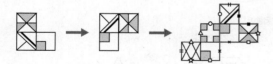와 ▱이 되어야 한다.

③은 3면이 ⬠이 되어야 한다.

④는 5면이 ⬠이 되어야 한다.

⑤는 1면과 5면의 모양이 서로 인접할 수 없다.

08 전개도 일반 입체도형의 전개도 찾기

| 정답 | ②

| 해설 | 도형을 다음과 같은 전개도 모양으로 펼쳤을 때 도형의 인접한 세 변의 위치를 표시한다. ◩을 중심으로 ■로 연결되는 형태이다.

보충 플러스+

> 도형의 3면 중 하나를 기준으로 연결되는 면을 찾도록 하고, 인접하여 연결되는 면이 있으면 그것을 중심으로 찾으면 된다. 여기에서는 도형의 모양을 옆면 → 앞면, 윗면 → 윗면, 앞면 → 왼쪽 옆면으로 돌려놓고 선택지의 모양으로 생각하면 쉽다.

09 전개도 응용 주사위 윗면 찾기

| 정답 | ②

| 해설 | 전개도를 접었을 때 서로 만나게 되는 모서리를 표시하면 다음과 같다.

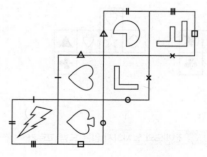

따라서 주사위 윗면의 모습은 이다.

10 전개도 응용 전개도 접어 회전하기

| 정답 | ⑤

| 해설 | 각 전개도를 ☺ 면이 앞에 오도록 접었을 때의 모양과 주어진 방향과 횟수로 회전했을 때의 모양을 살펴보면 다음과 같다.

· (가) :

· (나) :

· (다) :

11 전개도 응용 전개도 접어 회전하기

| 정답 | ④

| 해설 | · (가) :

· (나) :

· (다) :

12 전개도 응용 | 보이지 않는 면 추측하기

| 정답 | ②

| 해설 | [그림 1]을 접으면 다음과 같다(괄호는 밑면의 색이다).

(黑)

[그림 2]의 윗단과 아랫단을 같은 모양으로 나타내면 다음과 같다. a에서 보이지 않는 면은 靑의 마주보는 면뿐이고, e에서 보이지 않는 면은 윗면 黑과 정면 赤을 제외한 전부이다. 따라서 아래에서 ○ 표시된 면이 어디에서도 보이지 않는 면이다.

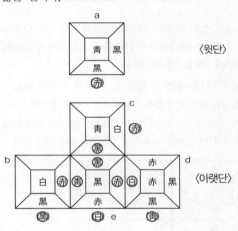

13 전개도 응용 | 주사위의 합 구하기

| 정답 | ②

| 해설 | 4개의 주사위를 다음과 같이 A, B, C, D라 한다.

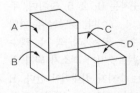

전개도에서 마주 보는 면에 있는 점의 합은 어떤 것이든 7이 되기 때문에 마주보는 두 면은 모두 겉에서 보이는 점의 개수 합이 7이므로, A ~ D에서 보이는 면 중 마주 보는

두 면이 모두 보이는 것과 한 면만 보이는 것을 구분하여 표시하면 다음과 같다.

주사위 각각의 보이는 면에 있는 점의 수와 변화하는 점의 최대, 최소수를 정리하면 다음 표와 같다.

주사위	보이는 부분		불확정 부분		
	면의 수	점의 수	면	최소	최대
A	5면	$7+7+a$	a	1	6
B	3면	$7+b$	b	1	6
C	3면	$c_1+c_2+c_3$	c_1, c_2, c_3	1, 2, 3	4, 5, 6
D	4면	$7+d_1+d_2$	d_1, d_2	1, 2	5, 6
계	확정	$7\times4=28$	불확정	11	38

따라서 최대가 될 때 점의 수는 $28+38=66$, 최소가 될 때 점의 수는 $28+11=39$이다.

14 전개도 응용 | 주사위의 특정 값 곱하기

| 정답 | ③

| 해설 | 우선 가장 오른쪽 주사위의 5면도를 그리면 다음과 같다.

또한, 다른 주사위에서 1과 3, 3과 4, 4와 2, 2와 6은 변이 접하는 것을 알 수 있다. 즉, 2는 4, 6과 면이 이웃해서 만나고 있기 때문에 마주보는 면 a는 4나 6이 되지 않는다. 그러므로 a=1이 된다.
같은 이유로 3과 1, 4는 면이 이웃하고 있기 때문에 b=6이 된다.

(4) ── 밑면

이것을 문제의 주사위에 표시해 보면 다음과 같다(괄호는 밑면의 숫자이다).

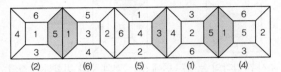

(2)　(6)　(5)　(1)　(4)

따라서 접하는 면에 있는 숫자 중 홀수만 곱하면 $5 \times 1 \times 3 \times 5 \times 1 = 75$이다.

15 전개도 응용 전개도 접어 회전하기

| 정답 | ②

| 해설 | • (가) :

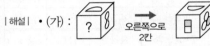

• (나) :

• (다) :

16 전개도 응용 전개도 접어 회전하기

| 정답 | ⑤

| 해설 | • A :

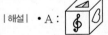

• B :

• C :

17 전개도 응용 주사위의 합 구하기

| 정답 | ④

| 해설 | 6개의 주사위를 3개씩 나눠 A ~ F로 표시한다.

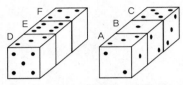

각각의 마주 보는 면의 눈의 합이 7이므로, A ~ C 주사위는 위에서 볼 때 다음과 같다.

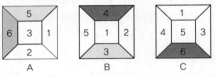

A　　　　B　　　　C

맞닿는 면의 합이 짝수가 되어야 하므로 B의 A와 맞닿는 면은 1, 3, 5 중 하나이지만 1은 윗면, 5는 2의 반대편에 있기 때문에 3임을 알 수 있다.

다음으로 C의 B와 맞닿는 면은 2, 4, 6 중 하나이지만, 2는 밑면, 4는 3의 반대편에 쓰이고 있기 때문에 6이 된다.

D의 A와 맞닿는 면은 2, 4, 6 중 하나이지만 2는 5의 반대편, 4는 3의 반대편에 사용되고 있기 때문에 6이 된다.

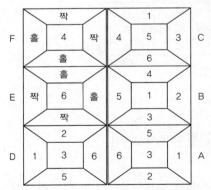

그림에서 주사위 F에 들어갈 숫자는 {1, 2, 5, 6}이며, 주사위 E에 들어갈 숫자는 {2, 3, 4, 5}이다. 맞닿는 두 면의 합이 짝수가 되기 위해서는 홀수는 홀수끼리, 짝수는 짝수끼리 맞닿아야 한다. 이때 맞닿는 숫자가 최소가 되기 위해서는 E와 F에서 맞닿지 않는 숫자가 최대여야 한다. E에서 맞닿지 않는 숫자는 짝수 하나이므로 4, F에서 맞닿지 않는 숫자는 홀수와 짝수 하나씩이므로 각각 5, 6이 된다. 따라서 6개의 주사위 면의 점을 그림으로 정리하면 다음과 같다.

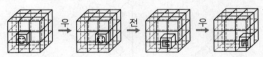

따라서 맞닿아 있는 면의 숫자를 모두 더하면

$(6+5)+(5+4+3)+(4+6)+(2+6)+(5+2+3)+(1+2)$
$=54$이다.

18 전개도 응용 정육면체 이동하기

| 정답 | ②

| 해설 | A의 위치에서 B의 위치로 이동하려면 전으로 1번, 우로 2번 움직여야 하므로 ④, ⑤는 답이 될 수 없다.

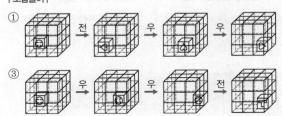

| 오답풀이 |

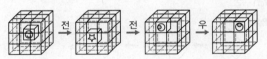

19 전개도 응용 정육면체 이동하기

| 정답 | ①

| 해설 | A의 위치에서 B의 위치로 이동하려면 전으로 2번, 우로 1번 움직여야 하므로 ②, ④는 답이 될 수 없다.

20 전개도 응용 정육면체 이동하기

| 정답 | ②

| 해설 | A의 위치에서 B의 위치로 이동하려면 후로 1번, 좌로 2번 움직여야 하므로 ①, ③은 답이 될 수 없다.

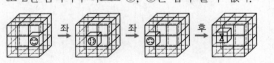

21 전개도 응용 정육면체 이동하기

| 정답 | ②

| 해설 | A의 위치에서 B의 위치로 이동하려면 후로 1번, 우로 2번 움직여야 하므로 ② 이외에는 답이 될 수 없다.

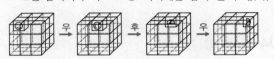

2장 종이접기

▸문제 408쪽

01	④	02	③	03	⑤	04	⑤	05	③
06	②	07	①	08	①	09	②	10	②
11	⑤	12	①	13	③	14	①	15	①
16	④	17	④	18	③	19	③	20	①
21	②	22	②						

01 펀칭 펼친 그림 찾기

| 정답 | ④

| 해설 |

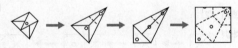

02 편칭 펼친 그림 찾기

| 정답 | ③

| 해설 |

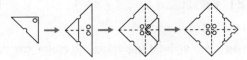

03 편칭 펼친 그림 찾기

| 정답 | ⑤

| 해설 |

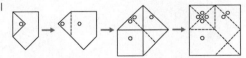

04 편칭 펼친 그림 찾기

| 정답 | ⑤

| 해설 |

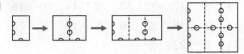

05 편칭 펼친 그림 찾기

| 정답 | ③

| 해설 |

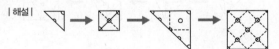

06 편칭 펼친 그림 찾기

| 정답 | ②

| 해설 |

07 자르기 펼친 그림 찾기

| 정답 | ①

| 해설 | d에서 c, b, a로 펼치는 과정을 생각해 본다. 이 문제의 경우에는 중간 그림이 있으므로, 그것의 잘린 부분을 그려 본다. 펼쳤을 때, 접은 선을 중심으로 한 선대칭 형태가 되는 것이 기본이다. b까지 그리면, 원래 도형의 변과 펼쳐서 생긴 도형의 선이 평행이 되는지 수직이 되는지를 생각하며 답을 고를 수 있다.

1. d → c로 펼친 경우의 잘린 부분을 그린다.

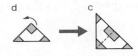

2. c → b로 펼친 경우의 잘린 부분을 그린다.

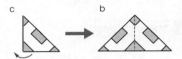

3. b → a로 펼친 경우의 잘린 부분을 그린다.

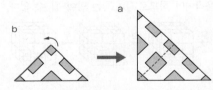

따라서, 3.의 a에서 색칠된 부분을 제거하면 ①이 옳다.

08 자르기 펼친 그림 찾기

| 정답 | ①

| 해설 |

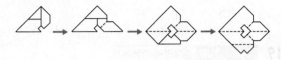

09 자르기 펼친 그림 찾기

| 정답 | ②

| 해설 |

10 자르기 펼친 그림 찾기

| 정답 | ②

| 해설 |

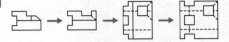

11 자르기 뒷면 모양 찾기

| 정답 | ⑤

| 해설 | 가로축을 중심으로 뒤집으면 다음과 같다.

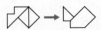

보충 플러스+

더 나아가 이를 접힌 순서대로 펼치면 아래와 같다.

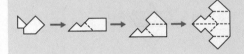

12 자르기 펼친 그림 찾기

| 정답 | ①

| 해설 | 종이를 접은 역순으로 펼치면서 그림의 모양을 확인한다. 이때, 펼칠 때마다 접혔던 부분을 점선으로 표시하면 자른 모양을 확인하기 쉽다.

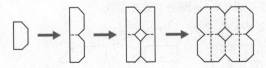

13 자르기 펼친 그림 찾기

| 정답 | ③

| 해설 | 마지막 그림에서 역순으로 펼치면서 색칠해진 부분을 접은 선을 축으로 하여 서로 대칭이 되게 그려 가며 찾으면 된다.

14 자르기 펼친 그림 찾기

| 정답 | ①

| 해설 |

15 앞뒷면 유추 접은 면 유추하기

| 정답 | ①

| 해설 | 선택지의 그림은 문제의 마지막 그림을 밖으로 접은 후 뒤집은 뒷면의 모양임을 알 수 있다. 뒷면의 모양을 접은 순서별로 살펴보면 다음과 같다.

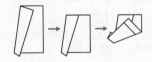

16 앞뒷면 유추 접은 면 유추하기

| 정답 | ④

| 해설 | 1. 앞에서 본 모양

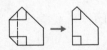

2. 뒤에서 본 모양(접는 순서별)

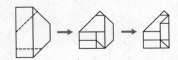

17 앞뒷면 유추 접은 면 유추하기

|정답| ④

|해설| 1. 앞에서 본 모양

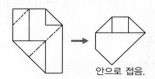

안으로 접음.   밖으로 접음.

2. 뒤에서 본 모양

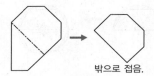

밖으로 접음.   안으로 접음.

18 앞뒷면 유추 접은 면 유추하기

|정답| ③

|해설| 1. 앞에서 본 모양

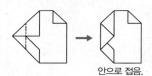

안으로 접음.   밖으로 접음.

2. 뒤에서 본 모양

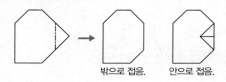

밖으로 접음.   안으로 접음.

19 앞뒷면 유추 접은 면 유추하기

|정답| ③

|해설| 1. 앞에서 본 모양

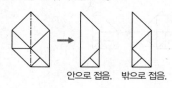

안으로 접음.   밖으로 접음.

2. 뒤에서 본 모양

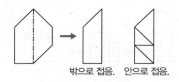

밖으로 접음.   안으로 접음.

20 앞뒷면 유추 접은 면 유추하기

|정답| ①

|해설| 선대칭이 되도록 순서를 그려 보면 다음과 같다.

• 1에서 접었을 때 :

• 2에서 접었을 때 :

• 좌우대칭이 되는 선을 접었을 때 :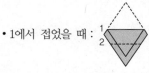

21 앞뒷면 유추 접은 면 유추하기

|정답| ②

|해설| 앞면과 뒷면에서 볼 수 있는 모양을 생각해 본다.
이를 그림으로 나타내면 다음과 같다.

1. 앞에서 본 모양

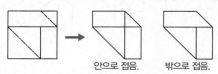

안으로 접음.   밖으로 접음.

2. 뒤에서 본 모양

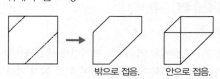

밖으로 접음.   안으로 접음.

22 앞뒷면 유추 접은 면 유추하기

| 정답 | ②

| 해설 | 앞면과 뒷면에서 볼 수 있는 모양을 생각해 본다.
이를 그림으로 나타내면 다음과 같다.

1. 앞에서 본 모양

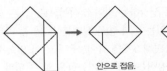

안으로 접음.   밖으로 접음.

2. 뒤에서 본 모양

밖으로 접음.   안으로 접음.

3장 블록

▶ 문제 428쪽

01	④	02	②	03	③	04	②	05	①
06	①	07	②	08	①	09	①	10	④
11	②	12	④	13	①	14	④	15	④
16	④	17	①	18	③	19	①	20	②
21	③	22	①	23	⑤	24	③		

01 블록결합 나올 수 없는 형태 고르기

| 정답 | ④

| 해설 | 먼저 두 블록의 개수를 합하고, 이것과 비교하여 선
택지의 블록 개수 중 그 수가 다른 것을 찾는다. 이 방법으
로 찾지 못할 경우에는 각 선택지에서 주어진 블록이 알맞
게 들어간 형태를 찾아 소거하면 된다.
④는 색으로 색칠된 부분이 제거되어야 한다.

| 오답풀이 |

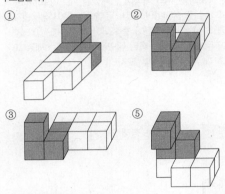

보충 플러스+

이 문제에서 두 블록의 개수를 합하면 총 9개이다. 각 선택
지를 확인해 보면 합쳐진 블록의 수가 ①·②·③·⑤는 9
개이고, ④는 숨겨진 블록까지 합하여 10개이므로 이것이 답
이 됨을 알 수 있다(숨겨진 블록을 세지 않아 9개라 하더라
도 두 블록의 조합으로 나올 수 없는 형태임).

02 블록결합 블록 조합하여 정육면체 만들기

| 정답 | ②

| 해설 | 제시된 블록이 뒤집어진 상태에서 생각해야 한다.
주어진 블록과 합쳐지게 되는 정육면체와 그것을 각 단별
로 분할한 모양은 다음과 같다.

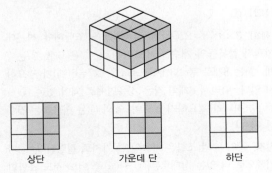

상단   가운데 단   하단

03 블록결합 나올 수 있는 형태 고르기

|정답| ③

|해설|

04 블록결합 나올 수 있는 형태 고르기

|정답| ②

|해설|

05 블록결합 블록 조합하여 정육면체 만들기

|정답| ①

|해설| 3×3×3=27(개)의 정육면체를 조합해야 하는데 선택지 블록들의 개수를 세보면 ①～③은 6개, ④는 7개, ⑤는 8개로 총 33개이므로 33-27=6(개)가 필요하지 않다. 따라서 6개의 작은 정육면체로 되어 있는 ①～③ 중 하나가 필요하지 않으며, ④와 ⑤는 사용하는 것이 결정된다.

먼저, ④와 ⑤의 조합은 다음의 한 가지로 결정된다. ⑤가 위쪽으로 떠 있는 상태로는 ①～③ 중 어느 것도 조합할 수 없으므로 그림에서처럼 ①～③ 중 양쪽 두 군데에 맞는 것을 골라야 한다.

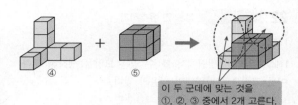

이 두 군데에 맞는 것을 ①, ②, ③ 중에서 2개 고른다.

큰 조각을 우선하여 생각하는 것이 정석이므로, 작은 정육면체 3개가 늘어서 있는 ①과 ③을 살펴본다. 둘 중 하나를 사용하면 작은 정육면체 3개를 늘어놓을 공간이 없어지므로 ①과 ③ 모두 사용하는 것은 불가능함을 알 수 있다. 그러므로 ②는 확실하게 사용되고 놓여지는 위치는 다음과 같다.

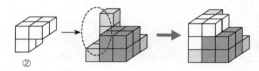

동그라미 친 부분에 ②를 회전시킨 블록을 끼우면 딱 맞물리고, 오른쪽 위 그림과 같이 나타난다. 이에 따라 마지막으로 남은 부분에는 ③이 들어가게 된다는 것을 알 수 있다. 이를 끼워 넣으면 다음과 같이 정육면체가 완성된다.

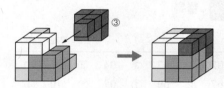

따라서 ①이 불필요하다.

06 블록결합 나올 수 없는 형태 고르기

|정답| ①

|해설| ① 이외의 선택지는 다음과 같이 결합할 수 있다.

②   ③

④   ⑤

07 블록결합 나올 수 없는 형태 고르기

| 정답 | ②

| 해설 | ② 이외의 선택지는 다음과 같이 결합할 수 있다.

①   ③

④   ⑤

08 블록결합 세 입체도형 결합하기

| 정답 | ①

| 해설 | 다음과 같이 결합할 수 있다.

보충 플러스+

왼쪽의 입체도형의 블록의 개수는 총 9개이다. 두 번째와 세
번째 입체도형의 블록의 개수가 각각 4개, 2개이므로 나머지
블록의 개수는 3개임을 알 수 있다. ①만 블록의 개수가 3개
이므로 답을 쉽게 알 수 있다.

09 블록결합 세 입체도형 결합하기

| 정답 | ①

| 해설 | 다음과 같이 결합할 수 있다.

10 블록분리 제거 후 남은 블록 모양 찾기

| 정답 | ④

| 해설 | (A)에서 (B)를 분리하면 아래의 색칠된 부분이 남
는다.

11 블록분리 제거 후 남은 블록 모양 찾기

| 정답 | ②

| 해설 | (A)에서 (B)를 분리하면 아래의 색칠된 부분이 남
는다.

12 블록분리 제거 후 남은 블록 모양 찾기

| 정답 | ④

| 해설 | (A)에서 (B)를 분리하면 아래의 색칠된 부분이 남
는다.

13 블록분리 제거 후 남은 블록 모양 찾기

| 정답 | ①

| 해설 | (A)에서 (B)를 분리하면 아래의 색칠된 부분이 남
는다.

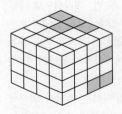

14 블록회전 회전 후 절단면 찾기

| 정답 | ④

| 해설 | 우선 큐브를 각각 차례대로 회전시키면 다음과 같다. 그리고 이렇게 회전시킨 큐브를 위쪽에서 점선을 따라 바닥과 수직이 되게 자른 후 우측에서 바라보면 마지막 그림과 같은 절단면이 나타난다.

1. 세로 오른쪽 축의 면을 앞으로(아래로) 270° 회전

2. 세로 가운데 축의 면을 뒤로(위로) 90° 회전

3. 가로 맨 아래 축 면을 왼쪽(시계방향)으로 180° 회전

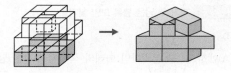

15 블록회전 회전 후 위에서 본 모양 찾기

| 정답 | ④

| 해설 |

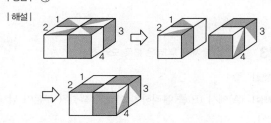

[그림 1]을 보면 흰색 두 면, 컬러 두 면, 대각선으로 나누어진 두 면은 각각 서로 마주 보고 있다. [그림 2]에서 오른쪽 방향으로 90° 회전시키면 3 · 4블록의 오른쪽 면과 마주하는 면이 윗면으로 나오기 때문에 4블록의 윗면이 흰색, 3블록의 윗면이 컬러가 된다.

또한 '접하는 면은 모두 다른 모양'이라는 조건에 의해서 1 · 2블록의 접해있는 면의 모양은 2블록이 컬러, 1블록이

흰색이 된다(대각선으로 나뉜 면은 윗면과 밑면이기 때문에 측면은 될 수 없다). 그러므로 [그림 3]의 상태에서 왼쪽 두 블록을 오른쪽 방향으로 90° 회전시키면, 1 · 2블록의 오른쪽 면과 마주하는 면이 윗면으로 나와 2블록의 윗면이 컬러, 1블록의 윗면이 흰색이 된다. 따라서 최종적으로 쌓은 나무를 위에서 본 그림은 ④가 된다.

16 블록분리 남은 정육면체 개수 구하기

| 정답 | ④

| 해설 | 주어진 도형을 가장 위쪽부터 차례로 슬라이스하여 뚫어지는 부분에 색을 칠하면 다음과 같다.

1. X 방향부터(맨 위에서부터 아래쪽 방향으로) 앞쪽에서 안쪽으로 색칠해서 지워 가면 각 단은 다음과 같이 전부 같은 부분이 색칠된다.

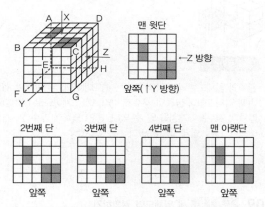

2. Y 방향에서(앞쪽에서 안쪽으로) 색칠하면서 지워 가면 각 단은 다음과 같이 □의 부분이 칠해진다(단, 1.에서 이미 칠해져 있는 ■ 부분은 그대로 두도록 한다).

※ Y 방향에서는 가장 윗단과 3번째 단에서는 색칠해진 부분이 없다.

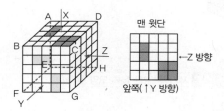

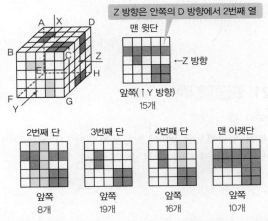

앞쪽의 Y 방향부터는 왼쪽부터 2번째와 3번째를 칠한다.

3. 마지막 Z 방향(오른쪽에서 왼쪽)으로 칠하면 각 단은 다음과 같이 ■ 부분이 칠해지게 된다(단, 1., 2.에서 칠해진 부분은 그대로 둔다).

Z 방향은 안쪽의 D 방향에서 2번째 열

각 단에 대해서 색칠해져 있지 않은 부분이 남은 부분이므로 이 부분에 대한 개수를 세면 된다.

따라서 이를 모두 합하면 15+8+19+16+10=68(개)가 된다.

17 블록분리 남은 입체도형의 개수 구하기

| 정답 | ①

| 해설 | 처음의 3×3×3 정육면체를 3단으로 잘라 어느 정육면체를 빼냈는지 표시한다. 또한 구하는 것은 남은 입체도형의 최소 개수이므로, 빼낼 수 있는 것은 전부 제거하도록 한다.

1. [그림 1]에서 정면 오른쪽 위 두 단, 중앙의 최상단은 빼내는 것이 가능하므로 × 표시를 한다.

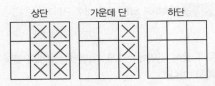

2. 다음으로 [그림 2]에서 최상단의 앞(a쪽) 2열에도 × 표시를 한다.

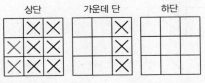

3. 구하는 것은 남은 입체도형의 최소 개수이므로, 더 빼낼 수 있는 것은 전부 제거해야 한다. 이에 따라 다음과 같이 × 표시를 할 수 있다.

하단에 남은 1개는 3곳 중 어디든 가능하다.

따라서 남은 입체도형의 개수는 × 표시가 없는 8개가 된다.

보충 플러스+

이 문제 속 남은 입체도형의 최소 개수의 모양은 다음의 왼쪽 그림과 같다.
오른쪽 그림은 단면도는 일치하나 입체도형의 최소 개수가 아니라는 점에 유의한다.

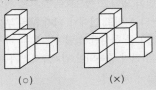

(○)   (×)

18 블록 개수 특정 층의 블록 개수 구하기

| 정답 | ③

| 해설 | 밑면에 나타난 수는 각 칸의 블록의 수를 나타내며 이것은 곧 각 칸의 층수가 된다. 3층 이상은 모두 7칸이므로, 3층에 있는 블록의 수는 7개가 된다.

19　블록 개수　접촉하고 있는 블록 개수 구하기

|정답| ①

|해설| 다음과 같이 밑면에는 1개, 윗면에는 2개의 블록과 직접 접촉하고 있다.

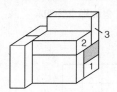

20　블록결합　바닥에 접하는 입체도형의 수 구하기

|정답| ②

|해설| 1. 부피가 가장 크고, 넣는 방법이 한정돼 있는 A부터 생각한다. 'A의 바닥은 다른 입체도형의 면과 두 면 접한다'라는 두 번째 조건에 따르면, A는 바닥에 접해 있지 않으므로 상단과 가운데 단에 있음을 알 수 있다.

상단			가운데 단			하단		
A	A		A	A				
A	A		A	A				

> 여기에는 A가 없다!

> 상단, 가운데 단의 A는 작은 정육면체 1개가 4개의 구석에 접하므로 이들 자리 중 어디든 괜찮지만, 여기에서 일단 왼쪽 아래의 구석으로 배치한다.

2. C는 3개의 작은 정육면체로 구성되어 있고, 세 번째 조건에서 A와 접하는 면이 없다고 했으므로 오른쪽 위의 칸에 서 있거나, 하단의 A 바로 아래가 되지 않는 부분에 누워있을 것이다. 이 중 하나만 성립하는데 두 가지에서 하단 오른쪽 위의 칸이 중복되어 겹치므로 C가 이 자리로 들어가는 것은 확실하다.

상단			가운데 단			하단		
		C			C			C
A	A		A	A				
A	A		A	A				

3. 그렇다면 A의 바닥과 두 면 접해 있는 것은 B임을 알 수 있다(네 번째 조건에서 A와 D는 한 면 접해 있고, C 때문에 D와 B에서 두 면(각각 한 면씩) 접하는 것은 불가능하므로). 여기에서 C가 오른쪽 위 칸에 서 있는 것이 확정되므로 그 모양을 그리면 다음과 같이 된다.

상단			가운데 단			하단		
		C			C	B	B	C
A	A		A	A			B	B
A	A		A	A	D			D

또는

상단			가운데 단			하단		
		C		D	C	D		C
A	A		A	A			B	B
A	A		A	A			B	B

> 칠해진 부분의 B는 A와 2개의 면이 접해 있다.

따라서 상자의 바닥에 접한 작은 정육면체의 개수는 C 1개, D 1개이다.

21　블록결합　정육면체 만들기

|정답| ③

|해설| 앞면에 2개, 뒷면에 2개, 왼쪽 면에 5개, 오른쪽 면에 6개, 윗면에 10개이므로 총 25개이다.

22　블록결합　정육면체 만들기

|정답| ①

|해설| 제시된 그림에서 정육면체를 만들려면 5×5×5＝125(개)의 블록이 필요하다. 현재 그림의 블록의 개수는 24개이므로 101개의 블록이 추가로 더 있어야 한다.

23　블록 개수　3개의 면을 칠한 블록 개수 구하기

|정답| ⑤

|해설| 3개의 면이 칠해지는 블록은 다음과 같다.

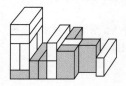

www.gosinet.co.kr **gosinet**

권두 부록

파트 1

파트 2

파트 3

파트 4

파트 5

24 블록 개수 | 변화하는 블록 개수 구하기

| 정답 | ③

| 해설 | 첫 번째 블록 수 : 1개

두 번째 블록 수 : (1+4)개

세 번째 블록 수 : (1+4+4)개

즉, 4개씩 늘어가고 있으므로 네 번째에 올 모양을 만들려면 1+4+4+4=13(개)가 필요하다.

4장 투상도

▶ 문제 448쪽

01	③	02	②	03	④	04	④	05	①
06	⑤	07	②	08	④	09	③	10	①
11	④	12	③	13	①	14	⑤	15	⑤
16	②	17	③	18	⑤	19	②	20	①
21	③	22	③	23	⑤	24	③	25	⑤

---

01 투상도 | 입체도형 찾기

| 정답 | ③

| 해설 | 화살표 방향을 (가)면으로 잡고 그림자를 보면 오른쪽 그림과 같다.

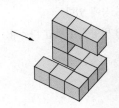

| 오답풀이 |

①

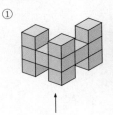

---

②

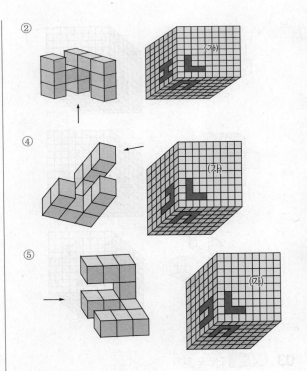

---

02 투상도 | 입체도형 찾기

| 정답 | ②

| 해설 | 화살표 방향을 (가)면으로 잡고 그림자를 보면 오른쪽 그림과 같다.

| 오답풀이 |

①

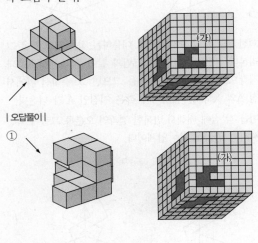

③

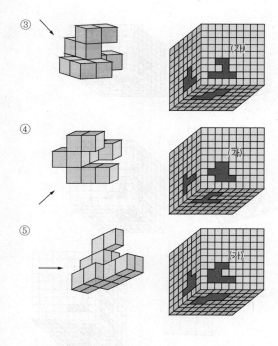

④

⑤

그런데 여기에서 회전축과 절단면을 보면, 회전시킴으로써 빈 공간이 되는 부분이 있다. 그곳에 색을 칠하고 (그림 a), 이를 회전시켜서 만들어진 입체에도 적용하면 안쪽에 빈 공간이 만들어진다(그림 b). 따라서 옳은 단면도는 ④이다.

03 투상도 단면도 찾기

| 정답 | ④

| 해설 |

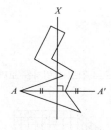

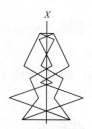

회전축을 선 대칭의 축으로 대응하는 점을 찍고 선을 그려본다. 예를 들어 왼쪽 그림과 같이 점 A에서 X축과 직각으로 교차하도록 직선을 그으면 그 수직선 위에서 점 A와 X축 간의 거리와 같은 지점인 A′가 나온다.

이를 각 점에 대해서 반복한 결과인 오른쪽 그림이 회전시켜서 만들어지는 입체이다.

a

b

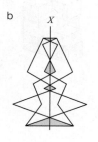

04 투상도 바라본 방향에 따른 단면 찾기

| 정답 | ④

| 해설 | 1. 생각하기 쉽도록 고안한다.

정사각기둥의 구멍이라고 생각하면 이해하기 힘드므로 절단이 불가능한 색이 칠해진 정사각기둥을 넣었다고 가정한다. 정육면체를 abc 면에서 잘랐다고 해도, 색칠한 정사각기둥은 잘리지 않고 남아 있어 생각하기 쉽다.

2. 삼각뿔 부분을 제거한다.

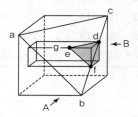

먼저 abc로 잘라낼 때, abc 면과 사각기둥이 부딪치는 부분을 생각한다. 오른쪽 그림에서 d, f는 bc상에있으므로 abc와 같은 평면 위에 있다. 다음에 d를 지나고 ac에 평행한 직선을 그어 정사각기둥의 변 g와의 교점을 e로 한다. 여기에서 e도 abc상에 있다.

따라서 edf 부분을 A 방향과 B 방향에서 보면 다음과 같이 보인다.

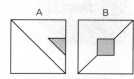

05 투상도 | 투영된 모양 찾기

|정답| ①

|해설|

1. 좌측 원판을 반시계 방향으로 300° 회전

(A → ◁)

2. 우측 원판을 시계 방향으로 120° 회전

(X → ⅄)

우측 원판을 정면으로 하여 보면 우측 원판에 투영되어 보이는 좌측 원판은 그림상의 모양 그대로가 아닌 뒷면으로 보이므로 ◁가 좌우 반전되어 ▷로 투영되어 보일 것이다. 따라서 답은 ▷와 ⅄를 겹인 모양인 ⅄가 된다.

보충 플러스+

1. 좌우 원판의 회전 각도에 따라 칸 안에 쓰여 있는 숫자도 회전한다.
   예 좌측 원판을 시계 방향으로 90° 회전하고, 우측 원판을 반시계 방향으로 90° 회전한다.

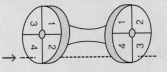

1	▷
2	◐
3	△
4	⊖

2. 문제에서 지정된 화살표 방향의 점선이 관통하는 칸의 숫자에 알맞은 도형을 오른쪽 표 안에서 찾는다(숫자가 회전한 각도만큼 도형도 회전한다).
   예 ４ = ◐, ⏀ = ◁.

3. 화살표 방향에서 점선을 따라 관통하여 바라보았을 때 뒤쪽에 있는 원판은 뒷면으로 투영되어 보이므로 해당 칸의 도형은 좌우를 반전 해주어야 한다.
   예

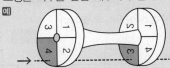

   ⏀이 투영되어 보이는 모습은 ⏀이므로 ◁를 좌우 반전하여 ◐와 ▷가 겹쳐진 모양을 찾아야 한다.
   그러므로 답은 ◐이 된다.

---

06 투상도 | 투영된 모양 찾기

|정답| ⑤

|해설| 1. 좌측 원판을 반시계 방향으로 216° 회전

(P → d)

2. 우측 원판을 시계 방향으로 72° 회전

(ㄱ → ㄴ)

좌측 원판을 정면으로 하여 보면 좌측 원판에 투영되어 보이는 우측 원판은 그림상의 모양 그대로가 아닌 뒷면으로 보이므로 ㄴ이 좌우 반전되어 ⅃로 투영되어 보일 것이다. 따라서 답은 d와 ⅃을 겹친 모양인 ⅊이 된다.

---

07 투상도 | 좌측면도 찾기

|정답| ②

|해설| 평면도를 통해 3단으로 나뉘어져 있으며, 정면도를 통해 입체도형에 서로 다른 경사면이 있음을 알 수 있다. 투상도에서 점선으로 그려져 있는 부분은 그 방향에서 보았을 때에는 숨겨져 있어 직접 볼 수 없는 부분을 나타내기 때문에 평면도의 경우 바로 앞에서 3단으로 나뉘어져 있는 부분 가운데, 제일 앞부분은 오른쪽 위에서 왼쪽 아래로 경사져 있으며, 가장 안쪽 부분은 왼쪽 위에서 오른쪽 아래로 경사져 있게 된다. 정면도의 외측은 직사각형이며 선이 그어져 있지 않으므로 평면도 중앙 부분은 직사각형이다. 해당 입체도형을 좌측면에서 본 그림은, 정면 바로 앞의 경사는 직접 보이나 가장 안쪽에 있는 부분의 경사는 직접 볼수가 없다. 따라서 좌측의 경사를 나타내는 선은 점선이 된다.

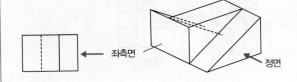

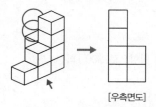

③ 우측면도가 일치하지 않는다.

[우측면도]

④ 정면도와 평면도가 일치하지 않는다.

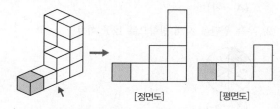

[정면도]　　[평면도]

⑤ 정면도와 우측면도가 일치하지 않는다.

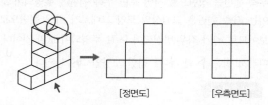

[정면도]　　[우측면도]

08　투상도　보이는 모양 찾기

| 정답 | ④

| 해설 | 원 스티커는 위쪽에 2장, 아래쪽에 2장 붙어 있다. 이것과 A의 방향, B의 방향에서 보이는 것을 생각해보면, 다음 그림과 같이 양쪽 방향에서 바라볼 때 위쪽, 아래쪽이 일치(교차)하는 부분에 원 스티커가 붙어 있다는 것을 알 수 있다. 따라서 4개의 원 스티커의 위치에 따라 정면에서 본 그림은 ④가 옳다.

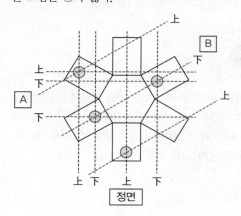

09　투상도　입체도형(블록) 찾기

| 정답 | ③

| 해설 | ①, ②, ④, ⑤는 모두 정면도가 일치하지 않는다.

11　투상도　입체도형(블록) 찾기

| 정답 | ④

| 해설 | 첫 번째 그림은 정면도, 두 번째 그림은 평면도, 세 번째 그림은 우측면도이다.

| 오답풀이 |

① 정면도와 평면도가 일치하지 않는다.

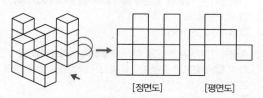

[정면도]　　[평면도]

② 정면도와 우측면도가 일치하지 않는다.

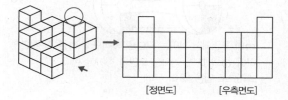

[정면도]　　[우측면도]

10　투상도　입체도형(블록) 찾기

| 정답 | ①

| 해설 | 첫 번째 그림은 정면도, 두 번째 그림은 평면도, 세 번째 그림은 우측면도에 해당한다.

| 오답풀이 |

② 정면도가 일치하지 않는다.

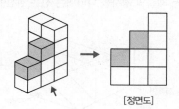

[정면도]

www.gosinet.co.kr

권두
부록

파트 1

파트 2

파트 3

파트 4

파트 5

③ 정면도가 일치하지 않는다.

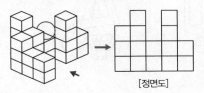

[정면도]

⑤ 우측면도가 일치하지 않는다.

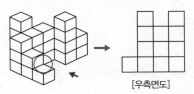

[우측면도]

12 투상도 입체도형(블록) 찾기

| 정답 | ③

| 해설 | 첫 번째 그림은 정면에서 본 투상도, 두 번째 그림은 위에서 내려다본 투상도, 세 번째 그림은 우측면에서 본 투상도이다.

| 오답풀이 |

① 정면과 우측면의 모양이 일치하지 않는다.

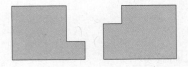

② 위에서 내려다본 모양과 우측면이 일치하지 않는다.

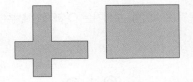

④ 정면의 모양이 일치하지 않는다.

⑤ 위에서 내려다본 모양과 우측면이 일치하지 않는다.

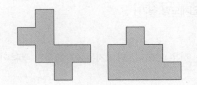

13 투상도 입체도형(블록) 찾기

| 정답 | ①

| 해설 | 첫 번째 그림은 정면에서 본 투상도, 두 번째 그림은 위에서 내려다본 투상도, 세 번째 그림은 우측면에서 본 투상도이다.

| 오답풀이 |

② 정면과 우측면의 모양이 일치하지 않는다.

③ 정면과 위에서 내려다본 모양이 일치하지 않는다.

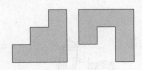

④ 위에서 내려다본 모양이 일치하지 않는다.

⑤ 정면의 모양이 일치하지 않는다.

14 투상도 입체도형 찾기

| 정답 | ⑤

| 해설 | 첫 번째 그림은 ⑤를 위에서 내려다본 투상도, 두 번째 그림은 정면 반대쪽에서 바라본 투상도, 세 번째는 우측면에서 본 투상도이다.

15 투상도 입체도형 찾기

| 정답 | ⑤

| 해설 | 일치하는 것은 ⑤이며, 나머지는 ○ 표시된 부분이
잘못되었다.

| 오답풀이 |

① ②

③ ④

④ ⑤

16 투상도 입체도형 찾기

| 정답 | ②

| 해설 | 일치하는 것은 ②이며, 나머지는 ○ 표시된 부분이
잘못되었다.

| 오답풀이 |

① ③

④ ⑤

18 투상도 입체도형 찾기

| 정답 | ⑤

| 해설 | 일치하는 것은 ⑤이며, 나머지는 ○ 표시된 부분이
잘못되었다.

| 오답풀이 |

① ②

③ ④

17 투상도 입체도형 찾기

| 정답 | ③

| 해설 | 일치하는 것은 ③이며, 나머지는 ○ 표시된 부분이
잘못되었다.

| 오답풀이 |

① ②

19 투상도 입체도형 찾기

| 정답 | ②

| 해설 | 일치하는 것은 ②이며, 나머지는 ○ 표시된 부분이
잘못되었다.

| 오답풀이 |

① ③

④ ⑤

20 투상도 입체도형 찾기

| 정답 | ①

| 해설 | 일치하는 것은 ①, 나머지는 ○ 표시된 부분이 잘못되었다.

| 오답풀이 |

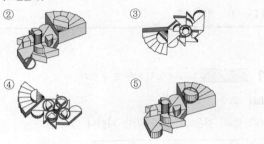

② ③

④ ⑤

21 투상도 입체도형 찾기

| 정답 | ③

| 해설 | 일치하는 것은 ③, 나머지는 ○ 표시된 부분이 잘못되었다.

| 오답풀이 |

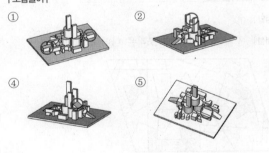

① ②

④ ⑤

22 투상도 입체도형 찾기

| 정답 | ③

| 해설 | 일치하는 것은 ③, 나머지는 ○ 표시된 부분이 잘못되었다.

| 오답풀이 |

① 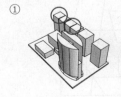 ②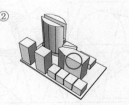

④ 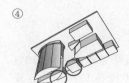 ⑤

23 투상도 입체도형 찾기

| 정답 | ⑤

| 해설 | 일치하는 것은 ⑤, 나머지는 ○ 표시된 부분이 잘못되었다.

| 오답풀이 |

① ②

③ ④

24 투상도 입체도형 찾기

| 정답 | ③

| 해설 | 일치하는 것은 ③이며, 나머지는 ○ 표시된 부분이 잘못되었다.

| 오답풀이 |

① 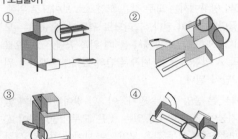 ②

④ 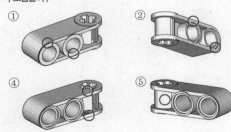 ⑤

25 투상도 | 입체도형 찾기

|정답| ⑤

|해설| A의 방향에서 오른쪽 끝단의 열에는 원기둥이 1단 밖에 보이지 않으므로, 이 열의 원기둥은 모두 1단이다. B, C, D 방향에서 보면 가로로 5열로 나란히 나열되어 보이게 되며, B의 방향에서 보면 오른쪽 끝단은 1단밖에 없고, C의 방향에서는 왼쪽 끝단이 1단, D의 방향에서는 오른쪽 끝단이 1단이 된다.

B, C, D의 방향에서는 모두 같은 모양으로 보이므로 왼쪽, 오른쪽 끝단이 1단이 된다. 그러므로 귀퉁이 네 군데는 모두 1단이다. 또한, A 방향에서 볼 때 왼쪽 끝단은 2단으로 보이므로, A 방향에서 본 왼쪽 끝단의 앞쪽부터 2번째 원기둥은 2단이 된다.

A 방향에서 본 중앙열에는 원기둥이 3단 쌓여진 위치가 있지만 원기둥이 2단 쌓여져 있는 곳은 모두 2군데뿐이고, B, C, D 방향에서 모두 같은 모양으로 보여야 하므로 색칠된 두 곳은 원기둥의 높이가 같아야 한다. 이 두 곳이 2단일 경우 원기둥이 2단 쌓인 곳이 총 3군데가 되므로 문제의 조건과 맞지 않는다. 색칠된 곳이 3단일 경우는 A 방향에서 본 중앙열의 두 번째 원기둥이 2단이 되고 문제의 조건이 성립한다.

따라서 이것을 E 방향에서 보면 왼쪽부터 3단, 2단, 3단이 되므로 답은 ⑤가 된다.

5장 조각모음

▸ 문제 470쪽

01	②	02	④	03	①	04	⑤	05	④
06	④	07	①	08	⑤	09	④	10	⑤
11	④	12	③						

01 도형분할 | 나타나 있지 않은 조각 찾기

|정답| ②

|해설| ②와 같은 모양의 조각은 나타나 있지 않다.

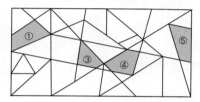

02 도형분할 | 나타나 있지 않은 조각 찾기

|정답| ④

|해설| ④와 같은 모양의 조각은 나타나 있지 않다.

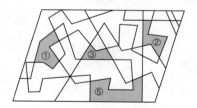

03 도형분할 | 나타나 있지 않은 조각 찾기

|정답| ①

|해설| ①과 같은 모양의 조각은 나타나 있지 않다.

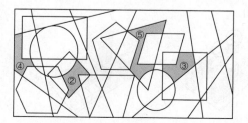

04 도형분할 나타나 있지 않은 조각 찾기

| 정답 | ⑤

| 해설 | ⑤와 같은 모양의 조각은 나타나 있지 않다.

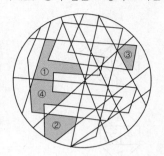

05 도형조합 조합 시 일치하는 도형 찾기

| 정답 | ④

| 해설 | 선택지의 그림에서 주어지지 않은 도형을 찾아 제외시키면 다음과 같다.

06 도형조합 조합 시 일치하는 도형 찾기

| 정답 | ④

| 해설 | 제시된 도형 중 가장 눈에 띄게 작은 모양이 있으므로 이를 중심으로 찾는다.

07 도형조합 조합 불가능한 도형 찾기

| 정답 | ①

| 해설 |

| 오답풀이 |

  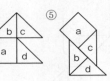

08 도형조합 조합 불가능한 도형 찾기

| 정답 | ⑤

| 해설 |

| 오답풀이 |

09 도형조합 조합 불가능한 도형 찾기

| 정답 | ④

| 해설 |

| 오답풀이 |

①   ②

③   ⑤

10 도형조합 조합 불가능한 도형 찾기

| 정답 | ⑤

| 해설 |

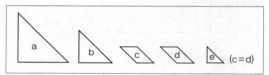

⑤

| 오답풀이 |

①   ②

③ 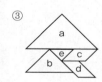 ④

11 도형조합 조합 불가능한 도형 찾기

| 정답 | ④

| 해설 |

④

| 오답풀이 |

①   ②

③   ⑤

12 도형조합 조합 시 일치하는 도형 찾기

| 정답 | ③

| 해설 | ③과 같은 모양의 조각은 나타나 있지 않다.

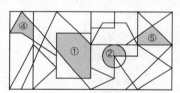

6장 도형회전

▶ 문제 484쪽

01	④	02	②	03	④	04	①	05	①
06	①	07	②	08	③	09	③	10	①
11	①	12	②	13	②	14	②	15	①
16	②	17	⑤	18	②	19	①	20	①
21	②	22	①	23	⑤	24	②		

01 평면회전 뒤집은 모양 찾기

| 정답 | ④

| 해설 | 아래로 뒤집은 모양(상하 대칭)은 다음과 같다.

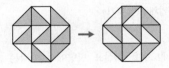

02 평면회전 회전한 모양 찾기

| 정답 | ②

| 해설 | 시계 방향으로 90° 회전한 모양은 다음과 같다.

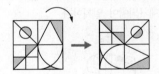

03 평면회전 회전한 모양 찾기

| 정답 | ④

| 해설 | 시계 방향으로 90° 회전한 모양은 다음과 같다.

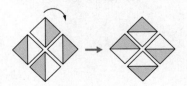

04 평면회전 회전한 모양 찾기

| 정답 | ①

| 해설 | 시계 방향으로 90° 회전한 모양은 다음과 같다.

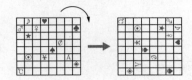

05 평면회전 회전한 모양 찾기

| 정답 | ①

| 해설 | 시계 방향으로 180° 회전한 모양은 다음과 같다.

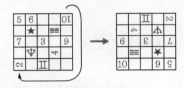

06 평면회전 뒤집은 후 회전한 모양 찾기

| 정답 | ①

| 해설 |

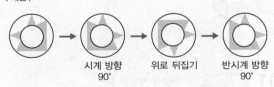

시계 방향 90° / 위로 뒤집기 / 반시계 방향 90°

07 평면회전 뒤집은 후 회전한 모양 찾기

| 정답 | ②

| 해설 |

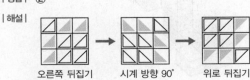

오른쪽 뒤집기 / 시계 방향 90° / 위로 뒤집기

08 평면회전 뒤집은 후 회전한 모양 찾기

| 정답 | ③

| 해설 | ①은 거울에 비친 형태이고, 이를 180° 회전시키면 ③이 된다.

09 평면회전 회전한 모양 찾기

| 정답 | ③

| 해설 | 시계 방향으로 180° 회전한 모양은 다음과 같다.

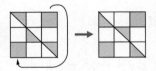

10 입체회전 일치하는 입체도형 찾기

| 정답 | ①

| 해설 | ①은 제시된 입체도형을 화살표 방향에서 바라본 모습이다.

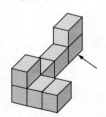

11 입체회전 일치하는 입체도형 찾기

| 정답 | ①

| 해설 |

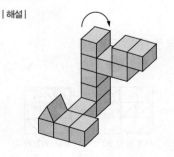

①은 제시된 입체도형을 180° 돌린 모습이다.

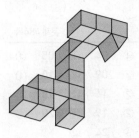

| 오답풀이 |

②는 삼각기둥의 위치를 확인해 보면 동일한 도형이 아님을 알 수 있다.

12 입체회전 회전한 입체도형 찾기

| 정답 | ②

| 해설 | ②는 제시된 입체도형을 화살표 방향에서 바라본 상태에서 반시계 방향으로 90° 회전시킨 것이다.

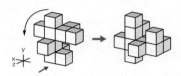

| 오답풀이 |

다른 입체도형은 점선 표시된 블록이 추가되거나 화살표가 가리키는(색칠된) 블록이 제거되어야 일치한다.

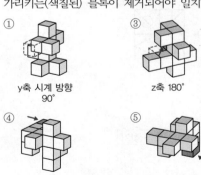

① y축 시계 방향 90° ③ z축 180° ④ z축 시계 방향 90° ⑤ z축 180° 회전 후 x축 뒤쪽 방향 90°

13 입체회전 회전한 입체도형 찾기

|정답| ②

|해설| ②는 제시된 입체도형을 화살표 방향에서 바라본 형태로, z축을 중심으로 하여 시계 방향으로 90° 회전한 후 세로축(y축)으로 시계 방향 90° 회전시킨 것이다.

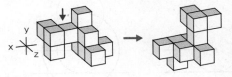

|오답풀이|

다른 입체도형은 점선 표시된 블록이 추가되거나 화살표가 가리키는(색칠된) 블록이 제거되어야 일치한다.

①

x축 앞쪽 방향(↷) 90°

③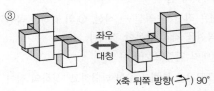

x축 뒤쪽 방향(↷) 90°

④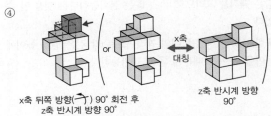

x축 뒤쪽 방향(↷) 90° 회전 후
z축 반시계 방향 90°

z축 반시계 방향 90°

⑤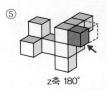

z축 180°

14 입체회전 나머지와 다른 입체 도형 찾기

|정답| ②

|해설| ○ 표시된 부분이 나머지와 다르다.

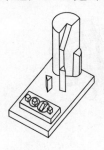

15 입체회전 나머지와 다른 입체도형 찾기

|정답| ①

|해설| ○ 표시된 부분이 나머지와 다르다.

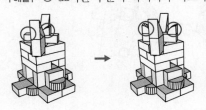

16 입체회전 나머지와 다른 입체도형 찾기

|정답| ②

|해설| ○ 표시된 부분이 나머지와 다르다.

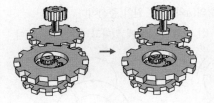

17 입체회전 | 나머지와 다른 입체도형 찾기

|정답| ⑤

|해설| ○ 표시된 부분이 나머지와 다르다.

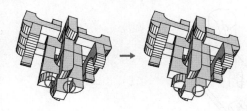

18 입체회전 | 나머지와 다른 입체도형 찾기

|정답| ②

|해설| ○ 표시된 부분이 나머지와 다르다.

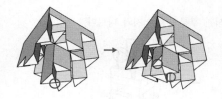

19 궤적·매듭·한붓그리기 | 궤적 찾기

|정답| ①

|해설| 〈STEP 1. 두 점의 관계〉
제시된 도형은 원의 일부를 자른 것을 2개 합친 것이다.
O_1, O_2를 별도로 생각해보자.
O_2는 다음 도형의 a와 같은 원의 중심이다.
O_1은 b의 굵은 선 원의 원주상에 있다고 파악할 수 있다.

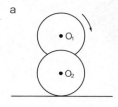

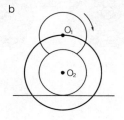

〈STEP 2. 두 점의 궤적〉
O_2의 궤적은 직선(도형이 회전해가는 바닥과 평행), O_1의 궤적은 곡선인 것을 알 수 있다. 궤적을 각각 나타내보면 다음과 같이 된다.

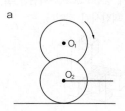

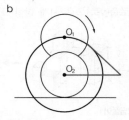

그리고 O_1을 중심으로 하는 작은 원이 지면에 접한다.

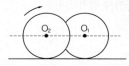

이후에는 O_2가 O_1의 위에 위치하도록 회전해가므로 두 점은 상하가 뒤바뀌게 된다.
즉, O_2의 궤적은 직선 → 곡선 → 직선, O_1의 궤적은 곡선 → 직선 → 곡선을 각각 반복할 것이다.
〈STEP 3. 선택지 검증(소거법)〉
STEP 1과 STEP 2를 통해서 ①이 타당하고, 상하의 점이 같은 궤적을 그리므로 ② ~ ⑤는 불가능하다는 것을 알 수 있다.
또한, 1회전 시켰을 때의 궤적이므로 각 점은 원래 높이에 돌아올 것이기 때문에 ④는 불가능하다.

20 궤적·매듭·한붓그리기 | 매듭 찾기

|정답| ①

|해설| 다음과 같이 변형할 수 있다.

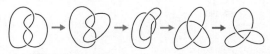

여기에서 오른쪽의 바퀴를 왼쪽으로 당겨서, 왼쪽을 오른쪽에 오도록 해도 결국 같은 모양이 된다.

|오답풀이|
③은 ①, ②와 비슷하지만 매듭이 아니다.

21 | 궤적 · 매듭 · 한붓그리기 | 한붓그리기 |

|정답| ②

|해설| 한붓그리기가 가능한 조건은 다음과 같다.

a. 시작점과 종료점 이외의 통과하는 점은 짝수점이다.

b. 시작점이자 종료점이 되는 점(시작점과 종료점이 일치)은 짝수점이다.

c. 시작점(or 종료점)이면서 종료점(or 시작점)이 아닌 점(시작점과 종료점이 다름)은 홀수점이다.

1. 도형이 최종적으로 어떻게 되면 좋은가 확인한다.

한붓그리기가 가능한 조건인 a ~ c를 정리하면, 한붓그리기는 홀수점이 0개 혹은 2개인 도형의 경우에만 가능하다. 즉, 주어진 도형에 홀수점이 1개 혹은 3개 이상 있으면 홀수점이 0 또는 2개가 되도록 선을 지워야 한다.

2. 홀수점이 몇 개인지 확인한다.

주어진 도형에서 홀수점은 홀수의 선분이 모인 점이므로, 표시를 하면 다음과 같다.

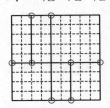

한붓그리기가 가능하게 하기 위해서는 홀수점이 0개 혹은 2개가 되도록 조정하면 된다. 하지만 문제에서는 최소 몇 cm를 지우면 되는가를 묻고 있으므로 홀수점을 2개로 줄이면 된다.

3. 홀수점을 줄인다.

가능한 한 짧은 선으로 6개의 홀수점을 짝수점으로 바꿔야 하므로 표시한 선을 지워보면 소거하는 부분이 최단으로 되면서 홀수점이 2개가 된다.

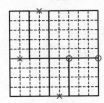

따라서 지우는 부분의 길이는 $2 \times 3 = 6$(cm)이다.

22 | 궤적 · 매듭 · 한붓그리기 | 궤적 찾기 |

|정답| ①

|해설| 정사각형의 한 변의 길이가 $3a$이고, 내부를 회전하면서 이동하는 작은 정사각형의 한 변의 길이가 a이므로, 큰 정사각형 한 변을 3등분하면서 나아가기 때문에 3×3 바둑판으로 구분하면서 푼다.

1. 3×3 바둑판으로 구분한다.

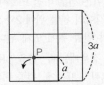

2. 숫자를 붙여가며 회전시키면서 점 P를 따라간다.

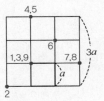

3. 숫자순으로 잇는다.

한 바퀴 돌아오는 것은 2초 후

0초 → 1초에서, 아래에서 위

1초 → 2초에서, 위에서 아래

그러므로 짝수 초 → 홀수 초일 때는 아래에서 위로, 홀수 초 → 짝수 초일 때는 위에서 아래가 된다.

구하고자 하는 시간이 5초(홀수) → 6초(짝수)이므로, 위에서 아래로 가는 궤적이 된다.

23 | 궤적 · 매듭 · 한붓그리기 | 궤적 찾기 |

|정답| ⑤

|해설| 궤적을 그리는 점이 2 : 1 내분점이며 이는 이등분점(중점)보다도 까다로우므로 바둑판을 그리지 않고 풀어

보도록 한다. 궤적을 그리는 점을 따라가면서 숫자(1, 2, 3…)를 붙이면서 파악한다.

점 P의 움직임을 1, 2, 3…으로, **점 Q**의 움직임을 1, 2, 3…으로 기입한다.

점 P가 **점 Q**의 2배 속도로 이동하는 것에 주의하면, **점 Q**가 정사각형의 한 변을 움직이는 동안에 점 P는 정사각형의 두 변을 움직이는 것이 된다.

점 P와 **점 Q**의 숫자가 같은 곳을 이은 선분의 점 P로부터의 2 : 1 내분점이 점 T인데, 정사각형의 왼쪽 위에 2와 2, 6과 6이 있으므로, 내분점 T도 이 왼쪽 위에 있게 된다.

두 점이 각각 직선상을 움직이는 경우에는 두 점을 잇는 선분의 내분점의 궤적도 직선을 그리기 때문에, 왼쪽 위의 점과 직선으로 이어져야 한다. 이것을 충족하는 것은 ⑤뿐이다.

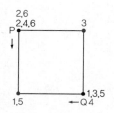

24 궤적·매듭·한붓그리기 | 궤적 찾기

| 정답 | ②

| 해설 |

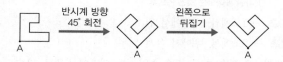

파트 4 출제예상문제

▸문제 498쪽

01	②	02	④	03	④	04	③	05	①
06	②	07	②	08	④	09	③	10	④
11	②	12	①	13	⑤	14	⑤	15	④
16	④	17	①	18	①	19	③	20	②
21	④	22	②	23	①	24	①	25	①
26	②	27	②	28	②	29	②	30	③

01 전개도 응용 | 입체도형의 전개도 찾기

| 정답 | ②

| 해설 | [도형 1 ~ 3]에 따라 입체도형은 다음과 같다.

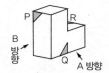

먼저 P를 포함한 면이 Q의 면과 동일한 평면이 되도록 펼친 도면을 생각한다.

다음으로 선택지의 전개도를 이동하여 P, Q에 해당하는 부분이 위의 도면과 같은지를 확인한다.

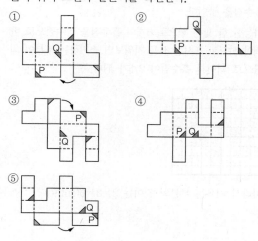

P, Q의 위치관계가 옳은 것은 ①, ②, ③이며, 따라서 ④, ⑤는 제외한다.

다음은 ①, ②, ③에 대해 Q와 R의 위치관계가 같은 것을 확인한다. Q와 R 부분의 전개도는 다음과 같은데, ①과 ③ 모두 문제의 도면과 다르므로 남은 ②가 정답이다.

① 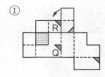   ③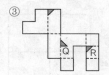

02 전개도 응용 입체도형의 전개도 찾기

| 정답 | ④

| 해설 | 입체도형에서 보이는 4개의 면을 펼쳤을 때의 모양을 생각하고, 선택지의 전개도를 변형하여 입체도형의 펼친 모양과 같이 만들 때 인접하게 되는 면의 무늬와 그 방향을 살펴본다.

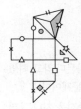

03 전개도 응용 전개도와 다른 도형 찾기

| 정답 | ④

| 해설 | 전개도를 접었을 때 서로 만나는 변을 표시하고, 회전한 모양을 확인하기 쉬운 면을 기준으로 맞닿는 면의 모양을 비교한다.

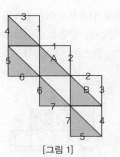

[그림 1]

정육면체의 옆면이 선택지 ④처럼 되려면 2가지 경우가 있다.

1) 면 A가 위로 오는 경우

2) 면 B가 위로 오는 경우

따라서 ④는 [그림 2]처럼 수정되어야 한다.

[그림 2]

04 전개도 응용 도형 윗면 찾기

| 정답 | ③

| 해설 | 1. 먼저 A, B 전개도 각각에 서로 맞닿는 변을 표시한다.

A. 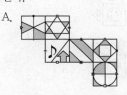   B.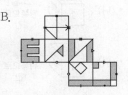

2. A와 B를 접어 회전 전의 정면대로 놓으면 다음과 같다 (진한 색선 : 앞면의 밑면 표시).

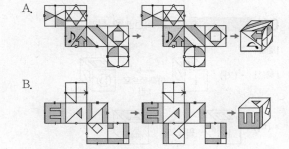

3. 이 상태에서 각각 x축을 중심으로 앞쪽으로 90°, y축을 중심으로 180° 회전한 모양을 찾는데, 앞면을 중심으로 하여 회전(이동) 후의 앞면과 윗·옆면의 모양을 전개도의 인접면을 보며 찾도록 한다.

A.   B.

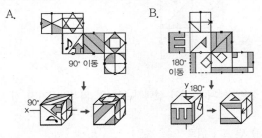

4. A와 B를 나란히 붙이고 위에서 내려다본 모양을 찾는다.

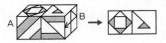

05 전개도 응용 | 전개도 회전한 후 접기

| 정답 | ①

| 해설 | · (가) :

· (나) :

· (다) :

06 전개도 응용 | 전개도 회전한 후 접기

| 정답 | ②

| 해설 | · (가) :

· (나) :

· (다) :

07 전개도 응용 | 주사위 뒷면 찾기

| 정답 | ②

| 해설 | 주사위의 앞면에 해당하는 곳을 전개도에서 찾은 후 앞면을 중심으로 뒷면을 찾으면 쉽게 해결할 수 있다.

뒷면

앞면

08 전개도 응용 | 도형의 수 구하기

| 정답 | ④

| 해설 | '각 변의 중점을 지나는 평면으로 자른다'라고 하였으므로, 반정다면체(준정다면체)에 관한 문제이다.

1. 첫 번째 단계에서 정팔면체를 각 변의 중점을 지나는 평면으로 자르면 반정다면체인 육팔면체(준정다면체)가 생기며, 꼭짓점 6개에 대한 절단면에 정사각형이 꼭짓점과 동일하게 6개 나타난다. 또한, 8개였던 정삼각형은 하나의 삼각형당 3개의 꼭짓점이 없어져 그 면적이 4분의 1로 축소되지만 그 개수는 똑같이 8개 남는다. 즉, 정사각형 6개+정삼각형 8개=14개 면이 된다.

정팔면체의 원래의 한 면인 정삼각형에서 1/4 크기로 잘린 삼각형이 각 면에 총 8개 남는다.

2. 두 번째 단계에서 육팔면체에는 꼭짓점이 12개 있으므로, 첫 번째와 동일하게 살펴본다.

12개의 꼭짓점이 잘려 12개의 사각형(직사각형)이 생긴다.

육팔면체의 6개의 정사각형은 주변이 잘려 작아지지만 원래의 정사각형 그대로 6개 남는다.

육팔면체의 8개의 정삼각형은 꼭짓점에서 잘리지만 1/4 크기로 남아 있으므로 정삼각형은 8개 생긴다.

즉, 사각형이 12개+6개=18개, 삼각형이 8개인 이중절단 정육면체가 된다.

선택지를 보면 ④가 '사각형 18개'이며, '삼각형 8개'인 선택지는 없으므로 답은 ④가 된다.

보충 플러스+

반정다면체
1. 준정다면체라고도 하는데, 2개의 정다각형으로 되어 있고 꼭짓점에 모인 면의 개수가 모두 같은 다면체를 말한다.
2. 종류는 다음과 같다.
   (1) 정다면체의 1/3 지점을 잘라서 만든 경우 : 꼭짓점 부분을 자른다.

[깎은 정사면체]　[깎은 정육면체]　[깎은 정팔면체]

[깎은 정십이면체]　[깎은 정이십면체]

   (2) 정다면체 모서리의 가운데 지점을 연결해 잘라 만든 경우

[육팔면체]　[십이이십면체]

   (3) 이중절단을 하는 경우 : 예를 들어, 모서리 부분을 자르고, 자른 상태에서 또 모서리 부분을 자른다.

[이중절단 정육면체]　[이중절단 정팔면체]　[이중절단 십이면체]

[이중절단 정이십면체]

   (4) 정다면체를 부풀려 만든 경우 : 예를 들어, 각 면을 일정한 간격으로 떼어내고 그 안에 정삼각형으로 메운다.

[부풀린 정육면체]　[부풀린 정십이면체]

09 펀칭 | 펼친 그림 찾기

|정답| ③

|해설|

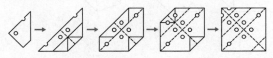

10 펀칭 | 펼친 그림 찾기

|정답| ④

|해설|

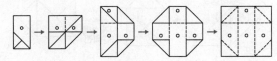

11 자르기 | 펼친 그림 찾기

|정답| ②

|해설|

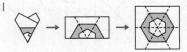

12 　자르기　펼친 그림 찾기

|정답| ①

|해설|

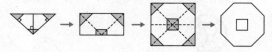

13 　앞뒷면 유추　접은 면 유추하기

|정답| ⑤

|해설| 접는 순서별로 뒷면의 모양을 생각하면 쉽게 답을 찾을 수 있다. 이를 그림으로 나타내면 다음과 같다.

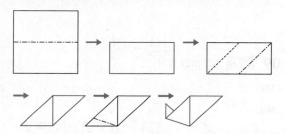

14 　앞뒷면 유추　접은 면 유추하기

|정답| ⑤

|해설|

①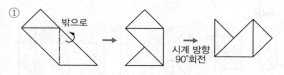

② ①을 아래로 뒤집고 시계 방향으로 90° 회전한 뒷모습 이다.

③ ①을 반시계 방향으로 90° 회전한 모습이다.

④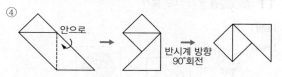

15 　블록 결합　나올 수 있는 형태 고르기

|정답| ④

|해설| 세 개의 블록을 합하였을 때 나타나는 정육면체의 모양을 알기 위해서는 선택지의 정육면체를 각 단별로 분할하여 주어진 블록과 비교해 옳은 것을 찾으면 된다.

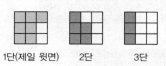

1단(제일 윗면)　　2단　　3단

16 　블록분리　제거 후 남는 블록모양 찾기

|정답| ④

|해설|

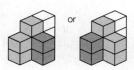

17 　블록 개수　3개의 면이 칠해지는 블록 개수 구하기

|정답| ①

|해설| 3개의 면이 칠해지는 블록은 다음의 색칠된 부분들과 같다.

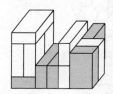

18 　블록 개수　특정 층의 블록 개수 구하기

|정답| ①

|해설| 1층에는 블록이 7개, 2층에는 5개, 3층에는 7개, 4층에는 5개가 놓였다. 즉, 홀수 층에는 7개, 짝수 층에는 5개가 놓이는 것을 알 수 있다. 따라서 56층은 짝수 층이므로 5개의 블록이 놓이게 된다.

19 블록 개수 칠할 수 있는 블록 개수 구하기

| 정답 | ③

| 해설 | 면이 많은 쪽을 정면으로 했을 때 앞면은 15개, 뒷면도 일부만 걸친 것이 없으므로 15개, 왼쪽 면은 4개, 오른쪽 면은 2개, 윗면은 4개이므로 총 40개이다.

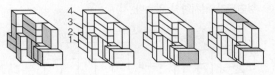

20 투상도 입체도형 찾기

| 정답 | ②

| 해설 | 3차원 공간에서 세 면에 비친 그림자는 다음과 같다.

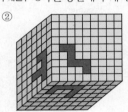

| 오답풀이 |

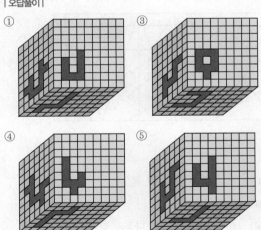

21 투상도 입체도형 찾기

| 정답 | ④

| 해설 | 투상도의 형태로 볼 때 일치하는 것은 ④이다.

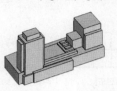

| 오답풀이 |

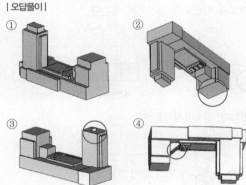

22 투상도 입체도형 찾기

| 정답 | ②

| 해설 | 투상도의 형태로 볼 때 일치하는 것은 ②이다.

| 오답풀이 |

②를 기준으로 나머지는 ○ 표시된 부분이 잘못되었다.

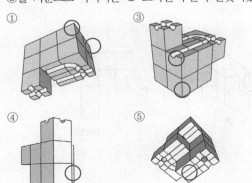

23 투상도 입체도형 찾기

|정답| ①

|해설| ② 정면도와 우측면도가 일치하지 않는다.

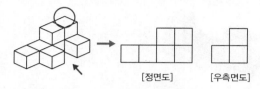

[정면도]   [우측면도]

③ 정면도와 평면도가 일치하지 않는다.

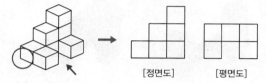

[정면도]   [평면도]

④ 평면도가 일치하지 않는다.

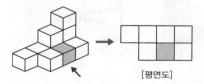

[평면도]

⑤ 정면도가 일치하지 않는다.

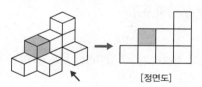

[정면도]

24 투상도 입체도형 찾기

|정답| ①

|해설| ②, ⑤ 평면도가 일치하지 않는다.

②

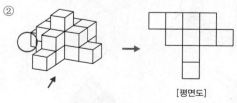

[평면도]

⑤

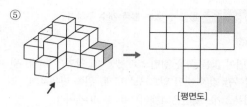

[평면도]

③ 정면도가 일치하지 않는다.

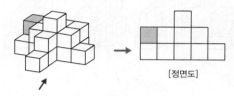

[정면도]

④ 우측면도가 일치하지 않는다.

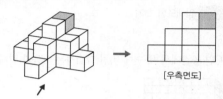

[우측면도]

25 도형분할 나타나 있지 않은 조각 찾기

|정답| ①

|해설| ①과 같은 모양의 조각은 나타나 있지 않다.

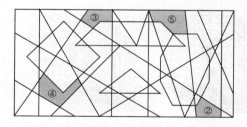

26 평면회전 회전한 모양 찾기

|정답| ②

|해설| 180° 회전한 모양은 다음과 같다.

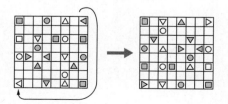

27 입체회전 회전한 모양 찾기

| 정답 | ②

| 해설 | x, y, z축을 중심으로 회전시킬 때, 해당 회전축 위에 놓여 있는 도형은 회전되지 않고, 그 외의 도형들만 회전한다는 점에 유의하여야 한다.

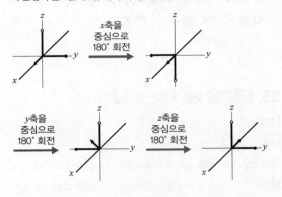

28 도형조합 조합 시 일치하지 않은 조각 찾기

| 정답 | ②

| 해설 |

(b=c=d)

②

| 오답풀이 |

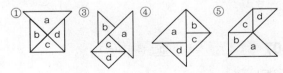

① ③ ④ ⑤

29 입체회전 회전한 모양 찾기

| 정답 | ②

| 해설 | 제시된 입체도형을 z축으로 $90°$ 회전시킨 것이다.

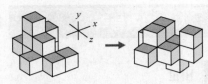

| 오답풀이 |

다른 입체도형은 점선 부분이 추가되거나 화살표가 가리키는(색칠된) 블록이 제거되어야 일치한다.

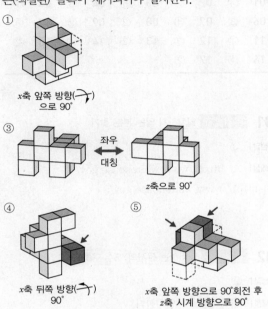

① x축 앞쪽 방향으로 90°

③ 좌우 대칭 z축으로 90°

④ x축 뒤쪽 방향으로 90°

⑤ x축 앞쪽 방향으로 90°회전 후 z축 시계 방향으로 90°

30 매듭·한붓그리기 궤적 구하기

| 정답 | ③

| 해설 | 정삼각형 1개의 점 P가 원에 접하는 횟수는 단서 조건에 의해 12÷3=4(회) 있었음을 알 수 있다. 여기서, 우선 ②, ④, ⑤를 제외하고, ①과 ③ 중 원주를 4등분 하고 있는 것이 답이 된다.

파트5 사무지각능력

1장 비교

▶ 문제 526쪽

01	③	02	②	03	⑤	04	③	05	①
06	③	07	④	08	②	09	②	10	③
11	①	12	③	13	②	14	④	15	②
16	①	17	②						

01 문자찾기 일치하지 않는 부분 찾기

| 정답 | ③

| 해설 | A) http://www.whitehouse.gov/
B) http://www.whitehouse.gov/

02 문자찾기 일치하는 문자의 개수 구하기

| 정답 | ②

| 해설 | 해서, 해파가 일치한다.

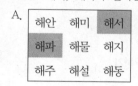

A.			B.		
해안	해미	해서	해서	해치	해진
해파	해물	해지	해복	해녀	해실
해주	해설	해동	해탈	해파	해피

03 문자찾기 찾을 수 없는 문자 고르기

| 정답 | ⑤

| 해설 |

끗 끝 끞 끕 끌 끗 끅 끝 끗 끔 끈 끙 끌 끟 끅 끟 끞 끘 끔
끈 끙 끌 끟 끅 끗 끞 끟 끙 끕 끗 끈 끅 끗 끔 끈 끙 끌 끟
끅 끝 끘 끟 끕 끗 끅 끘 끟 끝 끔 끈 끙 끌 끟 끗
끔 끈 끕 끗 끝 끅 끟 끅 끗 끅 끘 끟 끟 끔 끈 끙 끌 끟 끅
끟 끞 끘 끔 끈 끙 끌 끟 끝 끅 끗 끙 끕 끗 끝 끅 끗 끈

04 문자찾기 찾을 수 없는 기호 고르기

| 정답 | ③

| 해설 |

♣ ☆ ◑ Σ ƒ ▦ ₤ ♡ ▣ ▨ ▧ ₤ ¥ ◈ ♥ ▨ ℃ ☎ ♣
♤ ◐ ▩ ▶ ⊠ ❆ ◁ ♀ ♨ ▶ ♪ ♫ ▤ ♭ ◉ ⇒ Ⅷ ⅊ ₵
♂ ✪ ƒ ⌑ ✵ ♺ Ω ⚲ ⎰ ☮ ⌐ ◒ ◢ ⊗ ⌒ ∋ ⊝ ⇔ !? @

05 문자찾기 찾을 수 없는 문자 고르기

| 정답 | ①

| 해설 |

gho xuh vie zim oer znb ydv nbd ons etr bhz oey iyq
hbu mxe gfz eht vcx jfs edp guy sgf mte uwo wgf ryv
cjs wru bmn fuh bzo ytg plw gie one tbq pbg acu ghf
auf egl rwi uds lkf blk dhr wqa eoi hrl uga ski rhe

06 문자찾기 찾을 수 없는 숫자 고르기

| 정답 | ③

| 해설 |

545 258 844 169 847 561 432 184 864 730
158 132 564 583 454 235 655 445 256 397
542 341 889 478 468 897 899 156 651 138
498 784 184 279 920 384 713 398 520 473

07 문자찾기 찾을 수 없는 문자 고르기

| 정답 | ④

| 해설 |

伽 儺 多 喇 摩 乍 亞 仔 且 他 坡 下
佳 娜 茶 懶 瑪 事 俄 刺 侘 咤 婆 何
假 懦 癩 痲 些 兒 呇 借 唾 巴 厦 亞
仔 且 他 瑪 事 俄 娜 茶 懶 瑪 些 兒

08 문자찾기 일치하는 문자의 개수 구하기

| 정답 | ②

| 해설 |

海 技 術 火 庚 申 壬 癸 水 今 土 日 方 畜 儀 之 國 大
民 畜 **東** 西 韓
南 北 甲 美 丁 木 伍 月 西 仔 武 禮 畜 印 **東** 苗 士 伍
申 論 今 乙 技
仔 韓 社 姻 海 乙 進 丙 美 妙 川 地 運 棟 進 相 念 快
親 文 現 太 産

09 문자찾기 일치하는 문자의 개수 구하기

| 정답 | ②

| 해설 |

N B Z A Q W D R U O E F L F F R B K U N O
L G V H F F E W G E Y H A E P F Z C E P
F T Y E Q K M F E M V D F B M U W N V M F

10 문자찾기 일치하는 숫자의 개수 구하기

| 정답 | ③

| 해설 |

211 231 212 210 275 276 257 297 291 **217** 227
214 247 279 216 211 **217** 231 271 251 237 291
277 237 255 218 274 267 211 **217** 285 216 271

11 문자찾기 일치하는 기호의 개수 구하기

| 정답 | ①

| 해설 |

$$x+y+z \qquad x+y^2-z \qquad x \div y - z \qquad x^2 \times y - z$$
$$x-y^2 \div z \qquad x \times y^4 \div z \qquad \boxed{x+y+z^4} \qquad x \times y \times z$$
$$x+y^2-z \qquad x \div y - z \qquad x-y^2-z^3 \qquad x^5 \div y + z$$

12 문자찾기 일치하는 문자의 개수 구하기

| 정답 | ③

| 해설 | 자연과 인간에 대한 아시아의 깊은 지혜를 바탕으로, 누구도 밟아 보지 못한 혁신적인 미(美)의 영역에 도전한다.

13 문자찾기 쉼표 개수 구하기

| 정답 | ②

| 해설 | 영화에 제시되는 시각적 정보는 이미지 트랙에, 청각적 정보는 사운드 트랙에 실려 있다. 이 중 사운드 트랙에 담긴 영화 속 소리를 통틀어 영화 음향이라고 한다. 음향은 다양한 유형으로 존재하면서 영화의 장면을 적절히 표현하는 효과를 발휘한다.

음향은 소리의 출처가 어디에 있는지에 따라 몇 가지 유형으로 나뉜다. 화면 안에 음원이 있는 소리로서 주로 현장감을 높이는 소리를 '동시 음향', 화면 밖에서 발생하여 보이지 않는 장면을 표현하는 소리를 '비동시 음향'이라고 한다. 한편 영화 속 현실에서는 발생할 수 없는 소리, 즉 배경 음악처럼 영화 밖에서 조작되어 들어온 소리를 '외재 음향'이라고 한다. 이와 달리 영화 속 현실에서 발생한 소리는 모두 '내재 음향'이다. 이러한 음향들은 감독의 표현 의도에 맞게 단독으로, 혹은 적절히 합쳐져 활용된다.

14 자료비교 서로 다른 부분의 개수 찾기

| 정답 | ④

| 해설 | 독일에서 'Fräulein'은 원래 미혼 여성을 뜻하는 말이었는데 제2차 세계대전 이후 미군과 결혼한 여성을 가리키는 말이 되면서 부정적인 색채를 띠게 되었다. 그러자 미혼 여성들은 자신들을 'Frau'(영어의 'Mrs.'와 같다)로 불러달라고 공식적으로 요청하기 시작했다. 이런 요구를 하는 여성들이 갑자기 늘어나자 언론은 '부인으로 불러달라는 여자들이라니'라는 제목 아래 여자들이 별 희한한 요구를 다 한다는 식으로 보도했다. 'Fräulein'과 'Frau'는 한동안 함께 사용되다가 점차 'Frau'의 사용이 늘자 1984년에는 공문서상 미혼 여성도 'Frau'로 표기한다고 법으로 규정했다. 이유는 'Fräulein'이라는 말이 여성들의 의식이 달라진 이 시대에 뒤떨어졌다는 것이었다.

15 자료비교 일치하지 않는 칸의 개수 구하기

|정답| ②

|해설| 표의 가로줄을 행, 세로줄을 열로 나타내어 표시하면 다음과 같다.

• 3행 3열 : 201214562 → 201124562

• 6행 2열 : 송유원 → 송두원

16 자료비교 일치하지 않는 칸의 개수 구하기

|정답| ①

|해설| 6행 3열(전체 자료의 11행 3열) : 201215862 → 201215362

17 자료비교 서로 다른 부분의 개수 찾기

|정답| ②

영구배제	리슈만편모충증, 바베스열원충증, 사가스병, 큐열(Q열), 크로이츠펠트야콥병(CJD) 및 변종크로이츠펠트야콥병(vCJD), 한센병, 후천성면역결핍증(AIDS), C형간염
5개월	포충증
1개월	결핵, 공수병, 뎅기열, 두창, 디프테리아, 라싸열, 라임병, 레지오넬라증, 렙토스피라증, 마버그열, 바이러스성 출혈열, 발진열, 발진티푸스, 백일해, 보툴리눔독소증, 비브리오패혈증, 성홍열, 세균성이질, 수두, 수막구균성수막염, 수족구병, 신종인플루엔자, 신증후군출혈열(유행성 출혈열), 아프리카수면병, 에볼라열, 엔테로바이러스 감염증, 야토병(툴라레미아), 유비저, 유행성이하선염(볼거리), 인플루엔자, 일본뇌염, 장출혈성 대장균감염증, 장티푸스, 조류인플루엔자 인체감염증, 주혈흡충증, 진드기매개뇌염, 쯔쯔가무시병, 치쿤구니야열, 콜레라, 탄저, 파라티푸스, 파상풍, 페스트, 폴리오, 풍진, 홍역, 황열, A형간염
치료종료 시 까지	간흡충증, 급성호흡기감염증, 다제내성녹농균(MRPA) 감염증, 다제내성아시네토박터바우마니균(MRAB) 감염증, 메디나선충증, 메티실린내성황색포도알균(MRSA) 감염증, 반코마이신내성장알균(VRE) 감염증, 반코마이신내성황색포도알균(VRSA) 감염증, 요충증, 장관감염증, 장흡충증, 카바페넴내성장내세균속균종(CRE) 감염증, 편충증, 폐흡충증, 회충증

2장 치환

▸문제 540쪽

01	②	02	④	03	②	04	①	05	③
06	⑤	07	③	08	②	09	④	10	③
11	①	12	④	13	④	14	⑤	15	③
16	②	17	③	18	①	19	②	20	③
21	③								

01 규칙적용 바코드의 구조 이해하기

|정답| ②

|해설| '일본'에서 생산된 제품은 10, 14, 19, 23, 32이고, 이 중 '대태'에서 제조한 제품은 19, 23, 32로 3개이다.

02 규칙적용 바코드의 구조 이해하기

|정답| ④

|해설| '한국'에서 생산된 제품은 1, 2, 3, 4, 7, 8, 12, 13, 16, 17, 20, 21, 24, 26, 28, 29, 31, 33의 18개이고, '독일'에서 생산된 제품은 5, 9, 15, 22의 4개이다. 따라서 두 나라에서 생산된 제품 수의 합은 22개이다.

03 규칙적용 바코드의 구조 이해하기

|정답| ②

|해설| '한국'에서 생산된 제품 1, 2, 3, 4, 7, 8, 12, 13, 16, 17, 20, 21, 24, 26, 28, 29, 31, 33 중 'B 상품'은 3, 4, 7, 8, 12, 13, 24, 31로 8개이다.

04 규칙적용 바코드의 구조 이해하기

|정답| ①

|해설| '필리핀'에서 생산된 제품은 11, 18, 25, 27, 30의 5개이고, 이 중 '정식품'에서 제조한 제품은 18, 25로 2개이다.

05 규칙적용 바코드의 구조 이해하기

|정답| ③

|해설| 검증 코드가 '5 이상'인 바코드는 1, 2, 3, 6, 7, 9, 10, 15, 16, 17, 21, 22, 25, 28, 29, 33이고, 이들의 검증 코드를 모두 더하면 9+8+6+6+8+8+8+7+5+8+6+8+6+8+7+7=115이다.

06 규칙적용 바코드의 구조 이해하기

|정답| ⑤

|해설| 제조업체 코드가 4자리인 제품은 1, 2, 3, 12, 13, 19, 20, 23, 24, 26, 27, 28, 29, 31, 32, 33으로 16개이다.

07 규칙적용 PC 코드의 구조 이해하기

|정답| ③

|해설| 2012년 8월에 완성된 펜티엄 듀얼코어 울프데일 DDR2 2기가 25,600대의 PC 코드는 12083G0200525600이다.

08 규칙적용 PC 코드의 구조 이해하기

|정답| ②

|해설| 2013년 2월에 완성된 코어i3 스미스필드 씽크 RAM2 1기가 14,578대의 완성된 PC 코드는 13024H0501214578이다.

09 규칙적용 PC 코드의 구조 이해하기

|정답| ④

|해설| PC 코드는 1208-5J-04009-094885로 램코드를 살펴보면 DDR3 1기가가 장착되어 있음을 알 수 있다.

10 규칙적용 PC 코드의 구조 이해하기

|정답| ③

|해설| PC 코드는 1102-7P-02005-35469로 애슬론 X-2 쿠마가 부착되어 있다.

|오답풀이|

①, ⑤ 35,469대가 완성되었다.

② 2011년 2월에 완성되었다.

④ DDR2 2기가가 장착되어 있다.

11 규칙적용 PC 코드의 구조 이해하기

|정답| ①

|해설| PC 코드 1308-5K-06015-55302의 완성품 개수는 50,302개가 아니라 55,302개이다.

12 규칙적용 ISBN의 구조 이해하기

|정답| ④

|해설| '한국'의 도서는 접두부가 '978', 국별번호 '89'인 것과 접두부가 '979', 국별번호 '11'인 것 두 종류가 있다. 독자대상기호(제1행)에서 '교양' 서적은 '0'이다. 따라서 한국의 교양도서는 5, 9, 24, 28, 29, 30으로 총 6권이다.

13 규칙적용 ISBN의 구조 이해하기

|정답| ④

|해설| 체크기호가 홀수인 도서는 1, 2, 5, 10, 11, 12, 14, 15, 17, 18, 19, 24, 25로 총 13권이다.

14 규칙적용 ISBN의 구조 이해하기

|정답| ⑤

|해설| 단행본은 발행형태기호가 '3', 전집은 '4'이다. 각각의 도서는 5, 9, 26, 29, 30과 10, 11, 14, 19, 20이므로 총 10권이다.

15 규칙적용 코드 번호의 구조 이해하기

|정답| ③

|해설| 코드 번호가 532-254-38-734-41인 고객은 2번 고은주, 9번 한홍주, 12번 구현민, 17번 이혜자 총 4명이다.

16 규칙적용 코드 번호의 구조 이해하기

|정답| ②

|해설| 코드 번호를 뒷자리부터 확인하면 된다. 이 조건에 맞는 사람은 6번 주희숙, 8번 박동규 총 2명이다.

17 규칙적용 코드 번호의 구조 이해하기

|정답| ③

|해설| 소프트 여행 가방의 구분 코드는 'sc'이다. 따라서 소프트 여행 가방은 2, 4, 5, 6, 8, 10, 11, 14, 20으로 총 9개이다.

18 규칙적용 코드 번호의 구조 이해하기

|정답| ①

|해설| PC 재질의 재질 코드는 'pol'이고, 수하물의 용도 코드는 'COP'이다. 따라서 PC 재질의 수하물 여행 가방은 제품코드에 'pol'과 'COP'가 모두 포함되어 있는 12, 17로 총 2개이다.

19 규칙적용 코드 번호의 구조 이해하기

|정답| ②

|해설| 바퀴 4개의 바퀴 수 코드는 '004'이고, 크기 24인치의 크기 코드는 'L24'이다. 따라서 바퀴 4개짜리 24인치 여행 가방은 제품 코드에 '004'와 'L24'가 모두 포함되어 있는 2, 6, 8, 10, 15, 19로 총 6개이다.

20 규칙적용 코드 번호의 구조 이해하기

|정답| ③

|해설| 가장 가벼운 여행 가방은 2.5kg인 11번이고, 가장 무거운 여행 가방은 4.8kg인 18번이다. 11번과 18번의 바퀴 수 코드는 모두 '004'로, 바퀴가 4개씩 있음을 알 수 있다. 따라서 4+4=8(개)이다.

21 규칙적용 코드 번호의 구조 이해하기

|정답| ③

|해설| ABS 재질의 재질 코드는 'acr'이므로 재질 코드가 'acr'인 것을 찾으면 1, 3, 7, 9, 18, 19로 총 6개가 있다. 이 중 크기가 가장 큰 가방은 크기 코드가 'L28'인 18번으로, 색상은 'BLACK'이다.

파트 5 출제예상문제

▶문제 552쪽

01	③	02	①	03	③	04	⑤	05	②
06	④	07	④	08	⑤	09	②	10	③
11	①	12	②	13	④	14	②	15	③
16	③	17	①	18	②	19	③	20	④
21	③	22	⑤	23	④	24	③	25	②
26	④	27	③	28	①	29	②	30	③

01 문자찾기 일치하는 숫자의 개수 구하기

|정답| ③

|해설|
18513447951487647826748142710422746881495363 68517218268
26512541637052920687972393112881538138581523 24674315783

02 　문자찾기　 일치하는 숫자의 개수 구하기

| 정답 | ①

| 해설 |

動瞳置重動陲動觀觀重瞳陲瞳動
勤重觀動陲動觀觀觀陲瞳重動動瞳
觀瞳觀重勤動陲瞳陲重重勤動動瞳

03 　문자찾기　 일치하는 문자의 개수 구하기

| 정답 | ③

| 해설 |

옐앰엽옐옐알앰얍앱얠열옐앙알옐몔
얠옐옙옐얄앱얍옐알옐얄얘앱얍알옐
앞옐엽얄앨옐엽알얠옐옐앱얍옐예옐

04 　문자찾기　 찾을 수 없는 기호 고르기

| 정답 | ⑤

| 해설 |

（점자 그림）

05 　문자찾기　 찾을 수 없는 기호 고르기

| 정답 | ②

| 해설 |

WE IU FE GE SG YK QD JC NJ KG KM GM
VO EI KL LO OW IE UN KJ MQ LP DN FJ
RO IL EN MH DS KM KO FK FJ SL HG NC
MF CE CA HI EK UF YF GF KJ CB NJ HE

06 　문자찾기　 찾을 수 없는 문자 고르기

| 정답 | ④

| 해설 |

panoqpgwkgushdfkbufrwejfpwqodkshuv
ehrdjsknjdhehrfsnauynfkscjfbskautbfhsk

07 　자료비교　 조각난 그림 맞추기

| 정답 | ④

| 해설 | 다음과 같은 방식으로 맞추어야 원래의 그림이 된다.

3 　 4

1 　 2

보충 플러스+

그림의 특징적인 부분을 기준으로 삼아 비교하면 찾기 쉽다.

08 　규칙적용　 치환 후 계산하기

| 정답 | ⑤

| 해설 | $(8+7+9) \div (14-10) + (8+5+1+15) = 35$
따라서 계산한 값의 일의 자리 숫자는 5이다.

09 　자료비교　 서로 다른 부분의 개수 찾기

| 정답 | ②

| 해설 | 두 번째 문단 둘째 줄에, (A) : 유혹에 빠져서, (B) : 미혹에 빠져서

10 자료비교 서로 다른 부분의 개수 찾기

| 정답 | ③

| 해설 | 셋째 줄에, (A) : 3,000명, (B) : 30,000명
일곱째 줄에, (A) : 무려, (B) : 대략

11 자료비교 서로 다른 부분의 개수 찾기

| 정답 | ①

| 해설 | 서로 다른 부분이 없다.

12 자료비교 서로 다른 부분의 개수 찾기

| 정답 | ②

| 해설 | 제품 현황의 가로줄은 행, 세로줄은 열로 나타내어
〈보기〉와 일치하지 않는 부분의 위치를 표시하면 다음과
같다.
• 5행 3열 : 3,680,000 → 3,880,000
• 8행 4열 : 23 → 33

13 자료비교 일치하지 않는 칸의 개수 구하기

| 정답 | ③

| 해설 | • A2 : G2003001 → H2003001
• C6 : 사원 → 대리
• D5 : 2010-07-08 → 2009-07-08

14 자료비교 일치하지 않는 칸의 개수 구하기

| 정답 | ②

| 해설 | • B10 : 김자람 → 박사랑
• D8 : 2010-11-27 → 2010-07-27

15 규칙적용 코드 번호의 구조 이해하기

| 정답 | ③

| 해설 | '2014년 신입생'은 2014로 시작하는 학번, '여학생'
은 성별코드 2이다. 따라서 2014년 신입생 중 여학생은 7,
17, 19, 28, 33, 35, 39, 49로 8명이다.

16 규칙적용 코드 번호의 구조 이해하기

| 정답 | ③

| 해설 | '서울'은 출신지 코드 2, '상경대'는 대학 코드 76이
다. 따라서 서울 출신 상경대 학생은 22, 46으로 2명이다.

17 규칙적용 코드 번호의 구조 이해하기

| 정답 | ①

| 해설 | '남성'은 성별 코드 1, '문과대'는 대학 코드 73이다.
따라서 남성인 문과대 학생은 2, 3, 5, 15, 32로 5명이다.

18 규칙적용 코드 번호의 구조 이해하기

| 정답 | ②

| 해설 | '세종'은 출신지 코드 8, '마취학과'는 학과 코드 22
다. 따라서 세종 출신 마취학과 학생은 28로 1명이다.

19 규칙적용 코드 번호의 구조 이해하기

| 정답 | ③

| 해설 | '2009년 입학생 중 남학생'은 36으로 1명, '2012년
기계공학과 학생'은 24로 1명이다. 따라서 두 값을 더하면
2명이다.

20 자료비교 서로 다른 부분 찾기

| 정답 | ④

| 해설 | 수화주의 주소는 대구광역시 달서구 호림동이다.

21 규칙적용 코드 번호의 구조 이해하기

| 정답 | ③

| 해설 | 2015년 9월에 서울 제2공장에서 생산된 가공식품을 보관하는 물류 창고의 책임자는 코드가 15091B로 시작한다. 따라서 재고 상품의 책임자는 김철수, 장동건, 이천수로 총 3명이다.

22 규칙적용 코드 번호의 구조 이해하기

| 정답 | ⑤

| 해설 | 상품 코드 중 1603은 2016년 3월 상품임을 뜻하고 6M은 경상남도 제2공장을 뜻하며 02005는 가공식품 중 음료를 뜻한다. 따라서 알맞은 상품 코드는 16036M02005 07892이다.

23 규칙적용 코드 번호의 구조 이해하기

| 정답 | ④

| 해설 | 김준수와 신민아는 2016년 3월에 생산되고 47,570번째로 생산된 재고물품을 담당하는 책임자이다.

24 규칙적용 코드 번호의 구조 이해하기

| 정답 | ③

| 해설 | 제3공장에서 생산된 침구를 보관하고 있는 물류 창고의 책임자는 생산 공장의 고유 번호가 E, P, U이고 제품 종류가 05015인 재고 상품의 책임자인 김우빈, 남주혁, 최성종 총 3명이다.

25 규칙적용 코드 번호의 구조 이해하기

| 정답 | ②

| 해설 | 2015년도에 생산된 침실가구와 수납가구를 보관하고 있는 물류 창고의 책임자는 생산연월이 15로 시작하고 제품 종류의 고유 번호가 013, 014인 재고 상품의 책임자인 최성국, 박시연, 허민용 총 3명이다.

26 규칙적용 코드 번호의 구조 이해하기

| 정답 | ④

| 해설 | 08085L0501209245에서 0808은 2008년도 8월 상품임을 뜻하고 5L은 경상북도 제2공장을 뜻하며 05012는 영상/음향기기 중 오디오임을 뜻한다.

27 규칙적용 코드 번호의 구조 이해하기

| 정답 | ③

| 해설 | 생산 연월은 2008년도 2월, 코드 번호는 53238로 박준호와 김빛나가 같다.

28 규칙적용 코드 번호의 구조 이해하기

| 정답 | ①

| 해설 | 2009년 8월에 생산된 제품은 코드 번호 0908이고, 일반냉장고의 코드 번호는 02004이다. 0908로 시작하는 코드 번호의 책임자는 정희열, 강진주, 최재필, 김만지, 김경민 총 5명으로, 이 중 일반냉장고 코드 번호가 있는 책임자는 강진주 1명이다.

29 규칙적용 코드 번호의 구조 이해하기

| 정답 | ②

| 해설 | 제3공장에서 생산된 상품의 상품 코드는 1C, 3H, 6O, 7R로 이에 해당하는 책임자는 강진주, 윤보라, 김만성, 유지수, 박준후, 이의진, 박하연 총 7명이 있다. 전자레인지의 상품 코드는 01001로 이 중 이의진, 윤보라가 책임자인 곳에서 보관하고 있다.

30 규칙적용 코드 번호의 구조 이해하기

| 정답 | ③

| 해설 | 청소기의 코드 번호는 04009, 스캐너의 코드 번호는 06015로 2008년에 생산된 청소기는 2대, 스캐너는 1대로 총 3대이다.

Memo

미래를 창조하기에 꿈만큼 좋은 것은 없다.
오늘의 유토피아가 내일 현실이 될 수 있다.
**There is nothing like dream to create the future.
Utopia today, flesh and blood tomorrow.**
빅토르 위고 Victor Hugo